C.F. Müller

W0066058

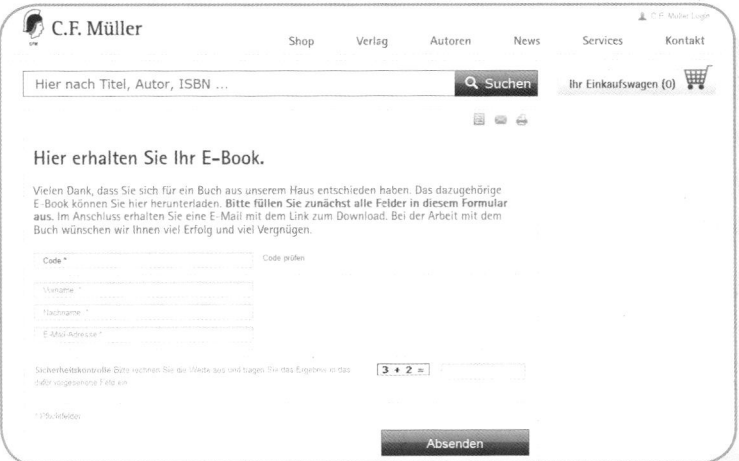 
Peine Allg VerwR

Schwerpunkte Pflichtfach   Peine · Allgemeines Verwaltungsrecht

Schwerpunkte

Eine systematische Darstellung der wichtigsten Rechtsgebiete anhand von Fällen
Begründet von Professor Dr. Harry Westermann †

Allgemeines Verwaltungsrecht

Mit ebook: Lehrbuch, Entscheidungen, Ges~~etzestexte~~

von

Dr. Dr. h.c. Franz-Joseph Peine

em. o. Professor an der Europa-Universität Viadrina Frankfurt/Oder

11., völlig neu bearbeitete Auflage

 C.F. Müller

Bibliografische Information der Deutschen Nationalbibliothek
Die Deutsche Nationalbibliothek verzeichnet diese Publikation in der Deutschen National-
bibliografie; detaillierte bibliografische Daten sind im Internet über <http://dnb.d-nb.de>
abrufbar.

Bei der Herstellung des Werkes haben wir uns zukunftsbewusst für umweltverträgliche und
wiederverwertbare Materialien entschieden. Der Inhalt ist auf elementar chlorfreies Papier
gedruckt.

ISBN 978-3-8114-9364-3

E-Mail: kundenservice@hjr-verlag.de
Telefon: +49 6221/489-555
Telefax: +49 6221/489-410

© 2014 C.F. Müller, eine Marke der Verlagsgruppe Hüthig Jehle Rehm GmbH
Heidelberg, München, Landsberg, Frechen, Hamburg

www.cfmueller-campus.de
www.cfmueller.de

Satz: preXtension, Grafrath
Druck: Westermann Druck, Zwickau

Vorwort

Der Zielsetzung der Reihe „Schwerpunkte" entsprechend breitet dieses Lehrbuch das Allgemeine Verwaltungsrecht in seinen für die juristischen Staatsprüfungen relevanten Teilen aus. Auf die Darstellung von Spezialmaterien, die ebenfalls dem Allgemeinen Verwaltungsrecht als Stoff zugerechnet und teilweise in einschlägigen Lehrbüchern dargestellt werden, zB das förmliche Verwaltungsverfahren und das Planfeststellungsverfahren, habe ich verzichtet. Der Verzicht erklärt sich aus dem Umstand, dass diese Materien mE in Speziallehrbüchern des Besonderen Verwaltungsrechts an geeigneter Stelle behandelt werden sollten und es auch werden. Eine knappe Darstellung verfahrensrechtlicher Bestimmungen des sekundären Rechts der EU, des „Europarechts", soweit nationale Verwaltungsbehörden es vollziehen, habe ich aufgenommen.

In der 11. Auflage habe ich den Text wo notwendig verbessert und erweitert; das Buch befindet sich auf dem Stand von August 2014. *Dr. Hannelore Orth-Peine* danke ich für die Hilfe bei der Überarbeitung.

Erstmalig mit der vorliegenden Auflage erscheint das Lehrbuch mit **integriertem ebook**, das die bisherige Buchausgabe mit CD-ROM ersetzt. Diese elektronische Fassung enthält den **vollständigen Text des Buches**, die einschlägigen **Gesetzestexte** und die besonders ausbildungsrelevanten **höchstrichterlichen Entscheidungen** im Volltext. Jeder Leserin und jedem Leser wird so das Nachschlagen von Gesetzestexten und die Lektüre der Entscheidungen mittels PC, Tablet oder Smartphone ermöglicht. Die **Hinweise** auf der ersten Seite des Buches erläutern Download und Nutzung des ebooks.

Die nach didaktischen Gesichtspunkten ausgewählten, im Verwaltungsrecht wegweisenden höchstrichterlichen Entscheidungen sind mit freundlicher Genehmigung der *juris GmbH* veröffentlicht.

In der Reihe „Schwerpunkte Klausurenkurs" erscheint vom Verfasser das Buch **Klausurenkurs im Verwaltungsrecht** in 5. Auflage. Das Buch bildet eine hervorragende Ergänzung zum Allgemeinen Verwaltungsrecht, das Sie in den Händen halten. Es enthält eine Einführung betreffend das Schreiben von Klausuren, alle relevanten Aufbauschemata und 35 Klausuren mit Lösung sowie Repetitorien zu den angesprochenen Rechtsfragen: alle examensrelevanten Probleme aus dem Allgemeinen und Besonderen Verwaltungsrecht und dem Verwaltungsprozessrecht werden behandelt.

Berlin, im August 2014   *Franz-Joseph Peine*

Inhaltsverzeichnis

Teil II
Die Entscheidungsfindung und ihre Umsetzung

Teil III
Die Kontrolle des Verwaltungshandelns und ihre Folgen

Teil IV
Die zwangsweise Durchsetzung der getroffenen Verwaltungsentscheidung

Teil V
Das Recht der öffentlichen Sachen

Abkürzungsverzeichnis

aA	anderer Ansicht
aaO	am angegebenen Ort
ABl	Amtsblatt
Abs.	Absatz
AEUV	Vertrag über die Arbeitsweise der Europäischen Union
aF	alte Fassung
AG	Aktiengesellschaft
AktG	Aktiengesetz
Alt.	Alternative
Anm.	Anmerkung
AO	Abgabenordnung
AöR	Archiv des öffentlichen Rechts
AOK	Allgemeine Ortskrankenkasse
Art.	Artikel
AtG	Atomgesetz
AufenthG	Aufenthaltsgesetz
Aufl.	Auflage
BÄO	Bundesärzteordnung
BAföG	Bundesausbildungsförderungsgesetz
BAG	Bundesarbeitsgericht
BauGB	Baugesetzbuch
BauO	Bauordnung
BauO Bln	Bauordnung Berlin
BauR	Baurecht
BayObLG	Bayerisches Oberstes Landesgericht
BayStrWG	Bayerisches Straßen- und Wegegesetz
BayVBl	Bayerische Verwaltungsblätter
BayVerfGH	Bayerischer Verfassungsgerichtshof
BayVGH	Bayerischer Verwaltungsgerichtshof
BayVwVZG	Bayerisches Verwaltungszustellungs- und Vollstreckungsgesetz
BB	Der Betriebs-Berater
BBahnG	Bundesbahngesetz
BBankG	Bundesbankgesetz
BBG	Bundesbeamtengesetz
BbgBO	Brandenburgische Bauordnung
BbgKVerf	Brandenburgisches Kommunalverfassungsgesetz
BbgNatSchG	Brandenburgisches Naturschutzgesetz
BbgPolG	Brandenburgisches Polizeigesetz
Bd.	Band
BeamtStG	Beamtenstatusgesetz
BeamtVG	Beamtenversorgungsgesetz
BerlHG	Berliner Hochschulgesetz
BGB	Bürgerliches Gesetzbuch

BGBl.	Bundesgesetzblatt
BGH	Bundesgerichtshof
BGHZ	Entscheidungen des Bundesgerichtshofs in Zivilsachen
BHO	Bundeshaushaltsordnung
BImSchG	Bundes-Immissionsschutzgesetz
BImSchV	Verordnung zur Durchführung des Bundes-Immissionsschutzgesetzes
BJagdG	Bundesjagdgesetz
BLG	Bundesleistungsgesetz
Bln	Berlin
BLV	Bundeslaufbahnverordnung
BNatSchG	Bundesnaturschutzgesetz
BNotO	Bundesnotarordnung
BodSchG	Bodenschutzgesetz
BPersVG	Bundespersonalvertretungsgesetz
BPolG	Bundespolizeigesetz
Brem	Bremen
BRHG	Bundesrechnungshofgesetz
BRS	Baurechtssammlung
BSG	Bundessozialgericht
BSHG	Bundessozialhilfegesetz
BT-Drs.	Drucksache des Deutschen Bundestags
BVerfG	Bundesverfassungsgericht
BVerfGE	Entscheidungen des Bundesverfassungsgerichts
BVerfGG	Gesetz über das Bundesverfassungsgericht
BVerwG	Bundesverwaltungsgericht
BVerwGE	Entscheidungen des Bundesverwaltungsgerichts
BW	Baden-Württemberg
BWG	Berliner Wassergesetz
BWVP	Baden-Württembergische Verwaltungspraxis
cic	culpa in contrahendo
DAR	Deutsches Autorecht
DNotZ	Deutsche Notar-Zeitschrift
DÖV	Die öffentliche Verwaltung
DRiZ	Deutsche Richterzeitung
DSchG	Datenschutzgesetz
DuD	Datenschutz und Datensicherung
DVBl	Deutsches Verwaltungsblatt
DVO	Durchführungsverordnung
DVP	Die Verwaltungspraxis
EALR	Einleitung zum Preußischen Allgemeinen Landrecht
EG	Europäische Gemeinschaft
EGBGB	Einführungsgesetz zum Bürgerlichen Gesetzbuch
EGKS	Europäische Gemeinschaft für Kohle und Stahl
EGV	Vertrag über die Europäische Gemeinschaft
EU	Europäische Union
EuGH	Gerichtshof der Europäischen Gemeinschaft
Euratom	Europäische Atomgemeinschaft
EWG	Europäische Wirtschaftsgemeinschaft

FBA	Folgenbeseitigungsanspruch
ff	fortfolgende
FG	Festgabe
FS	Festschrift
FStrG	Bundesfernstraßengesetz
G	Gesetz
GastG	Gaststättengesetz
GemSOGB	Gemeinsamer Senat der Obersten Gerichte des Bundes
GenTG	Gentechnikgesetz
GewArchiv	Gewerbearchiv
GewO	Gewerbeordnung
GG	Grundgesetz
ggf	gegebenenfalls
GJS	Gesetz über die Verbreitung jugendgefährdender Schriften
GmbH	Gesellschaft mit beschränkter Haftung
GmbHG	Gesetz über die Gesellschaft mit beschränkter Haftung
GMBl	Gemeinsames Ministerialblatt
GO	Gemeindeordnung
GoA	Geschäftsführung ohne Auftrag
GVBl	Gesetz- und Verordnungsblatt
GVG	Gerichtsverfassungsgesetz
GWB	Gesetz gegen Wettbewerbsbeschränkungen
HessStGH	Hessischer Staatsgerichtshof
HessVGH	Hessischer Verwaltungsgerichtshof
Hrsg.	Herausgeber
hL	herrschende Lehre
hM	herrschende Meinung
HmbOVG	Oberverwaltungsgericht Hamburg
HS	Halbsatz
HmbWG	Hamburgisches Wassergesetz
HwO	Handwerksordung
idF	in der Fassung
idS	in diesem Sinn/in diesem Sinne
IfSG	Infektionsschutzgesetz
IHKG	Gesetz über die Industrie- und Handelskammern
iSd	im Sinne des
iSv	im Sinne von
iVm	in Verbindung mit
JA	Juristische Arbeitsblätter
JAO	Ausbildungs- und Prüfungsordnung für Juristen
Jh.	Jahrhundert
JK	JURA-Kartei
JR	Juristische Rundschau
JURA	Juristische Ausbildung
JuS	Juristische Schulung
JZ	Juristenzeitung

KrW	Kreislaufwirtschaftsgesetz
KStZ	Kommunale Steuer-Zeitschrift
LAbfG	Landesabfallgesetz
LAG	Lastenausgleichsgesetz
LBodschAG BW	Landes-Bodenschutz- und Altlastengesetz Baden-Württemberg
LFGB	Lebens- und Futtermittelgesetzbuch
LKV	Landes- und Kommunalverwaltung
LOG	Landesorganisationsgesetz
LPartG	Lebenspartnerschaftsgesetz
LSG	Landessozialgericht
LuftVG	Luftverkehrsgesetz
LWG	Landeswassergesetz
LwkG	Landwirtschaftskammergesetz
m.a.W.	mit anderen Worten
MDR	Monatsschrift für Deutsches Recht
MRK	Konvention zum Schutze der Menschenrechte und Grundfreiheiten
mwN	mit weiteren Nachweisen
Nds	Niedersachsen
NdsVBl	Niedersächsische Verwaltungsblätter
NJ	Neue Justiz
NJW	Neue Juristische Wochenschrift
NuR	Natur und Recht
NVwZ	Neue Zeitschrift für Verwaltungsrecht
NVwZ-RR	NVwZ-Rechtsprechungs-Report Verwaltungsrecht
NW	Nordrhein-Westfalen
NWG	Niedersächsisches Wassergesetz
NWVBl	Nordrhein-westfälische Verwaltungsblätter
NZS	Neue Zeitschrift für Sozialrecht
OBG	Gesetz über Ordnungsbehörden
OEG	Gesetz über die Entschädigung von Opfern von Gewalttaten
ÖPNV	Öffentlicher Personennahverkehr
örV	öffentlich- rechtlicher Vertag
OLG	Oberlandesgericht
OVG	Oberverwaltungsgericht
OVGE	Entscheidungssammlung des (jeweils angegebenen) Oberverwaltungsgerichts
OWiG	Gesetz über Ordnungswidrigkeiten
ParteiG	Parteiengesetz
PflSchG	Pflanzenschutzgesetz
ProdSG	Produktsicherheitsgesetz
pVV	positive Vertragsverletzung
RBHG	Gesetz über die Haftung des Reichs für seine Beamten
RG	Reichsgericht
RGZ	Entscheidungen des Reichsgerichts in Zivilsachen
Rn	Randnummer

ROG	Raumordnungsgesetz
RP	Rheinland-Pfalz
Rspr	Rechtsprechung
RVO	Reichsversicherungsordnung
S.	Satz
Sa. I	Sartorius I
Saarl	Saarland/saarländisch
SächsOVG	Sächsisches Oberverwaltungsgericht
SeemG	Seemannsgesetz
SG	Soldatengesetz
SGB	Sozialgesetzbuch
SGB-AT	Sozialgesetzbuch – Erstes Buch. Allgemeiner Teil
SGB-X	Sozialgesetzbuch – Zehntes Buch. Verwaltungsverfahren
SGB XII	Sozialgesetzbuch – Zwölftes Buch. Sozialhilfe
SH	Schleswig-Holstein
StAG	Staatsangehörigkeitsgesetz
StGB	Strafgesetzbuch
StHG-DDR	Staatshaftungsgesetz der DDR
StPO	Strafprozessordnung
StrEG	Gesetz über die Entschädigung für Strafverfolgungsmaßnahmen
StrVG	Strahlenschutzvorsorgegesetz
StVj	Steuerliche Vierteljahresschrift
StVO	Straßenverkehrsordnung
StVZO	Straßenverkehrs-Zulassungs-Ordnung
TVG	Tarifvertragsgesetz
ua	unter anderem
uÄ	und Ähnliches
UIG	Umweltinformationsgesetz
UPR	Umwelt- und Planungsrecht
UTR	Umwelt- und Technikrecht
uU	unter Umständen
UVPG	Gesetz über die Umweltverträglichkeitsprüfung
UWG	Gesetz gegen den unlauteren Wettbewerb
UZwG	Gesetz über den unmittelbaren Zwang bei Ausübung öffentlicher Gewalt durch Vollzugsbeamte des Bundes
VA	Verwaltungsakt
VBlBW	Verwaltungsblätter für Baden-Württemberg
VersammlG	Versammlungsgesetz
VersR	Versicherungsrecht
VerwArchiv	Verwaltungsarchiv
VerwRspr	Verwaltungsrechtsprechung in Deutschland. Sammlung obergerichtlicher Entscheidungen aus dem Verfassungs- und Verwaltungsrecht
VG	Verwaltungsgericht
VGH	Verwaltungsgerichtshof
VR	Verwaltungsrundschau
VVDStRL	Veröffentlichungen der Vereinigung der Deutschen Staatsrechtslehrer
VwGO	Verwaltungsgerichtsordnung

VwVfG	Verwaltungsverfahrensgesetz
VwVG	Verwaltungs-Vollstreckungsgesetz
VwZG	Verwaltungszustellungsgesetz
WaStrG	Bundeswasserstraßengesetz
WG	Wassergesetz
WoGG	Wohngeldgesetz
WPflG	Wehrpflichtgesetz
WRV	Weimarer Reichsverfassung
ZAR	Zeitschrift für Ausländerrecht
ZG	Zeitschrift für Gesetzgebung
ZJS	Zeitschrift für das Juristische Studium
ZLR	Zeitschrift für Landwirtschaftsrecht
ZMR	Zeitschrift für Mietrecht
ZPO	Zivilprozessordnung
ZRP	Zeitschrift für Rechtspolitik
zZ	zurzeit

Verzeichnis der abgekürzt zitierten Literatur

Achterberg	Allgemeines Verwaltungsrecht, 3. Aufl., 1988
Bender	Staatshaftungsrecht, 3. Aufl., 1981
Bull/Mehde	Allgemeines Verwaltungsrecht mit Verwaltungslehre, 8. Aufl. 2009
Forsthoff	Lehrbuch des Verwaltungsrechts, Bd. 1, 10. Aufl., 1973
Hesse	Grundzüge des Verfassungsrechts der Bundesrepublik Deutschland, 20. Aufl., 1999
Hufen/Siegel	Fehler im Verwaltungsverfahren, 5. Aufl., 2013
Jellinek	Verwaltungsrecht, 3. Aufl., 1931
Kraeft	in: Das Bürgerliche Gesetzbuch, Kommentar, BGB-RGRK, Bd. II, 6. Teil, 1993
Martens	Die Praxis des Verwaltungsverfahrens, 1985
Maunz/Dürig	Kommentierung von Grundgesetzartikeln, in: *Maunz/Dürig* (Hrsg.), Grundgesetz, Loseblattsammlung, Stand 2014
Maurer	Allgemeines Verwaltungsrecht, 18. Aufl., 2011
O. Mayer	Deutsches Verwaltungsrecht, 3. Aufl., 1924
Ossenbühl	Staatshaftungsrecht, 5. Aufl., 1998
Papier/Peine	Straßenrecht und Straßenverkehrsrecht, in: *v. Mutius* ua (Hrsg.), Handbuch für die Öffentliche Verwaltung, Bd. 2, 1984, S. 391 ff
Peine	Öffentliches Baurecht, 4. Aufl., 2003
Püttner	Verwaltungslehre, 4. Aufl., 2007
Rupp	Grundfragen der heutigen Verwaltungsrechtslehre, 2. Aufl., 1991
Schwerdtfeger	Öffentliches Recht in der Fallbearbeitung, 13. Aufl., 2008
Stelkens/Bonk/Sachs	Verwaltungsverfahrensgesetz, 8. Aufl., 2012; zitiert: *S/B/S*
Thieme	Verwaltungslehre, 4. Aufl., 1984
Waechter	Kommunalrecht, 3. Aufl., 1997
Wallerath	Allgemeines Verwaltungsrecht, 6. Aufl., 2009
Wolff/Bachof	Verwaltungsrecht, Bd. 1: 9. Aufl., 1974; Bd. 2: 4. Aufl., 1976; Bd. 3: 4. Aufl., 1978
Wolff/Bachof/Stober/ Kluth	Verwaltungsrecht, Bd. 1: 13. Aufl., 2011; Bd. 2: 7. Aufl., 2010; Bd. 3: 5. Aufl., 2004

Literatur zur Vertiefung, Gesetzessammlungen

I. Lehrbücher zum Verwaltungsrecht

1. Darstellungen des Allgemeinen Verwaltungsrechts

Battis, U.	Allgemeines Verwaltungsrecht, 3. Aufl., 2002
Bull, H.P./Mehde, V.	Allgemeines Verwaltungsrecht mit Verwaltungslehre, 8. Aufl., 2009
Detterbeck, S.	Allgemeines Verwaltungsrecht, 10. Aufl., 2012
Erichsen, H.-U./Ehlers, D.	Allgemeines Verwaltungsrecht, 14. Aufl., 2010
Hendler, R.	Allgemeines Verwaltungsrecht, 4. Aufl., 2008
Huber, P.-M.	Allgemeines Verwaltungsrecht, 3. Aufl., 2010
Ipsen, J.	Allgemeines Verwaltungsrecht, 7. Aufl., 2011
Koch, H.-J./Rubel, R./ Heselhaus, F.	Allgemeines Verwaltungsrecht, 3. Aufl., 2003
Maurer, H.	Allgemeines Verwaltungsrecht, 18. Aufl., 2011
Ule, C.-H./Laubinger, H.-W.	Verwaltungsverfahrensrecht, 4. Aufl., 1998
Wallerath, M.	Allgemeines Verwaltungsrecht, 6. Aufl., 2009
Wolff, H.J./Bachof, O.	Verwaltungsrecht, Bd. 1: 9. Aufl., 1974; Bd. 2: 4. Aufl., 1976; Bd. 3: 4. Aufl., 1978
Wolff, H.J./Bachof, O./ Stober, R./Kluth, W.	Verwaltungsrecht, Bd. 1: 13. Aufl., 2011; Bd. 2: 7. Aufl., 2010; Bd. 3: 5. Aufl., 2004

2. Ältere, noch immer lesenswerte Darstellungen des Allgemeinen Verwaltungsrechts

Fleiner, F.	Institutionen des deutschen Verwaltungsrecht, 8. Aufl., 1928
Forsthoff, E.	Lehrbuch des Verwaltungsrechts, Bd. 1, 10. Aufl., 1973
Jellinek, W.	Verwaltungsrecht, 3. Aufl., 1931 (Nachdrucke 1948 und 1966)
Mayer, O.	Deutsches Verwaltungsrecht, 2 Bde., 3. Aufl., 1924

3. Darstellungen der Verwaltungslehre

Püttner, G.	Verwaltungslehre, 4. Aufl., 2007

4. Darstellungen des Rechts der staatlichen Ersatzleistungen

Ossenbühl, F.	Staatshaftungsrecht, 5. Aufl., 1998
Baldus, M./Grzeszick, B./ Wienhues, S.	Staatshaftungsrecht, 4. Aufl., 2013
Zur Amtshaftung:	s. auch die Kommentierungen zu § 839 BGB und zu Art. 34 GG

5.　Darstellungen des Verwaltungsvollstreckungsrechts

App, M./Wettlaufer, A.	Verwaltungsvollstreckungsrecht, 5. Aufl., 2011
Engelhardt, H./App, M.	Verwaltungs-Vollstreckungsgesetz, Verwaltungs-zustellungsgesetz, 9. Aufl., 2011

6.　Kommentare zum Verwaltungsverfahrensgesetz

Knack, H.-J./Henneke, H.-G.	Verwaltungsverfahrensgesetz, 9. Aufl., 2010
Kopp, F.-O./Ramsauer, U.	Verwaltungsverfahrensgesetz, 13. Aufl., 2012
Stelkens, P./Bonk, H.J./ Sachs, M.	Verwaltungsverfahrensgesetz, 8. Aufl., 2012

7.　Fallsammlungen und Anleitungen zur Lösung von Fällen

Brinktrine, R.	Fallsammlung zum Verwaltungsrecht, 2. Aufl., 2005
Förster, S./Sander, G.	Fälle zum Besonderen Verwaltungsrecht, 3. Aufl., 2006
Grupp, K.	Saarheim, 60 e-cases Staats- und Verwaltungsrecht, CD-ROM, 1999
Gubelt, M./Muckel, S.	Fälle zum Bau- und Raumordnungsrecht, 6. Aufl., 2007
Häde, U.	Verwaltungsrecht, 18 Fälle und Lösungen, 2. Aufl., 2002
Hösch, U.	Fälle und Lösungen zum Wirtschaftsverwaltungsrecht, 2001
Peine, F.-J.	Klausurenkurs im Verwaltungsrecht, 5. Aufl., 2013
Schmidt-Jortzig, E./Ipsen, J./ Heyen, E.V.	40 Klausuren aus dem Verwaltungsrecht, 9. Aufl., 2008
Schoch, F.	Übungen im öffentlichen Recht II: Verwaltungsrecht und Verwaltungsprozessrecht, 2. Aufl., 2006
Schwerdtfeger, G.	Öffentliches Recht in der Fallbearbeitung, 14. Aufl., 2012
Stender-Vorwachs, J.	Prüfungstraining Staats- und Verwaltungsrecht, Bd. 2: Fälle mit Musterlösung, 4. Aufl., 2003
Stern, K./Blanke, H.-J.	Verwaltungsprozessrecht in der Klausur, 9. Aufl., 2008
Uerpmann-Wittzack, R.	Examens-Repetitorium Allgemeines Verwaltungsrecht mit Verwaltungsprozessrecht, 4. Aufl., 2013
Zuleeg, M.	Fälle zum Allgemeinen Verwaltungsrecht, 4. Aufl., 2007

8.　Standardwerke zum Besonderen Verwaltungsrecht

Achterberg, N./Püttner, G./ Würtenberger, T. (Hrsg.)	Besonderes Verwaltungsrecht, Bd. 1: Wirtschafts-, Um-welt-, Bau-, Kultusrecht, 2. Aufl., 2000; Bd. 2: Kommu-nal-, Haushalts-, Abgaben-, Ordnungs-, Sozial-, Dienst-recht, 2. Aufl., 2000
Bauer, H./Peine, F.-J.	Landesrecht Brandenburg, 2. Aufl., 2011
Ehlers, D./Fehling, M./ Pünder, H. (Hrsg.)	Besonderes Verwaltungsrecht, 3. Aufl., Band 1 2012, Band 2 und 3 2013
Peine, F.-J.	Öffentliches Baurecht, 4. Aufl., 2003
Schenke, W.-R.	Polizei- und Ordnungsrecht, 8. Aufl., 2013
Schmidt-Aßmann, E. (Hrsg.)	Besonderes Verwaltungsrecht, 14. Aufl., 2008
Steiner, U. (Hrsg.)	Besonderes Verwaltungsrecht, 8. Aufl., 2006
Tettinger, P.J./Erbguth, W./ Mann, T.	Besonderes Verwaltungsrecht, 11. Aufl., 2012

II. Gesetzessammlungen

1. Bundesrecht

Das Deutsche Bundesrecht	Systematische Sammlung der Gesetze und Verordnungen mit Bundesrecht Erläuterungen (Hrsg. *Köble*), Loseblatt
Kirchhof, P./Kreuter-Kirchhof, C.	Staats- und Verwaltungsrecht Bundesrepublik Deutschland, 53. Aufl., 2014
Nomos Texte	Öffentliches Recht, 23. Aufl., 2014
Sartorius	Verfassungs- und Verwaltungsgesetze der Bundesrepublik Deutschland (Sartorius I), Loseblatt, Textausgabe

2. Landesrecht

Baden-Württemberg:

Dürig, G.	Gesetze des Landes Baden-Württemberg, Loseblatt-Textausgabe
Dolde, K.-P./Kirchhof, F./ Stilz, E.	Landesrecht Baden-Württemberg, 8. Aufl., 2013
Kirchhof, P./Kreuter-Kirchhof, C.	Staats- und Verwaltungsrecht Baden-Württemberg, 36. Aufl., 2014

Bayern:

Bauer, H./Huber, P-M./ Schmidt, R.	Staats- und Verwaltungsrecht Freistaat Bayern, 21. Aufl., 2014
Brandhuber/Theobald/Typelt	Vorschriftensammlung für die Verwaltung in Bayern, Loseblatt-Textausgabe
Ziegler/Tremel	Verwaltungsgesetze des Freistaates Bayern, Loseblatt-Textausgabe
Heckmann, D./Huber, K./ Numberger, U.	Landesrecht Bayern, 8. Aufl., 2012

Berlin:

Berliner Rechtsvorschriften	Amtliche Sammlung der Berliner Gesetze und Verordnungen, Hrsg. Senatsverwaltung für Justiz, Loseblatt-Textausgabe
Driehaus	Verfassungs- und Verwaltungsgesetze Berlins, Loseblatt-Textausgabe
Sodan, H./Kuhla, W.	Landesrecht Berlin, 9. Aufl., 2013

Brandenburg:

Gesetze des Landes Brandenburg	hrsg. unter Beratung von *Knöll*, Loseblatt-Textausgabe
v. Brünneck, A./Wolff, H.-A./ Dombert, M.	Landesrecht Brandenburg, 16. Aufl., 2012

Bremen:

Schefold, D./Ernst, M./ Stauch, M.	Landesrecht Bremen, 15. Aufl., 2012

Hamburg:

Hoffmann-Riem, W./ Schwemer, H.	Landesrecht Hamburg, 23. Aufl., 2013

Hessen:

Fuhr/Pfeil — Hessische Verwaltungs- und Verfassungsgesetze, Loseblatt-Textausgabe

v. Zezschwitz, F. — Landesrecht Hessen, 23. Aufl., 2013

Mecklenburg-Vorpommern:

Gesetze des Landes Mecklenburg-Vorpommern — hrsg. unter Beratung von *Knöll*

Erbguth, W./Kronisch, J./ Darsow, T. — Landesrecht Mecklenburg-Vorpommern, 16. Aufl., 2014

Niedersachsen:

März, G. — Niedersächsische Gesetze, Loseblatt-Textausgabe

Götz, V./Starck, C. — Landesrecht Niedersachsen, 22. Aufl., 2013

Ipsen, J./Kühne, J.-D. — Staats- und Verwaltungsrecht Niedersachsen, 9. Aufl., 2014

Nordrhein-Westfalen:

Erichsen, H.-U./Wißmann, H. — Staats- und Verwaltungsrecht Nordrhein-Westfalen, 25. Aufl. 2014

v. Hippel/Rehborn — Gesetze des Landes Nordrhein-Westfalen, Loseblatt-Textausgabe

Pappermann, E. — Rechtsvorschriften in Nordrhein-Westfalen, Loseblatt-Textausgabe

Rehborn — Verwaltungsvorschriften in Nordrhein-Westfalen, Loseblatt-Textausgabe

Mayen, T./Sachs, M./ Seibert, M.-J. — Landesrecht Nordrhein-Westfalen, 8. Aufl., 2013

Rheinland-Pfalz:

Rumetsch, R. — Landesrecht in Rheinland-Pfalz, Loseblatt-Textausgabe

Sammlung des bereinigten Landesrechts in Rheinland-Pfalz — hrsg. von der Landesregierung des Landes Rheinland-Pfalz

Hufen, F./Jutzi, S./Westenberger, N. — Landesrecht Rheinland-Pfalz, 22. Aufl., 2013

Saarland:

Hümmerich/Kopp — Saarländische Gesetze, Loseblatt-Textausgabe

Sammlung des bereinigten saarländischen Landesrechts — hrsg. von der Regierung des Saarlandes

Freymann, H.-P./Kröninger, H./Wendt, R. — Landesrecht Saarland, 20. Aufl., 2013

Sachsen:

Gesetze des Freistaats Sachsen — hrsg. unter Beratung von *Knöll*

Degenhart, C. — Staats- und Verwaltungsrecht Freistaat Sachsen, 9. Aufl., 2013

Musall, P./Birk, H.-J./ Hauser, G./Fassbender, K. — Landesrecht Sachsen, 18. Aufl., 2014

Sachsen-Anhalt:

Gesetze des Landes Sachsen-Anhalt — hrsg. unter Beratung von *Knöll*

Kluth, W./Robra, R. — Landesrecht Sachsen-Anhalt, 13. Aufl., 2009

Schleswig-Holstein:

Bausenhardt/Guilleaume	Landesrecht in Schleswig-Holstein, Loseblatt-Textausgabe
Brintzinger, O.L.	Landesrecht in Schleswig-Holstein, Loseblatt-Textausgabe
v. Mutius, A./Ewer, W./	Landesrecht Schleswig-Holstein, 18. Aufl., 2009
Schmalz, H.-J.	

Thüringen:

Gesetze des Landes Thüringen	hrsg. unter Beratung von *Knöll*
Brenner, M./Burmann, M./	Landesrecht Thüringen, 17. Aufl., 2014
Gülsdorff, F.H.	

3. Entscheidungssammlungen zum Verwaltungsrecht

Amtliche Sammlungen von Entscheidungen der Oberverwaltungsgerichte Rheinland-Pfalz und Saarland; Entscheidungssammlung des BVerwGs (BVerwGE); Entscheidungssammlung des Oberverwaltungsgerichts Berlin; Entscheidungssammlung des Hessischen Verwaltungsgerichtshofes und des Verwaltungsgerichtshofes Baden-Württemberg mit Entscheidungen des Staatsgerichtshofes beider Länder (ESVGH); Entscheidungen für das Land Nordrhein-Westfalen in Münster sowie für die Länder Niedersachsen und Schleswig-Holstein in Lüneburg; Leitsätze aus Entscheidungen des Oberverwaltungsgerichts der Freien Hansestadt Bremen; Sammel- und Nachschlagewerk der Rechtsprechung des BVerwGs.

4. Zeitschriften

a) Zeitschriften des öffentliches Rechts

Bayerische Verwaltungsblätter (BayVBl); Der Staat; Deutsches Verwaltungsblatt (DVBl); Die Öffentliche Verwaltung (DÖV); Die Verwaltung; Neue Zeitschrift für Verwaltungsrecht (NVwZ); Landes- und Kommunalverwaltung (LKV); Niedersächsische Verwaltungsblätter (NdsVBl); Zeitschrift für öffentliches Recht in Norddeutschland (NordÖR); Nordrhein-westfälische Verwaltungsblätter (NWVBl); Rechtsprechungsreport zum Verwaltungsrecht (NVwZ-RR); Sächsische Verwaltungsblätter (SächsVBl); Thüringische Verwaltungsblätter (ThürVBl); Verwaltungsblätter für Baden-Württemberg (VBlBW); Verwaltungsrundschau (VR).

b) Ausbildungszeitschriften

Juristische Arbeitsblätter (JA); Juristische Ausbildung (JURA); Juristische Schulung (JuS).

c) Andere Zeitschriften mit gelegentlich öffentlich-rechtlichen Beiträgen

Juristenzeitung (JZ); Neue Juristische Wochenschrift (NJW).

d) Weitere Fachzeitschriften

Es gibt mehr als 100 Fachzeitschriften, die sich Spezialgebieten des öffentlichen Rechts widmen; sie können hier nicht aufgezählt werden.

§ 1 Einführung

I. Ein Vorurteil

Lernende nähern sich dem Verwaltungsrecht mit großer Zurückhaltung, wahrscheinlich sogar mit einer gewissen Besorgnis. Dieses Phänomen ist alt. Das Erlernen des Verwaltungsrechts wird als „das" Problem des Jurastudiums empfunden. Die gewisse Hilflosigkeit, mit der Anfänger verwaltungsrechtlichen Fragestellungen begegnen, ist manchmal noch bei Fortgeschrittenen zu beobachten. Referendarinnen und Referendare wissen des Öfteren mit dem Verwaltungsrecht (immer noch) nichts anzufangen. Das relative Unvermögen basiert häufig auf einer falschen „Programmierung" der Lernenden. Diese Einstellung beruht auf einer unangemessenen Sicht des Verwaltungsrechts: Die enorme Menge verwaltungsrechtlicher Normen und die dadurch bedingte Fülle unbekannter Fragestellungen wird mit der falschen Annahme verbunden, der Stoff sei nicht beherrschbar. In der Folge bedingt das frühzeitige „Kapitulieren" vor dem Stoff lediglich geringe Bemühungen um Problembewältigung. Das Verwaltungsrecht wird zum „Angststoff"[1].

Das verwaltungsrechtliche „Gebirge" besitzt natürlich „alpinen" Charakter. Aus dieser Qualität aber den Schluss zu ziehen, der Berg sei unüberwindbar, ist falsch. Die Beantwortung verwaltungsrechtlicher Fragestellungen folgt in derselben Weise gewissen „Gesetzmäßigkeiten" wie die Antwortfindung im Zivilrecht oder im Strafrecht. Diese Regeln lassen sich ebenso wie die jener Rechtsgebiete erlernen. Sie ermöglichen, auch bislang unbekannte verwaltungsrechtliche Normen anzuwenden. Damit reduziert sich zwar nicht das Problem der Stoffmenge, es zeigt sich aber, dass die Stofffülle eben nicht „das" Problem des Verwaltungsrechts ist. Es kommt für den Verwaltungsrechtler darauf an, bestimmte, in ihrer Quantität begrenzte, Grundfragestellungen zu beherrschen. Das Lernproblem erreicht eine erträgliche Dimension: Die sachlichen Problemstellungen bleiben, lediglich die Normen, an denen das Problembewusstsein zu demonstrieren ist, wechseln. Ferner verlangen die Justizausbildungsordnungen nur Grundkenntnisse in einigen zentralen Materien des Besonderen Verwaltungsrechts; damit reduziert sich das „Problem" der Stofffülle ein weiteres Mal.

Nach alldem zeigt sich: Die vielen Normen, die im „Sa. I" und in den landesrechtlichen Gesetzessammlungen abgedruckt sind[2], müssen Sie als Lernende nicht in einer Weise inhaltlich beherrschen, wie Sie – um zivilrechtliche Beispiele zu wählen – das Recht der ungerechtfertigten Bereicherung oder das Eigentümer-Besitzer-Verhältnis im Griff haben müssen. Die ganze Fülle des Verwaltungsrechts beherrschen nicht einmal „Profis": Die Feinheiten des Atomrechts haben nur wenige Spezialisten parat. Das auf der Stoffmenge basierende Vorurteil gegenüber dem Verwaltungsrecht ist deshalb unbegründet. Was die Lernenden aber spätestens im Examen präsent haben sollten, ist Folgendes: Sie sollten die „Grundfragen des Allgemeinen Verwaltungsrechts" und seine „Institute" sowie die Grundzüge der Materien des Besonderen Verwaltungsrechts kennen, die die Justizausbildungsordnungen erwähnen; sie sollten ferner einen Überblick über weitere Materien des Besonderen Verwaltungsrechts besitzen.

1

2

3

---

1   Vgl dazu *Bull*, JZ 1998, 338.
2   S. die Nachweise im Literaturverzeichnis unter II. Gesetzessammlungen.

II. Das Anliegen dieses Buchs

4   Die Lehrbuchliteratur zum Allgemeinen Verwaltungsrecht ist beachtlich[3]. Es gibt Lehrbücher für Anfänger und Fortgeschrittene; es gibt solche mit hohem wissenschaftlichen Anspruch und solche, die das bekannte Wissen lediglich präsentieren wollen; es gibt Lehrbücher, die aus dem Blickwinkel einer bestimmten Lehre geschrieben sind. Es gibt Fallsammlungen und Repetitorien.

5   Dieses Buch möchte, entsprechend dem Anliegen der Reihe „Schwerpunkte", das Allgemeine Verwaltungsrecht in der Breite und Tiefe lehren, die es ermöglicht, den durch die Erste Juristische Prüfung gestellten Anforderungen gerecht zu werden. Das bedeutet im Einzelnen: Es werden besonders betont

–   die verwaltungsrechtlichen Grundfragestellungen,
–   Grundprobleme der Anwendung verwaltungsrechtlicher Normen,
–   die Beziehungen des Verwaltungsrechts zum Verfassungsrecht (dieses wird aber nicht dargestellt),
–   die wichtigsten Probleme der verwaltungsrechtlichen Handlungsinstrumente.

6   Diese Zielsetzung ist eine begrenzte. Deshalb wird nicht der gesamte Stoff des zum Allgemeinen Verwaltungsrecht Gehörenden vorgestellt, sondern eine Auswahl. Die Geschichte des Allgemeinen Verwaltungsrechts gelangt bei dieser eingeschränkten Themenstellung ebenso wenig zur Darstellung wie das Internationale Verwaltungsrecht[4]. Ferner werden dogmatische Probleme nicht mitgeschleppt, die sich überholt haben. Es geht in diesem Buch darum, das „Gebäude" des Allgemeinen Verwaltungsrechts sichtbar werden zu lassen: freilich in einer Beschränkung auf seine Konstruktionsprinzipien, nicht in allen Details. Ferner werden Aufbauschemata für die Beantwortung der wichtigsten verwaltungsrechtlichen Fragestellungen geboten.

7   Das Buch arbeitet mit einer Vielzahl praktischer Beispiele aus der Rechtsprechung. Wann immer möglich, enthält es Hinweise auf Besprechungen der Entscheidungen in der speziell für Lernende konzipierten juristischen Literatur[5]. Wenn einzelne Probleme angesprochen, aber nicht vertieft werden, finden sich Hinweise auf Literatur, die die Vertiefung leistet.

III. Typische verwaltungsrechtliche Fragestellungen

8   Eine normale verwaltungsrechtliche Klausur als

> **Ausgangsfall:** Familie A hat Zwillinge bekommen. Sie benötigt deshalb mehr Wohnraum. Herr A ist der Auffassung, er könne das Familienheim ohne behördliche Genehmigung um zwei Zimmer erweitern. Er lässt die Zimmer bauen. Durch Zufall erfährt das zuständige Bauordnungsamt von dem Anbau. Es gebietet Herrn A den Abriss des Anbaus, weil Herr A keine Baugenehmigung besitze. Herr A ist empört und möchte den behördlichen Bescheid

---

3   S. die Nachweise im Literaturverzeichnis unter I. Lehrbücher zum Verwaltungsrecht.
4   S. dazu *Peine*, FS Dieter Martiny, 2014, S. 945 ff.
5   JuS, JURA, JA.

aus der Welt schaffen. Auf Anraten seines Anwalts erhebt er Klage vor dem zuständigen Verwaltungsgericht. Hat die Klage des A Aussicht auf Erfolg?

Diese Klausur ist insofern eine typische verwaltungsrechtliche Klausur, als sie zwei **9** Grundfragestellungen enthält: eine prozessuale und eine materiell-rechtliche Frage[6]. Die prozessuale Fragestellung lautet: Ist die von A erhobene Klage zulässig? Die materiell-rechtliche Frage lautet: Ist die Verfügung der Behörde rechtmäßig? – Die Verknüpfung von prozessrechtlichen und materiell-rechtlichen Fragen kennzeichnet verwaltungsrechtliche Klausuren und Hausarbeiten ebenso wie verfassungsrechtliche[7].

Nicht immer erwartet eine Klausur die Bearbeitung beider Fragen. Es ist auch mög- **10** lich und in der Klausurpraxis des öffentlichen Rechts nicht unüblich, lediglich die Antwort auf die materiell-rechtliche Frage als Aufgabe zu stellen – typischerweise ist dieses im Zivilrecht und im Strafrecht der Fall. Manchmal beschränken sich verfassungsrechtliche Klausuren auch allein auf die Lösung eines materiell-rechtlichen Problems. Ganz selten erschöpfen sich Klausuren auch im Aufwerfen verwaltungsprozessualer Probleme[8].

Dieses Buch behandelt ausschließlich die materiell-rechtlichen Fragen der durch den **11** Ausgangsfall aufgeworfenen Probleme, soweit diese dem Allgemeinen Verwaltungsrecht zugehören – die prozessuale Seite wird in einem anderen Buch dargestellt: in einem verwaltungsprozessrechtlichen Lehrbuch dieser Reihe[9]. Die Trennung zwischen der prozessualen Seite und der materiell-rechtlichen Seite ist typisch und wird hier beibehalten. Freilich werden so oft wie möglich Hinweise auf das Prozessrecht gegeben.

Die materiell-rechtliche Seite des Ausgangsfalls wirft typische verwaltungsrechtliche **12** Fragen auf: Es ist von einer Behörde die Rede – was ist eine Behörde und wie stellt sich der Behördenaufbau der Bundesrepublik dar? A hat ohne Baugenehmigung gebaut – was ist eine Genehmigung und benötigt er eine? Die Behörde hat den Abriss ohne Anhörung des A verfügt – hat A Anhörungsrechte? Ist die Abrissverfügung überhaupt rechtmäßig – was ist die Voraussetzungen für ein rechtmäßiges Gebot? Welche Rolle spielt in diesem Zusammenhang das Verfassungsrecht?

Hinweis: Es gibt mit Blick auf das Bauen die Lehre von der durch Art. 14 GG abgesicherten sog. Baufreiheit[10].

Die „klassische" verwaltungsrechtliche Fragestellung – diejenige, die das Verwal- **13** tungsrecht strukturell vom Bürgerlichen Recht unterscheidet – lautet: Hat die Behörde rechtmäßig gehandelt? Die **Rechtmäßigkeitsfrage** ist die „besondere" Frage des Verwaltungsrechts.

---

6   Diese Unterscheidung kennen Sie bereits aus der Übung für Anfänger im öffentlichen Recht: Zulässigkeit und Begründetheit einer Verfassungsbeschwerde, eines Organstreitverfahrens.
7   Allgemein zur **Fallbearbeitung** im öffentlichen Recht: *Peine*, Klausurenkurs im Verwaltungsrecht, 5. Aufl. 2013.
8   S. als **Beispiel** *Peine*, ebenda., S. 152 ff.
9   *Schenke*, Verwaltungsprozessrecht, 14. Aufl., 2014.
10 Vgl dazu *Peine*, Öffentliches Baurecht, § 9 D.

14 Eine **Abwandlung** des **Ausgangsfalls** führt zu einem weiteren Problem:

> A beantragt die Genehmigung für den Anbau, erhält sie indes erst nach zwei Jahren. Die Behörde verteidigt sich mit Arbeitsüberlastung. In der Zwischenzeit sind die Baupreise erheblich gestiegen. A meint, die behördliche Prüfung hätte innerhalb eines halben Jahres erfolgen können. Er verlangt Schadenersatz in Höhe der Baupreissteigerung der letzten eineinhalb Jahre. Hat er einen Anspruch auf Schadenersatz?

15 Diese Fragestellung entspricht der typischen zivilrechtlichen Fragestellung: Wer kann was von wem woraus verlangen? Das angesprochene Problem ist aber ein öffentlich-rechtliches: Behörden unterliegen einem speziellen öffentlich-rechtlichen Haftungsregime. – Auch die spezifisch zivilrechtliche Fragestellung besitzt also im öffentlichen Recht Bedeutung.

16 Eine **letzte Abwandlung** soll eine weitere verwaltungsrechtliche Fragestellung verdeutlichen:

> Die Klage des A vor dem Verwaltungsgericht gegen die Abrissverfügung bleibe erfolglos. A kommt dem behördlichen Verlangen auf Abriss nicht nach. Die Behörde droht, sie werde nach Ablauf einer Frist den Bauunternehmer Schredder mit dem Abriss beauftragen. A unternimmt nichts. Nach Fristablauf bringt Schredder entsprechend einem behördlichen Auftrag die Abrissbirne zum Einsatz. Durfte die Behörde in dieser Weise vorgehen?

17 Dieses Beispiel demonstriert den Fragenkomplex, der sich beim praktischen Vollzug von behördlichen Entscheidungen stellt. Dieser Bereich wird „Vollstreckung" genannt. Sie gibt es nicht nur im Bereich des Zivilrechts – in der Person des Gerichtsvollziehers, der den „Kuckuck" klebt, oder in Form der Zwangsversteigerung eines Grundstücks –, sondern auch im Verwaltungsrecht.

IV. Problemlösungsphasen

18 Das Fallbeispiel und seine Abwandlungen demonstrieren die „Phasen", in die sich die behördliche Lösung eines verwaltungsrechtlichen Problems typischerweise einteilen lässt. Es handelt sich um drei Phasen: die Phase der Entscheidungsfindung, die Phase der Entscheidungskontrolle, die Phase des Entscheidungsvollzugs. Diese drei Phasen vollziehen sich in der Regel nacheinander. Sie unterliegen unterschiedlichen rechtlichen Anforderungen. Die Anforderungen sind in verschiedenen Gesetzen geregelt. Diese Gesetze enthalten vollständig oder teilweise den Kern des Allgemeinen Verwaltungsrechts.

1. Die Entscheidungsfindung

19 Im Stadium der Entscheidungsfindung stellen sich folgende Fragen:
- Darf ein beliebiges Problem durch eine Behörde „aufgegriffen" und einer Lösung zugeführt werden?
- Wenn ja, welche Rechtspositionen besitzen von der Entscheidung Betroffene im Rahmen der Entscheidungsfindung?

- Mit Hilfe welchen „Instruments" darf die Verwaltung die Entscheidung herbeiführen?
- Sind besondere Anforderungen formeller und/oder inhaltlicher Art an die Entscheidung als solche zu stellen?
- Welches sind die Bedingungen für die Rechtmäßigkeit der Entscheidung?

2. Die Entscheidungskontrolle

Die Entscheidungskontrolle folgt der Entscheidungsfindung. Diese Phase muss es indes nicht zwingend geben. Der Bürger kann die getroffene Entscheidung „klaglos" hinnehmen. Die Behörde kann freilich von sich aus die getroffene Entscheidung aufheben wollen, nachdem sie die Entscheidung inhaltlich kontrolliert hat. Folgende Probleme sind von Bedeutung: **20**

- Unter welchen Voraussetzungen kann die Behörde von sich aus eine Entscheidung aufheben?
- Welche Rechte haben Betroffene in diesem Fall?
- Können Betroffene einer behördlichen Entscheidung die Behörde zu einer Selbstkontrolle zwingen?
- Wann besteht ein Anspruch auf gerichtliche Kontrolle der Entscheidung?

3. Der Entscheidungsvollzug

Entscheidungsfindung und Entscheidungsvollzug fallen in aller Regel auseinander. Sie können freilich in besonderen Fällen auch zusammenfallen. Die zu beantwortenden Fragen lauten: **21**

- Gibt es bestimmte Voraussetzungen für die Vollstreckung?
- Wann dürfen Entscheidungsfindung und Entscheidungsvollstreckung zusammenfallen?
- Wer vollstreckt?
- Mit Hilfe welcher Mittel darf die Vollstreckung vorgenommen werden?
- Ist die Vollstreckung gerichtlicher Kontrolle zugänglich?

V. Der Aufbau des Buchs

Die Struktur des Buchs ist an diesen Fragestellungen orientiert. Das bedeutet: Alle im Allgemeinen Verwaltungsrecht zu behandelnden Probleme werden an der Stelle gelöst, wo die Problemlösung Voraussetzung für das Finden einer Antwort auf die gestellte Frage ist. Dieses Schema ist indes nicht vollständig eingehalten. Einige „Grundfragen" sind gleichsam „vor die Klammer" gezogen worden und werden in einem „Allgemeinen Teil" des Allgemeinen Verwaltungsrechts behandelt. Diese „Grundfragen" sind: **22**

- Was ist „Verwaltung", welche „Arten" von Verwaltung gibt es, wie ist in der Bundesrepublik die Verwaltung organisiert?
- Was versteht man unter Verwaltungsrecht, wie lässt es sich einteilen[11]?

---

11 Unter Rn 3 war vom „Allgemeinen" und „Besonderen" Verwaltungsrecht die Rede.

     –   Gibt es Spezifika verwaltungsrechtlicher Normen, die bei der Normanwendung bedeutungsvoll sind?

     –   Worin bestehen die verfassungsrechtlichen Vorgaben für das Verwaltungsrecht?

23   Diesem ersten Teil folgen die drei weiteren Teile Entscheidungsfindung, Entscheidungskontrolle und Entscheidungsvollzug. In einem fünften Teil wird das Recht der öffentlichen Sachen überblicksartig dargestellt.

Hinweis: §§ ohne nähere Kennzeichnung sind solche des VwVfG.

Teil I
Grundfragen

§ 2   Die öffentliche Verwaltung

Art. 20 Abs. 2 S. 2 und Abs. 3 GG unterscheiden drei Staatsgewalten: die Gesetzge- **24**
bung, die Rechtsprechung und die vollziehende Gewalt. Der Begriff „vollziehende
Gewalt" ist gleichbedeutend mit „öffentliche Verwaltung".

Der Begriff „Verwaltung" ist mehrdeutig. Er findet Verwendung zur Bezeichnung **25**
unterschiedlichster Sachverhalte. Im allgemeinen Sprachgebrauch ist die Rede von
Staats- und Kommunalverwaltung, von Vermögensverwaltung (zB durch Banken)
und der Verwaltung eines Konzerns. Hier geht es um Staatsverwaltung im weiteren
Sinne: also um **öffentliche** Verwaltung im Gegensatz zur Verwaltung privater Angelegenheiten (zB der Verwaltung einer Vereinskasse).

Die öffentliche Verwaltung bildet den Bezugspunkt des Verwaltungsrechts. Das Ver- **26**
waltungsrecht ist das Recht der öffentlichen Verwaltung. Benötigt wird eine Festlegung dieses Bezugspunkts. Darum bemühen sich die verwaltungsrechtliche und die
verwaltungswissenschaftliche Literatur. Zwei Wege sind für die Zielerreichung denkbar: zum einen eine Festlegung durch eine Definition, zum anderen durch Beschreibung. Als Ergebnis der wissenschaftlichen Bemühungen sei vorweggenommen, dass
die erarbeiteten Definitionen unbefriedigend sind[1]. Den Grund für die Fehlschläge
bilden die außerordentlich unterschiedlichen Tätigkeiten der öffentlichen Verwaltung. Sie lassen sich nicht auf einen einfachen Nenner bringen. Die Hinnahme dieses
Umstands führt zu der Erkenntnis: Verwaltung lässt sich nicht definieren, sondern nur
beschreiben[2]. Darin äußert sich nicht Resignation, sondern Akzeptanz der komplizierten Wirklichkeit. Deshalb wird im Folgenden auf einen weiteren vergeblichen Defini-
tionsversuch verzichtet. Es wird berichtet (I.). Der notwendige Bezugspunkt wird
durch Beschreibung geliefert (II.).

I.   Definitionsbemühungen

1.   Anknüpfungspunkt: Die Organisation

Die öffentliche Verwaltung bildet tatsächlich eine organisatorisch, funktionell und **27**
rechtlich in sich geschlossene, von anderen Bereichen eindeutig abgrenzbare Einheit[3].
Verwaltung im organisatorischen Sinne bedeute die Gesamtheit der Verwaltungsträger. – Diese Annäherung an die Realität der Verwaltung ist unbefriedigend. Sie erfasst die Verwaltungswirklichkeit nicht vollständig. Es gibt auch im Bereich der Ge-

---

1   S. den Versuch von *Roellecke*, Die Verwaltung 1996, 1 ff.
2   *Forsthoff*, S. 1.
3   *Maurer*, § 1 Rn 1.

setzgebungsorgane Verwaltung, zB die Zahlung der Diäten an die Abgeordneten des Deutschen Bundestags sowie Dienstleistungen an die und Kontrolle der Rechenschaftsberichte der politischen Parteien (§§ 19 ff, 23 Abs. 3 ParteiG, Sa. I Nr 58) durch die Bundestagsverwaltung, ferner die Wahrnehmung des Hausrechts durch den Präsidenten des Deutschen Bundestags: Verweisung eines die Debatte störenden Zuschauers von der Parlamentstribüne. Sogar im Bereich der Justiz lassen sich Tätigkeiten feststellen, die nicht Rechtsprechung sind: Führung des Grundbuchs, des Vereinsregisters sowie des Handelsregisters – alles in allem diejenigen Tätigkeiten, die unter dem Stichwort „Angelegenheiten der freiwilligen Gerichtsbarkeit" zusammengefasst werden.

2. Anknüpfungspunkt: Die Summe der ausgeübten Tätigkeiten

28 Verwaltung im formellen Sinne sei die von der Verwaltung im organisatorischen Sinne insgesamt wahrgenommene Tätigkeit. – Ob durch die Bezugnahme auf die Organisation ein hinreichender Anknüpfungspunkt geliefert ist, bleibe offen, da dieser Anknüpfungspunkt selbst kritikwürdig ist. Jedenfalls ist diese Definition unbrauchbar, weil sie mehr als die „eigentliche" Verwaltungstätigkeit erfasst und deshalb über das Ziel hinausschießt.

3. Anknüpfungspunkt: Die „eigentliche" Verwaltungstätigkeit

29 Die „eigentliche" Verwaltungstätigkeit, die Verwaltung im materiellen Sinne, ist vielfach „definiert" worden. Es lassen sich „negative" wie „positive" Ansätze unterscheiden.

30 a) Verwaltung ist die Staatstätigkeit, die nicht Gesetzgebung und die nicht Rechtsprechung ist[4]. – Der Erkenntniswert dieses Versuchs ist unbefriedigend, weil es Staatstätigkeiten gibt, die sich nicht problemlos einer der drei Staatsgewalten zuordnen lassen: jede Form von „Kontrolle" über Staatstätigkeit, zB parlamentarische Kontrolle, Kontrolle durch Bundes- und Landesrechnungshof, durch den Wehrbeauftragten oder die Datenschutzbeauftragten[5].

31 b) Lediglich einzelne Aspekte (und deshalb bereits im Ansatz kritikwürdig, weil nicht an Vollständigkeit interessiert) betonen Versuche folgender Art: Verwaltung sei der planmäßige und zweckgerichtete Vollzug bereits getroffener politischer Entscheidungen[6] oder die Herstellung verbindlicher Entscheidungen[7]. Einen Überblick über die verschiedenen Begriffsverständnisse von Verwaltung aus der Sicht der Verwaltungslehre liefert *Püttner*[8]. Einen Gesamtansatz aus juristischer Sicht versuchen *Wolff/Bachof*[9]. Dieser Versuch ist indes hochgradig abstrakt und nur schwer nach-

---

4 *Otto Mayer*, S. 7; *Jellinek*, S. 6.
5 Weitere Argumente gegen diese Subtraktionsmethode bei *Maurer*, § 1 Rn 6.
6 *Thieme*, S. 4.
7 *Luhmann*, in: *Morstein-Marx* (Hrsg.), Verwaltung, 1965, S. 165.
8 S. 26–30.
9 I, § 2 III.

vollziehbar: „Öffentliche Verwaltung im materiellen Sinne ist also die mannigfaltige, konditional oder nur zweckbestimmte, also insofern fremdbestimmte, nur teilplanende, selbstbeteiligt entscheidend ausführende und gestaltende Wahrnehmung der Angelegenheiten des Gemeinwesens und ihrer Mitglieder als solcher durch die dafür bestellten Sachwalter des Gemeinwesens"; ähnlich auch *Wolff/Bachof/Stober*[10].

c) Eine Kombination aller Ansätze stellt *Stern*[11] vor. Er scheidet aus dem Bereich **32** Verwaltung zunächst die Rechtsprechung, die Gesetzgebung, die Regierung, die staatsleitende Planung sowie die militärische Verteidigung aus. Darauf aufbauend stellt er positiv fest, Verwaltung sei „die den Organen der vollziehenden Gewalt und bestimmten diesen zuzurechnenden Rechtssubjekten übertragene eigenverantwortliche ständige Erledigung der Aufgaben des Gemeinwesens durch konkrete Maßnahmen in rechtlicher Bindung nach (mehr oder weniger spezifiziert) vorgegebener Zwecksetzung". – Dieser Ansatz ist zirkelschlüssig, weil in der Definition das zu Definierende enthalten ist: die vollziehende Gewalt.

II. Beschreibung der öffentlichen Verwaltung

Die öffentliche Verwaltung lässt sich in Abhängigkeit von der gewählten „Sichtwei- **33** se" unterschiedlich beschreiben. Als solche Sichtweisen fungieren hier „Merkmal", „Inhalt", „Wirkung", „Gesetzesbindung" und „Gesetzesqualität".

Für die öffentliche Verwaltung sind einige **Merkmale** spezifisch, die ihre Arbeit **34** kennzeichnen: Ihr Gegenstand ist das Gemeinwesen. Sie ist an dessen Interesse – dem öffentlichen Interesse – orientiert. Sie gestaltet die Zukunft aktiv durch konkrete Maßnahmen im Einzelfall[12].

Inhaltlich lässt sich die öffentliche Verwaltung (freilich nicht abschließend) be- **35** schreiben durch Wortverbindungen, die auf Tätigkeitsbereiche der öffentlichen Verwaltung hinweisen: Bauverwaltung, Hochschul- und Schulverwaltung, Finanzverwaltung etc. Einen Überblick vermittelt die systematische Gliederung des Sa. I.

Die Tätigkeit der öffentlichen Verwaltung lässt sich ferner beschreiben durch die **36** **Wirkung**, die sie für den Einzelnen besitzt: Entscheidungen mit belastender Wirkung spricht die **Eingriffsverwaltung** aus. Sie greift mit Ge- oder Verboten und notfalls mit Verwaltungszwang[13] in Freiheit und Eigentum des Bürgers ein:

Beispiele: Polizei- bzw Ordnungsrecht (Verbot, mit einem nicht mehr vom TÜV zugelassenen PKW zu fahren); Umweltrecht (Betriebsstilllegung); Finanzrecht (Steuerbescheid).

Entscheidungen mit begünstigender Wirkung fällt die **Leistungsverwaltung**. Sie un- **37** terstützt entweder Einzelne finanziell oder durch Sachleistungen oder verbessert die Lebensbedingungen der Bürger allgemein durch Schaffung sog. öffentlicher Einrichtungen:

---

10 I, § 2 Rn 12.
11 *Stern*, Staatsrecht II, 1980, S. 736 ff.
12 *Maurer*, § 1 Rn 11.
13 S. o. Rn 18, Entscheidungsvollzug.

Beispiele: Sozialrecht[14]; Zahlung von „BAföG"; Subventionsrecht (Förderung der Investitionen von Unternehmen); Bau von Kindergärten, Schulen, Hochschulen.

Entscheidungen mit begünstigender Wirkung, die sich indes kaum individuell zuordnen lassen, fällt die **planende** Verwaltung. Sie will zukünftiges Geschehen beeinflussen oder gestalten, um ein in den Blick genommenes Ziel mit bestimmten Mitteln innerhalb eines festgelegten Zeitraums zu erreichen[15]:

Beispiele für planende Verwaltungstätigkeit bilden der Straßenbau; die Festsetzung von Naturschutzgebieten.

38　Schließlich lässt sich die öffentliche Verwaltung nach dem Grad der für ihre Arbeit geltenden **Gesetzesbindung** beschreiben. Insoweit ist zu trennen zwischen gesetzesakzessorischer und gesetzesfreier Verwaltung. Die gesetzesakzessorische Verwaltung realisiert den in den Gesetzen niedergelegten Willen des Gesetzgebers.

Sie betrifft den gesamten Bereich der Eingriffsverwaltung,

Beispiel: Schaffung von Sicherheit durch die Anwendung des Polizeirechts,

Teile der Leistungsverwaltung,

Beispiele: Erbringung der Leistungen nach dem SGB: Zahlung der Kosten für eine Behandlung im Krankheitsfall; Zahlung der Renten,

aber auch Teile der planenden Verwaltung,

Beispiel: Erlass eines Bebauungsplans, wenn er für die städtebauliche Entwicklung und Ordnung erforderlich ist, § 1 Abs. 3 BauGB (Sa. I Nr 300).

39　Die gesetzesfreie Verwaltung setzt Tatbestände ohne Gesetzesvollzug (das bedeutet freilich nicht rechtliche Bindungslosigkeit):

Beispiele: Ausstrahlung von Fernsehsendungen; auswärtiger Dienst; sog. Tathandlungen/ Realakte wie zB Auskünfte.

40　Letztlich ist die öffentliche Verwaltung zu erfassen nach der Qualität der ihre Arbeit bestimmenden Rechtsnormen. Die bisherigen Ausführungen könnten den Schluss nahe legen, die öffentliche Verwaltung arbeite immer auf der Basis des öffentlichen Rechts. Dieser Schluss wäre falsch: Es gibt auch öffentliche Verwaltung auf der Grundlage des Privatrechts. Weil die Verwaltung davon häufig Gebrauch macht, haben Juristen früher sogar von einer „Flucht in das Privatrecht" gesprochen. Wenn die öffentliche Verwaltung ihre Pflichten mit Hilfe des Privatrechts erfüllt, spricht man vom **Verwaltungsprivatrecht**:

Beispiel: Erfüllung von Aufgaben der Daseinsvorsorge wie die Belieferung der Haushalte mit Strom, Wasser, Gas durch eine „Stadtwerke GmbH".

41　Soweit Normen nicht entgegenstehen, besteht für die Verwaltung Wahlfreiheit in doppelter Hinsicht: für die Organisationsform der Leistungserbringung und für die Ausgestaltung des Benutzungsverhältnisses[16].

Literatur: *Weidemann/Barthel*, DVP 2009, 178 ff.

14　Zu seinem Umfang s. § 1 SGB I, Sa. Ergänzungsband Nr 401.
15　*Maurer*, § 1 Rn 17, spricht insofern von Lenkungsverwaltung.
16　Näheres Rn 194 ff.

III. Die Verwaltungsorganisation

1. Grundsätzliches

Die zuvor beschriebene öffentliche Verwaltung erbringt die Verwaltungstätigkeit durch „Handeln". Handeln erfordert zweierlei: Personen, die die Tätigkeit erbringen, und sachliche Hilfsmittel wie Gebäude, Computer, Schreibpapier etc. Diese persönlichen und sachlichen Voraussetzungen für Verwalten muss eine „Institution" „stellen". Diese Institution ist Träger der Verwaltung = Verwaltungsträger. Die Summe der Verwaltungsträger bildet die Verwaltungsorganisation. Sie ist in der Bundesrepublik außerordentlich differenziert. **42**

a) Die einzelnen Verwaltungsträger benötigen als Bedingung für rechtmäßiges Handeln Rechte und Pflichten. Nur wer das Recht hat, in bestimmter Weise zu handeln, handelt rechtmäßig. Diese Rechtsstellung, dieses Recht zu handeln, vermittelt das Gesetz. Es überträgt den Verwaltungsträgern bestimmte Aufgaben zur Erfüllung. Adressat eines durch das Recht ausgesprochenen Auftrags kann nur eine rechtsfähige Person sein. Deshalb sind die Verwaltungsträger durchweg (natürliche oder juristische) Personen. **43**

Allein die Träger von Rechten und Pflichten sind rechtsfähig. Rechtsfähig sind zunächst die Menschen, die natürlichen Personen: § 1 BGB: Die Rechtsfähigkeit des Menschen beginnt mit der Vollendung der Geburt. Rechtsfähig sind ferner juristische Personen, soweit ihnen das Recht diese Eigenschaft zuerkennt. Es gibt rechtsfähige juristische Personen auf der Basis des Privatrechts und des öffentlichen Rechts. **44**

Rechtsfähige juristische Personen des Privatrechts sind zB die GmbH, § 13 GmbHG, und die AG, § 1 AktG. – Die Verwaltungsträger sind rechtsfähige juristische Personen des öffentlichen Rechts. Das öffentliche Recht verleiht ihnen diese Eigenschaft. **45**

Beispiele: Die Bundesrepublik ist eine juristische Person des öffentlichen Rechts. Sie hat bestimmte Aufgaben zu erfüllen: s. Art. 70 ff GG: Gesetzgebung, oder Art. 83 ff GG: Bundesverwaltung. – Die Handwerksinnung ist eine juristische Person des öffentlichen Rechts (Körperschaft), sie hat bestimmte Aufgaben zu erledigen, s. §§ 53, 54 HwO (Sa. I Nr 815).

Das öffentliche Recht kann juristischen Personen eine Vollrechtsfähigkeit oder lediglich eine Teilrechtsfähigkeit verleihen. Letzteres ist der Fall, wenn die juristische Person nur bestimmte begrenzte Rechte und Pflichten besitzt. Diese Differenzierung ist im öffentlichen Recht relevant, weil juristische Personen des öffentlichen Rechts ausschließlich im Rahmen der ihnen gesetzlich zugewiesenen Aufgaben tätig werden dürfen. Die Bestimmung des Aufgabenbereichs ist freilich häufig streitbehaftet. **46**

Beispiel: Teilrechtsfähig sind die Fakultäten/Fachbereiche der Universitäten[17].

b) In der Regel sind juristische Personen Verwaltungsträger[18]. Als juristische Person sind sie nicht handlungsfähig. Sie benötigen für sie tätig werdende Menschen. Konstruktiv wird die Handlungsfähigkeit einer juristischen Person auf folgende Wei- **47**

---

17 BVerfGE 15, 261 f; BVerwGE 45, 42.
18 Vgl hierzu *Schmidt-De Caluwe*, JA 1993, 77 ff.

se erreicht: Die juristische Person erhält eine Einrichtung, die für die Erledigung bestimmter Aufgaben zuständig ist – diese Einrichtung heißt „Organ". Derjenige Mensch, der die Aufgaben konkret zu erledigen hat, heißt „Organwalter". Dieses Konstrukt ist unabhängig davon, ob es sich um eine juristische Person des Privatrechts oder des öffentlichen Rechts handelt.

Beispiele: Die GmbH besitzt eine Geschäftsführung, § 35 GmbHG; die AG einen Vorstand, § 76 AktG; die Gemeinde einen Bürgermeister, s. zB § 51 BbgKVerf; die Handwerkskammer besitzt die Organe Mitgliederversammlung, Vorstand, Ausschüsse, § 92 HwO.

48 Für das Vorhandensein eines Organs sind zwei Merkmale bestimmend: ein institutionelles und ein funktionelles Merkmal. Institutionell ist das Organ organisatorisch, aber nicht rechtlich selbstständig: Es besteht unabhängig vom Organwalter, ist indes keine eigenständige Rechtsperson (kann also als solche nicht klagen oder verklagt werden). – Funktionell nimmt das Organ Zuständigkeiten des Verwaltungsträgers wahr, eigene Zuständigkeiten besitzt es nicht (der Vorstand der Handwerkskammer handelt für die Handwerkskammer, nicht für sich persönlich).

49 Normalerweise besitzt ein Verwaltungsträger mehrere Organe: die Handwerkskammer zB drei (s. das Beispiel zuvor), die Gemeinde zwei: den Rat/die Gemeindevertretung und den Bürgermeister; gelegentlich gibt es ein „Zwischenorgan": den Verwaltungsausschuss. Deren Aufgaben müssen bestimmt und voneinander abgegrenzt werden. Ferner muss zB die Besetzung der Organe und ihre Willensbildung (insbesondere bei Kollegialorganen, zB dem Rat der Gemeinde) geregelt werden. Das diese Fragen beantwortende Recht ist das sog. **Innenrecht** – Innenrecht bezieht sich mithin auf die Probleme der Verwaltungsorganisation als solche. Den Gegensatz bildet das sog. **Außenrecht** – Außenrecht regelt die Rechtsbeziehungen zwischen Rechtspersonen.

Beispiele: *Innenrecht:* Die Gemeindevertretung setzt sich entsprechend einer Wahl zusammen, die bestimmten Gesetzmäßigkeiten folgt, s. zB § 27 BbgKVerf; die Zusammensetzung und Wahl der Vollversammlung der Handwerkskammer regeln die §§ 93 ff HwO. *Außenrecht:* Jede öffentlich-rechtliche Norm, die die Rechtsbeziehung zwischen Bürger und Behörde regelt, zB das Bauplanungsrecht (es regelt ua, wo was wer bauen darf) oder das Hochschulrecht (es regelt ua, unter welchen Voraussetzungen studiert werden darf).

50 Innenrecht und Außenrecht lassen sich gelegentlich nicht strikt voneinander trennen. Diese Feststellung gilt zB für Zuständigkeitsvorschriften. Sie wirken innenrechtlich durch die Abgrenzung der Aufgabenkreise von Organen (Zuständigkeit der Gemeindevertretung einerseits, des Bürgermeisters andererseits), außenrechtlich gegenüber dem Bürger durch die Festlegung des entscheidungsbefugten Organs (also entweder Gemeindevertretung oder Bürgermeister als das eine konkrete Entscheidung fällende Organ).

51 c) Für die **Erledigung** der unterschiedlichsten Verwaltungsaufgaben trifft das Grundgesetz eine grundsätzliche Aussage. Nach Art. 83 GG führen die Länder die Bundesgesetze als eigene Angelegenheit aus, soweit das Grundgesetz nichts anderes bestimmt oder zulässt[19]. Diese Aussage stimmt mit der generellen Haltung des

---

19 S. hierzu *Hebeler*, JURA 2002, 164 ff.

Grundgesetzes überein, welches die Ausübung der staatlichen Befugnisse und die Erfüllung der staatlichen Aufgaben primär zur Sache der Länder erklärt, Art. 30 GG[20].

Das Grundgesetz regelt mehrere Typen von Gesetzesvollzug unter dem Aspekt der Zuständigkeit (Aufteilung zwischen Bund und Ländern). Art. 83 GG legt einen ersten Typ fest: Vollzug der Bundesgesetze durch die Länder als deren eigene Angelegenheit. Art. 84 GG normiert für diesen Fall – den Normalfall des Vollzugs von Bundesgesetzen – zunächst, dass die Länder die Einrichtung der Behörden und das Verwaltungsverfahren, also das der Entscheidungsfindung dienende Verfahren, regeln, soweit nicht Bundesgesetze mit Zustimmung des Bundesrats anderes bestimmen. Die Einrichtung der Behörden legen die Länder häufig durch Landesorganisationsgesetze fest[21]. Das Verwaltungsverfahren ist in den VwVfGen der Länder enthalten[22]. Bundesgesetze mit verfahrensrechtlichen Bestimmungen, die nach der Aussage des Art. 84 GG also die VwVfGe der Länder verdrängen, gibt es häufig. Es ist in dieser Situation das Problem zu lösen, welches Verfahrensrecht im Einzelfall gilt[23]. – Die Bundesregierung kann mit Zustimmung des Bundesrats Allgemeine Verwaltungsvorschriften erlassen[24]. – Im Falle des Vollzugs der Bundesgesetze durch die Länder übt die Bundesregierung die Rechtsaufsicht aus. Sie besitzt das Recht, das Verwaltungshandeln unter dem Gesichtspunkt der richtigen Rechtsanwendung zu prüfen. Für die Feststellung von Mängeln und ihre Beseitigung stehen ihr spezifische Mittel zur Verfügung: Art. 84 Abs. 3–5 GG.

52

Einen zweiten Typ des Vollzugs von Bundesgesetzen durch die Länder normiert Art. 85 GG: die Landesexekutive im Bundesauftrag, die sog. Auftragsverwaltung. Diesen Typ kennzeichnet, dass die Einrichtung von Behörden Länderangelegenheit ist, Art. 85 Abs. 1 GG. Ferner darf die Bundesregierung mit Zustimmung des Bundesrats Allgemeine Verwaltungsvorschriften erlassen. – Unterschiede zum zuvor dargestellten ersten Typ des Gesetzesvollzugs bestehen in Folgendem: Es gilt das Verwaltungsverfahrensrecht des Bundes. Der Bund kann die einheitliche Ausbildung der Beamten und Angestellten regeln. Die Leiter der Mittelbehörden[25] sind mit seinem Einvernehmen zu bestellen. Die Landesbehörden unterstehen den Weisungen der obersten Bundesbehörden[26]. Die Bundesaufsicht erstreckt sich neben der Gesetzmäßigkeit auch auf die Zweckmäßigkeit; die Bundesaufsicht besitzt das Recht, das Verwaltungshandeln unter dem Gesichtspunkt der Rechtmäßigkeit und der sachlichen Angemessenheit zu prüfen. Für die Feststellung von Mängeln und ihre Beseitigung stehen der Bundesregierung wiederum spezifische Mittel zur Verfügung: Art. 85 Abs. 4 S. 2 GG.

53

Gegenstände der Bundesauftragsverwaltung sind 1. der Vollzug des Atomrechts, Art. 87c GG, 2. die Verwaltung der Bundesfernstraßen, Art. 90 Abs. 2 GG, und 3. der Vollzug bestimmter steuerrechtlicher Normen, Art. 104a Abs. 3 S. 2 GG[27].

54

---

20 Vgl hierzu *Schmidt-De Caluwe*, JA 1993, 115 ff.
21 Zum Behördenaufbau der Länder sogleich unter Rn 69 ff.
22 Dazu Rn 298 ff.
23 Näheres unter Rn 296 ff.
24 Zu diesem Typ von Vorschrift Näheres unter Rn 51.
25 Dazu sogleich unter Rn 75.
26 Zu beiden Begriffen sogleich unter Rn 65 ff.
27 Zur Reichweite der Rechte des Bundes im Bereich der Auftragsverwaltung s. BVerfGE, 84, 25 ff; BVerfGE 104, 249 = NVwZ 2002, 585 ff – dazu *Ossenbühl*, NVwZ 2003, 53. S. ferner *Jochum*, DÖV 2003, 16 ff; *Janz*, JuS 2003, 126 ff.

Beispiel: Wie gerade festgestellt, wird das Atomrecht in Form der Auftragsverwaltung vollzogen. Die Bundesrepublik beabsichtigte, die ehemalige Eisenerzgrube „Konrad" in Salzgitter als Endlager für bestimmte radioaktive Abfälle einzurichten. Rechtmäßigkeitsvoraussetzung dafür war die Durchführung eines atomrechtlichen Planfeststellungsverfahrens mit dem Ergebnis, dass die ehemalige Grube für die Endlagerung geeignet sei. Zuständig für die Durchführung des Planfeststellungsverfahrens war das Niedersächsische Umweltministerium. Die Ministerin für Umwelt des Landes Niedersachsen weigerte sich, das Planfeststellungsverfahren einzuleiten. Der zuständige Bundesminister wies sie nach Art. 85 Abs. 3 GG an, das Vorhaben öffentlich bekanntzumachen und die Planungsunterlagen auszulegen. Dagegen erhob die Ministerin Klage vor dem BVerwG, der Bundesminister Klage vor dem BVerfG[28]: Der Bundesminister obsiegte[29].

55 Dritter Typ ist die bundeseigene Verwaltung, Art. 86 GG. In diesem Fall erlässt der Bund wiederum die Allgemeinen Verwaltungsvorschriften. Die Einrichtung der Behörden regelt er selbst. Die Gegenstände der bundeseigenen Verwaltung finden sich in Art. 87, 87b, 87d, 87e und Art. 89 Abs. 2 GG aufgezählt.

56 Den vierten Typ des Gesetzesvollzugs bildet die Ausführung von Landesgesetzen durch Landesbehörden. Die Regelung sämtlicher notwendiger Vollzugsbedingungen ist Länderangelegenheit.

57 Diese durch das Grundgesetz bestimmte Kompetenzordnung gilt sowohl für die gesetzesakzessorische als auch für die gesetzesfreie Verwaltung. Dieses Ergebnis folgt aus der Überschrift des VIII. Abschnitts des Grundgesetzes: „Die Ausführung der Bundesgesetze und die **Bundesverwaltung**"[30].

58 d) Der **Aufbau** der Verwaltungsorganisation folgt dem Aufbau der Bundesrepublik. Hauptträger der Verwaltung sind deshalb – entsprechend der hierarchischen Organisation unseres Staats:
– Bund
– Länder
– Kreise/kreisfreie Städte
– Gemeinden.

59 Dass Kreise und kreisfreie Städte hierarchisch auf einer Stufe stehen, ist Folge des Umstands, dass sie dieselben Aufgaben zu erfüllen haben[31]. Teilweise spricht man insoweit von Stadt- und Landkreis.

60 Hinzuweisen ist auf die besondere Bedeutung der kommunalen Selbstverwaltung. Sie ist den Gemeinden und den Gemeindeverbänden (= Landkreise) im Rahmen der Gesetze nach Art. 28 Abs. 2 GG garantiert. Die Garantie umfasst das Recht, alle Angelegenheiten der örtlichen Gemeinschaft selbst regeln zu können: Personalhoheit, Satzungsautonomie, eigene Haushaltsführung, lediglich Rechtsaufsicht. – Auf die Stellung der Gemeinden wird im Folgenden nicht näher eingegangen, weil es sich bei diesem Komplex um Stoff der Vorlesung „Kommunalrecht"[32] handelt.

---

28 Bund-Länder-Streit nach Art. 93 Abs. 1 Nr 3 GG.
29 S. BVerfGE 84, 25 ff.
30 S. BVerfGE 12, 205, 246 f.
31 S. zB § 1 Abs. 2 BbgKVerf.
32 Aus der Literatur zB *Waechter*, S. 30 ff.

Neben dem „Staat" und den Gemeinden/Gemeindeverbänden gibt es als weitere Ver- **61** waltungsträger selbstständige Körperschaften, Anstalten und Stiftungen des öffentlichen Rechts. Dieses Nebeneinander ist historisch bedingt und gesetzlich akzeptiert. Art. 87 Abs. 3 S. 1 GG lautet: „Außerdem können … neue bundesunmittelbare Körperschaften und Anstalten des öffentlichen Rechts errichtet werden." Dass der Bund als Stifter öffentlich-rechtlicher Stiftungen auftreten darf, ist problemlos. Das einfache Recht geht davon aus: § 3 Nr 5 ROG (Sa. I Nr 340) spiegelt insoweit die Realität: „öffentliche Stellen: Behörden des Bundes … und Stiftungen des öffentlichen Rechts …".

Schließlich können Privatpersonen oder juristische Personen des Privatrechts Verwal- **62** tungsaufgaben erfüllen. Dafür sind bestimmte Voraussetzungen erforderlich. Man spricht von beliehenen Privaten oder beliehenen Unternehmen[33]. – Hiervon streng zu trennen sind die Gesellschaften privaten Rechts, die auf der Grundlage des sog. Verwaltungsprivatrechts tätig werden. Sie sind nicht in die Verwaltungsorganisation eingebunden. Für sie gelten die Regeln der öffentlich-rechtlich organisierten Verwaltungsträger nicht.

e) Bund und Länder besitzen Staatsqualität. Sie sind Inhaber ursprünglicher Herr- **63** schaftsgewalt. Als Inhaber unabgeleiteter Staatsgewalt sind sie originäre Verwaltungsträger. Erbringen sie Verwaltungstätigkeit durch eigene „Behörden", dann stellt sich diese Tätigkeit als **unmittelbare** Staatsverwaltung dar. Im Gegensatz dazu ist **mittelbare** Staatsverwaltung das Verwaltungshandeln organisatorisch und rechtlich verselbstständigter juristischer Personen. Diese Personen sind jene zuvor genannten selbstständigen Körperschaften, Anstalten und Stiftungen des öffentlichen Rechts. Mittelbare Staatsverwaltung üben ferner die Kreise und Gemeinden aus, soweit sie im sog. übertragenen Wirkungskreis tätig werden[34].

2. Unmittelbare Staatsverwaltung

a) Unmittelbare Staatsverwaltung durch den Bund als Verwaltungsträger – **unmit-** **64** **telbare Bundesverwaltung** – liegt vor, wenn eine Verwaltungsorganisation durch den Bund eingerichtet und unterhalten wird. Eine solche Organisation existiert. Sie ist hierarchisch gegliedert. Diese Hierarchie besteht aus obersten Bundesbehörden, Bundesoberbehörden, Bundesmittelbehörden und Bundesunterbehörden.

Das Grundgesetz kennt folgende **oberste Bundesbehörden**: die Bundesregierung, den **65** Bundeskanzler, die Bundesminister (Art. 62, 65 GG); den Bundesrechnungshof (§ 1 S. 1 BRHG – Gesetz v. 11.6.1985, Sa. I Nr 705); der Vorstand der Deutschen Bundesbank (§ 29 Abs. 1 S. 1 BBankG, Sa. Ergänzungsband Nr 855). – Meiner Einschätzung nach ist auch der Bundespräsident mit dem Bundespräsidialamt oberste Bundesbehörde, da er bestimmte Verwaltungsaufgaben zu erfüllen hat: zB die Ernennung und Entlassung von Richtern, Beamten und Soldaten, Art. 60 Abs. 2 GG. Diese Stellung ist streitig[35]. – Das Präsidium des Bundestags, der Bundesrat und das BVerfG erfüllen

---

33 Dazu unter Rn 107.
34 Zur Unterscheidung „originärer" und „übertragener" Wirkungskreis der kommunalen Selbstverwaltungskörperschaften s. zB *Waechter*, S. 89 ff.
35 S. *Maurer*, § 22 Rn 37, dieser zählt den Bundespräsidenten nicht auf.

partiell Verwaltungsaufgaben, sind aber nicht in die Hierarchie der Bundesverwaltung eingegliedert und lassen sich deshalb nicht der hier relevanten Kategorie zuordnen[36].

66 **Bundesoberbehörden** sind den Bundesministerien nachgeordnete Behörden. Sie sind sachlich für genau bezeichnete Aufgaben zuständig. Ihr örtlicher Zuständigkeitsbereich ist die gesamte Bundesrepublik. Solche Behörden gibt es in großer Zahl.

Beispiele: Bundesamt für Migration und Flüchtlinge; Bundesanstalt für Finanzdienstaufsicht; Bundeskartellamt; Umweltbundesamt.

67 Art. 87 Abs. 1 GG nennt weitere Bundesoberbehörden. Art. 87 Abs. 3 GG normiert die Voraussetzungen für die Gründung neuer Bundesoberbehörden.

68 **Bundesmittelbehörden** und **Bundesunterbehörden** bilden den sog. Verwaltungsunterbau. Von ihm ist in Art. 87 Abs. 1 S. 1 GG die Rede. Ihn gibt es nur in den in Art. 87 Abs. 1 S. 1 GG aufgezählten Bereichen sowie bei der Bundeswehrverwaltung, Art. 87b GG, und der Bundeswasserstraßenverwaltung, Art. 89 GG.

Hinweis: Der Verwaltungsunterbau bei der Bundeswasserstraßenverwaltung: Wasser- und Schifffahrtsdirektionen und Wasser- und Schifffahrtsämter.

69 **b)** Die unmittelbare Staatsverwaltung in den Ländern – **unmittelbare Landesverwaltung** – regeln Landesorganisationsgesetze: zB Baden-Württemberg[37], Brandenburg[38], Nordrhein-Westfalen[39], Saarland[40] und Schleswig-Holstein[41].

70 Der Aufbau der Landesverwaltung differiert in den einzelnen Ländern. Gleichwohl lassen sich durchgehend zwei „Typen" von Behörden feststellen: die sog. „allgemeinen Verwaltungsbehörden" und die sog. „Sonderverwaltungsbehörden". Die allgemeinen Verwaltungsbehörden sind durchweg für alle Angelegenheiten zuständig, es sei denn, dass die Zuständigkeit einer „speziellen" Behörde begründet ist, eben die einer Sonderverwaltungsbehörde.

Beispiel: Die in den meisten Ländern existierende staatliche Mittelbehörde – sie heißt zum Teil „Der Regierungspräsident" (so früher in Nordrhein-Westfalen), „Bezirksregierung" (so jetzt in Nordrhein-Westfalen, §§ 7 Abs. 2, 8 LOG NW), „Die Regierung" (Bayern) – ist prinzipiell für alle Angelegenheiten zuständig. – In Brandenburg gibt es seit 2001 die Verwaltungsregion; fraglich ist, ob es sich um eine eigenständige Verwaltungsebene handelt[42].

71 Eine lediglich einen speziellen Sachbereich bearbeitende Sonderverwaltungsbehörde ist zB die für die Bergwerke zuständige Verwaltung: das Oberbergamt mit den nachgeordneten Bergämtern in Niedersachsen; das Landesamt für Wasser und Abfall in Nordrhein-Westfalen.

72 Als weiteres nahezu durchgängig beim Aufbau der Landesverwaltung verfolgtes Prinzip lässt sich eine dreistufige Gliederung beobachten. Die Oberstufe bilden die Landes-

---

36 S. *Wilrich*, DÖV 2002, 152 ff.
37 Landesverwaltungsgesetz v. 14.10.2008, GBl S. 313.
38 Gesetz v. 24.5.2004, GVBl I S. 186.
39 Gesetz v. 10.7.1962, GVBl S. 421.
40 Gesetz v. 27.3.1997, ABl S. 1498.
41 Landesverwaltungsgesetz, idF v. 2.6.1992, GVOBl S. 243.
42 S. *Westphal*, LKV 2001, 543 ff.

regierung bzw die Ministerien, die Mittelstufe die gerade zuvor erwähnten Regierungspräsidenten (insoweit sprechen die Gesetze manchmal auch von „Oberer" Behörde),
die Unterstufe der Landrat/Oberbürgermeister bzw der Landrat/Bürgermeister.

Beispiel: Nach § 51 Abs. 3 BbgBO ist oberste Bauaufsichtsbehörde das für Bauaufsicht zuständige Ministerium, untere Bauaufsichtsbehörden sind die Landkreise, die kreisfreien Städte
und die Großen kreisangehörigen Städte.

Die Mittelstufe fehlt in Brandenburg, in Mecklenburg-Vorpommern, im Saarland, in   **73**
Schleswig-Holstein und in Thüringen aus praktischen Erwägungen: Die Länder sind
zu klein bzw haben nur eine geringe Bevölkerung, deshalb ist diese Instanz nicht notwendig; in Schleswig-Holstein und in Thüringen gibt es ein Landesverwaltungsamt.
Die Mittelstufe fehlt ferner in den „Stadtstaaten" Berlin, Bremen und Hamburg. Da
diese Länder Staat und Stadt zugleich sind (Art. 1 Abs. 1 Verfassung von Berlin:
„Berlin ist ein deutsches Land und zugleich eine Stadt." – für Bremen gelten Besonderheiten), ist eine Mittelinstanz nicht vorstellbar.

Auf der **Oberstufe** findet sich neben den bereits erwähnten Landesregierungen bzw   **74**
Ministerien – sie sind sowohl Regierungs- als auch Verwaltungsinstanz – eine unabhängige oberste Landesbehörde: der Landesrechnungshof. – Den Ministerien nachge-
ordnet, aber nicht der Mittelstufe zugehörig, sind die Landesoberbehörden. Ihre sachliche Zuständigkeit beschränkt sich auf eine spezielle Aufgabe, ihre örtliche Zuständigkeit erstreckt sich über das ganze Land. Sie sind Sonderverwaltungsbehörden und
heißen in aller Regel „Landesamt".

Beispiele: Landeskriminalamt; Statistisches Landesamt; Landesamt für Besoldung und Ver-
sorgung; Landesamt für Denkmalpflege; Oberbergamt. In einigen Bundesländern gibt es ein
Landesverwaltungsamt, dem eine Vielzahl von Aufgaben übertragen ist, die in anderen Bundesländern einzelne Landesämter wahrnehmen.

Die für die **Mittelstufe** typische Behörde ist der Regierungspräsident/die Bezirksre-   **75**
gierung. Diese Behörde ist im Prinzip sachlich allzuständig, örtlich indes nur für
einen bestimmten Bezirk des Landes.

Beispiele: In Nordrhein-Westfalen gibt es fünf Bezirksregierungen: in Köln, Düsseldorf,
Münster, Arnsberg und Detmold. – In Bayern gibt es sieben „Regierungen": die von Schwaben,
Ober- und Niederbayern, die der Oberpfalz, die von Ober-, Mittel- und Unterfranken.

Sonderverwaltungsbehörden sind auf der Mittelstufe selten; es gibt sie zB in Form   **76**
von Oberschulämtern.

Die **Unterstufe** bildet „das" Problem der Landesverwaltungen. Allgemeine Verwal-   **77**
tungsbehörden sind entweder der Kreis/der Landkreis, die kreisfreie Stadt oder Große
kreisangehörige Städte.

Beispiel: Nach § 122 Abs. 2 S. 1 BbgKVerf erfüllt der Landkreis die ihm zugewiesenen staatlichen Aufgaben als untere Verwaltungsbehörde; nach § 1 Abs. 2 BbgKVerf erfüllt die kreisfreie Stadt alle dem Landkreis obliegenden Aufgaben; nach § 1 Abs. 4 S. 1 BbgKVerf erfüllt
die Große kreisangehörige Stadt bestimmte Aufgaben des Landkreises, wenn die gesetzlich ge-
forderten Bedingungen erfüllt sind.

Das Problem der Unterstufe der Landesverwaltungen besteht in der Doppelstellung   **78**
der Verwaltungschefs. Die Stellung des Landrats ist von Bundesland zu Bundesland

unterschiedlich. Die Amtsinhaber sind teilweise staatliche Verwaltungsbeamte, die auch dem Landkreis zur Verfügung stehen (früher so in Rheinland-Pfalz). Teilweise sind sie Kommunalbeamte, aber auch staatliche Behörde – der Kreis „leiht" dem Staat sein Organ (Baden-Württemberg, Bayern, Nordrhein-Westfalen, Saarland). Manchmal gibt es nur die Kommunalbehörde, die die Aufgaben der unteren staatlichen Behörde als Weisungsangelegenheit wahrnimmt – die Aufgaben sind ihr durch Gesetz als Weisungsangelegenheit übertragen (Niedersachsen)[43]. – Die kreisfreien Städte sind Stadt und Kreis zugleich. Ihr Verwaltungsorgan, der Oberbürgermeister, wird als Kommunalorgan im Auftrage des Staats tätig. – Die Mittelstädte sind „teilkreisfrei". Ihr Verwaltungsorgan wird ebenfalls als Kommunalorgan im Auftrage des Staats tätig.

79 Auf der Unterstufe gibt es eine Vielzahl von Sonderverwaltungsbehörden: zB die Finanzämter, Eichämter, Gewerbeaufsichtsämter.

3. Mittelbare Staatsverwaltung

80 Mittelbare Staatsverwaltung ist die Wahrnehmung von Verwaltungsaufgaben durch rechtlich verselbstständigte Verwaltungsträger. Sie findet statt durch juristische Personen des öffentlichen Rechts: Körperschaften, Anstalten und Stiftungen, und durch natürliche Personen sowie juristische Personen des Privatrechts: Beliehene bzw beliehene Unternehmen. Mittelbare Staatsverwaltung gibt es auf der Bundesebene wie auf der Landesebene.

81 a) **Rechtsfähige Körperschaften** des öffentlichen Rechts sind mitgliedschaftlich verfasste (also Mitglieder habende) und unabhängig vom Wechsel der Mitglieder bestehende Organisationen, die ihre Individualität als Rechtssubjekt nicht der Privatautonomie ihrer Mitglieder, sondern einem Hoheitsakt, nämlich in der Regel einem Gesetz oder einem Staatsakt (Gründungsakt) auf Grund eines Gesetzes verdanken. – Die Gesetze erläutern den Begriff der Körperschaft des öffentlichen Rechts nicht, sondern setzen ihn voraus, s. zB Art. 86 GG, § 78 Abs. 1 Nr 1 VwGO (Sa. I Nr 600).

82 Körperschaften des öffentlichen Rechts dienen stets öffentlichen Zwecken. Sie haben in der Regel hoheitliche Befugnisse – Kompetenz zur Rechtsetzung, zum Erlass einseitiger Entscheidungen (VAe), Androhung und Anwendung von Zwangsmitteln.

83 Nach der Art der Rechtsquelle, auf Grund derer die Körperschaften des öffentlichen Rechts gebildet sind, lassen sich unterscheiden:

84 – völkerrechtliche Körperschaften des öffentlichen Rechts: EU;

85 – staatsrechtliche Körperschaften des öffentlichen Rechts: die Staaten selbst (die Bundesrepublik, die Länder) sowie die Gemeinden und Gemeindeverbände, Art. 28 Abs. 2 GG; die Sozialversicherungsträger nach Art. 87 Abs. 2 GG: zB die Deutsche Rentenversicherung Bund, die Bundesknappschaft, die Berufsgenossenschaften;

---

43 Ausführlich zum Problem *Maurer*, § 21 Rn 54.

– Verwaltungsrechtliche Körperschaften des öffentlichen Rechts: die Landwirt- **86**
schaftskammern; die Architektenkammern; die Ärzte-, Zahnärzte-, Tierärzte- und
Apothekerkammern (geregelt in den landesrechtlichen Heilberufegesetzen); die
Handwerksinnungen (§ 52 HwO), die Kreishandwerkerschaften (§§ 86, 53
HwO), die Handwerkskammern (§ 90 Abs. 1 HwO); die gesetzlichen Krankenkassen: AOK und Betriebskrankenkassen; die Universitäten und Fachhochschu-
len (§ 2 Abs. 1 S. 1, § 5 Abs. 1 S. 1 BbgHG);

– kirchenrechtliche Körperschaften des öffentlichen Rechts nach Art. 140 GG iVm **87**
Art. 137 WRV: die Diözesen der katholischen Kirche in Deutschland, die evange-
lischen Landeskirchen, aber auch eine Vielzahl kleinerer Kirchen: das Bistum der
Altkatholiken in Deutschland, die jüdischen Gemeinden.

Weiterhin lassen sich die Körperschaften des öffentlichen Rechts nach ihren Mitglie- **88**
dern differenzieren. Es gibt Gebiets-, Personal-, Real-, Bund- und Kollegialkörperschaften.

Gebietskörperschaften haben als Mitglieder kraft Gesetzes die in dem Gebiet woh- **89**
nenden natürlichen Personen mit Ausnahme der Ausländer: Bund und Länder sind
Gebietskörperschaften, deren Mitglieder ihre Staatsangehörigen kraft Staatsangehö-
rigkeitsrechts sind; der Ausschluss der Ausländer ergibt sich aus dem Staatsangehö-
rigkeitsrecht; ebenso die Städte und Gemeinden, auch die Samt- oder Verbandsge-
meinden, s. zB § 11 Abs. 1 BbgKVerf: Einwohner der Gemeinde ist, wer in der Gemeinde seinen ständigen Wohnsitz oder gewöhnlichen Aufenthalt hat.

Personalkörperschaften knüpfen in der Regel an eine bestimmte Eigenschaft des **90**
Menschen, zB seinen Beruf, an und haben diesen Menschen in der Regel als Zwangs-
mitglieder: die Rechtsanwalts- und Notarkammern, die Heilberufekammern, die
Kammern nach der Handwerksordnung (s. zB § 90 Abs. 2 HwO).

Bei den **Realkörperschaften** ergibt sich die Mitgliedschaft aus der Sache, zB aus **91**
dem Eigentum an einem Grundstück oder aus der Innehabung eines bestimmten Betriebs: Mitgliedschaft in der Industrie- und Handelskammer nach § 2 Abs. 1 IHKG
(Sa. I Nr 818).

Bundkörperschaften haben lediglich juristische Personen als Mitglieder. Deshalb **92**
erstreckt sich die Zuständigkeit der Organe der Bundkörperschaften ausschließlich
auf die juristischen Personen und nicht auf deren Mitglieder. Solche Bundkörperschaften sind zB die Bundesrechtsanwaltskammer, die Kreishandwerkerschaften
(s. § 86 HwO), die Krankenkassen- und die Sparkassenverbände, die Planungsver-
bände nach § 204 Abs. 1 BauGB. Die Aufgaben der Kreishandwerkerschaften sind
nach § 87 HwO nicht personal, sondern institutionell orientiert, zB die Wahrnehmung
der Gesamtinteressen des selbstständigen Handwerks.

Kollegialkörperschaften haben berufene oder gewählte Mitglieder, zB die Hand- **93**
werkskammern (§§ 90 Abs. 1, 93 Abs. 1 HwO) oder die Landwirtschaftskammern
(§ 4 LwKG-NW)[44].

---

44 Zu weiteren Differenzierungen, zB nach der Art der Begründung der Mitgliedschaft oder der Finanzierung ihrer Arbeit s. *Wolff/Bachof/Stober*, § 84 Rn 29 ff.

94 **b)** **Rechtsfähige Anstalten** des öffentlichen Rechts – häufig öffentliche Anstalten oder auf kommunaler Ebene kommunale Anstalten[45] genannt – sind zunächst ein „Bestand von Mitteln, sächlichen und persönlichen, welche in der Hand eines Trägers öffentlicher Verwaltung einem besonderen Zweck dauernd zu dienen bestimmt sind"[46]. Diese Definition erfasst lediglich einen „Betrieb" zur Erfüllung öffentlicher Verwaltungsaufgaben. Es bedarf zusätzlicher Kriterien, die die organisationsrechtliche Verselbstständigung zum Ausdruck bringen und die ferner herausstellen, dass der Anstaltsbegriff ein Sammelbegriff für unterschiedliche organisationsrechtliche Erscheinungen ist und in dieser Eigenschaft eine Art Auffangfunktion gegenüber anderen Organisationstypen besitzt[47]. Insoweit lässt sich unter Berücksichtigung der Erkenntnisse *Otto Mayers* feststellen: Die öffentliche Anstalt als organisatorisch verselbstständigte Einheit zur Erfüllung von Verwaltungsaufgaben ist eine von einem Anstaltsträger eingerichtete, in der Regel mit Hoheitsgewalt ausgestattete und mit Personal- und Sachmitteln versehene Organisation, durch die der Träger – der Anstaltsherr – eigene oder ihm gesetzlich auferlegte öffentliche Aufgaben wahrnimmt und auf deren Erfüllung er dauernd maßgeblichen Einfluss ausübt.

95 Anstalten iSd genannten Begriffs haben einen **Anstaltsherrn**; das ist der Träger oder der „Errichter" der Anstalt. Als solche Anstaltsträger fungieren in der Regel die Gebietskörperschaften (Bund, Länder, Gemeinden), aber auch zB die Handwerkskammern. Die Anstalten haben **Benutzer**; die Förderung ihrer Interessen ist der Organisationszweck der Anstalt. Die Benutzer unterliegen einer speziellen **Benutzungsordnung**, die in Wahrnehmung der **Anstaltsgewalt** erlassen wird, zB der Benutzungsordnung einer Universitätsbibliothek.

96 Mit Blick auf die Arten der Anstalten kann nach einer Vielzahl von Kriterien differenziert werden[48]. Die wichtigsten Kriterien sind der Grad der rechtlichen Selbstständigkeit, der Anstaltszweck und die Rechtsform der Nutzung.

97 Es gibt **vollrechtsfähige** Anstalten. Sie bilden sowohl gegenüber dem Träger der Anstalt wie auch gegenüber jedem Dritten eine rechtlich selbstständige Einheit mit eigenem Namen. Sie werden durch ein Gesetz geschaffen oder zugelassen. Sie haben eigene Satzungsgewalt.

Beispiele: Die Bundesanstalt für Güterverkehr (BAG); der Deutsche Weinfonds; die Versorgungsanstalt des Bundes und der Länder; die Landesanstalten für das Rundfunkwesen; die Studentenwerke (Vorsicht, diese sind gelegentlich als Stiftung des öffentlichen Rechts organisiert).

98 Es existieren **teilrechtsfähige** Anstalten. Sie bilden nur vermögensrechtlich und nur gegenüber Dritten eine rechtlich selbstständige Einheit. Sie sind **nicht** juristische Personen des öffentlichen Rechts, freilich selbstständige Subjekte staatlicher Verwaltung. Sie werden durch ein Gesetz geschaffen oder zugelassen. Sie haben eigene Satzungsgewalt, die indes als Folge von Rechten des Anstaltsträgers eingeschränkt ist.

99 Die weitaus meisten Anstalten sind **nichtrechtsfähig**. Sie sind Funktionseinheiten eines Hoheitsträgers und unterscheiden sich im Außenverhältnis – im Verhältnis zu

---

45 ZB § 94 Abs. 1 BbgKVerf.
46 *O. Mayer*, Bd. 2, S. 318.
47 *Wolff/Bachof/Stober*, § 98 Rn 6.
48 S. *Wolff/Bachof/Stober*, § 98 Rn 16 ff.

den Benutzern und sonstigen Dritten – trotz ihres eigenen Namens nicht vom Anstaltsträger. Sie sind dekonzentrierte oder dezentralisierte Organe des Anstaltsträgers. Sie
haben keine eigenständigen Berechtigungen und Verpflichtungen und auch kein Vermögen; diese Form öffentlicher Anstalten nennt man auch öffentliche Einrichtungen.

Beispiele: Kommunale Versorgungsanstalten (Stadtwerke, sofern nicht rechtlich verselbstständigt); städtische Badeanstalt; Stadtbibliothek; kommunale Entsorgungseinrichtungen
(Müllabfuhr, Abwasserbeseitigung, sofern nicht rechtlich verselbstständigt).

Entsprechend dem **Anstaltszweck** differenziert lassen sich folgende Gruppen fest-   **100**
stellen:

- kulturelle Anstalten und Bildungsanstalten: Schulen, Bibliotheken, Museen, Ar-
  chive, Theater;
- Forschungsanstalten: Bundesamt für Bauwesen und Raumordnung;
- Versorgungs- und Entsorgungsanstalten: Krankenhäuser, Altenheime, Studenten-
  werke, Kindergärten, Wasser-, Gas- und Kraftwerke, Verkehrsbetriebe, Friedhö-
  fe, Müllabfuhr, Abwasserbeseitigung;
- Altersversorgungsanstalten: zB für Rechtsanwälte und Notare;
- Gewahrsamsanstalten: Strafanstalten, geschlossene Krankenanstalten;
- Banken: die öffentlich-rechtlichen Sparkassen und Bausparkassen;
- wirtschaftslenkende und -fördernde Anstalten: Filmförderungsanstalt (FFA),
  Bundesanstalt für Landwirtschaft und Ernährung (BLE), Bundesanstalt für den
  Güterverkehr;
- Versicherungsanstalten: die öffentlich-rechtlichen Feuerversicherer;
- „freiheitssichernde" Anstalten: die öffentlich-rechtlichen Rundfunkanstalten.

Nach der **Rechtsform der Nutzung** ist zu unterscheiden zwischen Anstalten mit öf-   **101**
fentlich-rechtlicher und privatrechtlicher Nutzung.

Bei Anstalten mit öffentlich-rechtlicher Nutzung sind zwei Fälle möglich: Zum einen   **102**
kann das gesamte Benutzungsverhältnis – Zulassung zur Nutzung, Details wie zB
Nutzungsdauer, Kosten, Leistungen – öffentlich-rechtlich geregelt sein. Ob das der
Fall ist, lässt sich an der „Qualität" der Nutzungsordnung feststellen: wenn durch Satzung geregelt, dann öffentlich-rechtlich. In vielen Fällen ist das Benutzungsverhältnis
durch Gesetz geregelt, zB in den Fällen des Sozialversicherungsrechts; es liegt ein
durchweg öffentlich-rechtliches Rechtsverhältnis zwischen der Anstalt und dem Benutzer vor. – Zum anderen kann die Zulassung zur Benutzung öffentlich-rechtlich erfolgen, die Details hingegen sind privatrechtlich geregelt. Dieses kann zB bei der Benutzung von Badeanstalten oder den öffentlichen Verkehrsmitteln der Fall sein. Die
Details richten sich dann nach den Allgemeinen Geschäftsbedingungen. In diesen
Fällen ist das „Ob" öffentlich-rechtlich, das „Wie" privatrechtlich geregelt; man
spricht in diesem Zusammenhang von der Zweistufentheorie.

Die Benutzung von Anstalten mit privatrechtlicher Nutzung geschieht einheitlich pri-   **103**
vatrechtlich. Beispiele für diesen Typ bilden öffentliche Banken, Sparkassen und
Staatstheater.

Die Geschäfte der Anstalt nehmen die Organe wahr. Diese Zuständigkeitssubjekte   **104**
werden durch Gesetz, Satzung etc gebildet. Die Organwalter können Beamte oder
Angestellte sein. Die Anstalten unterliegen der Staatsaufsicht.

105 **c)** **Stiftungen des öffentlichen Rechts** werden vom Staat errichtet oder anerkannt. Sie kennzeichnet, dass vom Staat oder einem Dritten als Stifter eine Organisation zur Verwaltung eines endgültig übergebenen oder aus bestimmten Quellen zu speisenden Vermögens geschaffen wird. Die Organisation hat mit den Erträgen des Vermögens öffentliche Zwecke zu erfüllen. Der Stifter hat über den Stiftungsakt hinaus keinen weiteren Einfluss auf das Handeln der Stiftung. Zu unterscheiden sind Stiftungen mit und ohne eigene Rechtsfähigkeit.

Beispiel: „Mutter und Kind – Schutz des ungeborenen Lebens"[49]; „Stiftung Europa-Universität-Viadrina"[50].

106 Das Stiftungsrecht wird hier nicht näher ausgeführt. Es ist unter Examensgesichtspunkten wohl bedeutungslos.

107 **d)** In der Verwaltungspraxis spielen **„Beliehene"** oder **„beliehene Unternehmen"** eine bedeutende Rolle. Der Staat überträgt Privatpersonen oder privatrechtlichen Gesellschaften Hoheitsbefugnisse, um einzelne Hoheitsaufgaben außerhalb des Behördenapparats zu erfüllen. Er entlastet auf diese Weise den Verwaltungsapparat und macht sich zugleich die private Sachkenntnis nutzbar.

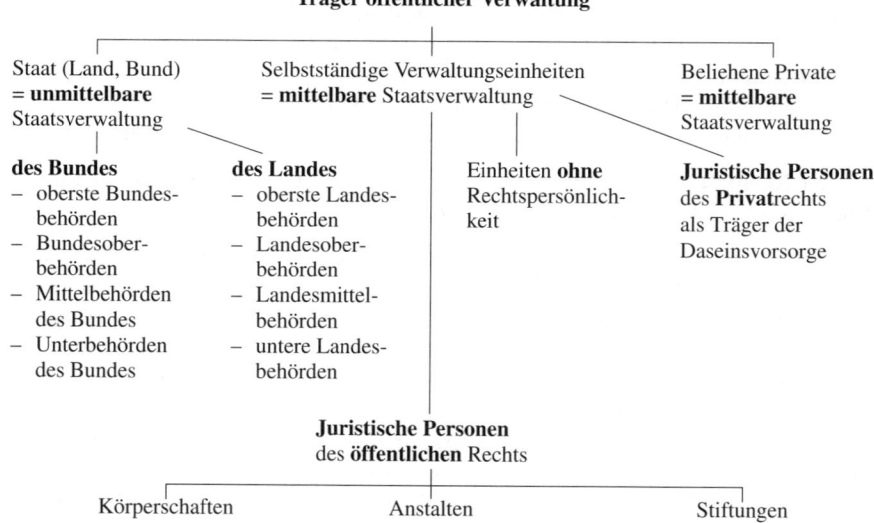

Träger öffentlicher Verwaltung

Staat (Land, Bund) **= unmittelbare** Staatsverwaltung	Selbstständige Verwaltungseinheiten **= mittelbare** Staatsverwaltung	Beliehene Private **= mittelbare** Staatsverwaltung
des Bundes	**des Landes**	Einheiten **ohne** Rechtspersönlichkeit	**Juristische Personen** des **Privat**rechts als Träger der Daseinsvorsorge

des Bundes
– oberste Bundesbehörden
– Bundesoberbehörden
– Mittelbehörden des Bundes
– Unterbehörden des Bundes

des Landes
– oberste Landesbehörden
– Landesoberbehörden
– Landesmittelbehörden
– untere Landesbehörden

Juristische Personen
des **öffentlichen** Rechts

Körperschaften Anstalten Stiftungen

Bild 1: Ausdifferenzierung der öffentlichen Verwaltung nach ihren Trägern

Beispiele: Luftfahrzeugführer, § 29 Abs. 3 LuftVG; Jagdaufseher, § 25 Abs. 1 BJagdG.

108 Eine Beleihung liegt vor, wenn 1. natürlichen oder juristischen Personen des Privatrechts 2. Verwaltungsaufgaben zur Erfüllung im eigenen oder fremden Namen übertragen werden und 3. diese Personen zur Aufgabenerfüllung mit einer Rechtsstellung

---

49 Gesetz idF der Bekanntmachung v. 19.3.1993, BGBl. I S. 407 ff.
50 S. *Peine*, in: Knopp/Peine (Hrsg.), Brandenburgisches Hochschulgesetz, 2. Aufl. 2012, § 2 Rn 7 ff.

ausgestattet werden, die sie ermächtigt, hoheitliche Befugnisse gegenüber Dritten auszuüben.

Keine Beliehenen sind private Verwaltungshelfer[51], Amtshelfer oder Erfüllungsgehilfen wie zB Hilfspolizeibeamte oder Abschleppunternehmen; Abfallbeseitigungsunternehmen, die nach § 22 KrWG (Sa. I Nr 298) als „Dritte" tätig werden; Einrichtungen der Freien Wohlfahrtspflege als Helfer des Sozialleistungsträgers. Diese „Personen" sind unselbstständig und nur als Werkzeug in die Erledigung hoheitlicher Aufgaben eingeschaltet – sie handeln im Auftrag und nach Weisung der Behörde. ZB übernimmt der Dritte iSv § 22 KrWG die technische Durchführung der Abfallentsorgung, nicht aber die Abfallentsorgung selbst. Auch Großunternehmen der Abfallentsorgung fungieren in diesem Fall als Verwaltungshelfer. Ferner fehlt die Beliehheneneigenschaft den sog. Betriebsbeauftragten, die es zB für Immissionsschutz, §§ 53 ff BImSchG (Sa. I Nr 296), für Abfall, §§ 59 ff KrWG, für Wasser, §§ 64 WHG (Sa. I Nr 845) und für die biologische Sicherheit, § 6 Abs. 4 GenTG (Sa. I Nr 270) gibt; diese Beauftragten haben als „Umweltschutzgewissen" des Unternehmens lediglich unternehmensinterne Aufgaben. **109**

Die Beleihung erfolgt durch Gesetz oder durch VA auf Grund eines Gesetzes. Es dürfen lediglich einzelne Zuständigkeiten übertragen werden; die Übertragung von Zwangsgewalt ist nicht zwingend. Die Beleihung begründet zwischen dem Beliehenen und der beleihenden juristischen Person des öffentlichen Rechts ein öffentlich-rechtliches Auftrags- und Treuhandverhältnis. Die Rechte und Pflichten ergeben sich aus den einschlägigen Gesetzen, der Bestallungsurkunde oder aus einem Vertrag. Der Beliehene muss bei der Amtsausübung das gesamte öffentliche Recht beachten. Er unterliegt der Aufsicht. Zu Dritten besteht bei der Amtsausübung ein öffentlich-rechtliches Verhältnis. Er darf für seine Tätigkeit auf Grund gesetzlicher Vorschriften Gebühren erheben. – Der Beliehene ist Behörde iSv § 1 Abs. 4. Er ist vor dem Verwaltungsgericht zu verklagen, wenn seine Amtshandlungen auf Rechtmäßigkeit überprüft werden sollen, § 40 Abs. 1 S. 1 VwGO. Er haftet auf Schadenersatz nach § 839 BGB/Art. 34 GG. **110**

§ 3   Das Verwaltungsrecht

Fall 1: In Berlin werden von Jugendlichen öffentliche und private Gebäude sowie U- und S-Bahnen mit Farbe aus Spraydosen besprüht; es entstehen zT bizarre „Gemälde". Um dieses Sprayen zu verhindern, erlässt das Abgeordnetenhaus von Berlin ein „Spraydosen-Verkaufsgesetz". § 1 lautet: Das Verkaufen von mit Farben gefüllten Spraydosen ist verboten. Ausnahmsweise dürfen diese Spraydosen verkauft werden an Malerbetriebe, ... § 2: Für die Überwachung des Verbots sind die Gewerbeaufsichtsbehörden zuständig. Ist das Verkaufsgesetz Privatrecht oder öffentliches Recht? **Rn 132** **111**

Fall 2: Als A seinen neuen Personalausweis auf dem Rathaus in Empfang nimmt, stellt er fest, dass sein Name falsch geschrieben ist. Er gerät in Aufregung und beschimpft die Mitar- **112**

---

51   S. BGH, DÖV 2005, 162 ff.

beiter der Verwaltung als dem Zeitgeist verfallene Typen, deren Anspruch an die Qualität ihrer Arbeit gegen Null tendiere. Daraufhin verweist ihn der Behördenleiter des Hauses. Welche Rechtsnatur hat diese Maßnahme? **Rn 133**

113 Dem Bezugspunkt des Verwaltungsrechts, also der öffentlichen Verwaltung, widmete sich § 2. Insbesondere die Organisation der öffentlichen Verwaltung gelangte in einem Umfang zur Darstellung, wie ihn Lernende beherrschen sollten. Der Befassung mit dem Bezugspunkt des Verwaltungsrechts kann jetzt die Vorstellung des Verwaltungsrechts als solches folgen.

I. Die Bestimmung des Verwaltungsrechts

1. Das Verwaltungsrecht als Teil des öffentlichen Rechts

114 Verwaltungsrecht ist die Summe der Rechtsnormen, die für die Verwaltung spezifisch (also nicht für „Jedermann" – für den Bürger, ein Unternehmen oder eine Stiftung privaten Rechts) gelten. Es existiert als geschriebenes und ungeschriebenes Recht. Es regelt das „Internum" der Verwaltung (Aufbau, Rechtsposition der Bediensteten) und die Rechtsbeziehung der Bürger zur Verwaltung.

Beispiel: Die Frage des Aufbaus einer Landesverwaltung beantwortet das Verwaltungsrecht ebenso wie die Frage, ob der Bürger einen Anspruch auf Erteilung einer Baugenehmigung hat oder ob er den Ausbau eines Fließgewässers zu einem schiffbaren Gewässer verhindern kann.

115 Das Verwaltungsrecht ist Teil des öffentlichen Rechts. Das öffentliche Recht setzt sich aus folgenden Materien zusammen (diese Materien haben sich im Laufe der Zeit herausgebildet; sie werden im akademischen Unterricht als spezielle Fächer gelehrt): das Völkerrecht, das Europarecht, das Staatsrecht und das Verwaltungsrecht. Das Verwaltungsrecht bildet demnach einen Ausschnitt aus dem großen Gebiet des öffentlichen Rechts. Das öffentliche Recht bildet eine der drei Säulen, die heute die Gesamtheit des Rechts ausmachen: das Privatrecht, das öffentliche Recht und das Strafrecht.

Literatur: *Hoffmann-Riem/Schmidt-Aßmann* (Hrsg.), Öffentliches Recht und Privatrecht als wechselseitige Auffangordnungen, 1996.

2. Die Abgrenzung des öffentlichen Rechts vom Privatrecht

116 Von großer theoretischer und praktischer Bedeutung ist die Unterscheidung zwischen öffentlichem Recht und Privatrecht. Die Relevanz der Differenzierung erweisen wenigstens folgende Gründe:

– Streitigkeiten, die das Privatrecht betreffen, werden vor den ordentlichen Gerichten ausgetragen, s. § 13 GVG; für Streitigkeiten, die das öffentliche Recht betreffen, sind in der Regel die Verwaltungsgerichte zuständig, s. § 40 Abs. 1 S. 1 VwGO;

– deliktisches Handeln der Verwaltung unterliegt einem speziellen Haftungsregime, s. § 839 BGB iVm Art. 34 GG;

- das VwVfG gilt nur „für die öffentlich-rechtliche Verwaltungstätigkeit" von Behörden, s. § 1 Abs. 1;
- die Verwaltungsvollstreckung ist prinzipiell nur zur Durchsetzung öffentlich-rechtlicher Forderungen und Verpflichtungen möglich;
- die Bestimmung des Umfangs der Gesetzgebungskompetenz nach Art. 74 Abs. 1 Nr 1 GG (Bürgerliches Recht), die freilich unter Berücksichtigung traditioneller Aspekte zu erfolgen hat[1].

Die Abgrenzung des öffentlichen Rechts vom Privatrecht ist seit der Unterscheidung **117** des Rechts in diese Teilbereiche streitbefangen. Eine Vielzahl sog. „Abgrenzungstheorien" wurde entwickelt (es handelt sich indes lediglich um den Versuch, Kriterien zu finden, mit Hilfe derer ein Rechtssatz entweder dem öffentlichen Recht oder dem Privatrecht zuzuordnen ist). Aus der Vielzahl der Abgrenzungstheorien haben drei „überlebt". Sie sind in der Rechtspraxis die wichtigsten. Ihre Wichtigkeit bedingt der Umstand, dass sie die höchste Abgrenzungsleistung zu erbringen vermögen, mit Ausnahme der ersten der hier vorzustellenden Theorien. Dass die erste Theorie immer noch zum Einsatz gelangt, erscheint mir als Ausdruck von Sentimentalität: Sie ist die älteste. Die drei Theorien sind: die Interessentheorie, die Subordinationstheorie und die Zuordnungstheorie.

Die **Interessentheorie** differenziert nach dem im Rechtssatz verkörperten Interesse. **118** Öffentliches Recht sind deshalb die dem öffentlichen Interesse, Privatrecht die dem Individualinteresse verpflichteten Rechtssätze. Diese Theorie geht auf den römischen Juristen Ulpian zurück: publicum jus est quod ad statum rei Romanae spectat, privatum quod ad singulorum utilitatem. – Der Einwand gegen diese „Theorie" beruht auf ihrer mangelnden Trennschärfe: Es gibt eine Vielzahl von Normen, die sowohl dem öffentlichen als auch dem privaten Interesse dienen. Ferner kann zwischen öffentlichem Interesse und privatem Interesse nicht immer trennscharf unterschieden werden. Die Richtigkeit dieser Aussage zeigt der berühmte Satz von Henry Ford: Was gut für Ford ist, ist gut für Amerika. – Auf der Basis eines solchen wenig trennscharfen Kriteriums lässt sich nicht überzeugend arbeiten.

Beispiel: Eine steuerrechtliche Norm (eindeutig öffentliches Recht), die den privaten Wohnungsbau durch Steuerverschonung fördert, dient sowohl dem privaten Interesse (der Begünstigte entrichtet weniger Steuern) als auch dem öffentlichen Interesse an der Vermeidung von Obdachlosigkeit.

Die **Subordinationstheorie**, auch Über-Unterordnungstheorie oder Subjektionstheo- **119** rie genannt, nimmt das Rangverhältnis der in einer Rechtsbeziehung zueinander Stehenden in den Blick. Öffentliches Recht ist gegeben, wenn die Rechtsbeziehung der an dem Rechtsverhältnis Beteiligten durch ein Über-Unterordnungsverhältnis gekennzeichnet ist, Privatrecht liegt vor, wenn Gleichordnung die Rechtsbeziehung charakterisiert. Die Einwände gegen diese Lehre liegen ebenfalls auf der Hand: Diese „Theorie" ist teilweise unzutreffend. Es gibt auch im öffentlichen Recht Gleichordnungsverhältnisse (zB verwaltungsrechtlicher Vertrag zwischen Hoheitsträgern); ferner existieren im Privatrecht Über- und Unterordnungsverhältnisse (Eltern-Kind-Verhältnis, arbeitsrechtliches Direktionsrecht). Schließlich vermag diese Theorie die Ein-

---

1   S. BVerfGE 42, 20, 28 ff; 61, 149, 174 ff.

ordnung der Leistungsverwaltung nicht stimmig zu erklären; diese beruht gerade auf dem Verzicht von Über- und Unterordnung. Endlich ist die Subjektion Folge der Geltung des öffentlichen Rechts; die Subordinationstheorie basiert also auf einer Verkennung von Ursache und Wirkung.

120 Die **(modifizierte) Subjektstheorie**, auch Zuordnungstheorie oder Sonderrechtstheorie genannt, differenziert danach, wer auf Grund welchen Rechts handelt. Zum öffentlichen Recht zählen diejenigen Rechtssätze, die allein den Staat oder einen sonstigen Träger hoheitlicher Gewalt berechtigten oder verpflichten; dem Privatrecht gehören die für jedermann geltenden Rechtssätze an. Das öffentliche Recht ist also der Inbegriff derjenigen Rechtssätze, deren Zuordnungssubjekt ausschließlich ein Hoheitsträger ist. Öffentliches Recht ist das Sonderrecht des Staats. – Diese Lehre hat *H.J. Wolff* 1950 begründet[2]. Sie hat in jüngerer Zeit eine Modifikation erfahren (deshalb „modifizierte Subjektstheorie")[3]. Maßgebend ist nicht, ob die Rechtsnorm allein einen **Hoheitsträger schlechthin**, sondern einen **Hoheitsträger als solchen** als Zuordnungssubjekt kennt, das heißt einen Hoheitsträger gerade in seiner Eigenschaft als Träger öffentlicher Gewalt berechtigt oder verpflichtet. – Die Modifizierung der Subjektstheorie ist praktisch bedeutungsvoll. Ein immer wieder herausgestelltes

Beispiel: Das in § 928 Abs. 2 BGB geregelte Aneignungsrecht des Staats ist nach *Wolff* öffentliches Recht, weil es allein den Staat berechtigt. Nach *Bettermann* und *Bachof* ist es ein privates Recht, weil nicht der Staat als Hoheitsträger, sondern als Teilnehmer am bürgerlich-rechtlichen Rechtsverkehr Anspruchsinhaber ist.

121 Das entscheidende Kriterium ist die „hoheitliche Gewalt". Indem dieses – rein formale – Kriterium den Mittelpunkt der Betrachtung bildet, wird den unterschiedlichen Funktionen des öffentlichen Rechts und des Privatrechts Rechnung getragen: Öffentliches Recht dient der Begründung und Begrenzung staatlicher Befugnisse gegenüber dem Einzelnen und berechtigt und verpflichtet den Staat, die Befugnisse gegenüber dem Einzelnen einseitig durchzusetzen – das Privatrecht setzt die Privatautonomie des Einzelnen voraus und stellt Regelungen bereit, mit deren Hilfe Interessenkonflikte zwischen Privaten gelöst werden. – Auch gegen die modifizierte Subjektstheorie liegt der Einwand gegen ihre Brauchbarkeit auf der Hand. Sie ist zirkelschlüssig: Wer auf Grund öffentlichen Rechts handelt, handelt mit „hoheitlicher Gewalt", wozu ihn das öffentliche Recht berechtigt; wann öffentliches Recht vorliegt, soll sich aber danach bestimmen, wann jemand mit „hoheitlicher Gewalt" handelt. Damit wird das zu Bestimmende Bedingung für die Möglichkeit der Bestimmung. Bei rein logischer Betrachtung ist dieses ausgeschlossen.

122 Nach alldem vermag keine der „Abgrenzungstheorien" überzeugende Abgrenzungskriterien zu liefern. Es verwundert deshalb nicht, dass eine hM zu der Frage fehlt, welche der Theorien im Einzelfall heranzuziehen sei. Weitgehend ist man der Auffassung, im Einzelfall alle drei Theorien zu beachten und je nach Eignung anzuwenden. Rechtsdogmatisch ist dieses Ergebnis vollkommen unbefriedigend. Deshalb sind in jüngerer Zeit weitere Theorien zur Abgrenzung des öffentlichen Rechts vom Privatrecht entwickelt worden: die Traditionstheorie[4], nach ihr soll die bisher übliche Qua-

---

2 AöR Bd. 76, 205 ff.
3 Durch *Bettermann*, NJW 1977, 715 f; *Bachof*, FG BVerwG, 1978, S. 9 ff.
4 *Bull/Mehde*, Rn 76.

lifikation eines Rechtssatzes weiterhin gelten, wenn nicht erhebliche Gründe für einen Wandel sprechen; die Sachwaltertheorie[5], nach ihr ist das öffentliche Recht die Summe der Rechtsnormen, die Rechtsverhältnisse determinieren, in denen zumindest einer der an dem Rechtsverhältnis beteiligten Rechtssubjekte auf Grund eines weiteren, es hierzu legitimierenden Rechtsverhältnisses als Sachwalter des Gemeinwohls auftritt; die Kompetenztheorie[6], nach ihr handelt es sich bei einer Rechtsnorm dann um öffentliches Recht, wenn ein Rechtssatz die Kompetenz zum staatlichen Handeln einräumt. All diese Lehren sind dogmatischen Einwänden ausgesetzt[7].

Die Praxis betrachtet den Wert der Abgrenzungstheorien mit Recht als gering. Die Rechtsanwender wissen (und Sie werden es nach einiger Zeit ebenfalls wissen), ob eine Norm dem öffentlichen Recht oder dem Privatrecht angehört. Praktisch bereitet deshalb weniger die Qualifizierung der Rechtssätze denn die Zuordnung eines Lebenssachverhalts zu bestimmten Rechtsnormen Schwierigkeiten. „Der Unterschied zwischen öffentlichem Recht und Privatrecht ist für die Praxis **kein Qualifikationsproblem**, sondern ein **Zuordnungsproblem**"[8].   **123**

Dieses bedingt für die Lösung praktischer Fälle: Es kann normalerweise darauf verzichtet werden, für ihre Lösung die verschiedenen Abgrenzungstheorien heranzuziehen. Wenn in der Juristenzunft geklärt ist, ob die für die Lösung relevante Norm dem öffentlichen oder dem privaten Recht zugehört, ist es ausreichend, auf das bekannte Ergebnis zu verweisen. Problematisch sind deshalb nur folgende Konstellationen: **124**

– es ist streitig, ob die einschlägige Norm dem öffentlichen oder dem privaten Recht zugehört;
– es existiert keine den Streit entscheidende Norm;
– es existieren für die Lösung eines Problems Normen des öffentlichen und des privaten Rechts; die Lösungen stimmen nicht überein.

Im ersten Falle ist mit Hilfe der dargestellten Theorien zu klären, welchem Rechtsgebiet die Norm zugehört (da dieses streitig ist, wird von Ihnen eine persönliche Entscheidung verlangt); in den beiden anderen Fällen müssen Sie den Streitstoff einer Norm zuordnen (auch in diesen Fällen wird von Ihnen eine eigene Entscheidung verlangt; indessen gibt es hier häufig Vorarbeiten durch die Rechtsprechung und die Literatur). Umstritten ist insbesondere die Lösung folgender Einzelfälle: das Benutzungsverhältnis öffentlicher Einrichtungen; die Ausstrahlung von Fernseh- und Rundfunksendungen; das behördliche Hausverbot[9]; Unterlassungs- bzw Widerrufsansprüche gegen rufgefährdende Erklärungen von Behörden im Zusammenhang mit gutachtlichen Äußerungen sowie mit wettbewerbswidrigem Verhalten der öffentlichen Hand; „nachbarrechtliche Einwirkungen"; öffentliche Subventionierung Privater.   **125**

Die Benutzung öffentlicher Anstalten und Einrichtungen (Verkehrs- und Versorgungsbetriebe, Kindergärten, Badeanstalten, Museen) kann öffentlich-rechtlich oder privatrechtlich ausgestaltet sein. Es ist nach der Zuordnung des gesamten Benut-   **126**

---

5 *Achterberg*, Rn 27.
6 *Gern*, ZRP 1985, S. 60 f.
7 Vgl dazu *Maurer*, § 3 Rn 14 f; *Püttner*, FS Maurer, 2001, 713 ff.
8 *Maurer*, § 3 Rn 16 f.
9 Hierzu: *Stelkens*, JURA 2010, 363 ff; *Mißling*, NdsVBl 2008, 267 ff.

zungsverhältnisses zu fragen. Entscheidend ist der Wille des zuständigen Verwaltungsträgers. Er ergibt sich insbesondere aus der Benutzungsordnung. Ihre Rechtsnatur (Satzung oder Allgemeine Geschäftsbedingungen), die gewählten Rechtsformen für den Beginn und die Beendigung der Benutzung (Auflösung des Benutzungsverhältnisses durch Widerruf oder Kündigung), die Art der Bezahlung (Gebühr oder Nutzungsentgelt) und ein möglicher Hinweis auf Rechtsmittel (Rechtsbehelfsbelehrung) sind entscheidende Indizien für die Rechtsnatur des Benutzungsverhältnisses. Besteht ein öffentlich-rechtlicher Zulassungsanspruch auf Benutzung der Einrichtung (zB bei den öffentlichen Einrichtungen auf der Grundlage der Gemeindeordnungen, s. zB § 12 Abs. 1 BbgKVerf: Die Bewohner der Gemeinde sind im Rahmen der bestehenden Vorschriften berechtigt, die öffentlichen Einrichtungen der Gemeinde zu benutzen ...), dann sind zwei Stufen zu unterscheiden, auf denen die Frage der Rechtsnatur relevant wird: Auf der ersten Stufe entscheidet sich das „Ob" des Anspruchs; dieser Anspruch ist immer öffentlich-rechtlicher Natur. Auf der zweiten Stufe – der konkreten Ausgestaltung des Benutzungsverhältnisses – hat der Träger der Einrichtung die Wahl zwischen einer privatrechtlichen oder öffentlich-rechtlichen Ausgestaltung. Mit Hilfe von Indizien ist die Ausgestaltung des Benutzungsverhältnisses zu bestimmen.

Beispiel: Strittig ist die Ausstrahlung von Fernseh- und Rundfunksendungen, allerdings nur dann, wenn es sich um öffentlich-rechtlich organisierte Sender handelt. Dass privatrechtlich organisierte Sender insoweit nur dem Privatrecht unterliegen, liegt auf der Hand. Teile der Literatur qualifizieren die Sendetätigkeit der öffentlich-rechtlich organisierten Rundfunkanstalten als öffentlich-rechtlich[10] mit dem Hinweis, sowohl die Organisation als auch die Tätigkeit der Rundfunkanstalten gehörten dem öffentlichen Recht an. Der BGH hingegen sieht in Streitfällen den Zivilrechtsweg eröffnet, weil er von der Qualifikation möglicher Streitigkeiten als privatrechtlich ausgeht[11].

127   Problematisch in ihrer rechtlichen Bewertung sind ebenfalls Unterlassungs- bzw Widerrufsansprüche wegen rufgefährdender Erklärungen von Behörden.

Beispiel: Die kassenärztliche Bundesvereinigung erklärt ein Arzneimittel für wirkungslos; Ärzte können deshalb das Arzneimittel nicht mehr zulasten der Krankenkassen verschreiben. Der Hersteller des Arzneimittels wehrt sich gegen die Beurteilung[12].

128   Widerrufs- und Unterlassungsansprüche gibt es sowohl im Privatrecht als auch im öffentlichen Recht. Welcher Anspruch eingreift, ist abhängig von der rechtlichen Qualifikation der Erklärung des Beamten. Entscheidend ist, in welcher Funktion der Beamte die Erklärung abgab. Insoweit lassen sich drei Fälle unterscheiden: **(1.)** Ein privatrechtlicher Widerrufsanspruch besteht, wenn der Beamte als Privatmann handelte. Das ist der Fall, wenn der Beamte die Äußerung bei beliebiger Gelegenheit, aber nicht in amtlicher Eigenschaft abgab. **(2.)** Es besteht ferner ein privatrechtlicher Anspruch, wenn der Beamte die Äußerung zwar in seiner Eigenschaft als Beamter, aber bei Wahrnehmung privatrechtlicher Geschäfte machte. Davon ist zB bei der Verhandlung über die Vergabe von Aufträgen auszugehen. **(3.)** Der öffentlich-rechtliche Unterlassungsanspruch greift ein, wenn sich der Beamte bei der Erfüllung hoheitlicher

---

10   *Bettermann*, NJW 1977, 513; *Kopp*, BayVBl 1988, 193 ff.
11   S. BGHZ 66, 182; BGH, JZ 1987, 414.
12   S. BVerwG, NJW 1980, 656 ff.

Aufgaben äußerte. Dieser Tatbestand liegt vor, wenn – wie in dem vom BVerwG[13] entschiedenen Fall – eine Kommission die ihr vom Gesetzgeber zugewiesenen Pflichten erfüllt[14].

Von großer praktischer Bedeutung ist das Verhältnis des öffentlichen zum privaten **129** Nachbarrecht.

Beispiele: Auf die Klage eines Nachbarn einer Tennisanlage hin, die auf die §§ 1004, 906 BGB als Anspruchsgrundlage gestützt war, hat der BGH das Spielen auf der Anlage untersagt, obwohl sie planungsrechtlich genehmigt worden war[15]. – Eine Eisenschmelzanlage (Kupolofen) wird im Rahmen der erteilten Genehmigung betrieben. Ein nicht vorhersehbarer Funkenflug aus der Anlage beschädigt in der Nachbarschaft parkende Autos. Schließt das Verhalten des Betreibers der Anlage, der die öffentlich-rechtliche Genehmigung beachtete, einen Schadenersatzanspruch der Eigentümer der Autos aus[16]? – Die Antworten auf die beiden angesprochenen Fragen sind in der rechtswissenschaftlichen Literatur extrem umstritten. Die Problematik kann hier nicht aufgerollt werden[17].

Einen letzten Problembereich bildet die öffentliche Subventionierung Privater. **130**

Beispiel: Die Firma X-GmbH erhält ein zinsgünstiges Darlehen, um in einer ländlichen Region zwecks Schaffung von Arbeitsplätzen eine industrielle Produktion aufzubauen.

Es sind drei Gestaltungen denkbar: **(1.)** eine ausschließlich öffentlich-rechtliche Ge- **131** staltung der Darlehensgewährung über den sog. örV oder mit Hilfe eines mitwirkungsbedürftigen VAs (beide Instrumente werden wir noch näher kennen lernen); **(2.)** eine rein privatrechtliche Gestaltung durch Abschluss eines Darlehensvertrags nach dem BGB; **(3.)** eine zweistufige Gestaltung: auf der ersten Stufe wird durch VA (also öffentlich-rechtlich) über die Frage entschieden, ob und unter welchen Bedingungen der Antragsteller die Subvention erhält; auf einer zweiten Stufe wird das Subventionsverhältnis begründet und durch einen privatrechtlichen Vertrag zwischen dem zuwendenden Hoheitsträger oder einem von ihm beauftragten Dritten (zB einer Bank) und dem Subventionsempfänger abgewickelt. Diese Form findet sich häufig bei zurückzuzahlenden Zuschüssen (also unser Beispiel: das Darlehen ist zurückzuzahlen). – Die Rückabwicklung gestörter zweistufiger Subventionsverhältnisse ist kompliziert, darauf wird noch näher eingegangen.

Hier folgender **Hinweis**:

Die Rückabwicklung erfolgt entweder öffentlich-rechtlich (Rücknahme oder Widerruf des Bewilligungsbescheids) oder privatrechtlich (zB Kündigung des Darlehensvertrags).

Lösung zu Fall 1 (Rn 111): Nach der Interessentheorie ist entscheidend, welchem Inte- **132** resse die im Rechtssatz ausgesprochene Regelung dient. Das Verbot, Spraydosen zu verkaufen, dient sowohl dem Interesse privater Hauseigentümer am Schutz ihres Eigentums als auch dem öffentlichen Interesse am Schutz der im Eigentum der öffentlichen Hand befindli-

---

13 Ebenda.
14 S. OLG Dresden, NVwZ-RR 1998, 343 f.
15 BGH, NJW 1983, 751 f.
16 BGHZ 92, 143 = NJW 1985, 47 = JZ 1984, 1105.
17 *Peine*, JuS 1987, 169 ff, NJW 1990, 2442 ff; *Hager*, JURA 1991, 303; *Dolderer*, DVBl 1998, 19 ff. – Jüngere Judikatur: BayVGH, NVwZ-RR 2004, 468; BayVGH, NVwZ-RR 2004, 722; NdsOVG, NVwZ 2004, 777.

chen Sachen. Nach dieser Theorie ist eine Zuordnung nicht möglich. – Nach der Subordinationstheorie kommt es für die Annahme öffentlichen Rechts auf das Vorliegen eines Über-
Unterordnungsverhältnisses an. Nach dem Verkaufsgesetz ist es den Geschäften verboten,
an „Normalbürger" Spraydosen zu verkaufen. Dieses Gesetz vollzieht die Gewerbeaufsicht.
Zwischen dem einzelnen Verkäufer und der Gewerbeaufsicht besteht ein Über-Unterordnungsverhältnis, weil die Gewerbeaufsicht die Einhaltung des Verkaufsverbots überwacht
und Verstöße gegen das Gesetz unterbinden darf. Nach der Subordinationstheorie liegt öffentliches Recht vor. – Nach der modifizierten Subjektstheorie ist entscheidend, ob die
Norm einen Träger öffentlicher Gewalt als solchen berechtigt oder verpflichtet. Das Verkaufsgesetz berechtigt und verpflichtet die Gewerbeaufsicht als solche; sie muss die Einhaltung des Gesetzes überwachen und Verstöße gegen es unterbinden. Auch nach der modifizierten Subjektstheorie ist das Verkaufsgesetz öffentliches Recht.

133   **Lösung zu Fall 2 (Rn 112):** Das Problem, ob das durch einen Behördenleiter ausgesprochene Hausverbot gegen einen störenden Besucher seines Verwaltungsgebäudes öffentlich-
rechtlich oder privatrechtlich zu qualifizieren ist, ist seit langem in Streit. Das Hausverbot
kann sich nach privatrechtlichem Besitz- und Eigentumsrecht richten, §§ 859 f, 903, 1004
BGB, oder aus der öffentlich-rechtlichen Sachherrschaft ergeben (das Rathaus ist eine „öffentliche Sache"; seinen Status und damit auch das Benutzungsrecht regelt das öffentliche
Recht). In Abhängigkeit davon, welches Recht zur Anwendung gelangt, ist der Ausspruch
des Hausverbots dem privaten oder dem öffentlichen Recht zuzuordnen. – Die Rechtsprechung unterscheidet nach dem Zweck des Besuchs. Ist der Zweck öffentlichrechtlich zu
qualifizieren (zB Verlängerung des Personalausweises), dann folgt das Hausverbot dieser
Rechtsnatur. Die überwiegende Literatur hingegen stellt auf den Zweck des Hausverbots ab.
Es sei öffentlich-rechtlich, wenn und weil es dazu dient, die Erfüllung öffentlicher Zwecke
im Hause zu sichern[18].

II.   Die Quellen des Verwaltungsrechts

134   „Woher" kommt das Verwaltungsrecht? Diese Frage beantwortet die sog. Rechtsquellenlehre. Der Begriff der Rechtsquelle ist vieldeutig. Er wird hier iSv Rechtser-
kenntnisquelle benutzt. Rechtserkenntnisquellen sind diejenigen Aussagen, denen das
geltende Recht unmittelbar entnommen werden kann (zB Gesetze, Verordnungen,
Satzungen). In diesem Sinne werden geschriebene und ungeschriebene Rechtsquellen
unterschieden[19]. – Rechtsquellen haben verschiedenen Rang. Deshalb geht im Kolli-
sionsfall (Rechtsnormen verschiedenen Rangs widersprechen einander inhaltlich), die
ranghöhere der rangniederen vor. – Ferner wird unterschieden zwischen staatlichem
und autonomem Recht. Das staatliche Recht unterteilt sich als Folge der föderalisti-
schen Struktur der Bundesrepublik und der Gewaltenteilung in Bundesrecht und Landesrecht sowie in originäres und abgeleitetes Recht (einerseits parlamentsbeschlosse-
ne Gesetze, andererseits Rechtsverordnungen). Autonomes Recht ist das Recht der

---

18   *Ronellenfitsch*, VerwArchiv 1982, 469 ff; zur Vertiefung *Ipsen/Koch*, JuS 1992, 809 ff; *Peine*, Klau-
     surenkurs, Fall 34.
19   Ausführlich *Ruffert*, Rechtsquellen und Rechtsschichten des Verwaltungsrechts, in: Hoffmann-Riem/
     Schmidt-Aßmann/Voßkuhle (Hrsg.), Grundlagen des Verwaltungsrechts, Bd. I, 2. Aufl. 2012,
     S. 1163 ff.

zur Rechtsetzung befugten Körperschaften (Gemeinden, Universitäten) und ergeht in Form von Satzungen.

Beispiele: Bebauungsplan als Satzung, § 10 BauGB; Promotionsordnung für den Fachbereich Rechtswissenschaft der Europa-Universität Viadrina in Frankfurt (Oder).

Folgende Arten von Rechtsquellen werden unterschieden: Verfassungsgesetze, Gesetze, Rechtsverordnungen, Verwaltungsvorschriften, Satzungen, Gewohnheitsrecht, Richterrecht, Allgemeine Grundsätze des Verwaltungsrechts, Europäisches Unionsrecht und Völkerrecht. Soweit diese Rechtsquellen für das Verwaltungsrecht bedeutsame Aussagen enthalten, werden sie im Folgenden vorgestellt. **135**

1. Die Verfassung

Nach Art. 20 Abs. 3 GG ist die Verwaltung an Gesetz und Recht gebunden. Diese **136** Aussage der Verfassung lässt sich in zwei für die Verwaltung relevante Aussagen ausdifferenzieren: zum einen in die Aussage vom **Vorrang** des Gesetzes, zum anderen in die Aussage vom **Vorbehalt** des Gesetzes. Der Vorrang des Gesetzes verbietet der Verwaltung, gegen ein Gesetz zu verstoßen. Jedes Verwaltungshandeln muss in Einklang mit der Rechtslage stehen. Der Vorbehalt des Gesetzes gibt eine Antwort auf die Frage, ob für eine bestimmte Verwaltungstätigkeit eine Ermächtigungsgrundlage in einem förmlichen Gesetz erforderlich ist[20]. Praktisch geht es um die Frage, wie weit das Parlament durch seine Gesetzgebung Verwaltungshandeln steuern darf und muss und die Steuerung nicht dem Verordnunggeber durch den Erlass von Verordnungen überlassen darf[21]. Allgemein anerkannt ist, dass jedes belastende Verwaltungshandeln: also jeder Eingriff in Freiheit und Eigentum des Bürgers, einer Ermächtigungsgrundlage in Form einer materiellen Norm (nicht unbedingt eines Parlamentsgesetzes) bedarf. Streitbefangen ist immer noch die Antwort auf die Frage, ob die Leistungsverwaltung, also zB die Subventionsgewährung, eine gesetzliche Ermächtigungsgrundlage benötigt. Die hM lehnt das Erfordernis einer gesetzlichen Ermächtigungsgrundlage ab. Die Verwaltung soll schon dann handeln dürfen, wenn der Haushaltsplan die zu verteilenden Mittel ausweist.

Der Gesetzesvorbehalt betrifft heute alle denkbaren Verhältnisse des Bürgers zum **137** Staat. Traditionell trennt die Lehre das sog. allgemeine Gewaltverhältnis – das ist dasjenige Verhältnis, in dem jeder Bürger zum Staat steht – vom besonderen Gewaltverhältnis – das ist dasjenige Verhältnis, in dem spezielle Bürger zum Staat stehen: zB Beamte, Soldaten, Richter, Schüler, Studenten, Strafgefangene; das Verhältnis dieser Bürger zum Staat ist durch eine besondere „Nähe" zum Staat gekennzeichnet. Frühere Praxis war zB, das Schulverhältnis mit Hilfe von Verwaltungsvorschriften auszugestalten, später vertrat ein Teil der Lehre die Ansicht, dieses besondere Gewaltverhältnis könne durch spezielle „Normen", den sog. Sonderverordnungen, geregelt werden – beide Lehren hat das BVerfG[22] für mit dem Grundgesetz unvereinbar erklärt und gefordert, auch die besonderen Gewaltverhältnisse müssten durch Gesetz geregelt wer-

---

20 *Detterbeck*, JURA 2002, 235 ff.
21 Näheres bei *Peine*, ZG 1988, 121.
22 E 33, 1 ff; 41, 251, 263.

den. Praktische Folge ist, dass das gesamte Schulrecht nunmehr verrechtlicht ist: Die Voraussetzungen für das „Sitzenbleiben" finden sich in einem Parlamentsgesetz[23].

138 Als weiterer für das Verwaltungshandeln relevanter Rechtsgrundsatz aus dem Bereich des Verfassungsrechts ist hervorzuheben das sog. **Übermaßverbot** oder der Grundsatz der Verhältnismäßigkeit. Er wird im Rechtsstaatsprinzip verortet. Er beinhaltet, dass eine Maßnahme geeignet und erforderlich sein muss und dass das eingesetzte Mittel zu dem mit ihm verfolgten Zweck nicht außer Verhältnis stehen darf (Grundsatz der Geeignetheit, Erforderlichkeit, Verhältnismäßigkeit im engeren Sinne). Auf diesen Rechtsgrundsatz wird nicht näher eingegangen; Sie kennen ihn aus dem Verfassungsrecht.

139 Aus Art. 3 Abs. 1 GG folgt das an die Verwaltung gerichtete Verbot, im Bereich der Ermessensverwaltung[24] von einer geübten Verwaltungspraxis ohne sachlichen Grund abzuweichen. Diese „Selbstbindung der Verwaltung" bewirkt eine Gleichbehandlung der Bürger, die sich mit dem gleichen Anliegen an die Verwaltung wenden.

2. Das „einfache" Gesetz

140 Die wesentliche Rechtsquelle für das Handeln der Verwaltung bilden heute die Parlamentsgesetze, also die Rechtsnormen, die vom Bundestag oder von einem Landesparlament im von der Verfassung vorgeschriebenen Verfahren verabschiedet werden. Nahezu alle Normen, die Sie im Sa. I oder in einer das Landesrecht enthaltenden Gesetzessammlung finden, sind Gesetze in diesem Sinne. Zwei Arten von Parlamentsgesetzen sind zu unterscheiden: Gesetze im nur formellen Sinn und Gesetze im formellen und materiellen Sinn. Gesetze im nur formellen Sinn werden vom Gesetzgeber im förmlichen Gesetzgebungsverfahren beschlossen, normieren aber für den Bürger weder Ansprüche noch Verbindlichkeiten. Zu diesem Typ von Gesetz zählen die Zustimmung zu bestimmten völkerrechtlichen Verträgen nach Art. 59 Abs. 2 S. 1 GG, die Feststellung des Haushaltsplans nach Art. 110 Abs. 1 S. 2 GG[25] sowie die Feststellung von Plänen[26]. Gesetze im materiellen Sinne begründen Rechte und/oder Pflichten für die Bürger. Sie sind normalerweise in einer spezifischen Weise formuliert: Sie enthalten abstrakt-generelle Verhaltensnormen für andere Rechtssubjekte. „Generell" bedeutet, dass sich die Rechtsnorm an eine unbestimmte Vielzahl von Personen richtet; „abstrakt" meint, dass die Rechtsnorm eine unbestimmte Vielzahl von Sachverhalten regelt.

Beispiel: Alle Normen des besonderen Teils des Strafgesetzbuchs; § 1 BAföG (Sa. I Nr 420): „Auf individuelle Ausbildungsförderung besteht für eine der Neigung, Eignung und Leistung entsprechende Ausbildung ein Rechtsanspruch nach Maßgabe dieses Gesetzes, wenn dem Auszubildenden die für seinen Lebensunterhalt und seine Ausbildung erforderlichen Mittel anderweitig nicht zur Verfügung stehen." Demnach hat jeder (= generell), der die gesetzlichen Voraussetzungen erfüllt, einen Anspruch auf Ausbildungsförderung für eine dem Gesetz entsprechende Ausbildung (= abstrakt).

---

23   S. ausführlich Rn 275 ff.
24   Dazu Näheres Rn 201 ff.
25   S. dazu BVerfGE 38, 121, 127.
26   S. zB das Gesetz über den Ausbau der Bundesfernstraßen v. 30.6.1971, BGBl. I S. 873.

Die vorgenommene Differenzierung des Gesetzesbegriffs (sog. dualistischer Geset- **141**
zesbegriff) ist eine Erfindung der Staatsrechtslehre des 19. Jhs.

3. Die Rechtsverordnung

Rechtsverordnungen sind Rechtsnormen (also abstrakt-generelle Rechtssätze), die **142**
nicht vom Parlament in einem der Verfassung entsprechenden Verfahren erlassen
werden, sondern von der Exekutive[27]. Rechtsverordnungen erzeugen als Gesetze im
materiellen Sinn Rechte und Pflichten im Bürger-Staat-Verhältnis. Dass Rechtsverordnungen erlassen werden dürfen, erlaubt für den Bereich des Bundes Art. 80 Abs. 1
S. 1 GG, für den Bereich der Länder gestatten die Landesverfassungen diese Art von
Recht. Der Erlass von Rechtsverordnungen ist nicht beliebig, sondern nur unter bestimmten Voraussetzungen möglich; für den Bund regelt diese Voraussetzungen
Art. 80 Abs. 1 GG. Ihm entsprechend können Verordnunggeber sein die Bundesregierung[28], ein Bundesminister oder die Landesregierungen. Sie dürfen tätig werden,
wenn ihnen ein Parlamentsgesetz das Recht zur Verordnunggebung überträgt. Das
Parlamentsgesetz muss Inhalt, Zweck und Ausmaß der erteilten Ermächtigung be-
stimmen. Die Verordnung muss die Rechtsgrundlage, auf Grund derer sie erlassen
wurde, angeben. Nach Art. 80 Abs. 2 GG ist unter bestimmten Voraussetzungen die
Zustimmung des Bundesrats zum Erlass einer Rechtsverordnung notwendig. – Der
Sache nach bedeutet die Verordnunggebung einen Verzicht des an sich zuständigen
Parlaments auf den Erlass eines Gesetzes. Dieser Verzicht ist in der Praxis häufig,
weil das Parlament sich von der Regelung technischer Details zu entlasten wünscht.
Als ein beliebiges praktisches Beispiel sei erwähnt die Vierte Verordnung zur Durchführung des Bundes-Immissionsschutzgesetzes idF v. 2.5.2013 (Sa. I Nr 296a): Ein
Anhang zählt diejenigen Anlagen auf, die eine Genehmigung nach dem BImSchG benötigen. Diese Aufzählung ist in einem Parlamentsgesetz schwer vorstellbar (es gibt
solche – freilich kürzere – Anhänge: s. zB UVPG (Sa. I Nr 295) oder die Anlagen zur
HwO). – Das Problem des Verhältnisses von Gesetzgeber und Verordnunggeber
besteht im Wesentlichen in der Abgrenzung hinsichtlich der Befugnis, wer das Instrument „abstrakt-generelle Regelung" nutzen darf. In der Vergangenheit war die Antwort auf die Abgrenzungsfrage die Lösung eines „Verteilungskampfes" zwischen
Legislative und Exekutive; heute bildet die Antwort die Lösung des Problems, in welchem Umfang der Gesetzgeber den Verordnunggeber mit dem Erlass einer Verordnung betrauen darf – mit anderen Worten: wie weit reicht der Parlamentsvorbehalt?
Zur Bestimmung der ausschließlichen Parlamentskompetenzen hat das BVerfG die
sog. **Wesentlichkeitstheorie** entwickelt[29]. Nach dieser Theorie ist „wesentlich" dasjenige, was für die Verwirklichung der Grundrechte wesentlich ist. Diese Formel
zeigt bereits, dass die Wesentlichkeitstheorie keinen in sich geschlossenen Begrün-
dungszusammenhang bietet und deshalb für die Bestimmung des Parlamentsvorbehalts nicht taugt. Eine vom Verf. vorgenommene Analyse von Rechtsprechung und

---

27 Ausführlich: *v. Danwitz*, JURA 2002, 93 ff.
28 S. dazu BVerfGE 91, 148 ff.
29 E 34, 165, 192; 41, 251, 259; 45, 400, 417; 47, 46, 78; 49, 89, 126; 57, 295, 320 f; 58, 257, 268 f; 83,
    130, 152; 84, 212, 226 – s. Näheres bei *Peine*, ZG 1988, 125 ff.

Literatur[30] hat fünf Fallgruppen ergeben, für die das Fehlen eines Parlamentsvorbehalts sicher ist:

143   –   Regelungen im Zusammenhang mit übergeordneten Parlamentsgesetzen

       Beispiel: gesetzesdurchführende Rechtsverordnungen;

144   –   Regelungen, deren Inhalt durch die Sachstrukturen des Regelungsbereichs geboten ist

       Beispiel: im Schulbereich Regelungen, die von pädagogischen Gründen getragen werden;

145   –   Regelungen, die durch materielle Gehalte des Grundgesetzes selbst inhaltlich so stark determiniert sind, dass ein formelles Gesetzgebungsverfahren nicht notwendig erscheint

       Beispiel: Verordnungen im Bereich des Bauordnungsrechts;

146   –   Regelungen, an deren Zustandekommen die Öffentlichkeit bereits selbst beteiligt ist

       Beispiel: Satzungen im Planungsrecht;

147   –   Regelungen, deren Änderung infolge sich rasch ändernder Verhältnisse durch flexible Reaktion möglich sein muss

       Beispiel: Rechtsverordnungen, die Sicherheitsstandards im technischen Sicherheitsrecht festlegen.

4. Die Satzung

148   Satzungen sind Rechtsnormen im materiellen Sinn. Sie legen Rechte und Pflichten zwischen dem Satzunggeber und den Satzungsunterworfenen fest. Satzungen einer juristischen Person des öffentlichen Rechts zielen darauf ab, ihre eigenen Angelegenheiten zu regeln. Wem die Eigenschaft juristische Person des öffentlichen Rechts zukommt, ist zuvor unter Rn 45 ff geklärt worden. In diesem Sinn sind juristische Personen zB die Gemeinden und Landkreise, die Universitäten, die Industrie- und Handelskammern, die Ärztekammern und die Sozialversicherungsträger. Dass Gemeinden die Satzungsgewalt haben, regelt zB für Brandenburg § 3 Abs. 1 S. 1 BbgKVerf: „Die Gemeinde kann ihre Angelegenheiten durch Satzung regeln ...“; dass Handwerksinnungen das Recht zum Erlass von Satzungen besitzen, erlaubt § 55 Abs. 1 HwO: „Die Aufgaben der Handwerksinnung, ihre Verwaltung und die Rechtsverhältnisse ihrer Mitglieder sind, soweit gesetzlich nichts darüber bestimmt ist, durch die Satzung zu regeln.“

149   Das Recht zum Erlass von Satzungen gestattet den juristischen Personen des öffentlichen Rechts nicht das Grundgesetz, Ausnahme: Art. 28 Abs. 2 S. 1 für die Gemeinden, sondern folgt aus den einfachen Gesetzen. Die Einschränkung des Art. 80 Abs. 1 GG (von ihm war eben mit Blick auf die Rechtsverordnungen die Rede) gilt für Satzungen nicht.

---

30   *Peine*, ZG 1988, 121 ff.

Die Zuständigkeit für den Erlass einer Satzung, das sog. satzunggebende Organ, nor- **150**
miert das einfache Recht. Die Kompetenz zum Satzungserlass beruht auf staatlicher
Delegation. Satzungen sind somit abgeleitete Rechtsquellen. Als abgeleitetes Recht
unterliegt die Satzung inhaltlichen Schranken: (**1.**) Eine sachliche Beschränkung folgt
aus dem gesetzlich bestimmten Aufgaben- und Zuständigkeitsbereich der juristischen
Person, deshalb gibt es kein „allgemeinpolitisches Mandat"; eine personelle Beschränkung ergibt sich aus der ausschließlichen Geltung der Satzung für die Mitglieder der Körperschaft oder die Benutzer der Anstalt; (**2.**) der schon erwähnte Vorbehalt des Gesetzes fordert nach dem Verständnis des BVerfGs, dass der Parlamentsgesetzgeber die wesentlichen, also die grundrechtsbeschränkenden Regelungen selbst
trifft[31] – auf Grund einer Satzung der Ärztekammer konnten Fachärzte disziplinarisch
bestraft werden; das BVerfG verlangte, die „Straftatbestände" in einem Parlamentsgesetz zu regeln[32].

5. Die Verwaltungsvorschrift

Verwaltungsvorschriften werden in allen Lehrbüchern des Allgemeinen Verwal- **151**
tungsrechts im Kapitel Rechtsquellenlehre vorgestellt. Verwaltungsvorschriften unterscheiden sich jedoch von den bislang vorgestellten Rechtsquellen in wesentlicher
Hinsicht: Sie regeln nicht das Verhältnis des Bürgers zum Staat, sondern ihre Wirkung ist auf den Innenbereich der Verwaltung beschränkt. Eine Rechtsquelle im zuvor dargestellten Sinn sind sie deshalb nicht. Ihre Behandlung an dieser Stelle folgt
der Tradition. – Verwaltungsvorschriften sind freilich mehr als „Nicht-Recht". Sie
spielen eine bedeutsame Rolle im Rahmen des Problems der Selbstbindung der Verwaltung: Diese darf nicht grundlos von einer durch die Beachtung von Verwaltungsvorschriften erzeugten Übung abweichen[33].

Verwaltungsvorschriften können jedoch aus sachlichen Gründen jederzeit geändert
werden[34].

Verwaltungsvorschriften sind Regelungen, die innerhalb der Verwaltungsorganisati- **152**
on von übergeordneten Verwaltungsinstanzen oder Vorgesetzten an nachgeordnete
Behörden oder Bedienstete ergehen. Sie dienen dazu, Organisation und Handeln der
Verwaltung näher festzulegen.

Verwaltungsvorschriften werden manchmal als solche bezeichnet

Beispiel: Allgemeine Verwaltungsvorschrift zum Bundesvertriebenengesetz v. 6.4.2010
(BVFG-VwV)[35],

teilweise heißen sie auch Erlass, Verfügung, Dienstanweisung, Richtlinie, Anordnung, Anleitung,

---

31   BVerfGE 33, 125, 157 ff.
32   Zur Rechtmäßigkeit einer Satzung in der **Fallbearbeitung**: *Knödler/Daubner*, JA 1993, L 181 ff.
33   S. BVerwG, DÖV 1993, 867; VG Leipzig, DÖV 1994, 173; *Tiedemann*, JuS 2000, 726 f; *Guckel-
     berger*, Die Verwaltung 2002, 61 ff.
34   BVerwGE 126, 33.
35   GMBl 2010, S. 638.

Beispiel: Erste allgemeine Verwaltungsvorschrift zum Bundes-Immissionsschutzgesetz – Technische Anleitung zur Reinhaltung der Luft vom 24.7.2002 (TA-Luft)[36].

Der sachlich-gegenständliche Inhalt der Verwaltungsvorschriften ist unterschiedlich. Folgende grobe Einteilung hat sich eingebürgert:

153 – Verwaltungsvorschriften mit **organisatorischem Inhalt** regeln den Aufbau, die innere Ordnung, die Zuständigkeit und das Verfahren der Behörden;

154 – Verwaltungsvorschriften mit **verhaltenslenkendem Inhalt** regeln das Handeln der Behörden; insoweit sind drei Fälle zu unterscheiden: norminterpretierende Verwaltungsvorschriften, Ermessensrichtlinien, Vereinfachungsanweisungen; norminterpretierende Verwaltungsvorschriften – das sind solche, die Aussagen zum Norminhalt treffen – klären rechtliche Zweifelsfragen bei der Anwendung von Normen – sie entlasten die das Recht anwendenden Bediensteten und tragen damit zur Rationalisierung der Verwaltungsarbeit und Vereinheitlichung der Rechtsanwendung bei; Ermessensrichtlinien liefern Entscheidungsmaßstäbe bzw Entscheidungsmuster für eine Ausübung des Verwaltungsermessens – sie sorgen, weil sie nur einheitlich gehandhabt werden dürfen[37], ebenfalls für eine einheitliche Rechtsanwendung; die im Steuerrecht sehr häufigen Vereinfachungsanweisungen dienen dazu, die Komplexität der Besteuerung durch Pauschalierungen und Schätzungsrichtlinien zu reduzieren – auch insoweit wird die Rechtsanwendung vereinfacht;

155 – die im Bereich des Umwelt- und Technikrechts notwendigen „Grenzwerte" sowie sonstige technischen Aussagen werden mit Hilfe von Verwaltungsvorschriften für die Verwaltung verbindlich gemacht,

Beispiel: § 48 Abs. 1 S. 1: Die Bundesregierung erlässt nach Anhörung … allgemeine Verwaltungsvorschriften , insbesondere über „1. Immissionswerte", die zu dem in § 1 genannten Zweck nicht überschritten werden dürfen,…;

156 – Verwaltungsvorschriften vervollständigen förmliches Gesetzesrecht, indem sie bewusst offen gelassene Gesetzeslücken schließen;

157 – ausnahmsweise können Verwaltungsvorschriften über den Bereich eines Verwaltungsträgers hinausreichen und sich an andere Verwaltungsträger richten; beispielhaft sei verwiesen auf Art. 84 Abs. 2, 85 Abs. 2 GG.

158 Von den oben erwähnten *norminterpretierenden* Verwaltungsvorschriften sind die *normkonkretisierenden* Verwaltungsvorschriften zu unterscheiden. Ein **Beispiel** für eine normkonkretisierende Verwaltungsvorschrift bildet die „Allgemeine Verwaltungsvorschrift zum Schutz gegen Baulärm – AVV Baulärm"[38]. Sie konkretisiert den unbestimmten Rechtsbegriff „schädliche Umwelteinwirkung"[39]. Der Unterschied zwischen beiden Typen von Verwaltungsvorschriften besteht darin, dass der normkonkretisierenden Verwaltungsvorschrift unmittelbar Außenwirkung zukommt. Die-

---

36 GMBl 2002, S. 511.
37 NdsOVG, NVwZ-RR 2013, 465.
38 V. 18.8.1970, Beilage zum Bundesanzeiger Nr 160 v. 1.9.1970.
39 S. BVerwGE 143, 249, 254.

ser Typ von Verwaltungsvorschrift muss deshalb von den Verwaltungsgerichten wie eine Rechtsnorm angewandt werden; dieses geschieht[40]. Die normkonkretisierende Verwaltungsvorschrift basiert auf der Lehre vom Beurteilungsspielraum. Wenn dieser existiert, ist sowohl die einzelne Entscheidung der Verwaltung als auch die generelle Regelung der Verwaltungsentscheidung durch normkonkretisierende Verwaltungsvorschriften gerichtlich lediglich beschränkt zu überprüfen. Diese Aussage gilt freilich nicht allgemein. Das BVerwG[41] erkennt diese Wirkung nur unter ganz bestimmten Voraussetzungen an. Normkonkretisierende Verwaltungsvorschriften akzeptiert das Gericht *nur* im Bereich des Umwelt- und Technikrechts, wenn sie **(1.)** „höherrangige Gebote" beachten, **(2.)** „die im Gesetz getroffenen Wertungen" berücksichtigen, **(3.)** in einem sorgfältigen Verfahren unter Einbeziehung des wissenschaftlichen und technischen Sachverstands erarbeitet wurden, und **(4.)** nicht durch Erkenntnisfortschritte in Wissenschaft und Technik überholt sind. – Bei normkonkretisierenden Verwaltungsvorschriften ist lediglich der Umfang der gerichtlichen Kontrolle reduziert; nicht aber ist eine unmittelbare Bindung des Bürgers an diesen Typ von Verwaltungsvorschrift gegeben – diese Bindung erzeugt nur das Gesetz im materiellen Sinne.

Verwaltungsvorschriften mit Außenwirkung müssen bekannt gemacht werden, damit sie Wirksamkeit erlangen[42].   **159**

Literatur: *Murswiek*, JuS 2000, 927 ff; *Erichsen/Klusche*, JURA 2000, 540 ff; *Bock*, JA 2000, 390 ff; *Remmert*, JURA 2004, 728; *Tegethoff*, JA 2005, 794.

6. Das Gewohnheitsrecht

Die Existenz von Gewohnheitsrecht und seine Akzeptanz als Rechtsquelle stehen außer Zweifel. Voraussetzungen für die Anerkennung von Gewohnheitsrecht sind: **160**

– eine lang andauernde und allgemeine Übung (objektives Element);
– die Überzeugung der Beteiligten von der Rechtmäßigkeit der Übung (subjektives Element);
– die Formulierbarkeit der Übung als Rechtssatz (formales Element).

Das Entstehen von Gewohnheitsrecht setzt fehlendes geschriebenes Recht voraus. Da das Verwaltungsrecht zunehmend kodifiziert wird, schrumpft der Bereich für Gewohnheitsrecht. Es ist indes für das Verwaltungsrecht nicht bedeutungslos: Insbesondere das Staatshaftungsrecht besteht zu einem großen Teil aus ungeschriebenen, dem Gewohnheitsrecht zuzurechnenden Regeln; ferner wird das behördliche Hausrecht dem Gewohnheitsrecht zugeordnet. Sich auf Gewohnheitsrecht berufende Entscheidungen sind freilich selten[43].   **161**

Den „Abschied vom Gewohnheitsrecht" analysiert *Schmidt*[44].   **162**

---

40 S. BVerwGE 143, 249, 254.
41 BVerwGE 107, 338.
42 BVerwG, DÖV 2005, 605 = JZ 2006, 892.
43 S. zB BVerwGE 19, 242.
44 NVwZ 2004, 930 ff.

7. Das Richterrecht

163 Da jede Rechtsordnung lückenhaft ist und weil ferner die Richter jeden Rechtsstreit entscheiden müssen (Verbot der Rechtsverweigerung), sind sie gezwungen, die Rechtsgrundlage für die Streitentscheidung selbst zu erzeugen, wenn es dem geschriebenen Recht an einer Lösungsgrundlage mangelt. Dadurch entsteht Richterrecht. Keine Rechtsordnung kann auf es verzichten. Seine Existenz und seine Legitimität sind deshalb akzeptiert. Problematisch sind Maß und Grenzen[45].

8. Die „allgemeinen Grundsätze" des Verwaltungsrechts

164 Unter dem Begriff „allgemeine Grundsätze des Verwaltungsrechts" werden diejenigen Aussagen zusammengefasst, die prinzipiell für alle Gebiete des Verwaltungsrechts gelten und deren Anwendung nicht auf Sondermaterien beschränkt ist.

165 Diesen allgemeinen Grundsätzen werden folgende Regeln zugeordnet: die Grundsätze über Bestand, Widerruf und Rücknahme von VAen; die Grundsätze über die Nichtigkeit von VAen; die Grundsätze über die Verwirkung im öffentlichen Recht; die Grundsätze über die Selbstbindung der Verwaltung; die Grundsätze der Erforderlichkeit und Verhältnismäßigkeit; die Grundsätze über das Verwaltungsverfahren (rechtliches Gehör, Verbot der Entscheidung in eigener Sache, Interessenkollision, Befangenheit); die Grundsätze über die öffentlich-rechtliche Entschädigung; die Grundsätze über den öffentlich-rechtlichen Erstattungsanspruch und den Folgenbeseitigungsanspruch; der Grundsatz des Vertrauensschutzes.

166 Diese Grundsätze werden nach ständiger Rechtsprechung wie geschriebene Normen angewendet[46]. Heute ist jedoch der Rückgriff auf diese allgemeinen Grundsätze zum Teil nicht mehr notwendig, da sie in Gesetzen normiert sind. Soweit es an einer gesetzlichen Normierung fehlt, gelten die allgemeinen Grundsätze entweder als Gewohnheitsrecht oder als Richterrecht. Diese Grundsätze sind – woran man denken könnte – nicht beliebig erfunden, sondern stellen sich zum großen Teil als Konkretisierungen fundamentaler Verfassungsprinzipien dar (Verwaltungsrecht als konkretisiertes Verfassungsrecht).

9. „Europarecht"

167 Für das deutsche Allgemeine Verwaltungsrecht sind bestimmte europarechtliche Normen von nicht zu unterschätzender Bedeutung. ME lässt sich die Behauptung wagen, dass auch für dieses Rechtsgebiet das „Europarecht" immer bedeutungsvoller wird. – Der zuvor erwähnte Begriff „Europarecht" ist vieldeutig. Es sind im Folgenden die Bereiche des Europarechts zu identifizieren, die für das Allgemeine Verwaltungsrecht Relevanz beanspruchen.

168 Das Recht der europäischen internationalen Organisationen ist sehr weit gefasst. Es ist ein Europarecht *im weiteren* von einem Europarecht *im engeren Sinne* zu unter-

---

45 Sehr ausführlich *Stern*, Staatsrecht II, 1980, § 37 II 2 e; s. mit Blick auf die Grenzen BVerfGE 65, 182, 190 ff; 69, 315, 369 ff; 71, 354, 362 ff; 74, 129, 152; vgl auch BVerwGE 85, 323.
46 S. zB BVerwG, DÖV 1981, 857.

scheiden. Zum Europarecht im weiteren Sinne gehört das Recht des Europarats mit seinem Schutzsystem der Europäischen Menschenrechtskonvention; ferner zählen zu diesem Recht das Recht europäischer internationaler Organisationen wie zB das europäische Kernforschungszentrum. Europarecht im engeren Sinne ist das Recht der europäischen Union.

Es ist zwischen *primärem* Europarecht und *sekundärem* Europarecht zu unterscheiden. Das primäre Recht setzt sich zusammen aus den Gründungsverträgen in ihrer jeweiligen Fassung einschließlich der Anlagen, Anhänge und Protokolle sowie dem Vertrag über die Europäische Union in seiner letzten Fassung[47], dem Vertrag über die Arbeitsweise der Europäischen Union[48] sowie der Grundrechte der Europäischen Union[49]. Das sekundäre Europarecht ist das von der Union selbst erzeugte Recht. Es existiert in Gestalt von Verordnungen, Richtlinien und Beschlüssen. Während es sich bei den Verordnungen und Richtlinien um Rechtsnormen handelt, die sich untereinander dadurch unterscheiden, dass die Verordnung unmittelbar für diejenigen gilt, an die sie sich wendet, und die Richtlinie die Mitgliedstaaten verpflichtet, sie in innerstaatliches Recht umzusetzen, Art. 288 Abs. 1, 2 AEUV, – damit sind beide Rechtsquellen im zuvor dargestellten Sinne –, entspricht der Beschluss, Art. 288 Abs. 3 AEUV, weitgehend dem VA im deutschen Recht. Unter einem Beschluss sind zunächst alle Entscheidungen zu verstehen, welche die Organe der Union durch einseitige, verbindliche Regelungen gegenüber feststehenden Personen auf dem Gebiet des Unionsrechts treffen und die auf unmittelbare Rechtswirkung nach außen gerichtet sind (Einzelfallentscheidung) – damit ist die Entscheidung nicht Rechtsquelle, sondern vollzieht sie. Die Handlungsform „Beschluss" erfasst darüber hinaus Maßnahmen, die sich insbesondere an einen unbestimmten Adressatenkreis richten, sowie allgemeine Beschlüsse. Das Instrument hat einen weiten Anwendungsbereich, s. Art. 54 Abs. 6, 7, Art. 138 Abs. 1, Art. 302 Abs. 2 AEUV.

169

Von dem Recht der Europäischen Union interessiert im Folgenden dasjenige, welches von deutschen Verwaltungsbehörden vollzogen wird, soweit es sich auf das deutsche Allgemeine Verwaltungsrecht auswirkt. Auswirkungen können bestehen auf die Verwaltungsorganisation, die Verwaltungskompetenzen und das Verwaltungsverfahren. Vorab ist festzuhalten, dass es eine Ablösung des deutschen Allgemeinen Verwaltungsrechts wohl in absehbarer Zeit nicht geben wird: „Obliegt der Vollzug einer [. . .]verordnung den nationalen Behörden, so ist davon auszugehen, dass er grundsätzlich nach den Form- und Verfahrensvorschriften des nationalen Rechts zu geschehen hat"[50]. An der Richtigkeit dieser relativ alten Entscheidung des EuGH hat sich nichts geändert.

170

a) Verwaltungsorganisation

Nach Art. 4 Abs. 3 EUV sind die Mitgliedstaaten verpflichtet, ein System von Verwaltungskontrollen zu schaffen, welches sicherstellt, dass das Unionsrecht ordnungsgemäß erfüllt wird. Diese Aussage setzt voraus, dass nach primärem Europarecht die

171

---

47 Das ist der Vertrag über die Europäische Union in der Fassung des Vertrags von Lissabon v. 13.12.2007, ABl C 306 S. 1 mit späteren Berichtigungen und Änderungen.
48 In der Fassung der Bekanntmachung v. 9.5.2008, ABl C 115 S. 47.
49 V. 12.12.2007, ABl C 303 S. 1.
50 EuGH, Slg. 1971, 49, 58.

Verwaltungsorganisation eine Angelegenheit der Mitgliedstaaten ist. Das sekundäre Gemeinschaftsrecht enthält nur selten die Verpflichtung, spezielle Behörden zu schaffen. Hingewiesen sei darauf, dass nach der Richtlinie 88/301/EWG die über die Typenzulassung von Telekommunikationsendgeräten entscheidende Stelle nicht gleichzeitig Netzbetreiber sein darf; in der Bundesrepublik hat diese Regelung zur Errichtung des früheren Zentralamtes für Zulassungen im Fernmeldewesen geführt. Von diesem Sonderfall abgesehen, wird regelmäßig das Europarecht im engeren Sinne, soweit deutsche Behörden für seinen Vollzug zuständig sind, von bereits bestehenden Behörden umgesetzt, die neue Abteilungen erhalten, wenn sich ihre Einrichtung als notwendig erweisen sollte.

b) Verwaltungskompetenzen

172 Die Kompetenzverteilungsregelungen des Grundgesetzes gelten für den Vollzug des Unionsrechts sinngemäß. Der Bund kann deshalb die Verwaltungskompetenz an sich ziehen, sofern er die europarechtlichen Normen hätte erlassen können; die Berechtigung ergibt sich aus Art. 87 Abs. 3 GG. Wenn deutsche Durchführungsvorschriften des Unionsrechts zur Anwendung gelangen, gelten die Art. 83 ff GG. Damit sind die Länder für den Vollzug des Unionsrechts zuständig. In der Praxis wird jedoch ein sehr großer Teil des Unionsrechts durch den Bund vollzogen, weil er von den Möglichkeiten des Art. 87 Abs. 3 GG umfangreich Gebrauch gemacht hat und weil er die Abgaben verwaltet, s. Art. 108 Abs. 1 GG.

c) Verwaltungsverfahren

173 Es gibt nur wenige europarechtliche Vorschriften, die den Vollzug des Unionsrechts durch die Mitgliedstaaten unmittelbar und umfassend regeln. Hinzuweisen ist insoweit insbesondere auf die Agrarmarktordnungen und den Zollkodex. Das bei Fehlen europarechtlicher Vorschriften anzuwendende deutsche Verwaltungsverfahrensrecht ist freilich partiell gemeinschaftsrechtlich beeinflusst.

174 Primärrechtlich sind nach Art. 34 AEUV bestimmte Untersuchungen von Waren verboten; ferner kann es geboten sein, bestimmte Erkenntnisquellen im Verfahren zu nutzen. Das primäre Europarecht verlangt darüber hinaus häufig die Zusammenarbeit der nationalen Behörden mit denen der EU oder den anderer Mitgliedstaaten; das primäre Europarecht gebietet auch die Anerkennung ausländischer/transnationaler VAe, die zB die Zulassung von Gütern und Leistungen sowie von Personen zu einem Beruf betreffen, zB ausländische Diplome.

175 Die Anwendung des nationalen Verwaltungsrechts ist in Ansehung möglicher Ergebnisse insoweit beschränkt, als der Vollzug nicht dazu führen darf, die Tragweite und die Wirksamkeit des Unionsrechts zu beeinträchtigen; erst recht sind alle Maßnahmen zu unterlassen, die die Verwirklichung der Ziele des Vertrags gefährden könnten[51].

176 Der EuGH verlangt, dass das Interesse der Union bei Abwägungsentscheidungen vollständig berücksichtigt wird. Er geht davon aus, dass das Unionsrecht mitgliedstaatliches Recht verdrängen kann.

---

51 EuGH, Slg 1987, 4097, 4116, Rn 12.

Das sekundäre Europarecht wirkt auf das Verwaltungsverfahrensrecht ein, soweit es **177** selbst Vorschriften Verwaltungsverfahrensrechtlicher Art enthält. Das ist zB bei den Richtlinien über die Umweltverträglichkeitsprüfung, die Umweltinformationen, die Vergabe öffentlicher Aufträge sowie bei der europäischen Umwelt-Audit-VO der Fall. Diese Vorschriften verstärken die Rechte Privater und führen deswegen zu aufwändigeren Verwaltungsverfahren. Ähnliches ist auf dem Gebiet der Wirtschaftsüberwachung zu beobachten.

Die Einwirkung des Europarechts auf das Verwaltungsverfahrensrecht vollzieht sich **178** auf folgende Arten: Das Europarecht ist in unbestimmte Rechtsbegriffe der nationalen Vorschriften hineinzudenken. Ermessensermächtigungen sind ferner im Sinne des Europarechts auszuüben.

Beispiele: Nach § 80 Abs. 2 Nr 4 VwGO kann die Behörde die sofortige Vollziehung eines VAs im öffentlichen Interesse anordnen. Wenn der VA Europarecht vollzieht und dieses dazu verpflichtet, zur Einhaltung der Unionsvorschriften die notwendigen Maßnahmen zu treffen, muss notwendig das öffentliche Interesse im Sinne des Unionsinteresses ausgelegt werden. – Gebietet das Unionsrecht die Anordnung der sofortigen Vollziehung, ist eine Ermessensreduzierung auf Null die Folge.

Ferner ist der Gesetzgeber gehalten, Richtlinien in nationales Recht umzusetzen. Von **179** Bedeutung für das Verwaltungsverfahren ist insbesondere die Dienstleistungsrichtlinie 2006/123/EG[52]. Ziel der Richtlinie ist es, nationale Beschränkungen bei der Aufnahme einer Dienstleistungstätigkeit zu beseitigen. Die Richtlinie regelt einzelne Fragen des Verwaltungsverfahrens, was eine Vereinfachung bewirken soll, so zB:
– die Einführung eines sog. einheitlichen Ansprechpartners (vgl Rn 629 ff),
– die Forderung nach der Möglichkeit, ein Verfahren elektronisch abzuwickeln (vgl Rn 637, 636 ff),
– die Einführung eine Genehmigungsfiktion zur Verfahrensverkürzung (s. Rn 494),
– Verbesserung der behördlichen Zusammenarbeit (vgl Rn 587).

Literatur: *Ehlers*, in: Erichsen/Ehlers (Hrsg.), AllgVerwR, § 5 Rn. 56; *Ziekow*, WiVerw 2008, 176 ff.

Die Einwirkung des Europarechts kann schließlich das nationale Verwaltungsverfah- **180** rensrecht inhaltlich abändern.

Beispiel: Die Rücknahme begünstigender VAe und die Rückforderung erbrachter Leistungen wegen eines Verstoßes gegen Gemeinschaftsrecht richtet sich häufig nach §§ 48, 49a. Wenn die Kommission nach Art. 108 Abs. 2 S. 1 AEUV eine gewährte staatliche Beihilfe bestandskräftig für unvereinbar mit dem EU-Recht erklärt und die gezahlten Beiträge rückfordert, vollziehen die nationalen Behörden lediglich die Entscheidung der Kommission. Formal kommt § 48 zur Anwendung; inhaltlich entfällt freilich das Ermessen der Behörden nach § 48 Abs. 1; die Beihilfeempfänger besitzen keinen Vertrauensschutz und können sich auf die Frist des § 48 Abs. 4 nicht berufen[53].

Hinzuweisen ist darauf, dass, wenn ein vorgelagertes Verfahren von EU-Behörden **181** fehlt, sich die Rücknahme europarechtswidriger nationaler VAe nicht nur formal, sondern auch materiell nach § 48 richtet.

---

52 ABl 2006 L 376, S. 36.
53 BVerwGE 106, 328 ff.

182 In der Folge der Einwirkung von EU-Recht auf das nationale und damit auch auf das deutsche Verwaltungsrecht ist dessen Spaltung zu beobachten in Abhängigkeit davon, ob ein Problem entweder nur einen nationalen oder auch einen nationalen und gemeinschaftsrechtlichen Bezug besitzt. Diese Konsequenz wird in der Zukunft immer häufiger zu beobachten sein, weil der Umfang des sekundären Gemeinschaftsrechts steigt.

Literatur: *Classen*, Die Verwaltung 1998, 307 ff; *Kahl*, NVwZ 1996, 865; *Schoch*, JZ 1995, 109; *Zuleeg/Rengeling*, VVDStRL 53/1994, 154 ff; *Scheuing*, Die Verwaltung 2001, 107 ff; *Pfaff*, VBlBW 2000, 408 ff; *Sydow*, Die Verwaltung 2001, 517 ff; *Ziekow*, NVwZ 2005, 263 ff; *Schmidt-Preuß*, NVwZ 2005, 489 ff; *Sydow*, JuS 2005, 97 ff; zusammenfassend und die neueste Rechtsprechung des EuGH analysierend *Weiß*, Bestandskraft nationaler belastender Verwaltungsakte und EG-Recht, DÖV 2008, 477 ff; *Schliesky*, DÖV 2009, 641; *Danwitz*, Europäisches Verwaltungsrecht; *Ruffert*, Die Verwaltung 2008, 543 ff.

III. Bedeutsame „Einteilungen" des Verwaltungsrechts

1. „Allgemeines" und „Besonderes" Verwaltungsrecht

183 Die Einleitung erwähnte bereits die Unterscheidung zwischen dem „Allgemeinen" und dem „Besonderen" Verwaltungsrecht. Sie kennen diese Differenzierung aus dem BGB und dem StGB. Sie kennzeichnet auch das Verwaltungsrecht. Der Unterschied zwischen dem Verwaltungsrecht auf der einen und dem BGB/StGB auf der anderen Seite besteht darin, dass das „Allgemeine" und das „Besondere" Verwaltungsrecht nicht in einer Gesamtkodifikation zusammengefasst sind, sondern dass sich diese Materien in einer Vielzahl von Gesetzen zerstreut geregelt wieder finden. Die Arbeitserleichterung, die eine Gesamtkodifikation ermöglicht, fehlt im Verwaltungsrecht. Für Teilbereiche des Verwaltungsrechts, so das Sozialrecht und das Umweltrecht, wurde mehrfach an Teilkodifikationen gearbeitet. Eine Gesamtkodifikation des gesamten Verwaltungsrechts ist wohl nicht vorstellbar: zu unterschiedlich sind die zu regelnden Gegenstände, zu groß ist die Normenmenge, ferner sind die auf Bund und Länder verteilten Gesetzgebungskompetenzen einer Kodifikation hinderlich.

184 Dem „Allgemeinen" Verwaltungsrecht werden diejenigen Aussagen des Verwaltungsrechts zugeordnet, die prinzipiell für alle Bereiche des Verwaltungsrechts gelten (früher sprach man deshalb von den „Allgemeinen Grundsätzen des Verwaltungsrechts"). Diese Aussagen betreffen im Wesentlichen das für eine Entscheidungsfindung zu beachtende Verfahren, die Form, in der eine Verwaltungsentscheidung ergehen kann (Handlungsformenlehre), sowie die Kontrolle und den Vollzug von Verwaltungsentscheidungen (vgl die Einleitung unter Rn 18 „Problemlösungsphasen"). Das „Besondere" Verwaltungsrecht enthält das Recht zur Lösung der der Verwaltung übertragenen Probleme. Die Problemfelder sind mannigfaltig. Dieses spiegeln die Gesetze, die Besonderes Verwaltungsrecht enthalten, wider: sie reichen – wie die alphabetische Schnellübersicht des Sa. I demonstriert – vom Abfallrecht über das Hochschulrecht bis hin zum Waffen- und Zivilschutzrecht.

185 Das Allgemeine Verwaltungsrecht müssen Sie beherrschen, dabei will Ihnen dieses Buch helfen; das Besondere Verwaltungsrecht müssen sie lediglich in sehr wenigen

Teilbereichen kennen: das Allgemeine Recht der Gefahrenabwehr und Teile des Baurechts sowie im Überblick das Kommunalrecht.

Das Allgemeine Verwaltungsrecht ist im Wesentlichen in drei Bundesgesetzen geregelt: dem Verwaltungsverfahrensgesetz (abgekürzt: VwVfG)[54] – dieses Gesetz ist 1996 geändert worden durch das Gesetz zur Änderung Verwaltungsverfahrensrechtlicher Vorschriften[55], durch das Gesetz zur Beschleunigung von Genehmigungsverfahren[56], dem Dritten[57] sowie Vierten[58] Verwaltungsverfahrensänderungsgesetz; das VwVfG liegt jetzt idF der Bekanntmachung v. 23.1.2003[59] vor –, dem Verwaltungszustellungsgesetz (abgekürzt: VwZG)[60] und dem Verwaltungs-Vollstreckungsgesetz (abgekürzt: VwVG)[61]; diese drei Gesetze sind im Sa. I abgedruckt unter den „Hausnummern" 100, 110 und 112. – Zu diesen drei Gesetzen gibt es inhaltlich parallele Gesetze in allen Bundesländern. Soweit noch nach der Vereinigung geschaffene Übergangsregelungen in den neuen Bundesländern gelten, verweisen sie allesamt auf das Bundesrecht[62]. **186**

2. „Außenrecht" und „Innenrecht"

Eine weitere für das Recht der Verwaltung bedeutsame Differenzierung betrifft die Unterscheidung von Außenrecht und Innenrecht. Sie ist an den verschiedenen Adressaten des Verwaltungsrechts orientiert. Das Außenrecht erfasst diejenigen Rechtsnormen, die die Rechtsbeziehungen zwischen dem Staat auf der einen Seite und den Bürgern bzw sonstigen Rechtspersonen auf der anderen Seite regeln. Das Verwaltungsrecht ist in seinen wesentlichen Teilen Außenrecht; die Rechtsbeziehungen zwischen dem Bürger und dem Staat bilden seinen Schwerpunkt. **187**

Beispiele: Das Polizeirecht regelt die Pflicht des Bürgers zur Gefahrenvermeidung und zur Gefahrenbeseitigung, die „Polizei" kann diese Bürgerpflichten durchsetzen. Das Umweltrecht regelt, dass der Bürger umweltschädliche Handlungen (in gewissem Umfang) zu unterlassen hat, die zuständige Behörde kann diese Pflicht durchsetzen.

Wie wir bei Rn 42 ff sahen, ist der Aufbau der bundesrepublikanischen Verwaltung außerordentlich komplex. Notwendig sind deshalb Regeln, die die Rechtsbeziehungen der verschiedenen Behörden untereinander normieren, sowie Regeln, die beispielsweise die Rechte der Angehörigen des Öffentlichen Dienstes festlegen. Das diese Gegenstände erfassende Recht ist das sog. Innenrecht. Zum Innenrecht zählen die Bestimmung der Behördenaufgaben, das Beamtenrecht sowie die Amtspflichten, die die Beamten bei der Erledigung ihrer Aufgaben zu beachten haben. **188**

---

54 V. 25.5.1976, BGBl. I S. 1253.
55 V. 2.5.1996, BGBl. I S. 656.
56 V. 12.9.1996, BGBl. I S. 1354; s. zu den Gesetzen *Heße*, NJW 1996, 2779, und *Schmitz/Wessendorf*, NVwZ 1996, 955.
57 V. 27.8.2002, BGBl. I S. 3322; s. zu diesem Gesetz *Schmitz/Schlatmann*, NVwZ 2002, 1281, und *Roßnagel*, NJW 2003, 469.
58 V. 11.12.2008, BGBl. I S. 2418.
59 BGBl. I S. 102. Eine Änderung erfolgte durch Art. 4 Abs. 4 des Gesetzes v. 5.5.2004, BGBl. I S. 718, zuletzt geändert am 17.7.2009, BGBl. I S. 2091, 2095 f.
60 V. 12.8.2005, BGBl. I S. 2354; zu diesem Gesetz *Rosenbach*, DVBl 2005, 816 ff.
61 V. 27.4.1953, BGBl. I S. 157.
62 Den Anwendungsbereich dieser Gesetze beschreibt *Ehlers*, JURA 2003, 30 ff.

189 Das Innenrecht heißt auch *intra*personales Recht, das Außenrecht *inter*personales Recht.

IV. Verwaltungshandeln auf der Grundlage des Privatrechts

1. Lückenfüllung im öffentlichen Recht durch Anwendung des Privatrechts

190 Das gesetzlich normierte öffentliche Recht ist inhaltlich nicht vollständig. Ungeregelt ist zB bislang die Anfechtung von Willenserklärungen; dieser Mangel ist bedeutsam, weil auch im öffentlichen Recht mit Hilfe der Handlungsform „Vertrag" gearbeitet wird. Wenn einschlägige öffentlich-rechtliche Aussagen fehlen, bietet es sich an, auf vorhandene privatrechtliche Aussagen zurückzugreifen. Dieser Rückgriff auf das Privatrecht zur Füllung von Lücken im öffentlichen Recht ist akzeptiert. Geschieht dieser Rückgriff, so handelt die Verwaltung allerdings nicht privatrechtlich, sondern sie verbleibt im öffentlichen Recht, indem sie Privatrecht als öffentliches Recht anwendet; das Privatrecht erhält in diesen Fällen also die Qualität von öffentlichem Recht.

Beispiele: Der Grundsatz von Treu und Glauben nach § 242 BGB – Verwirkung als Teil dieses Grundsatzes[63]; die Vorschriften über die Fristberechnung nach §§ 187 ff BGB[64]; die Vorschriften über die Anfechtung von Willenserklärungen nach §§ 119, 123 Abs. 1 BGB, über die Haftung wegen schuldrechtlicher Leistungsstörungen nach §§ 276 ff BGB, über die Verwahrung, über die Geschäftsführung ohne Auftrag, über die Auslobung.

191 Vorschriften des BGB gelangen im öffentlichen Recht zur Anwendung zunächst dann, wenn das öffentliche Recht selbst diese Vorschriften für anwendbar erklärt; hingewiesen sei auf § 62 S. 2 VwVfG: Für den örV gelten die Vorschriften des BGB entsprechend. Wenn es an einer das Recht des BGB für anwendbar erklärenden Norm fehlt, gibt es zwei Möglichkeiten, die Verwendung privatrechtlicher Normen zu begründen: Zum einen lässt sich sagen, bestimmte Aussagen des Privatrechts seien Allgemeine Rechtsgrundsätze, die zwar das Privatrecht konkretisiert habe, die aber im gesamten Recht gelten, sodass sie auch im öffentlichen Recht unmittelbar zur Anwendung gelangen. Zum anderen wendet man bestimmte privatrechtliche Vorschriften im öffentlichen Recht analog an. Von der Zulässigkeit dieses Vorgehens ist bei der Erfüllung zweier Voraussetzungen auszugehen: (**1.**) Die privatrechtliche Regelung muss auf die verwaltungsrechtliche Rechtsbeziehung anwendbar sein. (**2.**) Wenn die erste Voraussetzung bejaht wird: Die Einzelregelungen müssen analog anwendbar sein. – Eine Grenze der Anwendbarkeit des privaten Rechts als öffentliches Recht ist erreicht, wenn dadurch Kompetenzen der öffentlichen Verwaltung erweitert werden; das ist ausgeschlossen. Die praktische Bedeutung dieser Grenze besteht darin, dass eine analoge Anwendung des Privatrechts nur eine Rechtsfolgenverweisung, nicht aber eine Rechtsgrundverweisung bewirkt. Deshalb führt die Anwendung der §§ 688 ff BGB (Verwahrung) nur zu Regelungen über die Art und Weise der Verwahrung, nicht aber vermag die Anwendung dieser Normen einen neuen Rechtsgrund für eine Verwahrung zu liefern.

---

63 BVerwG, NVwZ-RR 2004, 314.
64 Vgl BVerwGE 44, 45, 47 zu § 193 BGB.

2. Das sog. Verwaltungsprivatrecht

Die Verwaltung handelt nicht nur auf Grund öffentlichen Rechts, sondern auch auf **192** der Grundlage des Privatrechts.

Beispiel: Die Verwaltung benötigt zur Erfüllung ihrer Aufgaben bestimmte Sachmittel, im Wesentlichen Verwaltungsgebäude, Grundstücke, Büromaterial, Kraftfahrzeuge etc. Diese Hilfsmittel beschafft sie sich durch den Abschluss privatrechtlicher Verträge, also durch Kauf-, Miet-, Werkverträge. Ferner beschäftigt sie Arbeiter und Angestellte auf Grund privatrechtlicher Verträge. In diesen Fällen handelt die Verwaltung wie jeder private Unternehmer.

Der Staat betätigt sich erwerbswirtschaftlich. Er besitzt eigene Unternehmen oder hält **193** Anteile an Unternehmen (dem Bund gehörten Aktien der Lufthansa-AG, dem Land Niedersachsen gehören Aktien des VW-Konzerns). Das Handeln von Staatsunternehmen unterliegt ausschließlich dem Privatrecht. Es gibt keine öffentlich-rechtliche Aktiengesellschaft oder öffentlich-rechtliche GmbH. Dem Staat als Unternehmer sind ferner alle Grenzen gesetzt, die auch für Privatunternehmer gelten, zB Grenzen nach dem UWG oder dem GWB.

Bund und Länder sind an einer Vielzahl privatwirtschaftlich organisierter Unterneh- **194** men beteiligt. Die wirtschaftliche Betätigung der Gemeinden ist in den Gemeindeordnungen gesetzlich geregelt[65]: Hier ist normiert, dass die Gemeinden wirtschaftliche Unternehmen nur errichten, übernehmen oder wesentlich erweitern dürfen, wenn der Unternehmenszweck nicht besser und wirtschaftlicher durch einen anderen erfüllt wird oder erfüllt werden kann; die Gemeinden dürfen deshalb nur ausnahmsweise unternehmerisch tätig werden[66].

In begrenztem Umfang können auch unmittelbare Verwaltungsaufgaben in der Form **195** des Privatrechts erledigt werden. Das ist dann der Fall, wenn Normen des öffentlichen Rechts die Erfüllung der Verwaltungsaufgabe in den Formen des öffentlichen Rechts nicht zwingend vorschreiben. Für die Träger der Verwaltungsaufgaben besteht dann in doppelter Hinsicht Wahlfreiheit: mit Blick auf die Organisationsform der Einrichtung, die die öffentliche Aufgabe erfüllen soll, sowie mit Blick auf die Ausgestaltung des Leistungs- oder Benutzungsverhältnisses.

Beispiel: Die Gemeinden können die Wasserversorgung selbst in Form eines Regie- oder Eigenbetriebs erbringen oder durch eine von ihnen beherrschte privatrechtliche Gesellschaft, zB eine GmbH oder eine AG, durchführen lassen. Erfolgt die Wasserversorgung durch die Gemeinde selbst, entstehen zwischen ihr und den Wasserverbrauchern öffentlich-rechtliche Rechtsbeziehungen; es ist aber auch möglich, die Rechtsbeziehungen privatrechtlich auszugestalten. Geschieht die Wasserversorgung durch eine GmbH, so entstehen zwischen dieser und den Wasserverbrauchern privatrechtliche Benutzungsverhältnisse[67].

Die Wahlfreiheit bei Fehlen gesetzlicher Regelungen gilt nicht unbeschränkt. Im Be- **196** reich des Umweltrechts besteht ein öffentlich-rechtliches Entsorgungsmonopol: „Die

---

65   S. zB § 91 BbgKVerf.

66   Zur Möglichkeit, ein kommunales Bestattungsunternehmen zu betreiben, s. BVerwGE 39, 329; zur Zulässigkeit einer kommunalen Saunaanlage s. OVG NW, NVwZ 1986, 1045.

67   Zur Anwendung von Privatrecht bei der Unterlassungsklage gegen einen privatrechtlich organisierten Zeltplatz auf einem gemeindlichen Grundstück s. BGH, NJW 1993, 1656, erläutert von *K. Schmidt*, JuS 1993, 775 f.

ordnungsgemäße Abwasserbeseitigung ist eine … Last, die als öffentlich-rechtliche Pflicht … besteht"[68]. Im Bereich der Entsorgung häuslichen Abfalls können Private und damit auch eine von der öffentlichen Hand beherrschte GmbH eingeschaltet werden, weil das Gesetz diese Möglichkeit vorsieht, s. § 22 KrWG.

197 Die der Verwaltung zustehende Wahlfreiheit führt nicht zur Befreiung von den Bindungen des öffentlichen Rechts. Die Bindung an die Grundrechte, an die Zuständigkeitsordnung und an die Allgemeinen Grundsätze des Verwaltungshandelns besteht weiter. Durch die Wahl der privatrechtlichen Handlungsform gewinnt die Verwaltung nicht Privatautonomie, weil das Privatrecht öffentlich-rechtlich überlagert wird. Öffentlich-rechtlich überlagertes und gebundenes Privatrecht nennt man **Verwaltungsprivatrecht**.

Beispiele: Ein in der Rechtsform der Aktiengesellschaft betriebenes und im Alleineigentum einer Gemeinde befindliches Unternehmen des öffentlichen Personennahverkehrs ist unmittelbar an Art. 3 Abs. 1 GG gebunden und muss bei der Tarifgestaltung den Gleichheitssatz beachten: Vergünstigung für Schülerkarten[69]. Eine privatrechtlich organisierte Versorgungsgesellschaft hat im Bereich der Wasserversorgung den Gleichheitssatz einzuhalten[70]. Der BGH[71] betont die Pflicht, nicht nur die Grundrechte, sondern auch weitere öffentlich-rechtliche Grundsätze, jedenfalls die grundlegenden Prinzipien öffentlichen Finanzgebarens zu beachten. Bei der Gestaltung von Kindergartenentgelten besteht eine Bindung an die Grundrechte, den Grundsatz der Verhältnismäßigkeit und weitere, jedenfalls die substanziellen, öffentlich-rechtlichen Grundsätze, insbesondere die grundlegenden Prinzipien des öffentlich-rechtlichen Finanzgebarens.

198 Die hM lehnt eine Bindung an die Grundrechte bei den privatrechtlichen Hilfsgeschäften und der erwerbswirtschaftlichen Betätigung der öffentlichen Hand ab. Diese Auffassung begegnet Bedenken: Es erscheint unhaltbar, wenn die öffentliche Hand bei der Vergabe von Aufträgen an Unternehmer beispielsweise deren parteipolitische Einstellung zu einem Entscheidungskriterium erhebt. Eine Mindermeinung nimmt in diesen Fällen eine mittelbare Drittwirkung der Grundrechte an[72].

§ 4   Grundprobleme des Verwaltungsrechts

I.   Ermessen der Verwaltung

1.   Das Problem

199 **Fall 3:** Polizist P beobachtet eine Schlägerei zwischen mehreren Männern. Einer der Beteiligten geht zu Boden, die anderen schlagen weiter auf ihn ein. Der zu Boden Gegangene blutet stark und ist offensichtlich nicht mehr in der Lage, sich zu wehren. Muss P einschreiten? **Rn 279**

---

68   OVG NW, ZMR 1981, 362.
69   BGHZ 52, 325.
70   S. BGHZ 65, 284, 287.
71   BGHZ 91, 84, 96 f.
72   S. *Maunz/Dürig/Scholz*, Art. 3 Abs. 1 GG, Rn 475 ff; für eine direkte Anwendung der Grundrechte spricht sich *Hesse*, Rn 346 ff aus (vgl zu allem *Berg*, JuS 1993, L 65 ff).

Fall 4: Im unbeplanten Innenbereich von Berlin-Wilmersdorf bebaut der Grundstückseigentümer X sein Grundstück mit einem 10-geschossigen Hochhaus, obwohl in der Nachbarschaft die Grundstücke nur mit 4-stöckigen Häusern bebaut sind. Der Nachbar Y möchte gegen die Baugenehmigung eine Anfechtungsklage erheben. Ist die Klage zulässig? **Rn 280**

200

Der Grundsatz der Gesetzmäßigkeit der Verwaltung[1] verpflichtet die Verwaltungsbehörden zum Vollzug des Verwaltungsrechts. Die Verwaltungsbehörden sind deshalb gesetzesvollziehende und insoweit rechtsanwendende Organe. Mit Blick auf das zu vollziehende Recht sind zwei Fälle zu unterscheiden:

201

(1) Die durch das Gesetz ausgesprochene Bindung der Verwaltungsbehörden ist strikt; den Verwaltungsbehörden fehlt ein Entscheidungsspielraum, ob und wie sie das Recht zu vollziehen haben.

Beispiele: Nach § 1 Abs. 1 des Personalausweisgesetz (Sa. I Nr 255) sind Deutsche, die das 16. Lebensjahr vollendet haben, **verpflichtet**, einen Personalausweis zu besitzen. Dem korrespondiert die Rechtspflicht der Behörde, jedem, der entsprechend dem Personalausweisgesetz zur Führung eines Personalausweises verpflichtet ist, einen Personalausweis auszustellen. – Nach § 4 BImSchG (Sa. I Nr 296) bedürfen die Errichtung und der Betrieb bestimmter Anlagen (zB eines Kraftwerks) der Genehmigung. Nach § 6 BImSchG **ist** die Genehmigung zu erteilen, wenn bestimmte Voraussetzungen erfüllt sind. Daraus folgt, dass derjenige, der die gesetzlichen Voraussetzungen erfüllt, einen Anspruch auf Erteilung der Genehmigung hat. Dem korrespondiert die Rechtspflicht der Behörde, die Genehmigung bei Erfüllung der Anspruchsvoraussetzungen zu erteilen.

(2) Von Normen dieser Qualität zu unterscheiden sind solche, die der Behörde eine Entscheidungsfreiheit einräumen, ob und wie sie von der Rechtsfolge einer Norm Gebrauch macht.

202

Beispiele: § 20 Abs. 1 des zuvor erwähnten BImSchG lautet in Auszügen: „Kommt der Betreiber einer genehmigungsbedürftigen Anlage einer Auflage … nicht nach, so **kann** die zuständige Behörde den Betrieb ganz oder teilweise bis zur Erfüllung der Auflage … untersagen". Die Formulierung „kann" bringt zum Ausdruck, dass die Behörde Entscheidungsfreiheit im Hinblick darauf besitzt, ob sie den Betrieb untersagen will. § 10 Abs. 1 BbgPolG lautet (entsprechende Formulierungen enthalten fast alle Landespolizeigesetze): „Die Polizei **kann** die notwendigen Maßnahmen treffen, um eine … Gefahr … abzuwehren, …" Diese Formulierung räumt den zuständigen Behörden die Freiheit ein, selbstständig zu entscheiden, ob und wie sie im Falle einer Gefahr eingreifen wollen.

Normen, die der Verwaltung eine Entscheidungsfreiheit der zuvor angesprochenen Qualität gewähren, heißen Ermessensvorschriften.

203

Bekanntlich lässt sich eine Norm in den Tatbestand und die Rechtfolge spalten. Der das Gesetz vollziehenden Behörde ist Ermessen genau dann eingeräumt, wenn sie bei Erfüllung eines Tatbestands die Wahl zwischen verschiedenen Reaktionsmöglichkeiten hat. An die Verwirklichung des Tatbestands ist also nicht eine einzige/definitive Rechtsfolge geknüpft, sondern eine an die Verwaltung gerichtete Ermächtigung, die Rechtsfolge eigenständig festzulegen. Insoweit sind zwei Fälle zu unterscheiden: **(1)** Der Behörde werden mehrere Handlungsvarianten angeboten; **(2)** der

204

---

1   Zu ihm *Hölscheidt*, JA 2001, 409 ff.

Behörde wird ein gewisser Handlungsbereich eröffnet. In der Regel ist Letzteres der Fall[2].

205 Es gibt zwei Formen der Ermessenseinräumung: Erstens das **Entschließungsermessen**, es räumt der Verwaltung Entscheidungsfreiheit insoweit ein, ob sie überhaupt eine bestimmte Maßnahme ergreifen will; zweitens das **Auswahlermessen**, es räumt der Verwaltung Entscheidungsfreiheit insoweit ein, welche von verschiedenen denkbaren Maßnahmen sie wählt, wenn sie ihr Entschließungsermessen positiv ausgeübt hat.

206 Jede Verwaltungsentscheidung ist rechtmäßig, die den Rahmen des Ermessens beachtet. Hinzuweisen ist an dieser Stelle jedoch bereits darauf, dass es Bindungen gibt, die die Ausübung des Ermessens begrenzen. – § 40 und § 114 VwGO setzen ein den Behörden eingeräumtes Ermessen voraus und bestimmen rechtliche Grenzen der Ermessensausübung. § 40 wird im Folgenden behandelt, nicht hingegen § 114 VwGO, weil diese Norm eine des Verwaltungsprozessrechts ist und deshalb von der Zielsetzung dieses Buchs nicht erfasst wird.

207 Der Gesetzgeber räumt der Verwaltung Ermessen ein, um ihr eigenverantwortliche und individuelle Entscheidungen zu gestatten. Die individuelle Entscheidung soll Einzelfallgerechtigkeit ermöglichen. Die Einräumung von Ermessen erlaubt es der Behörde, entsprechend den gesetzlichen Zielvorstellungen konkrete Umstände des Einzelfalls zu berücksichtigen und zu einer sachgerechten Lösung zu gelangen; sie kann Zweckmäßigkeits- und Billigkeitserwägungen anstellen. Neben der individuellen Ermessensausübung ist auch eine generelle Ermessensausübung erlaubt. Die generelle Ermessensausübung kennzeichnet, dass gleich gelagerte Fälle gleich entschieden werden. In der Regel wird die generelle Ermessensausübung in der Weise gehandhabt, dass mit Hilfe von Verwaltungsvorschriften die Bediensteten angewiesen werden, bestimmte gleich gelagerte Fälle in gleicher Weise zu entscheiden. Eine generelle Ermessensbetätigung kann freilich gesetzlich verboten sein.

Beispiel für die generelle Ermessensausübung: Nach Art. 33 Abs. 2 GG hat jeder Deutsche nach seiner Eignung, Befähigung und fachlichen Leistung gleichen Zugang zu jedem öffentlichen Amte. Das Innenministerium des Landes X weist die Einstellungsbehörde an, nur solche Volljuristen zu Einstellungsgesprächen zu laden, die beide Staatsexamen mit Prädikat bestanden haben.

2. Die Einräumung des Ermessens

208 Ob der Verwaltung Ermessen eingeräumt ist, ergibt sich aus dem Gesetz. Gesetzestechnisch sind vier Fälle zu unterscheiden:

a) Das Gesetz selbst spricht von Ermessen, dieser Fall ist freilich selten;

Beispiel: § 17 Abs. 2 SGB XII: „Über Form und Maß der Sozialhilfe ist nach pflichtgemäßem Ermessen zu entscheiden, soweit dieses Gesetz das Ermessen nicht ausschließt."

209 b) Die Einräumung von Ermessen ergibt sich aus dem Gesamtzusammenhang der Regelung, auch dieser Fall ist nicht häufig;

---

2 Vgl *Brühl*, JuS 1995, 249 ff.

Beispiel: Nach § 48 StVO müssen Verkehrsteilnehmer, die Verkehrsvorschriften nicht beachten, an einem Verkehrsunterricht teilnehmen. Wer zum Verkehrsunterricht geladen wird, liegt im Ermessen der Behörde.

c) Das Ermessen wird durch Formulierungen wie „kann", „darf" und „ist berechtigt" **210**
oder ähnliche Wendungen eingeräumt;

Beispiele: § 20 Abs. 2 S. 1 KrWG: „Die öffentlich-rechtlichen Entsorgungsunternehmen **können** … Abfälle von der Entsorgung ausschließen; § 21 Abs. 1 BImSchG: „Eine nach diesem Gesetz erteilte rechtmäßige Genehmigung **darf** … für die Zukunft nur widerrufen werden, wenn …;

d) Das Ermessen wird durch eine sog. „Sollvorschrift" gewährt; **211**

Beispiel: § 20 Abs. 2 BImSchG: „Die zuständige Behörde **soll** anordnen, dass eine Anlage, die ohne die erforderliche Genehmigung errichtet … wird, stillzulegen … ist."

Den Umstand, dass die Behörde zu einem bestimmten Handeln verpflichtet ist, es **212**
sich also um einen Fall der gebundenen Verwaltung handelt, bringt der Gesetzgeber
mit Formulierungen wie „ist", „muss", „darf nicht", „hat" zum Ausdruck.

Beispiel: § 35 Abs. 1 GewO (Sa. I Nr 800): „Die Ausübung eines Gewerbes **ist** … zu untersagen, wenn . . .".

Die „Sollvorschrift" steht zwischen der „Mussvorschrift" auf der einen Seite und der **213**
„Kannvorschrift" auf der anderen Seite. „Sollvorschriften" sind in der Weise zu verstehen, dass die Behörde bei Erfüllung der gesetzlichen Voraussetzungen zum Handeln verpflichtet ist, aber in Ausnahmefällen von einem Einschreiten absehen kann.
„Sollvorschriften" sind die schwächste Form der Einräumung von Ermessen. Praktisch fungieren sie als Beweislastumkehr. Wenn die Behörde nicht einschreitet,
muss sie ihre Berechtigung zum Nichteinschreiten beweisen, indem sie darlegt, dass
es sich um einen atypischen Fall handelte[3].

Das BVerwG[4] spricht von einem „intendierten Ermessen"[5]. Hiervon sei auszugehen, **214**
wenn das Ergebnis der Ermessensbetätigung durch das Gesetz vorgegeben sei und
nur ausnahmsweise von dem vorgegebenen Ergebnis abgesehen werden dürfe[6]. Diese
Auffassung ist abzulehnen. Sie verwirrt, weil sie die Grenze zwischen Kann- und
Sollvorschriften verwischt. Ferner ist diese Rechtsfigur überflüssig[7].

Das der Behörde eingeräumte Ermessen ist immer ein rechtlich gebundenes Ermes- **215**
sen. Es handelt sich immer um „pflichtgemäßes" Ermessen. Der gesetzliche Hinweis
auf die „pflichtgemäße" Ermessensausübung, § 12 Abs. 2 S. 1 BauGB, ist überflüssig. Ein „freies Ermessen" existiert nicht. § 40 bringt dieses Ergebnis eindeutig zum
Ausdruck: Die Behörde hat ihr Ermessen entsprechend dem Zweck der Ermächtigung
auszuüben und die gesetzlichen Grenzen des Ermessens einzuhalten. Beachtet die Be-

---

3 Zur Bedeutung der Sollvorschrift in diesem Zusammenhang s. auch BVerwGE 64, 318, 323.
4 BVerwGE 72, 1, 6.
5 Hierzu *Schoch*, JURA 2010, 358 ff.
6 Vgl BVerwG, BayVBl 1998, 27.
7 Zum intendierten Verwaltungsermessen s. *Volkmann*, DÖV 1996, 282 ff, der davon ausgeht, dass das Bundesverwaltungsgericht in diesem Zusammenhang regelmäßig falsch verstanden werde. S. ferner *Schwabe*, DVBl 1998, 147 f; zur zitierten Entscheidung auch *Selmer*, JuS 1998, 764 f.

hörde diese gesetzliche Vorgabe nicht, so handelt sie „ermessensfehlerhaft". Ermessensfehlerhaftes Handeln ist rechtswidrig. Insoweit gibt es verschiedene Ermessensfehler. – Keinen Ermessensfehler in diesem Sinne bilden unzweckmäßige Entscheidungen. Ferner ist eine Entscheidung nicht deshalb rechtswidrig, weil ein anderes Ergebnis sinnvoller oder besser gewesen wäre. Unzweckmäßige oder „schlechte" behördliche Entscheidungen sind deshalb rechtlich möglich[8].

216   Die Frage, ob die Behörde ihr Ermessen fehlerlos ausgeübt hat, stellt sich erst, wenn die Tatbestandsvoraussetzungen vorliegen. Fehlt es an den Tatbestandsvoraussetzungen und handelt die Behörde gleichwohl, so handelt sie rechtswidrig, weil sie bei Nichterfüllung der Tatbestandsvoraussetzungen nicht tätig werden darf.

217   Für die Ermessensfehler gibt es in Rechtsprechung und Literatur eine unterschiedliche Terminologie, teilweise werden auch unterschiedliche Einteilungen vorgeschlagen. Sachlich besteht jedoch insoweit Einigkeit, als drei Ermessensfehler unterschieden werden: Ermessensüberschreitung, Ermessensnichtgebrauch (Ermessensunterschreitung), Ermessensfehlgebrauch (Ermessensmissbrauch). Unabhängig von diesen Fehlern gibt es den Verstoß gegen objektive Schranken der Ermessensausübung.

218   Von **Ermessensüberschreitung** ist zu sprechen, wenn die Behörde eine Rechtsfolge wählt, die die Rechtsnorm nicht mehr einräumt.

Beispiele: Wenn ein Gesetz die Untersagung des Betriebs einer Anlage vorsieht, bedeutet es eine Ermessensüberschreitung, wenn die Behörde den Abriss der Anlage verlangt. Eine Ermessensüberschreitung stellt die Forderung dar, ein Haus bei lediglich schadhaftem Dach abzureißen.

219   Ein **Ermessensnichtgebrauch** liegt vor, wenn die Behörde trotz des ihr vom Gesetz eingeräumten Ermessens nicht in Ermessenserwägungen eintritt. Ein Grund dafür kann sein, dass die Behörde das ihr eingeräumte Ermessen übersieht und annimmt, es handele sich um einen Fall der gebundenen Verwaltung.

Beispiel: Die Behörde untersagt nach § 20 Abs. 1 BImSchG den Betrieb einer Anlage, für die eine Genehmigung fehlt, ohne zu bedenken, dass sie entsprechend der gesetzlichen Ermächtigung das weitere Betreiben der Anlage „dulden" kann und dass für sie die weitere Möglichkeit besteht, den Betrieb lediglich teilweise zu untersagen.

220   Ein **Ermessensfehlgebrauch** ist festzustellen, wenn die Behörde nicht alles, was nach Lage der Dinge berücksichtigungsbedürftig ist, in die Entscheidungsfindung einbezieht oder sich bei dieser von Gesichtspunkten leiten lässt, die keinen Einfluss auf die Entscheidung haben dürfen. Der erste Fall, also ein Unterfall des Ermessensfehlgebrauchs, heißt **Abwägungsdefizit**.

Beispiele: Die Behörde berücksichtigt bei der Ausweisung eines Ausländers dessen Ehe mit einer deutschen Frau nicht[9]; die Ordnungsbehörde nimmt einen Störer in Anspruch, ohne sich um mögliche Mitstörer zu kümmern[10].

---

8   Zur Ermessensbindung hinsichtlich des Ergebnisses von Musterprozessen s. HessVGH, NVwZ 1995, 394.
9   BVerwG, NJW 1973, 2078.
10   VGHBW, NVwZ 1990, 179; OVG NW, NWVBl 1990, 375.

Der zweite Fall, also die Verfolgung eines sachfremden Zwecks oder eines unsachli- **221** chen Motivs, ist der sog. **Ermessensmissbrauch**. Sachangemessen sind Erwägungen, die dem Normzweck entsprechen, bei gesetzesfreien Maßnahmen ist die objektive Funktion der Maßnahme entscheidend.

Beispiele: Nach § 54 Abs. 1 S. 2 Nr 1 KrWG hat ein Bürger einen Anspruch auf Erteilung einer Transportgenehmigung, wenn ua keine Tatsachen bekannt sind, aus denen sich Bedenken gegen die Zuverlässigkeit des Antragstellers ergeben; in diesem Zusammenhang berücksichtigt die Behörde irrelevante Kriterien wie politische Anschauung oder Lebensalter. Polizeiliche Maßnahmen dürfen ausschließlich zum Zwecke der Gefahrenabwehr erfolgen, nicht aber, um sich Vorteile zu verschaffen: Fahrt zum Bäcker unter Blaulichteinsatz, um Brötchen zu kaufen.

Einen Ermessensfehlgebrauch stellt auch die fehlerhafte Gewichtung der in die Ent- **222** scheidung einzubringenden Gesichtspunkte dar. Der Fall heißt **Abwägungsdisproportionalität**.

Beispiel: Die Ausweisung eines Ausländers wegen einer fahrlässig begangenen Straftat, obwohl dieser schon lange straffrei in der Bundesrepublik lebt[11].

Als **objektive Schranken des Ermessens** sind die Grundrechte[12] und die allgemeinen **223** Grundsätze für das Verwaltungshandeln, insbesondere der Grundsatz der Geeignetheit, der Erforderlichkeit und der Verhältnismäßigkeit im engeren Sinne zu beachten[13]. Wird gegen diese Grundsätze verstoßen, so ist die Ermessensentscheidung fehlerhaft[14].

Beispiele: Das zuvor gebrachte Beispiel zur Abwägungsdisproportionalität (Verstoß gegen die Verhältnismäßigkeit im engeren Sinne); die Anordnung einer körperlichen Untersuchung, obwohl die Gefahr einer erheblichen Gesundheitsgefährdung besteht (Verstoß gegen die gebotene Angemessenheit einer Maßnahme); gegen den Gleichheitssatz verstößt eine Maßnahme, wenn eine Behörde von einer geübten Verwaltungspraxis ohne zureichenden Grund abweicht – Verstoß gegen das Rechtsinstitut der „Selbstbindung der Verwaltung".

Eine Änderung der Antwort auf die Frage nach den Folgen von Ermessensfehlern für **224** die Verwaltung hat die Einführung des § 114 S. 2 VwGO mit sich gebracht. Diese durch das 6. Gesetz zur Änderung der VwGO[15] eingeführte Regelung besagt, dass die Verwaltungsbehörde ihre Ermessenserwägungen hinsichtlich des VAs noch im gerichtlichen Verfahren ergänzen kann. Wenn der Verwaltung mit diesen Vorschriften auch die Möglichkeit eingeräumt worden sein sollte, materiellrechtliche Fehler zu heilen, sind rechtsstaatliche Bedenken anzumelden[16].

3.   Ermessensreduzierung auf Null

Ermessen bedeutet die Auswahl unter mehreren Entscheidungsmöglichkeiten. Es gibt **225** freilich Fälle, in denen nur eine Entscheidung rechtmäßig ist. In diesen Fällen besteht kein Ermessen mehr, sondern es schrumpft auf lediglich eine Entscheidungsmöglich-

---

11 BVerwGE 56, 104, 109.
12 S. BVerwG, DVBl 1995, 47.
13 Zur Prüfung des Verhältnismäßigkeitsgrundsatzes in der **Fallbearbeitung**: *Burmeister/Huba*, JURA 1989, 36 ff.
14 Zur Überprüfung des Ermessens *Gröpl/Wehr*, JuS 1995, L 76–80.
15 V. 1.11.1996, BGBl. I S. 1626.
16 Vgl *Schenke*, NJW 1997, 89.

keit. Diesen Fall kennt man als „Ermessensreduzierung auf Null" oder „Ermessensschrumpfung". Aus der Ermessensentscheidung wird in diesem Fall eine gebundene Entscheidung[17]. Sie erwächst zum einen aus einer sog. Tatbestandsintensivierung[18]. Sie ist nicht selten: Bei erheblichen Gefahren für bedeutsame Rechtsgüter kann der Ermessensspielraum der Behörden schrumpfen und sich zu einer Eingriffspflicht verdichten. Bei schweren Gefahren für Leib und Leben sowie bei der Gefahr erheblicher Vermögensschäden ist sie gegeben. Das BVerwG spricht von einer Pflicht zum Eingreifen der Polizei bei besonders hoher Intensität der Störung oder Gefährdung[19] und bei besonders schweren Gefahrenfällen[20]. Ferner kann sich eine Ermessensreduzierung auf Null auch als Folge der Geltung von Grundrechten oder sonstiger Verfassungsgrundsätze ergeben. Die Ermessensausübung ist in dieser Situation durch andere Rechtsvorschriften überlagert.

Beispiel: Die Behörde hat Ermessen, ob sie das Aufstellen von Plakaten im öffentlichen Straßenraum erlaubt; Wahlplakate politischer Parteien muss sie aber wegen Art. 21 Abs. 1 und 38 Abs. 1 GG während des Wahlkampfs grundsätzlich gestatten[21].

Literatur: *Lemke*, JA 2000, 150 ff; *Schoch*, JURA 2004, 462; *Beaucamp*, JA 2006, 74 ff.

II. Unbestimmter Rechtsbegriff und Beurteilungsspielraum

1. Das Problem

226 Der Gesetzgeber kann die Tatbestandselemente einer Rechtsnorm unterschiedlich präzise formulieren. Er kann zum einen Begriffe verwenden, deren Inhalt wohl definiert ist, zum anderen darf er solche Begriffe wählen, über deren Inhalt sich streiten lässt. Sie kennen das Problem aus dem Bereich des Strafrechts: Es gibt wohl kaum ein Element eines Straftatbestands, welches nicht umstritten ist. Im Bereich des öffentlichen Rechts verwendet der Gesetzgeber ebenfalls unbestimmte Gesetzesbegriffe (im Sprachgebrauch der Juristen hat sich dafür eingebürgert der Terminus: unbestimmter Rechtsbegriff). Solche unbestimmten Rechtsbegriffe sind beispielsweise Gemeinwohl, öffentliches Interesse, wichtiger Grund, Zuverlässigkeit, Bedürfnis, Verunstaltung, unwürdig, zumutbar, nicht unzumutbar.

Beispiele: Art. 33 Abs. 2 GG: Jeder Deutsche hat nach seiner Eignung, Befähigung und fachlichen Leistung gleichen Zugang zu jedem öffentlichen Amte; Anhang BbgOBG 13.2.1. Gefahrenbegriff: Gefahr im Sinne des § 13 Abs. 1 ist die im Einzelfall bestehende Gefahr. Eine konkrete Gefahr, das heißt eine Sachlage, bei der im einzelnen Fall die hinreichende Wahrscheinlichkeit besteht, dass in absehbarer Zeit ein Schaden für die öffentliche Sicherheit eintreten wird – in dieser Norm treten unbestimmte Rechtsbegriffe geradezu gehäuft auf; § 3 Abs. 1 S. 1 KrWG: Abfälle im Sinne dieses Gesetzes sind alle Stoffe oder Gegenstände, derer sich ihr Besitzer entledigt, entledigen will oder entledigen muss; § 34 Abs. 8 Nr 3 BerlHG: Ein … akademischer Grad kann … entzogen werden, wenn sich der Inhaber … unwürdig erwiesen hat.

---

17 Zur Problematik der Ermessensreduzierung in der **Fallbearbeitung**: *Ehlers*, JURA 1991, 208 ff.
18 BVerwGE 16, 218 f.
19 BVerwGE 11, 95, 97.
20 DÖV 1969, 465; ausführlich *Gusy*, Polizeirecht, 9. Aufl., 2014, Rn 393 ff.
21 BV *Hain/Schlette/Schmitz*, AöR 1997, 33 ff zur verfassungsrechtlichen Grenze der Ermessensreduzierung.

Den Rechtsanwendern obliegen die Auslegung und damit die inhaltliche Festlegung 227 der unbestimmten Rechtsbegriffe. Durchweg fordern beispielsweise die gewerberechtlichen Vorschriften, dass der Gewerbetreibende zuverlässig sein muss; wann jemand zuverlässig ist, bedarf der Festlegung. Insoweit kann es nur eine richtige Entscheidung geben. Diese Entscheidung muss die Behörde fällen, auch wenn sie Zweifel hat. Es geht darum, mit Hilfe prognostischer Erwägungen und unter Berücksichtigung höchst unterschiedlicher Gesichtspunkte den Bereich des Zweifels zu reduzieren[22]. Die Erkenntnis muss auf eine möglichst große tatsächliche Basis gestellt werden. Obwohl es nur eine einzige rechtmäßige Entscheidung gibt, lässt sich diese nicht immer eindeutig erarbeiten.

2. Die gerichtliche Überprüfung unbestimmter Rechtsbegriffe

Können die Verwaltungsgerichte im Falle der Rechtskontrolle ihre Auffassung über 228 die einzig richtige Entscheidung an die Stelle der Verwaltungsbehörde setzen oder besitzen die Verwaltungsbehörden einen **Beurteilungsspielraum** mit Blick auf die einzig richtige Entscheidung? Die heute hM geht davon aus, der unbestimmte Rechtsbegriff sei auf strikte rechtliche Bindung der Verwaltung ausgerichtet[23]. Sie basiert auf der richtigen Annahme, dass das Gesetz, wenn auch nur unvollkommen, die Tatbestandsvoraussetzungen oder Rechtsfolgen abschließend festlegt. Ein „richtiges" Ergebnis ist deshalb normativ fixiert. Dieses Ergebnis hat die Verwaltungsbehörde zu ermitteln. Ein Spielraum für eigene Entscheidungen fehlt ihr somit grundsätzlich[24]. Die von der Verwaltungsbehörde erarbeiteten Ergebnisse unterliegen folglich vollständig der Kontrolle durch die Verwaltungsgerichte.

Es hat nicht an literarischen Versuchen gefehlt, die strikte Kontrolle durch die Ver- 229 waltungsgerichte zu lockern[25]. Freilich hat die Rechtsprechung alle einschlägigen Versuche zurückgewiesen[26]. Wenngleich sich die literarischen Erwägungen als prinzipielle Alternative nicht durchgesetzt haben, so sind die Bedenken dennoch nicht bedeutungslos geblieben: Gewisse Durchbrechungen der verwaltungsgerichtlichen Kontrollkompetenz sind heute akzeptiert.

Nach dem BVerfG[27] ist grundsätzlich an der strikten Gesetzesbindung der Verwal- 230 tung festzuhalten. Mit Art. 19 Abs. 4 GG sei unvereinbar eine Bindung der Gerichte an tatsächliche oder rechtliche Feststellungen der Verwaltung. Das bedinge eine vollständige gerichtliche Kontrolle der Verwaltung. Diese These vertritt das BVerwG und begründet mit ihr seine Kontrollkompetenz.

Beispiele: „Wichtiger Grund" iSd Namensänderungsgesetzes[28]; „Denkmalswürdigkeit eines Gebäudes"[29]; „Tauglichkeit eines Wehrpflichtigen"[30]; „Besonderer Einzelfall" und „Gründe

---

22 S. BVerwG, DVBl 1995, 356.
23 BVerwGE 94, 307; 100, 221; 101, 157.
24 *Bamberger*, VerwArchiv 2002, 217 ff.
25 Zusammenfassend *Wolff/Bachof/Stober*, VerwR I, § 31 Rn 14 ff.
26 NdsOVG, DVBl 1975, 952 ff; VGHBW, NJW 1987, 1440.
27 BVerfGE 64, 261, 279.
28 BVerwGE 15, 208.
29 BVerwGE 24, 60, 63 f.
30 BVerwGE 31, 149, 152.

des öffentlichen Gesundheitsinteresses" iSd § 3 Abs. 3 BÄO[31]; „Außergewöhnliche Umstände"[32]. – Ausnahmsweise sind Durchbrechungen der „Kontrolldichte" denkbar.

231 Als Tendenz bei der Antwort auf die „Durchbrechungsfrage" zeichnen sich ein Lösen vom Beurteilungsspielraum und ein Abstellen auf eine normative Beurteilungsermächtigung ab. Für das Vorhandensein einer normativen Beurteilungsermächtigung ist das jeweils einschlägige Gesetz ausschlaggebend. Dessen Gehalt ist im Wege der Auslegung nach den allgemeinen Regeln zu ermitteln[33].

Eine allgemein anerkannte Typologie möglicher Beurteilungsermächtigungen fehlt freilich. Nach der Rechtsprechung sind folgende **Fallgruppen** von Bedeutung:

232 – Eine Beurteilungsermächtigung ist eingeräumt für **Prüfungs- und prüfungsähnliche Entscheidungen** sowie **Schulentscheidungen**[34]. Bislang hat man den Beurteilungsspielraum für Prüfungen deshalb für geboten gehalten, weil es sich um wissenschaftliche Bewertungen handele und ferner die Prüfungssituation nicht wiederholbar sei. Die Entscheidungen sollen deshalb nur insoweit gerichtlich überprüfbar sein, als die Prüfer Verfahrensvorschriften nicht beachtet haben[35], von einem unzutreffenden Sachverhalt ausgegangen sind[36], sich von sachfremden Erwägungen haben leiten lassen[37], allgemein anerkannte Bewertungsmaßstäbe nicht beachtet oder sonst willkürlich gehandelt haben[38]. Für diese Fallgruppe hat das BVerfG[39] jedoch Einschränkungen erarbeitet, über deren Reichweite noch keine Klarheit besteht. Auf dieser Grundlage hat das BVerwG judiziert[40]: Die Bewertung einer schriftlichen Aufsichtsarbeit ist zu begründen. Die Begründung muss ihrem Inhalt nach so beschaffen sein, dass das Recht des Prüflings, Einwände gegen die Abschlussnote wirksam vorzubringen, ebenso gewährleistet ist wie das Recht auf gerichtliche Kontrolle des Prüfungsverfahrens unter Beachtung des Beurteilungsspielraums der Prüfer. Daher müssen die maßgeblichen Gründe, die den Prüfer zur abschließenden Bewertung veranlasst haben, zwar nicht in allen Einzelheiten, aber doch in den für das Ergebnis ausschlaggebenden Punkten erkennbar sein. Der Grund für den – noch vorhandenen, aber – eng eingegrenzten Bewertungsspielraum liegt darin, dass Prüfer bei ihrem wertenden Urteil von Einschätzungen und Erfahrungen ausgehen müssen, die sie im Laufe ihrer Examenspraxis bei vergleichbaren Prüfungen entwickelt haben und allgemein anwenden[41]. Ein Anspruch auf Bewertung einer Prüfungsleistung durch andere Prüfer besteht nicht[42], es sei denn, es bestehen tatsächliche Anhaltspunkte für eine Voreingenommenheit[43].

---

31 BVerwGE 45, 162, 164 ff.
32 BVerwGE 46, 190, 194.
33 S. *Kunig*, JK 95, AllgVerwR 2/Beurteilungsspielraum 2.
34 Zum Prüfungsrecht in der **Fallbearbeitung**: *Streinz/Hammerl*, JuS 1993, 633 ff; *Kotulla/Birkenmeyer*, NWVBl 2002, 120 ff.
35 OVG NW, NVwZ 1992, 397.
36 BVerwGE 70, 145.
37 BVerwG, DVBl 1981, 497; VGHBW, NVwZ 1991, 1205 ff.
38 BVerwG, NJW 1987, 1434.
39 BVerfGE 84, 34, 46; 84, 59, 72 f.
40 BVerwG, DÖV 1993, 480 ff.
41 BVerfGE 84, 51.
42 Ebenda.
43 BVerfG, NVwZ 1992, 657.

Aus der **Literatur**: Statt vieler, mit vollständigem Nachweis *Ibler*, Rechtspflegender Rechtsschutz im Verwaltungsrecht, 1999, S. 359–428; *Brehm/Zimmerling*, NVwZ 2000, 875 ff. – Entscheidungen zum Prüfungsrecht sind nachgewiesen bei *Niehues/Rux*, Schul- und Prüfungsrecht, Bd. 1, 4. Aufl. 2006; *Niehues/Fischer*, Prüfungsrecht, 5. Aufl. 2010; *Kingreen*, DÖV 2003, 1 ff; **Judikatur**: BVerwG, DVBl 1994, 651; BVerwG, DÖV 1995, 108; BVerwG, DÖV 1995, 114; NdsOVG, DÖV 1995, 779; BVerwG, NJW 1998, 323: Verwaltungsinterne Kontrolle einer Prüfungsentscheidung; BVerwGE 109, 211 = NJW 2000, 1055: Neubewertung einer Prüfungsleistung (s. dazu *Hufen*, JuS 2000, 926 f); BayVGH, BayVBl 2001, 51 ff: Beurteilungsspielraum des Prüfers.

– Beurteilungen des Dienstherrn über einen **Beamten**: Entscheidung über Aufstieg in eine höhere Besoldungsgruppe[44]; Regelbeurteilung[45]; Anforderung an die Regelbeurteilung[46].   **233**

– Entscheidungen eines **weisungsunabhängigen**, nach besonderen Kriterien zusammengesetzten **Gremiums**, wenn die Entscheidung wertende Elemente mit einem Einschlag eines vorausschauenden und zugleich richtungweisenden Urteils enthält: Bewertung von Weizensorten durch unabhängigen Sachverständigenausschuss nach dem Saatgutverkehrsgesetz[47]; Zulassung eines Börsenmaklers durch Börsenvorstand[48].   **234**

– Entscheidungen **weisungsfreier Gremien**, wenn die Gremien interessenpluralistisch zusammengesetzt sind und die Mitglieder besondere Sachkunde aufweisen: Indizierung jugendgefährdender Schriften durch die Prüfstelle nach §§ 1, 8 GjS[49].   **235**

– Entscheidungen, die außerrechtliche **Maßstäbe der Kunst, Kultur, Moral oder Religion** zu beachten haben und die von Gremien außerhalb der Verwaltung getroffen werden[50].   **236**

Im Bereich der Naturwissenschaft und Technik, insbesondere also im Umweltrecht, vertritt das BVerwG[51] die These, dass der Exekutive die Wertung wissenschaftlicher Streitfragen einschließlich der darauf folgenden Risikoabschätzung zur letztverbindlichen Entscheidung zugewiesen sei. Dieser Ansatz ist umstritten; es bleibt abzuwarten, ob sich diese These des BVerwGs über den konkreten Fall hinaus durchsetzt[52]. Eine Einschränkung (kein Beurteilungsspielraum bei einer Entscheidung nach dem PflSchG) nimmt jetzt das BVerwG[53] vor.   **237**

---

44 BVerwGE 80, 225 f.

45 BVerwG, DVBl 1991, 867; BVerwG, DVBl 1994, 112.

46 OVG NW, DVBl 1995, 1259.

47 BVerwGE 62, 330 ff.

48 BVerwGE 72, 195.

49 BVerwGE 77, 75; wohl überholt, s. BVerfGE 83, 147; s. aber BVerwG, NJW 1993, 1490.

50 S. zB HessVGH, NJW 1987, 1436; das BVerfG hält aber die Beurteilung eines Schriftwerks auf seinen „künstlerischen" Gehalt hier für voll überprüfbar, BVerfGE 83, 130/145; mit Blick auf die Ausstrahlung pornographischer Filme im Fernsehen s. BVerwGE 116, 5 ff.

51 BVerwGE 72, 300, 316 f. Ausführliche Analyse und Nachweis weiterer Judikatur und Literatur bei *Wahl*, NVwZ 1991, 409 ff.

52 S. jetzt BVerwGE 107, 338 und die Ausführungen bei Rn 158 zur normkonkretisierenden Verwaltungsvorschrift.

53 BVerwGE 81, 12, 17. Zu unbestimmten Rechtsbegriffen im Tierzuchtgesetz s. BVerwG, NVwZ 1991, 568, erläutert von *Osterloh*, JuS 1991, 967 f.

238 „Ermessen" und „unbestimmter Rechtsbegriff" waren, wie die Ausführungen nahe legen, Gegenstand einer ausführlichen und kontroversen wissenschaftlichen Diskussion[54].

III. Koppelungsvorschriften

1. Das Problem

239 Im Bereich des Verwaltungsrechts gibt es sehr häufig Vorschriften, die auf der Tatbestandsseite einen unbestimmten Rechtsbegriff enthalten und auf der Rechtsfolgenseite der Behörde Ermessen einräumen.

Beispiel: § 20 Abs. 3 S. 1 BImSchG „Die zuständige Behörde kann den weiteren Betrieb einer genehmigungbedürftigen Anlage durch den Betreiber oder einen mit der Leitung des Betriebs Beauftragten untersagen, wenn Tatsachen vorliegen, welche die Unzuverlässigkeit dieser Personen in Bezug auf die Einhaltung von Rechtsvorschriften zum Schutz vor schädlichen Umwelteinwirkungen dartun, und die Untersagung zum Wohl der Allgemeinheit geboten ist."

240 Der Begriff „Unzuverlässigkeit" ist ein unbestimmter Rechtsbegriff; weil der weitere Betrieb untersagt werden „kann", besteht Ermessen. Normen, die sowohl unbestimmte Rechtsbegriffe enthalten als auch der Behörde Ermessen einräumen, heißen „Koppelungsvorschriften" oder Mischtatbestände. Das Problem besteht darin, ob die gerade zuvor dargestellten Lösungen für das Ermessen der Verwaltung einerseits und den unbestimmten Rechtsbegriff andererseits auch im Falle der Koppelungsvorschriften Anwendung finden. Das BVerwG hat dieses jedenfalls einmal behauptet[55]: „Das Vorliegen eines dienstlichen Bedürfnisses für die Versetzung ist als unbestimmter Rechtsbegriff gerichtlich voll nachprüfbar, die daran anschließende Ermessensentscheidung jedoch nur auf Ermessensfehler." Das Gericht bejaht in diesem Fall die Möglichkeit genauer Trennung zwischen Erwägungen, die den Tatbestand oder die Rechtsfolge betreffen.

241 Dieser Idealfall liegt freilich nicht immer vor. Es ist zum einen möglich, dass bereits bei der Anwendung des unbestimmten Rechtsbegriffs alle für die Ermessensausübung maßgeblichen Gesichtspunkte zu berücksichtigen sind; in diesem Fall spricht man vom **Ermessensschwund**, weil für die Ausübung des Ermessens keine Gesichtspunkte mehr ersichtlich sind.

Beispiel: Nach § 35 Abs. 2 BauGB (Sa. I Nr 300) können sonstige Bauvorhaben im Außenbereich zugelassen werden, wenn ihre Ausführung oder Benutzung öffentliche Belange nicht beeinträchtigt; das BVerwG[56] erklärt, dass dann, wenn dem Bauvorhaben keine öffentlichen Interessen entgegenstehen, im Rahmen der Ermessensprüfung keine Gesichtspunkte mehr denkbar seien, die eine Versagung der Genehmigung rechtfertigten.

---

54 Hingewiesen sei auf folgende Publikationen: *Alexy*, JZ 1986, 107 ff; *Sendler*, FS Ule, 1987, S. 337 ff; *Franßen*, FS W. Zeitler, 1987, S. 429 ff; *Rupp*, FS W. Zeitler, 1987, S. 455 ff; *Voßkuhle*, JuS 2008, 117. – Den Beitrag der Rechtsprechung des BVerfGs zur Dogmatik des Beurteilungsspielraums behandelt *Hofmann*, NVwZ 1995, 740 ff.

55 BVerwGE 46, 175, 176 f.

56 BVerwGE 18, 247, 250.

Es gibt aber auch Fälle, die kennzeichnet, dass der auf der Tatbestandsseite vorhandene unbestimmte Rechtsbegriff in Wirklichkeit das Ermessen in seinem Umfang und Inhalt bestimmt; eine schlagwortartige Bezeichnung für diesen Fall hat sich bislang nicht gefunden; *Maurer*[57] spricht davon, dass der unbestimmte Rechtsbegriff vom Ermessen „aufgesogen" werde.

242

Beispiel: Nach § 131 Abs. 1 AO (idF von 1919) können im Einzelfall Steuern erlassen werden, wenn ihre Einziehung nach Lage des einzelnen Falls unbillig wäre; normalerweise ist der Begriff „unbillig" ein unbestimmter Rechtsbegriff; in diesem Fall hat aber der Gemeinsame Senat der Obersten Gerichtshöfe des Bundes[58] entschieden, dass der Begriff „unbillig" kein Tatbestandsmerkmal sei, sondern das Ermessen präge.

Wenn der Gesetzgeber ein bestimmtes Ziel erreichen möchte, so ist es ihm manchmal möglich, entweder einen unbestimmten Rechtsbegriff zu verwenden oder aber Ermessen einzuräumen; unbestimmter Rechtsbegriff und Ermessenseinräumung sind austauschbar.

243

Beispiel: Nach § 99 Abs. 2 BBG (Sa. I Nr 160) ist die Genehmigung für die Durchführung einer Nebentätigkeit eines Beamten zu versagen, wenn zu besorgen ist, dass durch die Nebentätigkeit dienstliche Interessen beeinträchtigt werden; der Begriff „dienstliches Interesse" ist ein unbestimmter Rechtsbegriff; es besteht kein Versagungsermessen[59]. Dieses Ergebnis wäre auch durch folgende Gesetzesformulierung zu erzielen: Die Genehmigung zur Nebentätigkeit kann versagt werden, wenn …. In diesem Fall ist der zuständigen Behörde Ermessen eingeräumt, welches sie aber nur dann fehlerfrei handhabt, wenn sie die Erlaubnis zur Ausübung der Nebentätigkeit aus dienstlichen Interessen versagt.

2. Lösungsvorschläge

Wie die gerade dargestellten Beispiele zeigen, ist die vom BVerwG vertretene Auffassung nicht zwingend. Deshalb ist bereits früh der Versuch unternommen worden, die Unterscheidung zwischen unbestimmtem Rechtsbegriff und Ermessen durch ein „umfassendes Ermessen" zu ersetzen. Diese Lehre geht davon aus, auch die Ermessensausübung habe sich am Gesetzeszweck zu orientieren. Es könne immer nur eine Entscheidung zweckentsprechend sein. Diese Entscheidung müsse die Behörde treffen. Die Verwaltungsgerichte könnten die getroffene Entscheidung auf ihre Rechtmäßigkeit hin voll überprüfen[60]. – Diese Lehre, die im Ergebnis die Differenzierung zwischen unbestimmtem Rechtsbegriff und Ermessen aufhebt, hat sich nicht durchgesetzt. Sie soll den Besonderheiten einer „generellen Ermessensausübung" nicht gerecht werden[61].

244

Es mehren sich die Stimmen, die für die Aufhebung des Unterschieds zwischen unbestimmtem Rechtsbegriff und Ermessensermächtigung eintreten. Eine hM hat sich freilich noch nicht bilden können. Insoweit bleibt die Entwicklung abzuwarten. Hierbei ist der wesentliche Grund für die Diskussion über die Aufhebung der Differenzierung zwischen unbestimmtem Rechtsbegriff und Ermessen nicht aus den Augen zu

245

---

57   § 7 Rn 50.
58   BVerwGE 39, 355, 363 ff.
59   Vgl *Maurer*, § 7 Rn 51.
60   *Rupp*, S. 177 ff.
61   S. *Maurer*, § 7 Rn 54.

verlieren: Es geht um die Kompetenzabgrenzung von Verwaltung und Verwaltungsgerichtsbarkeit. Je mehr „Ermessen" eingeräumt wird, desto größer der Bereich, der
gerichtlich nur noch eingeschränkt kontrolliert wird. Auf diese Weise kann die
Rechtsschutzgarantie des Art. 19 Abs. 4 GG unterlaufen werden. Dieser Absicht sollte nicht leichtfertig nachgegeben werden. Sie würde eine Entwicklung umkehren, für
die Generationen von rechtsstaatlich orientierten Juristen gekämpft haben.

IV. Das subjektive öffentliche Recht

1. Begriff

246 Den Rechtsbindungen der Verwaltung, von denen in den vorherigen Darstellungen die
Rede war, korrespondiert partiell das Recht des Bürgers gegenüber der Verwaltung,
die objektiven Rechtsbindungen zu beachten. Der Bürger hat dann gegenüber der Verwaltung einen Anspruch auf Einhaltung des objektiven Rechts, wenn ihm ein subjektives öffentliches Recht diese Rechtsmacht – auf Einhaltung des Rechts – verleiht.

247 Unter einem subjektiven Recht ist die einem Subjekt durch eine Rechtsnorm zuer-
kannte Rechtsmacht zu verstehen, eigene Interessen zu verfolgen und zu diesem
Zweck von einem anderen ein bestimmtes Tun, Dulden oder Unterlassen zu verlangen. Subjektive Rechte gibt es sowohl im Privatrecht als auch im öffentlichen Recht.
Ein subjektives öffentliches Recht ist vorhanden, wenn eine Person kraft öffentlichen
Rechts die Rechtsmacht besitzt, vom Staat zur Verfolgung eigener Interessen ein bestimmtes Verhalten zu verlangen[62].

248 Dieser Begriff des subjektiven öffentlichen Rechts ist aus der Sicht des Bürgers formuliert. Subjektive öffentliche Rechte gibt es darüber hinaus auch im Verhältnis
Staat-Bürger und im Verhältnis von juristischen Personen des öffentlichen Rechts zueinander.

Beispiele: Nach § 1 Abs. 1 WPflG (Sa. I Nr 620) sind alle Männer vom vollendeten 18. Lebensjahr an, die Deutsche iSd Grundgesetzes sind und weitere Voraussetzungen erfüllen, wehr-
pflichtig; nach § 4 Abs. 1 WPflG umfasst der auf Grund der Wehrpflicht zu leistende Wehrdienst den Grundwehrdienst sowie weiteres; auf Grund dieses Gesetzes kann der Staat folglich
von bestimmten Männern die Leistung des Wehrdienstes verlangen; insoweit besteht ein subjektives öffentliches Recht zwischen Staat und Bürger. (Zur weiteren Geltung dieser Normen
s. Wehrrechtsänderungsgesetz 2010.) – Nach Art. 85 GG gibt es die Bundesauftragsverwaltung;
nach Art. 85 Abs. 3 GG unterstehen die Landesbehörden den Weisungen der zuständigen obersten Bundesbehörden; die Landesbehörden haben die Weisungen der obersten Bundesbehörden
zu erfüllen; es existiert folglich ein subjektives öffentliches Recht im Verhältnis Bund-Land.

249 Zuvor war von der Unterscheidung zwischen objektivem und subjektivem Recht die
Rede. Zwischen beiden Varianten von Recht ist streng zu trennen. Das objektive
Recht ist der Inbegriff aller Rechtssätze. Das subjektive Recht beinhaltet die Mög-
lichkeit, die im objektiven Recht begründeten Rechtspflichten von einem Rechtssub-

---

62 Ausführlich zum subjektiv-öffentlichen Recht *Masing*, Der Rechtsstatus des Einzelnen im Verwal-
    tungsrecht, in: Hoffmann-Riem/Schmidt-Aßmann/Voßkuhle (Hrsg.), Grundlagen des Verwaltungs-
    rechts, Bd. I, 2. Aufl. 2012, S. 437 ff; *Kahl/Ohlendorf*, JA 2010, 872 ff.

jekt einzufordern. Dem objektiven Recht muss folglich nicht immer ein subjektives Recht korrespondieren.

Beispiel: Viele Normen des Umweltrechts sind Ausdruck des sog. Vorsorgeprinzips. § 5 Abs. 1 Nr 2 BImSchG verlangt, genehmigungsbedürftige Anlagen so zu errichten und so zu betreiben, dass zur Gewährleistung eines hohen Schutzniveaus für die Umwelt Vorsorge gegen schädliche Umwelteinwirkungen getroffen wird. Die Pflicht der Betreiber genehmigungsbedürftiger Anlagen zur Einhaltung dieser Vorsorge wird allgemein als eine objektive Rechtspflicht betrachtet, der ein subjektives öffentliches Recht des Nachbarn der Anlage auf Einhaltung dieser Rechtspflicht nicht korrespondiert[63]. – Nach § 27 WHG gilt für bestimmte Gewässer ein Verschlechterungsgebot. Die Norm verleiht Einzelnen kein subjektiv-öffentliches Recht. Kläger in Verfahren, die § 27 WHG betreffen, sind deshalb ausschließlich Verbände, denen nach den §§ 1 f des Gesetzes über ergänzende Vorschriften zu Rechtsbehelfen in Umweltangelegenheiten nach der EG-RL 2003/35/EG (Umwelt-Rechtsbehelfsgesetz – UmwRG)[64] ein Klagerecht eingeräumt ist.

2. Praktische Bedeutung

Die Bedeutung des subjektiven öffentlichen Rechts liegt darin, dass als Folge seiner Existenz der Bürger gegenüber dem Staat die Stellung eines Rechtssubjekts genießt. Der Bürger kann die Beachtung der ihn betreffenden Gesetze verlangen. Fehlte es am subjektiven öffentlichen Recht allgemein, wäre der Bürger nicht Bürger, sondern Untertan des Staats und Objekt staatlichen Handelns. Das subjektive öffentliche Recht verleiht dem Bürger seine Subjektstellung in Relation zur staatlichen Gewalt. **250**

Diese objektive Bedeutung des subjektiven öffentlichen Rechts erfährt eine Verstärkung durch Art. 19 Abs. 4 GG. Diese Norm ermöglicht es, jedes subjektive öffentliche Recht vor den Gerichten durchzusetzen. Ein Verstoß des Staats gegen ein subjektives öffentliches Recht kann deshalb immer zur Folge haben, dass der vom Rechtsverstoß betroffene Bürger sich gegen diesen Verstoß vor den Gerichten wehrt. Deshalb ist die Aussage angemessen: Das subjektive öffentliche Recht iVm seiner gerichtlichen Durchsetzbarkeit haben den Staat endgültig auf den Boden des Rechts gebracht – nur bei Fehlen eines subjektiven öffentlichen Rechts ist es dem Staat möglich, gegen objektives Recht zu verstoßen, ohne dass ein Gericht dieses Handeln auf seine Rechtmäßigkeit hin überprüft. **251**

Häufig ist in Verwaltungen noch die „alte" Mentalität ihrer Mitarbeiter zu spüren, die sich in einem Dominanzverhalten gegenüber dem Bürger äußert. Damit ist es im Falle eines gerichtlichen Verfahrens vorbei: Im Verwaltungsprozess sind Bürger und Behörde gleichgestellte Verfahrensbeteiligte, s. § 63 VwGO. **252**

3. Voraussetzungen

Ein subjektives öffentliches Recht setzt immer logisch das Vorhandensein objektiven Rechts voraus (der umgekehrte Fall gilt nicht, s. o.); es ist doppelt „abhängig": von **253**

---

63 BVerwGE 65, 313, 320, NdsOVG, UPR 1985, 253; *Hasse*, Das subjektive öffentliche Recht des Dritten im Umweltschutzrecht des Bundes und des Landes Niedersachsen, 1997.

64 V. 7.12.2006, BGBl. I S. 2816, i.d.F. des Gesetzes v. 24.2.2012, BGBl. I S. 212.

den Grundrechten und vom einfachen Recht[65]. Das „Dauerproblem" des subjektiven öffentlichen Rechts besteht darin, eine Antwort auf die Frage zu finden, wann einer objektiven Rechtspflicht eine subjektive Berechtigung korrespondiert.

254   Im Privatrecht korrespondiert in der Regel der Rechtspflicht des einen Bürgers ein Rechtsanspruch eines anderen Bürgers. Dieses Korrespondenzverhältnis folgt aus der Aufgabe des Privatrechts. Sie besteht darin, die verschiedenen Interessen der Bürger auszugleichen und gegeneinander abzugrenzen. Die für das Privatrecht getroffene Aussage lässt sich nicht ohne weiteres auf das öffentliche Recht übertragen. Die öffentliche Verwaltung wird im öffentlichen Interesse tätig. Das Verwaltungsrecht ist Ausdruck öffentlicher Interessen. Der Umstand, dass die Verwaltung primär im öffentlichen Interesse tätig wird, ist der Ausgangspunkt für die Bestimmung des subjektiven öffentlichen Rechts. Es ist im Einzelfall vorhanden, wenn eine Rechtsvorschrift nicht nur dem öffentlichen Interesse, sondern auch dem Interesse der Bürger zu dienen bestimmt ist. Es kommt auf den gesetzlich intendierten Interessenschutz an. Bringt eine Norm dem Bürger Vorteile, so ist das für die Annahme eines subjektiven öffentlichen Rechts eine notwendige Bedingung; notwendig und hinreichend ist, dass die Vorteile für den Bürger gesetzlich gewollt sind.

255   Um ein subjektives öffentliches Recht bejahen zu können, ist eine positive Antwort auf die beiden folgenden Fragen notwendig:
– Existiert eine gesetzlich bestimmte Rechtspflicht der Verwaltung?
– Existiert die Rechtspflicht der Verwaltung auch im Interesse einzelner Bürger?

256   Ein subjektives öffentliches Recht liegt demnach vor, wenn gesetzlich eine spezielle Pflicht der Verwaltung begründet ist und diese gesetzlich begründete Pflicht zugleich einem Individualinteresse dient.

257   Die Beantwortung der Frage, ob ein subjektives öffentliches Recht vorhanden ist, gestaltet sich einfach, wenn die Norm selbst zum Ausdruck bringt, dass sie ein Recht der Bürger enthält. Subjektive öffentliche Rechte finden sich zB im Sozialgesetzbuch.

Beispiel: Nach § 4 Abs. 2 SGB-I (Sa. Ergänzungsband Nr 401) hat derjenige, der in der Sozialversicherung versichert ist, im Rahmen der gesetzlichen Kranken-, Unfall- und Rentenversicherung einschließlich der Altershilfe für Landwirte ein Recht auf 1. die notwendigen Maßnahmen zum Schutz, zur Erhaltung, zur Besserung und zur Wiederherstellung der Gesundheit und der Leistungsfähigkeit und 2. wirtschaftliche Sicherung bei Krankheit, Mutterschaft, Minderung der Erwerbsfähigkeit und Alter.

258   Zu den subjektiven Rechten aus dem Europarecht s. *Stüber*, JURA 2001, 798 ff.

259   Schwieriger ist es, im Wege der Interpretation festzustellen, ob eine Norm ein subjektives öffentliches Recht enthält. Beispielsweise hat sich im Bereich des Bauplanungsrechts, das für die Ausbildung bedeutsam ist, eine verwirrende Kasuistik entwickelt[66]. Die Existenz eines subjektiven öffentlichen Rechts ist nicht nur wichtig im Hinblick darauf, ob ein Grundstücksnachbar einen geplanten Bau oder die Veränderung einer

---

65 S. *Wahl*, DVBl 1996, 641 ff.
66 S. die Nachweise bei *Peine*, Öffentliches Baurecht, § 11 D 2; S. in diesem Zusammenhang auch *Schmidt-Preuß*, Kollidierende Interessen im Verwaltungsrecht, 1992, S. 252 ff; *Eisele*, Subjektive öffentliche Rechte auf Normerlaß, 1999, S. 22–60.

baulichen Anlage auf einem Nachbargrundstück verhindern kann, sondern bereits mit Blick auf die Möglichkeit der Erhebung einer Klage, vgl § 42 Abs. 2 VwGO. Diese Norm lässt nur dann eine Nachbarklage zu, wenn die Möglichkeit besteht, dass der Nachbar in seinen subjektiven öffentlichen Rechten verletzt ist. Im Bereich des öffentlichen Baurechts geht man von einem subjektiven öffentlichen Recht des Nachbarn aus (man spricht in diesem Fall von der nachbarschützenden Wirkung einer baurechtlichen Vorschrift), wenn der Kreis der durch die Norm potenziell Berechtigten hinreichend abgrenzbar ist. Damit ist im Grundsatz alles klar; die Schwierigkeiten beginnen bei der Einzelfallentscheidung. Bejaht wird die nachbarschützende Funktion von baurechtlichen Normen, die Regelungen über den seitlichen Grenzabstand, über Brandmauern, über die Beschaffenheit von Rauchschornsteinen, über die Art der baulichen Nutzung, über die Anordnung der Garagen- und Einstellplätze enthalten. Verneint wird die nachbarschützende Wirkung für Regelungen, die die Baugestaltung, den Fensterabstand, die Geschosshöhe, die Geschossflächenzahl betreffen. Ein großes Problem bildet in diesem Zusammenhang das sog. baurechtliche Gebot der Rücksichtnahme. Die hM geht davon aus, dass den §§ 34, 35 BauGB (Sa. I Nr 300) Nachbarschutz im Prinzip nicht zu entnehmen sei. Das führt zu der Situation, dass in bestimmten Fällen Nachbarschutz überhaupt nicht existiert. Dieser Situation versuchte das BVerwG durch die Entwicklung des Gebots der Rücksichtnahme abzuhelfen. Die Pflicht zur Rücksichtnahme in bestimmten Fällen wurde in die Tatbestandsmerkmale „Sich-Einfügen" (§ 34 Abs. 1 BauGB) und „öffentliche Belange" (§ 35 Abs. 2 BauGB) hineininterpretiert. Diese Entwicklung ist auf große Kritik gestoßen[67]. Die Rechtsprechung hat sich von der Kritik nicht beirren lassen und geht heute davon aus, dass im Bereich des Baurechts ein Dritter dann zur Klage gegen eine erteilte Baugenehmigung berechtigt ist, wenn er von der Allgemeinheit unterscheidbar ist. Damit wird der Kreis der Berechtigten auf andere Weise bestimmt. Das bislang relevante Kriterium: hinreichend abgrenzbar, wird ersetzt[68].

4. Kritik

Weil häufig nicht voraussehbar ist, ob die Gerichte einer Norm ein subjektives öffentliches Recht entnehmen, stößt die hL, die sog. Schutznormtheorie, auf breite Kritik in der Literatur[69]. Eine Mindermeinung nimmt an, dass bereits eine tatsächliche Betroffenheit des Bürgers ein subjektives öffentliches Recht begründen könne[70]; diese Auffassung ist abzulehnen, weil sich aus einer tatsächlichen Betroffenheit noch nicht auf ein rechtlich geschütztes Interesse schließen lässt. Zu eng ist die hM allerdings deswegen, weil sie einen grundrechtlichen Bezug nicht erkennen lässt. Das Grundgesetz räumt dem Einzelnen eine Vielzahl von Freiheitsrechten ein. Auf diese Freiheitsrechte ist jedenfalls auch abzustellen, sodass es mit der Interpretation des einfachen Rechts sein Bewenden nicht haben kann. Insbesondere vermittelt Art. 2 Abs. 1 GG den Anspruch, von Nachteilen verschont zu werden, die die verfassungsmäßige Ordnung nicht deckt[71].

260

---

67 Vgl *Peine*, DÖV 1984, 963.
68 S. die **Fallbesprechung** in JA 1994, 370 ff.
69 Vgl mit zahlreichen Nachweisen *Bauer*, AöR 1988, 582–631; *Huber*, Konkurrenzschutz im Verwaltungsrecht, 1991; *Hölscheidt*, EuR 2001, 376 ff.
70 *Henke*, Das subjektive öffentliche Recht, 1968.
71 BVerfGE 9, 83, 88; 29, 402, 408.

261 Führt die Interpretation des einfachen Rechts dazu, dass es ein subjektives öffentliches Recht nicht einräumt, so ist die Frage nach der Klagemöglichkeit sowie die Frage nach der möglichen Begründetheit einer Klage noch nicht abschließend beantwortet, sondern es ist zu prüfen, ob Freiheitsrechte den fraglichen Fall erfassen. Existieren grundrechtliche Abwehrrechte, so ist entweder das einfache Recht im Lichte dieser Abwehrrechte zu interpretieren, oder, falls diese Möglichkeit entfällt, direkt auf das Grundrecht als subjektives öffentliches Recht zurückzugreifen. Auf diese Weise wird heute auch häufig vorgegangen.

Beispiele: Fehlt eine baurechtliche Norm, die dem Nachbarn eines Bauvorhabens Nachbarschutz gewährt, so ist eine unmittelbar auf Art. 14 GG gestützte Nachbarklage zulässig, wenn die Genehmigung bzw ihre Ausnutzung die vorgegebene Grundstückssituation nachhaltig verändert und dadurch den Nachbarn schwer und unerträglich trifft[72]. – Im Bereich des Subventionsrechts fehlen häufig Normen. Deshalb werden gesetzlich keine subjektiven öffentlichen Rechte begründet. Nach der Rechtsprechung[73] kann die Begünstigung eines Unternehmens ein anderes in dessen durch Art. 2 Abs. 1 GG geschützter Wettbewerbsfreiheit betreffen[74]. Im Bereich des Ausländerrechts kommt häufig eine direkte Berufung auf Art. 6 GG in Betracht[75].

262 Die Anerkennung des Umstands, dass das subjektive öffentliche Recht einen grundrechtlichen Bezug hat, führt indessen nicht dazu, jede Beeinträchtigung durch eine staatliche Maßnahme mit einem Abwehranspruch zu bewehren. Voraussetzung für die Existenz eines Abwehranspruchs des Einzelnen ist eine unmittelbare Beziehung zwischen der Beeinträchtigung und der Maßnahme. Ferner darf der Gesetzgeber die Grundrechte ausgestalten und begrenzen; dazu zählt auch, ob er dem Einzelnen ein Abwehrrecht einräumt. Durch Interpretation der Grundrechte ist deshalb das Vorhandensein eines Abwehranspruchs zu ermitteln.

263 Im Zusammenhang mit der Frage, ob Grundrechte dem Einzelnen ein subjektives öffentliches Recht einräumen, ist problematisch, ob sich den Grundrechten finanzielle Leistungsansprüche entnehmen lassen. Dieses Problem wird in der Regel in der Weise gelöst, dass solche Leistungsansprüche verneint werden[76]. Ausnahmsweise wird die Existenz von Leistungsansprüchen bejaht, indessen nur im Rahmen des dem Staat finanziell Möglichen. – Von Leistungsansprüchen in diesem Sinne sind zu trennen Teilhabeansprüche und Gesetzesvollzugsansprüche. Ein auf die Einbeziehung in eine staatliche Vergünstigung gerichteter Teilhabeanspruch kann sich aus Grundrechten ergeben; insbesondere Art. 3 Abs. 1 GG bildet insoweit eine mögliche Anspruchsgrundlage. Ein allgemeiner Gesetzesvollzugsanspruch, also ein Recht des Bürgers darauf, dass die Verwaltung das objektive Recht vollzieht, fehlt. Diesem Anspruch fehlt die verfassungsrechtliche Grundlage. Die ganz frühe Rechtsprechung[77] ist freilich mit Blick auf das Sozialstaatsprinzip von einem solchen Anspruch ausgegangen. Heute ist diese Sachlage überholt, weil das außerordentlich ausdifferenzierte Sozialrecht dem Einzelnen Ansprüche auf Sozialleistungen einräumt.

---

72 Ständige Rechtsprechung seit BVerwGE 32, 173, 178 f.
73 BVerwGE 30, 191, 198.
74 Vgl ferner BVerwGE 60, 159 f und 65, 174.
75 S. BVerwGE 42, 141.
76 BVerwGE 67, 163, 169.
77 BVerwGE 1, 159.

5. Anspruch auf fehlerfreie Ermessensentscheidung

Wenn die Verwaltung auf Grund der ihr Handeln steuernden Rechtsnorm einen Er- **264** messensspielraum besitzt, stellt sich ebenfalls die Frage nach den Rechten des Bürgers. Bei Ermessen einräumenden Normen ist die Verwaltung verpflichtet, ermessensfehlerfrei zu entscheiden sowie im Falle der Ermessensreduzierung auf Null die einzige ermessensfehlerfreie Entscheidung zu treffen. Entsprechend dem Vorhergesagten hat der Bürger ausnahmsweise einen Anspruch auf eine fehlerfreie Ermessensentscheidung sowie im Falle der Ermessensreduzierung auf Null auf eine bestimmte Entscheidung, wenn die Norm auch dem Interesse des betroffenen Bürgers dient. Der Bürger hat deshalb nicht generell, aber speziell einen Anspruch auf ermessensfehlerfreie Entscheidung.

Beispiel: Bauer B ist Eigentümer eines landwirtschaftlichen Betriebs. Dieser liegt an der Bundesstraße 201. Über diese Straße muss B sein Vieh treiben, um die Weideflächen zu erreichen. Dieses ist nicht gefahrlos möglich. B wünscht deshalb die Installation einer Bedarfsampel. Seine Klage hatte Erfolg, weil das Ermessen, das die einschlägige Norm (§ 45 Abs. 1 und 3 iVm § 37 StVO) der Behörde einräumt, auf Null reduziert ist[78]. – Das ist nicht der Fall bei einem Anspruch auf Einschreiten gegen Kirchengeläut[79].

V. Das Verwaltungsrechtsverhältnis

1. Begriff

Das Verwaltungsrechtsverhältnis ist ein Unterfall des Rechtsverhältnisses. Die Kate- **265** gorie „Rechtsverhältnis" entstammt der allgemeinen Rechtslehre. Ein Rechtsverhältnis liegt vor, wenn sich aus einem konkreten Sachverhalt auf der Grundlage einer Rechtsnorm eine rechtliche Beziehung zwischen mindestens zwei Rechtssubjekten ergibt. Wenn die Rechtsbeziehung verwaltungsrechtlicher Art ist, handelt es sich um ein Verwaltungsrechtsverhältnis.

Das allgemeine Staat-Bürger-Verhältnis ist kein Rechtsverhältnis[80]. Es fehlt an der **266** notwendigen Konkretisierung. Die Pflicht des Bürgers, die Gesetze zu beachten, begründet ein Rechtsverhältnis noch nicht. Es entsteht erst, wenn der Bürger zum Staat in eine nähere Beziehung tritt. Dieses ist der Fall, wenn die Verwaltung gegenüber dem Bürger eine bestimmte Rechtspflicht durch eine behördliche Entscheidung konkretisiert oder wenn der Bürger vom Staat eine bestimmte Entscheidung begehrt. Der Antrag auf Erteilung einer Bauerlaubnis, den B stellt, begründet folglich zwischen ihm und der zuständigen Baugenehmigungsbehörde ein Rechtsverhältnis.

Im Einzelfall ist die Frage, ob bereits ein Verwaltungsrechtsverhältnis vorliegt, **267** schwierig zu beantworten. Zwar begründet die Pflicht der Bürger, die Gesetze zu beachten, noch kein Verwaltungsrechtsverhältnis. Im Bereich des Polizeirechts gibt es aber die sog. materielle Polizeipflicht. Sie begründet ein Verwaltungsrechtsverhält-

---

78 NdsOVG, NJW 1985, 2966.
79 S. NdsOVG, NVwZ 1991, 801.
80 S. aber den Versuch der Dogmatisierung bei *Gröschner*, Das Überwachungsrechtsverhältnis, 1992, S. 111–113, 141, 150 f.

nis. Unter „materieller Polizeipflicht" ist die bereits aus den Polizeigesetzen folgende Pflicht des Bürgers zu verstehen, Störungen zu beseitigen, ohne dass es eines diese Pflicht begründenden VAs bedarf; ein VA legt nach dieser Auffassung bei Vorliegen eines Verstoßes gegen das Polizeirecht nur die Modalität der Störungsbeseitigung fest, nicht hingegen die Pflicht als solche. Daraus ergibt sich: Im Einzelfall können gesetzlich bestimmte Pflichten des Bürgers ein Verwaltungsrechtsverhältnis begründen; umgekehrt können Rechtspflichten des Staats, wenn der Bürger ihre Einhaltung begehrt, ebenfalls ein Verwaltungsrechtsverhältnis begründen: Ein Bürger beantragt eine Genehmigung, auf die er kraft Gesetzes einen Anspruch hat.

Beispiel: Ein Unternehmer hat nach § 6 BImSchG einen Anspruch auf Erteilung der Genehmigung zur Errichtung und zum Betrieb einer genehmigungsbedürftigen Anlage, wenn er die gesetzlichen Voraussetzungen erfüllt. Stellt er einen solchen Antrag, entsteht zwischen ihm und der Genehmigungsbehörde ein Verwaltungsrechtsverhältnis.

268 Die heutige Bedeutung des Verwaltungsrechtsverhältnisses ergibt sich aus dem Prozessrecht. Nach § 43 Abs. 1 VwGO kann der Bürger auf die Feststellung des Bestehens oder Nichtbestehens eines „Rechtsverhältnisses" klagen. Eine materiell-rechtliche Bedeutung des Verwaltungsrechtsverhältnisses fehlt, weil das Verwaltungsrechtsverhältnis weder Rechte noch Pflichten des Bürgers gegenüber dem Staat bzw umgekehrt begründet; Rechte und Pflichten ergeben sich aus dem Gesetz. Rechtstheoretisch wird dem Verwaltungsrechtsverhältnis eine Bedeutung insoweit zugemessen, als es die neue Grundlage eines Verwaltungsrechtssystems werden und den VA, der bislang die Basis des Verwaltungsrechtssystems bildet, ablösen soll. Dem wird hier nicht weiter nachgegangen.

Literatur zu dieser Frage: *Achterberg*, § 20 Rn 32 ff; *J. Martens*, Rn 29 ff, *Hase*, Die Verwaltung 2005, 453 ff. – Skeptisch: *Löwer*, NVwZ 1986, 794; *Schmidt-Aßmann*, DVBl 1989, 539 f. – Zum neuerdings angestellten Versuch, Probleme des sog. informalen Verwaltungshandelns mit Hilfe des Verwaltungsrechtsverhältnisses zu lösen, s. – mit umfangreichen Nachw. – *Burmeister*, VVDStRL 52 (1993), S. 190 ff. – Zu „Nebenpflichten" im Verwaltungsrechtsverhältnis s. *Peters*, Die Verwaltung 2002, 177 ff.

2. Arten

269 Dem Verwaltungsrechtsverhältnis werden unterschiedlichste Erscheinungen zugeordnet.

270 Verwaltungsrechtsverhältnisse entstehen auf der Basis gesetzlich zulässiger Handlungsformen der Verwaltung. Den Handlungsformen der Verwaltung widmet sich Teil II (Rn 302 ff) dieses Buchs. Unter seiner Vorwegnahme sei darauf hingewiesen, dass Verwaltungsrechtsverhältnisse durch formelle Gesetze, Rechtsverordnungen und Satzungen, durch VA, örV und Realakt entstehen können. Mit Hilfe dieser „Instrumente" können Verwaltungsrechtsverhältnisse geändert und auch aufgehoben werden.

271 Zum Gegenstand eines Verwaltungsrechtsverhältnisses kann inhaltlich alles werden, welches rechtlich erlaubt ist. Eine (noch ausstehende) Typologie des Verwaltungsrechtsverhältnisses bedeutet deshalb zugleich eine Typologie des geltenden Rechts. Diese Typologie kann hier nicht geleistet werden. Freilich sind einige Differenzierungen möglich, die sich auf die Arten von Verwaltungsrechtsverhältnissen auswirken. Eine erste Differenzierung betrifft die Dauer des Verwaltungsrechtsverhältnisses. Insoweit sind kurzfristige und langfristige Verwaltungsrechtsverhältnisse zu unterscheiden. Ein kurzfristiges Verwaltungsrechtsverhältnis entsteht aus einem konkreten und einmaligen Anlass; es beschränkt sich auf die rechtliche Bewältigung dieses Anlasses.

Beispiel: Die behördliche Anordnung zum Einbau von Umweltschutzmaßnahmen in eine Anlage; die polizeiliche Verfügung zum Abriss eines Hauses; die Einsichtnahme in Akten.

Längerfristige Verwaltungsrechtsverhältnisse lassen sich nach dem Gegenstand des Rechtsverhältnisses unterscheiden. Mit *Maurer*[81] können **personenbezogene** Verwaltungsrechtsverhältnisse

272

Beispiele: das Beamtenverhältnis; die Zugehörigkeit eines Studenten zu einer Universität; das Wehrdienst- oder Ersatzdienstverhältnis,

vermögensbezogene Verwaltungsrechtsverhältnisse

Beispiele: Subventionsverhältnisse; Steuerschuldverhältnisse; Sozialleistungsverhältnis mit Rentenanspruch

und **Anstalts- und Benutzungsverhältnisse**

Beispiele: Wasser- und Energieversorgung; Abfallentsorgung

unterschieden werden. Die vorgenommene Differenzierung ist nicht idealtypisch. Häufig finden sich in Dauerverwaltungsrechtsverhältnissen mehrere der aufgezeigten Merkmale.

Einen besonderen Fall des Verwaltungsrechtsverhältnisses bildet das „**Verwaltungsrechtliche Schuldverhältnis**". Diesem Typ werden Rechtsverhältnisse zugeordnet, die sich durch einen schuldrechtsähnlichen Charakter auszeichnen. Auf sie finden die Vorschriften des BGB über die Ansprüche bei Leistungsstörungen Anwendung[82]. Ein typisches verwaltungsrechtliches Schuldverhältnis ist die öffentlich-rechtliche Geschäftsführung ohne Auftrag[83].

273

Die zuvor dargestellten Verwaltungsrechtsverhältnisse waren „bipolar". Von ihnen sind zu trennen die sog. poligonalen oder mehrpoligen Verwaltungsrechtsverhältnisse. Bipolare Verwaltungsrechtsverhältnisse kennzeichnet ein Gegensatz zwischen Staat und Bürger; mehrpolige Verwaltungsrechtsverhältnisse sind dadurch charakterisiert, dass sowohl auf der Seite der Behörde als auch auf der Seite der Bürger unterschiedlichste Interessen eine Rolle spielen. Ein **typisches Beispiel** eines mehrpoligen Verwaltungsrechtsverhältnisses bildet das Planfeststellungsverfahren. Es ist gesetzlich vorgeschrieben, wenn verschiedenste Interessen zu einem optimalen Ausgleich gebracht werden müssen.

274

Beispiel: Nach § 35 Abs. 2 S. 1 KrWG ist für die Errichtung und den Betrieb einer Deponie die Durchführung eines Planfeststellungsverfahrens vorgeschrieben. Mit Blick auf die Errichtung einer Deponie lassen sich regelmäßig folgende unterschiedliche Interessen feststellen: das

---

81 § 8 Rn 21.
82 *Meysen*, Die Haftung aus Verwaltungsrechtsverhältnis, 2000.
83 Näheres Rn 1055.

Interesse des Staats an der Entsorgung von Abfällen; das Interesse abfallerzeugender Unternehmen an einer möglichst nahen und deshalb kostengünstigen Entsorgung von Abfällen; das Interesse von Bürgern, von der Errichtung einer Abfallentsorgungsanlage verschont zu werden, weil ihr Betrieb mit Unannehmlichkeiten verbunden ist.

3.   Das „besondere Gewaltverhältnis"

275 Die Rechtsfigur „besonderes Gewaltverhältniss" (andere Bezeichnungen: Sonderstatusverhältnis, öffentlich-rechtliche Sonderbindung, verwaltungsrechtliches Sonderverhältnis) ist Ende des 19. Jahrhunderts entwickelt worden. Dem Begriff wurde eine Reihe von Rechtsbeziehungen zugeordnet, die dadurch gekennzeichnet waren, dass sich Bürger in einer besonderen Nähe zum Staat befanden. Diese besondere Nähe konnte freiwillig oder zwangsweise begründet worden sein. Das besondere Gewaltverhältnis betraf insbesondere die Beziehung von Schülern zur Schule, den Strafvollzug, das Beamtenverhältnis und das Wehrdienstverhältnis. Die spezielle Rechtsbeziehung, die das besondere Gewaltverhältnis ausmachte, bestand darin, dass dem Bürger der Rechtsschutz gegen Handeln des Staats fehlte. Ferner galten die Grundrechte im besonderen Gewaltverhältnis nicht, so dass die Exekutive auch ohne förmliches Gesetz in die Rechtssphäre des Bürgers eingreifen konnte. Nach damaliger Auffassung, die sich trotz wachsender Kritik bis 1972 halten konnte, reichten Verwaltungsvorschriften als Rechtsgrundlage für einen solchen Eingriff aus.

276 In der berühmten **Strafgefangenen-Entscheidung**[84] hat das BVerfG die Geltung der Grundrechte im besonderen Gewaltverhältnis bejaht und den Vorbehalt des Gesetzes betont. Allerdings hat es eingeräumt, dass angesichts der speziellen Sachstrukturen dieser Rechtsbeziehungen (möglichst eng begrenzte) Generalklauseln zulässig sind.

277 Die Strafgefangenen-Entscheidung ist oft als „Abschied vom besonderen Gewaltverhältnis" apostrophiert worden. Diese Auffassung trifft nicht zu. Das BVerfG hat die Rechtsfigur als solche nicht abgeschafft. Sie stellt weiterhin eine ungeschriebene Ermächtigung für Grundrechtsbeschränkungen dar, soweit dies zur Wahrung der Funktionsfähigkeit des Sonderverhältnisses erforderlich und angemessen ist. Allerdings – und nichts anderes sagt das BVerfG[85] aus – bedarf die Grundrechtsbeschränkung eines formellen Gesetzes; Verwaltungsvorschriften genügen also nicht. Der Parlamentsgesetzgeber kann der Exekutive durch Generalklauseln einen gewissen Spielraum einräumen, muss dabei aber die Grenzen der Wesentlichkeitstheorie[86] beachten.

278 Das besondere Gewaltverhältnis hat somit seit der Strafgefangenen-Entscheidung einen erheblichen Teil seiner praktischen Bedeutung eingebüßt, ist aber keineswegs völlig gegenstandslos geworden. Dies zeigt sich etwa am **„Kopftuch-Urteil"**[87]. Zu Recht ging darin das Gericht davon aus, dass die Religionsfreiheit einer zu verbeamtenden Lehrerin nicht durch die Erfordernisse des Beamtenverhältnisses an sich eingeschränkt werden, sondern dass hier der Vorbehalt des Gesetzes eingreift. Mit seiner Einschätzung, die beamtenrechtlichen Generalklauseln würden den Grundrechtsein-

---

84   BVerfGE 33, 1 ff.
85   BVerfGE 33, 1 ff.
86   S. dazu Rn 142.
87   BVerfGE 108, 282.

griff nicht decken, hat es dagegen die spezielle Sachgesetzlichkeit des Beamtenverhältnisses verkannt und damit die verfassungsrechtlichen Anforderungen an die Bestimmtheit des grundrechtseinschränkenden Gesetzes im besonderen Gewaltverhältnis überspannt.

Literatur: *Peine*, Grundrechtsbeschränkungen in Sonderstatusverhältnissen, in: Merten/Papier (Hrsg.), Handbuch der Grundrechte, Band III, 2009, § 61.

Lösung zu Fall 3 (Rn 199): Nach der polizeirechtlichen Generalklausel besitzt die Polizei bei Vorliegen einer Gefahr für die öffentliche Sicherheit Entschließungs- und Auswahlermessen. Die Körperverletzungen des zu Boden Gegangenen stellen rechtlich einen Schaden für die öffentliche Sicherheit dar. Damit sind die Voraussetzungen für ein Einschreiten nach der polizeilichen Generalklausel erfüllt. Diese eröffnet jedoch Ermessen. Einschreiten muss P nur dann, wenn Ermessensreduzierung auf Null vorliegt. Nach hM ist eine Ermessensreduzierung auf Null gegeben bei Vorliegen einer Gefahr für Leib oder Leben. P muss deshalb handeln. **279**

Lösung zu Fall 4 (Rn 200): X kann eine zulässige Anfechtungsklage erheben, wenn er nach § 42 Abs. 2 VwGO klagebefugt ist. Klagebefugt ist X dann, wenn die Möglichkeit besteht, in einem subjektiven öffentlichen Recht verletzt zu sein. Ob § 34 BauGB ein subjektives öffentliches Recht verleiht, ist fraglich. Die Rechtsprechung hilft sich mit einer Verletzung des Gebots der Rücksichtnahme[88]. **280**

§ 5   Das Verwaltungsverfahrensgesetz

Fall 5: Unternehmer U plant die Errichtung und den Betrieb einer genehmigungsbedürftigen Anlage nach § 4 BImSchG. Nachbar A möchte die Anlage verhindern. Er verlangt im Verwaltungsverfahren rechtliches Gehör nach § 28 und Akteneinsicht nach § 29. Mit Recht? **Rn 301** **281**

I.   Die Entstehung des Verwaltungsverfahrensgesetzes

Das VwVfG-Bund stammt vom 25.5.1976. Es trat am 1.1.1977 in Kraft. Es liegt jetzt idF der Bekanntmachung vom 23.1.2003[1] vor. Sein Inkrafttreten erfüllte eine lange erhobene Forderung. Bereits in der Weimarer Zeit kam der Wunsch nach einem VwVfG auf. Zu einer Kodifikation durch das Reich kam es jedoch nicht. Das Land Thüringen erließ im Jahre 1926 eine Landesverwaltungsordnung, die bereits wesentliche Teile des heute geltenden Rechts enthielt. Das Land Württemberg publizierte 1931 einen Entwurf einer Verwaltungsrechtsordnung, die versuchte, das gesamte Allgemeine Verwaltungsrecht zu kodifizieren; dem Entwurf blieb zwar die Gesetzeskraft vorenthalten, er zeitigte in der Praxis aber große Bedeutung. **282**

---

88   S. zum Ganzen *Peine*, Öffentliches Baurecht, Rn 858 ff.

1   Geändert durch 4. VwVfÄndG, BGBl. I 2009, 241 und Gesetz v. 17.7.2009, BGBl. I, S. 2091.

283 Während der 50er-Jahre wandte sich die Diskussion verstärkt einem VwVfG zu. Der 43. Deutsche Juristentag forderte 1960 in München eine einheitliche Regelung des Verwaltungsverfahrensrechts. Sein Beschluss beförderte gesetzliche Vorhaben. Wegen der verfassungsrechtlich begrenzten Kompetenz des Bundes zum Erlass eines solchen Gesetzes (s. Art. 84 Abs. 1 und 85 Abs. 1 GG) einigte man sich auf die Erarbeitung eines Musterentwurfs; auf dessen Basis sollten Bund und Länder jeweils gleichlautende VwVfGe erlassen. 1963 und 1966 wurden solche Musterentwürfe publiziert. Sie bildeten die Basis einer ausführlichen wissenschaftlichen Diskussion. 1970 und 1973 gelangten Entwürfe eines VwVfG in die gesetzgebenden Körperschaften des Bundes. Die überarbeitete Fassung des Entwurfs von 1973 wurde schließlich Gesetz[2].

Der Bund wollte ursprünglich ein einheitliches Verwaltungsverfahrensrecht schaffen[3]. Dieses Ziel wurde verfehlt. Heute ist ein Bedeutungsverlust des VwVfG zu verzeichnen. Vorschriften, die in das VwVfG hätten integriert werden können, sind Bestandteil von Spezialgesetzen geworden. Die Tendenz zur Rechtsvereinheitlichung wird unterlaufen[4]. Diese Tendenz würde gestoppt, gäbe es ein unionsrechtliches Verwaltungsverfahrensgesetz. Darüber wird nachgedacht[5].

II. Die Bedeutung des Verwaltungsverfahrensgesetzes

284 Eine erste Bedeutung des VwVfG-Bund liegt in der Rechtsvereinheitlichung. Das Gesetz ersetzt eine Vielzahl von an verschiedensten Stellen enthaltenen fragmentarischen Spezialvorschriften verwaltungsverfahrensrechtlicher Art. Eine weitere Bedeutung liegt in der Entlastung des Gesetzgebers: Er braucht jetzt nicht mehr verwaltungsverfahrensrechtliche Regeln zu erlassen; er kann im Gegenteil in Spezialnormen enthaltene verwaltungsverfahrensrechtliche Aussagen streichen und damit das allgemeine Recht zu Anwendung gelangen lassen. Ferner ist das VwVfG mit Blick auf die Vereinfachung und Rationalisierung der Verwaltung von Vorteil; sie besitzt jetzt klare und handhabbare Normen für ihre Arbeit. Letztlich dient das VwVfG auch dem Bürger; seine Rechte im Verwaltungsverfahren sind positiv-rechtlich geregelt und gewährleistet.

285 Für das Allgemeine Verwaltungsrecht liegt die Bedeutung des VwVfG darin, dass wesentliche bislang ungeschrieben geltende allgemeine Grundsätze des Verwaltungsrechts positiv-rechtlich normiert sind. Ferner sind Unklarheiten betreffend die allgemeinen Grundsätze des Verwaltungsverfahrensrechts entfallen und Streitfragen entschieden worden. Das Gesetz bildet jetzt die Basis der verwaltungsgerichtlichen Rechtsprechung für die Entwicklung und Konkretisierung des Allgemeinen Verwaltungsrechts.

286 Die Bedeutung des VwVfGes gelangt auch in einer es betreffenden umfangreichen Rechtsprechung zum Ausdruck[6].

---

2 Zur Entstehungsgeschichte *v. Danwitz*, JURA 1994, 281 ff.
3 S. die Darstellung bei *Kopp/Ramsauer*, VwVfG, 12. Aufl. 2011, Einführung Rn. 25.
4 S. *Peine*, LKV 2012, 1 ff.
5 *Guckelberger*, NVwZ 2013, 601 ff.
6 S. die Zusammenstellung bei *Berg/Draganski*, JZ 1998, 774–780 und *Ehlers*, Die Verwaltung 1998, 53–80; *Neumann*, NVwZ 2000, 1244–1255; *Bonk*, NVwZ 2001, 636 ff; *Berg*, JZ 2005, 1039 ff.

III. Der Anwendungsbereich des Bundesgesetzes

1. Öffentlich-rechtliche Verwaltungstätigkeit (§ 1 Abs. 1, 2 VwVfG)

Das VwVfG findet nur dann Anwendung, wenn es sich um eine öffentlich-rechtliche **287** Verwaltungstätigkeit der Behörden handelt. Verwaltungsverfahrensrecht gilt also nicht, wenn die Verwaltung sich für die Durchführung ihrer Arbeit der Form des Privatrechts, einschließlich des Verwaltungsprivatrechts, bedient. Damit sind wesentliche Bereiche der heutigen Tätigkeit von Behörden der regulierenden Wirkung des VwVfG entzogen[7].

2. Subsidiaritätsklausel (§ 1 Abs. 1 VwVfG)

Das VwVfG findet ferner dann keine Anwendung, wenn Rechtsvorschriften des Bun- **288** des inhaltsgleiche oder entgegenstehende Bestimmungen enthalten, § 1 Abs. 1 am Ende. Verwaltungsverfahrensrechtliche Spezialregelungen können in formellen Gesetzen und Rechtsverordnungen enthalten sein, nicht aber in Satzungen.

Beispiel: Die 9. BImSchV – Verordnung über das Genehmigungsverfahren für genehmigungsbedürftige Anlagen iSd BImSchG (Sa. I Nr 296b) – enthält das VwVfG-Bund ersetzende Spezialregelungen.

Zum Einsatz kommt das VwVfG nur dann, wenn Spezialregelungen fehlen; das **289** VwVfG hat deshalb lückenfüllende Funktion.

Diese Subsidiaritätsklausel wird stark kritisiert. Sie soll – eines Tages – durch Beseiti- **290** gung von Sonderregelungen inhaltlich überflüssig werden. In dieser Hinsicht ist der Bund mehrfach tätig geworden. Es sind Anpassungen und Streichungen bei der Novellierung von Fachgesetzen erfolgt. Ferner sind vier „Bereinigungsgesetze" ergangen; s. das Gesetz v. 18.2.1986[8]; das Gesetz v. 24.4.1986[9]; das Gesetz v. 16.12.1986[10]; das Gesetz v. 28.6.1990[11].

Ein **Beispiel** für die Aufhebung verwaltungsverfahrensrechtlicher Vorschriften fand sich im jetzt nicht mehr in Geltung befindlichen Abfallgesetz; die §§ 20–29 AbfG, die Planfeststellungsrecht enthielten, sind aufgehoben worden.

Die in § 1 Abs. 1 enthaltene Subsidiaritätsklausel gilt nur für das Bundesrecht. Die **291** Ländergesetze enthalten freilich ebenfalls eine Subsidiaritätsklausel. Soweit die Landesgesetze zur Anwendung gelangen (s. dazu unter Rn 296 ff), ist darauf zu achten, ob in Landesgesetzen verwaltungsverfahrensrechtliche Vorschriften enthalten sind. Verwaltungsverfahrensrechtliche Vorschriften finden sich in den Bauordnungen der Länder zB §§ 56 ff BbgBO. Insofern sind die Regelungen des VwVfG **nicht** anzuwenden. Damit wird zum Ausdruck gebracht, dass in bestimmten Bereichen das allgemeine Verwaltungsverfahrensrecht nicht gilt.

---

7   Zu ihnen s. *Ehlers*, JURA 2003, 30 ff.
8   BGBl. I S. 265.
9   BGBl. I S. 560.
10   BGBl. I S. 2441.
11   BGBl. I S. 1221.

3. Ausnahmen für spezielle Bereiche (§ 2 VwVfG)

292   § 2 Abs. 1 schließt die Anwendung des VwVfG für die Tätigkeit der Kirchen, der Religionsgesellschaften und der Weltanschauungsgemeinschaften sowie ihrer Verbände und Einrichtungen aus. Kirchen und Religionsgemeinschaften können Körperschaften des öffentlichen Rechts sein[12]. Wenn Religionsgemeinschaften privatrechtlich organisiert sind, kommt eine Anwendung des VwVfG von vornherein nicht in Betracht. Als Körperschaften des öffentlichen Rechts können Kirchen verwaltend tätig werden; das VwVfG gilt nicht, wenn es sich bei den zu qualifizierenden Maßnahmen um solche des innerkirchlichen Bereichs handelt. Zu trennen ist deshalb zwischen innerkirchlicher und in den staatlichen Bereich hineinwirkender Tätigkeit. Zum innerkirchlichen Bereich gehören die kultischen Handlungen, die Bestimmung und Vermittlung des Lehrinhalts, das kirchliche Organisationsrecht, das kirchliche Amts- und Dienstrecht einschließlich des Verfahrensrechts, das Zutrittsrecht von Gewerkschaften zu kirchlichen Einrichtungen und das Vertretungsrecht von Rechtsanwälten vor kirchlichen Verwaltungsgerichten. Der Entzug der Lehrbefugnis (venia legendi) eines an einer kirchlichen Hochschule tätigen Privatdozenten unterliegt deshalb nicht den Verwaltungsverfahrensrechtlichen Vorschriften des VwVfG, sondern innerkirchlichem Recht. Eine in den staatlichen Bereich hineinwirkende Tätigkeit einer Kirche besteht beispielsweise im Betreiben eines Gymnasiums; die Ausstellung von Zeugnissen eines solchen Gymnasiums ist staatliche Gewalt und unterliegt deshalb dem VwVfG; die ein solches Gymnasium betreibende Kirche ist Beliehene[13].

293   § 2 Abs. 1 nimmt **bestimmte Tätigkeiten** der Kirchen, Religionsgesellschaften und Weltanschauungsgemeinschaften aus dem Anwendungsbereich des VwVfG heraus. § 2 Abs. 2 enthält Bereiche, die **insgesamt** aus dem Anwendungsbereich des VwVfG herausgenommen sind. Für das Verfahren vor den Bundes- oder Landesfinanzbehörden gilt die Abgabenordnung; zum Anwendungsbereich der AO s. § 1 AO. Für alle durch Bundesrecht oder Recht der Europäischen Union geregelten Steuern oder Steuervergünstigungen, soweit sie durch Bundesfinanzbehörden oder durch Landesfinanzbehörden verwaltet werden, gilt das VwVfG nicht. Dieses Ergebnis gilt praktisch auch für die kommunalen Steuern, Gebühren und Abgaben, da die Kommunalabgabengesetze der Länder durchweg bestimmte Vorschriften der AO für anwendbar erklären; die Vorschriften des VwVfG des jeweiligen Landes gelten lediglich ergänzend. § 2 Abs. 2 nimmt eine Reihe von Maßnahmen mit Bezug zur Rechtsprechung und zum Prozessrecht aus dem Geltungsbereich des VwVfG heraus; es gilt nicht für die Strafverfolgung sowie für die Verfolgung und Ahndung von Ordnungswidrigkeiten; insoweit gelten die StPO und das OWiG. Die Rechtshilfe für das Ausland in Straf- und Zivilsachen ist herausgenommen wegen der starken Anklänge an das Straf- und Zivilprozessrecht; insoweit gelten die StPO und die ZPO; Rechtshilfe ist die Tätigkeit der Gerichte als auch der Behörden, soweit sie in Straf- und Zivilsachen Unterstützung gewähren; in Strafsachen gilt das Gesetz über die internationale Rechtshilfe in Strafsachen, in Zivilsachen die Rechtshilfeordnung für Zivilsachen. Die ebenfalls herausgenommenen Maßnahmen des Richterdienstrechts haben eine Regelung im Deutschen Richtergesetz und in den Landesrichtergesetzen gefunden. § 2 Abs. 2 Nr 3

---

12   Art. 140 GG iVm Art. 137 Abs. 5 WRV.
13   S. *S/B/S*, § 2 Rn 25.

schließt vom Anwendungsbereich des VwVfG das Verfahren vor dem Deutschen Patentamt und den bei diesem errichteten Schiedsstellen aus; das Verfahren vor dieser Behörde ist in einer eigenständigen, weitgehend justizmäßigen Form geregelt; zum Patentverfahren zählen auch die Gebrauchsmusterverfahren nach dem Gebrauchsmustergesetz und die Warenschutzverfahren nach dem Warenzeichengesetz. Nach § 2 Abs. 2 Nr 4 gilt für Verfahren nach dem Sozialgesetzbuch ausschließlich das Verwaltungsverfahrensrecht nach dem SGB X. Bei den in § 2 Abs. 2 Nr 5 und 6 genannten Bereichen handelt es sich um auslaufendes Recht; der Gesetzgeber war der Auffassung, dass deshalb für diese Bereiche das VwVfG keine Anwendung finden müsse. Ein gesetzlich geregeltes spezielles Verwaltungsverfahrensrecht existiert nicht; in einzelnen Normen wird auf Grundsätze des Allgemeinen Verwaltungsrechts verwiesen.

§ 2 Abs. 3 fasst Tätigkeitsbereiche zusammen, für die das VwVfG eingeschränkt anwendbar ist. Von Interesse ist Nr 2, die Tätigkeit der Behörden bei Leistungs-, Eignungs- und ähnlichen Prüfungen von Personen. Soweit die Prüfungen durch Prüfungsordnungen, die in Form eines Gesetzes oder einer Rechtsverordnung ergangen sind, geregelt werden, können diese Prüfungsordnungen § 2 Abs. 3 Nr 2 verdrängen; das gilt aber nicht für solche Prüfungsordnungen, die als Satzung erlassen wurden, zB Promotions- oder Habilitationsordnungen. Da Prüfungen einen höchstpersönlichen Charakter besitzen, muss notwendigerweise die Anwendung bestimmter Vorschriften des Gesetzes, zB die über Bevollmächtigte und Beistände, ausgeschlossen sein. Es gilt aber auch nicht § 39, deshalb sind Prüfungsentscheidungen nicht schriftlich zu begründen; diese Norm dürfte verfassungswidrig sein[14]. **294**

Das VwVfG gilt schließlich nicht für „Sonderbereiche", die in § 2 nicht aufgezählt sind. Es handelt sich um „unbenannte Ausnahmen". Diese sind: die Wahlen zu den Parlamenten einschließlich der Kommunalwahlen sowie der zur Besetzung von Selbstverwaltungsgremien; das Handeln der Parlamente (es ist in Geschäftsordnungen geregelt); das Gnadenrecht; das Recht der Ordensverleihung sowie das der öffentlich-rechtlichen Fernseh- und Rundfunkanstalten (auf Bundesebene: Deutsche Welle und Deutschlandfunk). **295**

IV. Der Anwendungsbereich der Ländergesetze

1. Vollzug von Landesrecht

Der Vollzug von Landesrecht ist im VwVfG des Bundes selbstverständlich nicht geregelt; der Bund kann aus kompetentiellen Gründen die Verwaltungstätigkeit der Länder nicht normieren, wenn die Länder eigenes Recht vollziehen. Wann für den Vollzug des Landesrechts das VwVfG des jeweiligen Bundeslandes gilt, regeln deshalb die Landesgesetze jeweils in den ersten Paragraphen. § 2 Abs. 3 Nr 2 VwVfGBbg schließt zB die Anwendung bestimmter Normen für Prüfungen aus. **296**

---

14 S. BVerfGE 84, 46; 84, 72 f; BVerwG, DÖV 1993, 480 ff.

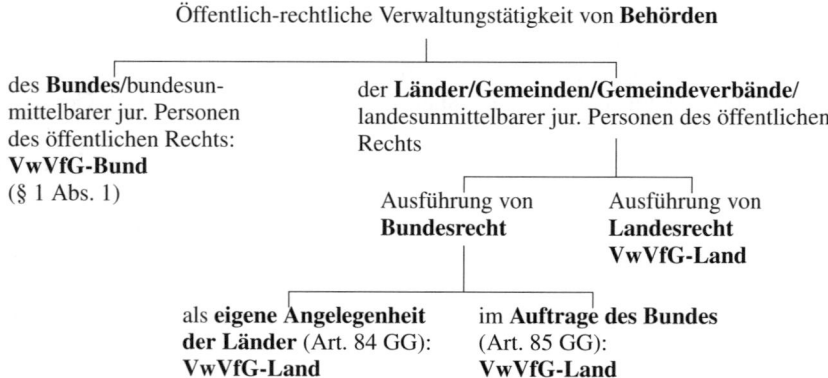

Öffentlich-rechtliche Verwaltungstätigkeit von **Behörden**

des **Bundes**/bundesun-
mittelbarer jur. Personen
des öffentlichen Rechts:
VwVfG-Bund
(§ 1 Abs. 1)

der **Länder/Gemeinden/Gemeindeverbände/**
landesunmittelbarer jur. Personen des öffentlichen
Rechts

Ausführung von
Bundesrecht

Ausführung von
Landesrecht
VwVfG-Land

als **eigene Angelegenheit**
der Länder (Art. 84 GG):
VwVfG-Land

im **Auftrage des Bundes**
(Art. 85 GG):
VwVfG-Land

Bild 2: Anwendungsbereiche des VwVfG-Bund und der VwVfGe-Land

2. Vollzug von Bundesrecht durch Landesbehörden (§ 1 Abs. 2, 3 VwVfG)

297 Wir haben gesehen, dass für die Ausführung von Bundesgesetzen durch den Bund das VwVfG-Bund und für die Ausführung von Landesgesetzen durch die Länder das jeweilige VwVfG-Land gilt. Für den dazwischen liegenden Bereich, also diejenigen Gegenstände, die in Art. 84 und 85 GG geregelt sind, sieht das VwVfG-Bund in § 1 Abs. 1 und Abs. 2 vor, dass das VwVfG-Bund gilt; die Anwendbarkeit dieses Rechts endet in einem Bundesland aber immer dann, wenn ein VwVfG-Land in Kraft tritt, s. § 1 Abs. 3 VwVfG-Bund. Alle Bundesländer haben ein VwVfG erlassen. Für die in den Art. 84 und 85 GG genannten Tätigkeiten gilt also das jeweilige VwVfG-Land.

V. Die verschiedenen Typen von Landesverwaltungsverfahrensgesetzen

298 Es sind insgesamt drei Typen von LandesVwVfGen zu unterscheiden. Den ersten Typ und zugleich sein einziges Beispiel bildet das VwVfG des Landes Schleswig-Holstein. Es ist vor dem VwVfG-Bund erlassen worden und weicht deshalb von ihm stark ab. Es enthält insbesondere Regelungen über den Behördenaufbau des Landes. Es bildet deshalb einen einzigartigen Sonderfall.

299 Den zweiten Typ von VwVfGen der Länder kennzeichnet, dass das Bundesgesetz vollkommen übernommen wird – von den Regelungen über den Anwendungsbereich des Bundesgesetzes abgesehen. Man spricht in diesem Zusammenhang auch von einem „Vollgesetz". Vollgesetze haben alle Bundesländer erlassen mit Ausnahme von Berlin, Brandenburg[15], Niedersachsen und Sachsen.

300 Berlin, Brandenburg, Niedersachsen und Sachsen haben einen dritten Typ von VwVfG erzeugt. Ihn charakterisiert, dass auf das Bundesgesetz verwiesen wird; eine

---

15 Hierzu *Schulze*, LKV 2009, 547 ff.

eigenständige Regelung findet sich nur für den Anwendungsbereich des Landesgesetzes. § 1 Abs. 1 des Gesetzes über das Verfahren der Berliner Verwaltung erklärt, dass für die öffentlich-rechtliche Verwaltungstätigkeit der Behörden Berlins das VwVfG vom 25.5.1976 (also das Bundesgesetz) in der jeweils geltenden Fassung entsprechend gilt, soweit nicht in den §§ 2–4 dieses Gesetzes (also des Berliner Gesetzes) etwas anderes bestimmt wird. § 2 VwVfG-Bln enthält dann Ausnahmen von seinem Anwendungsbereich, in den folgenden Normen finden sich Modifikationen des VwVfG-Bund.

Lösung Fall 5 (Rn 281): A kann sein Begehren nicht auf §§ 28, 29 stützen. Das VwVfG-Bund ist nur subsidiär anwendbar, § 1 Abs. 1 am Ende. Rechte des A auf Anhörung etc ergeben sich aus §§ 10a, 12, 14 ff 9. BImSchV.

301

Teil II

Die Entscheidungsfindung und ihre Umsetzung

§ 6   Die Handlungsformen der Verwaltung

302   **Fall 6:** Für den VA geht § 35 S. 1 von einer endgültigen Regelung aus. Die Behörde X erlässt an A gerichtet folgenden Bescheid: „Bis zur endgültigen Klärung der Sachlage gewähren wir Ihnen vorläufig eine Unterstützung von 1000,– EUR pro Monat." Darf die Behörde einen vorläufigen VA erlassen? **Rn 310**

303   Es ist herausgestellt worden, dass die öffentliche Verwaltung bestimmte Aufgaben (in der Regel) auf der Grundlage des Verwaltungsrechts zu erfüllen hat; natürlich ist sie dabei an die Grundrechte gebunden, s. Art. 1 Abs. 3 GG. Die Aufgaben als solche sind der Verwaltung durch das Besondere Verwaltungsrecht vorgegeben, also zB die Schaffung von öffentlicher Sicherheit durch die Landespolizeigesetze; die Entsorgung von Abfällen, § 15 Abs. 1 S. 1 KrWG. Mit Hilfe welcher Instrumente oder – anders formuliert – mit Hilfe welcher Handlungsformen die Aufgabenerfüllung zu geschehen hat, schreiben die Gesetze selten vor, sondern sie gehen von der Existenz bestimmter Handlungsformen aus. In Ausnahmefällen erklären sie freilich ein spezielles Instrument aus dem Bündel der Handlungsformen für zulässig: Nach § 10 BauGB ergeht der Bebauungsplan als Satzung; nach § 28 Abs. 2 BauGB wird das Vorkaufsrecht der Gemeinde, welches der Gemeinde beim Kauf von Grundstücken zusteht – s. §§ 24, 25 BauGB –, durch VA gegenüber dem Käufer ausgeübt.

304   Die Handlungsformen der öffentlichen Verwaltung sind – soweit es die öffentlich-rechtlichen Handlungsformen anbelangt – teilweise im Grundgesetz, teilweise im VwVfG, teilweise überhaupt nicht positiv-rechtlich geregelt. Im Grundgesetz, in Art. 80 GG, hat die Rechtsverordnung ihren Regelungsort gefunden. In den §§ 35 ff ist der VA, in den §§ 54 ff ist der örV normiert. Positiv-rechtlich ungeregelt bleiben die Satzung und der Realakt; von ihrer Existenz geht das Recht aus. Die Zulässigkeit sonstiger einseitiger öffentlich-rechtlicher Willenserklärungen (zB die Anfechtung oder die Aufrechnung) ergibt sich aus der analogen Anwendung des BGB.

305   Diese Handlungsformen lassen sich ausdifferenzieren in Rechtshandlungen und Tathandlungen. Die Tathandlungen „firmieren" unter dem Begriff Realakt. Sie spielen im Verwaltungsrecht eine Nebenrolle. Realakte sind zB Mitteilungen der Verwaltung, Berichte, Auskünfte, Warnungen, Auszahlungen von Geldbeträgen, der Abriss eines Hauses durch die städtische Bauverwaltung – sie sind nicht auf einen Rechtserfolg, sondern auf einen tatsächlichen Erfolg gerichtet. Im Gegensatz zu ihnen sind die Rechtshandlungen auf einen Rechtserfolg orientiert. Rechtshandlungen sind alle zuvor genannten Handlungsformen mit Ausnahme der Tathandlungen.

306   Die Rechtshandlungen lassen sich aufteilen in abstrakt-generelle und konkrete Handlungsformen. Abstrakt-generell sind die Satzung und die Rechtsverordnung; sie erfassen, wie es die Gesetze regelmäßig tun, eine Vielzahl von Sachverhalten für eine un-

bestimmte Zahl von Personen. Konkretes – also einen speziellen Sachverhalt – regeln der VA, eine sonstige Willenserklärung, wie zB die Aufrechnung, und der örV. Letzterer ist zweiseitig orientiert, die beiden ersten Handlungsformen erfassen einseitige Erklärungen.

Ob der „Plan" eine eigene Handlungsform darstellt, ist Gegenstand einer Kontroverse **307** gewesen. „Pläne" sind das Produkt von Planungsvorgängen, zB einer Bauleitplanung, einer Straßenplanung. Die Auffassung, der Plan passe nicht in die vorhandene Formtypik und sei deshalb ein aliud, erscheint nicht akzeptabel, wenn sie im Ergebnis zu einem Ausschluss des Rechtsschutzes gegen Pläne führt. Unter Rechtsschutzgesichtspunkten muss deshalb jeder Plan soweit wie möglich einer der vorhandenen Formen zugeordnet werden. Teilweise ist dieses bereits gesetzlich geschehen, s. den schon erwähnten § 10 BauGB. Pläne, die ein Planfeststellungsverfahren abschließen – s. §§ 72 ff –, sind VAe.

Von den abstrakt-generellen Handlungsformen, der Rechtsverordnung und der Satzung, darf die Verwaltung Gebrauch machen, wenn ein Gesetz sie dazu ermächtigt. **308** Darauf wird im Folgenden nicht näher eingegangen; das Recht der Verordnunggebung ist Verfassungsrecht; die Bedingungen, unter denen Satzungen erlassen werden dürfen, sind weitgehend Kommunalrecht, zum Teil Recht der speziellen Körperschaften, zB der Handwerkskammer, und in den einschlägigen Gesetzen geregelt. Den Gegenstand des folgenden Teils bildet das Recht des VAs, des örVs und des Realakts – dieses sind die wichtigsten Handlungsformen des Verwaltungsrechts.

Es sei vermerkt, dass es keinen numerus clausus der öffentlich-rechtlichen Hand- **309** lungsformen gibt. Es ist erlaubt, sie entsprechend praktischen Bedürfnissen zu modifizieren oder neu zu entwickeln; Handlungsformen sind Zweckschöpfungen des Verwaltungsrechts. In der Praxis wird momentan die Handlungsform VA weiterentwickelt; die Rechtsprechung hat den „vorläufigen VA" sowie den „vorsorglichen VA" für die Lösung bestimmter Phänomene eingesetzt[1].

Lösung Fall 6 (Rn 302): Es gibt keinen numerus clausus der Handlungsformen. Neue **310** Handlungsformen sind zulässig, wenn das Gesetz nicht entgegensteht. Für die Handlungsformen gilt der Vorbehalt des Gesetzes nicht. Andere Normen, aus denen sich ein Verbot des vorläufigen VAs ergeben könnte, sind nicht ersichtlich. Der vorläufige VA ist deshalb zulässig. Vgl zum Ganzen Rn 441.

§ 7   Der Verwaltungsakt

Fall 7: B betreibt einen Bäckerladen in Berlin-Kreuzberg. Die große Nachfrage zwingt ihn **311** dazu, sonntags bis 18 Uhr Brot zu verkaufen. Ein Konkurrent weist das zuständige Gewerbeaufsichtsamt auf die Arbeitszeiten des B hin. Nach Überprüfung des Sachverhalts und schriftlicher Anhörung des B untersagt es mit Bescheid, außerhalb der durch das Berliner

---

1   Zur „Handlungsformenlehre" s. *Ladeur*, VerwArchiv 1995, 511 ff.

Ladenöffnungsgesetz erlaubten Zeiten seine Waren zu verkaufen. Zur Begründung verweist die Behörde auf § 3 Abs. 1 LadÖffG Bln. Welche Rechtsnatur hat diese Maßnahme? **Rn 391**

312 **Fall 8:** Mit dem Begriff „Slot" wird das Recht beschrieben, mit einem Flugzeug auf einem bestimmten Flughafen starten und landen zu dürfen. Nach deutschem Recht ist für die Vergabe der Slots zuständig der „Flugplankoordinator" mit Sitz in Frankfurt. Er ist eine private Einrichtung und hat die Erfüllung dieser Aufgabe vom Bundesminister für Verkehr übertragen bekommen. Die neue Fluggesellschaft „Jefferson Airplane" möchte jeden Morgen um 7 Uhr von Berlin-Tegel aus nach Fleetwood Mac fliegen. Tegel ist um diese Zeit bereits vollständig ausgelastet. Der Flugplankoordinator verweigert den Slot. Welche Rechtsnatur hat diese Verweigerung? **Rn 392**

I. Die Bedeutung des Verwaltungsakts

313 Der VA ist die klassische Handlungsform des deutschen Verwaltungsrechts und das zentrale Steuerungsinstrument der Verwaltung[1]. Er erfasst Einzelmaßnahmen der Verwaltung, die bestimmten gemeinsamen Rechtsregeln unterworfen werden. In ihrer einheitlichen rechtlichen Erfassung liegt eine erste Bedeutung des VA. Diese hervorzuheben ist angezeigt, weil – vom Tatsächlichen aus betrachtet – sehr unterschiedliche Erscheinungsformen von Verwaltungshandlungen denselben Rechtsregeln gehorchen. Diese Bedeutung zeigen

Beispiele für VAe: das Verkehrszeichen, die Baugenehmigung, die Gewerbeerlaubnis und die Gewerbeuntersagung, der Steuerbescheid, die Immatrikulation, die Verkündung des Ergebnisses der Juristischen Prüfungen, die Genehmigung einer Satzung durch die Aufsichtsbehörde, die Ernennung zum Beamten, die Erteilung eines Waffenscheins, die Entziehung des Rechts zur Führung des Dr. jur.

314 Den VA hat *Otto Mayer* „erfunden"; er übernahm die „Figur" aus dem französischen Recht unter Berücksichtigung von Vorarbeiten der deutschen Verwaltungsrechtslehre des 19. Jahrhunderts[2]. Der Grund für die „Erfindung" war, dem Bürger Rechtsschutz gegen Maßnahmen der Verwaltung zu eröffnen; die Prozessordnungen des 19. Jahrhunderts sahen lediglich für bestimmte Einzelmaßnahmen Rechtsschutz vor, deshalb mussten möglichst viele Maßnahmen als VA qualifiziert werden, um das Ziel Rechtsschutz zu erreichen. Seit dem Inkrafttreten der VwGO (1.4.1960) ist die mit der Qualifizierung einer behördlichen Handlung als VA verbundene Rechtsschutzfunktion jedoch zweitrangig, da § 40 Abs. 1 S. 1 VwGO den Verwaltungsrechtsweg unabhängig davon eröffnet, ob ein VA oder eine sonstige Amtshandlung vorliegt. Prozessuale Bedeutung hat der VA nur noch für die Bestimmung der statthaften Klageart und damit für die Klagefrist sowie die Notwendigkeit eines Vorverfahrens.

---

1 Zum VA umfassend *Bumke*, Verwaltungsakte, in: Hoffmann-Riem/Schmidt-Aßmann/Voßkuhle (Hrsg.), Grundlagen des Verwaltungsrechts, Bd. II, 2. Aufl. 2012, S. 1127 ff.
2 S. die Darstellung bei *Schmidt-De Caluwe*, Der Verwaltungsakt in der Lehre Otto Mayers, 1999, S. 19 ff; vgl auch *Engert*, Die historische Entwicklung des Rechtsinstituts Verwaltungsakt, 2002.

Demnach liegt die primäre Bedeutung des VA heute in dem einheitlichen Rechtsregi- 315
me, das für unterschiedlichste Verwaltungsentscheidungen gilt; eine sekundäre Bedeutung ist prozessrechtlicher Art.

Die große Relevanz des VAs legt die Annahme nahe, dass die einschlägigen Gesetze 316
den Begriff zumindest seit Ausgang des 19. Jahrhunderts verwenden. Dem ist jedoch
nicht so: Ältere Gesetze verwenden für die zu treffende Verwaltungsentscheidung
spezielle Ausdrücke, zB die Begriffe Verfügung, Erlaubnis, Dispens, Konzession,
s. zB § 47 GewO (die Gewerbeordnung war ursprünglich ein Gesetz des Norddeutschen Bundes von 1867). Diese Sachentscheidungen sind rechtlich freilich durchweg
VAe. Der Begriff VA fand sich erstmalig in den Verwaltungsgerichtsgesetzen, die
nach 1945 erlassen wurden. Die Militärratsverordnung Nr 165 von 1948 (sie regelte
die Verwaltungsgerichtsbarkeit in der ehemals Britischen Zone) enthielt in § 25
Abs. 1 die erste Legaldefinition des Begriffs. Die heute gültige Definition findet sich
in § 35 VwVfG. Sie knüpft an jene an und nimmt die zwischenzeitlich erfolgten wissenschaftlichen Bemühungen um den Begriff in sich auf.

II. Die Funktion des Verwaltungsakts

Gesetze sind in aller Regel abstrakt-generell formuliert. Sie benötigen eine Umset- 317
zung auf einen konkreten Fall und auf eine individuelle Person. Genau diese Umsetzung zu leisten ist Aufgabe des VAs: Er ist das typische Mittel zur Konkretisierung
und Individualisierung des abstrakt-generellen Gesetzes. Mit Hilfe des VAs kann der
Staat in einer für den betroffenen Bürger verbindlichen Weise Rechtsfolgen bestimmen.

Beispiel: Nach § 17 Abs. 1 S. 1 KrWG hat der Abfallbesitzer Abfälle dem Entsorgungspflich-
tigen zu überlassen (abstrakt-generelle Regelung). Herr Schulte-Röttelkamp sammelt Schnaps-
flaschen. Die Stadt Bielefeld ist entsorgungspflichtige Körperschaft. Nach § 17 Abs. 1 S. 1
KrWG iVm der örtlichen Abfallsatzung kann sie den Flaschensammler auffordern, ihr die Flaschen, die – was hier angenommen werden soll – Abfall sind, in der Weise zu überlassen, dass
die Flaschen in das Abfallgefäß gefüllt werden und dieses zum Abholen bereitgestellt wird
(konkret-individuelle Regelung, also VA).

Darüber hinaus schafft sich der Staat durch den VA einen Vollstreckungstitel, um die 318
gesetzlichen Pflichten der Bürger zwangsweise durchzusetzen. Der VA ist der von
der Verwaltung selbst geschaffene Titel für die Verwaltungsvollstreckung.

Beispiel: Die Pflicht zur Zahlung von Gebühren für die Abfallbeseitigung ergibt sich aus einer
gemeindlichen Satzung. Die Verwaltung setzt entsprechend den Regeln der Satzung die von
den Bürgern zu zahlende Höhe der Gebühr in einem Gebührenbescheid fest; dieser ist VA.
Wenn der Bürger nicht zahlt, vollstreckt die Verwaltung den Bescheid. Letzteres ist bei Einhaltung bestimmter Voraussetzungen möglich.

Die Funktion des VAs besteht mithin darin, gesetzliche Regelungen im Einzelfall mit 319
allen daraus folgenden Konsequenzen für den Bürger verbindlich zu machen.

Diese Aussage bedeutet nicht, dass alle Gesetze erst dann für den Bürger Wirkung 320
entfalten, wenn der Bürger mit Hilfe eines VAs ihren Regelungsgehalt „erfährt". Alle
Verbotsnormen, zB die in Strafgesetzen enthaltenen, gelten unmittelbar; der Bürger

darf nicht töten und nicht stehlen. Teilweise gibt es Ähnliches auch im öffentlichen Recht: Durch Verwaltungsrecht verbotenes Handeln ist dem Bürger solange nicht gestattet, bis er eine Erlaubnis in Händen hat, ein an sich verbotenes Handeln vorzunehmen.

Beispiel: Nach § 28 Abs. 1 S. 1 KrWG dürfen Abfälle nur in Abfallentsorgungsanlagen abgelagert werden. Diese Anlagen müssen nach § 35 Abs. 1–3 KrW-/AbfG zugelassen werden. Deshalb ist Abfallablagerung außerhalb einer zugelassenen Anlage verboten. – Abfallablagerung in einer Anlage ist erst nach der Erlaubnis der Anlage zulässig; vgl auch den Ordnungswidrigkeitentatbestand § 69 Abs. 1 Nr 1 KrWG.

Ein weiteres **Beispiel:** Die Pflicht zur Einhaltung der Regeln der StVO gilt unabhängig von ihrer Konkretisierung und Individualisierung durch die zuständige Behörde.

321 Die Pflicht des Bürgers, die Anordnungen der Verwaltungsgesetze einzuhalten – freiwillig, ohne dazu durch einen VA gezwungen zu sein – ergibt sich aus der materiellen Polizeipflicht[3].

322 Die Funktion des VAs, die gesetzliche Regelung für den Bürger mit allen daraus folgenden Konsequenzen verbindlich zu machen, tritt bereits dann ein, wenn der VA gegenüber dem Bürger rechtswirksam wird. Das ist im Zeitpunkt der Bekanntgabe der Fall, s. § 43 Abs. 1; den Zeitpunkt der Bekanntgabe bestimmt § 41. Die Rechtswirksamkeit des VAs ist unabhängig von der möglichen Rechtswidrigkeit, der VA darf nur nicht nichtig sein, s. § 43 Abs. 3. Die Rechtswirksamkeit gilt solange und soweit, bis der VA „aus der Welt" ist, s. § 43 Abs. 2. – Die vorherigen Aussagen sind extrem wichtig (und werden deshalb später vertieft), weil sie eine spezifische Lastenverteilung im Verhältnis Bürger-Verwaltung bedingen: Es ist Sache des Bürgers, ihn belastende VAe im dafür vorgesehenen Verfahren auf ihre Rechtmäßigkeit überprüfen zu lassen (Widerspruchsverfahren, Anfechtungsklage). Unterlässt der Bürger diese Überprüfung und nimmt er den VA hin, so hat er auch im Falle der Rechtswidrigkeit des VAs die Folgen zu tragen.

323 Diese Folgen treten endgültig ein, wenn der VA **bestandskräftig** wird. Bestandskraft tritt bei belastenden VAen 1. nach Ablauf eines Monats nach Bekanntgabe des VAs ein, s. §§ 70 Abs. 1 und 74 VwGO (auch der Widerspruchsbescheid ist ein VA), 2. bei Eintritt der Rechtskraft eines Urteils, das auf eine erfolglose Anfechtungsklage hin ergeht. Ein begünstigender VA ist mangels Beschwer nicht angreifbar und wird deshalb im Zeitpunkt der Bekanntgabe bestandskräftig. Während der VA in der Zeit, in der gegen ihn vorgegangen werden kann, vorläufig rechtswirksam ist, erstarkt der bestandskräftige VA zur endgültigen Rechtswirksamkeit.

324 Die zuvor beschriebenen Wirkungen, die das Gesetz dem VA zuordnet, haben den VA zu einem effektiven Verwaltungsinstrument werden lassen. Dieses Instrument ist in der modernen Massenverwaltung unentbehrlich, zB im Steuerrecht. Der VA dient aber auch dem Interesse des Bürgers, da dieser das von ihm Geforderte nach Erlass des VAs genau kennt; er kann auf dieser Grundlage seine persönlichen und geschäftlichen Dinge planen (Planungssicherheit durch VA). Diese Funktion bezeichnet man als **„Klarstellungs- und Stabilisierungsfunktion"**.

---

3 Zu ihr schon oben Rn 267.

Literatur: *Fehling*, JA 1997, 482 ff; *Schellenbach*, JA 1996, 981; *Kahl*, JURA 2001, 505 ff; *Röben*, VerwArchiv 2008, 46 ff; *Schoch*, JURA 2010, 670 ff; *Voßkuhle/Kaufhold*, JuS 2011, 34 ff.

III. Die Begriffsmerkmale des Verwaltungsakts

Den Begriff VA definiert § 35. Nach dieser Norm ist VA „jede Verfügung, Entscheidung oder andere hoheitliche Maßnahme, die eine Behörde zur Regelung eines Einzelfalls auf dem Gebiet des öffentlichen Rechts trifft und die auf unmittelbare Rechtswirkung nach außen gerichtet ist. Allgemeinverfügung ist ein Verwaltungsakt, der sich an einen nach allgemeinen Merkmalen bestimmten oder bestimmbaren Personenkreis richtet oder die öffentlich-rechtliche Eigenschaft einer Sache oder ihre Benutzung durch die Allgemeinheit betrifft."[4]   **325**

Ersichtlich unterscheidet diese Begriffsbestimmung zwei Arten von VAen. Satz 1 befasst sich mit dem „Normalfall", Satz 2 behandelt einen „Spezialfall" des VAs: die Allgemeinverfügung. Beiden Fällen ist getrennt nachzugehen.   **326**

1. Der Normalfall des Verwaltungsakts, § 35 S. 1 VwVfG

Die Begriffsbestimmung des § 35 S. 1 enthält insgesamt sechs Elemente. Erst bei Vorliegen bzw Erfülltsein dieser sechs Elemente ist ein Handeln als VA zu qualifizieren. Diese sechs Elemente sind: „Behörde", „Verfügung, Entscheidung oder andere hoheitliche Maßnahme", „auf dem Gebiete des öffentlichen Rechts", „Regelung", „Einzelfall" und „unmittelbare Rechtswirkung nach außen".   **327**

Wie jedes Element einer Definition haben diese sechs Elemente folgende Funktion: Sie schließen aus dem großen Angebot von tatsächlich existenten Dingen, für die die Frage gestellt wird, ob sie die Merkmale eines Definitionselements erfüllen, diejenigen aus, die die Merkmale nicht erfüllen; sie ordnen diejenigen Dinge, die die Merkmale erfüllen, dem Definitionselement zu. Eine Definition hat also für die zu beobachtenden Dinge eine einschließende oder ausschließende Wirkung. Da die Definition des VAs sechs Elemente enthält, ist für jedes reale Phänomen, dessen VA-Qualität zu bestimmen ist, eine sechsfache Prüfung notwendig. Auf jeder Stufe kann die Eigenschaft VA-Qualität zu verneinen sein.   **328**

Die sechs Elemente der Begriffsbestimmung des VAs sind ihrerseits nicht eindeutig, sondern müssen selbst inhaltlich festgelegt werden. Dieses darf nicht überraschen, im Gegenteil: Dass über den Inhalt einzelner Elemente eines Tatbestands Kontroversen bestehen, macht einen wesentlichen Teil der Jurisprudenz aus – über den Inhalt von Tatbestandselementen streitet man auf allen Gebieten des Rechts.   **329**

Die Darstellung der einzelnen Elemente des § 35 S. 1 folgt folgendem Schema: Funktion, Definition, Probleme der Definition, von der Definition erfasste Sachverhalte, durch die Definition ausgeschlossene Sachverhalte.

---

4 Zu dieser Legaldefinition finden sich kritische Thesen von *Emmerich-Fritsche* in NVwZ 2006, 762 ff.

a) Behörde

330 Dieses Begriffsmerkmal hat die Funktion, den **Erzeuger** einer „hoheitlichen Maßnahme" festzulegen, die als VA zu qualifizieren sein kann. Nur eine **behördliche** Maßnahme kann ein VA sein.

331 Den Begriff der „Behörde" legt § 1 Abs. 4 fest. „Behörde (iSd VwVfG) ist jede Stelle, die Aufgaben der öffentlichen Verwaltung wahrnimmt." Der Begriff ist weit gefasst. Er umschließt zunächst alle in die staatliche Verwaltungsorganisation eingebundenen Stellen. Die Verwaltungsorganisation gelangte unter Rn 42 ff zur Darstellung. Problematisch ist, ob als Behörden nur Stellen angesehen werden können, die „nach außen", also in den Rechtsbereich von Privatpersonen wirken. Diese Auffassung lässt sich in Gerichtsentscheidungen finden. Behörde sei jede Stelle, die durch Organisationsrecht gebildet, vom Wechsel des Amtsinhabers unabhängig und nach der einschlägigen Zuständigkeitsregelung berufen sei, unter eigenem Namen **nach außen** eigenständige Aufgaben der öffentlichen Verwaltung wahrzunehmen[5]. Indes ist dieses „nach außen" kein Element des Behördenbegriffs des VwVfG. Dieses Element verengt den Behördenbegriff des VwVfG, das sich auf jede öffentlich-rechtliche Verwaltungtätigkeit bezieht und dem deshalb diese Begrenzung fremd ist. „Nach außen" fehlt deshalb folgerichtig im Text des § 1 Abs. 4. Behörde iSd Definition ist deshalb auch eine Stelle, die bei einem Verwaltungshandeln einer anderen Behörde lediglich intern mitwirkt. Beispielhaft sei auf § 36 Abs. 1 BauGB verwiesen: Die Gemeinde, die ihr Einvernehmen bei der Erteilung einer Baugenehmigung durch die Baugenehmigungsbehörde aussprechen muss, handelt als Behörde, obwohl das Erteilen des Einvernehmens verwaltungsintern bleibt. – Hinzu kommt ferner jede organisatorisch verselbstständigte staatliche Instanz, wenn und soweit sie Verwaltungsaufgaben wahrnimmt. Eine solche Stelle ist zB der Präsident des Deutschen Bundestags, also die „Spitze" eines Legislativorgans, in seiner Eigenschaft als Chef der Verwaltung des Deutschen Bundestags.

332 Behörden sind demnach alle Bundes-, Landes- oder Kommunalbehörden, auch Organe der Körperschaften, Stiftungen und Anstalten des öffentlichen Rechts. Auf die Führung des Begriffs Behörde kommt es nicht an. Ferner ist mit der Führung des Begriffs nicht automatisch verbunden, dass es sich um eine Behörde iSd VwVfG handelt,

Beispiel: Militärische Kommandobehörden sind keine Behörden iSd VwVfG. Die Bundesagentur für Arbeit ist eine Behörde, nämlich eine Körperschaft des öffentlichen Rechts.

333 Behörde iSd § 1 Abs. 4 ist auch der Beliehene. Er ist der Verwaltung angegliedert, nicht eingegliedert. Er hat die Pflicht, persönlich die Amtspflichten anhand der einschlägigen Gesetze auszuführen[6]. Die „Figur" des Beliehenen ist verfassungsrechtlich anerkannt[7].

334 Behörde im hier relevanten Sinne sind auch Verfassungsorgane, soweit sie Verwaltungsaufgaben erfüllen. Der Bundespräsident als Leiter der Behörde Bundespräsidial-

---

5 OVG NW, NVwZ 1986, 761; BVerwGE 9, 172, 178.
6 VGHBW, NVwZ 1987, 431 f.
7 BVerfG, NJW 1987, 2501.

amt, der schon erwähnte Präsident des Deutschen Bundestags, wenn er im zuvor dargestellten Umfang verwaltend tätig wird, handeln als Behörde, ebenso die Bundesminister in ihrer Eigenschaft als Leiter der Behörde Ministerium. Behörden sind ferner die Chefs der Kammern der sog. verkammerten freien Berufe, zB Rechtsanwälte, Notare, Ärzte, Architekten; selten juristische Personen des Privatrechts[8].

Keine Behörde sind Verfassungsorgane, soweit sie nicht Verwaltungsaufgaben wahrnehmen; Maßnahmen der Gesetzgebung, der Regierung oder der Rechtsprechung sind deshalb niemals VA. Privatleute sind niemals Behörde, es sei denn, sie sind Beliehene. Behörde sind auch nicht Stellen der öffentlichen Verwaltung, die unselbstständig sind und nach außen nicht in Erscheinung treten, zB Referate in Ministerien, Dezernate in nachgeordneten Behörden, Dienststellen, Projektgruppen oder Arbeitsgemeinschaften. **335**

b) Hoheitliche Maßnahme

Das Gesetz spricht von „Verfügung, Entscheidung oder andere hoheitliche Maßnahme". „Verfügung" und „Entscheidung" sind Beispiele für eine hoheitliche Maßnahme – dieses Tatbestandsmerkmal ist das allgemeine und umfasst jene speziellen Tatbestandselemente. Das allgemeine Tatbestandsmerkmal ist zu bestimmen. Dieses Bestimmen bereitet Schwierigkeiten, weil der Begriff „Maßnahme" wenig prägnant ist. **336**

Die Funktion des Tatbestandsmerkmals „hoheitliche Maßnahme" besteht darin, aus der Vielzahl von Handlungsarten diejenigen zu erfassen, die als VA in Betracht kommen sollen. Es geht um die Festlegung der **Handlungsart**. Nur eine **hoheitliche Maßnahme** kann ein VA sein. **337**

„Hoheitliche Maßnahme" ist eine verwaltungsrechtliche Willenserklärung[9]. Die „verwaltungsrechtliche Willenserklärung" hat im Zusammenhang der Definition des VA eine bestimmte Aufgabe – sie ist nicht funktionslos. Freilich finden sich in der Literatur gegenteilige Äußerungen. Diese beziehen sich sowohl auf „hoheitlich" als auch auf „Maßnahme". **338**

Es wird gesagt, „hoheitlich" sei überflüssig wegen der in der Legaldefinition enthaltenen Aussage „auf dem Gebiete des öffentlichen Rechts"; es handele sich um einen Pleonasmus[10]. Häufig wird „hoheitlich" ohne weiteres mit „öffentliches Recht" gleichgesetzt[11]. Dem ist nicht zu folgen, weil dieses Verständnis die Legaldefinition verkürzt. Das Verständnis wäre ferner nur dann korrekt, wenn dem Attribut „hoheitlich" keine eigenständige Funktion in der Definition zukommen könnte. Es besitzt aber eine eigenständige Funktion: Der Zusatz „hoheitlich" betont das Merkmal der Einseitigkeit der Maßnahme durch die Behörde im Gegensatz zur vertraglichen Regelung[12]. „Hoheitlich" erlaubt ein einseitiges Gebrauchmachen von der Befugnis zur Ausübung öffentlicher Gewalt. „Hoheitlich" betont mithin die Unabhängigkeit behördlichen Handelns vom Einverständnis des Betroffenen. – Es wird behauptet, **339**

---

8 VG Frankfurt/M., NVwZ 1995, 410.
9 Vgl zur Verwaltungserklärung *Ernst*, Die Verwaltungserklärung, 2008.
10 *Meyer/Borgs*, § 35 Rn 26.
11 *Maurer*, § 9 Rn 11.
12 BVerwG, NJW 1983, 776.

„Maßnahme" habe gegenüber dem Tatbestandsmerkmal „Regelung" keinen eigen-ständigen Begriffsinhalt[13]. Auch dieser Ansicht ist aus den eben genannten Gründen nicht zu folgen. „Maßnahme" stellt auf das „Tun" als solches ab, Regelung auf das Getane (dazu später; wie hier *Wolff/Bachof*[14]). Damit besitzt der Begriff im Rahmen der Definition eine eigenständige Funktion.

340 Maßnahme als „Tun" setzt sich aus zwei Komponenten zusammen: aus der Willens-bildung (Entscheidungsfindung) und der Willensäußerung (Entscheidungsäußerung).

341 „Hoheitliche Maßnahme" ist nach alldem als eine vom Willen eines potenziell Be-troffenen unabhängige, **einseitige Willensäußerung** zu verstehen, der eine **Willens-bildung** vorangegangen sein muss.

342 Entsprechend der für das gesamte Recht geltenden Lehre von den Willenserklärungen liegt eine hoheitliche Maßnahme (unter Einschluss des Tatbestandsmerkmals „Behör-de") vor, wenn eine Behörde einen final auf eine Rechtsfolge gerichteten Willen äu-ßert; die Rechtsfolge der Willensäußerung muss die Rechtsordnung der Willensäuße-rung zuerkennen.

Beispiel: Die in einem behördlichen Bescheid enthaltene Äußerung: „Der Bau des im Antrag vom 1.7.2014 beschriebenen Vorhabens wird erlaubt" bringt zum Ausdruck, dass die Behörde dem Antragsteller das Recht „verleiht", ein bestimmtes Bauvorhaben zu verwirklichen; das Recht, eine Baugenehmigung zu erteilen, räumen die Landesbauordnungen den Bauaufsichts-behörden ein.

343 Alle behördlichen Willenserklärungen dieser Qualität sind hoheitliche Maßnahmen. Dazu zählen insbesondere auch Willenserklärungen durch „Maschinen", zB der durch einen Computer erstellte Steuer- oder Gebührenbescheid. Entscheidend ist, dass die Existenz dieser Bescheide auf behördlichem Willen beruht[15].

344 Keine behördlichen Maßnahmen (iSd dargelegten Verständnisses) sind zunächst Tat-handlungen, zB der durch Mitarbeiter einer Behörde vorgenommene Abriss eines Ge-bäudes. Es handelt sich in diesen Fällen in aller Regel um die praktische Umsetzung (Vollzug) einer behördlichen Willensäußerung (im Beispielsfall Abrissverfügung).

345 An der Komponente „Willensbildung" fehlt es bei Unterlassungen. Eine „behördliche Maßnahme" setzt immer positives Tun voraus. Das schlichte „Nichtstun" einer Be-hörde ist deshalb niemals ein VA.

346 An der Komponente „Willensäußerung" fehlt es, wenn zwar eine Willensbildung stattgefunden hat, dieser Wille aber nicht „nach außen" dringt. Ein Schweigen stellt deshalb grundsätzlich keine Willenserklärung dar. Ausnahmen sind denkbar bei be-sonderer gesetzlicher Ausgestaltung der Rechtsfolgen, zB formlose Annahme der Lohnsummensteuererklärung[16]. – Vom behördlichen Schweigen zu unterscheiden sind **konkludente Willensäußerungen**. In diesen Fällen geschieht die Willensäuße-rung durch ein die mündliche oder schriftliche Aussage ersetzendes Verhalten. Aus dem Verhalten ist der Inhalt der Willensäußerung zu erschließen.

---

13 *Krause*, Rechtsformen des Verwaltungshandelns, 1974, S. 122.
14 I, § 46 V a.
15 BGH, NJW 1987, 1945.
16 BVerwGE 19, 68.

Beispiel: Das in einer Handbewegung eines Polizisten zum Ausdruck gelangende Gebot, einen Parkplatz zu verlassen oder an einer Unfallstelle zügig vorbeizufahren.

Konkludente Willensäußerungen anzunehmen ist ausgeschlossen, wenn für die Äuße- **347**
rung gesetzlich eine bestimmte Form (Schriftform, notarielle Beurkundung) vorgeschrieben ist.

Liegt behördliches Schweigen vor, so sind an dieses Schweigen grundsätzlich **348**
Rechtsfolgen nicht zu knüpfen[17]. Insbesondere liegt im Schweigen kein **Verzicht** der
Behörde auf Vornahme einer Amtshandlung. Voraussetzung für einen wirksamen
Verzicht ist, dass die Behörde überhaupt die Durchsetzung eines Rechts unterlassen
darf, ferner, dass der Verzicht ausdrücklich oder zumindest konkludent erfolgt. Auch
liegt im Schweigen der Behörde keine **Duldung** von Handlungen, die Bürger oder an-
dere Behörden vornehmen. Von einer Duldung im Rechtssinne spricht man, wenn
1. ein bestimmtes Verhalten von einer spezialgesetzlichen Regelung erfasst ist, 2. der
Gesetzgeber die Verwaltung mit der Kontrolle dieses Verhaltens betraut hat[18], 3. der
Verwaltung Eingriffsbefugnisse zur Verfügung stehen und sie 4. von diesen trotz der
Möglichkeit tatsächlichen Eingreifens sowie der Kenntnis des rechtswidrigen Verhaltens während einer gewissen Dauer keinen Gebrauch gemacht hat. – Die rechtliche
Behandlung der Duldung erfolgt in Rechtsprechung und Literatur unterschiedlich.
Die überkommene – „traditionelle" – Auffassung ist deutlich zurückhaltend. Sie geht
davon aus, dass aus der Duldung rechtlich nichts folge[19]. Eine jüngere Lehre[20] versucht hingegen, die Duldung als eigenständige Handlungsform der Verwaltung zu
entwickeln. Unter bestimmten Voraussetzungen ändere sich als Folge eines Nichts-
tuns der Verwaltung die Rechtslage zugunsten des Privaten und damit zulasten der
Behörde. Es solle insbesondere danach zu differenzieren sein, ob es sich um eine akti-
ve Duldung oder aber um ein bloßes Untätigsein der Behörde handele.

Hält man die Duldung als eine eigenständige Form von Verwaltungshandeln für mög- **349**
lich, so müsste sie als Duldungsverwaltungsakt qualifiziert werden. Diese Qualifikation kommt in Betracht, wenn sich das Verhalten der Behörde nicht in einem reinen
Stillhalten erschöpft. Es geht also um solche Fälle, in denen sich die Behörde durch
erkennbares Verhalten dem Betroffenen gegenüber der Sache annimmt und zumindest konkludent zu erkennen gibt, dass sie von ihrer Möglichkeit, einzuschreiten,
Kenntnis hat, davon aber keinen Gebrauch machen will. Dieser Sachverhalt wird erfasst von § 38; diese Norm regelt die Zusicherung abschließend. Neben der Zusicherung besteht für einen Duldungsverwaltungsakt kein Raum mehr. Liegen die Voraussetzungen des § 38 vor, dann treten die in dieser Norm geregelten Rechtsfolgen ein.
Eine den Formerfordernissen des § 38 nicht entsprechende Zusicherung entfaltet deshalb keine Rechtswirkungen. Dieser Wertung des Gesetzgebers darf entnommen werden, dass im Umfeld der Zusicherung eine außerhalb des Gesetzes stattfindende Fort-
bildung der Handlungsformen keine Anerkennung finden soll.

Ausnahmen gelten bei sog. fiktiven Verwaltungsakten. Bei ihnen wird trotz fehlender **350**
aktiver Handlung der Behörde ein VA fingiert (s. Rn 491 ff).

---

17 S. allgemein *v. Münch*, NJW 2002, 1995 ff.
18 *Hermes/Wieland*, Die staatliche Duldung rechtswidrigen Verhaltens, 1988, S. 4.
19 Ausführliche Nachweise bei *Hermes/Wieland*, ebenda, S. 9 ff.
20 *Randelzhofer/Wilke*, Die Duldung als Form flexiblen Verwaltungshandelns, 1981, S. 58 ff.

351 An der Komponente „Willensäußerung" fehlt es bei bestimmten sog. „schlicht-hoheitlichen" Maßnahmen; bei diesen Maßnahmen fehlt es am „finalen Element": der Erzielung einer Rechtsfolge. Aufmerksam zu machen ist bei dieser Konstellation auf Abgrenzungsschwierigkeiten, die daraus entstehen können, dass im Einzelfall die „schlicht-hoheitliche Maßnahme" konkludent eine iSd VAs genügende Willensäußerung enthält.

352 Am finalen Element fehlt es bei **geschäftsähnlichen Handlungen**. Diese kennzeichnet, dass sie auf einen tatsächlichen Erfolg gerichtet sind, ihre Rechtsfolgen aber kraft Gesetzes eintreten. Das typische **Beispiel** ist die Rechnung; die Erteilung einer Rechnung ist auch im öffentlichen Recht möglich, zB im Rahmen eines örVs. Die Erteilung einer Rechnung zielt ab auf einen tatsächlichen Erfolg: ihre Begleichung. Erfolgt die Begleichung nicht, gerät der Schuldner in Verzug; diese Rechtsfolge ergibt sich aus § 286 BGB – diese Norm gilt als allgemeiner Rechtsgrundsatz auch im öffentlichen Recht. – Die **Aufrechnung** wird fälschlicherweise in diesem Zusammenhang erwähnt[21]. Ihr fehlt es nicht am finalen Element, weil sie einen Anspruch zum Erlöschen bringen möchte. Sie ist deshalb zwar eine rechtserhebliche Willenserklärung, gleichwohl aber kein VA, weil die Willenserklärung keinen anordnenden Charakter hat und es deshalb an der Regelung fehlt. – Das finale Element fehlt hingegen bei Willenserklärungen, zB Auskünften – Mitteilung des Amtes für Ausbildungsförderung an die Unterhaltsverpflichteten, dem Unterhaltsberechtigten werde Ausbildungsförderung gewährt[22]; der Auskunft fehlt der behördliche Wille zur Selbstverpflichtung. Das angesprochene Element fehlt ebenfalls bei Hinweisen auf die Rechtslage wie zB der Pflicht, eine Genehmigung einzuholen; auch ein Hinweis auf eine künftige gerichtliche Beurteilung ist durch das Fehlen des finalen Elements gekennzeichnet[23]. Dem finalen Element ermangeln ferner Meinungsäußerungen und Wertungen, sofern sie dem öffentlichen Recht unterliegen. Das Gleiche gilt für behördliche Warnungen[24]. Das BVerwG[25] beurteilt sie als schlichtes Verwaltungshandeln.

Als **Beispiel** für eine Konstellation, die die erwähnte Abgrenzungsschwierigkeit in sich birgt, sei erwähnt: die Glückwunschadresse des Bürgermeisters. Sie ist nach hM kein VA, nach *Brohm* hingegen doch ein VA[26]. Problematisch ist auch die Qualifizierung zB der Foto- oder Videoüberwachung[27] oder der Wegnahme einer Kamera oder eines Films[28]. Man nimmt an, in diesen Fällen liege in dem Einsatz zugleich die Verpflichtungserklärung zu der erzwungenen Handlung, Duldung oder Unterlassung[29]. Soweit die „Unterstellung" bzw „Fingierung" eines VAs aus Rechtsschutzgründen erfolgt, ist die Konstruktion überflüssig: Rechtsschutz gibt es im öffentlichen Recht seit der Existenz des § 40 Abs. 1 S. 1 VwGO unabhängig vom Vorhandensein eines VAs.

---

21 Vgl *S/B/S*, § 35 Rn 46.
22 BVerwG, DÖV 1976, 490.
23 OVG Bln, DVBl 1983, 680.
24 *Ibler*, FS Maurer, 2001, S. 145 ff; *Käß*, WiVerw 2002, 197 ff.
25 NJW 1989, 2273 – Warnung vor sog. neuen Jugendreligionen, Jugendsekten oder Psychosekten.
26 VVDStRL 30, 288.
27 VG Bremen, NVwZ 1989, 895.
28 VG Köln, NJW 1988, 367.
29 So zB *Schwabe*, NJW 1983, 369 f.

c) Auf dem Gebiete des öffentlichen Rechts

Dieses Begriffsmerkmal hat die Funktion, das **Rechtsgebiet** festzulegen, welches Maßnahmen erlaubt, die als VAe zu qualifizieren sein könnten. Nur Maßnahmen auf dem Gebiete des öffentlichen Rechts können VAe sein.   353

Den Begriff „öffentliches Recht" und insbesondere seine Abgrenzung zum bürgerlichen Recht behandelte das Buch unter § 3 I.2, Rn 116 ff. Zum öffentlichen Recht, wie es dort abgegrenzt wurde, zählen das Völkerrecht, das Europarecht, das Staatsrecht und das Verwaltungsrecht. Es könnte deshalb geschlossen werden, alle Rechtsakte, die dieses Recht konkret-individuell „umsetzen" (s. Rn 317 ff), seien VAe. Dieser Schluss wäre unrichtig. Er wäre deshalb falsch, weil der Gesetzgeber das von ihm Gewollte verbal nicht sauber formuliert hat. Das Tatbestandselement „auf dem Gebiete des öffentlichen Rechts" ist doppelt missverständlich.   354

Zunächst ist mit der Wendung ausschließlich das Verwaltungsrecht gemeint – also ein Teilgebiet des öffentlichen Rechts. Ferner ist entscheidend, dass die hoheitliche Maßnahme auf Grund oder kraft Verwaltungsrechts (einschließlich des Europarechts, soweit dieses nicht verfassungsrechtlicher Art ist) ergeht, sie im Verwaltungsrecht ihre Rechtsgrundlage hat – nicht entscheidend ist, auf welchem Rechtsgebiet die Maßnahme ihre Wirkung entfaltet.   355

Ausschließlich Maßnahmen, die das Verwaltungsrecht „umsetzen", können deshalb als VAe zu qualifizieren sein. Verwaltungsrecht ist das gesamte öffentliche Recht mit Ausnahme des Völker-, Europa- (mit Ausnahme, s. zuvor) und Staatsrechts im formellen Sinne. Erlaubnisse, Ge- und Verbote, die auf der Grundlage des zuvor in seinem Umfang bestimmten öffentlichen Rechts ergehen, sind mithin potenziell VAe.   356

Beispiele: Die Baugenehmigung, sie ergeht auf der Grundlage der jeweils einschlägigen Landesbauordnung iVm dem Bauplanungsrecht; die Abrissverfügung, sie ergeht auf derselben Grundlage; das Versammlungsverbot, es ergeht auf der Basis des Versammlungsgesetzes.

Das Rechtsgebiet, auf dem die Maßnahme ihre Wirkung entfaltet, ist bedeutungslos. Der insoweit bedeutungsvolle „rechtliche Ort" kann deshalb sowohl das Zivilrecht als auch das öffentliche Recht sein.   357

Beispiele: Die Ausübung des gemeindlichen Vorkaufsrechts nach §§ 24 ff BauGB, s. insbesondere § 28 Abs. 1 S. 2 BauGB, ist wirksam auf dem Gebiete des Privatrechts[30]; die Aberkennung des Rechts, den Doktortitel zu führen[31], ist wirksam auf dem Gebiete des Verwaltungsrechts, s. zB § 2 Abs. 1 Personalausweisgesetz (Sa. I Nr 255) – der Doktorgrad ist zu streichen, und des Strafrechts, s. § 132a Abs. 1 Nr 1 StGB, unberechtigtes Führen akademischer Grade.

Das Erfordernis „auf dem Gebiete des Verwaltungsrechts" schließt Maßnahmen der Regierung auf dem Gebiete des Verfassungs- und Völkerrechts – sog. Regierungsakte – aus dem VA-Begriff aus. Weder eine Regierungserklärung vor dem Bundestag noch ein Staatsbesuch, weder die Ernennung des Kanzlers oder eines Ministers noch die Auflösung des Bundestags sind VAe. Hingegen ist die Versetzung eines sog. „politischen Beamten" in den einstweiligen Ruhestand durch den Bundespräsidenten,   358

---

30   Zum privatrechtsgestaltenden VA s. *Tschentscher*, DVBl 2003, 1424 ff.
31   BVerwGE 147, 292 ff.

§ 54 BBG, ein VA, obwohl das Grundgesetz dem Bundespräsidenten diese Aufgabe übertragen hat, s. Art. 60 Abs. 1 GG.

359 Höchstrichterlich ungeklärt ist noch immer die Frage, ob die Ausübung des dem Bundespräsidenten durch Art. 60 Abs. 2 GG übertragenen Gnadenrechts ein VA sei; diese Antwort ist bedeutsam für die Existenz von gerichtlichem Rechtsschutz bei der Gnadenverweigerung und der sachlichen Überprüfung der Entscheidung. Heute wird weitestgehend die Klagemöglichkeit bejaht[32], die Sachprüfung hingegen abgelehnt: Gnade vor Recht[33]; damit soll es an einer Maßnahme auf dem Gebiete des öffentlichen Rechts fehlen. Dieser Auffassung ist nicht mehr zu folgen: Insbesondere systematische und teleologische Erwägungen zu Art. 60 Abs. 2 GG führen zu dem Ergebnis, dass das Begnadigungsrecht als konkrete Ausgestaltung des Grundsatzes der Gewaltenteilung anzusehen ist. Es handelt sich bei ihm nicht um eine Modifizierung der Gewaltenteilung. Gnadenakte sind nicht rechtsfrei. Gegen sie besteht Rechtsschutz. Kontrollmaßstab ist das Willkürverbot. Auf eine willkürfreie Entscheidung hat jeder Adressat eines Hoheitsaktes einen Anspruch[34].

d) Regelung

360 Dieses Begriffsmerkmal hat die Funktion, das **Ziel** einer „hoheitlichen Maßnahme" zu bestimmen, die als VA zu qualifizieren sein kann. Nur eine etwas regelnde Maßnahme kann ein VA sein.

361 Eine Regelung ist eine Willenserklärung (s. insoweit das zum Tatbestandsmerkmal „Maßnahme" Gesagte), die einseitig, rechtsverbindlich und Rechtsfolgen festlegend einen Lebenssachverhalt ordnet.

362 Für den Begriff „Regelung" ist nicht wesentlich, dass sie einseitig erfolgt: Auch zweiseitig, zB durch Angebot und Annahme im Zusammenhang eines Vertragsabschlusses, entstehen Regelungen. Solche zweiseitigen, durch Aushandeln entstandene Regelungen unterfallen dem hier relevanten Kriterium nicht; das schon behandelte Tatbestandsmerkmal „Maßnahme" schließt für den VA-Begriff zweiseitige Regelungen aus. Ausschließlich durch die Behörde allein getroffene Regelungen können VA-Qualität besitzen. – „Rechtsverbindlich" bedeutet rechtswirksam, also das Gegenteil von „beliebig". – Die Rechtsfolge, die wirksam festgelegt wird, besteht in der Begründung, Änderung, Beeinträchtigung, Aufhebung, Verneinung oder Feststellung[35] von Rechten und/oder Pflichten[36].

363 In Abgrenzung zur Maßnahme, die auf das „Tun" als Vorgang abstellt (s. Rn 340), erfasst das Tatbestandsmerkmal „Regelung" das „Getane", also das Produkt des „Tuns". Das Produkt muss immer, damit es regelnden Charakter aufweist, die Aussage enthalten, **dass** und **welche Rechtswirkungen** eingetreten sind[37]. Recht idS ist je-

---

32 BVerfGE 25, 252 und 45, 293; BVerwG, DVBl 1982, 1147; BayVGHE 23, 6; HessStGH, DÖV 1974, 128.
33 BVerfG, ebenda.
34 S. zum Ganzen *Peine*, StVj 1991, 299 ff; *Schütte*, JA 1999, 868 ff.
35 S. BVerwGE 143, 161.
36 BVerwGE 77, 268; BVerwG, NVwZ 1988, 941.
37 BVerwG, NJW 1985, 1302.

des von der Rechtsordnung als schutzwürdig anerkannte Individualinteresse[38]. Ohne Bedeutung ist, ob dieses Recht bzw die Rechtslage konstitutiv oder deklaratorisch definiert wird.

Beispiele: Wenn der Behörde für den Erlass belastender Maßnahmen Ermessen eingeräumt ist, hat der Erlass einer solchen Verfügung für den Adressaten konstitutiven (begründenden) Charakter, so die Einbürgerung eines Ausländers nach § 8 Abs. 1 StAG (Sa. I Nr 15). Deklaratorischen, also die Rechtslage lediglich feststellenden Charakter haben Polizeiverfügungen als Folge der materiellen Polizeipflicht des Bürgers, soweit sie die Pflicht zur Wiederherstellung polizeimäßiger Zustände anordnen.

Der Teil eines VAs, der die Regelung enthält, heißt „verfügender Teil" des VAs. Er **364** wird in behördlichen Schreiben in aller Regel besonders hervorgehoben. Werden mehrere Verfügungen, die inhaltlich zusammengehören, erlassen, dann werden sie häufig durchnummeriert.

Beispiel: 1. Abrissverfügung; 2. Anordnung der sofortigen Vollziehbarkeit im öffentlichen Interesse, s. § 80 Abs. 2 Nr 4 VwGO; 3. Kostenregelung.

Behördlichen Maßnahmen, denen ein verfügender Teil, also eine Regelung fehlt, **365** sind niemals VAe[39]. Dies ist durchweg der Fall für behördliches Tun, welches bereits nicht als Maßnahme zu qualifizieren ist; an diesem Tatbestandsmerkmal scheitern Tathandlungen, Unterlassungen, Verschweigungen und schlicht-hoheitliche Maßnahmen, die des „finalen Elements" entbehren. Die fehlende Bekanntgabe eines behördlichen Tuns lässt regelmäßig die Regelung entfallen[40]. – Der dienstlichen Beurteilung eines Beamten durch den Dienstvorgesetzten fehlt die Regelungseigenschaft[41], ebenso die Feststellung einer Behörde über das Erlöschen einer Aufenthaltsgenehmigung[42].

Vorbereitungs- und Teilakte, die noch keine **abschließende** Regelung enthalten, sind **366** keine Regelung iSd VA-Begriffs. Solche nicht abschließenden Handlungen sind insbesondere Verfahrenshandlungen: an den Bürger gerichtete Anhörungsschreiben[43]; die Ladung zum Klausurtermin im Rahmen der Ersten juristischen Prüfung; die Ladung zur mündlichen Doktorprüfung. Bewertungen einer Klassenarbeit, einer Klausur im Rahmen der Übungen, die ein Student zu absolvieren hat, sind lediglich Teilregelungen; das gilt auch für die Bewertung von Teilleistungen in der Staatsprüfung[44]. Ist eine Einzelnote im Abitur für die Zulassung zum Studium rechtserheblich, so betrachtet die Rechtsprechung diese Einzelnote als anfechtbaren Teil eines VAs (der VA ist die Gesamtbewertung der Abschlussprüfung[45]).

---

38 BVerwGE 55, 285.
39 Zur Regelungswirkung von Petitionsbescheiden in der **Fallbearbeitung**: *Slupik/Spohler*, JuS 1992, 410 ff; *Wollenschläger/Schraul*, JA 1996, 477 ff.
40 Kritisch *Erfmeyer*, DÖV 1999, 719 ff.
41 BVerwGE 49, 351.
42 VG Darmstadt, HessVG Rspr 1998, 76 f.
43 OLG Köln, NVwZ 1993, 1020.
44 BVerwG, DVBl 1994, 1356.
45 BVerwG, DÖV 1983, 819; das Gericht lässt indes den VA-Charakter der Zeugnisnote an der fehlenden unmittelbaren Außenwirkung scheitern.

367 Von diesen Teilakten zu trennen sind die Teilgenehmigung und der Vorbescheid[46]. Es handelt sich bei diesen Genehmigungen um Teilregelungen im Rahmen „gestufter" Genehmigungsverfahren. Diese Teilregelungen sind abschließend. Es handelt sich deshalb bei ihnen um VAe. Diese Regelungstypen finden sich im Baurecht sowie im Recht der Genehmigung gefährlicher Anlagen.

368 Keine VAe sind ebenfalls rechtserhebliche Willenserklärungen einer Behörde, denen der anordnende Charakter fehlt. In diesem Sinne sind die Aufrechnungserklärung, die Fristsetzung, die Stundung einer Forderung im Rahmen verwaltungsrechtlicher Schuldverhältnisse und die Ausübung eines Zurückbehaltungsrechts keine Anordnungen[47].

e) Einzelfall

369 Dieses Begriffsmerkmal hat die Aufgabe, die **Zahl der Adressaten** einer „hoheitlichen Maßnahme" festzulegen, die als VA zu qualifizieren sein kann. Nur eine **Einzelfallregelung** kann ein VA sein.

370 Eine Einzelfallregelung liegt vor, wenn die Zahl der Adressaten der hoheitlichen Maßnahme bestimmt oder zumindest bestimmbar ist. Entscheidend ist, ob im Zeitpunkt des Erlasses der Maßnahme feststeht, welche Personen zu den Adressaten gehören[48]. Nicht entscheidend ist, dass sich die Maßnahme an eine einzelne Person richtet, lediglich der angesprochene Personenkreis muss individualisierbar sein. „Einzelfall" wird deshalb mit einem bestimmten Lebenssachverhalt identifiziert.

Beispiele: Das an einen „Schwarzbauer" gerichtete Gebot, sein ohne Baugenehmigung errichtetes Wohnhaus abzureißen, enthält unproblematisch die Regelung eines Einzelfalls. Das Gleiche gilt für eine an alle Teilnehmer einer Versammlung gerichtete Aufforderung, sich vom Versammlungsort zu entfernen, § 15 Abs. 3 VersammlG, unabhängig von der Zahl der Personen, die sich versammelt haben.

371 Das Kriterium „Einzelfall" dient der Abgrenzung des VAs vom Rechtssatz. Wie hervorgehoben (s. Rn 317 ff), enthalten Rechtssätze abstrakt-generell formulierte Regelungen, VAe hingegen konkret-individuelle Regelungen. Mit Hilfe des Tatbestandsmerkmals „Einzelfall" wird eine Trennlinie zwischen generell und individuell gezogen. Die Trennlinie verläuft nicht zwischen vielen und wenigen Personen, sondern zwischen einem unbestimmten und einem bestimmbaren Adressatenkreis. Steht der Adressatenkreis einer Regelung objektiv nicht fest, ist er folglich offen, so handelt es sich um eine generelle Regelung – steht er fest, ist er folglich geschlossen, dann ist die Regelung individuell.

372 In Rechtsprechung und Literatur werden zwei Fälle unter dem Aspekt ihrer rechtlichen Einordnung problematisiert, die sich dem Schema abstrakt-generell/konkret-individuell entziehen. Es handelt sich um Regelungen, die zum einen **konkret-generellen**, zum anderen **abstrakt-individuellen** Charakter besitzen.

---

46 BVerwG, DVBl 2003, 543 f.
47 S. zur Aufrechnungserklärung BVerwG, NJW 1983, 2044; BVerwGE 66, 218; BVerwG, DVBl 1986, 146; *Ehlers*, JuS 1990, 777 ff. – Zum VA in § 113 Abs. 1 VwGO s. *Preusche*, JuS 1997, 693.
48 *Laubinger*, FS Rudolf, 2001, 322.

Ein **Beispiel** für eine konkret-generelle Regelung bildet das polizeiliche Verbot, an einer geplanten Demonstration an einem bestimmten Ort teilzunehmen. Konkret ist diese Regelung, weil sie einen bestimmten Lebenssachverhalt erfasst, generell ist sie deshalb, weil die Demonstranten von vornherein nicht festzustellen sind.

Wenn man eine konkret-generelle Regelung als Rechtssatz charakterisiert, scheidet **373** im Beispielsfall die Rechtmäßigkeit des Rechtssatzes aus, weil die Polizei als Behörde keine Zuständigkeit für den Erlass von Rechtssätzen besitzt: Der Erlass von Rechtssätzen ist Sache der dafür zuständigen Organe (Parlament, Kreistag oder Stadtverordnetenversammlung). Folge dieser Einordnung wäre, dass Regelungen dieser Art durch Behörden nicht erlassen werden könnten. Qualifiziert man Regelungen dieser Art als VAe, so muss man zwingend auf die **Individualität der Regelung** als entscheidendes Abgrenzungskriterium zum Rechtssatz verzichten und stattdessen auf die Konkretheit der Regelung abstellen. Für die Individualität der Regelung als relevantem Zuordnungskriterium lässt sich die personale Struktur der Rechtsordnung im Allgemeinen heranziehen[49]. Für eine Berücksichtigung der Konkretheit der Regelung spricht aber speziell die Legaldefinition des VAs, die die Regelung eines Einzelfalls und mit ihr die Konkretheit der Regelung als relevant herausstellt. Ferner fällt für ein Abstellen auf die konkrete Regelung ins Gewicht, dass damit ein Verzicht auf „individuell" wohl nicht verbunden ist. Zwar werden mit „konkret" in der Regel bestimmbare Personen erfasst, aber nicht ausschließlich diese: Einen Einzelfall bildet auch ein einzelner Lebenssachverhalt. Dieser Lebenssachverhalt mag unter dem Aspekt der beteiligten Personen zwar „generell" sein, ist aber in Ansehung des geregelten Sachverhalts individuell. Deshalb ist die im Beispielsfall getroffene Regelung als Einzelfallregelung zu verstehen, ohne gegen das Gesetz zu verstoßen. Schließlich spricht für diese Zuordnung die Dauer der getroffenen Regelung: Sie ist auf einen konkreten Sachverhalt bezogen; nach dessen Beendigung entfällt die Geltung der Regelung. Diese Erledigung mit Zeitablauf ist für einen VA typisch, für eine Rechtsnorm indes ungewöhnlich. Vom Fall des zeitlich begrenzten Gesetzes abgesehen, gelten Rechtsnormen für eine ungewisse Zeit. – Es ist angebracht, in problematischen Fällen bei dem aufgezeigten Abgrenzungskriterium nicht stehen zu bleiben, sondern weitere Kriterien heranzuziehen: räumlicher Geltungsbereich; der Grad inhaltlicher Differenziertheit der Regelung; die Komplexität, die Auswirkungen, die Vollzugsfähigkeit und Vollzugsbedürftigkeit der Regelung. Als Faustregel darf Geltung beanspruchen: Je stärker eine Regelung dem Schema einer Norm nahe kommt (konditionale Fassung einer Norm: wenn … dann), desto eher ist die Regelung als Rechtsnorm zu qualifizieren. Auch diese Faustregel führt dazu, im Beispielsfall einen VA anzunehmen.

Der zweite hier relevante Fall betrifft „abstrakt-individuelle" Regelungen[50]. **374**

Als **Beispiele** für die Fallgestaltung werden regelmäßig angeführt: Die an einen Bürger A gerichtete Anordnung, bei jeder Glatteisbildung den Weg vor seinem Grundstück zu streuen[51]; die an einen Bürger B gerichtete Anordnung, sein Stauwehr zu öffnen, wenn das Wasser einen bestimmten Pegel überschreitet[52].

---

49 Vgl *Obermayer*, NJW 1980, 2386 ff.
50 Hierzu näher *Heyle*, NVwZ 2008, 390.
51 OVG NW, OVGE 16, 289.
52 *Wolff/Bachof* I, § 46 VI a 4.

375 Regelungen dieser Art werden durchweg als VAe betrachtet. Diese Zuordnung ist richtig, weil die Regelungen in den Beispielsfällen nicht wirklich abstrakter, sondern konkreter Natur sind. Dem Adressaten wird eine konkrete Handlungspflicht auferlegt: zu streuen, das Wehr zu öffnen; indes müssen noch weitere Umstände hinzutreten, um diese Handlungspflicht auszulösen. Dieses Hinzutreten weiterer Umstände erlaubt aber nicht die Qualifizierung als abstrakt. Die Handlungspflicht ist vielmehr „bedingt": durch die Bildung von Glatteis, durch das Ansteigen des Wassers über einen bestimmten Pegel. Die behandelte zweite Fallgruppe ist deshalb keine solche – wenn sie eine besondere sein sollte, dann als Spezialfall des bedingten VAs.

376 Dem Kriterium „Einzelfall" genügen alle Regelungen, die einen konkreten Lebenssachverhalt erfassen. Jede Aufforderung an einen bestimmten Personenkreis, etwas Konkretes zu tun, zu dulden oder zu unterlassen, ist deshalb eine Einzelfallregelung. – Für Pläne ist die Rechtsqualität unterschiedlich: Planfeststellungsbeschlüsse nach § 74 Abs. 1 S. 1 sind VAe; Bebauungspläne nach § 10 BauGB ergehen „als Satzung" (formell also als Rechtsnorm, materiell enthält der Bebauungsplan eine Vielzahl von VAen). – Eine Typenzulassung, zB nach § 20 StVZO, ist ein VA[53], ebenso die Genehmigung einer Satzung (zB nach § 10 Abs. 2 S. 1 BauGB): diese ist zwar Rechtsnorm, die Genehmigung bezieht sich aber auf eine bestimmte Satzung.

377 Dem Kriterium „Einzelfall" unterfallen nicht abstrakt-generelle Rechtsnormen, soweit sie in dem für den Erlass der Norm vorgesehenen Verfahren erlassen wurden. Das Gleiche gilt für Regelungen, die dem Schema „abstrakt-generell" nicht genügen, wenn sie in einem Rechtsnormerlassverfahren kreiert wurden. Eine ordnungsbehördliche Verordnung, die im vorgeschriebenen Verfahren erlassen wurde, ist deshalb unabhängig von ihrem Inhalt niemals VA; ein anderes Problem ist es, ob sie als Einzelfallregelung nichtig ist. – Die Allgemeinverbindlicherklärung von Tarifverträgen nach § 5 TVG ist nach der Rechtsprechung[54] eine Rechtsnorm sui generis: „ein Rechtsetzungsakt eigener Art zwischen autonomer Regelung und staatlicher Rechtsetzung, der seine eigenständige Grundlage in Art. 9 Abs. 3 GG findet", „Rechtsnorm mit Rang unterhalb des Gesetzes".

f) Außenwirkung

378 Das Begriffsmerkmal „unmittelbare Rechtswirkung nach außen" erfüllt die Funktion, den **Wirkungsort** einer „hoheitlichen Maßnahme" zu bestimmen, die als VA zu qualifizieren sein kann. Nur eine Maßnahme mit Wirkung **außerhalb der Behörde** kann ein VA sein.

379 „Außenwirkung" einer Maßnahme ist gegeben, wenn die Regelung **außerhalb der Behörde** für Bürger oder juristische Personen Rechte oder Pflichten begründet, aufhebt usw (s. zuvor unter d) Regelung). „Außenwirkung" fehlt, wenn die Regelung behördenintern bleibt. Das Kriterium greift die oben (Rn 187) behandelte Differenzierung zwischen „Außenrecht" und „Innenrecht" auf. VAe zählen zum Außenrecht. Die Regelung muss auf Außenwirkung gerichtet sein. Sie muss außerhalb der Behörde ih-

---

53 *Dörschuck*, Typen- und Tarifgenehmigung im Verwaltungsrecht, 1988, S. 18 ff.
54 BVerfGE 44, 338 ff; BVerwGE 80, 357 f, 364.

re Rechtswirkungen entfalten sollen. Diese Intention der Regelung indiziert regelmäßig die Rechtsnorm, die durch die Maßnahme vollzogen wird.

Beispiele: § 15 Abs. 3 VersammlG, der die Auflösung einer Versammlung erlaubt, hat niemals behördeninterne, sondern immer Außenwirkung. § 62 Abs. 1 S. 1 BBG, der den Beamten verpflichtet, seine Vorgesetzten zu beraten, hat niemals Außen-, sondern immer nur behördeninterne Wirkung[55].

Das Kriterium „Außenwirkung" erfüllen regelmäßig alle Regelungen, die natürliche **380** oder juristische Personen betreffen, die keinen Bezug zur Behörde aufweisen – sich zur Behörde also in einem „allgemeinen Gewaltverhältnis" befinden[56]. Das Kriterium erfüllen aber auch Rechtsakte, die an Bürger adressiert sind, die zum Staat in dem früher sog. „besonderen Gewaltverhältnis" stehen. Konsequenz ist, dass in ihm ergehende Rechtsakte Außenwirkung entfalten[57].

Problematisch ist die „Außenwirkung" in zwei Fällen: bei bestimmten „Anordnun- **381** gen" gegenüber Beamten und bei Zustimmungen von Behörden zu anderen behördlichen Entscheidungen.

Der gerade erwähnte § 62 Abs. 1 S. 1 BBG impliziert das Recht des Vorgesetzten, **382** den ihm unterstellten Beamten Anweisungen für die Erledigung der Arbeit zu erteilen. Diese Anweisungen heißen „innerdienstliche Weisung". Sie haben eindeutig Regelungscharakter, sind aber keine VAe, weil ihnen die Außenwirkung fehlt[58].

Beispiele: Die Anweisung einer Behördenleiterin an den Beamten B, einen Bauantrag abschlägig zu bescheiden; die Anweisung eines Dezernenten an eine Beamtin C, bei der Berechnung der Sozialhilfe ein bestimmtes Vermögen zu schonen (es bei der Berechnung der Höhe der Sozialhilfe unberücksichtigt zu lassen)[59]; Anordnung an Polizeibeamte, die Haare in Hemdkragenlänge zu tragen[60].

Wenn der „Angewiesene" die Anweisung für rechtswidrig hält und ihr nicht folgen **383** möchte, stehen ihm beamtenrechtliche Mittel zum Schutz zur Verfügung[61].

Die rechtliche Qualifizierung der **Umsetzung** eines Beamten ist bestritten. Die ge- **384** setzlich nicht geregelte Umsetzung kennzeichnet, dass der Beamte einen neuen Dienstposten innerhalb der bisherigen Behörde erhält; der Arbeitsplatz muss nicht notwendig am selben Ort sein.

Beispiel: Der bislang im Bauamt mit der Erledigung von Baugenehmigungen beschäftigte Dr.-Ing. B erhält einen neuen Dienstposten. Seine Aufgabe besteht nunmehr in der Erarbeitung von Bauleitplänen. Der neue Arbeitsplatz befindet sich in einem anderen Dienstgebäude. Dieses ist für B schwer zu erreichen, weil das Dienstgebäude nicht an einer durch den ÖPNV erschlossenen Straße liegt.

---

55 **Beispiel** für die fehlende Außenwirkung einer Baugenehmigung: VG Dessau, NVwZ 1996, 1040.
56 Zur Außenwirkung einer fachaufsichtlichen Weisung im Straßenverkehrsrecht s. BVerwG, DÖV 1995, 512; auch *Jungkind*, Verwaltungsakte zwischen Hoheitsträgern, 2008.
57 Zum Problem s. *Appel/Melchinger*, VerwArchiv 1993, 349 ff.
58 Zum Problem s. *Schwerdtner*, VBlBW 1996, 209 ff.
59 Zur VA-Qualität eines Rauchverbots in der **Fallbearbeitung**: *Gornig/Jahn*, JA 1991, 169 ff.
60 BVerwG, BayVBl 2007, 23.
61 Diese sind hier nicht zu behandeln; sie betreffen das öffentliche Dienstrecht; s. *Peine/Heinlein*, Beamtenrecht, 2. Aufl. 1999, S. 105.

385 Früher wurde die Umsetzung durchweg als VA verstanden, um dem Beamten Rechtsschutz zu ermöglichen. Dieses Argument trägt heute die Zuordnung nicht mehr, da unabhängig von der rechtlichen Einordnung der Entscheidung Rechtsschutz besteht – lediglich das Mittel zur Durchsetzung des Rechtsschutzes ist different (Anfechtungs-/ Verpflichtungsklage oder allgemeine Leistungsklage – bei beamtenrechtlichen Streitigkeiten bedeutungslos: § 54 BeamtStG; das bei Leistungsklagen und Feststellungsklagen normalerweise entfallende Vorverfahren ist durchzuführen). Ferner ist die Beeinträchtigung, die mit einer Umsetzung verbunden sein kann, kein zur VA-Qualität der Umsetzung führendes Argument. Die Umsetzung zielt nicht auf eine außenwirksame Regelung ab, da sie lediglich die Aufgabenerledigung innerhalb der Behörde neu ordnet[62].

386 Die Umsetzung und andere innerdienstliche Weisungen berühren die Stellung des Beamten in seiner Eigenschaft als Amtswalter – als Teil der Verwaltungsorganisation. Als verwaltungsinterne Organisationsmaßnahmen gelten nach der neueren Rechtsprechung ebenfalls die Abwicklung einer Einrichtung nach Art. 13 des Einigungsvertrags[63] sowie die Entziehung des Sicherheitsbescheids für einen beim Bundesnachrichtendienst tätigen Soldaten[64]. Die an einen Beamten ergehende Anordnung, sich amtsärztlich untersuchen zu lassen, ist kein VA[65]. Von diesen Anordnungen zu trennen, sind solche, die den Beamten als selbstständige Rechtsperson treffen – in persönlicher Hinsicht. Die im vorherigen Beispiel angesprochene Betrauung des Dr.-Ing. B mit einer anderen (aber sachlich gleichwertigen) Aufgabe – sie berührt B als Teil der Verwaltungsorganisation – besitzt eine andere Qualität als eine Beförderung: die Verleihung eines anderen Amts mit einem höheren Endgrundgehalt und einer anderen Amtsbezeichnung, § 32 BLV (Sa. I Nr 180),

Beispiel: Beförderung eines Richters am Amtsgericht, Besoldungsgruppe R 1, zum Richter am Oberlandesgericht, Besoldungsgruppe R 2;

eine Versetzung: die dauernde Zuweisung eines anderen Amtes im abstrakt-funktionalen Sinne, § 28 BBG,

Beispiel: die an einen Regierungsrat des Innenministeriums des Landes Nordrhein-Westfalen ergehende „Anweisung", nunmehr dauernd als Regierungsrat des Innenministeriums in Brandenburg zu arbeiten;

eine Abordnung: vorübergehende Tätigkeit an einer anderen Dienststelle unter Beibehaltung der bisherigen Planstelle, § 27 BBG,

Beispiel: wie zuvor, freilich ist die Tätigkeit vorübergehend[66];

oder die Versetzung in den einstweiligen Ruhestand: betrifft in der Regel sog. politische Beamte: § 54 BBG,

---

62 Weitere **Beispiele**: BVerwGE 60, 144; BVerwGE 75, 138; BVerwGE 81, 258.
63 BVerwG, DÖV 1992, 970.
64 BVerwG, NVwZ 1989, 1055.
65 BVerwG, NVwZ 2012, 1483; OVG NW, NVwZ-RR 2013, 198.
66 S. BVerwG, DVBl 1994, 1070.

Beispiel: Versetzung eines Generals in den einstweiligen Ruhestand nach § 50 Abs. 1 SG = § 54 BBG[67].

In den Beispielsfällen ist der Beamte durch die Maßnahme in persönlicher Hinsicht **387** berührt. Diese Maßnahmen sind deshalb VAe.

Die Zustimmung (gleichsinnig: Einvernehmen) von Behörden zu anderen behördli- **388** chen Entscheidungen ist häufig gesetzlich vorgeschrieben (man spricht dann von einem **mehrstufigen VA**, s. dazu Rn 447 ff).

Beispiele: § 36 Abs. 1 S. 1 BauGB: Notwendigkeit gemeindlichen Einvernehmens bei der Erteilung von Baugenehmigungen in bestimmten Fällen; § 9 Abs. 2 BFStrG: Notwendigkeit der Zustimmung der obersten Landesstraßenbaubehörde bei der Erteilung von Baugenehmigungen in bestimmten Fällen.

Problematisch ist die Rechtsnatur der Zustimmung. Sie ist nur dann als **außenwirk-** **389** **same** Regelung und damit als VA zu betrachten, wenn sie gegenüber dem Bürger einen eigenständigen Regelungsgehalt besitzt. Davon ist auszugehen, wenn der zustimmungsbedürftigen Behörde bestimmte Aufgaben zur alleinigen Wahrnehmung übertragen sind oder sie allein besondere Gesichtspunkte geltend zu machen hat[68]. Bei Fehlen einer solchen speziellen Befugnis mangelt es an der VA-Qualität der Zustimmung, so bei § 36 Abs. 1 S. 1 BauGB[69] oder bei § 9 Abs. 2 BFStrG[70].

g) Zusammenfassung

Die Tatbestandsmerkmale des VA-Begriffs filtern nach alldem aus der infinitiven **390** Menge von Handlungen diejenigen heraus, die den sechs Kriterien: bestimmter **Erzeuger**, bestimmte **Handlungsart**, bestimmtes **Rechtsgebiet**, bestimmtes **Ziel**, bestimmter **Adressat** und bestimmter **Wirkungsort** genügen. Keines der Kriterien ist überflüssig. Jedes Kriterium muss erfüllt sein, um zur VA-Qualität einer Handlung gelangen zu können.

Lösung zu Fall 7 (Rn 311): Die Untersagungsverfügung könnte ein VA sein. Den „Nor- **391** malfall" des VAs definiert § 35 S. 1. Die Verfügung müsste 1. von einer „Behörde" erlassen worden sein. Nach § 1 Abs. 4 ist Behörde iSd VwVfG jede Stelle, die Aufgaben der öffentlichen Verwaltung wahrnimmt. Das Gewerbeaufsichtsamt, welches die Verfügung erließ, nimmt Überwachungsaufgaben auf dem Gebiete des Arbeitsschutzes und des Umweltschutzes wahr, vgl § 139b Abs. 1 GewO. Diese Aufgaben sind Gegenstand der öffentlichen Verwaltung. Damit hat eine Behörde gehandelt. – Die Verfügung müsste 2. eine hoheitliche Maßnahme darstellen. Sie liegt vor, wenn die Behörde eine Verwaltungsrechtliche Willenserklärung abgibt. Die Behörde untersagt B, zu einer bestimmten Zeit zu arbeiten. Sie hat ihre interne Willensbildung einseitig geäußert. Es handelt sich um eine hoheitliche Maßnahme. – Die hoheitliche Maßnahme müsste 3. auf dem Gebiete des öffentlichen Rechts ergangen sein. Das ist der Fall, wenn sie im Verwaltungsrecht ihre Grundlage hat. Verwaltungsrecht ist Teil des öffentlichen Rechts. Öffentliches Recht ist nach der modifizierten Sub-

---

67 BVerwG, NVwZ-RR 1993, 90.
68 BVerwGE 26, 31, 39.
69 BVerwGE 28, 145; BVerwG, NVwZ 1986, 556; BGHZ 65, 185.
70 BVerwG, DÖV 1975, 572.

jektstheorie gegeben, wenn ein Rechtssatz eine Behörde als solche einseitig berechtigt oder verpflichtet (öffentliches Recht ist das Sonderrecht des Staats). Zum Vollzug des LadSchlG und des ASOG sind ausschließlich Behörden berechtigt und verpflichtet. Also handelte das Gewerbeaufsichtsamt auf der Grundlage des öffentlichen Rechts. Es liegt eine behördliche Maßnahme auf dem Gebiete des öffentlichen Rechts vor. – Die Verfügung müsste 4. Regelungswirkung entfalten. Sie entfaltet diese Wirkung, wenn sie einseitig, rechtsverbindlich und Rechtsfolgen festlegend einen Lebenssachverhalt ordnet. Die Verfügung verbietet B, zu einer bestimmten Zeit zu arbeiten. Damit ordnet sie einseitig, rechtsverbindlich und Rechtsfolgen festlegend einen Lebenssachverhalt. Sie entfaltet Regelungswirkung. – Die Verfügung müsste 5. einen Einzelfall regeln. Eine Einzelfallregelung liegt vor, wenn die Zahl der Adressaten der hoheitlichen Maßnahme bestimmt oder zumindest bestimmbar ist. Adressat der hoheitlichen Maßnahme ist B. Es handelt sich um eine Einzelperson. Die Verfügung enthält eine Einzelfallregelung. – Die Verfügung müsste 6. Außenwirkung besitzen. Eine Maßnahme entfaltet Außenwirkung, wenn sie Rechte oder Pflichten außerhalb der Behörde für Bürger oder juristische Personen begründet. B ist ein Bürger, der einer Behörde nicht zugehört. Der Bescheid entfaltet Außenwirkung. – Da alle sechs Elemente des VA-Begriffs erfüllt sind, ist der Bescheid, den das Gewerbeaufsichtsamt an B gerichtet hat, ein VA.

392   **Lösung zu Fall 8 (Rn 312):** Die Verweigerung des Slots könnte ein VA sein. Voraussetzung dafür ist, dass der Slot selbst ein VA ist. Damit der Slot als VA qualifiziert werden kann, müsste 1. eine Behörde gehandelt haben. Der Flugplankoordinator ist eine private Einrichtung. Als Privater ist er aber dann eine Behörde iSd § 1 Abs. 4, wenn er „Beliehener" ist. Auf § 29 Abs. 2 LuftVG gestützt, hat der Bundesminister für Verkehr ihm die Aufgabe übertragen, den Flugplan zu koordinieren. Darin wird eine Beleihung gesehen. Also ist der Flugplankoordinator Behörde iSd § 1 Abs. 4. Die übrigen Merkmale des VA-Begriffs liegen vor[71].

393   S. auch die Besprechung einer Entscheidung durch *Hobe*[72] betreffend das Problem, ob die Ruferteilung an einen Bewerber um eine Hochschullehrerstelle ein VA ist.

394   Es sei nochmals darauf hingewiesen, dass jedes Kriterium die Funktion der Zuordnung und der Aussonderung besitzt. In einem vereinfachenden Schema lässt sich diese Funktion folgendermaßen darstellen:

---

71   Zum Problem der Rechtsqualität der Slots s. ausführlich *Tschentscher/Koenig*, NVwZ 1991, 219 ff.
72   JA 1999, 18 ff.

VA-Merkmal	Zuordnung	Aussonderung
Behörde	alle Bundes-, Landes- und Kommunalbehörden; Organe der Körperschaften, Anstalten und Stiftungen des öffentlichen Rechts; Beliehene; Verfassungsorgane, wenn sie Verwaltungsaufgaben wahrnehmen	Verfassungsorgane bei der Wahrnehmung verfassungsrechtlicher Aufgaben; unselbstständige Stellen der Verwaltung
Hoheitliche Maßnahme	jede verwaltungsrechtliche Willenserklärung; diese besteht aus – Willensbildung – Willensäußerung	Tathandlungen Unterlassungen Schweigen geschäftsähnliche Handlungen
Auf dem Gebiete des öffentlichen Rechts	das Verwaltungsrecht „umsetzende" Maßnahmen	Maßnahmen, die das Völker-, Europa- oder Staatsrecht im formellen Sinn „umsetzen"
Regelung	verwaltungsrechtliche Willenserklärung, die einseitig, rechtsverbindlich und Rechtsfolgen festlegend einen Lebenssachverhalt ordnet	Maßnahmen ohne verfügenden Teil; Vorbereitungs- und Teilakte; Aufrechnung, Fristsetzung, Stundung
Einzelfall	bestimmte oder bestimmbare Zahl der Adressaten einer hoheitlichen Maßnahme – Konkretheit der Regelung entscheidend	abstrakt-generelle Rechtsnormen; jede Maßnahme, die in einem Normsetzungsverfahren erlassen wurde, auch wenn sie materiell einen Einzelfall betrifft
Außenwirkung	Regelung wirkt außerhalb der Behörde – betrifft alle natürlichen und juristischen Personen, die sich zur Behörde in einem „allgemeinen" Gewaltverhältnis befinden	innerdienstliche Weisung; beamtenrechtliche Umsetzung; der „Normalfall" der behördlichen Zustimmung zu anderen behördlichen Entscheidungen

Bild 3: Vom VA-Begriff erfasste und ausgeschlossene Tätigkeiten

h) Auslegungsgrundsätze

Eine behördliche Äußerung, die als VA zu qualifizieren sein könnte, ist zwecks Erforschung des Gewollten auszulegen, wenn für die Auslegung ein Bedürfnis besteht. Dieses Bedürfnis entfällt bei Eindeutigkeit der behördlichen Aussage. **395**

Die notwendige Auslegung eines VAs richtet sich nach den für Willenserklärungen allgemein geltenden Auslegungsgrundsätzen. § 133 BGB ist entsprechend anwendbar[73]. Maßgebend ist somit, wie der Empfänger nach den Umständen des Einzelfalls die Erklärung bei verständiger Würdigung zu verstehen hat[74]. Der Wortlaut des „verfügenden Teils" bildet den Ausgangspunkt. Ist er nicht eindeutig, so ist die Begrün- **396**

---

73   BVerwG, NVwZ 1984, 36.
74   BVerwG, NVwZ 1984, 518; DVBl 1999, 496–501.

dung der Verfügung heranzuziehen. Entscheidend ist der Inhalt der Erklärung, nicht die äußere Form[75]. Insbesondere belastende VAe müssen das von der Behörde Gewollte bestimmt, unzweideutig und vollständig ausdrücken. Dem genügt eine für sofort vollstreckbar erklärte Räumungsverfügung nicht, wenn sie folgenden Satz enthält: „Sollten sie das Haus nicht räumen wollen, werden wir Ihnen beim Auszug behilflich sein"[76]. Die heute vielfach übliche Formel: „Es wäre schön, wenn ..." ist ebenfalls nicht eindeutig. Die Tatsache, dass eine klare Sprache heute vielfach als schroff empfunden wird, ist kein Grund für Behörden, sich ihrer nicht zu bedienen, weil Unklarheiten zulasten der Verwaltung gehen[77]. Jedoch entfällt bei einem Schreiben, welches höflich formuliert ist, nicht die Eigenschaft als VA[78].

397 Maßgebend für die Inhaltsbestimmung eines VAs ist der erklärte Wille, nicht der innere Wille des Bearbeiters[79]. Eine Auslegung eines Schriftstücks gegen den erklärten und erkennbaren Willen scheidet aus. Freilich ist der wirkliche Wille zu erforschen[80]; ist er vom Adressaten erkannt, so bestimmt dieser Wille den Inhalt der Erklärung[81]. Dieses gilt nicht, wenn der VA auch Dritte betrifft. Haben Behörde und Antragsteller in bewusster Abkehr von ihren wahren Absichten etwas anderes im Antrag und in der Genehmigung angegeben als das wirklich Gewollte, so gilt nur das in der Genehmigung zum Ausdruck Gebrachte[82].

398 Durch Auslegung ist zu klären, ob eine geschäftsähnliche Handlung oder ein VA vorliegt.

Literatur: *Kluth*, NVwZ 1990, 608 ff.

2. Die Allgemeinverfügung als „Spezialfall" des Verwaltungsakts, § 35 S. 2 VwVfG

399 **Fall 9:** Die niedersächsische Gemeinde Marienburg betreibt eine Wasserversorgungsanlage für ihre Einwohner. Im Sommer 2014 kommt es als Folge einer längeren Schönwetterperiode zu einem Wassernotstand. Daraufhin erlässt der Bürgermeister einen Wassersparaufruf folgenden Inhalts: „Ab sofort ist bis auf weiteres die Verwendung von Trinkwasser zum Gießen der Gärten und Sprengen der Rasenflächen zu unterlassen." Welche Rechtsnatur hat der Wassersparaufruf? **Rn 411**

400 Die Allgemeinverfügung[83] nach § 35 S. 2 ist deshalb ein Spezialfall des VAs, weil sie sich in einer Hinsicht vom Normalfall des VAs unterscheidet: in der Bestimmung des Adressaten der Regelung. Der Adressatenkreis eines „Normal"-VAs muss bestimmt oder bestimmbar sein. Dieses Verständnis war das ursprüngliche (vor Erlass des VwVfG herrschende) Verständnis des Begriffs „Allgemeinverfügung". Der „Nor-

75 BVerwGE 7, 55.
76 Vgl *S/B/S*, § 35 Rn 38.
77 BVerwGE 78, 6.
78 BayVGH, BayVBl 1974, 702.
79 BVerwG, NJW 1989, 53 f.
80 BVerwGE 115, 302.
81 BVerwG, NVwZ 1986, 1011.
82 OVG NW, BauR 1985, 304.
83 Vgl hierzu *Wandschneider*, Die Allgemeinverfügung in Rechtsdogmatik und Rechtspraxis, 2009.

mal"-VA wurde verstanden als eine an **eine** Person adressierte Regelung. Dieses Ausgangsverständnis betreffend die „Allgemeinverfügung" ist folglich in das Verständnis des Normalfalls eines VAs eingegangen. Damit ist der Begriff Allgemeinverfügung für eine Neubestimmung offen. Diese Neubestimmung hat der Gesetzgeber getroffen. Er betrachtet drei Fälle einer Allgemeinverfügung als VA.

a) Die adressatenbezogene Allgemeinverfügung

Allgemeinverfügung ist ein VA, der sich an einen „nach allgemeinen Merkmalen" bestimmten oder bestimmbaren Personenkreis richtet. Bei Erlass eines VAs dieser Art kann der Personenkreis unbestimmt sein. Darin liegt die Differenz zum überkommenen Verständnis des Begriffs Allgemeinverfügung. Durch § 35 S. 2 1. Fall werden die Adressaten „nach allgemeinen Merkmalen" und deshalb nicht individuell, sondern „nur" gattungsmäßig bestimmt, zB alle Hundehalter, alle Fahrradfahrer. Es ist deshalb unrichtig, wenn gelegentlich behauptet wird, dieser Fall sei lediglich eine Klarstellung im Verhältnis zu Satz 1, die die Abgrenzung des VAs vom Rechtssatz erleichtern solle.

401

Die adressatenbezogene Allgemeinverfügung enthält ein Bündel von Einzelverfügungen, gerichtet an viele Adressaten.

402

Beispiel: Gastwirten eines bestimmten Bezirks wird verboten, Alkohol auszuschenken, § 19 GastG[84]. Weiteres **Beispiel**: Nach § 144 Abs. 1 BauGB bedürfen im förmlich festgelegten Sanierungsgebiet bestimmte Vorhaben der Genehmigung der Gemeinde. Nach Abs. 3 kann die Gemeinde für bestimmte Fälle die Genehmigung allgemein erteilen[85].

Das letzte Beispiel zeigt, dass es bei einer Allgemeinverfügung auf einen feststehenden Adressatenkreis **nicht** ankommt: Wie viele Personen (Zahl der Personen) eine Genehmigung für wie viele Vorhaben benötigen, ist unbekannt.

403

Als adressatenbezogene Allgemeinverfügung sind anerkannt:

404

Beispiele: die Anordnung seuchenpolizeilicher Maßnahmen über Rundfunk[86]; die Bekanntgabe eines Smogalarms nach § 40 Abs. 1 S. 2 BImSchG[87]; das Rundschreiben zur Zahlung von Ausgleichsabgaben[88]; Rundschreiben der Versicherungsaufsichtsbehörde[89]; Anordnung des Bundesgesundheitsamts an pharmazeutische Unternehmen[90]; kreditpolitische Beschlüsse der Bundesbank; Festsetzung eines Flugsperrgebiets[91]; Zusammenfassung zweier Gymnasien[92].

---

84 **Hinweis:** Als Folge der Föderalismusreform I ist die Zuständigkeit des Bundes für das Gaststättenrecht entfallen, s. Art. 74 Abs. 1 Nr 11 GG. In der Zukunft wird es folglich Landesgaststättengesetze geben. So zB in Brandenburg: BbgGastG v. 2.10.2008, GVBl I, 2008, S. 218.
85 Dazu, dass diese allgemein erteilte Genehmigung den hier relevanten Fall von Allgemeinverfügung repräsentiert, *Gaentzsch*, NJW 1985, 881, 883.
86 BVerwGE 12, 87 ff; dazu *Walther*, JA 1994, 457 ff; *Laubinger*, FS Rudolf, 2001, S. 305 ff.
87 *Jarass*, NVwZ 1987, 95 ff; aA *Ehlers*, DVBl 1987, 972, die Bekanntgabe sei eine Rechtsverordnung.
88 BVerwGE 7, 54.
89 BVerwGE 3, 237.
90 VG Berlin, DVBl 1983, 281.
91 OLG Celle, NJW 1972, 1767.
92 OVG NW, DVBl 1992, 448.

b) Die sachbezogene Allgemeinverfügung

405 Eine Allgemeinverfügung ist nach dem Willen des Gesetzgebers ferner ein VA, der die öffentlich-rechtliche Eigenschaft einer Sache betrifft. Damit richtet sich bei dieser Variante der Allgemeinverfügung die Regelung nicht an Personen, sondern ist auf Sachen orientiert. Deren rechtlichen Zustand bestimmt die Regelung. Es mag auf den ersten Blick scheinen, dass der sachbezogenen Allgemeinverfügung ein personales Element fehlt. Dem ist jedoch nicht so: Das personale Element kommt mittelbar zum Tragen dadurch, dass der Rechtszustand einer Sache Rechte und Pflichten einer natürlichen Person begründet.

Beispiel: Durch **Widmung** erhält eine beliebige Sache, die der Privatrechtsordnung unterliegt, die Eigenschaft einer öffentlichen Sache; ein typisches Beispiel ist die Widmung eines Stücks Land zur Straße, s. § 2 Abs. 1 BFStrG; an die Widmung ist die Berechtigung von jedermann geknüpft, die Straße in bestimmtem Umfang zu benutzen, § 7 Abs. 1 BFStrG; die Widmung ist deshalb der typische Fall einer sachbezogenen Allgemeinverfügung[93] (s. näher in Rn 1321).

406 Als sachbezogene Allgemeinverfügung sind anerkannt: jede Widmung und ihr actus contrarius, die Entwidmung (Einziehung) sowie Teilentwidmungen (Teileinziehungen); die Anordnung verkehrsberuhigter Bereiche[94]; der Planfeststellungsbeschluss[95]; ein Merkblatt für Straßenmusikanten[96]; Benennung von Straßen und Plätzen[97]; Änderung eines Straßennamens[98]; Widmung einer Rheinwiese als Festplatz[99]; Widmung eines Schulhofs zum Kirmesplatz[100]; die Schutzbereichsanordnung nach § 2 Schutzbereichsgesetz[101].

c) Die benutzungsregelnde Allgemeinverfügung

407 Eine Allgemeinverfügung ist nach dem Willen des Gesetzgebers schließlich ein VA, der die Benutzung einer Sache durch die Allgemeinheit betrifft. „Allgemeinheit" ist ausschließlich personal zu verstehen; es handelt sich um die Benutzung einer Sache durch eine unbestimmte Vielzahl von Personen. Der dritte Fall der Allgemeinverfügung erfasst – um ihn vom zweiten Fall mit Hilfe eines Beispiels abzugrenzen – nicht die grundsätzliche Benutzbarkeit der Sache (diese ist vom zweiten Fall erfasst), sondern die Rechte und Pflichten der Benutzer: Es geht um Benutzungsregeln. Diese gelten für alle potenziellen Benutzer; der Kreis der Benutzer ist unbegrenzt.

Beispiel: Die Benutzungsregeln der Fachbereichsbibliothek des Fachbereichs Rechtswissenschaft der Universität Viadrina in Frankfurt (Oder) gelten auch für Studentinnen und Studenten der Rechtswissenschaft der Humboldt-Universität und der Universität Potsdam.

---

93 Zur Widmung in der **Fallbearbeitung**: *Tünnesen-Harms*, JURA 1992, 45 ff. Speziell zur Widmung im öffentlichen Eisenbahnverkehr: *Kühlwetter*, FS Blümel, 1999, S. 309–333.
94 OLG Stuttgart, NJW 1988, 1610.
95 Zu dieser Problematik in der **Fallbearbeitung**: *Koenig*, JA 1993, L 125 ff.
96 VGHBW, NJW 1987, 1839; BVerwG, NJW 1987, 1836; dazu *Hufen*, JuS 1988, 308.
97 NdsOVG, DVBl 1969, 317; OVG NW, NJW 1987, 2695.
98 VGHBW, NVwZ 1992, 196.
99 OVG NW, NJW 1976, 820.
100 OVG NW, NJW 1980, 901.
101 BVerwG, NVwZ 1989, 978 ff.

Eine von einer staatlichen oder kommunalen Institution unterhaltene Bibliothek ist **408** rechtlich gesehen eine Anstalt (s. Rn 100). Früher verstand man die Beziehung des Benutzers zur Anstalt als besonderes Gewaltverhältnis, dessen Inhalt durch Verwaltungsvorschriften geregelt werden durfte. Die Rechtsfigur des besonderen Gewaltverhältnisses hat die herrschende Meinung mE zu Unrecht aufgegeben (s. Rn 275). Die Lücke, die die Abschaffung des besonderen Gewaltverhältnisses in Bezug auf die Benutzungsregeln öffentlich-rechtlicher Anstalten hinterließ, füllt die benutzungsregelnde Allgemeinverfügung.

Soweit nicht entsprechend der Wesentlichkeitstheorie des BVerfG[102] eine Regelung **409** durch Rechtssatz zu treffen ist – das ist anzunehmen, wenn die Regelung wesentlich für die Verwirklichung von Grundrechten ist –, ist die Ausgestaltung des Benutzungsverhältnisses durch Allgemeinverfügung möglich. Dieses Mittel gestattet jedenfalls den Erlass „interner Ordnungsvorschriften"[103]. Dafür ein

Beispiel: Einen festen Arbeitsplatz in der Bibliothek des Fachbereichs Rechtswissenschaft der Universität Viadrina in Frankfurt (Oder) erhalten Studenten, denen ein hier lehrender Professor bescheinigt, dass sie seine Doktoranden sind.

d) Unterschiede zum „Normalfall" des Verwaltungsakts

Die Hauptdifferenz zwischen Allgemeinverfügung und „Normal"-VA liegt in der **410** Aussage über den/die Adressaten der Regelung. Im Übrigen gilt für die Allgemeinverfügung das Recht aus § 35 S. 1. Die unterschiedliche Struktur des Adressatenkreises der Allgemeinverfügung bedingt indes einige gegenüber dem „Normal"-VA verschiedene **Folgeregelungen**: das Recht, von der Anhörung Beteiligter absehen zu dürfen, § 28 Abs. 2 Nr 4; das Recht, die Allgemeinverfügung öffentlich bekanntzumachen, § 41 Abs. 3 S. 2; das Recht, auf die Begründung der öffentlich bekannt gemachten Allgemeinverfügung zu verzichten, § 39 Abs. 2 Nr 5.

> **Lösung Fall 9 (Rn 399):** Der Wassersparaufruf könnte als Allgemeinverfügung und damit **411** als VA oder als Rechtsnorm anzusehen sein. § 35 S. 2 unterscheidet drei Arten von Allgemeinverfügungen: die adressatenbezogene, die sachbezogene und die gemischt sach- und personenbezogene, benutzungsregelnde Allgemeinverfügung. Der Unterschied der ersten beiden Varianten von Allgemeinverfügung zur Rechtsnorm liegt im Adressatenbereich. Eine Allgemeinverfügung liegt vor, wenn der Personenkreis, an den sie sich richtet, im Zeitpunkt ihres Erlasses *wegen der Konkretheit des geregelten Sachverhalts* bestimmt oder bestimmbar ist. Bei einer Rechtsnorm ist der betroffene Personenkreis immer offen; er ist oder kann in jedem Zeitpunkt der Normgeltung ein anderer sein. Mit Blick auf die Benutzungsregelung liegt die Abgrenzung zum Rechtssatz allein in der Konkretheit des Bezugsobjekts. Der Wassersparaufruf ist eine Allgemeinverfügung iSd dritten Variante von § 35 S. 2. Er regelt die Benutzung einer öffentlich-rechtlichen Anstalt. Die Trinkwasserversorgung der Gemeinde Marienburg ist eine öffentliche Einrichtung in Form einer Anstalt. Benutzungsregelungen solcher Anstalten genügen dem Begriff der Allgemeinverfügung[104].

---

102 BVerfGE 34, 165, 192; 41, 251, 259; 45, 400, 417; 47, 46, 78; 49, 89, 126; 57, 295, 320 f; 58, 257, 268 f; s. dazu *Peine*, ZG 1988, 121 ff.
103 *Maurer*, § 9 Rn 32.
104 Vgl zu diesem **Beispielsfall** BayVBl 1982, 415 und 444.

3. Die Rechtsnatur des Verkehrszeichens

412 Rechtsprechung und Literatur hat jahrzehntelang die Lösung des Problems beschäftigt, welche Rechtsnatur Verkehrszeichen besitzen: entweder VA oder Rechtsverordnung[105].

413 Der Streit betraf nicht die Handzeichen der Polizisten oder Verkehrsregelungen durch Ampeln. Bei den Handzeichen der Polizisten – zB der Aufforderung, zwecks Durchführung der Verkehrskontrolle am Straßenrand zu halten – handelt es sich unzweideutig um Einzelfallregelungen: es sind bestimmte Verkehrsteilnehmer von der Aufforderung betroffen; das Gleiche gilt für die sich einer Ampel (VA durch „Maschinen", s. o. 1 e) nähernden Verkehrsteilnehmer: in der konkreten Situation sind sie bestimmbar. Ob von einer Bestimmbarkeit der Verkehrsteilnehmer auch bei **Verkehrszeichen in Form der Verkehrsschilder**, §§ 41, 43 StVO, gesprochen werden darf, ist zumindest fraglich: Es ist sachlich nur schwer vorstellbar, die Anzahl der Autofahrer zu bestimmen, die sich einem Verkehrszeichen nähern, welches dauerhaft zB die Fahrgeschwindigkeit regelt.

414 Folgende Lösungsvarianten wurden diskutiert: das Verkehrsschild als Rechtsverordnung, als **Folge** einer an die jeweils anwesenden Verkehrsteilnehmer gerichteten Allgemeinverfügung, als Dauer-VA in Form der Allgemeinverfügung und als dinglicher VA (dazu unten Rn 461 ff).

415 Die Einordnung als Rechtsverordnung führt zu großen Schwierigkeiten: Rechtsverordnungen ergehen in einem förmlichen Rechtssetzungsverfahren, woran es bei der Aufstellung von Verkehrsschildern in jedem Fall fehlt: Ihren Inhalt und ihren Aufstellungsort legt die Straßenverkehrsbehörde fest, ihre Aufstellung erfolgt durch den Träger der Straßenbaulast. Sind Verkehrszeichen sachlich eine Rechtsverordnung, so sind sie rechtswidrig als Folge eines Verfahrensfehlers: Es fehlt an der Verkündung im Gesetz- und Verordnungsblatt. Rechtswidrige Normen sind aber in der Regel nichtig und somit unbeachtlich. Damit würde nahezu die gesamte Verkehrsregelung in der Bundesrepublik hinfällig. Diesem Ergebnis kann man nur durch eine Konstruktion entgehen, die darauf hinausläuft, Verkehrszeichen seien auch dann zu beachten, wenn sie nichtig seien, solange sie nur am Straßenrand stehen (Ziel der Konstruktion ist es auch, die Rechtsgrundlagen für die Bußgeldbescheide etc zu erhalten) – eine offensichtlich schwer zu begründende Konstruktion, die freilich gleichwohl vertreten wird, um die Sicherheit des Verkehrs zu gewährleisten[106].

416 Die hM sieht weniger aus dogmatischen denn aus opportunistischen Gründen von der Qualifizierung der Verkehrszeichen als Rechtsverordnungen ab. Verkehrsschilder enthalten generelle Regelungen, weil sie jedem beliebigen Verkehrsteilnehmer, der sich ihnen nähert, ein bestimmtes Verhalten abverlangen. Damit sind sie der Sache nach Rechtsverordnungen. Um das mit dieser Qualifizierung verbundene Ergebnis zu vermeiden, sieht die hM sie entgegen dem BayVGH[107] als VAe besonderer Art an[108].

---

105 Zur Rechtsnatur eines Verkehrszeichens in der **Fallbearbeitung**: *Wirz*, JA 1991, 30 Ü ff.
106 BayObLG, NJW 1965, 1973.
107 NJW 1978, 1988; NJW 1979, 670; ebenso *Renck*, JuS 1967, 545 ff.
108 BVerwGE 27, 181; 59, 221; ebenso für Verkehrseinrichtungen wie die Parkuhr, die sachlich ein modifiziertes Halteverbot darstellt: BVerwG, DÖV 1988, 694.

Die besondere Art soll sich aus ihrer speziellen Bekanntgabe sowie daraus ergeben, dass sie nicht wie der „Normal"-VA vollstreckt werden, sondern ihre Nichtbefolgung besondere Sanktionen auslöst. Damit ist indes das Grundproblem nicht gelöst: Auch ein VA besonderer Art muss zunächst ein VA sein – also die Begriffsmerkmale des VA, insbesondere das Kriterium „Einzelfall" erfüllen. Verkehrszeichen regeln aber keinen Einzelfall, sondern, wie dargelegt, das Verhalten einer unbestimmten Zahl von Verkehrsteilnehmern in einer unbestimmten Zahl von Fällen: es gilt immer dann, wenn sich jemand in seinen Geltungsbereich begibt. Das Problem ist deshalb nicht iSd hM gelöst[109].

Nach Erlass des VwVfG sollen die Verkehrszeichen de lege lata als Allgemeinverfü- **417** gung zu qualifizieren sein. Ausdrücklich ist dieses durch § 35 aber nicht gesche-hen[110]. Freilich wollte der Gesetzgeber den Streit um die Rechtsnatur beenden[111]. Dem folgt die Rechtsprechung, die sie als konkrete, orts- und situationsbezogene Anordnungen betrachtet[112]. Nach dieser Entscheidung sind Verkehrszeichen bis zu ihrer Beseitigung beachtlich; ausnahmsweise nichtig und damit unbeachtlich sind sie nur bei offensichtlicher Willkür, Sinnwidrigkeit und objektiver Unklarheit[113].

Beachte: Die Anordnung der Anbringung eines Verkehrszeichens ist mangels Regelung kein VA[114]. Ein „Platzverbot" behandelt der VGHBW[115]. Die Bekanntgabe und Widerspruchsfrist bei Verkehrszeichen behandeln *Bitter/Konow*[116].

Literatur: *Beaucamp*, JA 2008, 612 ff; *Rebeler*, DAR 2010, 377 ff, 450 ff; *ders.*, DRiZ 2008, 210 ff.

IV. Die Arten von Verwaltungsakten

Die unter Rn 313 ff gegebenen Beispiele im Zusammenhang der Begriffsmerkmale **418** des VAs demonstrieren die Vielfalt der Regelungsmöglichkeiten des VAs. Er ist ein nahezu universell einsetzbares Handlungsinstrument der Verwaltung. Dieses Handlungsinstrument lässt sich ausdifferenzieren,

Beispiel: Der Steuerbescheid enthält für den Adressaten eine Belastung, der Bescheid über die Gewährung von „BAföG" eine Begünstigung.

Die Zuordnung der VAe zu verschiedenen Kategorien ist nicht lediglich ein theore- **419** tisches Glasperlenspiel, sondern besitzt unmittelbare praktische Bedeutung: In Abhängigkeit von der getroffenen Regelung muss der Adressat entscheiden, ob er sie hinnehmen oder gegen sie Rechtsschutz ergreifen will; ist die Regelung eine den Adressaten ausschließlich begünstigende, entfällt im Normalfall eine Rechtsschutzmöglichkeit mangels „Beschwer" (Ausnahme: die Begünstigung hätte „stärker" ausfallen

---

109 Vgl aus der Literatur *Czermak*, JuS 1981, 25 f; *Renck*, NVwZ 1984, 355 f.
110 S. dazu *Maurer*, JuS 1976, 490.
111 S. *S/B/S*, § 35 Rn 176.
112 OLG Düsseldorf, NWVBl 1999, 316.
113 S. auch *Hansen/Meyer*, NJW 1999, 284–286; BVerwG, DVBl 2004, 518.
114 VGHBW, NVwZ-RR 1996, 306.
115 NVwZ 2003, 115 ff.
116 NJW 2001, 1386 ff.

können, zB bei einer Examensnote). – Die folgenden Einteilungsmerkmale sind allgemein anerkannt. Sie setzen teilweise die Merkmale fort, die oben unter Rn 13 ff zum Zwecke der Beschreibung der Verwaltung bemüht wurden. Es handelt sich um Merkmale, die in der Regel die mit einem VA verbundenen unterschiedlichen Wirkungen identifizieren[117].

1. Begünstigende und belastende Regelungen

420 Diese Unterscheidung setzt an der Rechtswirkung des VAs **für den betroffenen Adressaten** an. Sie ist Folge des Umstands, dass es eine Leistungs- und eine Eingriffsverwaltung gibt. Es gibt deshalb auch begünstigendes und belastendes Verwaltungsrecht und damit es umsetzende VAe mit diesen differenten Wirkungen.

421 Der **begünstigende** VA ist in § 48 Abs. 1 S. 2 legaldefiniert: ein VA, „der ein Recht oder einen rechtlich erheblichen Vorteil begründet oder bestätigt hat". Ein „Recht" iSd Legaldefinition ist die Begründung oder Bestätigung einer „Rechtsposition", die für den Inhaber mit Ansprüchen verbunden ist.

Beispiel: Die Bewilligung von „BAföG", die Genehmigung zur Errichtung und zum Betrieb einer genehmigungsbedürftigen Anlage nach §§ 4 Abs. 1, 6 BImSchG, die Eintragung in die Handwerksrolle, §§ 6, 1 Abs. 1 HandwO, die Ernennung zum Beamten, die Einbürgerung eines Ausländers, § 8 StAG.

422 „Rechtlich erheblicher Vorteil" ist jedes von der Rechtsordnung als schutzwürdig anerkannte Individualinteresse (so auch das Verständnis von „Recht" iSv § 42 Abs. 2 VwGO); maßgeblich sind für die Anerkennung die Wertungen der Rechtsordnung; diese können im Zweifelsfall anhand der Einschätzung der Interessenlage durch den einzelnen Betroffenen zu ergänzen sein.

Beispiele: Vorteile wirtschaftlicher Natur; die Änderung eines Straßennamens unter Berücksichtigung von Anliegerinteressen[118]; allgemein jede Rechtswirkung, an deren Aufrechterhaltung der von einem VA Betroffene ein schutzwürdiges Interesse hat.

Hinweis: Geldforderungsbescheide, die irrtümlich zB zu geringe Gebühren oder Steuern festsetzen, enthalten **nicht** die begünstigende Aussage, ein höherer Geldbetrag werde nicht gefordert[119].

423 Der **belastende** VA ist nicht legaldefiniert. Man versteht unter ihm jede für einen Betroffenen nachteilige Regelung. Der Nachteil kann sowohl in einem Rechtseingriff als auch in der Verweigerung einer Begünstigung bestehen.

Beispiele: Jedes denkbare Ge- oder Verbot wie ein Abrissgebot oder eine Gewerbeuntersagung nach § 35 Abs. 1 S. 1 GewO; jede Verweigerung wie die Ablehnung von Erlaubnissen, Genehmigungen oder Bewilligungen wie zB die Ablehnung eines Bauantrags oder die Eintragung in die Handwerksrolle.

---

117 Zum sog. „normumschaltenden VA" als einer potenziell neuen Kategorie s. *Winkler*, DVBl 2003, 1490 ff. – Von einem „relativen VA" spricht *Laubinger*, VerwArchiv 1986, 421. – Zum Rechtsschutz gegen „Schein-VAe" s. *Blunk/Schroeder*, JuS 2005, 602.

118 BayVGHE 41, 26.

119 BVerwGE 67, 129 ff (= BayVBl 1984, 408); zum Problem *Stelkens*, JuS 1984, 930 ff; einen Sonderfall in diesem Zusammenhang enthält VGHBW, VBlBW 1991, 222.

Begünstigende und belastende Wirkungen können in einem VA zusammentreffen. Insoweit sind zwei Fälle zu unterscheiden: Beide Wirkungen treten in einer Person ein, die Wirkungen zeigen sich bei verschiedenen Personen. **424**

Für den ersten Fall – beide Wirkungen in einer Person – zwei unterschiedliche **425**

Beispiele: A erhält eine Baugenehmigung, diese ist damit verbunden, eine bestimmte Summe Geld als naturschutzrechtliche Ausgleichsabgabe zu entrichten, s. § 15 Abs. 1 iVm Abs. 7 BNatSchG (Sa. I Nr 880) sowie Landesrecht; B beantragt Hilfe zum Lebensunterhalt in Sonderfällen nach § 34 SGB XII in Höhe von 100,– EUR, erhält aber nur 50,– EUR.

In beiden Beispielsfällen wird der Antragsteller begünstigt (Baugenehmigung, Hilfe); im ersten Beispielsfall ist das Erlangte mit einer Rechtspflicht belastet, im zweiten Fall entspricht das Erlangte nicht vollständig dem Beantragten, darin ist die Belastung zu sehen. **426**

Für den zweiten Fall – die Wirkungen zeigen sich bei verschiedenen Personen – hat der Gesetzgeber durch den Erlass von § 80a VwGO den Begriff **„VA mit Doppelwirkung"** eingeführt. Früher sprach man gleichsinnig von **„VA mit Drittwirkung"** – dieser Begriff findet sich auch heute noch häufig, obwohl er von Gesetzes wegen überholt ist. Für den VA mit Doppelwirkung sind ebenfalls zwei Varianten zu unterscheiden: Die Begünstigung tritt beim Adressaten ein, die Belastung bei anderen: **427**

Beispiel: A erhält die Genehmigung für den Bau eines zehngeschossigen Hochhauses, seinen Nachbarn wird die Sonne fehlen.

Die Belastung tritt beim Adressaten ein, die Begünstigung bei anderen: **428**

Beispiel: A wird verpflichtet, sein Hochhaus abzureißen, die Sonne kann wieder die Nachbargärten bescheinen.

Hinweis: VAe mit Doppelwirkung sind unter Rechtsschutzaspekten besonders problematisch. Dieses Problem hat der Gesetzgeber zu entschärfen versucht durch eine Neufassung des Rechts der aufschiebenden Wirkung von Widersprüchen gegen VAe, s. §§ 80, 80a VwGO[120].

Literatur: Zu den Rechtsgrundlagen für belastende und begünstigende VAe s. *Ennuschat*, JuS 1998, 905 ff.

2. Vollstreckungsfähige und nicht vollstreckungsfähige Regelungen

Bei den Regelungen sind solche, die der Vollstreckung fähig (und notfalls auch bedürftig) sind, und solche, bei denen ihre Wirkung ohne weiteres staatliches Tun eintritt, zu unterscheiden. **429**

Beispiele: Es ist unmittelbar einsichtig, dass eine Abrissverfügung der Vollstreckung bedarf, wenn der Adressat der Verfügung dem Gebot nicht freiwillig nachkommt. Es ist ebenso einsichtig, dass mit der Einbürgerung eines Ausländers der Vorgang „Verleihung der deutschen Staatsangehörigkeit" beendet ist; Zwangsmaßnahmen seitens der zuständigen Behörde sind in diesem Zusammenhang nicht vorstellbar.

Diese Differenzierung ist am **Regelungsinhalt** orientiert. **430**

---

120 S. die Darstellung bei *Peine*, Klausurenkurs im Verwaltungsrecht, Rn 304 ff.

431 Jeder belastende VA, der einen Befehl – Verpflichtung zu einem bestimmten Tun, Dulden oder Unterlassen – enthält, ist vollstreckungsfähig und dann vollstreckungsbedürftig, wenn der Adressat die Ausführung des Befehls verweigert. Befehlende VAe sind das typische Handlungsmittel der Eingriffsverwaltung.

Beispiele: Alle Verfügungen der Ordnungsverwaltung (Tun: Abrissverfügung; Duldung: Prüfung von Maschinen auf ihre Sicherheit durch die Gewerbeaufsichtsbehörden nach § 139b Abs. 4 GewO; Unterlassen: Beseitigung von Abfällen außerhalb von Abfallentsorgungsanlagen, § 28 Abs. 1 S. 1 KrWG; alle Abgaben(Steuer-, Gebühren- und Beitrags-)bescheide.

432 **Nicht** vollstreckungsfähig sind belastende VAe, die eine Vergünstigung verweigern, zB die Versagung einer Subvention oder die Nichtversetzung in die nächsthöhere Klasse. Nimmt ein Schüler trotz Nichtversetzung am Unterricht der nächsthöheren Klasse teil, so handelt er ohne Rechtsgrund – deshalb kann er vom Unterricht insoweit ausgeschlossen werden.

433 **Nicht** vollstreckungsfähig sind ferner sog. **gestaltende** VAe. Wie wir oben sahen, besteht die Wirkung eines VAs darin, ein Rechtsverhältnis zu begründen, zu ändern oder aufzuheben. Dieses geschieht idR durch begünstigende oder belastende Verfügungen. Es gibt indes auch Verfügungen, bei denen die Rechtsänderung von selbst eintritt; dieses sind die gestaltenden VAe ieS (iwS ist jede Verfügung gestaltend, es sei denn, sie lehnt einen Antrag ab: dadurch bleibt das Rechtsverhältnis unverändert).

Beispiele für ieS gestaltende VAe sind die Beamtenernennung; Versetzung eines Beamten oder Richters in den Ruhestand[121]; die Einbürgerung; die Bescheinigung nach § 15 Abs. 2 BVFG, die die Rechtsstellung eines Ehegatten als Spätaussiedler feststellt[122]; die Beleihung von natürlichen und juristischen Personen des Privatrechts mit dem Recht zur Ausübung von Hoheitsrechten (sog. beliehene Private, s. o. Rn 107). Die Rechtswirkung des VA tritt unmittelbar mit seinem Wirksamwerden ein – A ist Deutscher, B ist Beamtin –, für weitere staatliche Maßnahmen ist kein Raum.

434 Bei den ieS gestaltenden VAen sind mit Blick auf das Rechtsgebiet, auf dem der VA seine Wirkung entfaltet, zwei Fälle zu trennen: VAe mit Wirkung auf dem Gebiete des öffentlichen Rechts – dieses ist der Normalfall – und VAe mit Wirkung auf dem Gebiete des Privatrechts – dieses ist ein Sonderfall, man bezeichnet ihn als **privatrechtsgestaltenden** VA.

Beispiele: Die Ausübung des gemeindlichen Vorkaufsrechts nach § 24 ff BauGB, s. insb. § 28 Abs. 1 S. 2 BauGB; Genehmigung nach dem Grundstücksverkehrsgesetz[123]; Festsetzung des Krankenhauspflegesatzes für privatrechtliche Entgelte[124]; Genehmigung einer Stiftungssatzung[125].

435 IeS gestaltende VAe können sich auf ihre Gestaltungswirkung beschränken; diese Aussage gilt für die gerade dargestellten Beispiele sowie ferner für den Planfeststellungsbeschluss, einem in einem bestimmten Verfahren ergehenden VA, § 74 Abs. 1, dem umfassende Gestaltungswirkung zukommt – er regelt alle Rechtsbeziehungen

---

121   BayVGH, BayVBl 2007, 48.
122   BVerwGE 143, 161 ff.
123   BGH, NJW 1982, 2251 f.
124   NdsOVG, NJW 1978, 1211; HmbOVG, NJW 1984, 683.
125   VGHBW, NJW 1985, 1573.

zwischen den Verfahrensbeteiligten abschließend. Neben die Gestaltungswirkung ieS können weitere Wirkungen treten, wenn der VA zusätzlich ein Gebot oder ein Verbot beinhaltet. Neben der Gestaltungswirkung ist auch eine Feststellungswirkung möglich.

Nicht vollstreckungsfähig ist ebenfalls ein VA, dem die eben erwähnte Feststellungs- **436**
wirkung zukommt; man spricht von einem **feststellenden** VA. Seine Funktion besteht darin, rechtserhebliche Eigenschaften in Bezug auf einen Einzelfall verbindlich festzustellen oder abzulehnen; darin beschränkt sich der verfügende Teil[126].

Beispiele: Feststellung der Vertriebeneneigenschaft[127]; Erteilung eines Vertriebenenausweises[128]; Festsetzung des Besoldungsdienstalters[129]; Filmbewertung durch die Filmbewertungsstelle[130]; Feststellung, dass eine Person die deutsche Staatsangehörigkeit besitzt[131]; die Baugenehmigung hat feststellende Wirkung insoweit, als sie aussagt, dass das Vorhaben der Rechtsordnung entspricht[132]; die Ausmusterung wegen Wehrdienstunfähigkeit[133]; die Feststellung der Aufnahme eines Krankenhauses in den Krankenhausplan[134]; die Feststellung des Hauptwohnsitzes[135]; eine Bekanntmachung der Bundesregierung betreffend die Verpackungsverordnung – „Dosenpfand"[136]. – Kein feststellender VA ist die Mitteilung des Kraftfahrt-Bundesamts über den „Punktestand in Flensburg"[137].

Der feststellende VA „berichtet" seinem Adressaten die bestehende Rechtslage. Des- **437**
halb könnte gesagt werden, ihm fehle die Regelungswirkung, weshalb er kein VA sei, sondern lediglich eine behördliche Mitteilung. Dem ist indes nicht so, weil der feststellende VA die Rechtslage **verbindlich** feststellt, also mit dem Willen ergeht, für die Behörde wie für den Adressaten Rechtsfolgen zu bestätigen. Diese Rechtsfolgen bestehen bei einem Leistungsbescheid („BAföG", Wohngeld, Sozialhilfe nach § 8 SGB XII) darin, dass die Behörde zur Leistung verpflichtet und der Empfänger berechtigt ist, die Leistung zu behalten, solange der Leistungsbescheid rechtswirksam ist[138]. Der Leistungsbescheid bildet mithin iSd Kategorien des § 812 BGB den Rechtsgrund[139]. Ein weiteres

Beispiel: Der Unternehmer U erhält vom Land Berlin eine Subvention zum Einbau von Filtern in seine Abluftanlagen, um schädliche Immissionen von seinen Nachbarn fernzuhalten. Die Zahlung der Subvention beruht auf einem Bewilligungsbescheid, der ein (fiktives) Berliner Gesetz zur Durchführung praktischer Maßnahmen auf dem Gebiet der Luftreinhaltung umsetzt. Solange der Bewilligungsbescheid existiert, ist U berechtigt, die Subvention zur Bezahlung der Filter zu verwenden.

---

126 BVerwGE 135, 209, 212; BVerwG, NVwZ 2004, 349, 350.
127 BVerwG, NVwZ 1985, 412.
128 BVerwG, DÖV 1988, 270.
129 BVerwGE 19, 19.
130 BVerwG, DVBl 1962, 605.
131 BVerwG, VerwRspr Bd. 25, Nr 34.
132 BVerwG, BauR 1979, 304; *Ortloff*, NJW 1987, 1666 ff.
133 BVerwG, NJW 1979, 2116.
134 BVerwG, NJW 1987, 2318; dazu *Redeker*, NJW 1988, 1481.
135 VGHBW, NVwZ 1987, 1007.
136 BVerwG, DVBl 2003, 544 ff, dazu *Winkler*, DVBl 2003, 1490 ff.
137 VGHBW, NJW 2007, 1706.
138 BVerwGE 8, 264 ff.
139 Zu den Besonderheiten des Leistungsbescheids s. *Rubel*, JA 1990, 86 Ü ff.

438 Einen Spezialfall des feststellenden VAs bildet der **streitentscheidende** VA. Er bildet den Abschluss eines gerichtsähnlichen Verfahrens, in dem eine Behörde über eine streitige Rechtslage oder ein streitiges Rechtsverhältnis in Anwendung des geltenden Rechts entscheidet.

Beispiel: Auf Grund eines nordrhein-westfälischen Neugliederungsgesetzes, welches das Gebiet von „alten" Städten und Kreisen „neuen" Gebietseinheiten zuordnet, sind die (früheren) Regierungspräsidenten (Mittelinstanz der staatlichen Verwaltung, s. Rn 75) befugt, bei Meinungsverschiedenheiten über die Zuordnung von Rechten und Verbindlichkeiten aus Gebietsänderungen zu entscheiden. Die alte Stadt A wird aufgelöst; ihr Gebiet wird in die neuen Städte X und Y eingemeindet. X und Y streiten darüber, wer die Schulden von A zu begleichen hat[140]. Die Entscheidung des Regierungspräsidenten über die Zuordnung der Schulden von A an X oder Y ist ein streitentscheidender VA.

439 Streitentscheidende VAe sind verfassungsrechtlich zulässig[141], wenn sie gesetzlich zugelassen sind[142]. Die Notwendigkeit gesetzlicher Zulassung beruht auf dem Umstand, dass Streitentscheidungen grundsätzlich Angelegenheit der Gerichte sind. Soll von diesem Grundsatz zugunsten einer Behörde eine Ausnahme begründet werden, bedarf es einer gesetzlichen Regelung. Fehlt sie, wäre – im Beispielsfall – der Streit zwischen X und Y folgendermaßen zu lösen: X verklagt Y vor dem zuständigen Verwaltungsgericht; X beantragt, das Gericht möge feststellen, dass Y die Schulden von A zu begleichen habe. Diese Klage ist nach der gesetzlichen Regelung unzulässig; zuerst muss der Regierungspräsident entscheiden. Dessen streitentscheidender VA ist gerichtlich voll überprüfbar[143].

440 Einen weiteren Spezialfall des feststellenden VAs stellt der **beurkundende** VA dar. Es geht bei ihm um die Eintragung eines Rechts in ein von einer staatlichen Stelle geführtes Verzeichnis; auf Grund der Eintragung kann in einem späteren Verfahren die Existenz des Rechts nicht widerlegt werden. In Letzterem liegt die Regelungswirkung. Normalerweise enthalten Beurkundungen Wissenserklärungen und sind deshalb kein VA.

Beispiel für einen beurkundenden VA: Die Eintragung eines alten Wasserrechts (zB das Recht zum Einleiten von Abwasser in einen Fluss) nach § 20 WHG (Sa. I Nr 845) in das Wasserbuch, § 87 Abs. 2 WHRSG. Ob die Eintragung einer Baulast (das Recht, ein anderes Grundstück in bestimmter Weise zu benutzen) in das Baulastverzeichnis einen beurkundenden VA darstellt, ist umstritten[144].

3. Vorläufige, einmalige und dauerhafte Regelungen

441 Mit Blick auf die Dauer der Regelung lassen sich drei Fälle von VAen unterscheiden: der vorläufige VA[145], der sich in einer einmaligen Regelung erschöpfende VA und der eine dauerhafte Regelung bezweckende VA.

---

140 Vgl OVG NW, NVwZ 1986, 1042.
141 BVerfGE 2, 280, 293 f.
142 BayVGH, DVBl 1977, 108, vgl auch BVerwG, GewArchiv 1991, 68 f, erläutert von *Dietlein*, JA 1993, 220 ff.
143 OVG NW, NVwZ 1986, 1042; *Andreae*, Der streitentscheidende Verwaltungsakt, 1986.
144 Bejahend OVG NW, BRS 33 Nr 156; verneinend VGHBW, VBlBW 1984, 281; *Lohre*, NJW 1987, 879 mwN.
145 Vgl hierzu *Beaucamp*, JA 2010, 247 ff; *Schröder*, JURA 2010, 255 ff.

Beispiele: Eine Leistungsbewilligung (Subvention) ergeht „vorbehaltlich des Ergebnisses der noch durchzuführenden Betriebsprüfung"[146]; Ziel der Bewilligung ist es, den Empfänger zu einem Zeitpunkt in den Genuss der Subvention gelangen zu lassen, in dem noch nicht endgültig feststeht, ob er die Voraussetzungen für die Subventionsbewilligung erfüllt – dieses ist der typische Fall eines **vorläufigen** VAs. – Der Polizeibeamte P fordert den Verkehrsteilnehmer A auf, an den Straßenrand zu fahren – dieses ist der typische Fall eines sich in einer **einmaligen** Regelung erschöpfenden VAs. – B wird zur Beamtin auf Lebenszeit ernannt – dieses ist der typische Fall einer **dauerhaften** Regelung.

Das hier als vorläufiger VA bezeichnete Phänomen ist in einer Vielzahl gesetzlicher Fälle normiert (zB die Steuerfestsetzung unter dem Vorbehalt der Nachprüfung, § 164 AO, die vorläufige Steuerfestsetzung, § 165 AO), wurde indessen nicht als vorläufiger VA bezeichnet. Diese Bezeichnung ist erst spät in den juristischen Sprachgebrauch eingeführt worden[147]. Diese Spezialfälle des VAs charakterisiert die Vorläufigkeit – also zeitliche Begrenztheit – einer behördlichen Entscheidung. Dem Adressaten der behördlichen Entscheidung ist erkennbar, dass die Behörde die vorläufige durch eine endgültige Regelung ersetzen wird. **442**

Die Rechtsprechung erlaubte und erlaubt[148] den vorläufigen VA und verband mit ihm vom „normalen" VA abweichende Rechtsfolgen. Die abweichenden Rechtsfolgen bestehen in folgendem (der Text enthält einen Vorgriff auf Späteres; dieser Vorgriff erfolgt, um darzustellen, warum die Rechtsprechung die neue Rechtsfigur vorläufiger VA „kreiert" hat): Zugunsten der Behörde wirkt 1. der Wegfall des Vertrauensschutzes (sowohl des Quasivertrauensschutzes nach § 48 Abs. 2 S. 6 und 7 als auch des Vertrauensschutzes im Rahmen des öffentlich-rechtlichen Erstattungsanspruchs), 2. der Wegfall der Befristung nach § 48 Abs. 4, 3. die Umkehrung der objektiven Beweislast – diese Schutzvorschriften „greifen" nicht, was sich zulasten des Bürgers auswirkt; ferner kann die Verwaltung früher handeln – dieses wirkt zugunsten des Bürgers, weil er früher in den Genuss der erstrebten Leistung gelangt. Aus der Sicht des Bürgers bringt der Einsatz eines vorläufigen VAs eine Begünstigung verbunden mit jenen Nachteilen – für die Verwaltung fehlen indes Nachteile: das war der Grund für die „Erfindung" des vorläufigen VAs[149]. Zu **definieren** ist der vorläufige VA folgendermaßen: Es handelt sich **(1.)** um die behördliche Regelung eines **(2.)** noch nicht abschließend ermittelten Sachverhalts unter dem **(3.)** Vorbehalt einer neuen Entscheidung auf der Basis des endgültig ermittelten Sachverhalts; die getroffene Entscheidung muss **(4.)** auf einer summarischen Prüfung beruhen. Das zuletzt genannte Tatbestandsmerkmal ist literarisch umstritten[150]. **443**

Nicht nur mit Blick auf die Definition, sondern insgesamt ist die „Rechtsfigur" vorläufiger VA literarisch umstritten. Problemfelder sind: Begriff des vorläufigen VAs; VA-Qualität, Abgrenzung zu anderen Handlungsformen, insb. zu den Nebenbestimmungen eines VAs; Zulässigkeitsvoraussetzungen eines vorläufigen VAs; Verwal- **444**

---

146 BVerwGE 67, 99; vgl hierzu auch OVG NW, DVBl 1991, 1365.
147 Durch BVerwGE 67, 99.
148 OVG NW, NJW 1998, 1010; BVerwGE 135, 238, 241 mwN.
149 S. ausführlich *Peine*, DÖV 1986, 850.
150 Hingewiesen sei insoweit auf die Ausführungen bei *Peine*, FS Thieme, 1993, S. 428 ff; zum Regelungsgehalt des vorläufigen VA s. *Schmehl*, VR 1998, 373. Neue Literatur zum vorläufigen VA behandelt *Peine*, JA 2004, 417.

tungsverfahren; Dogmatik des vorläufigen VAs. Vorläufige VAe sind nicht nach Belieben anwendbar, sondern nur, wenn eine bestehende Ungewissheit hierzu einen sachlichen Grund gibt; solche VAe dürfen auch nicht beliebig lang aufrechterhalten werden; es bedarf einer unverzüglichen Nachprüfung, sobald ein Vorbehaltsgrund entfällt[151]. Der Behörde dürfen keine Vorteile aus einer Verzögerung der Aufhebung solcher VAe erwachsen (zB Zinsen nach § 49a Abs. 3)[152].

445 Im Zusammenhang des vorläufigen VAs wird diskutiert der **vorsorgliche** VA als jüngstes „Produkt" im Recht des VAs. Das BVerwG[153] hat diesen Begriff kreiert. Es ging in dem Verfahren um die Kündigung eines schwer behinderten Arbeitnehmers. Obwohl seine Eigenschaft als Schwerbehinderter noch nicht feststand, widersprach die zuständige Behörde „vorsorglich" der außerordentlichen Kündigung. Das Gericht stellte die Zulässigkeit dieses Vorgehens fest und führte aus, dass derartige Entscheidungen vorsorgliche VAe seien, denen der Vorbehalt immanent sei, dass das Verfahren zu einer Feststellung der Schwerbehinderteneigenschaft des Arbeitnehmers führe. – Bei näherer Betrachtung der Entscheidungsgründe erweist sich der vorsorgliche VA indes als „normaler" VA, sodass dieser Begriff im Gegensatz zu der Bezeichnung vorläufiger VA keine neue eigenständige Handlungsform der Verwaltung charakterisiert. Die festgestellte Schwerbehinderteneigenschaft ist nach den Ausführungen im Urteil weder Voraussetzung für die Zuständigkeit der Hauptfürsorgestelle noch sonstige Entscheidungsvoraussetzung.

446 VAe **mit Dauerwirkung** erschöpfen sich nicht in einem einmaligen Ge- oder Verbot oder in einer einmaligen Rechtsgestaltung. Zwei Fälle dieses Typs von VA sind denkbar: die Erzeugung dauernder Rechtsfolgen zum einen sowie zum anderen die Begründung oder Änderung eines dauernden Rechtsverhältnisses.

Beispiele:

Erster Fall: Die Festsetzung laufender Geldleistungen, zB einer Rentenzahlung durch einen öffentlich-rechtlichen Versicherungsträger, oder die Zahlung von Sozialhilfe oder Wohngeld, §§ 2 ff WoGG (Sa. I Nr 385); es handelt sich um eine periodisch zu erfüllende Leistung, deren Höhe sich ändern kann (Rentenanpassung), die aber auch wegen Änderung der Anspruchsvoraussetzungen oder der persönlichen Voraussetzungen entfallen kann (nach einem Lottogewinn entfällt der Anspruch auf Sozialhilfe), dann endet der DauerVA.

Zweiter Fall: Ernennung zum Beamten; Beförderung eines Beamten; die Gewerbeerlaubnis nach §§ 30 ff GewO (im „Normalfall" ist die Ausübung eines Gewerbes erlaubnisfrei, s. § 1 Abs. 1 GewO, es bedarf lediglich der Anzeige nach § 14 Abs. 1 GewO); die Gewerbeuntersagung nach § 35 Abs. 1 GewO[154]; Fahrtenbuchauflage[155]; Verkehrszeichen[156]; Kiesabbaugenehmigung[157]. – Die Untersagung nach § 16 Abs. 2 HandwO ist kein VA mit Dauerwirkung[158].

Literatur: *Felix*, NVwZ 2003, 385 ff; *Wehr*, BayVBl 2007, 385 ff.

---

151 BVerwGE 135, 238, 243.
152 BVerwGE 135, 238, 243.
153 JZ 1989, 843 ff m. Anm. *Püttner*, JZ 1989, 846 f. S. auch *Sanden*, DÖV 2006, 811.
154 BVerwGE 22, 16, 23; 28, 202; NVwZ 1982, 503 f.
155 BVerwG, NJW 1979, 1055.
156 BVerwG, NJW 1980, 1640.
157 VGHBW, NuR 1984, 102, 104.
158 BayVGH, GewArchiv 1976, 333.

4. Einstufige und mehrstufige Regelungen

Diese Differenzierung ist orientiert an der **Zahl der Behörden**, die am Erlass eines VAs mitwirken. Von einem **einstufigen VA** ist zu sprechen, wenn für seinen Erlass nur eine Behörde zuständig ist. Dieses ist der Regelfall. Die Gesetze drücken das häufig durch die Worte „zuständige Behörde" aus. **447**

Beispiel: § 47 Abs. 1 S. 1 KrWG: „Die zuständige Behörde überprüft in regelmäßigen Abständen…"

Bei einem **mehrstufigen VA** wirken mehrere Behörden bei seinem Erlass zusammen. Von einem **mehrstufigen VA**[159] ist indes nur dann auszugehen, wenn die für den Erlass des VAs zuständige Behörde die **Zustimmung** der mitwirkungsberechtigten Behörde benötigt; es gibt auch schwächere Formen der Mitwirkung. Von der Notwendigkeit der Zustimmung ist auszugehen, wenn das Gesetz entweder den Begriff „Zustimmung" selbst (die Gesetze nutzen diesen Begriff bei Vorliegen eines Hierarchieverhältnisses) oder den Begriff „Einvernehmen" (die Gesetze gebrauchen diesen Begriff bei der Mitwirkung gleichgestellter Körperschaften oder Organe) verwendet. **448**

Beispiele: § 9 Abs. 2 S. 1 BFStrG: „Im Übrigen bedürfen Baugenehmigungen oder nach anderen Vorschriften notwendige Genehmigungen der Zustimmung der obersten Landesstraßenbaubehörde, wenn 1. …"; § 36 Abs. 1 S. 1 BauGB: „Über die Zulässigkeit von Vorhaben nach den §§ 31 … wird im bauaufsichtlichen Verfahren von der Baugenehmigungsbehörde im Einvernehmen mit der Gemeinde entschieden."

Eine weniger starke Form der Mitwirkung drücken die Gesetze durch das Wort **„Benehmen"** aus. **449**

Beispiel: § 2 Abs. 3 S. 2 LBodschAG BW[160]: „Bei behördlichen Gestattungen ist das Benehmen mit der Bodenschutz- und Altlastenbehörde herbeizuführen."

Ist „Benehmen" gesetzlich angeordnet, kann die mitwirkungsberechtigte Behörde die eigenen Vorstellungen zu der in Frage stehenden Maßnahme vortragen; ein Recht auf Zustimmung hat sie nicht[161]. Andere Formen der Mitwirkung sind die **Beratung**, **450**

Beispiel: § 33 Abs. 1 ProdSG (Sa. Ergänzungsband Nr 803): „Beim Bundesministerium für Wirtschaft und Soziales wird ein ‚Ausschuss für Produktsicherheit eingesetzt. Abs. 2 Nr 1: Der Ausschuss hat die Aufgaben, die Bundesregierung in Fragen der Produktsicherheit zu beraten";

die **Anhörung**, **451**

Beispiel: § 48 BImSchG: „Die Bundesregierung erlässt nach Anhörung der beteiligten Kreise, § 51, mit Zustimmung des Bundesrates zur Durchführung dieses Gesetzes … allgemeine Verwaltungsvorschriften …";

sowie die **Abgabe von Stellungnahmen**, **452**

Beispiel: § 7 UVPG: „Die zuständige Behörde unterrichtet die Behörden … und holt ihre Stellungnahmen ein."

---

159   S. dazu *Weidemann*, VR 2000, 95–97.
160   V. 14.12.2004, GVBl. 2004, S. 908.
161   BVerwG, DVBl 1983, 1002 f.

453 Von der mehrstufigen Regelung bzw dem mehrstufigen VA ist scharf zu trennen die mehrstufige Verwaltungsentscheidung. Es handelt sich bei ihr um nacheinander geordnete Vor- und Zwischenentscheidungen, die Teilregelungen enthalten und damit TeilVAe sein können. Sie gibt es im bauordnungsrechtlichen, atomrechtlichen und immissionsschutzrechtlichen Genehmigungsverfahren. Im Baurecht wird eine solche Teilgenehmigung Teilbaugenehmigung genannt.

Beispiel: § 59 Abs. 1 BbgBO: „Vor Einreichung des Bauantrages kann die Bauaufsichtsbehörde einzelne … Fragen zu einem Bauvorhaben durch schriftlichen Vorbescheid beantworten." S. ferner § 8 BImSchG; für einen Vorbescheid § 9 Abs. 1 BImSchG: „Auf Antrag kann durch Vorbescheid über einzelne Genehmigungsvoraussetzungen sowie über den Standort der Anlage entschieden werden, sofern …".

454 Bei einem mehrstufigen VA stellt sich die Frage, ob der Mitwirkungsakt der beteiligten Behörde eigene VA-Qualität besitzt, oder ob er lediglich als eine dem Verwaltungsinternum angehörende Handlung anzusehen ist. Bedeutsam für die Abgrenzung zwischen Verwaltungsinternum und selbstständigem VA ist das Merkmal „Außenwirkung", s. dazu oben Rn 378 ff.

5. Zustimmungsfreie und zustimmungsbedürftige (mitwirkungsbedürftige) Regelungen

455 Diese Differenzierung stellt auf die **Notwendigkeit der Mitwirkung** des Adressaten des VA vor dessen Erlass und auf die Mitwirkung von Dritten ab. Den Normalfall kennzeichnet das Recht der Behörde, ohne Rücksicht auf den Willen des Adressaten den VA zu erlassen.

Beispiel: Die Aufforderung des Polizisten an den Verkehrsteilnehmer A, sein Auto am Straßenrand zwecks Durchführung einer Verkehrskontrolle zu parken, ist unabhängig vom Einverständnis des A rechtmäßig.

456 Die Mitwirkung des Bürgers am Erlass eines VAs kann verfahrensrechtlicher oder auch materiell-rechtlicher Art sein. Die verfahrensrechtliche Mitwirkung kommt in der Regel zum Ausdruck durch die Pflicht, einen Antrag auf Erlass des VAs zu stellen.

Beispiele: § 62 Abs. 1 S. 1 BbgBO: Der Bauantrag bedarf der Schriftform, damit ist die Erteilung einer Baugenehmigung antragsbedingt; alle sozialrechtlichen Leistungen setzen (de facto, nicht de jure) einen Antrag voraus, weil der Anspruchsteller den Nachweis seiner Berechtigung führen muss; (de jure und de facto) jede Berechtigung oder Begünstigung, weil dem Staat verboten ist, sie demjenigen aufzudrängen, der sie nicht wünscht[162].

457 Eine materiell-rechtliche Mitwirkung von Bürgern am Erlass eines VAs ist gegeben, wenn der Adressat selbst oder ein Dritter dem Erlass zustimmen muss.

Beispiele: Bei auf Antrag ergehenden VAen ist im Antrag konkludent die materiell-rechtliche Zustimmung des Adressaten enthalten, dass der VA erlassen werden soll; die Widmung eines Privathauses zu einem öffentlichen Zweck (in einem A gehörenden Schloss wird ein von der Gemeinde unterhaltenes Jugendheim eingerichtet) setzt die Zustimmung des Eigentümers voraus.

---

162 OVG NW, NJW 1976, 688 f.

Ein VA, der eine zustimmungsbedürftige Begünstigung des Adressaten regelt, heißt **458** **zustimmungsbedürftiger** VA. Ist dieser VA antragsbedingt (verfahrensrechtliche Mitwirkung), spricht man auch vom **antragsbedingten** VA. Die Begriffe „mitwirkungsbedingter VA" und „antragsbedingter VA" werden häufig identifiziert. Diese Gleichsetzung ist indes nicht vollständig richtig, da auch dann, wenn die Gesetze die Notwendigkeit eines Antrags nicht festlegen, eine Mitwirkung des Adressaten in Betracht kommt: dann, wenn mit einer Berechtigung eine Belastung verbunden ist. Während die antragslose Gewährung einer Begünstigung noch vorstellbar erscheint, ist sie in Kombination mit einer Belastung ausgeschlossen.

Beispiel: Die Gewährung einer Subvention an einen Unternehmer unter der Bedingung, die Produktion umzustellen; während die Geldzahlung für den Unternehmer positiv ist, ist eine Produktionsumstellung mit Nachteilen verbunden: Umschulung der Produktionsarbeiter, Suche nach neuen Kunden etc. Diese Begünstigung/Belastung muss der Unternehmer freiwillig nicht akzeptieren.

Mitwirkungsbedürftige, den Rechtskreis des Bürgers einschränkende VAe **459**

Beispiel: die zuvor aufgeführte Widmung des Schlosses zum Jugendheim

werden häufig **VA auf Unterwerfung** genannt[163]. In diesem Zusammenhang ist der Begriff sinnlos. Er drückt das Gewollte nicht aus. Durch den VA wird sein Adressat „unterworfen". Darum geht es hier aber nicht: Die Gestaltung einer Sachlage durch die Verwaltung ist vom Willen des Bürgers abhängig; folglich „unterwirft" sich die Behörde. Sie ist aber nicht Adressat, sondern Produzent des VAs.

Weiteres **Beispiel:** Nach dem Filmförderungsgesetz werden Filmprojekte mit nicht rückzahlbaren Prämien subventioniert, wenn die Filmherstellung in bestimmter Zeit erfolgt. Die Bewilligung erfolgt durch einen VA.

Diesen VA nennen der BGH[164] und das BVerwG in diesem Fall sowie in anderen **460** Subventionsfällen[165] VA auf Unterwerfung, um im Falle des Fehlschlags der Subvention ihre Rückforderung zu begründen; die Möglichkeit der Rückforderung soll der VA auf Unterwerfung leisten. Diese Konstruktion ist überflüssig, weil sich die Rückforderung mit einer Nebenbestimmung zum VA (Bedingung, Befristung) – dazu unten Rn 501;– problemlos erreichen lässt[166].

6. Personale und dingliche Regelungen

Die Unterscheidung zwischen personalen und dinglichen Regelungen stellt auf die **461** Rechtsnatur der Adressaten eines VAs ab. Personale VAe regeln unmittelbar das Verhalten oder die Rechtsstellung von Personen. Der dingliche VA erfasst Einzelfallregelungen, die sich auf einen öffentlich-rechtlichen Zustand eines Gegenstands beziehen; Adressat ist deshalb – wenn man so will – eine Sache. Korrekter ist es freilich, von einem „adressatlosen" VA zu sprechen.

---

163   Vgl *Kirchhof*, DVBl 1985, 653.
164   BGHZ 57, 130.
165   BVerwG, NJW 1969, 809.
166   Ebenso *Maurer*, § 17 Rn 29.

Beispiele: die Widmung, die Entwidmung, all die Fälle, die § 35 S. 2 zweite Variante – die sachbezogene Allgemeinverfügung – betreffen.

462   Auch wenn der Gesetzgeber den dinglichen VA anerkannt hat, ist keineswegs klar, was unter ihm zu verstehen ist. Rechtstheoretisch ist die Annahme sachbezogener Rechtsverhältnisse kaum nachvollziehbar[167]. Der Begriff dinglicher VA kann deshalb nur dann eine sinnvolle Funktion haben, wenn man ihn als Umschreibung der Summe von VAen begreift, deren Adressaten durch eine Beziehung zu einer Sache bestimmt sind[168].

463   Die hier behandelte Differenzierung mag analytisch bedeutungsvoll sein, für Sachaussagen und an sie geknüpfte Rechtsfolgen ist sie irrelevant. Insbesondere kann mit ihr die Rechtsnachfolge in öffentlich-rechtliche Rechte und Pflichten nicht begründet werden[169]. Die Rechtsfigur dinglicher VA sollte aufgegeben werden[170].

7.   Unabhängige und abhängige (akzessorische) Regelungen

464   Diese Differenzierung knüpft daran an, ob die **Wirksamkeit** eines VAs vom Erlass eines anderen VAs abhängt. Das ist normalerweise nicht der Fall: Ein beliebiges Gebot setzt die Existenz eines vorangegangenen Gebots nicht voraus. Ausnahmsweise ist aber ein VA von einem anderen abhängig oder akzessorisch:

Beispiele: eine Auflage (die Nebenbestimmung „Auflage" ist ein VA, s. dazu unten Rn 528); Androhung eines Zwangsmittels[171]; Gebührenbescheid[172]; eine Kostenlastentscheidung nach § 80; eine Einziehungsverfügung ist abhängig von der Pfändungsverfügung[173].

8.   Gebundene und Ermessensregelungen

465   Mit dieser Unterscheidung wird abgestellt auf den Grad der **Gesetzesgebundenheit** der Verwaltung. Es ist zu trennen zwischen einer strikten Gesetzesbindung und der (relativen) Freiheit zum Gesetzesvollzug: Ermessen. Ein gebundener VA muss bei Vorliegen der gesetzlichen Tatbestandsvoraussetzungen erlassen werden.

Beispiel: Nach § 6 BImSchG ist die Genehmigung zu erteilen, wenn …

466   Ermessensakte sind gegeben, wenn sie in Vollzug von Normen ergehen, die einen Tatbestand regeln, bei dessen Erfüllung ein VA ergehen **kann**. Ob die Verwaltung den VA erlässt, liegt in ihrem Ermessen.

Beispiel: § 8 Abs. 1 StAG: „Ein Ausländer, der sich im Inland niedergelassen hat, kann … auf seinen Antrag eingebürgert werden, wenn er …".

467   Zum Problem „Ermessen der Verwaltung" Rn 201 ff.

---

167   Vgl *Rupp*, S. 17, 166, 223.
168   *Peine*, DVBl 1980, 947; *Schenke*, GewArchiv 1976, 3.
169   S. *Peine*, DVBl 1980, 947.
170   S. aber HessVGH, NVwZ 1998, 1315 ff und zu dieser Entscheidung *Volkmann*, JuS 1999, 544 ff.
171   BayVGH, NJW 1982, 460.
172   OVG NW, KStZ 1984, 217.
173   VGHBW, NJW 1984, 253.

9. Präventive und repressive Kontrollregelungen

Mit Blick auf das Erlaubtsein eines bestimmten Tuns kennt das öffentliche Recht unter dem Aspekt der staatlichen Genehmigung dieses Tuns drei unterschiedliche Fälle: das **genehmigungsfreie** Handeln, das **anzeigepflichtige** Handeln und das **genehmigungsbedürftige** Handeln. **468**

Beispiele: Das Sich-Fortbewegen auf öffentlichen Straßen ist genehmigungsfrei, weil an öffentlichen Straßen der sog. Gemeingebrauch besteht; § 7 Abs. 1 S. 1 BFStrG: „Der Gebrauch der Bundesfernstraßen ist jedermann im Rahmen der Widmung und der verkehrsbehördlichen Vorschriften zum Verkehr gestattet, (Gemeingebrauch)." – Der Betrieb eines Gewerbes ist jedermann gestattet, weil Gewerbefreiheit herrscht; § 1 Abs. 1 GewO stellt fest: „Der Betrieb eines Gewerbes ist jedermann gestattet, soweit nicht durch dieses Gesetz Ausnahmen oder Beschränkungen vorgeschrieben oder zugelassen sind." Aus verschiedenen Gründen, zB der Gewerbeüberwachung, schreibt § 14 Abs. 1 S. 1 GewO vor: „Wer den selbstständigen Betrieb eines stehenden Gewerbes ... anfängt, muss dies der für den betreffenden Ort zuständigen Behörde gleichzeitig anzeigen." Damit ist der Beginn eines jeden Gewerbes anzeigepflichtig, es sei denn, das spezielle Gewerbe ist genehmigungspflichtig, §§ 30 ff GewO. – Bestimmte Tätigkeiten sind immer genehmigungspflichtig; neben den in den §§ 30 ff GewO aufgezählten zB solche, von denen eine Gefahr für Mensch oder Umwelt ausgehen kann; § 8 Abs. 1 S. 1 und 2 GenTG: „Gentechnische Arbeiten dürfen nur in gentechnischen Anlagen durchgeführt werden. Die Errichtung und der Betrieb gentechnischer Anlagen ... bedürfen der Genehmigung (Anlagengenehmigung)".

Die Genehmigung dient der Kontrolle des beabsichtigten Tuns. Vor Erteilung einer Genehmigung ist dieses Tun verboten. Die Genehmigung hebt dieses Verbot auf. Insoweit sind zwei Fälle zu unterscheiden: **(1.)** Der Antragsteller hat auf die Erteilung der Genehmigung bei Erfüllung der gesetzlichen Voraussetzungen einen Anspruch; **(2.)** trotz der Erfüllung der gesetzlichen Voraussetzungen steht die Erteilung der Genehmigung im behördlichen Ermessen. An dieser Rechtslage ist die Differenzierung orientiert. Sie knüpft an die unterschiedliche Pflicht der Behörde zur Aufhebung von Verboten an. **469**

Beispiele: § 6 BImSchG: „Die Genehmigung ist zu erteilen, wenn ..."; § 11 GenTG: „Die Genehmigung zur Errichtung und zum Betrieb einer gentechnischen Anlage ... ist zu erteilen, wenn ..." – § 31 Abs. 2 BauGB: „Von den Festsetzungen des Bebauungsplans kann befreit werden, wenn ...".

Den ersten Fall nennt man Kontrollerlaubnis oder Eröffnungskontrolle, den zweiten Ausnahmebewilligung.

Präventive Kontrollregelungen bzw Eröffnungskontrollen gibt es, weil die Behörde vorweg prüfen soll, ob ein beantragtes Vorhaben den Vorschriften des öffentlichen Rechts entspricht. Wird diese Entsprechung festgestellt, muss die Behörde die Genehmigung erteilen. Das gesetzlich ausgesprochene Verbot steht somit unter dem Vorbehalt seiner Aufhebung bei Erfüllung der gesetzlichen Voraussetzungen. Deshalb werden die einschlägigen Regelungen als **Verbote mit Erlaubnisvorbehalt** charakterisiert. Der Erlaubnisvorbehalt kommt sachlich nur dann zum Tragen, wenn Versagungsgründe für ein Erteilen der Genehmigung vorliegen. **470**

Die präventive Kontrolle existiert, um Investoren zu schützen: Dürfte jedermann ohne vorherige Genehmigung ein Vorhaben realisieren und hätte die Behörde nach der Durchführung der Arbeiten nur das Recht, das Werk daraufhin zu kontrollieren, ob es **471** dem öffentlichen Recht entspricht, so könnten häufig festgestellte Mängel nur durch eine Beseitigung des Werks behoben werden; für den Investor wäre dieses Ergebnis katastrophal.

Beispiel: X errichtet ein Gebäude an einem Ort, der planungsrechtlich als Parkanlage festgesetzt ist, s. § 9 Abs. 1 Nr 15 BauGB; die Einhaltung des Rechts ist nur durch Abriss des Gebäudes zu sichern. Nach geltendem Recht benötigt X eine Baugenehmigung; im Baugenehmigungsverfahren wird die Bebaubarkeit des in Aussicht genommenen Geländes geprüft; ist es nicht bebaubar, wird X die Baugenehmigung versagt und er vor Fehlinvestitionen bewahrt.

472 In formeller Hinsicht ist die positive Eröffnungskontrolle ein begünstigender und rechtsgestaltender VA, in materieller Hinsicht gibt dieser VA dem Bürger nichts, weil er das Gewollte ohnehin schon verfassungsrechtlich realisieren darf wegen der verfassungsrechtlichen Schutz genießenden allgemeinen Gewerbefreiheit bzw Unternehmerfreiheit[174] oder der Baufreiheit[175]. Diese materielle Seite der Eröffnungskontrolle bedingt mehrere Folgen: Die Ablehnung der Erlaubnis ist ein Eingriffsakt und unterliegt strikter gesetzlicher Bindung; es ist Sache der Verwaltung, eine fehlende Genehmigungsvoraussetzung nachzuweisen; die rechtswidrige Ablehnung eines Antrags ist entschädigungsrechtlich bedeutsam; ein ohne Genehmigung errichtetes Bauwerk darf erst dann beseitigt werden, wenn es materiell nicht genehmigungsfähig ist[176].

473 Die Ausnahmebewilligung existiert, um im Einzelfall Härten, die ein generelles gesetzliches Verbot bestimmten Tuns zur Folge hat, abzumildern. Wird ein Härtefall festgestellt, kann die Behörde ein an sich verbotenes Tun erlauben. Das gesetzlich ausgesprochene generelle Verbot steht somit unter dem Vorbehalt der Erteilung einer Ausnahme im Einzelfall. Deshalb werden die einschlägigen Regelungen **repressive Verbote mit Befreiungsvorbehalt** genannt. Der Befreiungsvorbehalt kommt sachlich nur dann zum Tragen, wenn gesetzlich genannte Gründe für die Befreiung vorliegen.

474 Die Ausnahmebewilligung existiert, um in Ausnahmefällen die Handlungsmöglichkeiten des Bürgers über das gesetzlich Geregelte hinaus zu erweitern. Sie ist deshalb in formeller wie materieller Hinsicht ein begünstigender VA.

475 Im Einzelfall kann auf die Erteilung der Ausnahmebewilligung ein Anspruch bestehen. Der Anspruch ergibt sich dann, wenn die Versagung der Ausnahmebewilligung gegen den Grundsatz der Verhältnismäßigkeit verstößt[177].

10. Der transnationale Verwaltungsakt

476 Unter dem Begriff transnationaler VA wird ein VA eines Mitgliedstaats der Europäischen Union verstanden, der von den anderen Mitgliedstaaten anzuerkennen ist und der deshalb in den anderen Mitgliedstaaten Rechtswirkungen entfaltet[178].

---

174 Art. 12 Abs. 1 GG: BVerfGE 50, 292, 362.
175 S. *Peine*, Öffentliches Baurecht, § 9 D.
176 S. *Peine*, Öffentliches Baurecht, § 17 F.
177 S. *Schwabe*, JuS 1973, 133 ff; *Gusy*, JA 1981, 80 ff. – Einschlägige **Rechtsprechung**: BVerfGE 20, 150 (zum VersG); BVerwGE 41, 1, 5 ff (zu einem Vertrag mit Wertsicherungsklauseln); BVerwGE 71, 324 (zu einem Verbot des Reitens im Walde).
178 *Nessler*, NVwZ 1995, 863 ff. Zum Vollzug des Unionsrechts durch grenzüberschreitende Kooperation s. *Sydow*, DÖV 2006, 66 ff.

Der transnationale VA wird mit dem Ort seiner Entdeckung – dem Europäischen Unionsrecht – in Verbindung gebracht, obwohl es bereits früher ihn betreffende Fälle gab: Die Verleihung der Staatsangehörigkeit oder die Anerkennung des Führerscheins nach dem Wiener Übereinkommen über den Straßenverkehr veranschaulichen, dass dieses Rechtsinstitut dem Völker- und Völkergewohnheitsrecht bekannt ist.

477

Der transnationale VA basiert auf dem Anerkennungsprinzip. Dieses Prinzip findet nicht auf alle nationalen Verwaltungsentscheidungen Anwendung. Maßgeblich ist, dass die Entscheidung auf der Grundlage von Regelungen ergeht, die EU-Richtlinien in nationales Recht umsetzen. Dort, wo Richtlinien das Anerkennungsprinzip vorsehen, muss die Verwaltung jedes Mitgliedstaats eine Verwaltungsentscheidung eines anderen Mitgliedstaats in der Weise anerkennen, als hätte sie selbst den VA erlassen.

478

Die unionsweite Anerkennung erfolgt auf der Grundlage unterschiedlicher Regelungstechniken. Nach dem Prinzip der gegenseitigen Anerkennung (von Zeugnissen, Diplomen, akademischen Graden) vermittelt die Transnationalität ein staatlicher Akt. Bei der echten Transnationalität (Herkunftsland-Prinzip) ist die unionsweite Wirkung einer Maßnahme allein von einer Verwaltungsentscheidung im Herkunftsland abhängig. Denkbar ist auch eine Transnationalität unter Prüfungsvorbehalt, bei der einzelne Prüfungsfragen der mitgliedstaatlichen Entscheidung überlassen bleiben.

479

Die Anerkennung setzt voraus, dass der ausländische VA rechtmäßig ist und sowohl der Gesetzgebungsstandard als auch die Verwaltungspraxis in den einzelnen Mitgliedstaaten ein vergleichbares Niveau haben.

480

Für die Rechtmäßigkeitsvoraussetzung ist das Recht des Mitgliedstaats maßgeblich, dessen Behörden den VA erlassen haben. Ohne Bedeutung für die Rechtmäßigkeit des VAs muss die Rechtsordnung des anerkennenden Mitgliedstaats bleiben; anderenfalls würde das Ziel verfehlt, eine unionsweit gültige behördliche Maßnahme zu schaffen.

481

Von praktischer Bedeutung ist in diesem Zusammenhang das Problem eines fehlerhaften transnationalen VAs. Aus dem Grundsatz des Richtlinienrechts, dass nur rechtmäßige VAe transnational wirken, ergibt sich der Schluss, dass rechtswidrigen VAen diese Wirkung nicht zukommt. Dieser Ausgangspunkt führt zur Frage, ob eine nationale Behörde einen transnationalen VA ignorieren kann, wenn sie ihn für rechtswidrig hält. Die Frage ist zu verneinen. Eine Verwerfungskompetenz muss wegen des Zwecks des Rechtsinstituts transnationaler VA abgelehnt werden. Aus Effektivitätsgesichtspunkten darf die Verwerfungskompetenz ausschließlich den Gerichten des Mitgliedstaats zustehen, dem der transnationale VA entstammt; denn die Rechtsordnung dieses Mitgliedstaats ist für die Beurteilung der Rechtmäßigkeit des VAs maßgeblich. Als Ergänzung kann daher festgehalten werden, dass auch rechtswidrige VAe eine transnationale Wirkung haben und von allen Behörden zu beachten sind, solange sie ein Gericht des Ursprungslands nicht aufgehoben hat.

482

Die zweite Voraussetzung, vergleichbarer Regelungs- und Verwaltungsstandard, ist notwendig, damit das Anerkennungsprinzip keine Wettbewerbsverzerrungen zur Folge hat. Solche vergleichbaren Standards werden für die meisten Rechtsgebiete angenommen, in denen die Richtlinien das Anerkennungsprinzip enthalten. Ist das nicht

483

der Fall, wird ein Rechtsgebiet zuerst durch eine Koordinierungsrichtlinie angeglichen, bevor später eine Anerkennungsrichtlinie erlassen wird.

484 Besondere Relevanz haben Informationspflichten als Grundlage nachfolgender Überprüfung und gegebenenfalls Korrektur. Wichtig können auch Streitschlichtungsverfahren werden.

485 Es lassen sich folgende Typen transnationaler VAe unterscheiden: Neben der Aufteilung in „echte" transnationale VAe und solche, die einer Anerkennung im Zielstaat bedürfen (vermittelte transnationale VAe), ist zwischen adressatenbezogenen und wirkungsbezogenen transnationalen VAen zu differenzieren.

486 Adressatenbezogene Transnationalität ergibt sich aus der Tatsache, dass sich erlassende Behörde und Adressat des VAs in unterschiedlichen Staaten befinden. Grundlage dieser „Korrespondenzverwaltungsakte" bildet weniger die Harmonisierung, sondern vor allem die verbindliche grenzüberschreitende Behördenbeteiligung.

487 Die gängigste Erscheinungsform ist die wirkungsbezogene Transnationalität. Sie erfasst VAe, die in einem Staat gegenüber dort ansässigen Adressaten ergehen, aber über die Grenzen dieses Staats hinaus Rechtswirkungen entfalten. Der wirkungsbezogenen Transnationalität kann ein gewisser Automatismus innewohnen, wenn ein Anerkennungsakt der Verwaltung im Einzelfall fehlt, der von einem ausländischen „Grundakt" unterschieden werden kann.

488 Auch das harmonisierte Binnenmarktrecht der EU als Hauptanwendungsgebiet des kraft seiner Rechtswirkungen transnationalen VAs folgt diesem Regelungsmuster. Die Kommission erstreckt den Geltungsbereich des Anerkennungsprinzips auf alle Bereiche, die für die Verwirklichung der EU-Grundfreiheiten relevant sind.

Beispiel: Ein Beispiel für einen adressatenbezogenen transnationalen VA bildet die Abfallverbringungsgenehmigung nach der Verordnung (EWG) Nr 259/93 der Behörde des Bestimmungsstaats gegenüber dem Antragsteller im Versandstaat. An dem Verfahren beteiligen sich auch der Versandstaat und die Transitstaaten.

Beispiele für wirkungsbezogene transnationale VAe bilden die Zulassungsentscheidungen im Bereich der Niederlassungs- und Dienstleistungsfreiheit sowie die Anerkennung berufsqualifizierender Prüfungen; hier ergeht eindeutig ein Anerkennungsakt des Zielstaats.

489 Mit dem transnationalen VA werden Hindernisse für die Verwirklichung der Freiheiten der EU-Verträge beseitigt, die sich aus Unterschieden in den Rechtsordnungen der Mitgliedstaaten ergeben, ohne gleichzeitig die nationalen Rechtsordnungen im Detail harmonisieren und angleichen zu müssen. Mit Blick auf den Unionsbürger besteht der Sinn dieses Rechtsinstituts darin, ihnen die Ausübung der Grundfreiheiten des AEUV zu ermöglichen, Art. 45-66, und das Problem mehrfacher Genehmigungsverfahren in den Mitgliedstaaten zu lösen.

490 Die gegenseitige Anerkennung von VAen hat zur Folge, dass die Unterschiede in den nationalen Rechtsordnungen nicht mehr die Verwirklichung der Freiheiten des AEUV behindern.

Literatur: *Schmidt-Aßmann*, DVBl 1993, 924 und EuR 1996, 270; *Ruffert*, Die Verwaltung 2001, 457; *Kemper*, NuR 2013, 751 ff.

11. Der fiktive Verwaltungsakt

Unter einem fiktiven[179] VA ist die „Situation" zu verstehen, dass das Gesetz an das **491** Schweigen oder das Nichtstun einer Behörde regelmäßig nach Ablauf einer bestimmten Frist nach Antragstellung eine bestimmte Rechtsfolge knüpft: nämlich die, dass die Behörde an den Antragsteller einen VA gerichtet habe, dessen Inhalt sich aus dem Gesetz ergibt, welches die Rechtsfolge feststellt.

Von einem *fiktiven* VA ist in diesem Zusammenhang deshalb zu sprechen, weil be- **492** hördliches Schweigen keine Regelung darstellt bzw sich nicht als Regelung charakterisieren lässt: Regelung ist eine Willenserklärung, die einseitig, rechtsverbindlich und Rechtsfolgen festlegend einen Lebenssachverhalt ordnet. Danach liegt auf der Hand, dass derjenige, der schweigt, nichts regelt. Das Gesetz „erdichtet" bei Vorliegen seiner Tatbestandsvoraussetzungen einen von einer Behörde mit einem bestimmten Inhalt erlassenen VA. Das Gesetz betrachtet bei Vorliegen seiner Tatbestandsvoraussetzungen einen Sachverhalt als geregelt. Auf irgendeinen Willen der Behörde kommt es nicht an.

Die Fiktion entfällt, wenn die Behörde vor Fristablauf entscheidet. Einen zweiten Fall **493** mit der angesprochenen Rechtsfolge kennzeichnet, dass die Behörde aus rechtlichen Gründen nur innerhalb der vorgesehenen Bearbeitungsfrist handeln muss, weil zB die Antragsunterlagen unvollständig sind.

Im Rahmen der Durchsetzung der Dienstleistungsrichtlinie (DLRL) führte der Ge- **494** setzgeber eine ausdrückliche Regelung der Genehmigungsfiktion ein, § 42a. Diese Norm ist nicht auf den Anwendungsbereich der DLRL beschränkt, sondern allgemeingültig. Es werden bestimmte Grundsätze zur Genehmigungsfiktion aufgestellt. Zunächst kommt eine Genehmigungsfiktion nur in Betracht, soweit ein Fachgesetz diese Möglichkeit enthält; § 42a regelt nicht, in welchen Fällen eine Genehmigungsfiktion eintreten kann. Im Anwendungsbereich der DLRL ist die Möglichkeit einer Genehmigungsfiktion nicht zwingend einzuräumen (vgl Art. 13 Abs. 4 DLRL). § 42a Abs. 2 überlässt es auch den Fachgesetzen, zu regeln, unter welchen Umständen die Genehmigungsfiktion eintreten soll. Insbesondere die Frist, nach deren Ablauf die Fiktion eintreten soll, darf in Fachgesetzen geregelt werden. Nur für den Fall, dass eine solche Fristenregelung fehlt, beträgt die Frist nach § 42a Abs. 2 S. 1 drei Monate ab Beantragung einer Genehmigung. § 42a Abs. 2 regelt allgemeingültig, wann die Frist beginnt und unter welchen Umständen eine Fristverlängerung möglich ist. Die Fristverlängerung ist nur wegen der (fachlichen) Schwierigkeit des einzelnen Falls möglich, nicht dagegen wegen einer Arbeitsüberlastung[180]. Die Fristverlängerung ist vor Ablauf der Fiktionsfrist mitzuteilen. Auf Verlangen ist dem Betroffenen der Genehmigung schriftlich zu bescheinigen, ob und wann die Genehmigungsfiktion eingetreten ist, § 42a Abs. 3. Erforderlich ist zudem, dass der gestellte Genehmigungsantrag hinreichend bestimmt genug und vollständig ist („Fiktionsfähigkeit")[181].

Der Gesetzgeber nutzt die Rechtsfigur „fingierter VA" relativ häufig. Aus Gebieten **495** des öffentlichen Rechts, die für Studierende relevant sind, seien folgende Beispiele

---

179   Man liest auch: „fingierten", *S/B/S* § 35 Rn 52.
180   *Ziekow*, WiVerw 2008, 176, 189.
181   BT-Drs. 16/10493, S. 16; *Ziekow*, WiVerw 2008, 176, 188.

erwähnt: § 6 Abs. 4 S. 4 BauGB: die Genehmigung eines Flächennutzungsplans gilt als erteilt, wenn die Behörde sie nicht innerhalb einer Frist von drei Monaten unter Angabe von Gründen ablehnt. § 19 Abs. 3 S. 5 BauGB: die Teilungsgenehmigung gilt als erteilt, wenn sie nicht innerhalb einer Frist von drei Monaten abgelehnt wird. § 145 Abs. 1 S. 2 BauGB: Verweis auf § 19 Abs. 3 S. 5 BauGB, s. oben. § 15 Abs. 1 S. 5 PBefG: die Genehmigung gilt als erteilt, wenn sie nicht innerhalb der Frist versagt wird. § 8 Abs. 5a S. 1 TierSchG: die Genehmigung gilt als erteilt, wenn die Behörde nicht innerhalb der Frist entscheidet. – § 2 Abs. 6a BFStrG: fiktive Widmung einer Bundesfernstraße durch Verkehrsübergabe. § 81 Abs. 3, 4 AufenthG: bei Beantragung einer Verlängerung einer Aufenthaltsgenehmigung gilt der Aufenthalt des Ausländers bis zur Entscheidung der Ausländerbehörde als erlaubt. Zu den fiktiven VAen dürfte ferner die Regel des § 168 AO zählen, nach der die abgegebene Steueranmeldung der Steuerfestsetzung unter dem Vorbehalt der Nachprüfung gleich steht. Weitere Beispiele finden sich in § 6a Gewo, § 10 Abs. 1 S. 4 HwO.

496 Bei Eintritt der Fiktion wird nicht nur das Vorliegen eines wirksamen VAs fingiert, sondern auch die Existenz eines in einem ordnungsgemäßen Verwaltungsverfahren zustande gekommenen, wirksam allen betroffenen Beteiligten im Sinne des § 41 Abs. 1 bekannt gegebenen VAs. Der fingierte VA soll die Durchführung eines langwierigen Verwaltungsverfahrens ersparen.

497 Folge der Fiktionstechnik ist es ferner, dass auf den fingierten VA diejenigen Vorschriften unmittelbar Anwendung finden, welche an einen in einem ordnungsgemäßen Verwaltungsverfahren zustande gekommenen und allen betroffenen Beteiligten bekannt gegebenen VA Rechtsfolge knüpfen. Es gilt, wie soeben gesagt, § 41 Abs. 1; mit Eintritt der Fiktion ist der VA gegenüber allen betroffenen Beteiligten nach § 43 Abs. 1 S. 1 als wirksam und als auch die Behörde bindend anzusehen – es sei denn, er ist nach § 44 wegen inhaltlicher Rechtswidrigkeit nichtig oder er hat sich nach § 43 Abs. 2 erledigt. Gegenüber solchen Personen, die am die Fiktion auslösenden Verwaltungsverfahren nicht nach § 13 Abs. 2 beteiligt waren (zB Nachbarn), muss er gesondert bekannt gegeben werden, damit er ihnen gegenüber wirksam wird. Unmittelbare Anwendung finden auch die §§ 48 ff sowie die besonderen Vorschriften der VwGO, die an die Existenz eines VAs anknüpfen. Der fingierte VA ist mit Widerspruch und Anfechtungsklage angreifbar, unabhängig davon, ob die Fiktion durch Bundes- oder durch Landesrecht angeordnet wird. Mangels Rechtsbehelfsbelehrung gilt für ihn regelmäßig die Jahresfrist des § 58 Abs. 2 VwGO. Wenn über den Eintritt einer Fiktion eine Bescheinigung auszustellen ist, so ist diese Bescheinigung regelmäßig kein VA, es sei denn, die Bescheinigung würde mit Bindungswirkung über das Eintreten der Fiktion entscheiden.

498 Genehmigungsfiktionen können (nicht notwendigerweise müssen) den Interessen des Antragstellers einseitig Vorrang vor den Interessen Dritter einräumen; sie sind unter Berücksichtigung der Vorstellung eines gerechten Interessensausgleichs gefährlich. Genehmigungsfiktionen können aber auch im Einzelfall den Interessen des Antragstellers zuwiderlaufen; in der Praxis kann der drohende Ablauf einer bestimmten Frist zu beschleunigten Antragsablehnungen führen. Ferner besteht die Gefahr, dass fiktiven Genehmigungen eine lediglich eingeschränkte Bestandskraft zukommt, weil das Risiko ihrer Rechtswidrigkeit größer ist als bei einer Genehmigung, die tatsächlich erteilt wurde. Es ist nicht auszuschließen, dass das Vertrauen auf den Bestand eines fiktiven VAs in komplizierten Fällen als lediglich eingeschränkt schützenswert angesehen wird und deshalb im Rahmen des § 48 auch nur eingeschränkt zugunsten des Antragstellers wirkt. Materielle Rechtssicherheit könnten fiktive VAe nur gewähren, wenn mit ihnen eine Rechtmäßigkeitsfiktion verbunden wäre; sie ist freilich in keinem Gesetz angeordnet. Eine Rechtmäßigkeitsfiktion wäre nicht mit dem Grundsatz des Gesetzesvorrangs zu vereinbaren: Die Verwaltung könnte durch bloßes Abwarten Einfluss auf den materiell-rechtlichen Rahmen eines Vorhabens nehmen. Ausnahmsweise verleihen Fiktionen materielle Rechtssicherheit in den Fällen der obigen Beispiele § 2 Abs. 6a BFStrG und § 81 Abs. 3, 4 AufenthG; für parallel gelagerte Fällen trifft diese Aussage ebenfalls zu.

Literatur: *Caspar*, AöR 2000, 131 ff; *Oldiges*, UTR 2000, 52 f; *Uechtritz*, DVBl 2010, 684 ff; *Guckelberger*, DÖV 2010, 109 ff; *Jäde*, UPR 2009, 169.

V. Nebenbestimmungen zum Verwaltungsakt

> **Fall 10:** Die Sizilianer Andrea Rossi und Gabriele Di Napoli erhalten auf ihre Anträge hin die deutsche Staatsbürgerschaft. In den Einbürgerungsurkunden sind folgende Aussagen enthalten: 1. Sie werden verpflichtet, Ihren ersten Wohnsitz in Berlin zu nehmen. 2. Sie sind verpflichtet, zu beantragen, Ihren nach deutschem Sprachgebrauch weiblichen Vornamen in einen nach deutschem Sprachgebrauch männlichen ändern zu lassen. Sind diese Aussagen zulässig? **Rn 538**
>
> **499**

> **Fall 11:** Die Ausländerin A erhält eine Aufenthaltserlaubnis für die Bundesrepublik. In der Erlaubnis wird ihr untersagt, als selbstständige Gewerbetreibende tätig zu sein. Welche Rechtsnatur besitzt diese Bestimmung? **Rn 539**
>
> **500**

Für den VA ist wesentlich seine Regelung. Die Regelung bildet die Hauptaussage: das primär von der Behörde als dem Produzenten des VAs Gewollte. Das Gewollte kann in bestimmter Weise begrenzt sein. Diese Begrenzung erfolgt durch eine Nebenaussage. **501**

Beispiele: Der Student S bekommt BAföG bewilligt, aber nur für einen bestimmten Zeitraum; A erhält eine Baugenehmigung, aber nur unter der Voraussetzungen, dass er eine naturschutzrechtliche Ausgleichsabgabe zahlt.

Solche Nebenaussagen nennt das VwVfG in § 36 „Nebenbestimmungen". § 36 Abs. 2 kennt fünf Nebenbestimmungen: die Befristung, die Bedingung, den Widerrufsvorbehalt, die Auflage und den Auflagenvorbehalt. **502**

In der verwaltungsbehördlichen Praxis spielen Nebenbestimmungen eine wesentliche Rolle. Sie dienen dem Ausräumen von Gründen, die einem Bescheid zugunsten eines Antragstellers entgegenstehen. **503**

Beispiel: A beantragt den Bau eines viergeschossigen Hauses, der Bebauungsplan sieht lediglich zweigeschossige Bauweise vor. Die Behörde erteilt die Genehmigung für einen zweigeschossigen Bau.

504 Im Beispielfall hätte die Behörde die Genehmigung unter Hinweis auf die Festsetzungen des Bebauungsplans ablehnen können, weil ein Versagungsgrund vorlag. Sie gibt dem Gesuch aber statt und räumt den Versagungsgrund durch eine Nebenbestimmung aus.

505 Nebenbestimmungen erleichtern das Miteinander von Verwaltung und Bürger, indem sie der Verwaltung ermöglichen, an Stelle eines schroffen „Nein" ein Konflikte reduzierendes „Ja, aber" zu sprechen.

506 § 36 greift die zuvor bei den Arten von VAen getroffene Unterscheidung von gebundenen und Ermessensakten (Rn 465) auf. Absatz 1 behandelt die Zulässigkeit von Nebenbestimmungen bei gebundenen VAen, Absatz 2 bei Ermessensentscheidungen.

507 Diese Regelungen greifen nur dann, wenn Spezialregelungen nicht vorgehen. Es gibt solche Spezialregelungen in großer Zahl.

Beispiel: § 17 BImSchG erlaubt nachträgliche Auflagen.

508 Hinzuweisen ist darauf, dass bestimmte VAe ihrer Natur nach nicht mit Nebenbestimmungen versehen werden können, zB die Beamtenernennung oder die Feststellung, dass eine Prüfung bestanden wurde.

Literatur: *Brenner*, JuS 1996, 281 ff; *Stürmer*, NWVBl 1996, 169 ff; *ders.*, DVBl 1996, 81 ff; *Schmidt*, NVwZ 1996, 1188 ff; *Fehling*, JA 1995, 945 ff; *Remmert*, VerwArchiv 1997, 112 ff; *Siekmann*, DÖV 1998, 525 ff; *Jahndorf*, JA 1999, 676 ff; *Axer*, JURA 2001, 748 ff; *Sproll*, NJW 2002, 3221; *Heitsch*, DÖV 2003, 367 ff; *Wagner*, JA 2008, 866 ff; *Hellriegel/ Malmendier*, DVBl 2010, 486 ff.

1. Die Zulässigkeit von Nebenbestimmungen bei gebundenen Verwaltungsakten

509 § 36 Abs. 1 erlaubt bei VAen, auf die ein Anspruch besteht, das Beifügen von Nebenbestimmungen nur in zwei Fällen. Grundsätzlich ist deshalb eine Nebenbestimmung nicht gestattet, weil sie eine Einschränkung des gesetzlich eingeräumten Anspruchs darstellt. Wenn ein gesetzlich eingeräumter Anspruch eingeschränkt werden soll, ist dafür eine eigenständige Ermächtigungsnorm erforderlich[182].

510 Der erste Fall des § 36 Abs. 1 ist an sich selbstverständlich: Die Beifügung der Nebenbestimmung ist gesetzlich zugelassen.

Beispiel: Nach § 6 BImSchG besteht bei Vorliegen der gesetzlichen Voraussetzungen ein Anspruch auf Erteilung einer Genehmigung zur Errichtung und zum Betrieb einer genehmigungsbedürftigen Anlage. § 12 Abs. 1 BImSchG lautet: „Die Genehmigung kann unter Bedingungen erteilt und mit Auflagen verbunden werden, soweit dies erforderlich ist, um die Erfüllung der in § 6 genannten Genehmigungsvoraussetzungen sicherzustellen." Absatz 2 lautet: „Die Genehmigung kann auf Antrag für einen bestimmten Zeitraum erteilt werden. Sie kann mit einem Vorbehalt des Widerrufs erteilt werden, wenn die genehmigungsbedürftige Anlage lediglich Erprobungszwecken dienen soll."

511 Im zweiten Fall ist das Beifügen einer Nebenbestimmung erlaubt, wenn sie sicherstellen soll, dass die gesetzlichen Voraussetzungen des VAs erfüllt werden. Manchmal

---

182 BVerwG, NJW 1980, 2266.

sagen die Gesetze dieses ausdrücklich, s. das gerade zuvor gebrachte Beispiel des § 12 Abs. 1 BImSchG. Der zweite Fall des § 36 Abs. 1 liegt vor, wenn im Zeitpunkt des Erlasses des VAs unsicher ist, dass die gesetzlichen Voraussetzungen erfüllt werden; das Beifügen der Nebenbestimmung ist das mildere Mittel im Verhältnis zur Ablehnung des VAs[183]. Die Nebenbestimmung kann sich nur auf einzelne offene Voraussetzungen des VAs beziehen[184].

512 Ein Anspruch auf den Erlass eines VAs mit Nebenbestimmung besteht grundsätzlich nicht[185]. Es liegt im Ermessen der Behörde, ob sie in dieser Weise entscheidet oder den Erlass des VAs ablehnt.

513 Wenn die Behörde dann, wenn die Voraussetzungen für den Erlass eines VAs vorliegen, befürchtet, dass in der Zukunft die Voraussetzungen entfallen könnten, muss sie gleichwohl den VA ohne Nebenbestimmung erlassen[186].

2. Die Zulässigkeit von Nebenbestimmungen bei Ermessensverwaltungsakten

514 Bei Ermessensverwaltungsakten ist das Beifügen einer Nebenbestimmung in der Regel möglich. Die Zulässigkeit dieses Vorgehens ergibt sich aus folgendem: Wenn die Behörde Freiheit besitzt, den VA überhaupt zu erlassen, muss sie auch frei sein, den VA mit einer Nebenbestimmung zu versehen.

515 § 36 Abs. 2 ist insoweit keine Ermächtigungsgrundlage. Deshalb darf auf seiner Basis nicht in Grundrechte eingegriffen werden.

516 Mit Hilfe von Nebenbestimmungen darf die Behörde den gesetzlichen Ermessensrahmen nicht ausdehnen.

517 § 36 Abs. 2 enthält einen Hinweis auf Absatz 1. Dieser Hinweis stellt klar, dass auch bei Ermessensentscheidungen die Einschränkungen des Absatzes 1 für die Sicherung der gesetzlichen Tatbestandsvoraussetzungen der Ermächtigungsnorm gelten[187]. Für den Erlass von Nebenbestimmungen gibt es ferner folgende Grenze: Innerhalb des Ermessensrahmens muss die Nebenbestimmung des Absatzes 2 ihre Rechtfertigung in dem Zweck des Gesetzes und der vom Gesetzgeber gewollten Ordnung der Materie finden[188].

3. Die einzelnen Nebenbestimmungen

a) Die Befristung

518 § 36 Abs. 2 Nr 1 definiert die Befristung als eine „Bestimmung, nach der eine Vergünstigung oder Belastung zu einem bestimmten Zeitpunkt beginnt, endet oder für einen bestimmten Zeitraum gilt". Die Rechtswirkungen des VAs hängen von einem

---

183 S. BVerwG, DVBl 1988, 299.
184 HessVGH, NVwZ 1989, 486.
185 BVerwG, NJW 1987, 2321.
186 OVG RP, DÖV 1989, 779.
187 S. BVerwG, NJW 1982, 1956.
188 BVerwG, DVBl 1982, 307; kritisch insoweit *Gusy*, JURA 1985, 578, 580.

zukünftigen **gewissen** Zeitpunkt ab: von einem Anfangstermin – aufschiebende Befristung – oder von einem Endtermin – auflösende Befristung[189]. Ein ungewisser Termin ist keine Befristung, sondern eine Bedingung (dazu unter Rn 521). Ein Zeitpunkt ist auch dann bestimmt, wenn er bestimmbar ist, zB der Beginn der Sommerferien in einem bestimmten Bundesland.

519　Das Merkmal „bestimmter Zeitraum" ist im Normalfall bedeutungslos. Ausnahmsweise kann es Relevanz besitzen, wenn die Zeiträume der Befristung nicht zusammenhängen.

520　Eine kraft Gesetzes bestehende Befristung braucht nicht in den VA aufgenommen zu werden.

Beispiel: Die wasserrechtliche Bewilligung wird nach § 14 Abs. 2 WHG für eine bestimmte angemessene Frist erteilt, die in besonderen Fällen 30 Jahre überschreiten darf; der Normalfall der Befristung ist deshalb 30 Jahre; diese Frist braucht in den Bewilligungsbescheid nicht aufgenommen zu werden.

b)　Die Bedingung

521　Die Bedingung ist nach § 36 Abs. 2 Nr 2 eine „Bestimmung, nach der der Eintritt oder der Wegfall einer Vergünstigung oder einer Belastung von dem ungewissen Eintritt eines zukünftigen Ereignisses abhängt". Der Unterschied zur Befristung liegt darin, dass die Rechtswirkungen von einem zukünftigen **ungewissen** Ereignis abhängig sind. Ebenso wie bei der Befristung gibt es bei der Bedingung zwei Fälle: die aufschiebende und die auflösende Bedingung.

522　Die bedingten Rechtswirkungen bleiben bis zum Eintritt der Bedingung in der Schwebe[190].

523　Gegenwärtige oder vergangene Umstände, die den Beteiligten oder der Behörde aber ungewiss sind, unterfallen nicht der Definition des § 36 Abs. 2 Nr 2. Zulässig ist es jedoch, durch eine Bedingung die zukünftige Beseitigung einer gegenwärtigen Ungewissheit zu regeln.

Beispiel: Die Wirksamkeit eines VAs wird von dem Ergebnis eines Sachverständigengutachtens abhängig gemacht.

524　Auch unechte oder sog. Potestativbedingungen sind Bedingungen iSd Gesetzes.

Beispiel: Die Baugenehmigung wird unter der aufschiebenden Bedingung erteilt, dass ein Erschließungsvertrag abgeschlossen werde[191].

c)　Der Widerrufsvorbehalt

525　Der Widerrufsvorbehalt ist nicht legaldefiniert. Es handelt sich der Sache nach bei dem Widerrufsvorbehalt um eine auflösende Bedingung[192]. Manchmal ist der Wider-

---

189　Ein Spezialproblem, nämlich die Verlängerung der Geltung eines befristeten VAs durch einen sog. VerlängerungsVA, behandelt *Schröder*, NVwZ 2007, 532 ff.
190　S. BVerwGE 29, 261.
191　OVG NW, BRS 35, Nr 150.
192　OVGBln, NJW 1964, 1152.

rufsvorbehalt gesetzlich zugelassen, s. das schon erwähnte Beispiel des § 12 Abs. 2 BImSchG. Eine bestimmte Form für den Widerrufsvorbehalt fehlt; es muss lediglich erkennbar bleiben, dass der VA unter Widerrufsvorbehalt erlassen werden sollte.

Das Erfordernis der Bestimmtheit ist bei einem uneingeschränkten Widerrufsvorbe- **526** halt, der keine Widerrufsgründe aufführt, auch dann eingehalten, wenn sich aus den Begleitumständen ergibt, dass nur mit einer bestimmten Reichweite ein Widerrufsvorbehalt ausgeübt werden soll[193].

Der Widerrufsvorbehalt macht den Adressaten des VAs darauf aufmerksam, dass der **527** VA jederzeit widerrufen werden kann. Ein Vertrauen des Adressaten des VAs darauf, dass der VA für alle Zeit bestehen werde, kann deshalb nicht entstehen[194].

d) Die Auflage

Nach § 36 Abs. 2 Nr 4 ist eine Auflage eine „Bestimmung, durch die dem Begünstig- **528** ten ein Tun, Dulden oder Unterlassen vorgeschrieben wird". Damit erfüllt die Auflage einen ähnlichen Zweck wie die Bedingung. Indes werden die Rechtswirkungen des VAs nicht von einem zukünftigen ungewissen Ereignis abhängig gemacht, sondern von einer eigenständigen Verpflichtung des Begünstigten des VAs. Die Auflage ist deshalb nicht nur Bestandteil des VAs, sondern eine zusätzliche Verpflichtung. Die Auflage ist selbst VA. Nebenbestimmung zu einem VA ist die Auflage deshalb, weil sie auf einen HauptVA bezogen ist; ihr Bestand und ihre Durchsetzbarkeit hängen von der Wirksamkeit des HauptVAs ab. Den Unterschied zwischen einer Bedingung und einer Auflage demonstriert der zivilrechtliche Grundsatz: „Die Bedingung suspendiert, zwingt aber nicht, die Auflage zwingt, suspendiert aber nicht"[195].

Die Unterscheidung zwischen Bedingung und Auflage war früher aus Rechtsschutz- **529** gründen bedeutsam. Die Bedingung war nicht selbstständig angreifbar, die Auflage als VA konnte eigenständig angefochten werden[196]. Obwohl für die Praxis bezweifelt wurde, dass der rechtssystematische Unterschied von Bedingung und Auflage bedeutsam sei, war aus dem genannten Rechtsschutzgrund eine Entscheidung zu treffen. Ob im Zweifel eine Bedingung oder eine Auflage gegeben ist, musste durch Auslegung entschieden werden. Maßgebend war der objektive Erklärungsinhalt[197].

Das BVerwG[198] und ihm folgend die untergerichtliche Rechtsprechung[199] und zum **530** Teil die Literatur[200] haben diese Auffassung aufgegeben und sind nunmehr der Ansicht, dass für die Anfechtbarkeit einer Nebenbestimmung ihre Rechtsnatur irrelevant sei, weil eine isolierte Anfechtungsklage gegen jede Nebenbestimmung zulässig ist. Diese Auffassung, die auf den ersten Blick eine starke Problemreduzierung ermöglicht, ist indessen nicht vollkommen erfreulich, weil es Situationen gibt, die eine iso-

---

193   BayVGH, NJW 1986, 1564 ff.
194   **Beispiel:** OVGBln, LKV 2002, 183 f.
195   S. *Ehlers*, Die Verwaltung 1976, 370 ff.
196   Zum Problem s. *Labrenz*, NVwZ 2007, 161 ff.
197   BVerwG, NJW 1989, 53 f; OVG NW, DVBl 1991, 1366 und BVerwG, NJW 1991, 651; BGH, NJW-RR 2001, 840 ff.
198   BVerwGE 60, 269; BVerwGE 112, 221 = NVwZ 2001, 429.
199   BremOVG, NordÖR 2011, 275; OVG NW, NVwZ 1993, 488; BayVGH, BayVBl 1980, 40.
200   *S/B/S*, § 36 Rn 59; weitere Nachweise bei *Kopp/Ramsauer*, § 36 Fn 197.

lierte Anfechtung einer Nebenbestimmung als sinnlos erscheinen lassen: wenn zB HauptVA und Nebenbestimmung untrennbar miteinander verbunden sind[201]. Ferner gibt es Probleme mit Blick auf die Begründetheit der Klage, auf die hier aus Gründen der Zielsetzung des Buchs nicht eingegangen wird.

e) Der Auflagenvorbehalt

531   Nach § 36 Abs. 2 Nr 5 kann ein VA mit einem „Vorbehalt der nachträglichen Aufnahme, Änderung oder Ergänzung einer Auflage" versehen werden. Erlaubt ist nach dem Gesetz folglich die rechtserhebliche Ankündigung, später werde noch eine Auflage ergehen oder eine bestehende Auflage geändert werden. Zulässig ist dieser Vorbehalt, weil die Auflage ein selbstständiger VA ist; ein selbstständiger VA kann auch nachträglich noch erlassen werden. Ein Auflagenvorbehalt kommt regelmäßig dann in Betracht, wenn die Behörde sich offen halten will, auf spätere Änderungen der Verhältnisse zu reagieren.

Beispiel: A erhält die Erlaubnis zum Betreiben einer Gaststätte. Die Behörde behält sich vor, eine Auflage zum Schutze der Nachbarschaft vor Lärm zu erlassen, wenn sich herausstellen sollte, dass die Nachbarschaft des Schutzes vor Lärm bedarf[202].

532   Die Funktion des Auflagenvorbehalts ist die gleiche wie die des Widerrufsvorbehalts: Schutzwürdiges Vertrauen soll nicht entstehen.

533   Die Rechtsnatur des Auflagenvorbehalts ist streitig: bloßer Hinweis, VA wie die Auflage, Vorverwaltungsakt, Unterfall des Widerrufsvorbehalts. M.E. sollte der Auflagenvorbehalt als eigenständiger VA angesehen werden, weil er eine eigenständige Regelung enthält[203].

f) Die „modifizierende" Auflage

534   Von einer modifizierenden Auflage spricht man, wenn die Nebenbestimmung nicht eine zusätzliche Leistungspflicht begründet, sondern den Inhalt des VAs qualitativ verändert.

Beispiel: A stellt den Antrag auf Erteilung einer Baugenehmigung zum Bau eines Hauses mit einem Flachdach; die zuständige Behörde genehmigt ihm den Bau eines Hauses mit einem Walmdach[204].

535   Der Grund für die Schaffung der sog. modifizierenden Auflage liegt darin, dass sie wegen ihres besonderen Charakters nicht isoliert anfechtbar und aufhebbar sein soll.

536   Genehmigt die Baubehörde – um im Beispiel zu bleiben – ein anderes Vorhaben als das beantragte, kann von einer Auflage keine Rede sein. M.E. sollte man die modifizierende Auflage aus dem Kreis der Nebenbestimmungen verbannen und einen Fall wie den beispielhaft angeführten nicht mehr als einen Fall der modifizierenden Auflage betrachten, sondern als ein Abweichen vom Bauantrag, dem unter dem Aspekt der

---

201   *Kopp/Ramsauer,* § 36 Rn 63.
202   Weiteres **Beispiel**: SaarlOVG, UPR 2003, 119.
203   S. zum Problem *Kloepfer,* Die Verwaltung 1975, 295 ff.
204   Weiteres **Beispiel** bei BVerwG, DÖV 1974, 380; s. auch *Weyreuther,* DVBl 1984, 365 ff; *Walther,* JA 1995, 106 ff.

Nebenbestimmungen eine Sonderrolle nicht zukommt. Wenn der VA im Verhältnis zum Antrag inhaltlich eingeschränkt oder verändert wird, erhält der Bürger nicht das Beantragte. Deshalb liegt eine modifizierte Genehmigung vor. Die Literatur distanziert sich deshalb von der Rechtsfigur „modifizierende Auflage". Auch das BVerwG scheint sich von dieser Rechtsfigur zu trennen[205]. Die Rechtsprechung verwendet auch den Begriff der Inhaltsbestimmung[206].

4. Die nachträgliche Beifügung einer Nebenbestimmung

Die nachträgliche Hinzufügung einer Auflage ist dann erlaubt, wenn dem VA ein Auflagenvorbehalt beigefügt war[207]. Bedingung, Befristung und Widerrufsvorbehalt können nachträglich nur hinzugefügt werden, wenn dieses ausdrücklich gesetzlich gestattet ist[208]. Die nachträgliche Hinzufügung einer Nebenbestimmung ohne gesetzliche Ermächtigungsgrundlage kommt einem Widerruf des HauptVA mit Neuerteilung unter der jeweiligen Nebenbestimmung gleich. Dieses ist rechtlich ausgeschlossen[209].

537

> **Lösung zu Fall 10 (Rn 499):** Die Einbürgerung erfolgt nach §§ 8 Abs. 1, 16 Abs. 1 StAG durch Aushändigung einer Urkunde. Inhaltliche Beschränkungen sieht das Einbürgerungsrecht nicht vor. Sie können deshalb nicht in Form von Nebenbestimmungen in die Urkunde aufgenommen werden. Die Einbürgerung ist also nebenbestimmungsfeindlich. Ferner verstößt die Pflicht zur Wahl eines bestimmten Wohnsitzes gegen Art. 11 Abs. 1 GG, die Pflicht zur Änderung des Vornamens gegen das allgemeine Persönlichkeitsrecht, welches Art. 2 Abs. 1 GG schützt.

538

> **Lösung zu Fall 11 (Rn 500):** Es soll sich bei der Untersagung der Aufnahme eines selbstständigen Gewerbebetriebs um eine modifizierende Auflage handeln, s. HessVGH, DÖV 1978, 137. Die Rechtsfigur „modifizierende Auflage" ist abzulehnen. Der Sache nach handelt es sich um eine einschränkende Regelung im Verhältnis zur beantragten Erlaubnis.

539

Literatur: Zum Rechtsschutz gegen Nebenbestimmungen *Hufen/Bickenbach*, JuS 2004, 867 ff.

VI. Die Bekanntgabe des Verwaltungsakts

> **Fall 12:** A hat bis zum 31.3. in der Bleibtreustraße 4 gewohnt und ist dann in die Meinekestraße 20 verzogen. Das Gewerbeaufsichtsamt, welchem die Adressenänderung entgangen ist, untersagt A am 1.5. in einem an die alte Adresse gerichteten Schreiben die Gewerbeausübung. Nachmieter des A ist B; dieser wirft den Brief in die Mülltonne. Ist die Gewerbeuntersagung wirksam geworden? **Rn 558**

540

---

205 BVerwGE 69, 37 ff; 85, 24 ff.
206 BVerwG, NVwZ 2009, 918 ff; VGHBW, NVwZ 1994, 709 ff.
207 S. SächsOVG, SächsVBl 2001, 145.
208 BVerwG, NVwZ 1988, 149.
209 Vgl *Gern/Wachenheim*, JuS 1980, 278. – Zum VA unter „Berichtigungsvorbehalt" s. *Axer*, DÖV 2003, 271 ff.

1. Die Bedeutung der Bekanntgabe

541 Die behördenintern getroffene Entscheidung muss wirksam werden: Das ist der Sinn eines VAs, er soll schon definitionsgemäß Außenwirkung entfalten. § 43 Abs. 1 S. 1 stellt dazu fest, dass ein VA gegenüber demjenigen, für den er bestimmt ist oder der von ihm betroffen wird, in dem Zeitpunkt wirksam wird, in dem er ihm bekannt gegeben wird. Die Bekanntgabe zählt zu den Essentialen eines VAs[210]. Die Modalitäten der Bekanntgabe regelt § 41. Die Bedeutung der Bekanntgabe liegt in einem Doppelten: Durch die Bekanntmachung erlangt der VA zum einem rechtliche Existenz[211] und damit Wirksamkeit (es sei denn, er ist nichtig, § 43 Abs. 3), zum anderen beendet die Bekanntgabe des VAs das Verwaltungsverfahren, welches auf die Erzeugung dieses VAs ausgerichtet war. Dazu näherhin:

a) Die rechtliche Existenz des Verwaltungakts

542 Voraussetzung für die Wirksamkeit von Staatsakten (ganz allgemein verstanden: VAe, Gesetze, Satzungen etc) ist immer, dass sie das Internum des Staats verlassen und in die Öffentlichkeit gelangen. Dieses gilt auch für den VA; dieser wird erst wirksam, wenn er dem Betroffenen bewusst zugänglich gemacht wird. Es gibt keine wirksamen geheimen Gesetze, Staatsverträge, VAe usw. Gesetze müssen zu ihrer Wirksamkeit im Bundesgesetzblatt, s. Art. 82 Abs. 1 GG, verkündet werden, für Landesgesetze gilt Gleiches (s. zB Art. 46 Abs. 2 VerfBln); völkerrechtliche Verträge bedürfen der Zustimmung durch Bundesgesetz, welches zu verkünden ist, und zwar im BGBl. II, s. Art. 59 Abs. 2 GG; VAe bedürfen der Bekanntmachung, § 43 Abs. 1 S. 1. Bedingung dafür, dass etwas wirksam wird, ist seine Existenz. Durch die Bekanntgabe wird der VA existent. Vor der Bekanntgabe existiert das, was später ein VA ist, noch nicht als VA, sondern lediglich als eine behördeninterne unverbindliche Entscheidung[212].

543 Das zuvor Gesagte verdeutlicht, dass zwischen der Existenz und der Wirksamkeit des VAs zu unterscheiden ist: Ersteres ist Voraussetzung für das Letztere; folglich muss die Frage nach der Existenz eines VAs auf der Grundlage anderer Regeln beantwortet werden als die Frage nach der Wirksamkeit des VAs. Die Existenz des VAs ist lediglich eine von mehreren Bedingungen für seine Wirksamkeit – s. § 43 Abs. 2 und 3 (Näheres unter Rn 561 ff).

b) Die Beendigung des Verwaltungsverfahrens

544 Nach § 9 ist ein Verwaltungsverfahren iSd VwVfG die nach außen wirkende Tätigkeit der Behörden, die auf die Prüfung der Voraussetzungen, die Vorbereitung und den Erlass eines VAs oder auf den Abschluss eines örVs gerichtet ist; das Verwaltungsverfahren schließt den Erlass des VAs oder den Abschluss des örVs ein.

545 Auf die einzelnen Rechte und Pflichten des von einem Verwaltungsverfahren betroffenen Bürgers ist an späterer Stelle einzugehen. Diese Rechte und Pflichten bestehen

---

210 VGH BW, NVwZ 1991, 1195 ff.
211 S. dazu *Gröpl*, JA 1995, 904 ff; Zur Bindungswirkung von VAen vgl *Schroeder*, DÖV 2009, 217 ff.
212 S. aber *Erfmeyer*, DÖV 1999, 719 ff.

für den Bürger, solange ein VA noch nicht erlassen (bzw ein örV noch nicht abgeschlossen) worden ist – weil vor Vornahme dieser Handlungen das Verwaltungsverfahren noch „läuft". Mit dem Erlass des VAs ist der Zeitpunkt vergangen, bis zu dem der Bürger spätestens seine Rechte in das Verfahren „einbringen" kann. Mit dem Erlass des VAs ist das Verwaltungsverfahren beendet.

2. Anforderungen an die Bekanntgabe

Die Bekanntgabe des VAs muss die erlassende Behörde amtlich veranlassen. Sie liegt **546** nur vor, wenn sie mit Wissen und Wollen der zuständigen Behörde erfolgt[213]; die zuständige Behörde muss aber nicht selbst handeln[214]. Erfährt der potenzielle Adressat des VAs zufällig von einer ihn betreffenden Entscheidung einer Behörde, so liegt eine Bekanntgabe dieser Entscheidung nicht vor[215].

Beispiel: Herr A und Frau B beantragen Hartz IV. Herr A erfährt auf dem Amt, dass alle Anträge abgelehnt worden seien. Er berichtet dieses Frau B. Bekannt gegeben ist die ablehnende Entscheidung der Behörde Frau B erst dann, wenn sie eine entsprechende Entscheidung von der Behörde erhält.

Nach § 41 Abs. 1 ist ein VA demjenigen Beteiligten bekannt zu geben, für den er be- **547** stimmt ist oder der von ihm betroffen wird; das ist auch mit Telefax möglich. Ist ein Bevollmächtigter bestellt, so kann die Bekanntgabe ihm gegenüber vorgenommen werden. Daraus ergibt sich für die Behörde die Pflicht, den VA individuell, also dem Betroffenen oder seinem Bevollmächtigten selbst bekannt zu geben. Der VA ist, wie schon erwähnt, eine empfangsbedürftige Willenserklärung. Ist diese Willenserklärung schriftlich erlassen, gilt § 130 BGB. Sie ist deshalb dann zugegangen, wenn sie bei Übermittlung durch die Post in den Briefkasten gelangt ist; auf das Lesen des Briefs kommt es nicht an.

Betrifft ein VA mehrere Personen, **548**

Beispiele: VA mit Doppelwirkung; Eigentümerin eines Grundstücks ist eine Erbengemeinschaft,

so ist er **allen Personen** bekannt zu geben. Für die einzelnen Personen erlangt der VA erst dann Existenz, wenn ihnen bekannt gegeben wird. Das kann zu unterschiedlichen Zeitpunkten geschehen. Es ist auch möglich, dass der VA nur für einen Teil der gedachten Adressaten wirksam wird.

§ 41 Abs. 2 enthält eine **Fiktion** der Bekanntgabe des VAs bei seiner Übermittlung **549** auf elektronischem Wege oder durch die Post (das sind externe Dienstleister wie die „Post-AG", nicht eine interne „Dienstpost"). Die Norm enthält keinen allgemeinen Rechtsgedanken. – Die Drei-Tages-Frist – der dritte Tag kann ein Samstag, Sonntag oder Feiertag sein – gilt auch dann, wenn der tatsächliche Zugang vor Ablauf der drei Tage erfolgt ist[216]. Auf den tatsächlichen Zugang kommt es nur nach Ablauf der drei Tage an. Die Frist ist nach § 31 Abs. 1 iVm §§ 187 Abs. 1, 188 Abs. 1 BGB zu be-

---

213 VG Bremen, NVwZ-RR 1996, 550.
214 BVerwG, ZAR 1997, 194.
215 Vgl BVerwGE 29, 321 und 44, 294.
216 BVerwG, NVwZ 1988, 63.

rechnen. § 31 Abs. 3 kommt zur Anwendung. – In Zweifelsfällen hat die Behörde den Zugang und seinen Zeitpunkt zu beweisen. Ein Zweifelsfall liegt nur dann vor, wenn berechtigte Zweifel bestehen. Die Möglichkeit eines atypischen Geschehensablaufs ist akzeptiert[217].

550   § 41 Abs. 3 sieht die **öffentliche Bekanntmachung** von VAen in zwei Fällen vor: bei Zulassung durch Rechtsvorschrift und bei Allgemeinverfügungen, wenn eine Bekanntgabe an die Beteiligten untunlich ist. Öffentliche Bekanntmachung kann erfolgen durch Radio, Fernsehen, Presse, Lautsprecher.

Beispiele: Bekanntgabe eines Planfeststellungsbeschlusses in der Lokalzeitung; die durch Lautsprecher erfolgende Bekanntgabe der Auflösung einer Versammlung.

551   Rechtsvorschriften, die die öffentliche Bekanntgabe erlauben, sind zB § 74 Abs. 5; § 7 Abs. 4 AtG (Sa. I Nr 835); § 10 Abs. 8 BImSchG. – Untunlich ist die Bekanntgabe einer Allgemeinverfügung an die Beteiligten, wenn der Kreis der Beteiligten nicht von vornherein feststeht oder aus einer erheblichen Anzahl von Personen besteht; bei adressatlosen VAen ist die öffentliche Bekanntgabe die einzig mögliche Form[218]. – Der Grund für die öffentliche Bekanntgabe muss sich aus der Schwierigkeit oder Unmöglichkeit einer Einzelbekanntgabe ergeben. Unzulässig ist die Form der öffentlichen Bekanntgabe also immer dann, wenn sich die Behörde die Einzelbekanntmachung ersparen möchte. Maßgeblich sind die Verhältnisse des Einzelfalls.

552   Eine Kombination von Einzelbekanntgabe und öffentlicher Bekanntgabe ist erlaubt[219].

553   § 45 Abs. 4 StVO verdrängt als bundesrechtliche Spezialvorschrift die allgemeinen verwaltungsverfahrensrechtlichen Bestimmungen über die öffentliche Bekanntgabe von Allgemeinverfügungen[220]. Danach werden **Verkehrszeichen** bereits durch ihre Aufstellung bekanntgegeben[221].

554   Eine spezielle Form der Bekanntgabe ist die **Zustellung**. Sie ist im Verwaltungszustellungsgesetz des Bundes[222] bzw in entsprechenden Landesgesetzen geregelt. Die Zustellung besteht in einer besonderen Übergabe des Schriftstücks; die Übergabe wird beurkundet; die Urkunde soll den Zeitpunkt der Bekanntgabe zweifelsfrei festhalten. Als geeignete Zustellungsarten sieht das Gesetz die Zustellung durch die Post mit Zustellungsurkunde oder per Einschreiben vor; auch kommt in Betracht die Zustellung durch die Behörde selbst gegen Empfangsbestätigung. Die Bekanntgabe eines VAs in Form der Zustellung ist vorzunehmen bei ihrer gesetzlichen Anordnung. Dies ist durch § 73 Abs. 3 S. 1 VwGO für Widerspruchsbescheide vorgesehen[223]. Die Zustellung kommt auch dann in Betracht, wenn die Behörde sie anordnet.

---

217 VGHBW, NVwZ 1986, 216; VG Bremen, NVwZ 1994, 1236; Einzelheiten bei *Drescher*, NVwZ 1987, 771.
218 *Niehues*, DVBl 1982, 320.
219 BVerwG, NVwZ 1985, 930 f.
220 OVG NW, NJW 1996, 3024.
221 Vgl VGHBW, JZ 2009, 738 unter Bezugnahme auf BVerwGE 102, 136; anders *Bitter/Goos*, JZ 2009, 740; vgl hierzu BVerfG, NJW 2009, 364; es sieht die Frage der Bekanntgabe bei Verkehrszeichen weiterhin als umstritten an; dazu *Stelkens*, NJW 2010, 1184 ff.
222 S. dazu *Rosenbach*, DVBl 2005, 816 ff.
223 Zu Zustellungsmängeln s. *Spranger*, BayVBl 2000, 359 ff und *Allesch*, BayVBl 2000, 361 f; zu Zustellungsproblemen in der **Fallbearbeitung**: *Häde*, JA 1992, 1 Ü ff; *Weidemann*, DVP 2002, 236 ff.

3. Die fehlerhafte Bekanntgabe

Fehlerhaft ist die Bekanntgabe eines VAs beispielsweise, wenn[224]:   **555**

– die Bekanntgabe ohne Bekanntgabewillen der erlassenden Behörde erfolgt, der Adressat nur zufällig von dem Ergebnis eines Verwaltungsverfahrens erfährt oder sich rechtswidrig den Besitz des VAs verschafft[225],
– der VA nicht in den Rechtskreis des Adressaten gelangt bzw dieser keine Möglichkeit einer Kenntnisnahme hat (**Beispiel:** Ein Brief bleibt in einem nicht mehr benutzten Briefkasten liegen, fehlgeschlagene Weitergabe durch Nachbarn, Hausbewohner),
– die Bekanntgabe an einen Verhandlungsunfähigen, zB Minderjährigen, erfolgt,
– der VA an einen rechtlich oder faktisch Betroffenen nicht bekannt gegeben wird, an den er hätte bekannt gegeben werden müssen (Fehlerhaftigkeit diesem Betroffenen gegenüber),
– die Bekanntgabe in einer bestimmten Form gesetzlich vorgeschrieben ist, die Behörde diese Form jedoch nicht einhält: Brief anstatt Zustellung, mündliche statt schriftliche Bekanntgabe.

Ein fehlerhaft bekannt gegebener VA ist unwirksam. Es ist von einem nicht wirksam   **556**
erlassenen VA auszugehen[226].

Wenn die Behörde eine wirksame Regelung erzielen will, muss sie den VA fehlerfrei   **557**
bekannt geben. Eine „Heilung" der fehlerhaften Bekanntgabe sehen die Gesetze nicht
vor. Richterrechtlich existieren Heilungsmöglichkeiten[227].

Literatur: *Erichsen/Hörster*, JURA 1997, 659 ff; *Schoch*, JURA 2011, 23 ff.

> **Lösung Fall 12 (Rn 540):** Nach § 43 Abs. 1 S. 1 wird ein VA wirksam durch Bekanntga-   **558**
> be. Nach § 41 Abs. 2 gilt ein schriftlicher VA, der durch die Post übermittelt wird, mit dem
> dritten Tag nach der Aufgabe zur Post als bekannt gegeben. Die Fiktion der Bekanntgabe
> entfällt, wenn der VA nicht in den Rechtskreis des Adressaten gelangt. Das ist hier wegen
> der falschen Adresse gegeben. Die Gewerbeuntersagung ist nicht wirksam.

VII. Der rechtmäßige Verwaltungsakt – formellrechtliche Anforderungen

> **Fall 13:** Im Bundesland X ist der Landrat für den Vollzug des Naturschutzrechts zuständig.   **559**
> A wohnt in einer Gemeinde Y dieses Bundeslands. Die Gemeinden sind Bauaufsichtsbehör-
> de. A ist Eigentümer eines in einem Landschaftsschutzgebiet gelegenen Grundstücks, auf
> dem sich eine baufällige Baracke befindet. Ohne den A zu hören, erlässt der örtlich zustän-
> dige Landrat eine die Baracke betreffende Abrissverfügung. Ist diese Verfügung in formel-
> ler Hinsicht rechtmäßig? **Rn 660**

---

224 Vgl zum Folgenden *Hufen/Siegel*, S. 188 f.
225 S. dazu BVerwGE 22, 14 f.
226 S. *Ule/Laubinger*, S. 376 f.
227 S. OVG Schleswig, NVwZ-RR 1994, 484 und OVG NW, NVwZ 1995, 395.

560 **Fall 14:** In Berlin sind nach § 2 Abs. 4 S. 1 BerlHG die Hochschulen Dienstherren der Beamten. Professor P ist Beamter auf Lebenszeit. Er erfüllt seit geraumer Zeit seine Dienstpflicht nicht. Dieses erfährt der über die Hochschulen Aufsicht führende Senator, s. § 89 Abs. 1 S. 1 BerlHG. Er weist den Präsidenten der Hochschule an, ein Dienstaufsichtsverfahren gegen P einzuleiten. Der Präsident weigert sich mit dem Hinweis, das mache man nicht. Daraufhin leitet der Senator das Verfahren selbst ein. Mit Recht? **Rn 661**

561 Das VwVfG unterscheidet zwischen dem rechtmäßigen, dem rechtswidrigen und dem nichtigen VA. Rechtswidrige und nichtige VAe werden unter dem Begriff „fehlerhafte VAe" zusammengefasst; der nichtige VA ist ein VA, der an einem „besonders schwerwiegenden Fehler leidet", wenn „dies bei verständiger Würdigung aller in Betracht kommenden Umstände offenkundig ist", vgl § 44 Abs. 1. – Zum fehlerhaften VA unten IX (Rn 676 ff).

562 Dass ein VA rechtmäßig sein muss, ist selbstverständlich angesichts der Bindung der Verwaltung an Gesetz und Recht, s. Art. 20 Abs. 3 GG. Das VwVfG enthält einige Bedingungen, die erfüllt sein müssen, um von der Rechtmäßigkeit des VAs ausgehen zu können. Einige Rechtmäßigkeitsbedingungen für das Verwaltungshandeln behandelte das Buch bereits. Das Folgende stellt diese Bedingungen zusammen.

563 Der VA muss formell und materiell rechtmäßig sein. Diese Differenzierung ist Folge der Unterscheidung des öffentlichen Rechts nach formellen und materiellen Anforderungen an die Rechtmäßigkeit des VAs. Die formellrechtlichen Anforderungen werden in diesem, die materiell-rechtlichen im nächsten Kapitel behandelt.

1. Die Einhaltung von Zuständigkeitsvorschriften

564 Der VA muss von der örtlich, sachlich und instanziell zuständigen Behörde erlassen worden sein. – Dass die Wahrnehmung einer Verwaltungsaufgabe durch die zuständige Behörde erfolgen muss, ist mehr als eine bloße Formvorschrift. Der Sinn besteht darin, die Tätigkeit der handelnden Behörde mit der zahlreicher anderer Behörden zu koordinieren und Reibungsverluste zu vermeiden. Ferner ist es für den Bürger wichtig, nur mit Entscheidungen konfrontiert zu werden, die die zuständigen Behörden erlassen haben; er muss wissen, mit wem er es zu tun hat[228].

a) Die örtliche Zuständigkeit

565 Die **örtlichen** Zuständigkeitsvorschriften regeln den räumlichen Tätigkeitsbereich einer Behörde. Sie sind erforderlich, um den räumlichen Wirkungsbereich einzelner Behörden gegeneinander abzugrenzen. Die Abgrenzung geschieht durch die gesetzliche Bildung bestimmter Zuständigkeitsbezirke.

Beispiel: § 10 LOG NW: Der Ministerpräsident gibt die Bezirke der Landesmittelbehörden und der unteren Landesbehörden (…) im Gesetz- und Verordnungsblatt nachrichtlich bekannt.

---

228 Zuständigkeitsprobleme in der **Fallbearbeitung** behandelt *Vahle*, DVP 2001, 362–366. Allgemein zur Zuständigkeit: *Collin/Blunk*, JuS 2005, 694.

Ferner enthält § 3 Aussagen über die örtliche Zuständigkeit. Nach § 3 Abs. 1 Nr 1 ist **566** in Angelegenheiten, die sich auf unbewegliches Vermögen oder ein ortsgebundenes Recht oder Rechtsverhältnis beziehen, die Behörde örtlich zuständig, in deren Bezirk das Vermögen oder der Ort liegt. Nach § 3 Abs. 1 Nr 2 ist in Angelegenheiten, die sich auf den Betrieb eines Unternehmens oder eine seiner Betriebsstätten, auf die Ausübung eines Berufs oder auf eine andere dauernde Tätigkeit beziehen, ebenfalls die Behörde örtlich zuständig, in deren Bezirk das Unternehmen oder die Betriebsstätte betrieben bzw der Beruf oder die Tätigkeit ausgeübt werden soll. Nach § 3 Abs. 1 Nr 3 lit a ist in allen anderen Angelegenheiten, die eine natürliche Person betreffen, die Behörde örtlich zuständig, in deren Bereich die natürliche Person ihren gewöhnlichen Aufenthalt hat oder zuletzt hatte. Mit Blick auf Ausländer können sich Schwierigkeiten ergeben[229]. Bei juristischen Personen oder Vereinigungen ist dies die Behörde des „Sitzes", Nr 3 lit b. Hilfsweise ist in allen anderen Fällen die Behörde örtlich zuständig, in deren Bezirk der Anlass für die Amtshandlung hervortritt, § 3 Abs. 1 Nr 4.

Die Lösung von Kompetenzkonflikten bei örtlichen Zuständigkeitsproblemen enthält **567** § 3 Abs. 2. Wenn mehrere Behörden nebeneinander zuständig sind, spricht man von einem positiven Kompetenzkonflikt. Er wird nach dem Prioritätsprinzip gelöst. Grundsätzlich zuständig ist die Behörde, die zuerst mit der Sache befasst war. Die Aufsichtsbehörde kann anderes bestimmen. Die Aufsichtsbehörde muss entscheiden, wenn sich mehrere Behörden für örtlich zuständig halten, oder wenn die Zuständigkeit aus anderen Gründen zweifelhaft ist, § 3 Abs. 2 S. 3. – Wenn sich keine Behörde örtlich zuständig fühlt, spricht man von einem negativen Kompetenzkonflikt. Diesen Fall muss ebenfalls die Aufsichtsbehörde entscheiden, § 3 Abs. 2 S. 3. – Auch bei Fehlen eines Kompetenzkonflikts kann die zuständige Aufsichtsbehörde eine gemeinsam zuständige Behörde bestimmen, § 3 Abs. 2 S. 2, wenn das zur Erreichung einer einheitlichen Entscheidung notwendig ist. – Nach § 3 Abs. 3 kann die Aufsichtsbehörde entsprechend dem Grundsatz „perpetuatio fori" eine bisher örtlich zuständige Behörde für weiterhin zuständig erklären. – § 3 Abs. 4 erklärt bei Gefahr im Verzug für unaufschiebbare Maßnahmen jede Behörde für örtlich zuständig, in deren Bezirk der Anlass für die Amtshandlung hervortritt; die handelnde Behörde muss die nach § 3 Abs. 1 Nr 1–3 örtlich zuständige Behörde unverzüglich unterrichten. – In seltenen, gesetzlich bestimmten Fällen darf im Rahmen der örtlichen Zuständigkeit eine Durchbrechung der Zuständigkeitsordnung durch das Selbsteintrittsrecht der örtlich nicht primär zuständigen Behörde erfolgen; diesen Fall nennt man **horizontales Selbsteintrittsrecht**.

Beispiel: Nach § 72 Abs. 4 BbgPolG dürfen Polizeibehörden unter bestimmten Voraussetzungen durch ihre Polizeivollzugsbeamten auch außerhalb ihres Bezirks tätig werden.

b) Die sachliche Zuständigkeit

Die **sachlichen** Zuständigkeitsvorschriften bestimmen die einer Behörde zur Erledi- **568** gung zugewiesenen Verwaltungsaufgaben. Sachliche Zuständigkeitsregeln finden sich in der Regel in Normen des Landesrechts.

---

229   S. OVG Bln, NVwZ 2001, Beilage Nr. 2, 20 f.

Beispiele: §§ 51 ff BbgBO regeln die Aufgaben, Befugnisse und sachlichen Zuständigkeiten der Bauaufsichtsbehörden; in Berlin ist die allgemeine Zuständigkeit festgelegt in dem „Gesetz über die Zuständigkeit in der allgemeinen Berliner Verwaltung (Allgemeines Zuständigkeitsgesetz – AZG)", dieses Gesetz wird ergänzt durch die Anlage zum Allgemeinen Zuständigkeitsgesetz (ZustKat).

569 Wird einer Behörde die sachliche Zuständigkeit zugewiesen, so wird ihr die Erledigung der ihr zugewiesenen Aufgabe übertragen. Die Erledigung der Aufgabe kann ihr zur Pflicht gemacht werden oder ihr kann Ermessen eingeräumt werden. – Die Übertragung von Aufgaben ist strikt zu trennen von der Einräumung von Befugnissen, die notwendig sind, um die Aufgabe erfüllen zu können. Befugnisse sind die Mittel, die die Behörde zur Aufgabenerfüllung benötigt. Das deutsche Verwaltungsrecht trennt strikt zwischen Aufgaben und Befugnissen. Ohne spezifische Befugnisnormen kann die deutsche Verwaltung nicht eingreifend, sondern nur schlicht hoheitlich tätig werden.

Beispiel: Die in den allgemeinen Polizeigesetzen enthaltene Aufgabe, Gefahren für die öffentliche Sicherheit oder Ordnung abzuwehren, geben der zuständigen Behörde nicht das Recht, gegen Personen individuell einzugreifen. Dazu gibt es die polizeilichen Befugnisnormen.

c) Die instanzielle Zuständigkeit

570 Die **instanzielle** Zuständigkeit betrifft die Frage, wer in einem hierarchisch gegliederten Behördenaufbau für die Erfüllung einer Aufgabe zuständig ist. Sie ist ein Sonderfall der sachlichen Zuständigkeit. Sie spielt dort eine Rolle, wo die Erledigung einer Verwaltungsaufgabe Behörden verschiedener Instanzen zugewiesen ist. Sind gleichzeitig Behörden mehrerer hierarchischer Instanzen für zuständig erklärt –

Beispiel: § 27 Abs. 1 OBG NW; örtliche Ordnungsbehörden sind neben Kreis- und Landesordnungsbehörden für die Gefahrenabwehr zuständig –,

dann darf nach dem Subsidiaritätsgrundsatz die höhere Behörde nur dann tätig werden, wenn eine Regelung notwendig erscheint, die über den Zuständigkeitsbereich der nachgeordneten Behörde hinausgeht, s. § 27 Abs. 2, 3 OBG NW. – Einen Fall der instanziellen Zuständigkeit regelt § 73 Abs. 1 S. 2 Nr 1 VwGO; grundsätzlich erlässt die nächsthöhere Behörde den Widerspruchsbescheid, soweit nicht durch Gesetz eine andere Behörde bestimmt wird. – Für die Ausübung der Rechts- und Fachaufsicht sind instanziell höhere Behörden zuständig. Dieses spielt bei der mittelbaren Staatsverwaltung eine Rolle. – Problematisch ist, ob und unter welchen Voraussetzungen übergeordnete Behörden oder Aufsichtsbehörden Aufgabe und Befugnisse wahrnehmen dürfen, die der nachgeordneten oder zu beaufsichtigenden Stelle zugewiesen sind[230]. Diesen Fall nennt man das Selbsteintrittsrecht der übergeordneten Behörde – **vertikales Selbsteintrittsrecht.** Dieses Selbsteintrittsrecht ist anzuerkennen, wenn Gesetze die übergeordnete Behörde ausdrücklich dazu ermächtigen. Nicht hinreichend ist die gesetzlich eingeräumte Weisungsbefugnis der übergeordneten Behörde; reichte es aus, würde die auch für das Außenverhältnis maßgebende Zuständigkeitsordnung beschränkt.

---

230 Zum Problem der reformatio in peius: *Leichsenring*, BayVBl 2009, 263 ff; *Stein*, VR 2009, 148 ff.

Beispiel für ein vertikales Selbsteintrittsrecht: Das Kommunalrecht erlaubt die aufsichtliche „Ersatzvornahme", s. § 116 BbgKVerf. Es ist deshalb der Aufsichtsbehörde erlaubt, Bauleitpläne aufzustellen, wenn die Gemeinde ihrer Pflicht nach § 1 Abs. 3 BauGB nicht nachkommt, Bauleitpläne aufzustellen, sobald und soweit es für die städtebauliche Entwicklung und Ordnung erforderlich ist.

2. Die Einhaltung von Verfahrensvorschriften

Das VwVfG kennt im Prinzip zwei Typen von Verwaltungsverfahren[231]: das „nichtförmliche", geregelt in den §§ 10–30, und das „besondere Verfahren"; weil das Gesetz insoweit drei besondere Verfahren normiert, spricht die Überschrift vor § 63 von „Besondere(n) Verfahrensarten". Diese besonderen Verfahrensarten sind: das förmliche Verwaltungsverfahren, geregelt in den §§ 63–71, das Verfahren über die einheitliche Stelle nach den §§ 71a–71e (vgl Rn 629 ff) und das Planfeststellungsverfahren, geregelt in den §§ 72–78. Diese Verfahrensarten gelangen zur Anwendung, wenn sie gesetzlich angeordnet sind, §§ 63 Abs. 1, 71a Abs. 1, 72 Abs. 1. Das förmliche Verfahren ist sehr selten angeordnet; es ist beispielsweise in Berlin durchzuführen, wenn eine mündliche Verhandlung stattzufinden hat, § 4 VwVfGBln. Das Planfeststellungsverfahren ist häufiger durchzuführen[232]. | **571**

Diese beiden besonderen Verfahrensarten werden hier nicht näher dargestellt. Das „förmliche Verfahren" deshalb nicht, weil es außerordentlich selten zum Einsatz gelangt, das Planfeststellungsverfahren nicht, weil es im Besonderen Verwaltungsrecht eine Rolle spielt und dort regelmäßig abgehandelt wird[233]. Im Folgenden werden die Grundsätze des nichtförmlichen Verwaltungsverfahrens vorgestellt, soweit sie unter dem Aspekt „potenzielle Verfahrensfehler" Bedeutung besitzen. Es liegt nahe, dass nicht alle denkbaren Verfahrensfehler und insbesondere die sie betreffende wissenschaftliche Diskussion zur Darstellung gelangen können. Insoweit Interessierte seien auf *Hufen/Siegel*[234] verwiesen. | **572**

Für die Verfahrensvorschriften ist zwischen „übergreifenden Verfahrensvorschriften", sie gelten für alle Verfahrensarten und für alle „Stufen" eines Verwaltungsverfahrens (von der Entscheidungsvorbereitung bis zur Entscheidungsvollstreckung), und solchen zu unterscheiden, die für das nichtförmliche Verfahren gelten und die das VwVfG für dieses Verfahren regelt. | **573**

„Übergreifende Verfahrensvorschriften" sind: Verhältnismäßigkeit, Gleichbehandlung und Rechtssicherheit. Sie sind in ihrem Kern verfassungsrechtlich ableitbar; als solche werden sie hier nur knapp dargestellt: Der Grundsatz der Verhältnismäßigkeit besitzt Bedeutung für Untersuchungen, Datenerhebungen und Vorladungen[235]. Der allgemeine Gleichheitssatz beansprucht als „Auffangprinzip" Geltung immer dann, | **574**

---

231 Zum Verfahrensgedanken im deutschen und europäischen Verwaltungsrecht *Schmidt-Aßmann*, in: Hoffmann-Riem/Schmidt-Aßmann/Voßkuhle (Hrsg.), Grundlagen des Verwaltungsrechts, Bd. II, 2. Aufl. 2012, S. 495 ff, zu den Verfahrensfehlern im Verwaltungsverfahren *Sachs*, ebenda, S. 799 ff.
232 Vgl die Nachweise bei *Peine*, Öffentliches Baurecht, § 18 A 1.
233 Vgl *Peine*, Öffentliches Baurecht, § 18.
234 Fehler im Verwaltungsverfahren, 5. Aufl., 2013.
235 Vgl *Goerlich*, Grundrechte als Verfahrensgarantien, 1981, S. 221 ff.

wenn er nicht zu konkreten Verfahrensbestimmungen ausformuliert oder durch die Selbstbindung der Verwaltung konkretisiert ist. Er beschränkt konkret das Verfahrensermessen der Behörde; die Bürger müssen in gleich gelagerten Fällen auch hinsichtlich ihrer verfahrensmäßigen Stellung gleichbehandelt werden. Die Rechtssicherheit beinhaltet das Prinzip der Transparenz, zu dem Einsehbarkeit, Vorsehbarkeit und Vertrauensschutz zählen; Transparenz verbietet Anonymität, Unkontrollierbarkeit und undurchdringliche Abgeschlossenheit des Verwaltungshandelns; es ist der Verwaltung verboten, sich mit technischen, sprachlichen oder auch rechtlichen Mitteln gegenüber dem Bürger abzuschotten. – „Verstöße gegen die genannten Prinzipien können zu Verfahrensfehlern führen. Soweit der einzelne gehindert war, seine konkreten Verfahrensrechte wahrzunehmen, wird allerdings in der Regel das jeweilige Verfahrensrecht und nicht der allgemeine Grundsatz als normativer Maßstab in Betracht kommen"[236].

a) Handeln durch geeignete Amtsträger

575 Eine weitere „übergreifende Verfahrensvorschrift" ist der Ausschluss befangener Amtsträger. Er ist heute in §§ 20, 21 geregelt. Diese Normen gelten für alle denkbaren Verfahrensarten; sie betreffen also nicht nur das Stadium der eigentlichen Entscheidungsfindung. – Das Verbot für öffentliche Amtsträger, an solchen Entscheidungen mitzuwirken, die ihnen selbst, ihren Angehörigen oder diesen vergleichbar verbundenen Dritten Vor- oder Nachteile bringen können, war schon lange als allgemeiner Grundsatz des Verwaltungsrechts anerkannt; er folgt aus der rechtsstaatlichen Verpflichtung zu objektivem hoheitlichem Handeln, zur Wahrung verfahrensmäßiger Gleichheit und letztlich zur Verhinderung von Gewissenskonflikten für den einzelnen Bediensteten[237]. – Die §§ 20, 21 kodifizieren folglich Grundsätze, die vor Inkrafttreten des VwVfG bereits Geltung beanspruchen konnten.

576 Die §§ 20, 21 bestimmen die Gruppen ausgeschlossener Amtspersonen exakt; eine detaillierte Erörterung erübrigt sich deshalb.

577 Hingewiesen sei auf folgende **Einzelprobleme**: In eigener Sache darf niemand selbst entscheiden. Oft stellt sich die Beteiligung in eigener Sache erst während des Verfahrens heraus; deshalb ist für die Befangenheit zu fordern, dass nicht nur der bereits durch behördliche Entscheidung zum Beteiligten erklärte Betroffene und der Antragsteller diesem Begriff unterfallen, sondern auch derjenige, bei dem sich eine mögliche Beteiligung abzeichnet[238]. – Das VwVfG definiert in § 20 Abs. 5 den Begriff des Angehörigen. Die Aufzählung ist abschließend. Heute sind jedoch Formen faktischer Lebensgemeinschaften zu beobachten, die das Gesetz ausdrücklich nicht erfasst. Auch bei faktischen Lebensgemeinschaften können Gewissenskonflikte entstehen; diese dürfen nicht einfach ignoriert werden. Deshalb sollte der Ausschluss wegen verwandtschaftlicher Beziehungen auch auf solche Personen erstreckt werden, die in einer faktischen Lebensgemeinschaft mit einem Beteiligten leben. – Das Problem ist gelöst im Falle einer Lebenspartnerschaft, s. § 11 LPartG. – Von großer Bedeutung

---

236 *Hufen/Siegel*, S. 61.
237 S. *Scheuing*, NVwZ 1982, 487; BVerwGE 75, 214, 230.
238 Enger freilich BVerwGE 75, 214, 216.

ist § 20 Abs. 1 Nr 5[239]; zwei Gruppen werden von der Mitwirkung ausgeschlossen: die bei einem Beteiligten gegen Entgelt Beschäftigten und die Mitglieder von Leitungsgremien, wie Vorstand, Aufsichtsrat oder gleichartige Organe. „Beschäftigung gegen Entgelt" betrifft den Fall eines festen Arbeitsverhältnisses und die auf eine gewisse Dauer angelegte Nebenbeschäftigung gegen Entgelt. Für die zweite Alternative ist festzustellen, dass sie nicht nur persönliche Interessenkonflikte erfasst, sondern auch institutionelle; ein amtliches Interesse an bestimmten Entscheidungen stellt einen Ausschlussgrund dar[240]. Diese – umstrittene – Interpretation des § 20 Abs. 1 Nr 5 ist zunächst durch den Wortlaut der Norm bedingt; er ist eindeutig. Ferner ist davon auszugehen, dass Fachkompetenz in der öffentlichen Verwaltung nicht nur bei mit einem bestimmten Bereich befassten Ressortchef oder Abteilungsleiter vorhanden ist; er muss deshalb nicht unbedingt zum Aufsichtsratsmitglied eines öffentlichen Unternehmens gemacht werden. – Den in § 20 Abs. 1 S. 1 genannten Fällen stellt das Gesetz in Satz 2 solche Fälle gleich, in denen jemand durch die Tätigkeit oder durch die Entscheidung einen unmittelbaren Vorteil oder Nachteil erlangen kann; es handelt sich um eine Generalklausel. Ein typisches Beispiel für die in Satz 2 geregelte Situation ist die unmittelbare wirtschaftliche oder sonstige Konkurrenzsituation mit einem Verfahrensbeteiligten. Schwierigkeiten bereitet die Abgrenzung von der lediglich gruppenmäßigen Begünstigung oder Benachteiligung.

Beispiel: Ist ein Amtsträger befangen, der eine neue Schnellstraße zu genehmigen hat, die in der Nähe seines Wohnhauses vorbeiführt und durch den von ihr verursachten Lärm die Wohnsituation des Amtsträgers benachteiligt? Befangen ist dieser Amtsträger erst dann, wenn sich sein gruppenmäßiges Betroffensein zu einer konkreten Befangenheit verdichtet oder wenn er selbst zu erkennen gibt, dass er möglicherweise in dieser Sache nicht mehr unbefangen wird entscheiden können[241]. Das VwVfG unterstellt, dass die öffentlichen Bediensteten von ihren Gruppeninteressen abstrahieren können; würde es das nicht tun, müsste man außerordentlich häufig die Befangenheit des Bediensteten unterstellen; Folge wäre die Funktionsunfähigkeit der öffentlichen Verwaltung.

Die Befangenheit eines Nachbarn als Amtsträger untersucht das OVG NW[242].   **578**

§ 21 regelt die Besorgnis der Befangenheit unabhängig von den in § 20 ausgesprochenen Fall- und Personengruppen. Die in § 21 genannten Gründe sind vielfältiger als der Katalog der Befangenheitsgründe in § 20. Der Anwendungsbereich des § 21 ist also weiter als derjenige des § 20. § 20 ist freilich lex specialis zu § 21. Der nach § 21 befangene Amtsträger ist verpflichtet, den Behördenleiter oder einen Beauftragten zu unterrichten; der Unterrichtete prüft, ob das Misstrauen in eine unparteiische Amtsführung begründet ist. Ist das Misstrauen begründet, muss der Unterrichtete ein Mitwirkungsverbot anordnen und einen anderen Amtsträger bestimmen, der die Amtshandlung vollzieht.   **579**

b) Die richtige Verfahrensart

Bestimmte Sachentscheidungen dürfen nur in bestimmten Rechtsformen ergehen.   **580**

---

239 Zu dieser Norm BGH, NVwZ 2002, 509 ff.
240 BayVGH, NVwZ 1982, 510; BVerwGE 69, 256; 75, 214, 227.
241 *Hufen/Siegel*, S. 78.
242 NVwZ-RR 2004, 721.

Beispiele: Der Bau von Fernstraßen erfolgt nach § 17 BFStrG auf Grund eines Planfeststellungsbeschlusses oder eines Bebauungsplans; die zuständige Behörde muss deshalb ein Planfeststellungsverfahrens nach §§ 72 ff oder ein Bauplanungsverfahren nach §§ 2 ff BauGB durchführen. Genehmigungsbedürftige Anlagen iSd BImSchG dürfen in der Regel nur nach Durchführung eines Verfahrens nach der 9. BImSchV genehmigt werden.

581   Diese Verfahrensvorschriften dürfen nicht durch die Durchführung eines einfachen Verwaltungsverfahrens umgangen werden[243].

c) Das Antragsbedürfnis[244]

582   Die Behörde entscheidet nach § 22 nach pflichtgemäßem Ermessen über die Durchführung eines Verwaltungsverfahrens. Dieses pflichtgemäße Ermessen entfällt in zwei Fällen: wenn 1. die Behörde von Amts wegen tätig werden muss und 2. nur auf Antrag tätig werden darf und ein Antrag nicht vorliegt. Wird im ersten Falle die Behörde nicht tätig, so handelt es sich nicht um einen Verfahrensfehler, sondern um die Verletzung materiellen Rechts. Dem ist an dieser Stelle nicht weiter nachzugehen. Bei einem antragsbedürftigen VA ist die Antragstellung eine Bedingung formaler Rechtmäßigkeit. Es ist der Behörde untersagt, den Bürger ohne dessen Antrag mit einem VA zu „beglücken". Für alle VAe folgt dieses Verbot daraus, dass es dem Bürger zusteht, Umfang und Gegenstand des Verwaltungsverfahrens zu bestimmen. Für begünstigende VAe kommt hinzu, dass es auch im öffentlichen Recht das Verbot der aufgedrängten Bereicherung gibt. – Ein Antrag ist wirksam gestellt, wenn der Antragsteller handlungsfähig nach § 12 ist. § 12 verweist für die Handlungsfähigkeit auf das BGB.

d) Die vollständige Sachaufklärung

583   Im Verwaltungsverfahren gilt der **Untersuchungsgrundsatz**, § 24 Abs. 1 S. 1. Er verpflichtet die Behörde zur Heranziehung aller für die Entscheidung wesentlichen Tatsachen; die Behörde ist an das Vorbringen und die Beweisanträge der Beteiligten nicht gebunden; sie hat alle für den Einzelfall bedeutsamen, auch die für die Beteiligten günstigen Umstände zu berücksichtigen[245]. § 26 legt den Umfang der Beweismittel fest; in Betracht kommen Auskünfte, Anhörungen, Zeugen, Sachverständige, Akten, Urkunden und Augenschein. Unbedingt zählen zu den notwendigen Sachinformationen die von den Beteiligten selbst angebotenen und die sich aufdrängenden Daten. Ebenso muss die Behörde diejenigen Daten berücksichtigen, die sie sich ohne Schwierigkeiten, etwa durch Aktenbeiziehung, Amtshilfe, eigene Erkundigungen, zulässigerweise verschaffen kann. Zwar hat die Behörde „Ermittlungsermessen"[246]. Dieses Ermessen wird aber überlagert durch die oben behandelten „übergreifenden Verfahrensvorschriften". – Die von der Behörde zu leistende Sachaufklärung wird durch Mitwirkungs- und Argumentationslasten der Beteiligten ergänzt, § 26 Abs. 2. Beteiligte Bürger sind deshalb verpflichtet, die Sachlage aus ihrer Sicht zu präsentieren. Die Eigenverantwortlichkeit des Einzelnen beruht auf dem Umstand, dass er

---

243   Für das Baurecht s. *Peine*, DÖV 1983, 909 ff; weitere Nachweise bei *Hufen/Siegel*, S. 89 ff.
244   Hierzu *Berger,* DVBl 2009, 401 ff.
245   Vgl auch *Kobor*, Kooperative Amtsermittlung im Verwaltungsrecht, 2009.
246   BVerwG, NVwZ 1983, 38 f.

wohl am besten in der Lage ist, die Behörde über subjektive Faktoren, Daten des Lebensbereichs und über seine eigenen Belange zu informieren. Eine Grenze für Mitwirkungspflichten des Bürgers ergibt sich aus folgendem: Die Mitwirkungspflicht darf nicht zu Rechtsnachteilen für ihn führen; eine Mitwirkungspflicht mit diesen Konsequenzen ist unzumutbar[247]. – Wenn die Behörde kraft eigenen Wissens komplizierte Sachverhalte nicht mehr entscheiden kann, muss sie wissenschaftlichen und technischen Sachverstand hinzuziehen. Dieses ist nicht nur in solchen Fällen notwendig, in denen Rechtsnormen an den jeweiligen Stand der Technik oder den Stand von Wissenschaft und Technik anknüpfen, s. zB § 5 Abs. 2 Nr 2 BImSchG, § 7 Abs. 2 Nr 3 AtG, sondern auch häufig in normalen Fällen der Gefahrenabwehr; die „Eignung" oder „Erforderlichkeit" bestimmter Maßnahmen im Bereich der Gefahrenabwehr lassen sich heute selten ohne Einschaltung technischen Sachverstands beurteilen. – Grenzen der Sachverhaltsaufklärung ergeben sich aus Ermittlungs- und Beweisverboten. Eine einfachgesetzliche Schranke der Ermittlungstätigkeit ist in §§ 24, 26 nur angedeutet; die Rede ist von „pflichtgemäßem Ermessen". Insoweit hat die Behörde die sich aus Gesetzen, allgemeinen Verfahrensgrundsätzen und Grundrechten ergebenden Grenzen zu beachten. Nach § 26 Abs. 2 S. 2 besteht eine Pflicht zum persönlichen Erscheinen oder zur Aussage nur, soweit sie durch Rechtsvorschrift besonders vorgesehen ist. **Ermittlungs- und Beweisverbote** ergeben sich insbesondere aus dem Rechtsstaatsprinzip und grundrechtlichen Gewährleistungen; verboten sind heimliche Tonband- und Videoaufnahmen, der Ausschluss von Gewalt und psychischem Zwang[248], Selbstbezichtigungen, die begrenzte Verwertbarkeit von Denunziantenaussagen, das Verbot eines „Lauschangriffs"[249].

Zum Problem der Verwendung von durch andere Behörden erhobene oder gespeicherte Informationen s. *Hufen/Siegel*[250].

e) Die Mitwirkung anderer Behörden

Eine Vielzahl von Normen sieht die Mitwirkung anderer Behörden an der Entscheidungsfindung vor (sog. mehrstufiges Verfahren). **584**

Beispiele: § 36 BauGB, § 9 Abs. 2 BFStrG.

Das VwVfG schweigt sich zu diesem Thema aus. Beteiligungen anderer Behörden **585** gibt es in unterschiedlichsten Varianten, s. dazu oben Rn 447 f. Für die Relevanz der Mitwirkung anderer Behörden unter dem Aspekt der verfahrensrechtlichen Richtigkeit der Sachentscheidung ist festzuhalten, dass sich eine fehlende Mitwirkung hinsichtlich ihrer Folgen nicht anders als bei anderen Fehlern der Sachaufklärung auswirkt[251].

Exkurs: Amtshilfe und europäische Zusammenarbeit Eine weitere Mitwirkung **586** anderer Behörden im Rahmen eines Verwaltungsverfahrens regeln die §§ 4–8. Sie behandeln die sog. Amtshilfe. Schon nach Art. 35 Abs. 1 GG leisten sich alle Behörden

---

247 S. *Pestalozza*, FS Boorberg, 1977, S. 188 ff.
248 ZB durch Fangfragen, BVerwG, NVwZ 1989, 60.
249 S. zu alldem *Schlink*, NJW 1980, 555.
250 S. 114 ff.
251 Vgl *Hufen/Siegel*, S. 119.

des Bundes und der Länder gegenseitig Rechts- und Amtshilfe. Dieses verfassungsrechtliche Gebot gestalten die §§ 4–8 näher aus. Nach § 4 Abs. 1 leistet jede Behörde anderen Behörden auf Ersuchen ergänzende Hilfe. Diese Hilfe ist auf Einzelfälle beschränkt und stellt keine generelle Pflicht der Behördenkooperation dar[252]. Hervorzuheben ist, dass sich die Amtshilfe auf unterstützende Tätigkeiten beschränkt[253]. Die ersuchte Behörde ist nicht selbst entscheidungsbefugt und übernimmt keinen selbstständigen Verfahrensabschnitt[254]. Sie übersendet lediglich Informationen oder nimmt sonstige Handlungen vor wie Auskünfte, Überlassung von Akten, Bereitstellung von Sachmitteln (Räume, Technik) usw[255]. Die ersuchende Behörde bleibt immer Herrin des Verfahrens[256]. Einen Fall der Amtshilfe stellt es daher nicht dar, wenn Behörden einander innerhalb eines bestehenden Weisungsverhältnisses Hilfe leisten oder wenn die Hilfeleistung in Handlungen besteht, die der ersuchten Behörde als eigene Aufgabe obliegen, § 4 Abs. 2. Wann ein Amtshilfeersuchen in Betracht kommt bzw. wann Amtshilfe ausscheiden muss, regelt § 5. Notwendig ist zunächst ein ausdrückliches Ersuchen um Hilfe; Amtshilfe von Amts wegen ist nicht möglich[257]. Grundsätzlich steht es im Ermessen einer Behörde, ob sie um Amtshilfe ersucht. In der Regel wird ein Ersuchen in Betracht kommen, wenn die Behörde

— aus rechtlichen oder tatsächlichen Gründen selbst nicht in der Lage ist, die Amtshandlung vorzunehmen (Absatz 1 Nrn. 1-2),
— nicht alle Kenntnisse oder Unterlagen besitzt, um entscheiden zu können (Absatz 1 Nrn. 3-4) oder
— die Amtshandlung nur mit wesentlich höherem Aufwand als die ersuchte Behörde vornehmen könnte (Absatz 1 Nr. 5).

Ein Amtshilfebegehren ist abzulehnen, wenn sich dieses als rechtlich nicht zulässig herausstellt (Absatz 2). Ein Ersuchen kann abgelehnt werden, wenn der Aufwand unverhältnismäßig hoch ist oder eine andere Stelle diese Aufgabe mit geringerem Aufwand erfüllen könnte (Absatz 3). Die Ablehnung des Begehrens auf Amtshilfe ist schriftlich mitzuteilen (Absatz 4). Für die Rechtmäßigkeit des Ersuchens trägt die ersuchende Behörde die Verantwortung. Maßgeblich ist hierfür das Recht, welchem die ersuchende Behörde unterliegt. Dass die konkrete Ausführung der Amtshilfe rechtmäßig ist, stellt die ersuchte Behörde sicher, vgl § 7 Abs. 2; die ersuchte Behörde wendet bei der Erfüllung das für sie maßgebliche Recht an. Die Kosten der Amtshilfe regelt § 8. Grundsätzlich sind keine Gebühren für die Amtshilfe zu erheben; Auslagen sind aber grundsätzlich erstattungsfähig.

587 Im Rahmen der Umsetzung der Dienstleistungsrichtlinie (DLRL) sind auch Regelungen zur europäischen Verwaltungszusammenarbeit notwendig geworden. Diese finden sich in den §§ 8a–8e. Die §§ 4–8 regeln lediglich die nationale Amtshilfe im Einzelfall[258]. Die §§ 8a–8e hingegen übertragen den Behörden der Mitgliedstaaten eine Daueraufgabe mit dem Inhalt, einander zu unterstützen. Die europäische Verwal-

---

252 *Weidemann*, VR 2010, 37, 38.
253 *S/B/S*, § 4 Rn 28.
254 *S/B/S*, § 4 Rn 28.
255 *Pünder*, in: Erichsen/Ehlers (Hrsg.), AllgVerwR, § 14 Rn 44; *S/B/S*, § 4 Rn 26.
256 *Weidemann*, VR 2010, 37, 38.
257 *S/B/S*, § 4 Rn 31.
258 BT-Drs. 16/13399, S. 12.

tungszusammenarbeit ist dann angezeigt, soweit dies nach Maßgabe von Rechtsakten der Europäischen Union geboten ist; dh, dass ein europäischer Rechtsakt eine solche Zusammenarbeit der mitgliedstaatlichen Behörden anordnen muss. Rechtsakte der EU sind Rechtsakte der Organe der EU und die Gründungsverträge[259]. In Betracht kommen insbesondere Verordnungen und Richtlinien der EU. Auch Durchführungsbestimmungen der Kommission sind erfasst[260]. Die Rechtsakte müssen unmittelbare Wirkung entfalten, vgl § 8e. Bei einer Richtlinie ist dieses erst anzunehmen, wenn die jeweilige Umsetzungsfrist endet und keine Umsetzung in nationales Recht vorliegt. Die Regelungstechnik unter Verweis auf europäische Rechtsakte soll dazu dienen, dass nicht fortwährend gleich lautende Spezialregelungen geschaffen werden; „Doppelregelungen" auf europäischer und nationaler Ebene werden dadurch vermieden und es ist eine schnelle sowie einfache Anwendung der europäischen Rechtsakte möglich[261]. Ordnet ein Rechtsakt der europäischen Union eine Verwaltungszusammenarbeit an, finden die generellen Regelungen der §§ 8a–8e Anwendung. Der Begriff „Hilfeleistung" ist weit zu verstehen; hierunter fallen sämtliche Handlungen, die eine effektive Zusammenarbeit und gegenseitige Unterstützung ermöglichen[262]. Im Rahmen der DLRL ist zB die Übermittlung von Ergebnissen einer Zuverlässigkeitsprüfung zu nennen. Ein Hilfeersuchen ist sowohl durch eine deutsche Behörde als auch durch eine Behörde eines anderen Mitgliedstaats denkbar; die Entscheidung darüber kann im Ermessen der jeweiligen Behörde liegen. Ob eine Pflicht zum Ersuchen um Hilfe geboten ist, regelt der jeweilige Rechtsakt der EU, § 8a Abs. 2 S. 2[263]. In Parallelität dazu regelt § 8d, wann eine Behörde von Amts wegen ohne vorheriges Ersuchen zu Mitteilungen verpflichtet ist; dieses ist wiederum nur der Fall, wenn der europäische Rechtsakt dieses anordnet. Soweit die europäischen Rechtsakte nicht entgegenstehen, finden die §§ 5–8 entsprechende Anwendung. § 5 Abs. 1 kann danach als Anhaltspunkt dienen, wann ein Hilfeersuchen in Betracht kommt, soweit eine genaue Regelung im europäischen Rechtsakt fehlt[264]. Auch die Ablehnung eines Hilfegesuchs ist danach möglich. Über § 7 wird geregelt, ob die ersuchte Behörde selbst die Voraussetzungen des Hilfeersuchens prüfen muss; das ist nach § 7 Abs. 2 nicht der Fall. An das Ersuchen selbst stellt § 8b besondere Anforderungen. Hervorzuheben ist, dass die Amtssprache grundsätzlich deutsch ist. Sowohl deutsche Ersuchen als auch mitgliedstaatliche Ersuchen sind grundsätzlich nur in deutscher Sprache möglich. Deutschen Ersuchen ist, soweit erforderlich, eine Übersetzung beizufügen. Wichtig ist, dass das Hilfeersuchen einer mitgliedstaatlichen Behörde begründet wird; dabei sind die gemeinschaftsrechtlichen Vorgaben zu beachten und anzugeben. Ohne eine solche Begründung kann die ersuchte Behörde nicht die Voraussetzungen und den Umfang der Pflicht zur Hilfeleistung erkennen[265]. Fehlt also eine dementsprechende Begründung, können die deutschen Behörden das Ersuchen ablehnen, wenn die erforderliche Begründung nicht nachgereicht wurde. Die Übermittlung von Informationen soll elektronisch erfolgen, § 8b Abs. 4.

---

259   *Weidemann*, VR 2010, 37, 38.
260   BT-Drs. 16/13399, S. 12.
261   BT-Drs. 16/13399, S. 12.
262   BT-Drs. 16/13399, S. 12.
263   Vgl hierzu Beispiele bei *Schmitz/Prell*, NVwZ 2009, 1121, 1124.
264   *Schmitz/Prell*, NVwZ 2009, 1121, 1124.
265   *Weidemann*, VR 2010, 37, 39.

Literatur: *Reichelt*, LKV 2010, 97, 100 f; *Schliesky/Schulz*, DVBl. 2010, 601 ff; *Schmitz/ Prell*, NVwZ 2009, 1121 ff; *Weidemann*, VR 2010, 37, 38.

f) Die Beteiligung Betroffener

588 Die Beteiligung des von einer behördlichen Entscheidung Betroffenen, also die Beteiligung eines (möglicherweise) in seinen subjektiven Rechten durch eine Verwaltungsentscheidung Betroffenen, am Verwaltungsverfahren ist für das VwVfG extrem wichtig. Die Wichtigkeit gelangt darin zum Ausdruck, dass § 13 Abs. 1 Nr 1 den Antragsteller und den Antragsgegner an die Spitze derjenigen setzt, die das Gesetz als Beteiligte betrachtet. Es sind im Wesentlichen drei Gründe, die für die Betroffenenbeteiligung sprechen: Die Legitimationswirkung durch die möglichst frühzeitige Beteiligung des vom Verfahrensausgang Betroffenen; der Schutz vor vollendeten Tatsachen, der ein wichtiges Element des in Art. 19 Abs. 4 GG gewährleisteten Prinzips des effektiven Rechtsschutzes ist; die ausgleichende Wirkung, die sich daraus ergibt, dass möglichst frühzeitig alle potenziell Betroffenen am Verwaltungsverfahren beteiligt werden.

589 Mit Blick auf die fehlerhafte Nichtbeteiligung eines Betroffenen sind zwei Fehlergruppen denkbar: (**1.**) Die Behörde erlässt einen VA mit Wirkung gegen einen Betroffenen, ohne ihn nach § 13 Abs. 1 Nrn. 1–3 als Beteiligten zu behandeln und ihm die aus den verschiedenen Verfahrensvorschriften herrührenden Rechte einzuräumen, (**2.**) die Behörde unterlässt es, einen in seinen rechtlichen Interessen „berührten" Dritten hinzuzuziehen, obwohl dieses nach § 13 Abs. 1 Nr 4 und Abs. 2 geboten gewesen wäre. Der Unterschied zwischen den beiden Fehlergruppen besteht darin, dass bei der ersten Gruppe der Betroffene bereits kraft Gesetzes Beteiligter ist; bei der zweiten wäre er es erst durch eine besondere Entscheidung der Behörde geworden.

590 § 13 Abs. 2 nimmt die Unterscheidung zwischen fakultativer und notwendiger Beteiligung auf. Ein Fall notwendiger Beteiligung soll nur dann vorliegen, wenn der Ausgang des Verfahrens rechtsgestaltende Wirkung für einen Dritten hat und dieser einen Beteiligungsantrag stellt. Dieser Unterscheidung ist aus praktischer Sicht entgegenzuhalten, dass es kaum noch Fälle geben dürfte, in denen es die Behörde trotz feststehender oder wahrscheinlicher Betroffenheit ablehnen kann, einem Antrag auf förmliche Beteiligung am Verwaltungsverfahren stattzugeben. Das Ermessen des § 13 Abs. 2 S. 1 dürfte daher in den meisten Fällen auf Null reduziert sein.

591 Der Hauptfall einer verfassungsrechtlich gebotenen Beteiligung liegt dann vor, wenn das Verfahren den Schutzbereich eines Grundrechts tangiert.

Beispiel: Im Falle der Erteilung einer Baugenehmigung kann der in seinem Eigentum betroffene Nachbar unabhängig vom Vorliegen einer konkret nachbarschützenden Rechtsnorm klagen und damit auch seine Betroffenheit im Verwaltungsverfahren geltend machen[266]. Ähnliches gilt für das Recht am eingerichteten und ausgeübten Gewerbebetrieb. Aus Art. 6 GG folgt die Verpflichtung der Ausländerbehörde zur Beteiligung des Ehepartners im ausländerrechtlichen Verfahren.

---

266 S. statt vieler *Goerlich*, DÖV 1982, 631 ff.

g) Die Anhörung Beteiligter

Die bedeutsamste Wirkung der Beteiligtenstellung ist das Recht auf Anhörung[267]. Es **592** folgt aus dem verfassungsrechtlich abgesicherten Recht auf Gehör. § 28 konkretisiert diese verfassungsrechtliche Pflicht. § 28 Abs. 1 stellt fest, dass dann, wenn ein VA erlassen wird, der in Rechte eines Beteiligten eingreift, dem Beteiligten Gelegenheit zu geben ist, sich zu den für die Entscheidung erheblichen Tatsachen zu äußern[268]. Daraus könnte geschlossen werden, ein Anhörungsrecht existiere nur im Falle des Erlasses eines belastenden VAs. Dabei handelte es sich um ein Missverständnis. Auch beim begünstigenden VA kann es geboten sein, den Adressaten vor der endgültigen Entscheidung anzuhören. Dieses ist insbesondere deshalb der Fall, weil ein Zurückbleiben hinter dem Antrag für den Antragsteller eine Belastung darstellt; deshalb kann es für das Anhörungsrecht nicht darauf ankommen, ob der zu erlassende VA ein begünstigender oder belastender ist[269]. Nur wenn die Behörde dem Antrag in vollem Umfang entsprechen und dem begünstigenden VA auch keine einschränkende Nebenbestimmung hinzufügen möchte, kommt § 28 nicht zur Anwendung[270].

Weder der Grundsatz des rechtlichen Gehörs noch § 28 gewähren mehr als die **Gele-** **593** **genheit** zur Anhörung. Die betroffene Person muss aber in die Lage versetzt werden, vor dem Erlass der Entscheidung sachdienlich Stellung zu nehmen[271]. Es besteht deshalb für die Behörde keine Verpflichtung, den Einzelnen mit allen erlaubten Mitteln dazu zu bringen, sich zu äußern. Denkbar ist freilich, dass eine Fürsorgepflicht der Behörde für den schweigenden Beteiligten besteht, die bis zur Bestellung eines verantwortlichen Vertreters von Amts wegen gehen kann, s. § 16.

Für den **Zeitpunkt** der Anhörung ist festzustellen: Eine gesetzliche Aussage fehlt; als **594** allgemeiner Grundsatz gilt, dass die Anhörung zu einem Zeitpunkt stattzufinden hat, in dem eine reale Chance auf Einflussnahme besteht. Die Anhörung muss deshalb in der Regel im Vorbereitungsstadium der Entscheidung durchgeführt werden. Wenn sich im Laufe der Durchführung des Verwaltungsverfahrens eine weitere Anhörung als notwendig erweist, so muss diese durchgeführt werden. Eine solche Notwendigkeit liegt vor, wenn sich für die Rechtsstellung des Beteiligten erhebliche Veränderungen ergeben. – Die Anhörung darf erst dann vorgenommen werden, wenn dem Anzuhörenden bekannt ist, zu welchen Tatsachen er gehört werden soll; diese Tatsachen müssen ihm rechtzeitig mitgeteilt werden.

Über die Form der Anhörung gibt es keine allgemein geltenden Grundsätze. Es ist **595** aber davon auszugehen, dass die dargestellten Funktionen der Anhörung die Behörde dazu zwingen, sich einen persönlichen Eindruck vom Betroffenen und dessen Argumenten zu verschaffen; in diesen Fällen reicht Schriftlichkeit nicht.

---

267 Ausführlich *Rossen-Stadtfeld*, Beteiligung, Partizipation und Öffentlichkeit, in: Hoffmann-Riem/ Schmidt-Aßmann/Voßkuhle, Grundlagen des Verwaltungsrechts, Bd. II, 2. Aufl. 2012, S. 663 ff.
268 *Martensen*, DÖV 1995, 538 ff.
269 AA BVerwG, NVwZ 1983, 2044, 2045; *S/B/S*, § 28 Rn 27. Diese Ansicht wird bei der Leistungsverwaltung damit begründet, dass idR ein Antrag des Betroffenen vorliegt, mit dem er sich wie im Anhörungsverfahren äußern konnte.
270 Aus der **Rechtsprechung**: NdsOVG, NVwZ-RR 1993, 585; VGHBW, NVwZ 1994, 919 und DVBl 1994, 354; BSG, NZS 1996, 124; so auch *Pünder*, in: Erichsen/Ehlers (Hrsg.), AllgVerwR, § 14 Rn. 28 mwN.
271 EuGH, NVwZ 2013, 59 ff.

596   Nach § 14 kann sich der Beteiligte in allen Phasen des Verfahrens eines Rechtsbeistands bedienen. Daneben bleibt der eigene Sachvortrag des Anzuhörenden möglich.

597   Notwendiger Inhalt und Reichweite der Anhörung richten sich nach dem Einzelfall und nach den jeweils zur Anwendung gelangenden Rechtsnormen. § 28 Abs. 1 spricht von „erheblichen Tatsachen". Diese Einschränkung darf die Behörde nicht missbrauchen. Bei verfassungskonformer Auslegung ist eine Tatsache „unerheblich" iSv § 28, wenn auf Grund der Rechtslage nahezu ausgeschlossen ist, dass ein bestimmter Aspekt für das Verfahrensergebnis Bedeutung erlangt. Fehlt es an dieser Eindeutigkeit, muss die Behörde jede Ausführung zur Kenntnis nehmen. – Obwohl in § 28 Abs. 1 von einer Tatsachenanhörung die Rede ist, kann im Einzelfall ein Rechtsgespräch notwendig sein. Das ist insbesondere der Fall, wenn es um die Auslegung unbestimmter Rechtsbegriffe, die Zuordnung unterschiedlicher am Verfahren beteiligter Belange, die Erörterung milderer Mittel im Bereich des Verhältnismäßigkeitsprinzips geht. Es kann dann dem Einzelnen nicht verboten sein, Rechts- und Tatsachenaspekte und deren Bedeutung füreinander vorzutragen.

598   Ausnahmen vom Anhörungsgebot ergeben sich aus § 28 Abs. 2. Diese Ausnahmen sind wegen der grundsätzlichen Bedeutung der Anhörung zurückhaltend anzuwenden. Eine Ausnahme vom Anhörungsgebot muss bei grundrechtskonstituierenden oder -einschränkenden Verwaltungsverfahren entfallen.

599   Nach § 28 Abs. 2 kann von einer Anhörung abgesehen werden, „wenn sie nach den Umständen des Einzelfalls nicht geboten ist". Die Nrn. 1-5 führen solche Umstände auf. Die Aufzählung ist nicht abschließend. Es soll der Behörde vielmehr ermöglicht werden, auch in vergleichbaren Fällen von einer Anhörung abzusehen. – Die Ausnahmetatbestände lassen sich in zwei Gruppen trennen: Die Nrn. 1, 2 und 5 setzen beim Gesichtspunkt „Zeitablauf" und „Gefahr im Verzug"[272] an, die Nrn. 3 und 4 an fehlendem Interesse oder geringer Bedeutung der Anhörung. Ist ein Tatbestand erfüllt, so muss das noch nicht zum Ausschluss der Anhörung führen. Die Behörde hat zu prüfen, ob ein Ausnahmetatbestand vorliegt und ob nicht doch im Einzelfall eine Anhörung geboten ist.

600   Die Ausnahmetatbestände sind häufig kritisiert worden[273].

Literatur: *Hochhuth*, NVwZ 2003, 30 ff; *Schoch*, JURA 2006, 833.

h)   Die Beratung und Information Beteiligter

601   Beratungs- und Informationsansprüche Beteiligter gegen die Behörden ergeben sich insbesondere aus dem Prinzip der Achtung der Menschenwürde. Der unberatene Bürger ist in besonderer Weise dem Informationsvorsprung der Verwaltung ausgesetzt. Er kann seine vom Grundgesetz intendierte Stellung als Person mit eigener Würde im Verfahren nur wahrnehmen, wenn er hinreichend informiert wird. Dieser Gedanke wird heute einmütig betont. Es ist deshalb heute selbstverständlich, dass diese Beratungs- und Informationspflicht einzuhalten ist.

---

272   Dazu BVerwG, NVwZ 2003, 986 – Kalifatstaat.
273   Insoweit sei verwiesen auf *Hufen/Siegel*, S. 137 ff; *Benkel*, Die Verfahrensbeteiligung Dritter, 1996.

Die Pflicht ist zu erfüllen in einer Sprache, die dem Bürger verständlich ist. Sprach- **602** barrieren zwischen Bürger und Staat, die sich insbesondere aus der juristischen Fachterminologie ergeben, müssen überwunden werden. Die Pflicht zur Überwindung dieser Barrieren ist offensichtlich: Die Beteiligung des Bürgers am Verwaltungsverfahren ist sinnlos, wenn er als Folge der Benutzung juristischer Fachterminologie gehindert wird, seine Rechte wahrzunehmen. Von einer akzeptablen Beratung kann heute ausgegangen werden, wenn folgende fünf Punkte erfüllt sind: Fachausdrücke sollen soweit wie möglich erläutert werden; dem Bürger unverständliche Abkürzungen sind zu vermeiden, insbesondere dann, wenn sie weitere wichtige Informationsquellen verschließen; Gesetzestexte sollen nicht einfach wiederholt, sondern erläutert werden; in einem Beratungstext soll das Wichtigste hervorgehoben, Unwichtiges weggelassen werden; rechtlich besonders bedeutsam sind naturgemäß die Hinweise auf Termine, Fristen, zu Sachproblemen.

§ 23 Abs. 1 stellt fest, dass die Amtssprache deutsch ist. Es ist aber zu bedenken, dass **603** in der Bundesrepublik mehr als 8 Millionen Menschen leben, die Deutsch nicht oder nur sehr wenig sprechen. Da diese Menschen von Verwaltungsverfahren genauso betroffen sind wie Deutsch sprechende Menschen, ist ihnen in diesen Verfahren zu helfen. Fehlende Sprachkenntnisse dürfen nicht dazu führen, dass die Chancen dieser Menschen im Verwaltungsverfahren sinken. – § 23 Abs. 2–4 enthält Vorschriften, die den nicht Deutsch sprechenden Menschen entgegenkommen. – Die Pflicht zur Hinzuziehung eines Dolmetschers ist einzelfallbezogen zu beantworten. ME kann die Frage nicht anders beantwortet werden als im Strafverfahren. Sowohl unter dem Gesichtspunkt des Grundrechtsschutzes durch Verfahren als auch durch den Grundsatz des rechtlichen Gehörs ist die Hinzuziehung eines Dolmetschers im Verwaltungsverfahren in der Regel gefordert[274]. Ausnahmsweise können in „Routineverfahren" mehrsprachige Merkblätter oder Fragebögen ausreichen.

Konkrete Beratungs- und Auskunftspflichten normiert § 25 Abs. 1 S. 1. Solche Bera- **604** tungs- und Auskunftspflichten können bereits im Vorfeld eines Verwaltungsverfahrens bestehen.

Beispiel: Die Behörde benachrichtigt die Betroffenen von der beabsichtigten Einleitung eines Verwaltungsverfahrens vom Amts wegen; die Behörde informiert einen Nachbarn darüber, dass ein seine rechtlichen Interessen berührender Bauantrag gestellt wurde.

Die Behörde kann nach § 25 Abs. 2 S. 1 die Abgabe von Erklärungen, die Stellung **605** von Anträgen oder die Berichtigung von Erklärungen oder Anträgen anregen, wenn diese offensichtlich nur versehentlich oder aus Unkenntnis unterblieben oder unrichtig abgegeben oder gestellt worden sind. Dieses ist Ausdruck der allgemeinen Fürsorgepflicht der Verwaltung gegenüber den Beteiligten des Verwaltungsverfahrens. Nach § 25 Abs. 1 S. 2 erteilt die Behörde, soweit erforderlich, Auskunft über die den Beteiligten im Verwaltungsverfahren zustehenden Rechte und die ihnen obliegenden Pflichten. Diese Beratungspflicht ist nicht auf rein prozedurale Aspekte beschränkt. Der Grundsatz der Chancengleichheit kann in einem Verfahren der Behörde gebieten, auch eine materiell-rechtliche Beratung vorzunehmen; dieses insbesondere zum Ausgleich bestehender Verständnisschwierigkeiten. Die materielle Rechtslage an sich ist

---

274   Ablehnung durch NdsOVG, NVwZ 1999, 1013.

nicht Gegenstand der Auskunftspflicht. Wenn freilich die Auskunftspflicht die Mitteilung eines möglichen Verfahrensergebnisses ausschließt, kann die Beratungspflicht gerade darin bestehen, den Betroffenen von nach der materiellen Rechtslage hoffnungslosen Anträgen abzuhalten.

606 Gegen die **Beratungspflicht** nach § 25 Abs. 1 verstößt die Behörde, wenn sie[275]

- einen tatsächlich Betroffenen ohne besonderen Grund von der Einleitung eines Verfahrens oder der Stellung eines ihn betreffenden Antrags nicht informiert,
- wenn sie zur Rechtsverfolgung wichtige Anträge, Willenserklärungen usf. nicht durch entsprechende Hinweise veranlasst,
- wenn sie Fehler bei Anträgen, Willenserklärungen usf. nicht korrigiert oder einen Beteiligten auf offenkundige Begründungsdefizite nicht hinweist,
- wenn sie bei mehreren Beteiligten nur eine Seite angemessen berät oder offenkundige Ungleichheiten im Informationsstand im Rahmen des Möglichen nicht ausgleicht.

607 Gegen die **Auskunftspflicht** nach § 25 Abs. 1 S. 2 verstößt die Behörde, wenn sie

- Beteiligte über ihre Rechte und Pflichten im Verwaltungsverfahren nicht informiert,
- Beteiligte über Tatsachen und Informationen nicht informiert, die Vorbedingung zur Wahrnehmung von Rechten sind, wenn sie Beteiligte über den wesentlichen Inhalt für den Einzelfall relevante Verwaltungsvorschriften, Ermessensrichtlinien und dienstliche Anweisungen usf. nicht informiert, soweit deren Kenntnis für die Verfahrensrechte der Betroffenen von Bedeutung ist.

608 Eine isolierte Geltendmachung von Beratungs- und Informationsansprüchen verhindert § 44a VwGO. § 44a S. 1 VwGO stellt fest, dass Rechtsbehelfe gegen behördliche Verfahrenshandlungen nur gleichzeitig mit den gegen die Sachentscheidung zulässigen Rechtsbehelfen geltend gemacht werden können. Eine Ausnahme enthält § 44a S. 2 VwGO; behördliche Verfahrenshandlungen, die vollstreckt werden können oder gegen einen Nichtbeteiligten ergehen, können selbstständig angegriffen werden. Für den Normalfall ist von folgendem auszugehen: Verstöße gegen Beratungs- und Informationspflichten stellen zwar Fehler von Behörden dar, führen aber nicht zu einem fehlerhaften VA im hier bedeutsamen Zusammenhang. Weigert sich eine Behörde, die notwendigen Informationen im Verwaltungsverfahren zu erteilen, geht sie aber das Risiko ein, dass sich als Folge des Fehlens der Information ein anderer Verfahrensfehler ergibt.

Literatur: *Gurlit*, DVBl 2003, 1119 ff.

i) Das Recht auf Akteneinsicht

609 Dieses in § 29 normierte Recht hat die Behörde den Beteiligten zu gestatten, soweit die Kenntnis der Akten zur Geltendmachung oder Verteidigung ihrer rechtlichen Interessen erforderlich ist. Das Recht auf Akteneinsicht ist ein subjektives öffentliches Recht; ein Ermessen der Behörde besteht nicht. Das Recht auf Akteneinsicht besteht

---

275 S. *Hufen/Siegel*, S. 155.

allerdings nur für Verfahrensbeteiligte. Freilich ist herauszustellen: Wenn ein tatsächlich Betroffener, der bisher noch nicht von der Behörde beteiligt worden ist, nur auf Grund der Aktenlage feststellen kann, ob eine Beteiligung in Betracht kommt, so wird man ihm ein Recht auf Akteneinsicht einräumen müssen.

Das Akteneinsichtsrecht bezieht sich auf alle Akten, die die Entscheidungsgrundlage **610** der Behörde bilden; auch in beigezogenen Akten anderer Behörden, sonstige Entscheidungsgrundlagen und Daten kann Einsicht genommen werden.

Nach Abschluss des Verfahrens besteht das Akteneinsichtsrecht fort[276]. **611**

Die Einsichtnahme in die Akten erfolgt bei der aktenführenden Behörde. Mehr sagt **612** das Gesetz über die konkrete Ausgestaltung der Akteneinsicht nicht aus. § 29 Abs. 3 darf nicht zu einer übermäßigen Erschwerung des Akteneinsichtsrechts führen.

§ 29 Abs. 2 enthält Ausnahmen vom Akteneinsichtsrecht. Die Ausnahmen des § 29 **613** Abs. 2 begegnen rechtsstaatlichen Bedenken; sie sind deshalb restriktiv auszulegen. Die Vorschrift des § 30, die Geheimhaltung, ist in das Recht auf Akteneinsicht nach § 29 hineinzulesen.

Das VwVfG gewährt das Recht auf Akteneinsicht restriktiv. Weitergehende Einsichtsmöglichkeiten gibt es in folgenden Fällen: **614**

(1.) Auf europäischer Ebene existiert die EG-Richtlinie des Europäischen Parlaments **615** und des Rates v. 28.1.2003 über den Zugang der Öffentlichkeit zu Umweltinformationen[277]. Diese Richtlinie setzt in innerstaatliches Recht um das Umweltinformationsgesetz (UIG) v. 22.12.2004[278]. Das Gesetz ist im Umfang seiner Geltung gegenüber § 29 vorrangig. Große praktische Bedeutung hat es bislang nicht erlangt[279].

Literatur: *Fluck/Theurer*, Umweltinformationsrecht, Komm., Loseblatt; hier vollständiger Nachweis der einschlägigen Rechtsprechung und Literatur. Fallbearbeitung: *Pünder/Hörster*, JURA 2001, 466 ff; *Heitsch*, JURA 2001, 398 ff; *Kloepfer*, DÖV 2003, 221 ff; *Werres*, DVBl 2005, 611 ff; *Näckel/Wasilewski*, DVBl 2005, 1351 ff.

(2.) Auf *Bundesebene* existiert das am 1.1.2006 in Kraft getretene „Gesetz zur Regelung des Zugangs zu Informationen des Bundes (Informationsfreiheitsgesetz – **616** IFG)"[280] (Sa. I Nr 113). Zentrales Anliegen des IFG ist die Herstellung umfassender Transparenz in der deutschen Verwaltung; das sog. „Arkanprinzip" (von lateinisch: „arcanus" = verschlossen/geheimnisvoll) soll abgeschafft werden. Regelfall ist nicht mehr die Geheimhaltung der Information, sondern ihre Zugänglichkeit. Das bedingt, dass nicht mehr der Zugang zur Information an Voraussetzungen geknüpft ist, sondern ihre Geheimhaltung. Neben der Herstellung umfassender Transparenz ist es Zweck dieser Regelung, die Kontrolle und Effizienz der Verwaltung zu fördern.

Nach § 1 Abs. 1 S. 1 IFG steht der Anspruch auf Informationszugang *„jedem"* zu; **617** nichtrechtsfähige Verbände sowie der Staat selbst sind nicht anspruchsberechtigt. An-

---

276 OVG NW, NJW 1989, 544.
277 ABl L 41 v. 14.2.2003, S. 26.
278 BGBl. I S. 3704.
279 S. aber OVG NW, NVwZ-RR 2004, 169.
280 Gesetz v. 5.9.2005, BGBl. I S. 2722.

spruchsverpflichteter ist eine Behörde des Bundes; wenn sich die Behörde einer natürlichen oder juristischen Person zur Erfüllung ihrer Aufgaben bedient, ergibt sich nach § 1 Abs. 1 S. 3 ein Anspruch gegen diese Person.

618 Das IFG ist subsidiär gegenüber anderen Regelungen, § 1 Abs. 1 S. 3 IFG.

619 Für die Behörden des Bundes besteht weder eine Informationsbeschaffungspflicht noch die Pflicht zur Überprüfung der Richtigkeit der vorhandenen Information. Nach § 11 Abs. 1, 2 IFG sind Verzeichnisse über vorhandene Informationssammlungen zu führen und Organisations- und Aktenpläne allgemein zugänglich zu machen. In § 11 Abs. 3 IFG existiert eine Internetklausel.

620 In den §§ 3–5 IFG sind sehr viele Ausnahmen vom Anspruch auf Informationszugang normiert[281]. Sie werden als viel zu häufig, zu weit und zu pauschal kritisiert[282]. Es geht um die Gewährleistung der Funktionsfähigkeit der Verwaltung, insbesondere um den Schutz der Vertraulichkeit, Sicherheit und Staatswohl, insbesondere um die Wettbewerbs- und Finanzaufsicht, Schutz von Informationen anderer Behörden und fiskalische Interessen, den Schutz der Interessen Dritter, beispielsweise den Datenschutz, den Schutz der Betriebs- und Geschäftsgeheimnisse, den Schutz geistigen Eigentums, der Berufsgeheimnisse und den Schutz der Informanten.

621 Das Verfahren auf Zugang zu Informationen ist ein Verwaltungsverfahren iSd VwVfG. Es finden sich spezielle Regelungen in den §§ 7–10 IFG. Einmal eine Fristregelung; der Informationszugang soll innerhalb eines Monats gewährt werden. Ferner ist eine Form der Geltendmachung des Anspruchs nicht vorgeschrieben. Die Entscheidung über den Antrag erfolgt schriftlich und ist auch einem betroffenen Dritten bekannt zu geben. Es werden Gebühren erhoben. Aus bestimmten Gründen kann der Antrag abgelehnt werden, § 9 Abs. 3 IFG. Gegen eine Ablehnung des Antrags ist nach § 9 Abs. 4 IFG die Verpflichtungsklage zulässig.

Literatur: Ausführlich über das IFG informieren *Kloepfer/von Lewinski*, DVBl 2005, 1277.

622 (3.) Am 1.5.2008 wurde das Gesetz zur Verbesserung der gesundheitsbezogenen Verbraucherinformation (VIG) wirksam[283]. Es gewährt jeder natürlichen oder juristischen Person freien Zugang zu Informationen über Erzeugnisse i. S. d. LFGB. Nach § 1 umfasst der Informationsanspruch unter anderem Daten, Informationen und Erkenntnisse über Verstöße gegen das Lebensmittel- und Futtermittelrecht, Gefahren und Risiken eines Erzeugnisses für Gesundheit und Sicherheit, Ausgangsstoffe und Überwachungsmaßnahmen. § 2 begrenzt den Anspruch auf Zugang zu Informationen, soweit dies zum Schutze wichtiger öffentlicher oder privater Belange erforderlich ist. Betroffene Dritte sind, soweit es sich um personenbezogene Daten oder Betriebs- und Geschäftsgeheimnisse handelt, vor der Offenbarung der Informationen grundsätzlich anzuhören, § 4 I 2.

Nach wie vor ist die Praxis von großer Zurückhaltung gegenüber den neuen Instrumenten der Verwaltungsöffentlichkeit geprägt. Hier wirkt eine lange Tradition nach,

---

281 Zu Betriebs- und Geschäftsgeheimnissen der öffentlichen Hand *Polenz*, DÖV 2010, 350 ff.
282 *Kloepfer/von Lewinski*, DVBl 2005, 1280.
283 Verbraucherinformationsgesetz v. 5.11.2007, BGBl. I S. 2558, geändert durch Art. 7 des Gesetzes v. 9.12.2010, BGBl. I S. 1934.

in der Verwaltungsverfahren im Wesentlichen geheim abliefen und allenfalls die im Verfahren Betroffenen selbst die Möglichkeit hatten, zur eigenen Rechtsverteidigung Akteneinsicht zu nehmen. Von einem Selbstverständnis, wie es in den skandinavischen Ländern, aber auch in den USA besteht, ist Deutschland noch weit entfernt. Insgesamt muss festgestellt werden, dass der Zugang zu Verwaltungsinformationen im allgemeinen und Umweltinformationen im besonderen zwar eine gesetzliche Regelung erfahren hat, dass es aber noch ein langer Weg sein wird, bis die transparente Verwaltung Wirklichkeit geworden ist. Ein in diesem Zusammenhang immer wieder beklagtes Hindernis besteht darin, dass die Kosten für die Einsichtnahme sowie Kosten für Kopien aus den Akten als *sehr hoch* empfunden werden.

(4.) Für das Landesrecht ist auf zunächst Brandenburg zu verweisen. Nach Art. 21 **623** Abs. 4 der Verfassung des Landes Brandenburg hat jeder nach Maßgabe des Gesetzes das Recht auf Einsicht in Akten und sonstige amtliche Unterlagen der Behörden und Verwaltungseinrichtungen des Landes und der Kommunen. Diese Verfassungsvorschrift konkretisiert das Akteneinsichts- und Informationszugangsgesetz vom 10.3.1998[284].

Wer vom brandenburgischen Gesetz eine Erweiterung der informationsrechtlichen **624** Lage erwartet, sieht sich enttäuscht. § 2 Abs. 5 enthält eine Klausel, nach der im laufenden Verfahren Akteneinsicht nur nach Maßgabe des anzuwendenden Verfahrensrechts gewährt wird. Damit wird ein besonders großer und wegen der Aktualität wichtiger Teil der bei den Behörden vorhandenen Informationen vom Anwendungsbereich des Gesetzes ausgeschlossen, ohne dass für den Ausschluss eine Notwendigkeit ersichtlich wäre. In Brandenburg bestehen im Ergebnis kaum mehr Zugänge zu Informationen als bei einem erweiterten Archivrecht. Ferner bemühen sich die §§ 4, 5 um möglichst präzise Ausnahmekataloge zum Schutz überwiegender öffentlicher und privater Interessen; der Landesgesetzgeber schießt aber zugunsten vermeintlicher Staatsschutzinteressen weit über die erforderliche Einschränkung eines allgemeinen Akteneinsichtsrechts hinaus. Schließlich enthalten die §§ 6, 7 eine Reihe detailgenauer Vorschriften über Formalien und das Verfahren; eine Entscheidungsfrist enthält § 6 Abs. 1 S. 6[285].

Neben Brandenburg gibt es nunmehr Akteneinsichtsrechte, die sich von der Rechtsla- **625** ge in Brandenburg wesentlich unterscheiden, in Berlin[286] und in Schleswig-Holstein[287]. Für diese Länder lässt sich zunächst festhalten, dass vor allem ein Ausschluss des Einsichtsrechts während laufender sonstiger Verwaltungsverfahren fehlt. Eine unklare Regelung ist in § 17 des Gesetzes von Schleswig-Holstein enthalten, nach der Rechtsvorschriften unberührt bleiben, die einen weitergehenden Zugang zu Informa-

---

284 GVBl I S. 46 ff. **Judikatur:** VG Potsdam, LKV 1999, 155; LKV 2000, 319; LKV 2003, 149; VG Potsdam, DVBl 2010, 1256.
285 Zu diesem Gesetz s. *Breidenbach/Palenda*, NJW 1999, 1307; *dies.*, LKV 1998, 252; *Partsch*, NJW 1998, 2559.
286 Gesetz zur Förderung der Informationsfreiheit im Lande Berlin – Berliner Informationsfreiheitsgesetz – v. 15.10.1999, GVBl. S. 561.
287 Gesetz über die Freiheit des Zugangs zu Informationen für das Land Schleswig-Holstein – Informationsfreiheitsgesetz für das Land Schleswig-Holstein v. 9.2.2000, GVOBl S. 166; zu diesem Gesetz s. *Baumler*, NJW 2000, 1982; sowie Nordrhein-Westfalen, v. 27.11.2001, GV NRW S. 806 ff; zu diesem Gesetz *Beckmann*, DVP 2003, 142 ff; *Partsch/Schurig*, DÖV 2003, 482 ff.

tionen ermöglichen oder ihre Grundlage in besonderen Rechtsverhältnissen besitzen; über die „besonderen Rechtsverhältnisse" kann nur spekuliert werden. Ferner muss nach der Rechtslage beider Länder die Behörde über einen Informationsantrag unverzüglich entscheiden beziehungsweise die begehrte Information spätestens innerhalb eines Monats zugänglich machen. Nach § 13 Abs. 7 der Berliner Regelung ist die Veröffentlichung, Speicherung oder Sammlung von durch Akteneinsichten oder Aktenauskünften enthaltenen Informationen zu gewerblichen Zwecken unzulässig.

626 Die Informationsfreiheitsgesetze von Berlin und Schleswig-Holstein stellen eine Umkehrung des Grundsatzes der beschränkten Aktenöffentlichkeit der bei den Landesverwaltungen vorhandenen Akten dar. Das Berliner Gesetz erweist sich überwiegend als die politisch bestmögliche Lösung der Ausgestaltung des Informationsverhältnisses zwischen Bürger und Verwaltung; lediglich im Bereich des Steuer- und Sozialrechts sollte der Berliner Landesgesetzgebern Korrekturen vornehmen, um Verfassungswidrigkeiten zu vermeiden.

627 Auf die Informationsfreiheitsgesetze folgender Bundesländer sei hingewiesen: Bremen[288], Hamburg[289], Mecklenburg-Vorpommern[290], Nordrhein-Westfalen[291], Rheinland-Pfalz[292], Saarland[293], Sachsen-Anhalt[294] und Thüringen[295]. Es fehlt ein einschlägiges Gesetz in Bayern, Baden-Württemberg, Hessen, Niedersachsen und in Sachsen[296].

628 **Exkurs 1: Verfahrensbeschleunigung**

Im VwVfG kommt auch der Grundsatz der Verfahrensbeschleunigung zum Ausdruck. Zunächst enthält § 10 S. 2 das Gebot, Verwaltungsverfahren zügig durchzuführen. Daraus folgt die behördlich Pflicht, Instrumente einzusetzen, die das Verfahren beschleunigen können (zB Sternverfahren und Antragskonferenz)[297]. Eine weitere Verfahrensbeschleunigung regelt § 25 Abs. 2, der für alle Verwaltungsverfahren – unabhängig von Komplexität und Zeitintensivität – gilt. Die bei Antragsverfahren nach § 25 Abs. 1 bestehenden Beratungspflichten (vgl Rn. 601 ff) bestehen bereits vor Beginn des Verwaltungsverfahrens. Die zuständige Behörde erörtert mit dem Antragsteller zunächst vor Stellung eines Antrags, welche Nachweise und Unterlagen von ihm zu erbringen sind und wie das Verfahren weiter beschleunigt werden kann. Absatz 2 Satz 2 gibt der Behörde zudem auf, den Antragsteller in der Regel nach Antragstellung unverzüglich über Vollständigkeit des Antrags zu unterrichten. Die Behörde soll zudem Auskunft über die Verfahrensdauer geben. Hierdurch wird die Be-

---

288 Gesetz über die Freiheit des Zugangs zu Informationen für das Land Bremen (Bremer Informationsfreiheitsgesetz – BremIFG) v. 16.5.2006, BremGBl S. 263.
289 Hamburgisches Transparenzgesetz v. 19.6.2012, HmbGVBl S. 271.
290 Gesetz zur Regelung des Zugangs zu Informationen für das Land Mecklenburg-Vorpommern (Informationsfreiheitsgesetz – IFG – M-V) v. 10.7.2006, GVOBl MV S. 556.
291 Gesetz über die Freiheit des Zugangs zu Informationen für das Land Nordrhein-Westfalen (Informationsfreiheitsgesetz Nordrhein-Westfalen – IFG NRW) v. 27.11.2001, GV NW S. 806.
292 Landesgesetz über die Freiheit des Zugangs zu Informationen (Landesinformationsfreiheitsgesetz – LIFG) v. 26.11.2008, GVBl RP S. 296.
293 Saarländisches Informationsfreiheitsgesetz (SaarlIFG) v. 12.7.2006, Gesetz Nr 1596, SaarlABl S. 1624.
294 Informationszugangsgesetz Sachsen-Anhalt (IZG LSA) v. 19.6.2008, GVBl S. 242.
295 Thüringer Informationsfreiheitsgesetz (ThürIFG) v. 20.12.2007, GVBl S. 256.
296 Analyse der zuvor aufgezählten Gesetze bei *Kopp/Ramsauer*, § 29 Rn. 47 ff.
297 *Ziekow*, VerwArchiv 2008, 176, 180.

schleunigung und Transparenz des Verfahrens gefördert, was mehr Planungssicherheit auf Seiten des Antragstellers bewirken soll[298]. § 25 Abs. 2 räumt der Behörde jedoch ein eingeschränktes Ermessen ein. In Ausnahmefällen kann sie insbesondere davon absehen, den Antragsteller über die Verfahrensdauer zu informieren, wenn sich dadurch nur ein unnötiger Verwaltungsaufwand und eine Verfahrensverzögerung ergeben. Solche Ausnahmefälle sind in einfach gelagerten Fällen anzunehmen, in denen eine sofortige Entscheidung erfolgen kann[299].

Literatur: *Pünder*, in: Erichsen/Ehlers (Hrsg.), AllgVerwR, § 15 Rn 45; *Schliesky*, in: Knack/Henneke, VwVfG, Vor §§ 71a–71e, Rn 3; Rn 13 ff; *Ziekow*, VerwArchiv 2008, 176, 181.

Exkurs 2: Das Verfahrensmodell „Verfahren über eine einheitliche Stelle" 629

Die europäische Dienstleistungsrichtlinie (DLRL) gibt den Mitgliedstaaten der Europäischen Union die Pflicht auf, einen sog. einheitlichen Ansprechpartner zu schaffen, vgl Art. 6 DLRL. Die DLRL möchte eine Beschleunigung und Vereinfachung von Verwaltungsverfahren ermöglichen. Der einheitliche Ansprechpartner soll es Dienstleistungserbringern erleichtern, in einem anderen Mitgliedstaat Verwaltungsverfahren und Formalitäten zu durchlaufen, die für die Aufnahme der Dienstleistungstätigkeit erforderlich sind. Solche Formalitäten sind insbesondere Erklärungen, Anzeigen der Tätigkeitsaufnahme, Anmeldungen oder die Beantragung von Genehmigungen bei den zuständigen Behörden. Der einheitliche Ansprechpartner wird dabei nicht zuständige – dh verfahrensleitende – Behörde, sondern nimmt eine unterstützende Funktion ein[300]. Er ist Mittler zwischen dem Dienstleistungserbringer und der eigentlich zuständigen Behörde[301]. Der Dienstleistungserbringer hat danach die Möglichkeit, nur noch mit dem einheitlichen Ansprechpartner im Rahmen der anhängigen Verwaltungsverfahren zu kommunizieren, ohne sich an jede einzeln zu beteiligende Behörde richten zu müssen („One-Stop-Government")[302]. Neben der Mittlerfunktion übernimmt der einheitliche Ansprechpartner auch Informationsaufgaben im Vorfeld eines Verwaltungsverfahrens, Art. 7 DLRL.

Zur Umsetzung des Art. 6 DLRL dienen die §§ 71a–71e zur sog. einheitlichen Stelle. 630
Sie führen damit eine neue besondere Verfahrensart in das deutsche Verwaltungsverfahren ein. Der deutsche Gesetzgeber hat die Bezeichnung „einheitlicher Ansprechpartner" nicht übernommen. Mit dem Begriff der einheitlichen Stelle will er klarstellen, dass in Deutschland nur öffentlich-rechtliche Stellen Aufgaben nach Art. 6 DLRL übernehmen sollen[303]. Zudem macht diese Bezeichnung deutlich, dass sich die §§ 71a–71e nicht ausschließlich auf grenzüberschreitende Tätigkeiten beziehen sollen, sondern auch inländische Verfahren betreffen[304]; es handelt sich um eine allgemeine Verfahrensart[305].

---

298 BT-Drs. 16/10493, S. 15.
299 BT-Drs. 16/10493, S. 15.
300 *Ernst*, DVBl 2009, 953, 954.
301 *Ziekow*, VerwArchiv 2008, 176, 178.
302 *Ernst*, DVBl 2009, 953, 954.
303 BT-Drs. 16/10493, S. 17 f; *Ziekow*, VerwArchiv 2008, 176, 181; *Schliesky*, in: Knack/Henneke, VwVfG, § 71a Rn 2.
304 *Schmitz/Prell*, NVwZ 2009, 1, 3.
305 BT-Drs. 16/10493, S. 17.

631 § 71a regelt die Anwendbarkeit der neuen Verfahrensart. Danach muss eine Rechtsvorschrift ausdrücklich vorsehen, ob ein Verfahren über eine einheitliche Stelle abgewickelt werden kann. Sobald der Anwendungsbereich der DLRL eröffnet ist, hat der deutsche Gesetzgeber in einem Fachgesetz die Möglichkeit dieser Verfahrensart zur Verfügung zu stellen; ist die DLRL nicht einschlägig, kann der Gesetzgeber trotzdem ein Verfahren über eine einheitliche Stelle ermöglichen[306]. Ist der Anwendungsbereich der DLRL eröffnet, es fehlt aber eine gesetzliche Grundlage für eine solche Verfahrensart in einem Spezialgesetz, muss die Richtlinie unmittelbare Geltung finden, da die Umsetzungsfrist bereits am 28.12.2009 abgelaufen ist[307]. Der Begriff „Verfahren" nach § 71a unterscheidet sich von dem Verfahrensbegriff des § 9. § 71a ist auch auf solche Verfahren anwendbar, die nicht auf die Prüfung der Voraussetzungen, die Vorbereitung und den Erlass eines Verwaltungsakts oder auf den Abschluss eines öffentlich-rechtlichen Vertrags gerichtet sind, zB Anzeigeverfahren[308]. Ob der Antragsteller das Verfahren über eine einheitliche Stelle abwickelt, obliegt seiner Entscheidung. Rechtsvorschriften können keine Pflicht regeln, ein Verfahren über eine einheitliche Stelle laufen zu lassen, vgl § 71a Abs. 2. Bisher wurde das Verfahren über eine einheitliche Stelle spezialgesetzlich zB in § 5b HwO eingeführt. Wer konkret die Aufgaben einer einheitlichen Stelle wahrnimmt, ist durch das Verwaltungsorganisationsrecht der Bundesländer zu klären[309]. Beispielsweise ist im Land Brandenburg die einheitliche Stelle (einheitlicher Ansprechpartner) mit einer Geschäftsstelle im Ministerium für Wirtschaft und Europaangelegenheiten angesiedelt.

632 Insbesondere § 71b spiegelt die Funktion der einheitlichen Stelle als Mittler zwischen den Verfahrensbeteiligten und der zuständigen Behörde wider. Die einheitliche Stelle nimmt nach § 71b Abs. 2 Anzeigen, Anträge, Willenserklärungen und Unterlagen entgegen und leitet sie unverzüglich an die zuständigen Behörden weiter. Aus dieser Norm ergibt sich nicht die Zuständigkeit der einheitlichen Stelle, sondern die Aufgabe, Korrespondenzen so schnell wie möglich an die zuständigen Behörden zu übermitteln. Sie leitet nicht das Verfahren; insbesondere hat sie keine Entscheidungs-, Vollzugs- oder Überwachungsbefugnis[310].

633 Als Verfahrenserleichterungen zugunsten der Verfahrensbeteiligten stellen sich insbesondere die Regelungen des § 71b Abs. 2–4 dar. Aus § 71b Abs. 1 folgt die Pflicht der einheitlichen Stelle, die Anzeigen, Anträge, Willenserklärungen und Unterlagen an die zuständige Behörde unverzüglich weiterzuleiten. Um sicherzustellen, dass sich aus der Inanspruchnahme der einheitlichen Stelle zulasten der Verfahrensbeteiligten keine – zeitlichen – Nachteile (zB Verzögerung der Weitergabe) ergeben, enthält § 71b Abs. 2 S. 1 eine unwiderlegbare Eingangsfiktion[311]. Der Eingang der Unterlagen bei der zuständigen Stelle wird am dritten Tag nach Eingang bei der einheitlichen Stelle unterstellt. Die Drei-Tages-Frist trägt sowohl den Interessen des Antragstellers an einer zügigen Übermittlung als auch dem durchschnittlichen Übermittlungsauf-

---

306 *Ziekow*, VerwArchiv 2008, 176, 181 f.
307 *Pünder*, in: Erichsen/Ehlers (Hrsg.), § 15 Rn. 45; *Schliesky*, in: Knack/Henneke, VwVfG, § 71a Rn 6 ff.
308 BT-Drs. 16/10493, S. 18.
309 *Schliesky*, in: Knack/Henneke, VwVfG, § 71a Rn 13 ff.
310 *Schliesky*, in: Knack/Henneke, VwVfG, § 71a Rn 2.
311 *Ziekow*, VerwArchiv 2008, 176, 184.

wand Rechnung[312]. Sind Fristen einzuhalten, gelten diese nach § 71b Abs. 2 S. 2 mit Eingang bei der einheitlichen Stelle als gewahrt. § 71b Abs. 3 enthält die Pflicht, bei fristgebundenen Verfahren eine Empfangsbestätigung auszureichen. In der Empfangsbestätigung ist das Datum des Eingangs bei der einheitlichen Stelle mitzuteilen und auf die Frist, die Voraussetzungen für den Beginn des Fristlaufs und auf eine an den Fristablauf geknüpfte Rechtsfolge sowie auf die verfügbaren Rechtsbehelfe hinzuweisen. Die Bedeutung dieser Empfangsbestätigung geht über die übliche hinaus; sie klärt den Antragsteller über den Stand seines Verfahrens und mögliche weitere Schritte auf[313]. Ist die Anzeige oder der Antrag unvollständig, teilt die zuständige Behörde nach § 71b Abs. 4 unverzüglich mit, welche Unterlagen nachzureichen sind. Die zuständige Behörde ist also zur alsbaldigen Prüfung der Unterlagen verpflichtet. Die Mitteilung enthält den Hinweis, dass der Lauf der Frist nach § 71b Abs. 3 erst mit Eingang der vollständigen Unterlagen beginnt. Die einheitliche Stelle darf die Vollständigkeit selbst nicht prüfen. Vertreten wird aber, dass sie berechtigt ist, den Verfahrensbeteiligten auf die Unvollständigkeit hinzuweisen, wenn diese offensichtlich ist[314]. Das Datum des Eingangs der nachgereichten Unterlagen bei der einheitlichen Stelle ist mitzuteilen. Die Absätze 3 und 4 ermöglichen Informationen über Verfahrensdauer, laufende Fristen und deren Ende; hierdurch können die Verfahrensbeteiligten zB erkennen, wann die Genehmigungsfiktion nach § 42a (s. Rn 494) eintritt[315].

Wenn ein Bürger sich des Verfahrens über eine einheitliche Stelle bedient, bestimmt **634** § 71b Abs. 5, dass Mitteilungen der zuständigen Behörde an den Antragsteller oder Anzeigepflichtigen über sie weitergegeben werden sollen[316]. Diese Norm enthält also das Gebot, das oben erwähnte „One-Stop-Konzept" einzuhalten. Die für die Sachbearbeitung zuständige Behörde und der Antragsteller sollen nicht unmittelbar in Kontakt treten. § 71b Abs. 5 lässt Ausnahmen von diesem Grundsatz zu, wenn der Antragsteller einen entsprechenden Willen geäußert hat oder so „unsinnige" Verfahrenshandlungen vermieden werden können[317]. § 71b Abs. 5 S. 2 regelt ausdrücklich Fragen zu Bekanntgabe von Verwaltungsakten. Eine unmittelbare Bekanntgabe ohne Übermittlung an die einheitliche Stelle ist nur möglich, soweit der Adressat des Verwaltungsakts dieses wünscht. Der Wunsch kann konkludent geäußert werden[318]. § 71b Abs. 6 normiert eine Bekanntgabefiktion bei Verwaltungsakten, die durch die Post ins Ausland übermittelt werden. § 41 Abs. 2 S. 3 gilt entsprechend.

Neben die Mittlerfunktion tritt nach § 71c auch die Funktion „Informationsstelle". In- **635** formationspflichten bestehen bereits vor dem Beginn eines Verwaltungsverfahrens. Jedermann kann nach § 71c Abs. 1, noch bevor er tatsächlich einen Antrag stellt, Anfragen an die einheitliche Stelle richten, um Informationen zu erlangen über:

– die maßgeblichen Vorschriften,
– die zuständigen Behörden,

---

312 BT-Drs. 16/10493, S. 18 f.
313 BT-Drs. 16/10493, S. 19.
314 *Schliesky*, in: Knack/Henneke, VwVfG, § 71b Rn 9.
315 BT-Drs. 16/10493, S. 19.
316 *Pünder*, in: Erichsen/Ehlers (Hrsg.), AllgVerwR, § 15 Rn. 45.
317 BT-Drs. 16/10493, S. 19.
318 BT-Drs. 16/10493, S. 19.

– öffentliche Register und Datenbanken und
– Verfahrensrechte sowie Einrichtungen,

die keinen Bezugspunkt zu einem möglichen Verwaltungsverfahren haben müssen; die erlangten Informationen dienen der „ersten Orientierung"[319]. Diese Informationen sollen den (zukünftigen) Antragsteller oder Anzeigepflichtigen bei der Aufnahme oder Ausübung seiner Tätigkeit unterstützen. Eine Anfrage darf nicht unbestimmt sein. Um die zügige Bearbeitung eines Auskunftsbegehrens zu ermöglichen, erteilen auch die zuständigen Behörden auf Anfrage unverzüglich Auskunft über die maßgeblichen Vorschriften und deren gewöhnliche Auslegung. Ausschließlich die sachlich zuständige Behörde darf Auskunft darüber geben, wie die maßgeblichen Vorschriften in der Regel anzuwenden und auszulegen sind. Daraus ergibt sich nochmals, dass die einheitliche Stelle keine eigene Entscheidungsmacht hat. Die fachliche Beratung erfolgt ausschließlich durch die zuständige Behörde[320]. Auskünfte haben unverzüglich zu erfolgen. Eine einzelfallbezogene Rechtsberatung sieht § 71c nicht vor[321].

636 Die einheitliche Stelle soll immer in der Lage sein, den Antragsteller oder Anzeigepflichtigen über den Verfahrensstand zu informieren[322]. Um dieses Ziel zu erreichen, ordnet § 71d die Pflicht zur Zusammenarbeit zwischen den zuständigen Behörden und den verschiedenen einheitlichen Stellen an. Ohne eine solche Zusammenarbeit könnte die einheitliche Stelle Informationsbegehren zum Verfahren nicht erfüllen. Notwendig ist mithin eine regelmäßige gegenseitige Kommunikation über den Stand des Verfahrens und der Anfragen[323]. Die Zusammenarbeitspflicht besteht auch, wenn die zuständigen Behörden und Stellen verschiedenen Verwaltungsträger angehören (sie müssen also Verbandskompetenz übergreifend tätig werden[324]).

637 Eine erhebliche Vereinfachung des Verfahrens kann § 71e bewirken. Danach wird das Verfahren über die einheitliche Stelle in elektronischer Form abgewickelt, wenn der Antragsteller oder Anzeigepflichtige dieses verlangt. Diese Norm verpflichtet also alle beteiligten Stellen (einheitliche Stelle und zuständige Behörden), sowohl eine elektronische als auch eine konventionelle Kommunikation zu ermöglichen[325]. Alle Verfahrensschritte müssen in elektronischer Form erfolgen können. § 71e nennt diese Verfahrensschritte nicht. Darunter fallen immer die in §§ 71b, 71c genannten, ferner Anhörungen, Akteneinsicht und weitere Handlungen[326]. Der Wunsch nach elektronischer Verfahrensabwicklung kann konkludent geäußert werden[327]. Anders als nach § 3a Abs. 1 besteht in den Verfahren nach § 71a die Pflicht der Behörde, eine elektronische Kommunikationsmöglichkeit einzuräumen; fachgesetzliche Ausschlüsse entsprechend § 3a Abs. 2 S. 1 sind unzulässig[328]. Die Anforderungen an die elektroni-

---

319   BT-Drs. 16/10493, S. 20.
320   *Pünder*, in: Erichsen/Ehlers (Hrsg.), AllgVerwR, § 15 Rn. 45.
321   *Schliesky*, in: Knack/Henneke, VwVfG, § 71c Rn 1.
322   *Schliesky*, in: Knack/Henneke, VwVfG, § 71d Rn 3.
323   BT-Drs. 16/10493, S. 20.
324   *Schliesky*, in: Knack/Henneke, VwVfG, § 71d Rn 2.
325   BT-Drs. 16/10493, S. 20.
326   Vgl hierzu *Schliesky*, in: Knack/Henneke, VwVfG, § 71e Rn 6f, der sogar das Widerspruchsverfahren darunter fallen lässt.
327   BT-Drs. 16/10493, S. 20; hierzu näher *Ziekow*, VerwArch 2008, 176, 184.
328   *Schliesky*, in: Knack/Henneke, VwVfG, § 71e Rn 1, 8.

sche Kommunikation des § 3a bleiben jedoch bestehen, § 71e S. 2 (vgl zur elektronischen Kommunikation im Verwaltungsverfahren Rn 639 ff). Elektronische Kommunikation meint dabei eine Kommunikation über das Internet[329].

Die §§ 71b–71e sind nicht auf Verfahren, die über eine einheitliche Stelle abgewickelt werden, begrenzt. Wählen die Verfahrensbeteiligten den direkten Kontakt zur zuständigen Behörde, sind die §§ 71b–71e nach § 71a Abs. 2 ebenfalls durch die verfahrensleitende Behörde zu beachten. Dieses betrifft insbesondere die Pflichten zur Ausstellung einer Empfangsbescheinigung, die Erfüllung von Informationspflichten oder die elektronische Verfahrensabwicklung[330]. **638**

Literatur: *Pünder*, in: Erichsen/Ehlers (Hrsg.), AllgVerwR, § 15 Rn 45; *Reichelt*, LKV 2010, 97 ff; *Schmitz/Prell*, NVwZ 2009, 1 ff; *Ziekow*, VerwArch 2008, 176.

Exkurs 3: Elektronische Kommunikation im Verwaltungsverfahren   **639**

Mit dem E-Government-Gesetz des Bundes[331] ist die elektronische Verwaltung erstmalig umfassend normiert worden. Das Gesetz ist ein sog. Artikelgesetz. Es enthält in Art. 1 als „Stammgesetz" das E-Government-Gesetz. Es richtet sich im Wesentlichen an Behörden des Bundes und regelt den elektronischen Zugang zur Verwaltung (Pflicht zur elektronischen Zugangseröffnung, Pflicht zur Bereitstellung einer De-Mail-Adresse, Pflicht zur Ermöglichung des elektronischen Identitätsnachweis, Erweiterung der Schriftformäquivalente, Elektronische Formulare, Einreichung und Einholung von Nachweisen in elektronischer Form, Information in elektronischer Form usf.). Von Interesse sind hier die Änderungen des VwVfG. Diese betreffen die Schriftformersetzung und finden sich in § 3a Abs. 2, § 33 Abs. 7, § 27 Abs. 3 Satz 3.

§ 3a gestattet die elektronische Kommunikation im Verwaltungsverfahren. Die Norm stellt einen wesentlichen Baustein im Hinblick auf die Entwicklung einer elektronischen Verwaltung dar. Es geht im Wesentlichen darum, dass dann, wenn durch Rechtsnorm die Schriftform für eine Erklärung angeordnet ist, an die Stelle der Schriftform die elektronische Form treten kann, soweit nicht durch Rechtsnorm etwas anderes bestimmt ist.

§ 3a ist eine **Generalklausel**. Sie gilt nicht nur im Verwaltungsverfahren nach §§ 9 ff, sondern auch dann, wenn das Fachrecht **Schriftlichkeit** anordnet. Die Norm ist im Privatrecht analog anwendbar. **640**

Die meisten Länder haben § 3a übernommen. Eine Ausnahme macht Hamburg; hier existiert als Alternative das Internet-Portal Hamburg-Gateway. **641**

§ 3a wird durch speziellere Regelungen verdrängt. Im Fachrecht existieren Vorschriften, die die elektronische Form des VA zugunsten strengerer Formen des VAs ausschließen, zB die Ernennung eines Beamten durch Urkunde. In anderen Vorschriften ist Schriftform vorgesehen, wegen der Beweis- und Warnfunktion der Schriftform die elektronische Form aber ausgeschlossen: § 38a StAG, § 10 BBG, § 17 AtG. **642**

---

329 *Schliesky*, in: Knack/Henneke, VwVfG, § 71e Rn 4.
330 BT-Drs. 16/10493, S. 18.
331 Gesetz zur Förderung der elektronischen Verwaltung sowie zur Änderung anderer Vorschriften v. 25.7.2013, BGBl I S. 2749. Zu diesem Gesetz *Ramsauer/Frische*, NVwZ 2013, 1505 ff; *Prell*, NVwZ 2013, 2514 ff.

643 Nach § 3a Abs. 2 S. 1 ist dann, wenn die elektronische Form gewählt wird, das elektronische Dokument mit einer **qualifizierten Signatur** nach dem Signaturgesetz zu versehen. Die Signierung mit einem Pseudonym, das die Identifizierung der Person des Signaturschlüsselinhabers nicht ermöglicht, ist nicht zulässig, Satz 3.

644 Bei der qualifizierten elektronischen Signatur handelt es sich um Folgendes: Eine qualifizierte elektronische Signatur im Sinne des Gesetzes ist ein mit einem privaten Signaturschlüssel erzeugtes Signal zu elektronischen Daten, das mit Hilfe eines zugehörigen öffentlichen Signaturschlüssels, der mit einem Signaturschlüssel-Zertifikat einer Zertifizierungsstelle versehen ist, den Inhaber des Signaturschlüssels und die Unverfälschtheit der Daten erkennen lässt[332]. Die elektronische Signatur soll vier Eigenschaften gewährleisten: Authentizität, Integrität, Vertraulichkeit, Verbindlichkeit. Einzelheiten darüber, wie das Erstellen und Versenden eines elektronischen Dokuments im Sinne des Signaturgesetzes vonstatten gehen, finden sich bei *Schmitz*[333].

645 Auf die elektronische Kommunikation nimmt das VwVfG beispielsweise Bezug in § 37 Abs. 2 S. 1: elektronischer VA; Satz 2: Bestätigung eines mündlichen VA durch elektronischen VA; Satz 3: Bestätigung eines elektronischen VA durch einen schriftlichen, der seinerseits nicht durch einen elektronischen VA ersetzt werden kann, 2. HS; § 37 Abs. 2 S. 1: Bestimmtheit des elektronischen VAs; Satz 2: bei einem elektronischen VA Erkennbarkeit der Behörde; § 37 Abs. 4: VA und dauerhafte Überprüfbarkeit. – § 39 Abs. 1 S. 1: Begründung des elektronischen VA; § 41 Abs. 2, 4: Bekanntgabe der elektronischen VAs; § 44 Abs. 2 Nr 1: Nichtigkeit des elektronischen VAs.

Literatur: *Schmitz*, DÖV 2005, 885 ff; *Laubinger*, FS König, 2004, S. 517 ff; *Büllesbach*, DVBl 2005, 605 ff – jeweils mit weiteren ausführlichen Nachweisen.

3. Die Einhaltung von Formvorschriften

646 § 37 Abs. 2–4 regelt die Art und Weise des Erlasses von VAen und daran geknüpfte Rechtsfolgen. Absatz 2 Satz 1 stellt heraus, dass ein VA schriftlich, mündlich, elektronisch oder in anderer Weise erlassen werden kann[334]. Die Norm geht für den Erlass von VAen von Formenfreiheit aus. Das Tatbestandsmerkmal „in anderer Weise" erlaubt den konkludenten Erlass eines VAs, also durch Zeichen.

Beispiele: Die Aufforderung eines Polizeibeamten, zur Durchführung einer Verkehrskontrolle an den Straßenrand zu fahren; jedes Verkehrszeichen.

647 § 37 Abs. 2 S. 1 lässt wegen des in § 1 normierten Subsidiaritätsgrundsatzes Rechtsvorschriften für den Erlass eines VAs unberührt, die eine bestimmte Form, zB Schriftform oder Urkunde, zwingend vorschreiben. Solche Formvorschriften gibt es in großer Zahl, s. zB § 69 Abs. 2 S. 1; § 17 AtG; § 10 Abs. 7 BImSchG; § 3 Abs. 1

---

332 So *Schmitz*, DÖV 2005, 886.
333 Ebenda.
334 Zur Form im Allgemeinen; *Kresser*, Die Bedeutung der Form für Begriff und Rechtsfolgen des Verwaltungsakts, 2009. Zum elektronischen VA und der nunmehr gestatteten digitalen Verwaltung s. *Schmitz/Schlatmann*, NVwZ 2002, 1281 ff; *Kremer*, VR 2003, 114 ff; *Schlatmann*, DVBl 2002, 1005 ff.

S. 2 GastG; § 19 Abs. 4 WPflG; §§ 10, 12 BBG (Ernennungsurkunde des Beamten). Landesrecht schreibt ebenfalls häufig die Schriftform vor. Kommunalrechtlich sind manchmal besondere Unterschriften und Dienstsiegel gefordert, s. zB § 64 GO NW.

Nach § 37 Abs. 2 S. 2 ist ein mündlicher VA schriftlich zu bestätigen, wenn hieran **648** ein berechtigtes Interesse besteht und der Betroffene dieses unverzüglich verlangt[335]. Ein berechtigtes Interesse an der Bestätigung ist zu bejahen, wenn der Betroffene die Existenz des VAs anderen Stellen gegenüber nachweisen muss. Der Betroffene hat die Bestätigung „unverzüglich", das heißt ohne schuldhaftes Zögern, s. § 121 Abs. 1 BGB, zu verlangen. Eine gewisse Überlegungsfrist ist ihm jedoch einzuräumen. – Die Bestätigung selbst ist kein VA.

§ 37 Abs. 3 regelt einige Besonderheiten für den schriftlich erlassenen VA. Die **649** Schriftform ist gewahrt durch ein gerichtliches Protokoll[336]. Diese Besonderheiten gelten auch für das Schriftstück, welches einen VA schriftlich bestätigt. – Der Adressat hat keinen Anspruch auf die Urschrift des VAs. Diese verbleibt regelmäßig in den Akten. Der Adressat bekommt eine Ausfertigung, die in der Regel die maschinenschriftliche Namenswiedergabe des Behördenleiters oder der für ihn handelnden Person enthält; das ist zulässig, einer Beglaubigung bedarf es nicht[337]. Als Namenswiedergabe ist auch ein Faksimilestempel zulässig. – Abweichungen von diesen Vorschriften enthält § 37 Abs. 4 für den Erlass von VAen durch EDV-Einrichtungen; die Abweichungen sind verfassungsrechtlich unbedenklich[338].

4. Die Einhaltung des Begründungsgebots

Nach § 39 Abs. 1 S. 1 ist ein schriftlicher oder schriftlich bestätigter und elektronisch **650** oder elektronisch bestätigter VA (zum elektronischen VA Rn 549) zu begründen. Das Begründungsgebot[339] wurzelt im Verfassungsrecht; als zentraler aber nicht einziger Anknüpfungspunkt ist auf den Grundsatz des rechtlichen Gehörs zu verweisen: Dieser Grundsatz setzt voraus, dass der Bürger durch die Angabe von Gründen, die die Behörde zur Entscheidung bewogen haben, in die Lage versetzt wird, die Erfolgsaussichten eines möglichen Rechtsbehelfs zu erkennen. Ferner hat die Begründung eine Klarstellungs- und Dokumentationsfunktion; diese Funktionen dienen der Eigenkontrolle der Verwaltung.

Wenn ein zu begründender VA begründungslos ergeht, liegt an sich ein materiell- **651** rechtlicher Fehler – Verstoß gegen das Verfassungsrecht – vor. Rechtsprechung und Literatur betrachten diesen Fehler freilich als Verfahrens- oder Formfehler; die Terminologie ist uneinheitlich[340]. Diese Tradition mit Blick auf die Zuordnung eines Begründungsfehlers wird hier beibehalten; der Bedeutung der Begründung entsprechend wird sie als spezieller Punkt (neben den Form- und Verfahrensvorschriften und nicht als Teil entweder der Form- oder der Verfahrensvorschriften) behandelt. Probleme

---

335 Vgl hierzu näher *Weidemann/Rheindorf*, DVP 2009, 376 ff.
336 BVerwG, NVwZ 2000, 1186.
337 OVG LSA, NVwZ-RR 2013, 131.
338 BVerfG, NVwZ 1994, 477.
339 Zur Begründung im Verwaltungsverfahren *Saurer*, VerwArchiv 2009, 364 ff.
340 S. BGHZ 67, 320, 322; BVerwG, DVBl 1971, 762; *Schoch*, DÖV 1984, 406.

mit Blick auf die Begründung ergeben sich in zweierlei Hinsicht: zum einen hinsichtlich der Notwendigkeit einer Begründung, zum anderen hinsichtlich des gebotenen Inhalts. § 39 sowie einige Spezialnormen, § 73 VwGO, § 10 Abs. 7 BImSchG, beantworten diese Fragen nur bedingt. § 39 geht davon aus, dass schriftliche Entscheidungen zu begründen sind, Ausnahmen vom Begründungsgebot gesetzlich bestimmt sein müssen und ihrerseits der Begründung bedürfen. Es gibt demnach keinen allgemeinen Rechtsgrundsatz des Inhalts, nur dasjenige sei begründungsbedürftig, was nicht „ohnehin klar" genannt werden könne[341].

652 Aus dem Gesamtzusammenhang des § 39 ergibt sich, dass jeder schriftliche oder schriftlich bestätigte VA zu begründen ist; auch der begünstigende VA ist zu begründen, wenn die Behörde einem Antrag nicht in vollem Umfang entspricht oder in Rechte eines Dritten eingreift, Umkehrschluss aus § 39 Abs. 2 Nr 1. Eine Ausnahme vom Begründungsgebot ergibt sich aus § 39 Abs. 2 Nr 2 insoweit, als demjenigen, für den der VA bestimmt ist oder der von ihm betroffen wird, die Auffassung der Behörde über die Sach- und Rechtslage bereits bekannt oder auch ohne Begründung für ihn ohne weiteres erkennbar ist; Besprechungen in einem Verwaltungsverfahren können nur bei gleich bleibender Sachlage zu einer die Begründung erübrigenden Ermessensentscheidung führen[342]. An diesen Fall sowie an die in § 39 Abs. 2 aufgezählten anderen Fälle sind angesichts der verfassungsrechtlichen Relevanz des Begründungsgebots strenge Anforderungen zu stellen. Für § 39 Abs. 2 Nr 1 ist auf die Ebene des Betroffenen abzustellen; ferner bedeutet die Bekanntgabe der Gründe an den Antragsteller im Rahmen eines Gesprächs nicht, dass die Gründe hinlänglich bekannt sind und deshalb nicht mehr fixierungsbedürftig seien – gälte anderes, könnte die Behörde das Gebot der Schriftlichkeit der Begründung unterlaufen. – Für die in § 39 Abs. 2 Nr 3 normierte Ausnahme vom Begründungsgebot ist auf die Voraussetzung „nach den Umständen des Einzelfalls nicht geboten" besonders aufmerksam zu machen; die Tatsache, dass die Behörde VAe in größerer Zahl mit Hilfe automatischer Einrichtungen erlässt, führt also nicht automatisch zu einem Recht, auf die Begründung zu verzichten. Die Behörde muss nachweisen, dass eine Begründung nicht erforderlich ist im Hinblick auf den Einzelfall und dessen Vergleichbarkeit mit einer großen Anzahl anderer Fälle.

653 Soweit landesrechtliche Vorschriften den Verzicht auf Begründung von Prüfungsentscheidungen ermöglichen, zB § 109 Abs. 2 LVwGSH, dürften diese Vorschriften nach der neuen Rechtsprechung des BVerfGs zum Prüfungsrecht verfassungswidrig sein[343].

654 Mit Blick auf den Inhalt der Begründung wiederholt § 39 Abs. 1 S. 2 lediglich eine alte Formel[344]. – Eine rechtmäßige Begründung muss nach dem jetzigen Stand folgende Elemente enthalten: Sowohl die das Verfahrensergebnis tragenden materiellen Rechtsnormen als auch die jeweiligen ergänzend herangezogenen Rechtsnormen müssen aufgeführt werden. Ebenso sind die wesentlichen Verfahrensbestimmungen anzugeben; hat die Behörde Ausnahmen von Verfahrensbestimmungen angewandt, so muss dieses erkennbar sein.

---

341 S. *Hufen/Siegel*, S. 194.
342 VGH BW, UPR 1998, 31.
343 S. BVerfGE 84, 34, 46; 84, 59, 72 f; BVerwG, DÖV 1993, 480.
344 S. BVerwGE 22, 215, 217.

Die Behörde muss sachlich die Position des Betroffenen würdigen und die Gründe **655** darlegen, warum sie dieser Position nicht gefolgt ist. Für Ermessensentscheidungen sagt § 39 Abs. 1 S. 3, dass die Begründung auch die Gesichtspunkte erkennen lassen soll, von denen die Behörde bei der Ausübung ihres Ermessens ausgegangen ist; angesichts der Bedeutung der Gründe für die Überprüfbarkeit auf Ermessensfehler ist im Normalfall anzunehmen, dass eine Pflicht zur Angabe der relevanten Gesichtspunkte besteht.

An Tatsachen sind in die Begründung solche aufzunehmen, die im Verwaltungsver- **656** fahren kontrovers waren; ein ausführlicher „Tatbestand" ist vom Gesetz nicht gefordert[345]. Bei einem einfachen und wenig kontroversen Sachverhalt kann auf seine Aufnahme in die Begründung verzichtet werden.

Beispiel für die Verletzung der Begründungspflicht: OVG NW, NVwZ-RR 1996, 173.

Literatur: *Müller-Franken*, VerwArchiv 2000, 507 ff; *Schoch*, JURA 2005, 757 ff.

5. Sonderproblem: Die Rechtsbehelfsbelehrung

Die VwVfGe schweigen sich über die Verpflichtung der Behörde zur Erteilung einer **657** Rechtsbehelfsbelehrung aus. Sie überlassen eine denkbare Pflicht Spezialgesetzen. Verfassungsrechtlich ist eine Pflicht zur Erteilung einer Rechtsbehelfsbelehrung nicht begründet, weder aus Art. 19 Abs. 4 GG noch aus dem Rechtsstaatsprinzip lässt sich diese Pflicht ableiten[346]. Für Bundesbehörden im engeren Sinne, also nicht für bundesunmittelbare Körperschaften, Anstalten oder Stiftungen des öffentlichen Rechts, ergibt sich die Pflicht, einem schriftlichen VA, der der Anfechtung unterliegt, eine Rechtsbehelfsbelehrung beizufügen, aus § 59 VwGO. Für den Widerspruchsbescheid ergibt sich die Belehrungspflicht aus § 73 Abs. 3 VwGO. Ferner ist die Pflicht zur Erteilung einer Rechtsbehelfsbelehrung auch für Landesbehörden in verschiedenen Normen enthalten, zB in § 211 BauGB, § 36 SGB X, § 20 Abs. 2 OBG NW.

Bei der Rechtsbehelfsbelehrung sind folgende **Fehler** denkbar[347]: **658**
– Die Rechtsbehelfsbelehrung fehlt trotz Rechtspflicht zu ihrer Erteilung vollständig oder teilweise, zum Fall des VAs mit Doppelwirkung s. OVG NW[348];
– das Rechtsmittel (Widerspruch; falls ein Widerspruchsverfahren entfällt, Anfechtungsklage) wird unrichtig angegeben;
– die Stelle, bei der das Rechtsmittel eingelegt werden kann, s. § 70 Abs. 1 VwGO, wird unrichtig angegeben;
– die Fristbelehrung, § 70 Abs. 1 VwGO, wird unrichtig angegeben.

Bei einem VA mit Doppelwirkung muss auch gegenüber dem „Dritten" eine Rechts- **659** behelfsbelehrung ergehen[349]. Eine Kopie des VAs, dem eine abstrakte Rechtsbehelfsbelehrung beigefügt ist, bezieht sich auch ohne Weiteres auf einen Drittbetroffenen[350];

---

345 S. VG Chemnitz, LKV 1996, 168.
346 Vgl BGH, NJW 1989, 2890.
347 S. *Matzick*, Kommunalpraxis 1996, 79.
348 NVwZ-RR 2000, 556.
349 Ausführlich *Pleiner*, NVwZ 2014, 776 ff.
350 BVerwG, NJW 2010, 1686; NVwZ 2009, 191.

denn nach § 58 Abs. 1 VwGO muss nicht darüber belehrt werden, wer zur Einlegung des Rechtsbehelfs berechtigt ist.

Die Rechtsfolge einer unterbliebenen oder unrichtig[351] erteilten Rechtsbehelfsbelehrung ergibt sich aus § 58 Abs. 2 VwGO. Nach dieser Vorschrift ist die Einlegung des Rechtsbehelfs nur innerhalb eines Jahres seit Zustellung, Eröffnung oder Verkündung zulässig, außer wenn die Einlegung vor Ablauf der Jahresfrist infolge höherer Gewalt unmöglich war oder eine schriftliche Belehrung dahin erfolgt ist, dass ein Rechtsbehelf nicht gegeben sei. Die Rechtsfolge besteht somit nicht darin, dass der VA rechtswidrig ist, sondern in dem Nichtlauf von Fristen[352].

660   **Lösung zu Fall 13 (Rn 559):** Der Landrat ist sachlich unzuständig. Der Abriss von Häusern ist Angelegenheit der Bauaufsicht. Ferner verstößt die Verfügung gegen § 28 Abs. 1: A ist nicht gehört worden. Eine Ausnahme von der Pflicht zur Anhörung nach § 28 Abs. 2 ist nicht ersichtlich. Die Verfügung ist in formeller Hinsicht nicht rechtmäßig.

661   **Lösung zu Fall 14 (Rn 560):** Der Senator darf das Verfahren nicht selbst einleiten. Die Rechtsaufsicht nach § 89 Abs. 1 S. 1 BerlHG beinhaltet nicht ein vertikales Selbsteintrittsrecht des Senators. Ein solches Eintrittsrecht ist nur im Falle gesetzlicher Zuerkennung vorhanden. Sie fehlt.

VIII. Der rechtmäßige Verwaltungsakt – materiell-rechtliche Anforderungen

662   **Fall 15:** Unternehmer U betreibt eine genehmigungsbedürftige Anlage nach § 4 Abs. 1 BImSchG. Die Nachbarn beschweren sich über unerträglichen Lärm. Durch eine nachträgliche Anordnung nach § 17 Abs. 1 S. 1 BImSchG gibt die zuständige Behörde U auf, durch geeignete Maßnahmen sicherzustellen, dass der Lärmpegel, gemessen im Schlafzimmer des Nachbarn N bei offenem Fenster, die Werte 55 dB(A) tags und 45 dB(A) nachts nicht überschreite. U hält die Verfügung für unwirksam, da er 1. mit den dB(A)-Werten nichts anfangen könne und weil 2. die konkret zu ergreifenden Maßnahmen nicht bezeichnet seien. Mit Recht? **Rn 674**

663   **Fall 16:** Bei der Beantwortung der Frage, ob er eine nachträgliche Anordnung nach § 17 Abs. 1 S. 1 BImSchG gegen das Unternehmen U erlassen soll, lässt sich der zuständige Beamte B von der Erwägung leiten, dass die Straße zum Werk sich in einem außerordentlich schlechten Zustand befindet und er deshalb bei Fahrten zum Werk zwecks Kontrolle durchgeschüttelt werde, was seinem Bandscheibenleiden nicht zugute komme. B verzichtet auf die nachträgliche Anordnung. Mit Recht? **Rn 675**

664   **Fall 17:** A möchte eine Diskothek in Berlin-Spandau betreiben. Bei einem Glas Wein teilt ihm der zuständige Beamte B mit, A dürfe an einem Ort seiner Wahl eine Diskothek eröffnen; er müsse aber sicherstellen, dass auf dem Gehweg vor der Diskothek keine PKW park-

---

351   Das ist auch eine Rechtsbehelfsbelehrung, die einen Irrtum hervorzurufen geeignet ist, BVerwG, DVBl 2002, 1553 ff.
352   **Fallbearbeitung:** *Gotzen*, VR 2000, 384–387.

ten, da der Lärm der an- und abfahrenden Autos die Nachbarn stören und es deshalb Ärger geben werde. A ist hocherfreut, meint aber, er könne den Wunsch nach Lärmvermeidung nicht erfüllen, da der Gehweg öffentliches Straßenland und für die Einhaltung des Rechts auf der Straße er unzuständig sei. Was ist von der Erlaubnis des B zu halten? **Rn 748**

Fall 18: A beantragt eine Erlaubnis nach § 33a GewO. Er möchte im großen Saal des Kur-   **665** hauses eine Showvorführung veranstalten. Nackte Frauen sollen in Käfigen gezeigt werden. A hält die Zurschaustellung für eine verfeinerte Variante eines Striptease; die zuständige Behörde meint, die Vorführung sei sittenwidrig und verweigert die Genehmigung. Hat A einen Anspruch auf ihre Erteilung? **Rn 749**

1. Anforderungen des Verwaltungsverfahrensgesetzes

a) Die inhaltliche Bestimmtheit

Nach § 37 Abs. 1 muss ein VA hinreichend bestimmt sein. Der hinreichend bestimm-   **666** te Inhalt eines VAs ist eine materielle Rechtmäßigkeitsvoraussetzung[353].

Inhaltlich hinreichend bestimmt ist ein VA dann, wenn in ihm der Wille der Behörde   **667** vollständig zum Ausdruck kommt und unzweideutig für die Beteiligten des Verfah- rens erkennbar ist. Maßgebend ist der objektive Erklärungswert; der VA darf keiner subjektiven Bewertung zugänglich sein[354]. Das Maß an Konkretisierung ist abhängig von der Art des VAs, den Umständen seines Erlasses und seinem Zweck. In sich wi- dersprüchliche und unverständliche Angaben oder Erklärungen sind unbestimmt. Dies gilt auch, wenn auf Grund eines technischen Fehlers, zB bei Ampeln, sich wi- dersprechende oder unverständliche Regelungen ergeben. Hinreichend ist freilich, wenn sich die Bestimmtheit des VAs nur aus seiner Begründung ergibt[355]. Bezugnah- men auf dem Betroffenen bekannte Unterlagen, Pläne usw sind erlaubt; nicht erlaubt sind Hinweise auf Unterlagen, die sich nur bei den Akten befinden[356]. Hinweise auf technische Regelwerke, zB TA-Luft, TA-Abfall sind erlaubt, soweit diese Regelwer- ke allgemein zugänglich oder dem Betroffenen bekannt gemacht sind.

Bestimmt anzugeben ist der Adressat des VAs. Die Personenangabe kann durch Pseu-   **668** donym oder Künstlernamen geschehen. Umstritten ist, ob bei Eheleuten die Be- stimmtheit durch eine Angabe wie „Eheleute P." gegeben ist; die Rechtsprechung verlangt teilweise[357] die Angabe der Vornamen. Nicht hinreichend ist jedenfalls für Partner einer nicht ehelichen Lebensgemeinschaft die Angabe „Fräulein Pia-Maria Frommow und Partner".

Zur Bestimmtheit der Regelung zählt ferner, dass der geregelte Sachverhalt und die   **669** Rechtsfolge erkennbar sein müssen. Deshalb muss beispielsweise bei einem grund- stücksbezogenen VA das betroffene Grundstück bezeichnet werden[358]. – Hinreichend

---

353 BVerwG, NJW 1968, 1843; vgl weiter *Weber*, VR 2008, 181 ff.
354 BVerwG, NVwZ 1986, 921.
355 HessVGH, NJW 1987, 797.
356 S. *Wendt*, JA 1980, 25, 32.
357 VGHBW, NVwZ 1986, 139.
358 BVerwG, NJW 1986, 2447.

bestimmt sind Anordnungen, welche Geräuscheinwirkungen über eine bestimmte Lautstärke hinaus untersagen[359], das Gebot, einen bestimmten Immissionsrichtwert einzuhalten[360], ebenso das Verbot, bei einer Demonstration Schutzhelme oder Masken zu tragen[361]. Nicht bestimmt ist eine Anordnung, die nicht erkennen lässt, ob ein Gebäude als Einzelanlage oder als Teil eines Ensembles unter Denkmalschutz gestellt wird[362]. Unbestimmt sind auch solche Anordnungen, die wahlweise oder einander widersprechend getroffen werden[363]. – Das Mittel, welches zur Erreichung des Ziels anzuwenden ist, muss in der Verfügung nicht angegeben werden, sofern gesetzlich nichts anderes bestimmt ist oder der VA nicht auf Vollstreckung angelegt ist. Ein auf Vollstreckung angelegter VA setzt die Bestimmtheit des Mittels jedoch voraus[364].

670   Der Grundsatz der Bestimmtheit gilt auch für Nebenbestimmungen[365].

b)   Die rechtmäßige Ermessensausübung

671   Ist die Behörde ermächtigt, nach ihrem Ermessen zu handeln, so hat sie nach § 40 ihr Ermessen entsprechend dem Zweck der Ermächtigungsgrundlage auszuüben und die gesetzlichen Grenzen des Ermessens einzuhalten. Zu den mit der Einräumung von Ermessen sich stellenden Problemen s. Rn 201 ff.

2.   Anforderungen verfassungsrechtlicher Art

a)   Handeln entsprechend der gesetzlichen Ermächtigungsgrundlage

672   Belastende VAe bedürfen einer rechtssatzmäßigen Ermächtigungsgrundlage, Verfassungsgrundsatz vom Vorbehalt des Gesetzes[366]. Zum Vorbehalt des Gesetzes s. Rn 136 ff.

Hinweis: In diesem Zusammenhang ist ferner, falls dazu Anlass besteht, zu prüfen, ob der Rechtssatz, auf den ein VA gestützt ist, selbst verfassungsmäßig ist; Prüfungsgesichtspunkte sind: formell-rechtmäßiges Zustandekommen (Kompetenz, Verfahren), ein Verstoß gegen Grundrechte, ein Verstoß gegen das Übermaßverbot, ein Verstoß gegen die Wesentlichkeitstheorie des BVerfG.

b)   Die Beachtung von Grundrechten und des Übermaßverbots

673   Unproblematisch ist, dass ein VA Grundrechte zu beachten und das Übermaßverbot einzuhalten hat. Dieses kennen Sie bereits aus dem Staatsrecht. Hingewiesen sei auf Art. 1 Abs. 3 GG, nach dem die vollziehende Gewalt an die Grundrechte als unmittel-

---

359   BVerwG, NJW 1971, 1475.
360   BayVGH, BayVBl 1985, 152.
361   VG Minden, NVwZ 1984, 331.
362   VG Gelsenkirchen, NVwZ 1982, 45.
363   VGHBW, NVwZ 1988, 1847.
364   Zum Bestimmtheitsgrundsatz in der **Fallbearbeitung**: *Illig*, JA 1991, 117 Ü ff; vgl auch *Kunig*, JURA 1990, 495 ff.
365   Zur hinreichenden Bestimmtheit einer Auflage s. BVerwG, NVwZ 1990, 855, erläutert von *Osterloh*, JuS 1991, 158 f.
366   Zur VA-Befugnis im Allgemeinen, also zur Frage, ob die Behörde zum „Instrument" VA greifen darf, s. *Schoch*, JURA 2010, 670 ff.

bar geltendes Recht gebunden ist, sowie auf Art. 20 Abs. 3 GG, nach dem die Verwaltung an Gesetz und Recht gebunden ist. Auch insoweit ist auf das bei Rn 138 Gesagte zu verweisen.

Lösung zu Fall 15 (Rn 662): Die Verfügung ist inhaltlich bestimmt und deshalb wirksam. Die Bezugnahme auf physikalische Maßeinheiten ist notwendig, weil auf andere Weise zu erreichende Ziele nicht darstellbar sind. Mittel zur Zielerreichung müssen nicht angegeben werden, sondern die Mittelwahl darf dem Adressaten überlassen bleiben, sofern das Mittel nicht auf Vollstreckung angelegt ist. Hier soll das Ziel nicht durch Vollstreckung erreicht werden (die Behörde müsste letztlich selbst Schallschutzmaßnahmen einbauen; das will sie nicht). Das BImSchG sieht für den Fall der Nichterfüllung der nachträglichen Anordnung das Mittel der Untersagung des Betriebs vor, § 20 Abs. 1 BImSchG.

674

Lösung zu Fall 16 (Rn 663): Beamter B handelt ermessensfehlerhaft. Sachlich unangemessene Erwägungen stellen einen Ermessensmissbrauch dar. B handelt rechtswidrig.

675

IX. Der fehlerhafte Verwaltungsakt

Der fehlerhafte VA ist nicht in jedem Fall, sondern lediglich ausnahmsweise nichtig. Die Rechtsfolge eines Fehlers bei VAen ist mithin anders ausgestaltet als bei einer Rechtsnorm: Für sie ist im Normalfall davon auszugehen, dass ihre Rechtswidrigkeit ihre Nichtigkeit bedingt. Man spricht vom „traditionellen Nichtigkeitsdogma"[367]. Dem Nichtigkeitsdogma entsprechend ist das BVerfG immer verfahren; nur ausnahmsweise hat es fehlerhafte Normen nicht für nichtig erklärt, und zwar dann, wenn die Nichtigerklärung zu untragbaren Konsequenzen, insbesondere für die Rechtssicherheit oder die Praktikabilität des Verwaltungshandelns geführt hätte[368]. In diesen Fällen verpflichtet das BVerfG den Gesetzgeber zu einer Neuregelung bis zu einem bestimmten Zeitpunkt. Dem für die Gesetzgebung entscheidenden Dogma ist der Gesetzgeber des VwVfG nicht gefolgt.

676

Literatur zum fehlerhaften VA: *Schnapp/Henkenoetter*, JuS 1998, 524 ff, 624 ff; 1999, 39 ff, 147 ff. **Literatur zur Rechtsfolge von Verfahrensfehlern:** *Pietzcker*, FS Maurer, 2001, S. 695 ff. Zur offenbaren Unrichtigkeit und zu ihrer Berichtigung nach § 42 *Musil*, DÖV 2001, 947 ff; *Stein*, DVP 2009, 2 ff.

1. Denkbare Fehler

Die vorherigen Ausführungen zum rechtmäßigen VA haben bereits eine Unzahl von Fehlerquellen erkennen lassen. Eine bestimmte Kategorie von Fehlern schließt das VwVfG jedoch aus den Fehlern aus, die einen fehlerhaften VA im Rechtssinne bedingen: Schreibfehler, Rechenfehler und ähnliche offenbare Unrichtigkeiten, s. § 42. Um „**offenbare Unrichtigkeiten**" – dieses ist der Oberbegriff – handelt es sich beispielsweise bei falschen Namens- oder Grundstücksbezeichnungen, Additionsfehlern oder Auslassungen, die im Sinnzusammenhang des VAs unmittelbar einsichtig sind. Die

677

---

367 *Ossenbühl*, NJW 1986, 2806; *Peine*, NVwZ 1989, 639.
368 S. die Nachweise bei *Ossenbühl*, NJW 1986, 2808.

Rechtsprechung[369] verfährt großzügig und behandelt auch erkennbar falsche Eingaben für einen computergefertigten Bescheid als „offenbare Unrichtigkeiten" iSd § 42. Entscheidend für die Annahme dieses Tatbestandsmerkmals ist zweierlei: ob die Fehlerhaftigkeit des VAs für den Empfänger offenbar ist und ob das von der Behörde Gewollte (also das richtige Ergebnis) erkennbar oder jedenfalls aus dem Schriftstück ableitbar ist.

678 In diesen Fällen gilt der VA mit dem Inhalt, den die Behörde erkennbar mit ihm verbinden wollte – selbst wenn der Inhalt nicht nach außen zum Ausdruck gelangt ist.

679 § 42 S. 1 erlaubt bei Vorliegen offenbarer Unrichtigkeiten die jederzeitige Berichtigung durch die Behörde. Diese Berichtigung ist selbst kein VA[370]. Der Beteiligte kann nach § 42 S. 2 die Berichtigung fordern, wenn er ein berechtigtes Interesse an der Berichtigung hat. Bei einem VA mit Doppelwirkung genügt das berechtigte Interesse eines von beiden Adressaten. Ein derartiges Interesse ist gegeben, wenn der zu berichtigende VA Grundlage für weitere VAe ist, wenn der VA zur Vorlage bei anderen Behörden oder privaten Stellen dienen oder wenn der VA angefochten werden soll.

680 Nach § 42 S. 3 ist die Behörde berechtigt, die Vorlage des Schriftstücks zu verlangen, das berichtigt werden soll.

a) Zuständigkeitsfehler

681 Die örtlich, sachlich und instanziell zuständige Behörde muss den VA erlassen haben. Es ist ohne weiteres denkbar, dass eine unzuständige Behörde gehandelt hat.

Beispiel: Ein Einberufungsbescheid wird nicht vom Kreiswehrersatzamt erlassen, sondern vom Oberbürgermeister des Ortes, in dem der Einzuziehende wohnt[371].

b) Verfahrensfehler

682 Es kann ein befangener Amtsträger oder ein solcher Amtsträger gehandelt haben, gegen den die Besorgnis der **Befangenheit** besteht, Verstoß gegen §§ 20, 21.

683 Der Sachverhalt kann **mangelhaft aufgeklärt** sein. Davon ist beispielsweise auszugehen, wenn[372] die Behörde

- gegen konkrete gesetzliche Ermittlungsgebote einschl. §§ 24, 26 oder Verfahrensvorschriften des Ermittlungsvorgangs verstößt,
- zur Auslegung materieller Normen erforderliche Tatsachenelemente nicht ermittelt oder nach deren Ermittlung nicht in das Verfahren einbezieht,
- ermessensfehlerhaft offenkundige oder angebotene Beweismittel und Informationen nicht zur Kenntnis nimmt oder zur Verfügung stehende Schriftstücke, Akten usw nicht hinzuzieht,
- grundlos von Verwaltungsvorschriften oder anderen Formen der Selbstbindung bei der Sachverhaltsklärung abweicht und dadurch zu schützendes Vertrauen oder den Gleichheitsgrundsatz verletzt,

---

369 BVerwG, NVwZ 1986, 198.
370 BVerwGE 21, 316.
371 Zur Zuständigkeit des Bürgermeisters in der **Fallbearbeitung**: *Huba*, JURA 1991, 655 ff.
372 S. *Hufen/Siegel*, S. 104 f.

- ohne adäquate Begründung von anerkannten Bewertungsgrundsätzen abweicht,
- sich auf schriftliche oder andere mittelbare Informationen beschränkt, wo es auf die Unmittelbarkeit und Persönlichkeit der Information ankommt,
- wesentliche Sachverhaltsänderungen während des Verfahrens nicht zur Kenntnis nimmt oder nicht in das Verfahren einbezieht.

Ein VA, der auf Informationen beruht, die die Behörde erlangte, weil sie gegen **Ermittlungs- und Beweisverbote** verstieß, ist verfahrensfehlerhaft. **684**

Die zur Entscheidung befugte Behörde kann es unterlassen, eine von Gesetzes wegen **685** **zu beteiligende Behörde** ihren Beitrag zur Entscheidungsfindung „abgeben" zu lassen. Die fehlende Mitwirkung einer mitwirkungsberechtigten Behörde ist sachlich als Fehler der Sachaufklärung zu betrachten. Der Verfahrensfehler liegt in einem Verstoß gegen die Verpflichtung zur angemessenen Informationsvorbereitung der Entscheidung.

Folgende **Beteiligungs- und Anhörungsfehler** sind neben anderen denkbar[373]: **686**
- Die Behörde hat einen Betroffenen nicht beteiligt und es kommt deshalb nicht zu seiner Anhörung.
- Die Behörde verkennt die Anwendbarkeit von § 28 oder erkennt nicht, dass diese Norm als Ausdruck allgemeiner rechtsstaatlicher Prinzipien dem Grundsatz nach auch anzuwenden ist, wenn ein spezialgesetzliches Anhörungsrecht nicht besteht.
- Die Behörde führt eine Anhörung durch, vernachlässigt dabei aber in gleichheitswidriger Weise die Belange eines Betroffenen.
- Die Behörde erlässt einen belastenden VA ohne Anhörung.
- Die Behörde erlässt einen begünstigenden, dem Antrag aber nicht in vollem Umfang stattgebenden oder mit einschränkenden Nebenbestimmungen versehenen VA ohne Anhörung.
- Die Behörde führt eine Anhörung erst so spät durch, dass ihr Ergebnis für das Verfahren ohne tatsächliche oder rechtliche Bedeutung ist.
- Die Behörde ändert einen VA zulasten des Betroffenen ohne vorherige Anhörung.
- Die Behörde erstreckt die Anhörung nicht auf alle für den Rechtsschutz des Beteiligten und für seine Grundrechtsstellung erheblichen Belange.
- Die Behörde führt die Anhörung eines Sprachunkundigen ohne Dolmetscher oder ausreichende fremdsprachige Hinweise durch.
- Die Behörde nimmt das Ergebnis der Anhörung nicht zur Kenntnis.
- Die Behörde hält einen Ausnahmetatbestand für gegeben, der nach der Fallkonstellation und der Rechtslage nicht gegeben ist.
- Die Behörde hat die mögliche Versäumung einer Frist selbst zu vertreten und verweigert anschließend die Anhörung unter Hinweis auf die andernfalls drohende Fristversäumnis.

Die Behörde begeht im Zusammenhang des **Rechts auf Akteneinsicht** in der Regel **687** einen Verfahrensfehler, wenn sie[374]
- die Akten eines Verwaltungsverfahrens nicht vollständig führt, das heißt für den Verfahrensgang und das Ergebnis wesentliche Aspekte nicht aktenkundig werden lässt,

---

373 S. *Hufen/Siegel*, S. 140 f.
374 S. *Hufen/Siegel*, S. 166.

- wesentliche Informationen in einer der Einsicht nicht geöffneten „Nebenakte" führt oder sich auf den Beteiligten nicht zugängliche Datenträger stützt,
- einem Beteiligten die Akteneinsicht grundlos nicht gewährt,
- einem noch nicht Beteiligten, aber faktisch Betroffenen ermessensfehlerhaft die Akteneinsicht verweigert,
- das rechtliche Interesse eines Beteiligten oder die Erforderlichkeit der Akteneinsicht zur Verteidigung dieses Interesses verkennt,
- das Vorliegen eines Ausnahmegrunds annimmt, der in Wahrheit entweder nicht vorliegt oder, gemessen an den für die Akteneinsicht sprechenden rechtlichen Gründen, nachrangig ist,
- grundlos auf einer Art der Durchführung der Akteneinsicht beharrt, die diese unzumutbar erschwert,
- verkennt, dass die für einen Teil der Akte bestehenden Ausnahmegründe (zB Geheimnisschutz für ein bestimmtes Schriftstück) nicht die gesamte Akte betrifft und dass die vorübergehende Entfernung dieses Schriftstücks im Vergleich zur Verweigerung der gesamten Akte das mildere Mittel wäre,
- die Akteneinsicht entgegen einem gesetzlichen Verbot oder verfassungsrechtlicher „Gegenpositionen" gewährt und dadurch die Rechte Dritter verletzt.

c) Formfehler

688   Formfehler liegen vor, wenn[375]

- der VA in einer bestimmten Form hätte erlassen werden müssen, diese Form aber nicht aufweist (Hauptfall: Verstoß gegen das Gebot der Schriftform),
- der VA zwar in Schriftform oder elektronisch erlassen wurde, aber keine Unterschrift trägt oder die ausstellende Behörde nicht erkennen lässt,
- die Behörde einen mündlichen VA nicht schriftlich bestätigt, obwohl der Adressat dies mit Recht verlangt hat, § 37 Abs. 2 S. 2,
- ein mit Hilfe automatischer Einrichtungen erstellter VA für den Empfänger auch mit Hilfe beigefügter Erläuterungen nicht oder nur mit Hilfe Dritter verständlich ist, die Erläuterungen auf für den Empfänger nicht zugängliche Hilfsmittel verweisen oder so verschlüsselt sind, dass die Entschlüsselung einen unzumutbaren Zeitaufwand verlangt.

d) Begründungsfehler

689   Die Verwaltung verstößt gegen das **Begründungsgebot**, wenn[376]

- eine Begründung bei einer schriftlichen Entscheidung ganz fehlt,
- die Behörde fälschlicherweise vom Vorliegen einer Ausnahme vom Begründungsgebot ausgeht[377] oder ermessensfehlerhaft im Einzelfall keine Begründung gibt[378],
- die Begründung lediglich aus der Wiederholung des Gesetzestextes oder abstrakten Formeln ohne Fallbezug besteht[379],

---

375 S. *Hufen/Siegel*, S. 190.
376 S. *Hufen/Siegel*, S. 198 ff.
377 S. dazu VGHBW, NVwZ 1998, 86 f.
378 S. dazu BVerwG, DVBl 1998, 145 ff.
379 S. dazu BayVGH, BayVBl 1984, 82 f.

- die Begründung für einen durchschnittlich gebildeten Adressaten unverständlich ist,
- die Behörde bei der Begründung vergleichbarer Fälle nicht hinreichend differenziert oder ohne Berücksichtigung des Einzelfalls „Textbausteine", Formblätter oder maschinelle Schreibhilfen verwendet,
- entgegen § 39 die tragenden rechtlichen oder tatsächlichen Gründe – einschl. Faktoren der Selbstbindung, Verwaltungsvorschriften, Präzedenzfälle (bzw des Abweichens von ihnen) – nicht offen gelegt werden[380],
- auf die in einem Antrag, einer schriftlichen Einlassung oder einer Anhörung vorgetragenen Rechts- und Tatsachenargumente des Adressaten nicht eingegangen wird,
- wesentliche Verfahrensschritte, die für das Gesamtergebnis von Bedeutung waren, nicht wiedergegeben werden.

e) Materiell-rechtliche Fehler

Inhaltlich unbestimmt ist ein VA, der inhaltlich nicht hinreichend bestimmt, widersprüchlich oder aus der Sicht des Betroffenen unverständlich ist. Inhaltlich unbestimmt ist ebenfalls ein Bescheid, der ohne eine klar ersichtliche Trennung mehrere unterschiedliche Angelegenheiten zusammenfasst und dadurch für den Betroffenen unverständlich wird[381]. Ein materiell-rechtlicher Fehler liegt ferner vor, wenn gegen die Grundsätze, die für die rechtmäßige Ausübung des Ermessens erarbeitet worden sind, verstoßen wird. Ein VA, für den eine Inkongruenz zwischen Gesetzeslage und seinem Inhalt festzustellen ist, ist fehlerhaft. Insoweit sind zwei Fälle zu unterscheiden: die Gesetzlosigkeit und die Gesetzesverletzung. Gesetzlos ist ein VA dann, wenn er nicht auf ein gültiges Gesetz bezogen werden kann. Gesetzlose VAe sind nur dann fehlerhaft, wenn sie belastend sind. Für begünstigende VAe, insbesondere für Subventionen, bedarf es einer gesetzlichen Ermächtigungsgrundlage nicht. **690**

Gesetzeswidrigkeit liegt vor, wenn der belastende VA durch das als Ermächtigungsgrundlage herangezogene Gesetz wegen falscher Interpretation des Gesetzes oder wegen unrichtiger Sachverhaltsermittlung nicht gedeckt ist. – Die Angabe einer definitiv unzutreffenden Ermächtigungsgrundlage führt aber nicht zwingend zur Rechtswidrigkeit des VAs[382]. **691**

Ein VA ist verfassungswidrig, wenn er gegen Grundrechte oder das Übermaßverbot verstößt. **692**

2. Fehlerfolgen

Die zuvor unter 1. benannten Fehler können entweder die Nichtigkeit des VAs oder seine Rechtswidrigkeit bedingen. Im Folgenden wird zunächst die Lehre von der Nichtigkeit des VAs vorgestellt. Die Nichtigkeit eines VAs ist die schwerste Rechtsfolge eines Fehlers. Wie schon erwähnt, ist ein nichtiger VA unwirksam, s. § 43 **693**

---

380 Zum Umfang der Begründungspflicht bei mündlichen Prüfungsleistungen s. HessVGH, DVBl 1997, 621; BVerwG, NJW 1996, 2670 – dazu *Hösch*, JuS 1997, 602.
381 S. *J. Martens*, NVwZ 1982, 16.
382 S. VGHBW, NVwZ 1995, 397.

Abs. 3. Er verpflichtet den Adressaten im Falle des Ausspruchs einer Belastung nicht; ein begünstigender VA zwingt die Behörde nicht zur Leistung. Der nichtige VA ist nicht vollstreckungsfähig; er ist kein Titel iSd Vollstreckungsrechts, sodass der Entscheidungsvollzug entfällt (s. o. Rn 21).

694 Die Unwirksamkeit des Vas, § 43 Abs. 3, ist eine Ausnahme von der Regel, dass auch der fehlerhafte VA wirksam ist, vgl § 44 Abs. 2. Der fehlerhafte VA beansprucht also Geltung. Die Geltung auch des fehlerhaften VAs ist der Idee geschuldet, dass jedes staatliche Handeln aus Gründen der Funktionsfähigkeit des Gemeinwesens „in Kraft" oder „bestehen" bleiben soll, bis es im Streitfalle „außer Kraft" gesetzt ist durch die von der Verfassung dafür vorgesehene Staatsgewalt: die Rechtsprechung.

Beispiele: Bundesgesetze sind solange in Geltung, bis das BVerfG sie für nichtig erklärt, § 78 S. 1 BVerfGG; Bebauungspläne sind ebenfalls solange in Geltung, bis ein Oberverwaltungsgericht sie für unwirksam erklärt, § 47 Abs. 5 S. 2 VwGO.

695 Diese Regelungen beruhen auf der Erwägung, dass jedem Staatsakt die „Vermutung der Gültigkeit"[383] nicht versagt bleiben soll – bis zur judikativen Feststellung des Gegenteils. Solange eine Staatsakt (Gesetz, Satzung, VA) also durch ein Gericht nicht aufgehoben ist, ist er wirksam und vom Bürger oder der vollziehenden Behörde zu beachten (es gibt kein dem Bürger eingeräumtes Recht auf Missachtung staatlicher Akte; es gibt – von wenigen Ausnahmen abgesehen, kein Recht der Exekutive auf Nichtanwendung des geltenden Rechts) – mit Ausnahme des nichtigen VAs, § 43 Abs. 3. Diese Ausnahme ist gerechtfertigt, weil einem Staatsakt auch die vorläufige Anerkennung (vorläufig bis zur Aufhebung) dann zu versagen ist, wenn Art und Schwere des Rechtsfehlers ein solches Ausmaß erreichen, dass die Pflicht zur Befolgung unverständlich wird. Davon ist auszugehen, wenn die besonderen Umstände des Einzelfalls die „Vermutung der Gültigkeit" widerlegen.

696 Der nichtige VA ist, wie gesagt, unbeachtlich. Seine Nichtigkeit kann die Behörde jederzeit feststellen, § 44 Abs. 5 1. HS. Die Feststellung der Nichtigkeit eines VAs kann ein Antragsteller bei Vorhandensein eines berechtigten Interesses beantragen, § 44 Abs. 5 2. HS; ein berechtigtes Interesse ist anzuerkennen bei einem rechtlich oder wirtschaftlich begründeten Interesse. Antragsteller kann deshalb jeder sein, der ein solches Interesse hat. Die Weigerung der Behörde, den von einem nichtigen VA erzeugten Rechtsschein zu beseitigen, erzeugt allein ein berechtigtes Interesse nicht[384]. Die **gerichtliche** Feststellung der Nichtigkeit eines VAs ist freilich nur bestimmten Personen möglich[385].

a) Die Nichtigkeit des Verwaltungsakts

697 Die Nichtigkeit des VAs regelt § 44 Abs. 1, 2; § 44 Abs. 3 enthält Tatbestände, die nicht die Nichtigkeit des VAs zur Folge haben, sondern lediglich zu seiner Qualifikation als rechtswidrig führen. – Im „System" der Nichtigkeitsvoraussetzungen enthält § 44 Abs. 1 eine Generalklausel, § 44 Abs. 2 spezielle Nichtigkeitstatbestände, § 44 Abs. 3 Ausnahmen von einer an sich nach § 44 Abs. 1 anzunehmenden Nichtigkeit

---

383 *Forsthoff*, S. 224 für den VA.
384 *S/B/S*, § 44 Rn 121.
385 OVG NW, NVwZ 1989, 1081; *Laubinger*, Die Verwaltung 1991, 482, 493.

des VAs. Nichtigkeitsgründe nach speziellen Gesetzen, zB § 13 BBG, gehen vor[386]. – Das hier zwischen Absatz 1 und Absatz 2 des § 44 angenommene Verhältnis entspricht der Aussage der hL über dieses Verhältnis. Es ist bestritten[387] mit dem Hinweis, der Positivkatalog absoluter Nichtigkeitsgründe nach Absatz 2 stelle keine echte Spezialregelung dar, da er auch für Fälle gelte, die von Absatz 1 nicht erfasst würden; auch habe Absatz 2 keinerlei Sperrwirkung für die Anwendung des Absatzes 1 außerhalb der aufgezählten Konstellationen. Als Ergebnis wird festgehalten, dass Absatz 1 und Absatz 2 voneinander unabhängig durchgreifende Nichtigkeitsgründe enthielten. Auf diesen Streit wird hier nicht eingegangen, weil er praktisch folgenlos ist.

Hinweis: Für die Prüfung, ob ein VA nichtig ist, bedingt der nicht geglückte Aufbau des § 44 folgende Reihenfolge: Es ist mit Absatz 2 zu beginnen (Prüfung der lex specialis vor der lex generalis); ist das Ergebnis negativ, Prüfung, ob ein Tatbestand des Absatzes 3 erfüllt ist (Absatz 3 enthält eine Ausnahmeregel zu Absatz 1); ist das Ergebnis wiederum negativ, Prüfung des VAs am Maßstab der Generalklausel des Absatzes 1.

Das Gesetz unterscheidet **absolute**, § 44 Abs. 2, und **relative**, § 44 Abs. 1 **Nichtigkeitsgründe**. | **698**

Die absoluten Nichtigkeitsgründe führen stets zur Nichtigkeit des VAs. § 44 Abs. 2 enthält insoweit einen Positivkatalog. Dieser Katalog ist abschließend. Eine denkbare analoge Anwendung eines Tatbestands scheidet aus, weil für nicht ausdrücklich erfasste Fälle die Generalklausel des § 44 Abs. 1 eingreift. Dieses gilt insbesondere für die rechtliche Unmöglichkeit; der in diesem Falle notwendige Rückgriff auf die Generalklausel wird zu Recht als problematisch empfunden, weil deren Erfülltsein selten zu bejahen sein wird[388]; | **699**

Beispiel: Die Genehmigung unwirksamer Satzungen durch die Aufsichtsbehörde; die Genehmigung ist VA, dieser ist freilich „substratlos"[389].

Zu den absoluten Nichtigkeitsgründen im Einzelnen: | **700**

§ 44 Abs. 2 Nr 1: Fehlt bei einem schriftlichen oder elektronischen VA die erlassende Behörde, liegt ein Fall absoluter Unbestimmtheit des VAs nach § 37 Abs. 3 vor; der Adressat weiß nicht, zu welcher Behörde eine Rechtsbeziehung besteht und bei welcher Behörde er Rechtsmittel einlegen kann.

Nr 2: Fehlt die gesetzlich vorgesehene Aushändigung einer Urkunde, ist der entsprechende VA nichtig;

Beispiel: § 10 Abs. 2 S. 1 BBG; die Ernennung zum Beamten erfolgt durch Aushändigung einer Ernennungsurkunde.

Die Nichtigkeit des VAs entfällt, wenn in der Ernennungsurkunde der gesetzlich vorgeschriebene Wortlaut nicht eingehalten ist[390] oder wenn in einer Ernennungsurkunde eine abgeschaffte Amtsbezeichnung verwendet wird; | **701**

Beispiel: „Ordentlicher Professor" an Stelle von „Universitätsprofessor".

---

386 S. BVerwG, DVBl 2003, 616 f.
387 *S/B/S*, § 44 Rn 49.
388 *S/B/S*, § 44 Rn 53.
389 OVG NW, OVGE 38, 259 f.
390 *Forsthoff*, S. 237.

702   Fehlt es an der gesetzlich vorgesehenen Schriftform, ist Nichtigkeit des VAs die Folge, wenn die Schriftform aus Schutzgründen zwingend vorgeschrieben ist; in diesen Fällen ist die Schriftform Wirksamkeitsvoraussetzung des VAs.

Nr 3: Handelt eine Behörde außerhalb ihrer durch § 3 Abs. 1 Nr 1 begründeten örtlichen Zuständigkeit, ist der VA nichtig; die Vorschrift enthält jedoch einen Vorbehalt für den Fall einer Ermächtigung, außerhalb des normalen örtlichen Bereichs tätig zu werden; dieser Vorbehalt hat klarstellende Funktion.

Nr 4: Nichtig ist ein VA, den aus tatsächlichen Gründen niemand ausführen kann;

Beispiele: Abrissanordnung für ein nichtexistentes Haus; Nichtigkeit einer Baugenehmigung bei falsch bezeichneter Grundstückslage[391].

703   Subjektives Unvermögen des Adressaten führt nicht zur Nichtigkeit des VAs;

Beispiel: der aus Geldmangel nicht durchführbare Abriss eines Hauses.

704   **Nr 4** erfasst auch die technische Unausführbarkeit eines VAs;

Beispiel: die Verpflichtung zur Reinigung von Abgasen in einer Qualität, die nach dem Stand von Wissenschaft und Technik nicht erreichbar ist.

705   Die Ausführung eines VAs mit einem vollkommen unverhältnismäßigen Aufwand führt nicht zur Nichtigkeit des VAs[392].

Nr 5: Ein VA, der die Begehung einer rechtswidrigen Tat verlangt, die einen Straf- oder Bußgeldtatbestand verwirklicht, ist nichtig;

Beispiel: die Erlaubnis, entgegen § 28 Abs. 1 S. 1 KrWG Abfall außerhalb zugelassener Abfallentsorgungsanlagen zu beseitigen, Ordnungswidrigkeit nach § 69 Abs. 1 Nr 2 KrWG.

706   Die Erlaubnis für ein Tun, welches Dritte zu Straftätern macht,

Beispiel: Erlaubnis für strafbares Glücksspiel,

erfasst der Wortlaut der Nr 5 nicht. Der Tatbestand erfasst deshalb nur einen Teilbereich des § 134 BGB. VAe, die gegen ein gesetzliches Verbot nach § 134 BGB verstoßen, können nach § 44 Abs. 1 nichtig sein.

Nr 6: Der Begriff der „guten Sitten" ist wie in § 138 BGB zu verstehen. Ein Verstoß gegen die guten Sitten ist anzunehmen, wenn eine erhebliche Abweichung von der herrschenden Moral festzustellen ist und diese Abweichung gegen das Anstandsgefühl aller billig und gerecht Denkenden verstößt. **Nr 6** fordert, dass der VA selbst gegen die guten Sitten verstößt. Der Tatbestand ist aber auch erfüllt, wenn ein VA ein sittenwidriges Verhalten ermöglicht oder fordert und auf diese Weise an dem Sittenverstoß des Adressaten mitwirkt[393].

---

391   S. OVG NW, DÖV 1989, 685.
392   AA *Kopp/Ramsauer*, VwVfG, § 44 Rn 39.
393   S. VG Düsseldorf, NVwZ 1983, 176.

Beispiel für einen sittenwidrigen VA: das Erlauben von „Peepshows"[394]; die Literatur lehnt diese Judikatur durchweg ab[395]; ein „Swinger-Club" erfüllt nicht zwingend das Kriterium Sittenwidrigkeit[396]. Weiteres **Beispiel**: baurechtlicher Vorbescheid, der von einer kostenlosen Grundstücksabtretung abhängig gemacht wird[397].

Relative Nichtigkeitsgründe bedingen nicht zwangsläufig die Nichtigkeit eines VAs, sondern nur bei Erfüllung der Voraussetzungen des § 44 Abs. 1. Diese Norm enthält zwei Voraussetzungen: Der VA muss erstens an einem **besonders schwerwiegenden Fehler** leiden und zweitens muss dieser Fehler bei verständiger Würdigung aller in Betracht kommenden Umstände **offenkundig** sein. § 44 Abs. 1 erklärt die vor dem Inkrafttreten des VwVfG herrschende Evidenztheorie zu geltendem Recht[398]. Die Evidenztheorie[399] lässt nur solche VAe nichtig sein, die an schweren Form- oder Inhaltsfehlern leiden, die mit der Rechtsordnung unter keinen Umständen vereinbar sind; für einen urteilsfähigen Bürger muss diese Unvereinbarkeit offensichtlich sein. Plakativ formuliert: Der VA muss den „Makel der Rechtswidrigkeit auf der Stirn" tragen. **707**

Für die erste Voraussetzung des § 44 Abs. 1, den besonders schwerwiegenden Fehler, ist auf das Gewicht und die Bedeutung des Fehlers abzustellen; ein Verstoß gegen eine wichtige Rechtsbestimmung allein erfüllt die Voraussetzung nicht[400]. Erst dann, wenn der Verstoß gegen eine wichtige Rechtsbestimmung über die unrichtige Anwendung hinausgeht und schlechthin unerträglich für die Rechtsordnung ist, ist Nichtigkeit anzunehmen[401]. Bei fehlerhafter Adressierung ist ein VA jedenfalls nicht von vornherein nichtig[402]. Bedenklich ist freilich, wenn Nichtigkeit des VAs auch dann nicht angenommen wird, wenn ein VA „in eklatanter Weise" gegen das Verfassungsrecht verstößt[403]. **708**

Beispiele für besonders schwere Fehler: völlige Unbestimmtheit des VAs[404]; absolute sachliche Unzuständigkeit der erlassenden Behörde; völlige Ungeeignetheit des Mittels zur Zielerreichung[405]; die Versetzung eines Nichtbeamten in den Ruhestand[406]; Bewertung einer Prüfungsleistung mit „gut", obwohl sie offensichtlich der einer wissenschaftlichen Arbeit angemessenen Form entbehrt[407]; eine in Kenntnis der Rechtswidrigkeit des Verwaltungshandelns erlassene Widmungsverfügung, die den privaten Eigentümer eines Wegstücks unter Missbrauch der Bestimmungen über die Bestandskraft von VAen und Umgehung der gesetzlichen Regelungen des Straßengesetzes faktisch enteignet[408].

---

394 BVerwGE 64, 274 ff.
395 S. die Nachweise bei *Stern*, Staatsrecht, Bd. III/1, § 58 II 6c.
396 S. BVerwG, NVwZ 2003, 122 ff.
397 BayVGH, BayVBl 1976, 237 f.
398 Zu ihr s. BVerwGE 19, 284, 287; NJW 1974, 1963.
399 Kritik an der Evidenzlehre übt *Leisner*, DÖV 2007, 669 ff.
400 BVerwG, NJW 1984, 2113.
401 BVerwG, NJW 1971, 578.
402 BFH, NVwZ 1995, 102.
403 So aber VG Köln, NJW 1989, 418.
404 OVG NW, NWVBl 1989, 93 f für Genehmigung einer irreführend unklar bezeichneten Nutzungsänderung.
405 HessVGH, NVwZ 1982, 514.
406 BVerwGE 19, 284, 287.
407 OVG Bln, DVBl 1979, 355.
408 NdsOVG, NVwZ-RR 2013, 129.

709   Die Nichtigkeit eines VAs entfällt, wenn er erschlichen oder von einem bestochenen Beamten erlassen wurden[409]; das Gleiche gilt für einen durch eine Drohung bewirkten VA[410].

710   Die zweite Voraussetzung des § 44 Abs. 1, die Offenkundigkeit des Fehlers, ist nicht bereits durch die Schwere des Fehlers bedingt[411]. Die Offenkundigkeit ist auch dann zu verneinen, wenn die besondere Schwere des Fehlers erst später, insbesondere nach einer Rechtsprechungsänderung, ersichtlich wird. Für die Beurteilung der Offenkundigkeit wird auf den urteilsfähigen unvoreingenommenen Bürger, den aufmerksamen und verständigen Staatsbürger als Durchschnittsbetrachter abgestellt. Weder das Erkenntnisvermögen des jeweils betroffenen Adressaten des VAs noch die Betrachtungsweise einer juristisch geschulten Person ist entscheidend. Natürlich ist der „verständige Durchschnittsadressat", auf den es somit ankommt, eine Kunstfigur. Seine Konkretisierung obliegt Juristen; diese entscheiden somit letztlich doch nach ihren Maßstäben, ob ein Fehler offenkundig ist.

711   § 44 Abs. 3 enthält einen **Negativkatalog**. Die in ihm enthaltenen Verfahrensverstöße führen nicht schon ihretwegen zur Nichtigkeit des VAs – selbst wenn diese Fehler den Tatbestand des § 44 Abs. 1 erfüllen. § 44 Abs. 3 enthält, wie gesagt, Ausnahmen von § 44 Abs. 1.

712   Zu den Tatbeständen im Einzelnen:

Nr 1: Die Nichteinhaltung der örtlichen Zuständigkeit führt, von dem Sonderfall des Absatzes 2 Nr 3 abgesehen, nicht zur Nichtigkeit des VAs. Ein VA, der von einer behördenintern unzuständigen Stelle erlassen wird[412] ist nicht einmal rechtswidrig. – § 44 regelt ausdrücklich nicht die Folgen sachlicher und instanzieller Unzuständigkeit. Wenn eine Behörde handelt, die unter keinem, wie immer gearteten Umstand mit der Sache befasst sein kann, wird Nichtigkeit des erlassenen VAs angenommen[413];

Beispiele: Die Anordnung von Straßensperren durch Flurbereinigungsbehörden[414] oder durch die Forstverwaltung[415]; Ablehnung eines Asylantrags durch Ausländerbehörde[416].

713   Ein Verstoß gegen die instanzielle Zuständigkeit bedingt nach der hM nicht die Nichtigkeit des VAs[417].

Nr 2: Die Mitwirkung von Personen, die in § 20 Abs. 1 S. 1 Nr 2–6 bezeichnet sind, führt ebenfalls nicht zur Nichtigkeit des erlassenen VAs. – Die Mitwirkung einer in § 20 Abs. 1 S. 1 Nr 1 genannten Person führt in der Regel zur Nichtigkeit des erlassenen VAs;

---

409   BVerwG, NJW 1985, 2658.
410   *Dolde*, NJW 1988, 2333 f.
411   Unrichtig deshalb HessVGH, NVwZ 1982, 514 f.
412   ZB VA des Bauaufsichtsamtes eines Kreises an Stelle des Kreises als unterer Naturschutzbehörde.
413   BVerwG, NJW 1974, 1963.
414   BayObLG, NJW 1965, 1973.
415   BayObLG, NVwZ 1984, 399.
416   *S/B/S*, § 44 Rn 88.
417   BVerwGE 30, 138, 145; *S/B/S*, § 44 Rn 96.

Beispiel: Ein Beteiligter bewilligt sich selbst unter offenkundigem Gesetzesverstoß eine Leistung.

Wirkt ein nach § 21 befangener Beamter mit, hängt die Nichtigkeit des erlassenen **714**
VAs von den Umständen des Einzelfalls ab. „Mitwirkung" ist als „Tätigwerden" zu verstehen; der Beamte muss die Entscheidung beeinflusst haben. Bei Entscheidungen von Kollegialorganen ist nicht relevant, ob die Stimme des ausgeschlossenen Kollegialmitglieds ausschlaggebend war. Eine unbefangene Entscheidung eines Kollegiums entfällt, wenn die Meinungsbildung der Kollegialmitglieder im Beisein des ausgeschlossenen Mitglieds erfolgt.

Nr 3: Schließlich führt die Nichtmitwirkung eines Ausschusses nicht zur Nichtigkeit des VAs. Die Mitwirkung muss aus Gründen der Rechtsklarheit gesetzlich vorgeschrieben sein[418]. Erfasst sind die Fälle Anhörung, Einvernehmen, Benehmen, Beratung und Zustimmung. Hinzuweisen ist darauf, dass möglicherweise auf Grund von Spezialgesetzen die fehlende Mitwirkung eines Ausschusses zur Nichtigkeit des erlassenen VAs führt;

Beispiele: fehlende Zustimmung des Polizeiausschusses[419]; fehlende Zustimmung des Personalrats[420].

Nr 4: Endlich führt die fehlende Mitwirkung einer anderen Behörde bei dem Erlass **715**
eines mehrstufigen VAs nicht zu seiner Nichtigkeit.

Ist ein VA nichtig, so kann seine Nichtigkeit nach § 43 Abs. 1 VwGO durch eine **716**
Feststellungsklage festgestellt werden, wenn der Kläger ein berechtigtes Interesse an der baldigen Feststellung hat; sog. „Nichtigkeitsfeststellungsklage". Da es regelmäßig streitig sein wird, ob ein VA nichtig ist, ist zur Vermeidung von Nachteilen für den Kläger (Abweisung der Nichtigkeitsfeststellungsklage, weil VA lediglich rechtswidrig ist) die Anfechtungsklage nach § 42 Abs. 1 VwGO erlaubt.

§ 44 Abs. 4 enthält eine Regelung über die **Teilnichtigkeit** des VAs. Dass eine Be- **717**
stimmung – Gesetz, Vertrag – bei partieller Nichtigkeit nicht vollständig unwirksam sein soll, ist eine Aussage, die für das gesamte Recht gilt, s. § 78 BVerfGG, § 139 BGB. Nach § 44 Abs. 4 ist dann, wenn die Nichtigkeit nur einen Teil des VAs betrifft, die Teilnichtigkeit des VAs die Regel, die Nichtigkeit des gesamten VAs die Ausnahme.

Gesamtnichtigkeit ist nur dann anzunehmen, wenn der nichtige Teil so wesentlich ist, **718**
dass die Behörde den VA ohne den nichtigen Teil nicht erlassen hätte. Entscheidend ist deshalb der mutmaßliche Behördenwille; dieser Ausgangspunkt ist einer objektiven Betrachtungsweise zugänglich. Die Wesentlichkeit des nichtigen Teils des VAs für den GesamtVA entscheidet sich nach objektiven Gesichtspunkten: Dieses muss so sein, weil für den Inhalt des VAs nicht der Wille des Erklärenden, sondern der bekannt gegebene Inhalt entscheidend ist. „Wesentlich" iSd Norm bedeutet, wie eine vernünftige Behörde bei Kenntnis der Sachlage entschieden hätte[421]. Dieses hängt

---

418   BVerwG, DVBl 1977, 770.
419   BGHZ 2, 315.
420   Zur Nichtigkeit von Beschlüssen einer Personalvertretung s. BVerwG, NVwZ 1987, 230.
421   BVerwG, DÖV 1974, 653.

von der Antwort auf die Frage ab, ob die Behörde den VA ohne diesen Teil erlassen durfte.

719 Die Teilnichtigkeit des VAs setzt seine Teilbarkeit voraus. Dieses ist unproblematisch bei GeldleistungsVAen oder bei auf eine teilbare Sachleistung gerichteten VAen anzunehmen, s. § 48 Abs. 2 S. 1. Teilbarkeit ist ebenfalls anzunehmen bei einem VA, dem eine Auflage als Nebenbestimmung beigefügt ist; die Nichtigkeit der Nebenbestimmung lässt den VA unberührt. Ist hingegen der VA nichtig, gilt dieses wegen der Akzessorietät der Auflage auch für diese[422].

720 Wann ein VA nichtig oder teilnichtig ist, regelt § 44 Abs. 4 nicht; die Antwort gibt § 44 Abs. 1–3.

Literatur: *Schiedeck*, JA 1994, 483 ff; *Beaucamp*, JA 2007, 704 ff.

b) Die Rechtswidrigkeit des Verwaltungsakts

721 Jeder VA, der an einem der unter oben 1. benannten Fehler leidet und entsprechend den zuvor unter a) gemachten Feststellungen nicht nichtig ist, ist rechtswidrig. Typische Rechtsfehler sind: die Verletzung der Zuständigkeitsordnung, Formfehler ohne gesetzlich angeordnete Nichtigkeitsfolge, Verfahrensfehler, Subsumtionsfehler (relative Gesetzlosigkeit des VAs), Ermessensfehler, inhaltliche Unbestimmtheit, subjektive Unmöglichkeit, Verstoß gegen Grundrechte, Verstoß gegen den Grundsatz der Verhältnismäßigkeit[423].

722 Die Rechtswidrigkeit des VAs berührt seine Wirksamkeit nicht, Umkehrschluss aus § 43 Abs. 3. – **Ausnahme:** Ein VA, dessen Rechtswidrigkeit durch rechtskräftiges Urteil nach § 113 Abs. 1 S. 4 VwGO festgestellt worden ist, entfaltet keine Regelungswirkung[424].

723 Die Rechtswidrigkeit des VAs hat seine Aufhebbarkeit zur Folge. Die Aufhebung kann entweder die Behörde selbst vornehmen oder durch den Bürger erzwungen werden: mit Hilfe eines Widerspruchs, oder, falls der Widerspruch erfolglos bleibt, mit Hilfe der Anfechtungsklage nach § 42 Abs. 1 VwGO durch das Verwaltungsgericht. Man spricht vom rechtswidrigen VA deshalb auch als von einem anfechtbaren VA; dieser Sprachgebrauch ist sachlich unzutreffend, weil auch rechtmäßige VAe anfechtbar sind. Nur hat die Anfechtungsklage keinen Erfolg.

724 Ebenso wie ein VA nur teilnichtig sein kann, s. § 44 Abs. 4, kann ein VA auch nur teilweise rechtswidrig sein; an diesen Umstand knüpft § 113 Abs. 1 S. 1 VwGO an, wenn dort die Rede davon ist, dass das Gericht den angegriffenen VA aufhebt, „soweit" er rechtswidrig ist. Voraussetzung dafür, nur einen Teil eines VAs für rechtswidrig zu erklären, ist, dass der verbleibende Teil des VAs noch einen selbstständigen Sinn behält. Ferner muss die Behörde befugt sein, den verbleibenden Teil allein zu erlassen. Handelt es sich um einen VA, der auf einer Norm basiert, die der Behörde Er-

---

422 Allgemein zur Teilbarkeit des VAs mit Nebenbestimmungen *Laubinger*, Die Verwaltung 1982, 360 ff; *Schenke*, JuS 1983, 184.

423 Zum nachträglich rechtswidrig gewordenen VA vgl BVerwGE 84, 111 ff; *Schenke/Baumeister*, JuS 1991, 547 ff.

424 BVerwGE 116, 1 ff.

messen oder einen Beurteilungsspielraum zuspricht, dann muss der verbleibende TeilVA dem Behördenwillen entsprechen.

3. Die Heilbarkeit des rechtswidrigen Verwaltungsakts

Die Verletzung von Verfahrens- und Formvorschriften, die den VA nicht nichtig macht, ist nach § 45 Abs. 1 in fünf Fällen heilbar[425]. Bestimmte Handlungen sind nachzuholen. Erfolgt das Nachholen rechtmäßig, entfällt der Fehler des VAs. Der VA wird insoweit rechtmäßig. – Die Heilung eines mangels Rechtsgrundlage rechtswidrigen VAs ist grundsätzlich nicht möglich[426].

725

§ 45 Abs. 1 basiert auf der Idee, dass VAe, die ausschließlich in ihrer Entstehung Mängel aufweisen, in der Sache rechtmäßig sein können und deshalb nicht von vornherein zur Gänze rechtswidrig sein sollen. Bestimmte Verfahrensvorschriften sind deshalb sanktionslos. Sanktionslose Vorschriften fördern die Neigung, ihre Anwendung aus vermeintlichen Gründen der Verwaltungseffizienz wie der Praktikabilität, Flexibilität, Beschleunigung und Vereinfachung des Verfahrens zu vernachlässigen[427]. Die Existenz sanktionsloser Verfahrensvorschriften wird mit dem Hinweis gerechtfertigt, das Verfahrensrecht habe gegenüber dem materiellen Recht nur eine dienende Funktion[428].

726

Zu den **Heilungsmöglichkeiten** im Einzelnen[429]:

727

§ 45 Abs. 1 Nr 1: Das Fehlen eines Antrags bei einem antragsbedingten VA kann dessen Nichtigkeit oder Rechtswidrigkeit zur Folge haben. Bei Nichtigkeit des VAs entfällt die Heilungsmöglichkeit. Das Nachholen des Antrags ist möglich bis zum Abschluss eines gerichtlichen Verfahrens. Er kann ausdrücklich oder konkludent gestellt werden. Der Antrag kann deshalb konkludent in der Klageschrift gegen den erlassenen VA gesehen werden[430]. Nr 1 verdrängt Antragsfristen, zB zur Erlangung von Subventionen, die Ausschlussfristen sind, nicht. Die Versäumung einer solchen Frist ist nach Nr 1 nicht heilbar.

Nr 2: Die erforderliche Begründung eines VAs kann nachgeholt werden (ebenso wie für die nachfolgenden Tatbestände, jedoch nur innerhalb einer bestimmten Frist; dazu im Folgenden). Heilung tritt nur ein, wenn die nachträglich gegebene Begründung den Voraussetzungen des § 39 entspricht. Kein unmittelbarer Anwendungsfall der Nr 2 liegt vor, wenn eine Begründung, die den verfahrensrechtlichen Anforderungen des § 39 genügt, die zutreffenden Rechtsgründe verfehlt, die die getroffene Entscheidung sachlich rechtfertigen. Hier stellt sich die Frage, ob die Rechtmäßigkeit des VAs neben der Erfüllung der formellen und materiellen Voraussetzungen zusätzlich davon abhängt, dass der VA sachlich zutreffend begründet wird; folgt man dieser Lehre, dann ist eine Korrektur der Begründung, die nach Überschreiten der Grenze des § 45

---

425 Vgl zur Heilung *Weidemann/Rheindorf*, DVP 2010, 178 ff.
426 OVG NW, NVwZ 1995, 395.
427 *S/B/S*, § 45 Rn 4.
428 Kritisch *Hufen*, NJW 1982, 2160 ff.
429 S. *Brischke*, DVBl 2002, 429 ff.
430 VG Berlin, NJW 1981, 540.

Abs. 2 erfolgt, unzulässig[431]. Die hM folgt dieser Ansicht nicht, weil es für die Rechtmäßigkeit eines VAs allein auf die Übereinstimmung der getroffenen Regelung mit den gesetzlichen Voraussetzungen ankommt; anderes gilt nur dann, wenn die Gesetze selbst eine zutreffende Begründung vorschreiben oder wenn die erforderliche Begründung völlig unterblieben ist[432]. Eine Bestätigung findet diese Auffassung in § 46, nach dem es bei zwingenden gesetzlichen Vorgaben allein darauf ankommt, ob das vorgesehene Ergebnis erreicht worden ist oder nicht[433]. – Anderes gilt, wenn der VA durch Auswechseln der Rechtsgrundlage und des ihm zugrunde liegenden Sachverhalts in seinem Wesen geändert wird[434]. Im Grunde handelt es sich um den Erlass eines neuen VAs. Verwaltungsprozessrechtlich führt das zu folgenden Konsequenzen: Wenn eine zulässige Klageänderung nicht in Betracht kommt[435], ist wegen des ersten VAs die Hauptsache für erledigt zu erklären; wegen des zweiten VAs ist ein neues Vorverfahren durchzuführen.

Nr 3: Die nach § 28 gebotene Anhörung eines Beteiligten kann nachgeholt werden[436]. Das Nachholen führt freilich nur dann zur Heilung des VAs, wenn die Funktion der Anhörung noch erreichbar ist. In der Einlegung des Widerspruchs liegt die Nachholung der Anhörung jedoch nicht; läge in dem Gebrauchmachen von diesem Rechtsmittel bereits die Heilung, liefe § 45 Abs. 1 Nr 3 leer. Der Widerspruch bewirkt die Heilung nur dann, wenn die vollwertige Gewährung des Rechts aus § 28 gewahrt ist;

Beispiel: Die Begründung des angefochtenen Bescheids ist so umfangreich, dass sie alle für die Entscheidung erheblichen Tatsachen iSd § 28 erkennen lässt.

728   Erforderlich für die Heilung ist ein Tätigwerden der Behörde, welches das Vorbringen des Betroffenen berücksichtigt[437]. – Wenn das jeweilige materielle Recht eine Anhörung vorschreibt, ist § 45 Abs. 1 Nr 3 unanwendbar.

Beispiel: Das Genehmigungsverfahren nach § 10 BImSchG schreibt eine Anhörung vor; diese Anhörung kann nach Erlass des Genehmigungsbescheids nicht mehr nachgeholt werden.

729   **Nr 4:** Die fehlende Mitwirkung eines Ausschusses kann nachgeholt werden; dieses gilt auch für solche Beschlüsse von Ausschüssen, die rechtswidrig sind[438]. Eine Heilung entfällt, wenn nach einer spezialgesetzlichen Regelung der Zweck der Mitwirkung nur durch vorherige Mitwirkung zu erreichen ist.

Beispiel: Nach § 69 Abs. 1 BPersVG (Sa. I Nr 240) kann eine Maßnahme, die der Mitbestimmung des Personalrates unterliegt, nur mit seiner Zustimmung getroffen werden; aus der Ge-

---

431   Für diese Auffassung *Schenke*, NVwZ 1988, 8 ff.
432   BVerwG, NVwZ 1993, 976.
433   Ständige Rechtsprechung des BVerwG, s. BVerwGE 64, 356; 71, 368; zum „Nachschieben von Gründen" vgl auch BVerwG, DVBl 1990, 1350, erläutert von *Osterloh*, JuS 1991, 427; BVerwGE 106, 351, erläutert von *Schenke*, JuS 2000, 230 ff; aus der Literatur zB *Schoch*, DÖV 1984, 403 ff.
434   BVerwGE 71, 368.
435   Vgl BVerwG, DVBl 1983, 998.
436   **Fallbearbeitung:** *Ehlers*, JURA 1991, 208 ff. S. auch *Schoch*, JURA 2007, 28.
437   SächsOVG, NVwZ-RR 1994, 551.
438   BVerwG, NVwZ 1987, 230.

samtregelung des § 69 BPersVG, insbesondere seinem Absatz 5, ergibt sich, dass die Zustimmung vor Erlass der Maßnahme erteilt sein muss.

Nr 5: Das zur fehlenden Mitwirkung eines Ausschusses Gesagte gilt entsprechend für die Heilung der mangelnden Mitwirkung einer anderen Behörde. Nr 5 erfasst die Mitwirkung im Rahmen des Erlasses eines mehrstufigen VAs. Die Heilung entfällt, wenn nach einer spezialgesetzlichen Regelung der Zweck der Mitwirkung nur durch vorherige Mitwirkung erreicht werden kann; **730**

Beispiel: Nach § 36 BauGB benötigt die Baugenehmigungsbehörde für den Erlass bestimmter Baugenehmigungen das Einvernehmen der Gemeinde; Einvernehmen bedeutet Willensübereinstimmung; aus dem Wortlaut der Norm ergibt sich, dass die Willensübereinstimmung vor Erlass der Baugenehmigung hergestellt sein muss; eine Heilung nach § 45 Abs. 1 Nr 5 entfällt deshalb, wenn das gemeindliche Einvernehmen nicht erteilt worden ist[439].

§ 45 Abs. 2 enthält eine **zeitliche Schranke** der Heilungsmöglichkeit. Handlungen nach Absatz 1 können seit der Neufassung der Norm durch das Genehmigungsverfahrensbeschleunigungsgesetz v. 12.9.1996[440] bis zum Abschluss eines verwaltungsgerichtlichen Verfahrens nachgeholt werden (zu beachten ist freilich, ob die **LVwVfGe** mit statischen Verweisungen auf das Bundesrecht diese Änderung auch übernommen haben[441]); ein verwaltungsgerichtliches Verfahren findet seinen Abschluss durch Erlass einer Entscheidung, die rechtskräftig wird. **731**

§ 45 Abs. 1, 2 ist vorsichtig anzuwenden. Hinsichtlich der Nachholung der Fehlerheilung der Anhörung wird § 45 Abs. 2 für verfassungswidrig gehalten[442]. Seine Rechtsfolge ist nur dann hinnehmbar, wenn für den Betroffenen der Zustand hergestellt wird, wie er bei korrekter Verfahrensgestaltung bestanden hätte. Es muss eine reale Fehlerheilung stattfinden. Von einer realen Fehlerheilung kann in folgenden Situationen nicht mehr gesprochen werden[443]: **732**

– wenn das Gesetz eine Maßnahme zwingend **vor** Erlass des VAs vorschreibt und bei Nachholung der Schutzzweck der Verfahrensnorm unterlaufen würde[444],

– wenn die Heilungsbehörde selbst nicht die rechtliche Kompetenz besitzt, aufgrund der nachzuholenden Verfahrenshandlung die Ausgangsentscheidung zu ändern[445],

– wenn die Entscheidung eine mögliche Verhandlung oder sonstige nur bei der Ausgangsbehörde herstellbare besondere verfahrensmäßige Vorkehrungen erfordert,

---

439 *Konrad*, JA 2001, 588 ff.
440 BGBl. I S. 1354.
441 S. VG Karlsruhe, NVwZ 1998, 209.
442 S. *Hatje*, DÖV 1997, 477 und *Bracher*, DVBl 1997, 534 f. Vgl auch *Schenke*, VerwArchiv 2006, 592.
443 S. *Hufen/Siegel*, S. 367.
444 **Beispiele:** BVerwGE 17, 281 ff, Anhörung der Hauptfürsorgestelle vor Entlassung eines schwer beschädigten Beamten; BVerwGE 34, 138 ff, Anhörung des Personalrats vor Entlassung eines Probebeamten; s. ferner *Laubinger*, Die Verwaltung 1981, 340; *Gramlich*, JuS 1981, 907.
445 **Beispiel:** Ermessensentscheidungen bei Selbstverwaltungsangelegenheiten und Nichtidentität von Widerspruchs- und Ausgangsbehörde; solche Beurteilungsentscheidungen, die die Widerspruchsbehörde nicht voll überprüfen kann.

- wenn es bei Abwägungsverfahren auf die Gleichgewichtigkeit des Einbringens der Belange im Abwägungsvorgang ankommt und ein nachträgliches Argument das Abwägungsergebnis nicht in gleicher Weise beeinflussen kann,
- wenn das Verfahrensergebnis bereits vollzogen ist,
- wenn Ausgangsbehörde oder Widerspruchsbehörde sich bereits rechtlich oder faktisch in einer Weise gebunden haben, die erkennen lässt, dass die nachgeholte Verfahrenshandlung nicht mehr das gleiche Gewicht wird haben können wie eine im Ausgangsverfahren vorgenommene Handlung,
- wenn es aus sonstigen Gründen gerade auf die Lokalisierung der Verfahrenshandlung **vor** der Entscheidung ankommt (Sachnähe, Schutzzweck der Norm, persönlicher Eindruck).

733   Für andere Verfahrens- und Formfehler gilt § 45 Abs. 1, 2 nicht. Die in § 45 Abs. 1 nicht genannten Fehler können aber im Einzelfall durch Nachholen geheilt werden; das Nachholen kann eine Heilung des Fehlers bewirken, wenn sich die Heilung nicht aus der Natur der jeweiligen Verfahrensvorschriften verbietet. Ein Verbot der Heilung ist anzunehmen, wenn der Betroffene in der Wahrnehmung seiner Rechte beeinträchtigt wird.

Beispiel: Bei Planfeststellungsverfahren muss die Heilung eines Verfahrensfehlers, beispielsweise die nicht durchgeführte Anhörung, entfallen, weil eine nachgeholte Verfahrenshandlung für das Verfahrensergebnis wohl nicht mehr von Bedeutung ist[446].

734   Auf eine besondere Rechtsfolge bestimmter Verfahrens- und Formfehler ist noch hinzuweisen; diese Rechtsfolge enthält § 45 Abs. 3. Diese Norm bestimmt, dass dann, wenn einem VA die erforderliche Begründung fehlt oder die erforderliche Anhörung eines Beteiligten vor Erlass des VAs unterblieben und dadurch die rechtzeitige Anfechtung des VAs versäumt worden ist, die Versäumung der Rechtsbehelfsfrist als nicht verschuldet gilt. Der durch den fehlerhaften VA belastete Adressat muss freilich innerhalb von zwei Wochen ab Nachholung der unterlassenen Verfahrenshandlung den Rechtsbehelf einlegen, s. § 45 Abs. 3 S. 2 iVm § 32 Abs. 2.

735   Entfällt nach dem jeweiligen besonderen Recht ein Nachholen der unterbliebenen Handlung, besteht die Möglichkeit der Fehlerheilung durch Wiederholung des Verfahrensabschnitts vor dem Treffen der Entscheidung[447].

Beispiel: Wirkt ein befangener Amtsträger im Verwaltungsverfahren mit und wird dieser Fehler vor Erlass des VAs erkannt, so kann der befangene Amtsträger gegen einen unbefangenen Amtsträger ausgetauscht werden; erlässt der unbefangene Amtsträger den VA, so ist dieser ohne Verstoß gegen §§ 20, 21 erlassen.

736   Die Heilung materiell-rechtlicher Fehler ist nur in seltenen Ausnahmefällen möglich, nämlich dann, wenn das jeweilige Fachrecht diese Möglichkeit vorsieht[448]. Die Heilung eines mangels Rechtsgrundlage rechtswidrigen VAs durch nachträgliches In-

---

446   S. *Hufen/Siegel*, S. 254; zur Heilung von Zustellungsmängeln s. BVerwG, NVwZ 1992, 565, DVBl 1998, 243.
447   Vgl *Roßnagel*, JuS 1994, 927 ff.
448   Für Erschließungsbeiträge s. BVerwG, NVwZ 1985, 751.

krafttreten der erforderlichen Rechtsgrundlage ist grundsätzlich nicht möglich[449]. Möglich ist nach § 114 S. 2 VwGO iVm § 45 Abs. 1 Nr. 2 die Ergänzung von Ermessenserwägungen auch noch im verwaltungsgerichtlichen Verfahren. Das „Nachschieben" begegnet keinen verfassungsrechtlichen Bedenken[450]. Ein Fehler in Form des Ermessensausfalls ist jedoch danach nicht heilbar; eine vollständige Nachholung oder Auswechselung ist ausgeschlossen. Möglich ist nur eine Ergänzung einer ansatzweise vorhandenen Ermessensentscheidung[451].

4. Die Unbeachtlichkeit von Verfahrens- und Formfehlern

Nach § 46 kann die Aufhebung eines VAs, der nicht nach § 44 nichtig ist, nicht allein deshalb beansprucht werden, weil er unter Verletzung von Vorschriften über das Verfahren, die Form oder die örtliche Zuständigkeit zustande gekommen ist, wenn offensichtlich ist, dass die Verletzung die Entscheidung in der Sache nicht beeinflusst hat. **737**

§ 46 geht davon aus, dass ein Anspruch des Adressaten eines unter bestimmten Mängeln leidenden VAs auf Aufhebung des VAs nicht besteht; der Rechtsverstoß ist deshalb unbeachtlich. § 46 ist damit ein behördliches Verteidigungsmittel. Die Norm basiert auf der Idee, dass der sachlich richtige VA, der an formellen Mängeln leidet, den Bürger nicht in seinen Rechten iSd § 113 VwGO verletzt. Die Norm ist außerordentlich umstritten, weil sie Verfahrensgarantien erheblich entwertet[452]. § 46 begegnet erheblichen verfassungsrechtlichen Bedenken[453]; das BVerwG bezweifelt die Verfassungsmäßigkeit selbst im grundrechtsrelevanten Bereich nicht[454]. **738**

Bei Vorliegen der Voraussetzungen des § 46 ist ein Rechtsbehelf: Anspruch auf Rücknahme des VAs, Widerspruch gegen ihn oder seine Anfechtung, unbegründet. **739**

§ 46 nennt drei Fehlerquellen: das Verfahren, die Form oder die örtliche Zuständigkeit. Verstöße gegen die sachliche oder instanzielle Zuständigkeit einer Behörde sind nicht erfasst und deshalb immer beachtlich; auch materiell-rechtliche Fehler erfasst § 46 nicht. **740**

§ 46 greift nur bei Alternativlosigkeit der Sachentscheidung[455]. Dieser Fall liegt mit Sicherheit vor, wenn die Verwaltung gebunden ist, bei einer Ermessensschrumpfung auf Null und bei der Anwendung unbestimmter Rechtsbegriffe. Für den Bereich der Ermessensverwaltung gilt § 46 grundsätzlich nicht, da bei Ermessensentscheidungen in der Regel nicht ausgeschlossen werden kann, dass die Einhaltung der Verfahrensvorschriften eine andere Sachentscheidung bewirkt hätte. Lediglich bei der Ermessensreduzierung auf Null kommt § 46 zur Anwendung[456]. Die Anwendung von unbestimmten Rechtsbegriffen mit Beurteilungsspielraum wird iS vorhandener Entschei- **741**

---

449 S. OVG NW, NVwZ 1995, 395.
450 BVerwGE 106, 351, 363 ff.
451 BVerwGE 106, 351, 365; NVwZ-RR 2010, 550.
452 *J. Martens*, NVwZ 1982, 13 ff.
453 *Ossenbühl*, NJW 1981, 377 f; *v. Mutius*, NJW 1982, 2159.
454 BVerwG, DVBl 1983, 183 f.
455 *Schöbener*, Die Verwaltung 2000, 447 ff.
456 BVerwG, NVwZ 1988, 525.

dungsalternativen verstanden und im Rahmen des § 46 Ermessensentscheidungen gleichgestellt[457].

742 Der nach den vorherigen Aussagen bedeutungsvolle Verfahrensfehler muss für die getroffene Entscheidung **kausal** sein können; diese Relation folgt aus der (neuen) gesetzlichen Formulierung, dass die Aufhebung nicht verlangt werden kann, „wenn offensichtlich ist, dass die Verletzung (der Verfahrens- und Formvorschriften – Einschub von mir – F.-J. P.) die Entscheidung in der Sache nicht beeinflusst hat" – Neufassung des § 46 durch Gesetz v. 12.9.1996[458]. Fehlt es an der Kausalität, handelt es sich nicht um einen wesentlichen Verfahrensfehler, der auf die Rechtmäßigkeit des VAs Einfluss haben könnte; für die Anwendung des § 46 bleibt dann kein Raum. Die Kausalität muss zwischen dem Verfahrensfehler und der Möglichkeit von Entscheidungsalternativen überhaupt bestehen. Auf eine Kausalität zwischen dem Verfahrensfehler und der konkreten zukünftigen Entscheidung kommt es nicht an. – Ob § 46 nF im Gegensatz zu § 46 aF auch für Ermessensentscheidungen gilt, bedarf der Diskussion.

743 Die Möglichkeit einer alternativen Entscheidung ist in der Regel aus der Sicht ex ante zu beurteilen[459].

Ein **Beispiel** für ursprüngliche Alternativlosigkeit: Ein Ausländer wird nach § 53 Nr 1 AufenthG wegen besonderer Gefährlichkeit ausgewiesen, weil er wegen vorsätzlicher Straftaten zu einer Freiheitsstrafe von mindestens fünf Jahren verurteilt worden ist. Leidet der Ausweisungsbeschluss, der ein VA ist, an einem Verfahrensfehler, so besitzt der Ausländer keinen Anspruch auf Aufhebung, weil dem Anspruch § 46 entgegensteht; die Entscheidung nach § 53 Nr 1 AufenthG ist eine gebundene Entscheidung für die Verwaltung.

---

457 BVerwGE 65, 287, 289; *S/B/S* § 46 Rn 32.
458 BGBl. I S. 1354.
459 S. *Hufen*, NJW 1982, 2167: „ursprüngliche Alternativlosigkeit".

Fehlerhaftigkeit von Verwaltungsakten

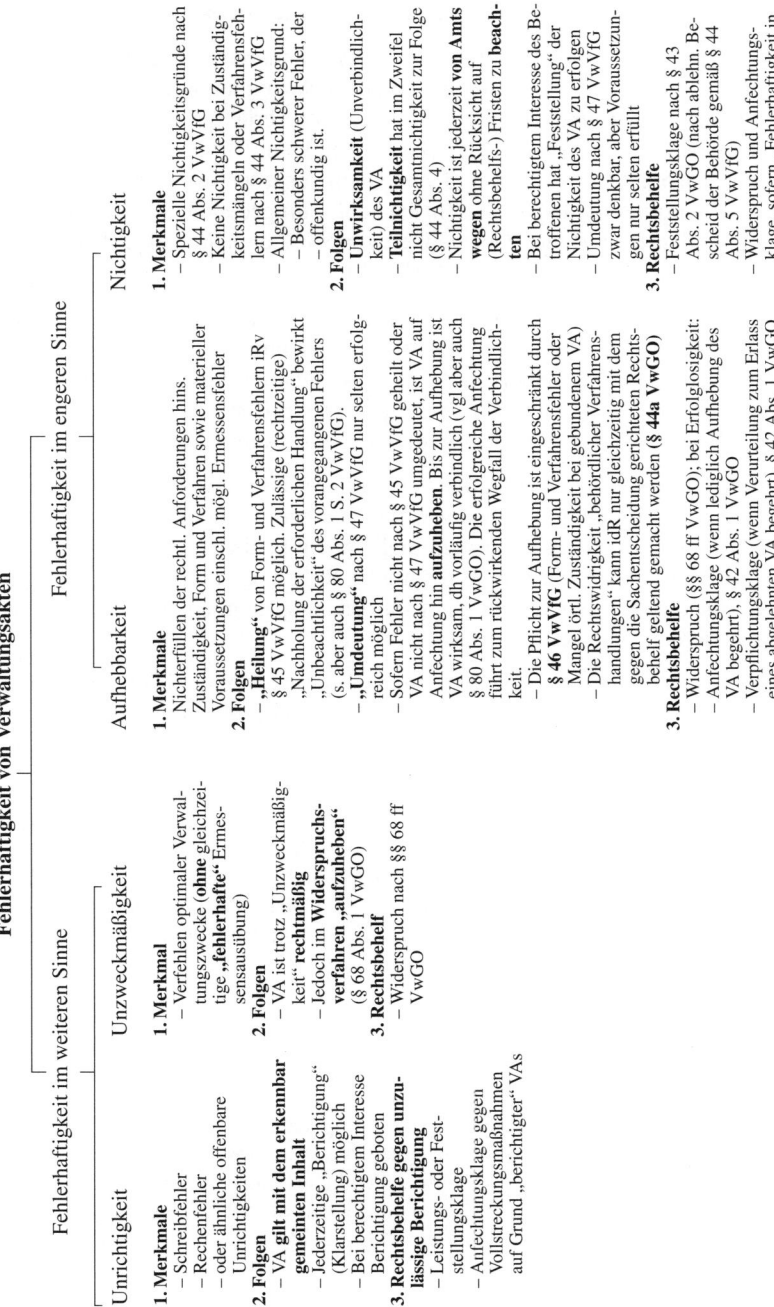

Fehlerhaftigkeit im weiteren Sinne

Fehlerhaftigkeit im engeren Sinne

Unrichtigkeit

1. Merkmale
- Schreibfehler
- Rechenfehler
- oder ähnliche offenbare Unrichtigkeiten

2. Folgen
- VA **gilt mit dem erkennbar gemeinten Inhalt**
- Jederzeit „Berichtigung" (Klarstellung) möglich
- Bei berechtigtem Interesse Berichtigung geboten

3. Rechtsbehelfe gegen unzulässige Berichtigung
- Leistungs- oder Feststellungsklage
- Anfechtungsklage gegen Vollstreckungsmaßnahmen auf Grund „berichtigter" VAs

Unzweckmäßigkeit

1. Merkmal
- Verfehlen optimaler Verwaltungszwecke (**ohne** gleichzeitige **„fehlerhafte"** Ermessensausübung)

2. Folgen
- VA ist trotz „Unzweckmäßigkeit" **rechtmäßig**
- Jedoch im **Widerspruchsverfahren „aufzuheben"** (§ 68 Abs. 1 VwGO)

3. Rechtsbehelf
- Widerspruch nach §§ 68 ff VwGO

Aufhebbarkeit

1. Merkmale
Nichterfüllen der rechtl. Anforderungen hins. Zuständigkeit, Form und Verfahren sowie materieller Voraussetzungen einschl. mögl. Ermessensfehler

2. Folgen
- **„Heilung"** von Form- und Verfahrensfehlern iRv § 45 VwVfG möglich. Zulässige (rechtzeitige) „Nachholung der erforderlichen Handlung" bewirkt „Unbeachtlichkeit" des vorangegangenen Fehlers (s. aber auch § 80 Abs. 1 S. 2 VwVfG).
- **„Umdeutung"** nach § 47 VwVfG nur selten erfolgreich möglich
- Sofern Fehler nicht nach § 45 VwVfG geheilt oder nach § 47 VwVfG umgedeutet, ist VA auf Anfechtung hin **aufzuheben**. Bis zur Aufhebung ist VA wirksam, dh vorläufig verbindlich (vgl aber auch § 80 Abs. 1 VwGO). Die erfolgreiche Anfechtung führt zum rückwirkenden Wegfall der Verbindlichkeit.
- Die Pflicht zur Aufhebung ist eingeschränkt durch **§ 46 VwVfG** (Form- und Verfahrensfehler oder Mangel örtl. Zuständigkeit bei gebundenem VA)
- Die Rechtswidrigkeit „behördlicher Verfahrenshandlungen" kann idR nur gleichzeitig mit dem gegen die Sachentscheidung gerichteten Rechtsbehelf geltend gemacht werden (**§ 44a VwGO**)

3. Rechtsbehelfe
- Widerspruch (§§ 68 ff VwGO); bei Erfolglosigkeit:
- Anfechtungsklage (wenn lediglich Aufhebung des VA begehrt), § 42 Abs. 1 VwGO
- Verpflichtungsklage (wenn Verurteilung zum Erlass eines abgelehnten VA begehrt), § 42 Abs. 1 VwGO

Nichtigkeit

1. Merkmale
- Spezielle Nichtigkeitsgründe nach § 44 Abs. 2 VwVfG
- Keine Nichtigkeit bei Zuständigkeitsmängeln oder Verfahrensfehlern nach § 44 Abs. 3 VwVfG
- Allgemeiner Nichtigkeitsgrund:
- Besonders schwerer Fehler, der
- offenkundig ist.

2. Folgen
- **Unwirksamkeit** (Unverbindlichkeit) des VA
- **Teilnichtigkeit** hat im Zweifel nicht Gesamtnichtigkeit zur Folge (§ 44 Abs. 4)
- Nichtigkeit ist jederzeit **von Amts wegen** ohne Rücksicht auf (Rechtsbehelfs-) Fristen zu **beachten**
- Bei berechtigtem Interesse des Betroffenen hat er „Feststellung" der Nichtigkeit des VA zu erfolgen
- Umdeutung nach § 47 VwVfG zwar denkbar, aber Voraussetzungen nur selten erfüllt

3. Rechtsbehelfe
- Feststellungsklage nach § 43 Abs. 2 VwGO (nach ablehn. Bescheid der Behörde gemäß § 44 Abs. 5 VwVfG)
- Widerspruch und Anfechtungsklage, sofern „Fehlerhaftigkeit in Form der „Nichtigkeit" zweifelhaft

Bild 4: Der fehlerhafte Verwaltungsakt und die Beseitigung des Fehlers

5. Die Umdeutung eines fehlerhaften Verwaltungsakts

744 Nach § 47 Abs. 1 kann ein fehlerhafter VA in einen anderen VA umgedeutet werden, wenn er auf das gleiche Ziel gerichtet ist, von der erlassenden Behörde in der geschehenen Verfahrensweise und Form rechtmäßig hätte erlassen werden können und wenn die Voraussetzungen für dessen Erlass erfüllt sind. Diesen Fall nennt man auch **Konversion**. Nach § 47 Abs. 3 ist die Konversion ausgeschlossen, wenn eine gebundene Entscheidung in eine Ermessensentscheidung umgedeutet werden soll. Vor der Umdeutung ist den Betroffenen Gelegenheit zur Stellungnahme zu geben, wenn der neue VA in seine Rechte eingreift, § 47 Abs. 4 iVm § 28.

745 § 47 Abs. 1 stellt drei kumulativ zu erfüllende Voraussetzungen für die Zulässigkeit einer Umdeutung auf, § 47 Abs. 2 schließt die Umdeutung in drei Fällen aus. Diese sind: der umgedeutete VA widerspricht der erkennbaren Absicht der Behörde; die Rechtsfolgen des umgedeuteten VAs sind für den Betroffenen ungünstiger als die des fehlerhaften VAs; der fehlerhafte VA hätte nicht zurückgenommen werden dürfen.

746 § 47 spielt in der Praxis keine Rolle. Auch in der verwaltungsrechtlichen Literatur hat er Bedeutung nicht erlangt[460]. Das VwVfG hat ein überkommenes materielles Rechtsinstitut übernommen. Es beruht auf dem in § 140 BGB niedergelegten Rechtsgedanken, dass eine willentlich getroffene rechtliche Regelung nicht unnötig rückgängig gemacht werden soll, wenn es möglich ist, die ursprünglich gedachte Grundlage durch eine andere zu ersetzen.

747 Hinzuweisen ist noch darauf, dass die Umdeutung als solche einen selbstständigen VA nicht darstellt; es existiert vielmehr der ursprünglich rechtswidrige VA mit dem umgedeuteten rechtmäßigen Inhalt. Die Umdeutung kann sowohl die Ausgangsbehörde, die Widerspruchsbehörde als auch das Verwaltungsgericht vornehmen.

Beispiel: Die Genehmigung eines Bebauungsplans nach § 10 Abs. 2 S. 1 BauGB kann in die Zustimmung der höheren Verwaltungsbehörde zur Herstellung von Erschließungsanlagen nach § 125 Abs. 2 BauGB umgedeutet werden[461]. – Ein **Beispiel** für eine ausgeschlossene Umdeutung: Bewirkt die Umdeutung, dass sich die Rechtsfolgen eines VAs für den Betroffenen wirtschaftlich ungünstiger auswirken als die des fehlerhaften VAs, entfällt die Umdeutung[462].

Literatur: *Leopold*, JURA 2006, 835.

748 **Lösung zu Fall 17 (Rn 664):** Die Erteilung der Erlaubnis zum Betreiben der Diskothek enthält einen Formfehler, da sie nach § 3 Abs. 1 GastG, in Form einer „Urkunde", das heißt schriftlich zu ergehen hat. Ferner ist die „Sicherstellung" der Lärmvermeidung, sachlich eine Auflage nach § 5 Abs. 1 Nr 3 GastG, rechtswidrig, da die Einhaltung der Verkehrsvorschriften und entsprechende Vollzugsmaßnahmen (Verbote, Abschleppen der PKW) Sache der zuständigen Behörde ist. Von A wird etwas rechtlich Unmögliches verlangt. Ist die Auflage nicht nur rechtswidrig, sondern auch nichtig? Fall der tatsächlichen Unmöglichkeit nach § 44 Abs. 2 Nr 4? Nein, da die Behörde sachlich erfolgreiche Maßnahmen durchführen kann.

---

460 Ein seltenes **Beispiel** für seine literarische Behandlung bildet *Lüdemann/Windthorst*, BayVBl 1995, 357 ff.
461 Zur Umdeutung eines Beitragsbescheids s. OVG NW, NVwZ-RR 1998, 70.
462 BayVGH, BayVBl 1987, 276.

Darf im Falle der rechtlichen Unmöglichkeit § 44 Abs. 2 Nr 4 analog angewandt werden? Nein, da Regelungslücke fehlt: Die Generalklausel des § 44 Abs. 1 schließt diese Lücke. Fall des § 44 Abs. 1? Zwei Voraussetzungen müssen erfüllt sein:

1. besonders schwerwiegender Fehler,
2. Offenkundigkeit bei verständiger Würdigung aller in Betracht kommenden Umstände.

Lösung dahingehend, dass die Auflage nichtig ist, liegt jedenfalls nicht auf der Hand. ME ist jede Lösung vertretbar.

Lösung zu Fall 18 (Rn 665): Die Zurschaustellung von Frauen in Käfigen soll sittenwidrig sein; ein sie erlaubender VA ist deshalb sittenwidrig nach § 44 Abs. 2 Nr 6[463]. A hat keinen Anspruch auf Erteilung der Erlaubnis.   **749**

X. Die Wirksamkeit des Verwaltungsakts

Fall 19: Der in Berlin-Spandau wohnhafte A beantragt die Genehmigung für die Bebauung eines Grundstücks. Er erhält die Baugenehmigung am 1.4.2005. A verstirbt 2006. Sein Sohn S ist Alleinerbe. Er möchte das Grundstück ebenfalls bebauen. Der Beginn der Arbeiten verzögert sich bis zum Jahre 2009. Als A die Baugrube ausheben lässt, untersagt ihm die zuständige Behörde die weiteren Arbeiten und ordnet die Beseitigung an. Mit Recht? **Rn 760**   **750**

Die Wirksamkeit des VAs bestimmt sich, wie schon mehrfach erwähnt, nach § 43. Voraussetzung für die Wirksamkeit ist ein Doppeltes: **751**

– der VA muss bekannt gegeben worden sein, § 43 Abs. 1 S. 1;
– der VA darf nicht nichtig sein, § 43 Abs. 3.

Zur Bekanntgabe des VAs s. zuvor unter Rn 541 ff, zur Nichtigkeit des VAs zuvor unter Rn 694 ff.   **752**

Der VA wird wirksam in dem Zeitpunkt, in dem er dem Adressaten oder dem von ihm Betroffenen bekannt gegeben wird, § 43 Abs. 1 S. 1. Den Zeitpunkt der Bekanntgabe legt § 41 Abs. 2 fest. Der VA bleibt wirksam, solange und soweit er nicht zurückgenommen, widerrufen, anderweitig aufgehoben oder durch Zeitablauf oder andere Weise erledigt ist, § 43 Abs. 2. Demnach können fünf „Ereignisse" die Wirksamkeit des VAs beenden. Zu diesen „Wirksamkeitsbeendigungsgründen" ist hier festzustellen: Die Rücknahme und den Widerruf eines VAs regeln die §§ 48, 49 – diese Normen werden im dritten Teil des Buchs ausführlich behandelt; der Fall „anderweitige Aufhebung" erfasst in erster Linie die Aufhebung des VAs im Rechtsbehelfsverfahren, also die Aufhebung des VAs nach einem Widerspruch durch Aufhebungsbescheid, § 73 VwGO, oder nach Anfechtungsklage, § 42 Abs. 1 VwGO, durch Urteil, § 113 Abs. 1 S. 1 VwGO – zu diesen prozessrechtlichen Fragestellungen nimmt das Buch nicht ausführlich Stellung; „Erledigung durch Zeitablauf", man spricht an Stelle von „Erledigung" auch von „Erlöschen", tritt zB ein bei befristeten VAen nach Fristablauf oder bei auflösend bedingten VAen mit Eintritt der Bedingung oder bei einer gesetzlichen Regelung.   **753**

---

463   BayVGH, NVwZ 1992, 76.

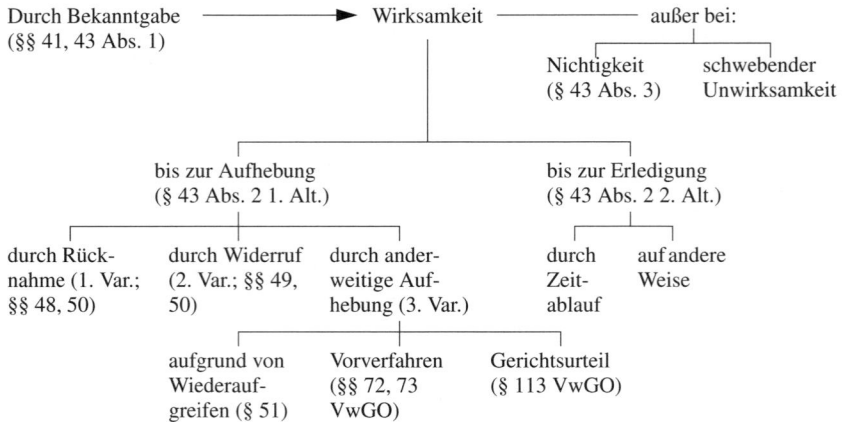

Bild 5: Die Wirksamkeit des VA

Beispiel: § 18 BImSchG: Nach Absatz 1 erlischt die Genehmigung, wenn 1. innerhalb einer von der Genehmigungsbehörde gesetzten angemessenen Frist nicht mit der Errichtung oder dem Betrieb der Anlage begonnen oder … wird.

754 „Auf andere Weise" erledigt sich ein VA zB durch Verzicht des Begünstigten auf Wahrnehmung seiner Rechte, den Tod des Betroffenen bei personengebundenen VA-en, Wegfall des Regelungsobjekts, Erfüllung oder Vollzug des Gebots[464], durch das Ergehen des endgültigen VAs nach vorläufigem VA, durch die Zweckerreichung des VAs[465]. Eine Erledigung auf andere Weise liegt nicht vor, wenn ein mobiles Parkverbotsschild lediglich verstellt wird[466]; ferner, wenn ein genehmigtes Bauvorhaben nach seiner Realisierung nicht genutzt wird (die Baugenehmigung enthält das Nutzungsrecht), nur bei einem dauerhaften Verzicht auf die Nutzung tritt Erledigung ein[467].

755 Verjährung und Verwirkung haben auf die Wirksamkeit eines VAs keinen Einfluss.

756 Die Wirksamkeit des VAs in den zuvor dargelegten zeitlichen Grenzen besteht unabhängig von seiner Rechtmäßigkeit oder Rechtswidrigkeit.

757 Mit Blick auf die Wirksamkeit des VAs ist zwischen „äußerer" und „innerer" Wirksamkeit zu unterscheiden. Die äußere Wirksamkeit meint die Rechtsbeständigkeit des VAs als Staatsakt unabhängig von seinem Inhalt; dieser Fall wird manchmal auch als „rechtliche Existenz des VAs" bezeichnet. Innere Wirksamkeit des VAs bedeutet, dass sich die in der Regelung vorgesehenen Rechtswirkungen entfalten; manchmal spricht man insoweit auch von „Verbindlichkeit des VAs". – Innere und äußere Wirksamkeit eines VAs treten grundsätzlich gleichzeitig ein. Beide Formen von Wirksamkeit können aber auch auseinander fallen; der wichtigste Fall eines VAs, dem die in-

---

464   Das BVerwG sieht im Vollzug keine Erledigung, da der Grund-VA zugleich die Grundlage für den Kostenbescheid bildet. Vgl NVwZ 2009, 122; hierzu *Labrenz*, NVwZ 2010, 22 ff.
465   *Vahle*, DVP 2000, 127.
466   OVG NW, NJW 1998, 331.
467   OVG RP, NVwZ-RR 2013, 672 f.

nere Wirksamkeit fehlt, ist die Nichtigkeit eines VAs nach § 43 Abs. 3. Neben diesen dauernden Ausschluss innerer Wirksamkeit tritt die Möglichkeit der schwebenden Unwirksamkeit.

Ein VA kann schwebend unwirksam sein. Dieses ist möglich, wenn für den Erlass **758** eines VAs eine Zustimmung des Betroffenen vorgesehen ist und diese fehlt; schwebend unwirksam ist der VA bis zum Vorliegen dieser Voraussetzung[468]. Schwebende Unwirksamkeit eines VAs ist anzunehmen, wenn das einschlägige Sachgesetz die Zustimmung nur als Voraussetzung der Rechtmäßigkeit fordert; geht das einschlägige Sachgesetz von der Zustimmung als einer Wirksamkeitsvoraussetzung aus, entfällt die Möglichkeit, einen VA für schwebend unwirksam zu halten. Ein Gesetz kann gute Gründe haben, bei Fehlen der vorgeschriebenen Zustimmung die Nichtigkeit vermeiden zu wollen; das ist eine Frage des Einzelfalls.

An die Wirksamkeit eines VAs knüpfen sich diese Rechtsfolgen: **(1.)** Der VA ist voll- **759** ziehbar, das bedeutet, dass ein Ge- oder Verbot durchgesetzt werden kann; in einem weiteren Sinne umfasst die Vollziehbarkeit auch alle sonstigen Möglichkeiten, die in einem VA geregelten Rechtsfolgen zu realisieren; so darf zB der Betroffene von einer Genehmigung Gebrauch machen. **(2.)** Der VA kann, wenn er einen vollstreckungsfähigen Inhalt besitzt, von der zuständigen Behörde vollstreckt werden, soweit die in dem Verwaltungsvollstreckungsgesetz geregelten weiteren Voraussetzungen eingetreten sind; diese „Titelfunktion"[469] ist folglich unabhängig von der Rechtmäßigkeit oder Rechtswidrigkeit des VAs. **(3.)** Der VA kann bestandskräftig werden; „Bestandskraft" bedeutet eine normative Beschränkung der Aufhebbarkeit/Abänderbarkeit eines VAs, ferner das Verbot, bei einer erneuten Befassung mit dem Sachproblem eine von der getroffenen Regelung abweichende zu treffen; Bestandskraft in diesem Sinne tritt bei begünstigendem VAen bei Eintritt der Wirksamkeit des VAs ein, bei belastenden VAen, wenn die Einlegung eines Rechtsmittels gegen den VA nicht mehr möglich ist. **(4.)** Der wirksame VA entfaltet eine manchmal sog. Tatbestandswirkung[470], die Wortwahl ist an der ZPO orientiert[471]; sie ist anzunehmen, wenn nach materiellem Recht der Erlass eines wirksamen VAs als solchen Voraussetzung für den Eintritt von Rechtsfolgen ist. **(5.)** Der wirksame VA entfaltet eine manchmal Bindungswirkung[472] genannte Wirkung; darunter versteht man, dass Behörden und Gerichte von einem VA inhaltlich nicht abweichen dürfen – die Verbindlichkeit eines VAs für andere Behörden wird überwiegend als Tatbestandswirkung bezeichnet[473]. Zur Bindungswirkung ablehnender Baubescheide im Gaststättenrecht vgl BVerwG[474]. – Der Inhalt der Begriffe „Tatbestandswirkung" und „Bindungswirkung" ist außerordentlich umstritten; beide Begriffe werden auch mit vollkommen anderen Verständnissen benutzt[475].

---

468 BVerwGE 11, 195, 197 f; 20, 35, 37 f; weitere Nachweise bei *S/B/S*, § 43 Rn 132; hier auch Nachweise der ablehnenden Auffassungen.
469 Zur Dogmatik der Bindungswirkung von VAen vgl *Schroeder*, DÖV 2009, 217 ff.
470 S. *J. Ipsen*, Die Verwaltung 1984, 178; *Wilhelms*, NJ 2005, 160.
471 S. *Peine*, JZ 1990, 207.
472 Zur Titelfunktion *Enders*, NVwZ 2009, 958 ff.
473 Nachweis bei *Peine*, JZ 1990, 207.
474 NVwZ 1990, 559, erläutert von *Selmer*, JuS 1990, 589 f.
475 S. zur Terminologie eingehend *Seibert*, Die Bindungswirkung von Verwaltungsakten, 1989, S. 69 ff, 127 ff und *Randak*, JuS 1992, 33 ff.

760 **Lösung Fall 19 (Rn 750):** Nach § 79 S. 1 BauOBln kann die Beseitigung angeordnet werden, wenn eine bauliche Anlage öffentlich-rechtlichen Vorschriften widerspricht. Die Norm verbietet auch die Ausführung eines Vorhabens vor Erteilung einer Baugenehmigung. A hat eine Baugenehmigung erhalten. Aber: Ist diese noch wirksam? Die Baugenehmigung gilt auch für den Rechtsnachfolger des Bauherrn. S ist Rechtsnachfolger des A, § 1922 BGB. Jedoch erlischt nach § 72 Abs. 1 BauOBln die Baugenehmigung, wenn innerhalb von drei Jahren nach ihrer Erteilung mit der Ausführung des Bauvorhabens nicht begonnen wurde. Das ist hier der Fall. Die Untersagungsverfügung ist rechtmäßig.

XI. Anhang: Aufbauschema

761 **Aufbauschema zur Rechtmäßigkeit eines VAs**
  I.   Ermächtigungsgrundlage
   1. Nach Art. 20 Abs. 3 GG muss der belastende VA auf ein Gesetz rückführbar sein (Ermächtigungsgrundlage).
   2. Eine Rechtsvorschrift kann nur dann Ermächtigungsgrundlage sein, wenn sie einen materiellen Tatbestand (Voraussetzungen für das Verwaltungshandeln) und die Rechtsfolgen (Befugnis zum Erlass des VAs) aufweist.
   3. Das Gesetz, welches den VA stützt, muss selbst verfassungsmäßig sein: bei Anhaltspunkten ggf eine Prüfung der Verfassungsmäßigkeit der Ermächtigungsgrundlage.

  II. Formelle Rechtmäßigkeit des VAs
   1. Die Zuständigkeit der handelnden Behörde in sachlicher, örtlicher und instanzieller Hinsicht muss vorliegen.
   2. Das Verfahren muss eingehalten sein. An das Verwaltungsverfahren vor Erlass des VAs können besondere Anforderungen gestellt sein. Es ist zB ein förmliches bzw ein Planfeststellungsverfahren, §§ 63 ff, 72 ff, oder die Beteiligung oder Mitwirkung von Bürgern oder anderer Behörden vorgeschrieben. Ansonsten gelten die allgemeinen Verfahrensanforderungen, §§ 9 ff.
   3. Die Anforderungen an die Bestimmtheit und die Form des VAs müssen erfüllt sein. Besondere Formvorschriften müssen sich aus einem Spezialgesetz ergeben. Ansonsten gilt § 37.
   4. Die Möglichkeit der Heilung von Verfahrens- und Formfehlern ist zu beachten, § 45.

  III. Materielle Rechtmäßigkeit des VAs
   1. Der Tatbestand der Ermächtigungsgrundlage muss den VA „erlauben".
   2. Die Rechtsfolge der Ermächtigungsgrundlage muss die getroffene Regelung „abdecken".
    a) Bei gebundener Verwaltung: Die Behörde muss die gesetzlich bestimmte Maßnahme aussprechen.
    b) Bei der Verwaltung eingeräumten Ermessen:
     aa) Die allgemeinen Anforderungen an die getroffene Maßnahme: Verhältnismäßigkeit der Maßnahme, Möglichkeit und Bestimmtheit der Maßnahme, Beachtung des Gleichbehandlungsgrundsatzes müssen eingehalten sein.
     bb) Ermessensfehler, nämlich Ermessensausfall, Ermessensunterschreitung, Ermessensüberschreitung, Ermessensfehlgebrauch müssen fehlen.

IV. Rechtswidrigkeit und Nichtigkeit des VAs

Ein VA, der materiell nicht rechtmäßig ist, ist rechtswidrig. Ein rechtswidriger VA kann nichtig sein. Die Nichtigkeit eines VAs regelt § 44; § 44 Abs. 2 geht als Spezialvorschrift § 44 Abs. 1 vor. Prüfungsreihenfolge: 1. Absolute Nichtigkeitsgründe nach § 44 Abs. 2 Nrn. 1–6, 2. Nichtigkeit entfällt nach § 44 Abs. 3 Nrn. 1–4, 3. Nichtigkeit entsprechend der Generalklausel § 44 Abs. 1: besonders schwerwiegender Fehler und Offenkundigkeit des Fehlers.

V. Rechtsfolgen

1. Ein nichtiger VA ist unwirksam, § 43 Abs. 3; er entfaltet keinerlei Rechtswirkung und ist deshalb unbeachtlich.

2. Ist der VA lediglich rechtswidrig, so gilt: Er entfaltet Wirksamkeit ab dem Zeitpunkt der Bekanntgabe an den Adressaten, § 43 Abs. 1; die Dauer der Wirksamkeit richtet sich nach § 43 Abs. 2; der VA ist mit Rechtsmitteln angreifbar; grundsätzlich kann der Betroffene gegen den VA vorgehen – Ausnahme: Ausschluss des Aufhebungsanspruchs nach § 46.

§ 8 Der öffentlich-rechtliche Vertrag

Fall 20: Das Unternehmen U will in der Gemeinde G eine größere Industrieanlage mit dazugehöriger Wohnhausbebauung errichten. Der Bürgermeister von G zeigt sich interessiert, gibt U aber zu erkennen, dass die Gemeinde derzeit nicht in der Lage sei, die erforderlich werdenden kommunalen Folgeeinrichtungen (Kindergärten, Schulen, Krankenhäuser) zu finanzieren. Nach langen Verhandlungen vereinbaren U und G in einem schriftlichen Vertrag, bei dessen Abschluss die Gemeinde ordnungsgemäß vertreten ist, im Wesentlichen Folgendes: Die Gemeinde verpflichtet sich, einen Bebauungsplan zu erlassen, der in einem näher bestimmten Gebiet Industrieansiedlung mit Wohnhausbebauung vorsieht. U verpflichtet sich, die Industrieanlage zu errichten und für jede errichtete Wohneinheit einen einmaligen Betrag von 5000,– EUR an die Gemeinde zu zahlen, um die Finanzierung der Infrastruktureinrichtungen sicherzustellen. – Nachdem U mit der Planung begonnen hat, weigert sich die Gemeindevertretung, den von der Verwaltung vorgelegten Bebauungsplan zu beschließen. U verlangt auf der Grundlage des Vertrags den Erlass des Bebauungsplans. Zu Recht? **Rn 869**

762

I. Die Bedeutung des öffentlich-rechtlichen Vertrags

Das klassische Verwaltungsrecht verneinte die Zulässigkeit des örVs zwischen Hoheitsträgern und Bürgern als Handlungsform. Der Grund für den Ausschluss lag im Verständnis des Verhältnisses von Staat und Bürger: Dieses Verhältnis wurde als „Über-Unterordnungsverhältnis" verstanden (vgl Rn 119 zur Abgrenzung des öffentlichen Rechts vom Privatrecht die früher bedeutsame Subordinationstheorie). In diesem Verhältnis war der Abschluss von Verträgen ausgeschlossen, da ihr wesentliches Merkmal die Gleichordnung der den Vertrag abschließenden Parteien ist – beide Parteien (bei zweiseitigen Verträgen) nehmen in gleicher Weise Einfluss auf den Vertragsinhalt.

763

764   Das gerade genannte Verständnis des Verhältnisses von Staat-Bürger („obrigkeit-lich") ist in der Rechtslehre überwunden (ob auch tatsächlich im Bewusstsein der handelnden Menschen, ist eine andere Frage). Der Staat nimmt heute Dienstleistungsaufgaben wahr, die die Bürger nicht selbst erledigen wollen oder können – „originäre" Staatsaufgaben bilden lediglich eine Teilmenge der tatsächlich vom Staat erfüllten Aufgaben. Das heute herrschende Verständnis von der Stellung des Staats schließt die Handlungsform örVs nicht nur nicht mehr aus, sondern erfordert sie geradezu: Der Vertrag ist das Instrument zur Regelung der Rechtsbeziehungen zwischen Partnern[1].

765   Die nunmehr gesetzlich anerkannte, §§ 54 ff, Handlungsform örV zwischen Staat und Bürger bringt einerseits ein anderes Staatsverständnis zum Ausdruck, bedeutet andererseits eine Ergänzung der Handlungsform VA, die dem gewandelten Staatsverständnis Rechnung trägt.

766   Nach der gesetzlichen Anerkennung des örVs ist diese Handlungsform unumstritten.

Hinweis: ÖrVe zwischen Hoheitsträgern hat es immer schon gegeben und wird es immer geben (zB Staatsverträge); in der Möglichkeit ihres Abschlusses hat das Problem nie gelegen, es lösen die §§ 54 ff nicht. Das Recht zum Abschluss dieser Verträge ist ein materiell-rechtliches, häufig verfassungsrechtliches Problem. ÖrVe zwischen Hoheitsträgern gibt es aber auch auf der Basis des Verwaltungsrechts,

Beispiel: die Bildung von Planungsverbänden nach § 205 BauGB.

Literatur: *Höfling/Krings*, JuS 2000, 625 ff; *Gurlit*, JURA 2001, 659 ff, 731 ff; *dies.*, Verwaltungsvertrag und Gesetz, 2000; *Ogorek*, JA 2003, 436 ff; *Reimer*, VerwArchiv 2003, 543 ff; *Ziekow*, VerwArchiv 2003, 593; 2004, 133, 281, 573; *Schütz*, DVBl 2005, 17.

II.   Die Funktion des öffentlich-rechtlichen Vertrags

767   Die Funktion des örVs besteht zunächst darin, der öffentlichen Verwaltung ein weiteres Handlungsinstrument neben dem VA zur Verfügung zu stellen[2]. Es handelt sich um ein dem VA gleichberechtigtes Handlungsinstrument.

768   Dieses Handlungsmittel kann den VA ersetzen; § 54 S. 2 stellt fest, dass die Behörde, anstatt einen VA zu erlassen, einen örV mit demjenigen schließen kann, an den sie sonst den VA richten würde. Wählt die Behörde dieses Handlungsmittel anstelle des Erlasses eines VAs, so trägt sie einem praktischen Bedürfnis sowohl aus ihrer Sicht als auch aus der des Bürgers Rechnung, dieses aus mehreren Gründen: **1.** besteht die Möglichkeit, den Besonderheiten atypischer Fälle gerecht werden zu können; **2.** ist der örV besonders geeignet, Rechtsfrieden zwischen den Beteiligten zu erzeugen, indem die getroffenen Vereinbarungen Akzeptanz finden. Das hat **3.** zur Folge, dass die Zahl der Rechtsmittel gegen den Vertrag drastisch im Verhältnis zu den Rechtsmitteln gegen VAe zurückgeht; der Bürger wird nur solche Verträge abschließen, mit de-

---

1   Zu den Verwaltungsverträgen s. *Bauer*, in: Hoffmann-Riem/Schmidt-Aßmann/Voßkuhle (Hrsg.), Grundlagen des Verwaltungsrechts, Bd. II, 2. Aufl. 2012, S. 1155 ff.

2   S. dazu *Henneke*, Der Landkreis 1996, 27 ff; *ders.*, DÖV 1997, 774 f.

nen er einverstanden ist, damit entfällt der Rechtsschutzaspekt[3]. Es gibt deshalb nur wenige Gerichtsentscheidungen, die Probleme des örVs zum Gegenstand haben.

Die Vereinbarung eines örVs schließt ebenso wie der Erlass eines VAs ein Verwaltungsverfahren ab, vgl § 9. Ebenso wie der VA enthält er eine materiell-rechtliche Regelung; er ist auf die Begründung, Änderung oder Aufhebung eines auf die Regelung eines Einzelfalls gerichteten Rechtsverhältnisses orientiert. Dieses Rechtsverhältnis kann materiell-rechtliche Rechte und Pflichten begründen, ändern oder aufheben; es kann aber auch Verfahrensabsprachen zum Gegenstand haben.

769

III. Die Zulässigkeit des öffentlich-rechtlichen Vertrags

§ 54 S. 1 spricht von „kann": Darin gelangt eine doppelte gesetzliche Entscheidung zum Ausdruck: zum einen die **gesetzliche Ermächtigung** zur Nutzung dieses Instruments (iS einer Zulässigkeitserklärung) im Verwaltungsverfahren, ohne dass es weiterer spezialgesetzlicher Ermächtigungen bedürfte; zum anderen eine **Ermessensregelung**, die erlaubt, nach sachgerechter Abwägung im Einzelfall den örV als Handlungsinstrument zu wählen. Mit Blick auf dieses Ermessen ist festzuhalten: Die Verwaltung hat ein **Auswahl- und Entschließungsermessen**; das Ermessen ist nicht begrenzt darauf, den örV als Surrogat eines VAs zu wählen[4]. Das eingeräumte Ermessen bringt ferner zum Ausdruck, dass es nicht im freien Belieben der Verwaltung steht, einen örV abzuschließen; wäre das Gegenteil der Fall, so könnten die Gerichte die Wahl des Handlungsinstruments nur auf Willkür, Schikane oder sonstige Sittenwidrigkeit hin überprüfen; Letzteres ist nicht der Fall. Es bedarf für den Abschluss eines örVs immer **sachlicher Gründe**, die die Grenzen des Ermessens wahren. Solche Gründe können sein, dass der Vertrag die sachgerechtere Lösung ermöglicht; auch Gründe der Effektivität können eine Rolle spielen.

770

Nach § 54 S. 1 ist der Abschluss eines örVs ausgeschlossen, soweit Rechtsvorschriften entgegenstehen. Fehlen entgegenstehende Rechtsvorschriften, ist er zugelassen (sog. Zulassungstheorie[5]; der Gesetzgeber ist der sog. Ermächtigungstheorie, nach welcher es auf eine rechtsnormative Ermächtigung im jeweiligen Spezialgesetz ankommen soll, nicht gefolgt).

771

Der Satz, „soweit Rechtsvorschriften nicht entgegenstehen", kann in einem doppelten Sinne verstanden werden: Rechtsvorschriften können der **Handlungsform** örV oder dem **Vertragsinhalt** entgegenstehen. Bei der Zulässigkeit der **Handlungsform** geht es um die Frage, ob überhaupt ein Vertrag geschlossen werden darf. Ein generelles Vertragsformverbot fehlt im Recht; § 54 S. 1 enthält deshalb nur eine gesetzliche Klarstellung, freilich mit konstitutiver Wirkung iS einer generellen Erlaubnis mit Verbotsvorbehalt. Vertragsformverbote gibt es deshalb nur ausnahmsweise. Im Zweifel bedeutet das Schweigen des Gesetzes eine Vertragsformerlaubnis. Die Unzulässigkeit des Abschlusses eines örVs als Handlungsform ergibt sich nicht nur bei einem

772

---

3 Es gibt aber auch das Problem des „unfreiwilligen" Vertrags mit der öffentlichen Hand, s. *Schilling*, VerwArchiv 1996, 191 ff.
4 S. GemSOGB, NJW 1986, 2359.
5 S. *Maurer*, DVBl 1989, 798, 802.

ausdrücklichen Verbot, sondern kann auch aus Sinn, Zweck oder Systematik eines Gesetzes folgen. Die Handlungsform „örV" ist unzulässig bei Leistungs-, Eignungs- und ähnlichen Prüfungen, soweit es den Prüfungsinhalt und das Prüfungsergebnis anbelangt. Beamtenernennungen und Einbürgerungen durch Vertrag sind verboten; diese Rechtsakte dürfen nur in Form von Urkunden ergehen. – Im Bereich der Eingriffsverwaltung, insbesondere im Recht der Gefahrenabwehr, sind örVe grundsätzlich erlaubt[6]. – Überwiegend wird mit Blick auf den Grundsatz der Gesetzmäßigkeit und Gleichmäßigkeit der Steuer für den Bereich des Steuerrechts angenommen, dass der Abschluss öffentlich-rechtlicher Verträge unzulässig ist, es sei denn, eine besondere gesetzliche Ermächtigung für vertragliches Handeln ist vorhanden[7]. Im Bereich des kommunalen Gebühren- und Beitragsrechts wird hingegen diese Rechtsform für zulässig erachtet, weil es sich um ein besonderes Austauschverhältnis handeln soll[8].

773   Die Zulässigkeit der Handlungsform örV bedingt nicht eine unbeschränkte Gestaltungsfreiheit bei der Vereinbarung des Vertragsinhalts[9]. Eine Vertragsfreiheit wie im Zivilrecht, die auf der Privatautonomie basiert, fehlt im öffentlichen Recht; die Verwaltung ist an die **zwingenden Normen** der öffentlich-rechtlichen Rechtsordnung **gebunden** und darf von ihr grundsätzlich nicht abweichen. Die §§ 54–62 konkretisieren den Grundsatz der Gesetzmäßigkeit der Verwaltung. Indes kann die Frage, ob ein spezieller örV inhaltlich wirksam ist, im Gegensatz zur Frage, ob die Handlungsform überhaupt zulässig ist, nicht generell beantwortet werden, sondern nur konkret speziell. Hier liegen die rechtlichen Probleme angesichts des Umstands, dass es durchweg an Vertragsformverboten fehlt.

Hinweis: Bei der Bearbeitung von **Klausuren oder Hausarbeiten**, die einen örV zum Gegenstand haben, ist also mit Blick auf die Zulässigkeit des Vertrags zweistufig vorzugehen: Auf der ersten Stufe ist zu prüfen, ob die Handlungsform örV als solche zulässig ist; das Ergebnis wird in aller Regel positiv sein, da, wie gesagt, Vertragsformverbote durchweg fehlen. Auf der zweiten Stufe ist die Zulässigkeit des Vertrags in inhaltlicher Sicht zu untersuchen; diese Untersuchung bildet regelmäßig das Schwergewicht der rechtlichen Prüfung.

IV. Die Begriffsmerkmale des öffentlich-rechtlichen Vertrags

774   Nach § 54 S. 1 handelt es sich um einen örV, wenn ein Rechtsverhältnis auf dem Gebiete des öffentlichen Rechts durch Vertrag begründet, geändert oder aufgehoben wird. Demnach kommt es auf drei Elemente entscheidend an: Es muss sich

(1.) um einen **Vertrag** handeln, dieser muss seinen Regelungsgegenstand

(2.) auf dem **Gebiete des öffentlichen Rechts** haben, der Regelungsgegenstand muss

(3.) auf die **Begründung, Änderung oder Aufhebung eines Rechtsverhältnisses** abzielen.

---

6   S. OVG NW, OVGE 16, 12.
7   Aus der Literatur: *Hein*, DÖV 1989, 1053.
8   S. BVerwG, DÖV 1978, 611; BayVGH, NVwZ 1989, 167; *Hein*, DÖV 1989, 1054.
9   Vgl hierzu *Scherzberg*, JuS 1992, 205 ff.

1. Vertrag

Der örV ist ebenso wie der zivilrechtliche Vertrag die von zwei oder mehreren beteiligungs- und handlungsfähigen Rechtssubjekten erklärte Willensübereinstimmung, die darauf abzielt, eine von den Vertragspartnern beabsichtigte rechtliche Wirkung herbeizuführen[10]. Die Willenseinigung einerseits und die Rechtswirkung mit Bindung zwischen den Beteiligten andererseits machen sein Wesen aus. Die Rechtsfolge ist beiderseitig gewollt und beruht auf einer Einigung. In einem örV „legen die Vertragspartner gemeinsam fest, was zwischen ihnen rechtens sein soll"[11]. Trotz fehlenden Erklärungsbewusstseins kann eine Willenserklärung vorliegen, wenn der Erklärende bei Anwendung der auch im Verwaltungsverfahren erforderlichen Sorgfalt hätte erkennen und vermeiden können, dass seine Äußerung nach Treu und Glauben als Vertragserklärung aufgefasst werden durfte, und wenn der Empfänger sie auch tatsächlich so verstanden hat[12]. Auf die ausdrückliche Bezeichnung des Vertrags als „Vertrag" oder „Vereinbarung" kommt es nicht an; ob ein Vertrag vorliegt, ist Auslegungsfrage[13]. **775**

Der mit dem Vertrag beabsichtigte rechtliche Erfolg muss nicht notwendig bei denjenigen eintreten, die die Willenserklärungen abgeben. Zulässig sind auch Verträge zugunsten Dritter. Ebenfalls ist ein örV mit Schutzwirkung für Dritte denkbar, wenn bestimmte Personen erkennbar in den Schutzbereich des Vertrags einbezogen sind und dies nach den Erklärungen der Vertragsparteien oder ihrem objektiven Verhalten anzunehmen ist[14]. – Ausgeschlossen ist ein örV zulasten Dritter. **776**

Der Vertrag kommt durch Angebot und Annahme zustande; §§ 145 ff BGB finden ergänzend Anwendung, soweit sich nicht aus dem VwVfG etwas anderes ergibt, s. § 62 S. 1. **777**

Der Gegenstand des Vertrags sowie die vereinbarten Regelungen müssen bestimmt oder bestimmbar sein. Ob die abgegebenen Willenserklärungen übereinstimmen, ist durch Auslegung zu ermitteln, § 157 BGB. Die Auslegung muss an der Wirksamkeit des Vertrags orientiert sein[15]. Eine ergänzende Vertragsauslegung ist zulässig[16]. Eine Umdeutung ist grundsätzlich erlaubt, wenn ein nichtiges Rechtsgeschäft einem anderen vermutlich gewollten Rechtsgeschäft entspricht. **778**

Die Entscheidung der Behörde, einen örV abzuschließen, ist eine öffentlich-rechtliche Willenserklärung, die jedoch keinen VA-Charakter hat. Ob eine solche Willenserklärung die Grenzen des eingeräumten Ermessens beachtet, ist gerichtlich im Wege einer allgemeinen Leistungsklage überprüfbar. **779**

Die behördliche Erklärung, die zum Abschluss eines örVs führt, ist eine **öffentlichrechtliche Willenserklärung**. Die Willenserklärungen privater Rechtssubjekte, also der Vertragspartner, sind zwar „Zivilhandlungen"[17], ihre Rechtswirkungen sind aber **780**

---

10 Vgl zum Sonderfall des „hinkenden" Verwaltungsvertrags *Stelkens*, DÖV 2009, 850 ff.
11 *S/B/S*, § 54 Rn 11.
12 BGH, NJW 1984, 2279.
13 S. BVerwGE 25, 72, 78.
14 BGH, NJW 1964, 33 f.
15 BayVGH, BayVBl 1977, 246.
16 BGH, NJW 1981, 219; BVerwG, NJW 1980, 2826.
17 *S/B/S*, § 54 Rn 16d.

öffentlich-rechtlich, weil ihnen diese Wirkungen nach Normen des öffentlichen Rechts zugerechnet werden.

781 Die Wirksamkeit der Willenserklärungen von privaten und öffentlich-rechtlichen Rechtssubjekten beim Abschluss eines örVs bestimmen Regeln des öffentlichen Rechts; nach § 62 S. 2 finden Vorschriften und Rechtsinstitute des bürgerlichen Rechts ergänzende Anwendung; §§ 104 ff, 116 ff, 164 ff, 177 ff BGB sind entsprechend anzuwenden, soweit nicht die VwVfGe entgegenstehende Vorschriften enthalten[18].

Beispiel: Öffentlich-rechtliche Willenserklärungen sind nach §§ 116 ff BGB anzufechten; vgl *Stichlberger*, BayVBl 1980, 393.

782 Vom VA ist der örV dadurch abzugrenzen, dass der VA eine einseitige hoheitliche Regelung enthält; ihm fehlt es deshalb an den übereinstimmenden Willenserklärungen. Ein antragsbedingter VA bleibt ein VA, auch wenn er dem Willen des Betroffenen entspricht; die Zustimmung des Adressaten ist nur Voraussetzung für die Wirksamkeit des VA; ein örV kommt durch die Zustimmung nicht zustande.

783 Vom örV sind **(informale) Verwaltungsarrangements** zu unterscheiden, die in der Verwaltungspraxis in jüngerer Zeit eine immer größer werdende Rolle spielen. Man spricht in diesem Zusammenhang auch von „Absprachen zwischen der Verwaltung und Privaten".

Beispiel: Die zwischen dem Bundesminister für Umwelt und der Deutschen Automobilindustrie getroffene Verabredung, Autos in der Weise zu bauen, dass sie in der Zukunft möglichst vollständig recycelt werden können.

784 Ob es sich bei solchen „Vereinbarungen" um örVe handelt, ist abhängig davon, ob eine solche „Vereinbarung" eine rechtswirksame Verpflichtung enthält. Dieses ist durch Auslegung des Vertrags zu ermitteln; es handelt sich um ein Problem des Einzelfalls. Wenn eine verbindliche Rechtsfolge vereinbart ist, handelt es sich um einen örV. Fehlt es daran, so fehlt es gleichzeitig an einem rechtsnormativ vorgegebenen Rahmen zur Behandlung solcher „Vereinbarungen", da das VwVfG sich zu diesen „Agreements" nicht äußert. Ob und inwieweit sie Bestand haben, welches Recht für sie gilt, ist deshalb Gegenstand einer ausführlichen Diskussion; diese zusammenfassend *Burmeister*[19]. Es ist Aufgabe der verwaltungsrechtlichen Dogmatik, dieses im „Vorfeld" des örVs sich abspielende Handeln der Verwaltung dogmatisch einzubinden und für es einen verbindlichen Rechtsrahmen zu finden.

785 Der örV begründet ein **verwaltungsrechtliches Schuldverhältnis**. Von ihm sind „sonstige verwaltungsrechtliche Schuldverhältnisse" abzugrenzen. Entscheidend ist der Begründungsakt: Ist er einseitig, etwa ein VA, so fehlt es an einem örV; das Gleiche gilt für die Verwaltung, Nutzung, Beschlagnahme und Sicherstellung beweglicher oder unbeweglicher Sachen. Ebenso bringen öffentlich-rechtliche Nutzungsverhältnisse auf Grund einseitiger Leistungsanforderung (zB nach dem BLG) im Normalfall keinen örV zur Entstehung.

---

18 OVG RP, DVBl 1984, 281.
19 VVDStRL 52/1993, S. 190 ff.

Beispiel: Nach § 2 Abs. 1 Nr 1 BLG kann die Überlassung von beweglichen Sachen zum Gebrauch angefordert werden; liegen die weiteren Voraussetzungen des BLG vor, kann die zuständige Behörde zB bestimmte PKW (geländetaugliche Wagen) anfordern und sie nutzen; die Nutzung des PKW führt nicht zu einem örV.

Die öffentlich-rechtliche Geschäftsführung ohne Auftrag begründet ebenso wie im Zivilrecht kein vertragliches, sondern ein gesetzliches Schuldverhältnis; die sich aus einem solchen Verhältnis ergebenden Ansprüche (Aufwendungsersatz, Erstattungsanspruch) sind deshalb gesetzlicher, nicht vertraglicher Natur. **786**

Mit Blick auf die **Vertragspartner** sind folgende Varianten öffentlich-rechtlicher Verträge möglich: **787**
- Verträge zwischen Rechtssubjekten des öffentlichen Rechts,
- Verträge zwischen Rechtssubjekten des öffentlichen Rechts und Privatpersonen[20] sowie
- Verträge zwischen Privatpersonen.

Die an einem örV Beteiligten sind im Normalfall die allein Berechtigten und Verpflichteten des Vertrags[21]. Wie schon dargestellt, sind ausnahmsweise Verträge zugunsten Dritter sowie Verträge mit Schutzwirkung für Dritte zulässig. **788**

Die §§ 54 ff erfassen Verträge zwischen verschiedenen Rechtssubjekten des öffentlichen Rechts, wenn der Vertragsgegenstand öffentlich-rechtliche Verwaltungstätigkeit iSd § 1 Abs. 1 ist sowie ein Rechtsverhältnis zur Einzelfallregelung begründet, geändert oder aufgehoben werden soll. Alle unter Rn 64 ff genannten Verwaltungsträger können Rechtssubjekt eines solchen Vertrags sein. Auch teilrechtsfähige Rechtssubjekte desselben Rechtsträgers können Vertragspartner sein (sog. In-Sich-Verträge bzw Organverträge). Der Vertragsgegenstand ist unerheblich; er kann sich auf VAe oder VA-Surrogate sowie auf Realakte, Pläne oder sonstige Handlungen, Duldungen, Unterlassungen oder öffentlich-rechtliche Willenserklärungen beziehen. – Verträge zwischen einer Behörde und einem Bürger sind von § 54 erfasst. In erster Linie kommen in Betracht Verträge, die die für den Erlass eines VAs örtlich und sachlich zuständige Behörde mit dem potenziellen Adressaten des VAs schließt. – Verträge zwischen Rechtssubjekten des Privatrechts über Gegenstände des öffentlichen Rechts sind denkbar; sie werden zu den örVen gezählt[22]. Vereinbarungen dieser Art sieht die Rechtsordnung vereinzelt vor. **789**

Beispiele: Die Übernahme der Straßenreinigungs- und Sicherungslast; die Übernahme von Unterhaltspflichten an einem Gewässer, wenn eine Unterhaltspflicht von Privaten besteht, ein Privater übernimmt die einem anderen Privaten obliegende Unterhaltspflicht; ferner gibt es solche Privaten obliegenden öffentlich-rechtlichen Pflichten im Bau-, Berg-, Jagd-, Polizei-, Sozial- und Kommunalrecht[23].

Derartige Verträge sind nur zulässig kraft besonderer gesetzlicher Ermächtigung[24]. § 54 S. 1 ersetzt eine solche Ermächtigung nicht. Schweigen des Spezialrechts ist in **790**

---

20 „Klassisches" **Beispiel:** Erschließungsvertrag, BVerwGE 140, 209, 210.
21 BVerwG, BauR 2010, 742.
22 S. *Gern*, Der Vertrag zwischen Privaten über öffentlich-rechtliche Berechtigungen und Verpflichtungen, 1977; *Kasten/Rapsch*, NVwZ 1986, 708.
23 S. dazu *Gern*, ebenda, S. 107 ff.
24 S. *Lange*, JuS 1982, 504.

der Regel als Ausschluss der Zulässigkeit vertraglicher Regelungen zwischen Privaten über öffentlich-rechtliche Rechte und Pflichten zu verstehen. Zu den örVen zählen solche Vereinbarungen zwischen Privatpersonen nicht, die das Vorfeld öffentlich-rechtlichen Handelns betreffen; hierzu zählt der Vertrag über den Tausch von Studienplätzen zwischen zwei Studenten[25], die Vereinbarung zwischen Privaten über die Rücknahme eines Widerspruchs[26].

2. Auf dem Gebiete des öffentlichen Rechts

791 Die §§ 54 ff gelten für Verträge „auf dem Gebiete des öffentlichen Rechts". Der örV beschränkt sich auf die öffentlich-rechtliche Verwaltungstätigkeit. Die Verträge nach dem VwVfG werden deshalb zutreffend als „Verwaltungsverträge" oder „verwaltungsrechtliche Verträge" bezeichnet. – Damit sind folgende Verträge keine Verträge iSd §§ 54 ff: völkerrechtliche und kirchenrechtliche Verträge; staatsrechtliche Verträge, sie betreffen die Rechtsbeziehungen zwischen Verfassungsorganen oder am Verfassungsleben beteiligten Organen des Bundes und der Länder. Verwaltungsabkommen und Verwaltungsvereinbarungen zwischen mehreren Ländern oder zwischen Behörden mit verschiedenen Rechtsträgern fallen nur dann unter die §§ 54 ff, wenn sie sich auf öffentlich-rechtliche Verwaltungstätigkeit beziehen; das Recht des örVs gelangt nicht zur Anwendung bei Verträgen, die Regierungstätigkeit oder ein konkretes Rechtsverhältnis mit Einzelfallwirkung zum Gegenstand haben. Verträge dieses Inhalts mögen zwar örVen ähnlich sein, werden aber wegen ihres Quasi-Normcharakters oder wegen ihrer fehlenden Verwaltungsverfahrensqualität nicht mehr von den §§ 54 ff erfasst. – Die Allgemeinverbindlichkeitserklärung nach § 5 TVG ist ein Akt der Normsetzung und gehört zur Gesetzgebung im materiellen Sinne[27]. Grenzänderungsverträge zwischen Gemeinden werden als abstrakte Vereinbarungen und Quellen objektiven Rechts angesehen[28]. Verträge über die Verpflichtung zum Erlass, der Beibehaltung oder der Änderung einer Rechtsnorm, zB eines Bebauungsplans, der nach § 10 BauGB als Satzung ergeht, heißen Normsetzungsvertrag; für ihn gelten die §§ 54 ff unmittelbar, weil ein konkretes Rechtsverhältnis auch dann vorliegt, wenn sich die Verpflichtung erst durch den entsprechenden Rechtsetzungsakt erfüllen lässt[29].

792 Die Abgrenzung zum zivilrechtlichen Vertrag erfolgt nach den Merkmalen, die zur Abgrenzung zwischen privatem Recht und öffentlichem Recht entwickelt wurden. Ein örV liegt nur dann vor, wenn sein Gegenstand objektiv auf dem Gebiete des öffentlichen Rechts liegt. Entscheidend ist der Gegenstand des Vertrags[30]. Vertragsgegenstand in diesem Sinne ist der geregelte Sachverhalt; entscheidend ist die gesetzliche Ordnung, die er im objektiven Recht gefunden hat. Nur dann, wenn die gesetzliche Ordnung dem öffentlichen Recht angehört, ist der Gegenstand des Vertrags ein öffentlich-rechtlicher[31]. Die durch den Vertrag begründeten oder mit ihm verknüpften

---

25 S. OLG München, NJW 1978, 701.
26 S. BGH, DÖV 1981, 380 mit kritischer Besprechung von *Knothe*, JuS 1983, 18.
27 BVerfGE 44, 322, 341.
28 S. *Altenmüller*, DÖV 1977, 34 ff.
29 *Ebsen*, JZ 1984, 57.
30 GemSOGB, NJW 1986, 2359; BVerwGE 22, 140; 30, 67; 42, 332.
31 BVerwG, NJW 1985, 989.

Rechtsfolgen sind zu berücksichtigen; auf den Vertragszweck ist abzustellen; der Gesamtcharakter des Vertrags und sein Schwerpunkt sind entscheidend.

Denkbar ist, dass der Vertrag öffentlich-rechtlich erfasste Gegenstände sowie privatrechtlich erfasste Sachverhalte zum Gegenstand hat. **793**

Beispiel: Der Kauf eines Grundstücks (privatrechtlich), seine Erschließung durch die Gemeinde (öffentlich-rechtlich).

Solche Verträge nennt man **gemischte Verträge**. Für sie stellt sich die Frage, ob sie **794** sowohl nach Privatrecht als auch nach öffentlichem Recht oder nur nach einer Rechtsordnung zu behandeln sind. Die Behandlung dieser Verträge nach beiden Rechtsordnungen lehnt die hM ab; der einheitliche Vertrag soll nicht inhaltlich aufgespalten werden, um das synallagmatische Verhältnis von Leistung und Gegenleistung einheitlich beurteilen zu können. Deshalb gilt der Grundsatz der einheitlichen Betrachtungsweise: Bestimmt das öffentliche Recht den Gesamtcharakter des Vertrags, so gehört er dem öffentlichen Recht an. Für die Ermittlung des Gesamtcharakters ist insbesondere von Bedeutung, ob enge Verknüpfungen mit öffentlich-rechtlichen Berechtigungen und Verpflichtungen existieren[32]. – Nur dann, wenn die vertraglich fixierten Leistungen nicht von gleicher Rechtsqualität sind – das ist der Fall, wenn zum einen öffentlich-rechtlich zu beurteilende Leistungen und Gegenleistungen und zum anderen privatrechtlich zu qualifizierende Leistungen und Gegenleistungen einander gegenüberstehen[33], ist Raum für eine inhaltliche Aufspaltung des Vertrags in einen privatrechtlichen und in einen öffentlich-rechtlichen Teil; für diesen Fall ist davon auszugehen, dass privatrechtliche Regelungen und öffentlich-rechtliche Regelungen rein äußerlich in einer Urkunde zusammengefasst sind. – In Zweifelsfällen ist ein Vertrag dem öffentlichen Recht zuzuordnen, wenn die den Vertrag prägende Abmachung, wäre sie normativ erfolgt, eine Norm des öffentlichen Rechts wäre[34]. – In Zweifelsfällen ist ferner davon auszugehen, dass ein Vertrag mit privatrechtlichen Elementen insgesamt als örV zu betrachten ist.

Beispiele: Garagen- und Stellplatzverträge nach Landesbaurecht[35]; Baudispensverträge[36]; Erschließungs- und Unternehmensverträge nach § 124 BauGB[37]; Ablösungsverträge über Erschließungsbeiträge nach § 133 Abs. 3 S. 5 BauGB[38]; Folgelastenverträge bei Ausweisung neuer Baugebiete[39]; Vertrag zwischen Dienstherrn und Beamten über Studienförderung[40]; Vertrag über die Verpflichtung zum späteren Eintritt in den Öffentlichen Dienst[41]; Vertrag zwischen Gemeinde und Bundesbahn über die Umbenennung eines Bahnhofs[42]; Vertrag über den Besuch einer städtischen Kindertagesstätte[43].

---

32 S. BVerwGE 42, 331, 333.
33 S. BVerwGE 84, 186.
34 Vgl *Bettermann*, JZ 1966, 445.
35 BVerwG, DÖV 1979, 756.
36 BGHZ 56, 365.
37 SaarlOVG, NVwZ 1982, 127.
38 BVerwGE 22, 138.
39 BVerwGE 42, 331.
40 BVerwGE 30, 65; 40, 239.
41 BVerwG, DVBl 1986, 945.
42 BGH, DVBl 1976, 77.
43 OVG Bln, JR 1976, 216.

3. Begründung, Änderung oder Aufhebung eines Rechtsverhältnisses

795 Gegenstand eines örVs kann das erstmalige Zustandekommen, die inhaltliche Umgestaltung eines bestehenden sowie die Beseitigung eines Rechtsverhältnisses sein. Der Vertragsgegenstand kann materiell-rechtlicher, verfahrensrechtlicher und prozessrechtlicher Art sein. Der Vertrag kann konstitutive und deklaratorische Rechtsverhältnisse erfassen. Dass die Aufhebung eines Rechtsverhältnisses Gegenstand eines Vertrags sein kann, bedeutet zugleich, dass ein Vertrag nicht mehr durch einseitigen Akt aufgehoben werden kann.

796 Rechtsverhältnis iSd § 54 S. 1 ist die sich aus einem konkreten Sachverhalt ergebende rechtliche Beziehung eines Rechtssubjekts zu einem anderen oder zu einer Sache[44]. Rechtsverhältnis in diesem Sinne kann nur ein konkreter Einzelfall sein. Allgemeines und abstraktes Verwaltungshandeln erfüllt dieses Kriterium nicht; Vereinbarungen, die solches Verwaltungshandeln zum Gegenstand haben, sind keine örVe.

797 Die Rechtsbeziehung bzw das Rechtsverhältnis muss kein gegenwärtiges sein; zukünftige oder mögliche Sachverhalte oder Rechtsbeziehungen sowie mit ihnen verbundene Berechtigungen oder Verpflichtungen können ein Rechtsverhältnis iSd § 54 S. 1 darstellen. Gefordert ist freilich ein „greifbarer Tatbestand". Den Vertragsgegenstand können nicht Rechtsfragen oder reine Hypothesen bilden.

V. Vertragsarten

798 Die §§ 54 ff enthalten keinen abschließenden Katalog der möglichen Vertragsarten und -inhalte. Wegen § 62 S. 2 gilt freilich die Vertragstypologie des BGB auch im öffentlich-rechtlichen Vertragsrecht. Die §§ 55 ff enthalten einige Sonderregelungen. – Die Übernahme zivilrechtlicher Institute kommt nur nach einer Prüfung im Einzelfall in Betracht; es muss festgestellt werden, ob der Anwendung des BGB keine öffentlich-rechtlichen Grundsätze im Wege stehen. – Eine Systematik des öffentlichen Vertragsrechts fehlt[45].

1. Subordinationsrechtliche und koordinationsrechtliche Verträge

799 Die Literatur differenziert zwischen Verträgen subordinationsrechtlicher und koordinationsrechtlicher Art. Diese Trennung ist an der (vermeintlichen) Stellung der Vertragspartner orientiert. Einen subordinationsrechtlichen Vertrag kennzeichnet, dass die Vertragsparteien im Verhältnis der **Über- und Unterordnung** zueinander stehen, zB Staat-Bürger. Koordinationsrechtlich ist ein Vertrag, dessen Partner **gleichgeordnet** sind, zB mehrere Verwaltungsträger. Diese Unterscheidung ist überkommen, rechtlich aber wohl bedeutungslos. Über die Zulässigkeit der Vertragsform als solcher sagt sie nichts aus; die Zulässigkeit von Vertragsinhalten richtet sich nach den §§ 55, 56 sowie § 59 Abs. 1, 2. Ferner ist zu bedenken: Schließt die Behörde mit dem Bürger einen örV ab, so kommt in der getroffenen Regelung gerade nicht ein Über-

---

44 S. BVerwGE 14, 236.
45 Ansätze zB bei *Bulling*, DÖV 1989, 277 ff; *Arnold*, Die Verwaltung 1988, 125 ff; *Heinz*, DVBl 1989, 752; *Höfling/Krings*, JuS 2000, 625 ff.

oder Unterordnungsverhältnis zum Ausdruck, weil beim Vertragsabschluss beide Vertragspartner und ihre Willenserklärungen gleichwertig sind[46]. Schließlich ist die Terminologie „unscharf", weil auch zwischen zwei Trägern öffentlicher Verwaltung Subordinationsverhältnisse möglich sind; das ist der Fall, wenn ein Hoheitsträger den vertraglich geregelten Sachverhalt dem anderen Hoheitsträger gegenüber einseitig regeln kann;

Beispiel: Weisungen der zuständigen Obersten Bundesbehörde an die Landesbehörde im Rahmen der Auftragsverwaltung nach Art. 85 Abs. 3 S. 1 GG; Weisungen im Rahmen der Kommunalaufsicht nach den Gemeindeordnungen.

Die Differenzierung zwischen subordinationsrechtlichen und koordinationsrechtlichen Verträgen sollte aufgegeben werden, weil sie ohne Ertrag ist. **800**

2. Verpflichtungs- und Verfügungsverträge

Die Differenzierung hat die Wirkungen eines Vertrags im Blick. In einem Verpflichtungsvertrag **verpflichtet** sich ein Partner zu einer noch zu erbringenden Leistung. **801**

Beispiele: Die Behörde kann sich zum Erlass eines VAs, einer Geldzahlung oder einem sonstigen Verwaltungshandeln (Widerruf einer ehrenrührigen Erklärung) verpflichten. Der Bürger kann sich zur Erbringung jeder nach der Rechtsordnung möglichen Leistung verpflichten.

Verfügungsverträge sind einvernehmliche Rechtshandlungen, die unmittelbar die Begründung, Änderung oder Aufhebung eines Rechtsverhältnisses herbeiführen. Sie dienen damit der **Erfüllung** der Vertragspflichten. Voraussetzung für einen Verfügungsvertrag ist in aller Regel ein wirksamer Verpflichtungsvertrag; indes können Verpflichtungsvertrag und Erfüllung zusammenfallen, wenn die Vertragsleistung nicht vollzugsbedürftig ist;

Beispiel: Die Abgabe einer Willenserklärung.

3. Abstrakte und kausale Verträge

Dieser Gegensatz zielt auf eine Aussage darüber ab, ob der Vertrag den Rechtsgrund für eine Leistung als Vertragsbestandteil in sich schließt. Der rechtswirksame kausale Vertrag beinhaltet den Rechtsgrund; ist der Vertrag unwirksam, so fehlt es am Rechtsgrund für die Leistungserbringung, sodass diese rückgängig zu machen ist. Dieses geschieht mit Hilfe des öffentlich-rechtlichen Erstattungsanspruchs (dazu Näheres Rn 1021 ff). – Auch abstrakte Verträge sind im öffentlichen Recht möglich, freilich wohl nur ausnahmsweise. Abstrakte Verträge verpflichten zur Leistung unabhängig von der Existenz eines kausalen Rechtsgeschäfts. **802**

Beispiele für abstrakte Verträge im öffentlichen Recht: Schuldversprechen und –anerkenntnis, §§ 780, 781 BGB; Rechtsfolgen bei Nichtbestehen einer Schuld[47]; Garantieversprechen und Risikoübernahme[48].

---

46   GemSenOGB, NJW 1986, 2359.
47   BVerwG, NJW 1987, 1751; BGH, MDR 1988, 385.
48   OVG Bln, NJW 1984, 2593.

4. Vergleichsvertrag

803   § 55 erwähnt speziell den Vergleichsvertrag. Es handelt sich um einen sog. „benannten" Vertrag. § 55 ist Spezialvorschrift gegenüber § 54. – Den Vergleichsvertrag
kennzeichnet, dass eine bei verständiger Würdigung des Sachverhalts oder der
Rechtslage bestehende Ungewissheit durch gegenseitiges Nachgeben beseitigt wird.
Inhaltlich ist ein Vergleichsvertrag regelmäßig ein Verpflichtungsvertrag.

Beispiel: A beantragt eine Befreiung von den Festsetzungen eines Bebauungsplans nach § 31
Abs. 2 BauGB. Es entsteht ein Streit über die rechtliche Zulässigkeit; ein Vergleich kann den
Inhalt haben, dass die Behörde sich verpflichtet, eine Baugenehmigung mit einem geringeren
Umfang als beantragt zu erteilen, B verzichtet auf den weitergehenden Teil seines Antrags.

804   § 55 gilt nur im sachlichen Anwendungsbereich der §§ 1 und 2. Die Norm greift freilich nur dann, wenn die Vertragsform überhaupt zulässig ist; das ist regelmäßig nicht
der Fall bei Prüfungs-, Besoldungs-, Versorgungs- sowie Wahlprüfungsangelegenhei-
ten[49]. § 55 erlaubt insbesondere Vergleiche im Rahmen eines Widerspruchsverfahrens. Vergleiche vor dem Verwaltungsgericht sind nach § 106 VwGO zulässig[50]. Der
Vergleich vor einem Verwaltungsgericht hat Doppelnatur: er ist zum einen Prozess-
handlung, zum anderen ein materiellrechtlicher öffentlich-rechtlicher Vertrag[51].

5. Austauschvertrag

805   § 56 erwähnt als zweiten sog. „benannten" Vertrag den Austauschvertrag. Auch § 56
ist lex specialis gegenüber § 54. – Kennzeichnend für den Austauschvertrag ist, dass
zumindest ein Vertragspartner eine Leistung öffentlich-rechtlichen Inhalts erbringt,
um von dem anderen Vertragspartner eine bestimmte Gegenleistung zu erhalten, an
der ein irgendwie geartetes Verwaltungsinteresse besteht[52]. Inhaltlich ist deshalb der
Austauschvertrag ein Verpflichtungsvertrag.

Beispiel: Die Behörde verpflichtet sich zur Erteilung einer Baugenehmigung; der Adressat der
Baugenehmigung verpflichtet sich, als Ausgleich für das Fällen von Bäumen Anpflanzungen
auf seinem Grundstück vorzunehmen.

806   § 56 gilt nur im sachlichen Anwendungsbereich der §§ 1 und 2. Auch beim Austauschvertrag muss die Vertragsform als solche überhaupt zulässig sein; das ist nicht
der Fall in bestimmten Bereichen des Sozialrechts, s. § 55 SGB X.

VI. Der wirksame öffentlich-rechtliche Vertrag – formellrechtliche Anforderungen

807   Zur Wirksamkeit eines örV unter formellen und materiellen Aspekten s. die **Fall-
bearbeitungen** bei *Butzer/Clever*[53] und *Peine*[54].

---

49   S. BayVGH, BayVBl 1980, 722.
50   S. BVerwGE 143, 335.
51   BVerwGE 14, 103 f; BVerwGE 143, 335.
52   *Salzwedel*, Zulässigkeit des verwaltungsrechtlichen Vertrags, 1958, S. 20, 123 ff, 225 ff.
53   JURA 1995, 325 ff.
54   **Klausurenkurs im Verwaltungsrecht, Fall 6.**

1. Zuständigkeitsfragen

Wie schon mehrfach erwähnt, handelt es sich bei der Erklärung der Behörde, die einen Vertragsabschluss wirksam herbeiführt, um eine öffentlich-rechtliche Willenserklärung. Zur Abgabe dieser Erklärung muss die Behörde örtlich, sachlich und instanziell zuständig sein. Die Zuständigkeit der Behörde hängt davon ab, ob sie für den Vollzug des Rechts, welches die Willenserklärung betrifft, in den genannten Hinsichten tätig werden darf. Die Richtigkeit dieser Aussage ergibt sich insbesondere aus der Überlegung, dass die Behörde an Stelle des Abschlusses eines örVs einen VA erlassen darf. Rechtmäßig ist der VA nur dann, wenn er von der in jeder Hinsicht zuständigen Behörde erlassen wurde. Wenn der örV den Erlass eines VAs ersetzen soll, dann muss eine für den Erlass eines VAs geltende Zuständigkeitsregelung auch für den Abschluss eines örVs gelten.

808

2. Das Schriftformerfordernis

Nach § 57 bedarf der örV der Schriftform. Gegenüber dem VA stellt das Gesetz somit ein strenges Formerfordernis auf, vgl § 37 Abs. 2. Das Erfordernis der Schriftform ist freilich nur ein Regelerfordernis; es gilt, „soweit nicht durch Rechtsvorschrift eine andere Form vorgeschrieben ist". Hierunter ist eine weitergehende Form zu verstehen, sodass die Schriftform nahezu immer Mindestform ist. Eine weitergehende Form ist die notarielle Beurkundung.

809

Beispiel: Ein Erschließungsvertrag nach § 124 BauGB bedarf nach dem Grundsatz der Einheitlichkeit der Form eines Vertrags der notariellen Beurkundung, wenn auch ein Grundstückskauf und die Eigentumsübertragung sein Gegenstand ist[55].

Ferner bestehen für Rechtsgeschäfte öffentlich-rechtlicher Körperschaften zahlreiche Formvorschriften, etwa die Mitwirkung von zwei Organwaltern, die Beifügung des Dienstsiegels oder der Amtsbezeichnung. Zu einem Sonderfall, der zum Wegfall des Schriftformerfordernis führt, s. BVerwG[56].

810

Durch Gesetz kann auf die Schriftform verzichtet werden. Von einem Verzicht ist insbesondere bei alltäglichen Massenverträgen auszugehen, beispielsweise beim Abschluss von Verträgen zur Benutzung einer öffentlichen Anstalt durch Aushändigung einer Eintrittskarte. Der Verzicht auf die Schriftform ergibt sich aus der Benutzungssatzung. Eine Satzung genügt als Rechtsgrundlage; § 57 spricht von „Rechtsvorschrift", nicht aber von einem Gesetz in formellem Sinne.

811

Problematisch ist, ob sämtliche Vertragserklärungen in **einer** Urkunde enthalten sein müssen oder ob ergänzende Schreiben (Briefwechsel) genügen[57].

812

Die Nichtbeachtung des Schriftformerfordernisses führt zur schwebenden Unwirksamkeit des örVs bis zur Nachholung oder Genehmigung[58]; §§ 177 ff BGB sind nach

813

---

55 BGHZ 58, 386; BGH, DVBl 1985, 297.
56 NVwZ 2005, 1083.
57 Vgl dazu *Weihrauch*, Die Verwaltung 1991, 543 ff; BVerwG, DNotZ 2010, 549; *Grziwotz*, DNotZ 2010, 551 ff.
58 Vgl NdsOVG, NJW 1977, 773.

§ 62 S. 2 entsprechend anwendbar. Das Recht zur Genehmigung bzw Ablehnung ist grundsätzlich unbefristet; zeitliche Grenzen ergeben sich freilich aus der Verjährung oder Verwirkung. Zur Anwendung gelangen ebenfalls die zivilrechtlichen Grundsätze der Duldungs- und Anscheinsvollmacht[59] sowie die Grundsätze über den Missbrauch der Vertretungsmacht[60].

Literatur: *Schlemminger*, NVwZ 2009, 223 ff.

3. Das Zustimmungserfordernis

814 § 58 behandelt die Rechte Dritter und die Kompetenzen mitwirkungsverpflichteter Behörden bei einem Abschluss eines örVs. Die Norm will sicherstellen, dass zum einen der Rechtsschutz Dritter gewahrt bleibt sowie die öffentliche Kompetenzordnung eingehalten wird.

815 Nach § 58 Abs. 1 wird ein öffentlich-rechtlicher Vertrag, der in Rechte eines Dritten eingreift, erst dann wirksam, wenn der Dritte schriftlich zustimmt. § 58 Abs. 1 schließt damit einen örV zu Lasten Dritter aus. „Dritter" iSd Absatzes 1 ist jedes beteiligungsfähige Privatrechtssubjekt, welches nicht Vertragspartei ist. Ein „Eingriff in Rechte eines Dritten" liegt vor, wenn objektiv der rechtliche Status des Dritten durch den Vertragsabschluss verschlechtert oder beeinträchtigt wird; das ist der Fall, wenn der rechtliche status quo ante des Dritten in einen status quo ante minus verwandelt wird[61]. Von dieser Rechtsminderung ist bei jeder Rechtsbeeinträchtigung auszugehen; niemand darf von der Staatsgewalt mit einem Nachteil belastet werden, der nicht in der verfassungsmäßigen Ordnung begründet ist[62]. Erfasst werden von § 58 Abs. 1 insbesondere Verträge, die an Stelle des Erlasses eines VAs mit Doppelwirkung abgeschlossen werden.

Beispiel: An Stelle des Erlasses einer Baugenehmigung, die Auswirkungen auf die Nachbarn hat, wird ein öffentlich-rechtlicher Vertrag abgeschlossen, der dem Bürger den Bau eines Vorhabens erlaubt.

816 Die Zustimmung des Dritten muss schriftlich erfolgen; die Erklärung muss also von dem Aussteller eigenhändig durch Namensunterschrift oder mittels notariell beglaubigten Handzeichens unterzeichnet werden; die Niederschrift einer Behörde oder eine gerichtliche Protokollierung ist nicht hinreichend. Eine konkludente Zustimmung muss deshalb entfallen; Schweigen bedeutet also Verweigerung der Zustimmung. Die Zustimmung des Dritten kann vor Abschluss des Vertrags (Einwilligung, § 183 BGB) oder nachträglich (Genehmigung, § 184 BGB) erteilt werden. Sowohl die Einwilligung als auch die Genehmigung haben ex-tunc-Wirkung; sie machen den Vertrag von Anfang an wirksam.

817 Öffentlich-rechtliche Verträge zugunsten Dritter erfasst § 58 Abs. 1 nicht.

818 Nach § 58 Abs. 2 wird ein Vertrag, der anstatt eines VAs, bei dessen Erlass nach einer Rechtsvorschrift die Genehmigung, die Zustimmung oder das Einvernehmen

---

59 BGH, NJW 1985, 1890; *Erlenkämper*, NVwZ 1985, 803.
60 BGH, DÖV 1986, 749.
61 Vgl VGHBW, NuR 1997, 245.
62 BVerfGE 40, 248 ff.

einer anderen Behörde erforderlich ist, abgeschlossen wird, erst dann wirksam, nachdem die andere Behörde in der vorgeschriebenen Form mitgewirkt hat. Mitwirkung bedeutet Genehmigung, Zustimmung oder Einvernehmen; § 58 Abs. 2 erfasst andere Formen von kooperativem Handeln zwischen Behörden, wie zB die Information, die Beratung, die Anhörung, die gutachterliche Stellungnahme oder die Herstellung von Benehmen nicht. Behörde iSd Norm sind nicht nur Behörden iSd § 1 Abs. 4, sondern auch Ausschüsse, wenn sie selbstständig öffentlich-rechtliche Verwaltungstätigkeit ausüben. Die Mitwirkung muss durch Rechtsvorschrift zwingend vorgeschrieben sein; Rechtsvorschrift bedeutet Gesetz oder Rechtsverordnung; die Anordnung einer Mitwirkung durch Verwaltungsvorschrift ist nicht hinreichend. Die Form der Mitwirkung regelt das einschlägige Recht. Im Zweifel ist Schriftform als Mindestform notwendig. Für das Schweigen der zur Mitwirkung verpflichteten Behörde und die Verweigerung ihrer Mitwirkung gilt das zuvor zum Absatz 1 Genannte. **Hinweis:** Es ist möglich, dass die Gesetze eine mitwirkungsberechtigte Behörde verpflichten, ihre Mitwirkung innerhalb einer bestimmten Frist auszuüben; teilweise gehen die Gesetze davon aus, dass dann, wenn die Behörde innerhalb der Frist nicht „antwortet", der notwendige Mitwirkungsakt fingiert wird;

Beispiel: Nach § 6 BauGB bedarf der Flächennutzungsplan der Genehmigung durch die höhere Verwaltungsbehörde; nach Absatz 4 Satz 1 1. HS ist über die Genehmigung binnen drei Monaten zu entscheiden; nach Absatz 4 Satz 4 gilt die Genehmigung als erteilt, wenn sie nicht innerhalb der Drei-Monats-Frist unter Angabe von Gründen abgelehnt wird.

Fehlt der Mitwirkungsakt der mitwirkungsberechtigten Behörde, so ist der abgeschlossene Vertrag schwebend unwirksam. Der Mitwirkungsakt kann nachgeholt werden; der schwebend unwirksame Vertrag erlangt in diesem Fall rückwirkende Geltung[63]. **819**

Besteht das Recht zur Mitwirkung nur für einen Teil des Vertrags, so kann der nicht mitwirkungsbedürftige Teil des Vertrags von vornherein wirksam sein. Die Möglichkeit der Aufspaltung des Vertrags in einen mitwirkungsbedürftigen und einen nicht mitwirkungsbedürftigen Teil ist ein Problem des Einzelfalls. **820**

VII. Der wirksame öffentlich-rechtliche Vertrag – materiell-rechtliche Anforderungen

Das Erfordernis des § 54 S. 1, dass dem örV Rechtsvorschriften nicht entgegenstehen dürfen, gilt nicht nur für die Vertragsform als solche, sondern auch für den Inhalt des Vertrags. Öffentlich-rechtliche Verträge müssen sich deshalb im Rahmen des durch die Rechtsordnung Erlaubten bewegen. Die zivilrechtliche Vertragsfreiheit gilt nicht. Von der Rechtsordnung missbilligte Leistungen dürfen nicht vereinbart werden[64]. **821**

---

63 OVG NW, NVwZ 1984, 524.
64 BVerwG, DVBl 1976, 217 ff; *Grziwotz*, JuS 1998, 807 ff, 902 ff, 1013 ff, 1113 ff; 1999, 245 ff; zu den Gestaltungsmöglichkeiten von Kooperationsverträgen bei Public-Private-Partnership s. *Bauer*, DÖV 1998, 89 ff.

822 Prinzipiell lässt sich feststellen: Je freier die Behörde über den Regelungsgegenstand entscheiden darf, desto eher kann sie über den Inhalt des örVs bestimmen; je gebundener die Verwaltung ist, desto geringer ist ihre Abschlussfreiheit.

823 Entgegenstehende Rechtsvorschriften können solche in Gesetzen oder Rechtsverordnungen sowie allgemeine Rechtsgrundsätze des öffentlichen Rechts sein. Das Grundgesetz begrenzt mit seinen Aussagen zum Vorbehalt und Vorrang des Gesetzes, zum Verhältnismäßigkeitsprinzip und zum Willkürverbot die Vertragsfreiheit in inhaltlicher Hinsicht. Wegen des Prinzips vom Vorrang des Gesetzes scheiden Verwaltungsvorschriften oder Satzungen als inhaltsbegrenzend aus. Ob im Einzelfall eine Rechtsvorschrift dem Vertragsinhalt entgegensteht, ist aus dem Gesamtinhalt des jeweiligen Gesetzes oder einer zusammenhängenden gesetzlichen Regelung zu schließen; auf ein ausdrückliches Verbot, welches sich gegen einen bestimmten Vertragsinhalt richtet, kommt es nicht an. Sinn, Zweck oder Systematik des Gesetzes müssen ergeben, dass ein Vertragsinhalt nicht dem Recht entspricht.

824 Für den Vergleichsvertrag nach § 55 und den Ausgleichsvertrag nach § 56 stellt das Gesetz bestimmte Zulässigkeitsvoraussetzungen inhaltlicher Art auf.

1. Der Vergleichsvertrag

825 Der Vergleichsvertrag ist zulässig, wenn eine wirkliche Ungewissheit über Sachverhalt oder Rechtslage zwischen den Vertragsparteien besteht. Einseitige Zweifel reichen nicht. Die Zweifel müssen sich auf ein- und denselben Punkt beziehen. Die Ungewissheit muss vom subjektiven Kenntnisstand der Beteiligten ausgehen. Das Vorhandensein von Ungewissheit ist jedoch nicht hinreichend, sondern muss „bei verständiger Würdigung" bejaht werden können. Damit kommt eine objektive Betrachtung der Ungewissheit ins Spiel. Auf der Seite des Bürgers ist die Ungewissheit objektiv vorhanden, wenn seine Würdigung frei von Eigensinn oder törichten Anschauungen ist; für die Behörde wird Ungewissheit objektiv nur dann angenommen werden können, wenn sie auch bei Beachtung der durchschnittlich erwarteten Sach- und Fachkenntnis vorhanden ist. Eine Herabsetzung des Standards hätte für die Behörde die günstige Folge, dass jede gravierende Außerachtlassung der gebotenen Sorgfalt bei der Feststellung der Sach- oder Rechtslage die Möglichkeit zum Abschluss von Vergleichsverträgen böte; der Entscheidungsspielraum der Behörde würde auf diese Weise erweitert. Diese Erweiterung soll das Recht, einen Vergleichsvertrag abschließen zu dürfen, aber gerade nicht gestatten.

826 Die Behörde hat den **Sachverhalt von Amts wegen** zu ermitteln; erst dann, wenn alle Möglichkeiten zur Ermittlung des Sachverhalts erschöpft sind und über den Sachverhalt immer noch Ungewissheit besteht, erlaubt das Recht den Abschluss eines Vergleichsvertrags. Eine **Ungewissheit der Rechtslage** liegt in folgenden Fällen vor: (**1.**) Die Rechtslage ist gesetzlich oder durch die Rechtsprechung nicht oder nicht hinreichend geklärt (es fehlt eine höchstrichterliche Entscheidung, es liegen divergierende Urteile vor); (**2.**) nach dem von den Parteien erwarteten Maß an verständiger Würdigung der Rechtslage steht der Verwaltungsaufwand einschließlich der damit verbundenen Kosten und des Zeitaufwands außer Verhältnis zu dem mit der Klärung der Rechtsfrage bewirkten Erfolg. Es wird sogar für zulässig erachtet, einen Vergleichsvertrag zur

Bereinigung einer Ungewissheit über die Verfassungsmäßigkeit einer Ermächtigungsgrundlage zu schließen[65]. Ferner rechtfertigt die Scheu vor einem Prozess und dem mit ihm verbundenen Zeitverlust sowie vor dem finanziellen Risiko den Vergleichsvertrag.

Mit Blick auf das Recht zum Abschluss eines Vergleichsvertrags enthält § 55 eine mit einem unbestimmten Rechtsbegriff gekoppelte **Ermessensentscheidung**. Das Ermessen im Hinblick auf den Abschluss eines Vergleichsvertrags ist nicht durch Zweckmäßigkeitserwägungen reduziert; die Zweckmäßigkeit ist vielmehr im Rahmen des Ermessens zu prüfen. Sie ist zu bejahen, wenn die Beseitigung der Ungewissheit einen unverhältnismäßigen Aufwand erfordern würde; dieses ist ein Einzelfallproblem. § 55 dient der Verfahrensökonomie und der Verhältnismäßigkeit; deshalb dürfen die Anforderungen inhaltlicher Art an den Abschluss eines Vergleichsvertrags nicht überspannt werden. Regelmäßig reicht ein atypischer, mit unverhältnismäßigem Aufwand zu klärender Sachverhalt oder eine in besonderem Maße unklare Rechtslage – also ein besonderer Grenz- oder Zweifelsfall. **827**

Der Vergleichsvertrag fordert ein gegenseitiges Nachgeben; sein Inhalt ist also ein **Kompromiss** zwischen unterschiedlichen Standpunkten. Das Kriterium „Nachgeben" ist erfüllt, wenn im konkreten Fall bei verständiger Würdigung des Sachverhalts oder der Rechtslage – also unter Berücksichtigung der Sicht eines objektiven Betrachters – von einem gegenseitigen Nachgeben gesprochen werden kann; dass beide Parteien aus ihrer subjektiven Sicht gesehen ein wenn auch nur geringfügiges Opfer gebracht haben, reicht nicht aus. Das Nachgeben muss sich nicht unbedingt auf das materielle Recht beziehen, sondern eine Verschlechterung einer Verfahrensposition ist hinreichend; deshalb kann eine Klagerücknahme oder der Verzicht auf die Einlegung eines Rechtsbehelfs oder Rechtsmittels zum Inhalt des Vergleichsvertrags werden[66]. **828**

Der Vergleich muss einen ungewissen Zustand beseitigen. Das ist der Fall, wenn die Wirkung des Vertrags darin besteht, dass er konstitutiv Verpflichtungen nach Maßgabe seines Inhalts schafft. Die negative Wirkung des Vertrags besteht darin, den Beteiligten ein Zurückgreifen auf frühere Standpunkte zu versagen; die positive Wirkung darin, diese früheren Standpunkte durch die getroffene Regelung zu ersetzen. **829**

Beispiele für Vergleichsverträge: Beilegung eines Streits über die Zahlung eines Straßenbeitrags durch einen Grundstückstausch[67]; in atypischen Fällen Beitragsverzicht nach § 135 Abs. 5 BauGB[68]; kein Gegenstand eines Vergleichsvertrags kann der Verzicht eines Bauherrn auf künftige gesetzmäßige Bebauung sein, wenn der Bauherr einen Anspruch auf Genehmigung ohne Gegenleistung hat[69].

2. Der Austauschvertrag

Nach § 56 ist der Abschluss eines Austauschvertrags nur unter bestimmten Voraussetzungen möglich. Die Regelung verfolgt einen doppelten Schutz: Sie soll einerseits den mitunter befürchteten „Ausverkauf von Hoheitsrechten" verhindern, sie soll an- **830**

---

65 OVG NW, BB 1972, 1297; *Thieme*, NJW 1974, 2203.
66 BSG, NJW 1989, 2565.
67 BVerwG, NJW 1976, 2260.
68 NdsOVG, NVwZ 1989, 780.
69 NdsOVG, NJW 1978, 2260, 2261; s. auch OVG NW, NVwZ-RR 2003, 147.

dererseits Bindungen und finanzielle Belastungen des Bürgers verhüten, die auch unter Berücksichtigung eines Vertragsverhältnisses nicht gerechtfertigt erscheinen. § 56 enthält für die Behörde ein sog. **Koppelungsverbot**; darunter versteht man die Verpflichtung einer Behörde, die Erfüllung hoheitlicher Aufgaben grundsätzlich nicht von unmittelbar „verkoppelten" wirtschaftlichen Gegenleistungen abhängig zu machen[70]. Das Koppelungsverbot gilt freilich nur eingeschränkt. Es soll eine **sachwidrige Motivation** des Verwaltungshandelns verhindern. In der Folge darf nichts durch Austauschvertrag miteinander verknüpft werden, was nicht ohnehin in innerem Zusammenhang steht[71]. In diesem Rahmen ist ein Vertragsabschluss erlaubt, der zum Inhalt hat, dass ein im beiderseitigen Interesse liegender Ausgleich dadurch herbeigeführt wird, dass der Bürger als Vertragspartner bestimmte Leistungsverpflichtungen übernimmt und die Behörde die wegen finanzieller Gründe gegen die vereinbarte Maßnahme bestehenden Bedenken zurückstellt[72].

Beispiele: In der Verwaltungspraxis gibt es Austauschverträge vor allem auf dem Gebiete des Städtebau-, Bauplanungs-, Bauordnungs- und Erschließungsrechts. Insbesondere kommen in Betracht Garagen- und Stellplatzverträge nach den Landesbauordnungen; Baudispensverträge; Erschließungs- und Unternehmensverträge nach §§ 124 ff BauGB; Verträge über die freiwillige Baulandumlegung; Bauleitplanungsverträge sowie Folgelastenverträge bei Ausweisung neuer Baugebiete für Anlagen und Einrichtungen des Gemeinbedarfs.

831   § 56 gilt nur im Anwendungsbereich des VwVfG; s. §§ 1, 2. § 56 erfasst ausschließlich Austauschverträge zwischen Staat und Bürger. Für Verträge zwischen Hoheitsträgern entfällt eine Anwendung des Koppelungsverbots, da die Norm keine allgemeinen Grundsätze über die Zulässigkeit von Gegenleistungen im Verhältnis von Behörden zueinander enthält[73]. Allgemein anerkannt ist, dass Austauschleistungen zwischen Behörden zulässig sind, sofern Rechtsvorschriften nicht entgegenstehen[74].

832   Für die behördlicherseits zu erbringende Leistung schafft § 56 keine Rechtsgrundlage, sondern setzt sie voraus. Die Zulässigkeit des Austauschvertrags ermöglicht der Behörde nicht, vertragliche Leistungen zu vereinbaren, die sie im Falle einseitigen Verwaltungshandelns nicht rechtmäßig hätte erbringen dürfen; § 56 suspendiert nicht von der **Bindung an das Gesetz**. Auch die Einwilligung des Vertragspartners rechtfertigt ungesetzliche Leistungen der Behörde nicht.

833   Wenn die Erbringung einer Leistung im Ermessen der Verwaltung steht, so kann die Rechtmäßigkeit dieser Leistung von der Gegenleistung abhängen – dieser Bereich der Leistungserbringung ist der eigentliche und wesentliche Anwendungsbereich des § 56 Abs. 1. Eine Ermessensentscheidung ist deswegen nicht fehlerhaft, weil ein vorheriger Vertragsabschluss sich auf die Abwägung ausgewirkt hat. Ob die behördliche Entscheidung fehlerhaft ist, ist abhängig vom Vertragsinhalt und seiner Bedeutung für den Abwägungsvorgang; insoweit entscheidend sind die Umstände des Einzelfalls[75].

---

70   Vgl zB für das Baurecht OVG RP, NVwZ 1992, 796; BVerwGE 111, 162.
71   BVerwG, NVwZ 1994, 485.
72   BVerwGE 42, 331, 338 ff; 67, 182; BVerwG, NJW 1981, 813; DÖV 1981, 382.
73   BVerwG, DÖV 1989, 640.
74   BVerwG, ebenda.
75   BVerwGE 42, 331, 338.

§ 56 macht die von dem Bürger zu erbringende Gegenleistung von bestimmten Vo- **834**
raussetzungen abhängig. Insoweit sind zwei Fälle zu unterscheiden: § 56 Abs. 1 S. 1,
der Bürger hat keinen Anspruch auf die Leistung der Behörde; § 56 Abs. 2, der Bürger hat einen Anspruch auf die Leistung der Behörde.

Für den ersten Fall ist festzustellen: **Vier Voraussetzungen** müssen erfüllt sein, damit die Gegenleistung rechtmäßig ist. Voraussetzung ist, dass (**1.**) die Gegenleistung
in **sachlichem Zusammenhang** mit der vertraglichen Leistung der Behörde steht.
Ein innerer Zusammenhang ist gefordert; darin drückt sich das nunmehr gesetzlich
niedergelegte Koppelungsverbot aus. Für den inneren Zusammenhang ist ein unmittelbarer sachlicher Zweckzusammenhang nicht notwendig; deshalb sind Stellplatzab-
lösungsverträge, die zum Gegenstand haben einerseits die Zahlung eines Ablösungs-
betrags für Parkplatzbeschaffung und die Erteilung einer Baugenehmigung andererseits, zulässig[76]. Voraussetzung ist, dass (**2.**) die Gegenleistung für einen bestimmten
Zweck im Vertrag vereinbart sein muss. Die Gegenleistung muss in der Weise
zweckgebunden sein, dass der mit ihr erstrebte Zweck einer an sich bestehenden gesetzlichen Verpflichtung dient, die durch den Vertrag abgelöst worden ist. Die ausdrückliche Zweckbestimmung muss regelmäßig im Wortlaut der Vertragsurkunde erscheinen. Es geht um die Kontrolle der Leistungsverwendung. Es dürfen (**3.**) nur solche Gegenleistungen vereinbart werden, die der Behörde zur Erfüllung ihrer **öffentlichen Aufgaben** dienen; es geht um ein Missbrauchsverbot. Nur solche Aufgaben
können durch die Gegenleistung des Bürgers finanziert werden, für die die Behörde
örtlich und sachlich zuständig ist; sie hat eigene, nicht „fremde" Aufgaben wahrzunehmen. Nach § 56 Abs. 1 S. 2 muss die Gegenleistung (**4.**) den gesamten Umständen
nach **angemessen**[77] sein; diese Voraussetzung ist Folge der Geltung des Übermaßver-
bots. Wirtschaftliche Ausgewogenheit in der Höhe von Leistung und Gegenleistung
ist gefordert. Die Ausgewogenheit muss objektiv feststehen. Zwar spricht die Norm
dem Wortlaut nach nur von der Gegenleistung, weil aber die Verwaltung öffentliches
Vermögen nicht „verschenken" darf, muss die behördliche Leistung ebenfalls angemessen sein[78]. Zugunsten des Bürgers kann freilich eine geringere Gegenleistung unterhalb der Vollkosten vereinbart werden. Der Behörde ist es indes untersagt, sich
Vorteile zu verschaffen, auf die sie bei einer einseitigen hoheitlichen Regelung der
Rechtsbeziehung keinen Anspruch hätte[79].

Die denkbaren Gegenleistungen sind im zweiten Fall geringer; wenn der Bürger einen **835**
Rechtsanspruch auf Leistung der Behörde hat, schränkt § 56 Abs. 2 die nach Absatz 1
bestehenden weitgehenden Möglichkeiten ein. Die Norm möchte einen „Abkauf von
Hoheitsrechten" verhindern. – Ein Anspruch ist gegeben, wenn er sich als Rechtsfolge eines Gesetzes, einer Rechtsverordnung oder einer Satzung zwingend ergibt; den
Fall der Ermessensreduzierung auf Null erfasst § 56 Abs. 2 ebenfalls. – Besteht ein
Rechtsanspruch auf Leistung der Behörde, so „greift" das Gegenleistungsverbot; ausgeschlossen sind dadurch aber nicht Leistungen des Vertragspartners der Behörde auf
anderer Rechtsgrundlage.

---

76 Vgl BVerwG, NVwZ 1987, 410.
77 Dazu *Lischke*, Tauschgerechtigkeit und öffentlich-rechtlicher Vertrag, 2000.
78 BayVGH, BayVBl 1977, 246, 247.
79 Vgl auch VGHBW, VBlBW 1991, 263.

836 Die Behörde darf nur solche Gegenleistungen vereinbaren, die für den Fall, dass die Behörde einen VA erlassen hätte, sicherstellen sollen, dass die gesetzlichen Voraussetzungen des VAs erfüllt werden, § 56 Abs. 2 iVm § 36 Abs. 1, 2. Alt. Art und Umfang der Gegenleistung dürfen nur solche Forderungen zum Gegenstand haben, die zur Erfüllung des gesetzlichen Tatbestands notwendig sind; die Gegenleistungen dürfen ferner dem Zweck des VAs nicht zuwiderlaufen. **Unzulässig** ist deshalb zB die Koppelung einer Baugenehmigung mit dem Verzicht auf weitere rechtmäßige Baumaßnahmen[80].

VIII. Der fehlerhafte öffentlich-rechtliche Vertrag

837 Wie erinnerlich, gibt es für den VA die „Fehlerstufen" Rechtswidrigkeit und Nichtigkeit. Die Rechtswidrigkeit des VAs ist eine besondere Zwischenstufe zwischen der Rechtmäßigkeit und der Nichtigkeit des VAs. Der rechtswidrige VA ist wirksam, freilich nur solange, bis er zurückgenommen, widerrufen, anderweitig aufgehoben oder durch Zeitablauf oder auf andere Weise erledigt ist, § 43 Abs. 2. Der rechtswidrige VA ist deshalb **potenziell dauerhaft bestandskräftig**. Diese Zwischenstufe kennt das VwVfG für den **örV nicht**. Die Aufhebbarkeit (Rücknahme, Widerruf) des rechtswidrigen örVs fehlt. Er ist nach der Regelung des § 59 entweder dauerhaft wirksam oder nichtig. Die dauerhafte Wirksamkeit des örVs ist unabhängig von seiner Rechtmäßigkeit oder Rechtswidrigkeit. Der nicht nichtige örV ist dauerhaft rechtsbeständig. Die Nichtigkeitsgründe zählt § 59 auf.

838 Früher vereinzelt erhobene Bedenken gegen die Verfassungsmäßigkeit der Regel von der „Bestandskraft" des nicht nichtigen örVs teilt die heute hM nicht und hält § 59 für verfassungsmäßig. Die Verfassungsmäßigkeit ist zu konstatieren, weil § 59 eine sachgerechte Abwägung zwischen den widerstreitenden Prinzipien der Gesetzmäßigkeit der Verwaltung auf der einen Seite und dem Vertrauensschutz im öffentlichen Vertragsrecht auf der anderen Seite enthält. Die Bestandkraft des rechtswidrigen, aber nicht nichtigen örVs hat auch in der Praxis nicht zu einer Flucht in das Vertragsrecht geführt mit dem Ziel, Spielräume rechtswidrigen, aber unangreifbaren Handelns zu erobern. Eine derartige, natürlich bedenkliche Tendenz ist nicht festzustellen.

839 Der nicht nichtige rechtswidrige örV bleibt rechtswirksam und bildet die Anspruchsgrundlage für das Erfüllungsgeschäft. Wegen der Rechtswidrigkeit besteht kein Kündigungs-, Anfechtungs- oder Rücktrittsrecht; diese Rechte können freilich aus anderen Gründen bestehen, vgl § 62 S. 2. Der auf Grund eines rechtswidrigen örVs erlassene VA ist ebenfalls rechtswidrig; freilich entfällt die Möglichkeit seiner Rücknahme nach § 48. – Zur schwebenden Unwirksamkeit eines örVs s. zuvor Rn 809 f. – Rechtsfolge des nichtigen örVs ist seine Unwirksamkeit. Der Vertrag bildet keine Rechtsgrundlage für eine Leistung der Vertragspartner. Sind Leistungen auf Grund eines nichtigen Vertrags erbracht worden, so besteht im Normalfall ein Rückabwicklungsanspruch nach bereicherungsrechtlichen Grundsätzen entsprechend §§ 812 ff BGB[81] – öffentlich-

---

80 NdsOVG, NJW 1978, 2260.
81 Unter bestimmten Voraussetzungen kann der Rückabwicklung der Grundsatz von Treu und Glauben entgegenstehen, vgl BVerwGE 135, 85, 89.

rechtlicher Erstattungsanspruch, dazu unten Rn 1021[82]. Der auf Grund eines nichtigen Vertrags erlassene VA ist nicht automatisch nichtig; ob ein VA mit dieser Rechtsgrundlage nichtig ist, beurteilt sich nach § 44 Abs. 1, 2. Rechtswidrig ist ein VA mit dieser Rechtsgrundlage freilich unproblematisch. Ist ein Vertrag nichtig und noch nicht erfüllt worden, so besteht in der Regel ein Recht zur Leistungsverweigerung. Der auf Grund eines nichtigen Verpflichtungsvertrags erlassene VA darf zurückgenommen werden.

§ 59 enthält in Absatz 1 eine Generalklausel, in Absatz 2 spezielle Nichtigkeitsgründe **840** für den Vertrag, der einen VA ersetzt hat. Absatz 2 ist lex specialis gegenüber Absatz 1. „Greift" Absatz 2 nicht, ist immer noch Absatz 1 zu prüfen (vgl das Vorgehen bei der Prüfung der Nichtigkeit eines VAs). Die gelegentlich geäußerte These, § 59 Abs. 2 enthalte für die sog. subordinationsrechtlichen Verträge eine abschließende Regelung, hat sich nicht durchgesetzt. Es ist nicht ersichtlich, warum die allgemeinen Nichtigkeitsgründe für diese Verträge nicht gelten sollen.

Hinweis für die Prüfungsreihenfolge: 1. Prüfung des § 59 Abs. 2 bei Vorliegen eines sog. subordinationsrechtlichen Vertrags; 2. Prüfung des § 59 Abs. 1.

Literatur: *Werner*, Allgemeine Fehlerfolgenlehre für den Verwaltungsvertrag, 2008.

1. Die Nichtigkeitsgründe des § 59 Abs. 2 VwVfG

§ 59 Abs. 2 enthält einen **abschließenden Katalog** spezieller Nichtigkeitsgründe für **841** den sog. **subordinationsrechtlichen** Vertrag; neben den speziellen Nichtigkeitsgründen kommen die allgemeinen Nichtigkeitsgründe nach § 59 Abs. 1 – wie schon erwähnt – zur Anwendung. Der sog. subordinationsrechtliche Vertrag unterliegt deshalb strengeren Rechtmäßigkeitsbindungen als der sog. koordinationsrechtliche Vertrag. Freilich ist auf diesen eine analoge Anwendung der Nichtigkeitsgründe nach § 59 Abs. 2 möglich.

§ 59 Abs. 2 Nrn. 1 und 2 gilt für alle sog. subordinationsrechtlichen Verträge, also **842** auch für Vergleichsverträge und Austauschverträge; für diese beiden Vertragstypen gilt zusätzlich § 59 Abs. 2 Nrn. 3 und 4. Neben Regelungen, die einen VA ersetzen, gilt § 59 Abs. 2 auch für Verträge, in denen sich die Behörde zum Erlass eines VA-ähnlichen Akts oder einer sonstigen Einzelfallregelung verpflichtet[83]. § 59 Abs. 2 erfasst – ebenso wie Absatz 1 – alle Verpflichtungs- und Verfügungsverträge.

a) Offenkundige schwere Inhalts- und Formfehler

Ist ein VA nach § 44 Abs. 1 nichtig, so gilt das Gleiche für einen Vertrag, der an Stel- **843** le des Erlasses eines VAs abgeschlossen wird. Auf die Ausführungen zu § 44 Abs. 1 ist zu verweisen.

Beispiele: Die Nichtigkeit eines örVs wegen eines offenkundigen schweren Inhalts- oder Formfehlers wird angenommen bei absoluter und offensichtlicher örtlicher und sachlicher Unzuständigkeit der vertragsschließenden Behörde; bei einem offensichtlich rechtswidrigen In-

82 BVerwGE 111, 162; *Hermanns*, JA 2001, 200 ff.
83 S. BVerwG, NJW 1988, 662 ff.

halt: bei einem Vertrag, den ein ausgeschlossener und befangener Amtswalter offensichtlich zu seinem Vorteil mit sich selbst schließt.

b) Enumerierte Nichtigkeitsgründe

844   Nach § 59 Abs. 2 Nr 1 iVm § 44 Abs. 2 ist ein Vertrag in den sechs enumerierten Fällen des § 44 Abs. 2 nichtig, wenn ein entsprechender VA nichtig wäre. Insoweit ist auf die Ausführungen zu § 44 Abs. 2 zu verweisen (Rn 699 ff). – Für § 44 Abs. 2 Nr 6, den Verstoß gegen die guten Sitten, ist hervorzuheben, dass es sittenwidrig sein kann, wenn ein Vertrag unter Missbrauch der Überlegenheit des einen oder des anderen Vertragspartners zustande gekommen ist[84]. Ebenso ist es sittenwidrig, wenn die Behörde überhöhte Forderungen durchsetzen möchte[85].

c) Positive Kenntnis der Rechtswidrigkeit bei den Vertragschließenden

845   Nach § 59 Abs. 2 Nr 2 ist ein öffentlich-rechtlicher Vertrag nichtig, wenn ein VA mit entsprechendem Inhalt nicht nur wegen eines Verfahrens- oder Formfehlers iSd § 46 rechtswidrig wäre und dies den Vertragschließenden bekannt war. Die Norm bevorzugt den Grundsatz der Rechtmäßigkeit des Verwaltungshandelns gegenüber dem Grundsatz der Vertragsverbindlichkeit dann, wenn die Vertragschließenden bei positiver Kenntnis einen rechtswidrigen Erfolg herbeiführen wollten. Dieser Erfolg muss ein Erfolg in der Sache sein; eine Umgehung von Verfahrens- und Formvorschriften reicht nicht. Die Kenntnis der Vertragsparteien muss sich auf die Rechtswidrigkeit des Vertragsinhalts beziehen; die Kenntnis muss bei allen Vertragsparteien vorhanden sein. Für die Kenntnis ist auf den Zeitpunkt des Zustandekommens des Vertrags abzustellen.

846   Die Rechtswidrigkeit des Vertragsinhalts ist den Vertragsparteien dann bekannt, wenn sie über die Rechtswidrigkeit informiert sind; dolus eventualis reicht. Die hier relevante Kenntnis ist beim Bürger zu unterstellen, wenn eine Parallelwertung in der Laiensphäre ergibt, dass der Vertragsinhalt rechtswidrig ist; aufseiten der Behörde reicht evidente Ignoranz der geltenden Rechtslage.

d) Fehlende Voraussetzung beim Vergleichsvertrag

847   Nach § 59 Abs. 2 Nr 3 ist ein Vergleichsvertrag nichtig, wenn die Voraussetzungen zu seinem Abschluss nicht vorlagen und ein VA mit entsprechendem Inhalt nicht nur wegen eines Verfahrens- oder Formfehlers iSd § 46 rechtswidrig wäre. Die Vorschrift soll verhindern, dass der Abschluss eines Vergleichsvertrags dazu dient, einen an sich rechtlich missbilligten Erfolg herbeizuführen. Nicht entscheidend ist, dass den Beteiligten bewusst ist, einen rechtswidrigen Vergleichsvertrag abzuschließen. – Ein ermessensfehlerhaft abgeschlossener Vergleichsvertrag, beispielsweise eine willkürliche Ungleichbehandlung gleicher Sachverhalte, führt zur Nichtigkeit des Vertrags[86]. Eine unschwer zu beseitigende Ungewissheit kann ein Ermessensfehler sein und zur Nichtigkeit des Vergleichs führen[87].

---

84   Vgl BVerwGE 42, 331, 342 f.
85   BGH, NJW 1979, 365 und 805.
86   S. VGHBW, NJW 1989, 603.
87   S. *S/B/S*, § 59 Rn 20.

e) Unzulässige Gegenleistung beim Austauschvertrag

Nach § 59 Abs. 2 Nr 4 ist ein öffentlich-rechtlicher Vertrag nichtig, wenn sich die Be-   **848**
hörde eine nach § 56 unzulässige Gegenleistung versprechen lässt. Diese Norm enthält eine Schutzbestimmung zugunsten des Bürgers; sie soll einen Missbrauch der
Behörde der Art verhindern, sich unzulässige Gegenleistungen versprechen zu lassen.
– Unzulässig ist insbesondere eine überhöhte Forderung der Behörde[88].

Hinzuweisen ist auf folgende Problemsituation: Wenn nur die Leistung der Behörde, nicht
aber die Gegenleistung des Bürgers rechtswidrig ist, so folgt die Nichtigkeit des gesamten Vertrags nicht aus § 59 Abs. 2 Nr 4, sondern von ihr ist nur dann auszugehen, wenn sie sich aus
§ 59 Abs. 1 oder den anderen Fällen des Absatzes 2 ergibt.

2.   Die generellen Nichtigkeitsgründe des § 59 Abs. 1 VwVfG

Nach § 59 Abs. 1 ist ein öffentlich-rechtlicher Vertrag nichtig, wenn sich die Nichtig-   **849**
keit aus der entsprechenden Anwendung von Vorschriften des BGB ergibt. Einschlägig sind somit nur die Nichtigkeitsvorschriften des BGB, nicht aber die der ZPO sowie anderer zivilrechtlicher Regelungen. § 59 Abs. 1 gilt – wie schon hervorgehoben
– für alle Arten von örVen. – Hinzuweisen ist darauf, dass bei Möglichkeit ein örV so
zu interpretieren ist, dass seine Nichtigkeit vermieden wird[89].

a) Nichtigkeit nach §§ 105, 116, 117 Abs. 1, 118 und 125 BGB

Nach § 105 BGB ist die Willenserklärung eines Geschäftsunfähigen sowie die im Zu-   **850**
stand der Bewusstlosigkeit oder der vorübergehenden Störung der Geistestätigkeit abgegebene Willenserklärung nichtig. – Die unter einem geheimen Vorbehalt nach
§ 116 S. 2 BGB abgegebene Willenserklärung ist nichtig. – Nichtig sind Scheinge-
schäfte nach § 117 Abs. 1 BGB. – Nichtig ist ferner die bei einem Mangel der Ernst-
lichkeit abgegebene Willenserklärung nach § 118 BGB. – Nichtig ist ferner ein Vertrag, der der vorgeschriebenen Schriftform entbehrt, § 125 S. 1 BGB.

b) Verstoß gegen § 134 BGB

Nach § 134 BGB ist ein Vertrag nichtig, der gegen ein gesetzliches Verbot verstößt,   **851**
es sei denn, aus dem Gesetz ergibt sich ein anderes. § 134 BGB gilt auch für öffentlich-rechtliche Verträge. Freilich erfüllt nicht jede Rechtswidrigkeit beim Vertrags-
handeln die Voraussetzungen des § 134 BGB, sondern nur ein „qualifizierter" („besonderer") Rechtsverstoß. Der Rechtsverstoß kann sich auf den Vertragsinhalt oder
auf die Vertragsform beziehen.

Ein qualifizierter Rechtsverstoß kann nur bei einem Verstoß gegen eine zwingende   **852**
Rechtsnorm vorliegen; in Betracht kommen als Rechtsnorm die Verfassung, das Gesetz, die Rechtsverordnung, auch das EU-Recht[90]. Im Rahmen seiner Kompetenz
kann auch der Satzunggeber Verbote formulieren. Für die Annahme eines Verbots
sind nicht hinreichend Verstöße gegen Soll- oder Kann-Regelungen; nicht ausrei-

---

88   Vgl hierzu VGHBW, NuR 1997, 245 f.
89   BbgOVG, LKV 2004, 330.
90   BVerwGE 70, 45.

chend ist ebenfalls ein Verstoß gegen allgemeine Grundsätze wie den der Gesetzmäßigkeit der Verwaltung, das Rechtsstaatsprinzip sowie Verwaltungsvorschriften. –
Eine für ein Verbot relevante Rechtsnorm enthält genau dann ein Verbot, wenn es das
erkennbare Ziel des Gesetzes ist, den mit dem örV angestrebten Erfolg strikt zu untersagen. Auf die Kenntnis der Vertragsparteien kommt es nicht an. Ferner ist es unbedeutend, ob der Wortlaut einer Norm einen bestimmten Erfolg ausdrücklich ausschließt, zB durch die Formulierung „ist unzulässig"; Sinn, Zweck und Systematik
einer Norm können ebenfalls ein gesetzliches Verbot nahelegen.

Beispiel für einen Vertrag, der gegen ein gesetzliches Verbot verstößt: Nach § 129 Abs. 1 S. 3
BauGB trägt die Gemeinde mindestens 10 vom 100 des beitragsfähigen Erschließungsauf-
wands; ein Erschließungsvertrag, der den Vertragspartner verpflichtet, mehr als 90% der Er-
schließungskosten zu tragen, verstößt gegen diese Norm[91].

c)   Verstoß gegen § 138 BGB

853   Nach § 138 BGB sind sittenwidrige oder wucherische Rechtsgeschäfte nichtig. Der
Tatbestand ist erfüllt bei einem deutlichen Missbrauch einer Überlegenheit oder der
Ausnutzung einer Zwangs- oder Notsituation[92]. Kein Verstoß gegen die guten Sitten
liegt vor, wenn ein Vertrag abgeschlossen wird, in dem sich Bürger verpflichten, ihren
Widerspruch gegen eine Kraftwerksgenehmigung gegen Entgelt zurückzunehmen[93].

d)   Tatsächliche objektive Unmöglichkeit

854   Nach § 275 Abs. 1 BGB ist ein Anspruch auf Leistung angeschlossen, soweit diese für
den Schuldner oder für jedermann unmöglich ist. Dieses steht der Wirksamkeit eines
örV nicht mehr entgegen wegen § 311a Abs. 1 BGB, anders noch § 306 BGB aF[94].

3.   Die Teilnichtigkeit nach § 59 Abs. 3 VwVfG

855   § 59 Abs. 3 entspricht § 139 BGB. Im Zweifel ist die volle Nichtigkeit des Vertrags
anzunehmen.

856   Voraussetzung für die Anwendung von § 59 Abs. 3 ist die Teilbarkeit der einzelnen
Vertragsbestimmungen. Sind diese derart miteinander verwoben, dass die einzelnen
Vereinbarungen miteinander „stehen und fallen", so führt die Nichtigkeit eines we-
sentlichen Vertragsteils zur vollständigen Nichtigkeit des Vertrags.

IX.   Die Durchführung des öffentlich-rechtlichen Vertrags

1.   Die Durchsetzung der Ansprüche

857   Kommen die Parteien ihren Pflichten aus dem örV nicht nach, so muss der jeweilige
Anspruchsinhaber Klage auf Erfüllung des Vertrags vor dem Verwaltungsgericht er-

---

91   BGH, DVBl 1976, 390.
92   BVerwGE 42, 342 f; vgl auch VGHBW, NuR 1997, 245 f.
93   BGHZ 79, 131.
94   *Kopp/Ramsauer*, § 59 Rn 16.

heben. Die Klageart ist abhängig von dem Gegenstand des Vertrags. Hat sich die Behörde zum Erlass eines VAs verpflichtet, so muss der Bürger Verpflichtungsklage nach § 42 Abs. 1 VwGO erheben; hat sich der Bürger zu einer Geldleistung verpflichtet und unterlässt er die Zahlung, so muss die Behörde gegen ihn eine allgemeine Leistungsklage erheben. Es ist der Behörde nicht möglich, ihre Ansprüche aus dem Vertrag mit Hilfe eines VAs festzusetzen.

Nach § 61 Abs. 1 S. 1 kann sich jeder Vertragspartner eines subordinationsrechtlichen Vertrags der sofortigen Vollstreckung unterwerfen. Die Unterwerfung unter die sofortige Vollstreckung ist für die Behörde nur wirksam, wenn sie von bestimmten Personen vertreten wird, § 61 Abs. 1 S. 2. Die Vollstreckung selbst richtet sich nach dem Verwaltungs-Vollstreckungsgesetz bzw nach § 170 Abs. 1–3 VwGO. Auf diesen Fragenkreis wird im vierten Teil des Buchs eingegangen. **858**

2. Leistungsstörungen

Wie bei jedem Vertrag sind auch bei einem örV Leistungsstörungen denkbar. Über diese enthält das VwVfG, von § 60 abgesehen, keine Aussagen. Freilich gelten nach § 62 S. 2 die Vorschriften des BGB entsprechend. Das im BGB geregelte Recht der Unmöglichkeit und des Verzugs sowie das früher gewohnheitsrechtlich geltende Recht der positiven Vertragsverletzung – § 280 Abs. 1 BGB – und der culpa in contrahendo[95] – §§ 311 Abs. 2, 280 BGB – gelten deshalb auch für öffentlich-rechtliche Verträge. Vgl dazu unten Rn 1047. **859**

3. Anpassung und Kündigung in besonderen Fällen

§ 60 erlaubt die Anpassung und Kündigung des örVs in besonderen Fällen. Es handelt sich um eine Ausnahme von der Bindung an den einmal geschlossenen Vertrag (pacta sunt servanda). Diese Regel gilt auch für öffentlich-rechtliche Verträge[96]. **860**

Nach § 60 Abs. 1 S. 1 müssen sich die für die Festsetzung des Vertragsinhalts maßgeblich gewesenen rechtlichen oder tatsächlichen Verhältnisse seit Abschluss des Vertrags wesentlich geändert haben. Maßgebliche Verhältnisse sind die grundlegenden Umstände, die zwar nicht Vertragsinhalt geworden, andererseits aber auch nicht bloßer Beweggrund geblieben, sondern von den Vertragspartnern zur gemeinsamen Grundlage des Vertrags gemacht worden sind. Die Grundlage eines Vertrags ist ggf durch Auslegung zu ermitteln; sie unterscheidet sich vom Vertragsinhalt. – § 60 Abs. 1 S. 1 kommt bei einer wesentlichen Änderung der tatsächlichen Verhältnisse nach Vertragsabschluss zur Anwendung. Haben die tatsächlichen Verhältnisse, die zum Vertragsabschluss geführt haben, von Anfang an gefehlt, spricht man von einem Fehlen der subjektiven Geschäftsgrundlage; auch dieser Fall unterfällt der Regelung des Satzes 1. Ebenso wie im Zivilrecht wird also der Fall des Fehlens der Geschäftsgrundlage mit ihrem nachträglichen Wegfall gleichbehandelt. **861**

---

95 *Kellner*, DÖV 2011, 26.
96 BVerwGE 25, 302; OVG NW, DVBl 1980, 763; BGH, MDR 1986, 737 – allgemeine Auffassung in Rechtsprechung und Literatur, s. *Lorenz*, DVBl 1997, 865 ff; vgl zum Altlastensanierungsvertrag *Sanden*, NVwZ 2009, 491 ff.

862 Mit Blick auf die Änderung der rechtlichen Verhältnisse ist zu unterscheiden: Wenn sich die Rechtslage rückwirkend ändert und das Gesetz unmittelbar in abgeschlossene Verträge eingreift, so bewirkt die neue Rechtslage bereits die Anpassung; § 60 greift nicht ein. Wird durch eine spätere Gesetzesänderung allein die Anspruchsgrundlage verändert, so kann ein Vertrag gegenstandslos werden. In diesem Fall besteht, wenn die weiteren Voraussetzungen des § 60 vorliegen, ein Anspruch auf Kündigung. Bildet die Basis eines Vertrags ein Gesetz, welches nachträglich für verfassungswidrig erklärt wird, so handelt es sich um einen Wegfall der Geschäftsgrundlage[97]. Ein gemeinsamer Rechtsirrtum über die Rechtslage oder über eine bestimmte Rechtsprechung ist als Fall des Fehlens der subjektiven Geschäftsgrundlage zu betrachten[98].

863 Von einer wesentlichen Änderung der Verhältnisse ist zu sprechen, wenn die Änderung so erheblich ist, dass der Vertrag bei Bekanntsein der Umstände im Zeitpunkt des Vertragsschlusses aus der Sicht eines verständigen Betrachters nicht mit demselben Inhalt zustande gekommen wäre[99]. Ferner liegt das Tatbestandsmerkmal „wesentliche Änderung der Verhältnisse" vor, wenn nach Vertragsabschluss tatsächliche Umstände oder wesentliche Bedingungen weggefallen sind, deren Bestand die Vertragspartner als gemeinsame Grundlage des Vertrags angenommen und deren Fortbestand sie fraglos vorausgesetzt haben[100]. Unwesentliche Änderungen sind irrelevant. Ohne Bedeutung sind auch Einwirkungen, die beide Parteien oder die Allgemeinheit in gleicher Weise betreffen. – Unzumutbar ist ein weiteres Festhalten am Vertrag, wenn die Ausgleichsfunktion der beiderseits geschuldeten Leistungen so stark gestört ist, dass es dem betroffenen Vertragspartner nach Treu und Glauben unmöglich wird, in der bisherigen vertraglichen Regelung seine Interessen auch nur annähernd noch gewahrt zu sehen[101].

864 Liegen beide Voraussetzungen des § 60 Abs. 1 S. 1 vor – maßgebliche Änderung der Verhältnisse; Unzumutbarkeit des Festhaltens an der ursprünglichen vertraglichen Regelung –, so besteht die Rechtsfolge zunächst in einem Anspruch der benachteiligten Partei auf Anpassung des Vertragsinhalts an die geänderten Verhältnisse[102]. Das Gesetz intendiert mithin nicht die Auflösung des Vertrags, sondern seine Anpassung. Erst dann, wenn eine Abänderung des Vertrags ein zumutbares Ergebnis nicht bringt, kommt eine vollständige Vertragsauflösung durch Kündigung in Frage[103].

865 Eine Vertragskündigung löst in der Regel keine Schadenersatzpflicht aus. Denkbar ist eine Teilung eines Schadens. Eine Ausgleichspflicht entfällt, wenn beide Parteien ein gleiches Risiko tragen.

866 § 60 Abs. 1 S. 2 gibt der Behörde ein besonderes Kündigungsrecht, nämlich dann, wenn sie schwere Nachteile für das Gemeinwohl verhüten oder beseitigen will. Der Begriff „schwere Nachteile für das Gemeinwohl" ist eng auszulegen; sein Vorliegen ist zu bejahen, wenn besondere, erhebliche, überragende Interessen der Allgemeinheit die Auflösung des Vertrags gebieten. Dieses Kündigungsrecht ist „ultima ratio". Durch die

---

97 BayVGH, DVBl 1970, 977.
98 BGHZ 58, 362 f; BAG, JZ 1986, 1124.
99 BGH, NJW 1986, 1333; BAG, JZ 1986, 1124.
100 BVerwGE 143, 335 ff.
101 BVerwGE 143, 335 ff.
102 S. BVerwGE 97, 331.
103 Dazu näher BayVGH, BayVBl 1995, 659, und BVerwG, NVwZ 1996, 174.

Judikatur bekannt gewordene praktische Beispiele fehlen. Die Literatur fordert für den Fall einer Kündigung nach Absatz 1 Satz 2 die Zahlung einer Entschädigung.

Die Kündigung bedarf nach § 60 Abs. 2 der Schriftform, soweit nicht durch Rechts- **867** vorschrift eine andere Form vorgeschrieben ist. Der Kündigung soll eine Begründung beigefügt werden. Die Kündigung selbst ist kein VA.

Ein Beispiel für eine unwirksame Kündigung eines örV enthält VGHBW[104]. Ein Bei- **868** spiel für den in der Praxis selten zum Einsatz gelangenden § 61 enthält eine Entschei- dung des BVerwGs[105]. Die Möglichkeit der Vertragsstrafe im örV am Beispiel von Ausbildungsverträgen behandelt *Koch*[106].

Lösung Fall 20 (Rn 762): U könnte den Erlass des Bebauungsplans aus örV beanspruchen. **869**
1. Ein örV liegt vor; es ist ein Vertrag geschlossen worden, der Baurecht, also öffentliches Recht zum Gegenstand hat. §§ 54 ff ist anwendbar. Die Handlungsform örV ist zulässig: Verpflichtungsvertrag verstößt nicht gegen § 10 BauGB; ferner kein Verstoß gegen § 1 Abs. 3 S. 2 BauGB: Die Norm enthält kein Verbot des örV als Handlungsform. 2. Formelle Rechtmäßigkeit ist gegeben; G war zuständig, § 57 beachtet, kein Verstoß gegen § 58 Abs. 2, da ein Genehmigungsvorbehalt der höheren Behörde nicht besteht: § 11 BauGB. 3. Materielle Rechtmäßigkeit problematisch: Vertrag könnte nichtig nach § 59 Abs. 2 sein. Verstoß gegen Nr 4: Nein: Folgekostenverträge sind erlaubt, kein „Verkauf von Hoheits- rechten". Verstoß gegen § 59 Abs. 1: Ja, Vertrag ist nichtig wegen Verletzung von § 134 BGB: qualifizierter Rechtsverstoß gegeben, weil die Grundsätze der Bauleitplanung, insbe- sondere das Abwägungsgebot nach § 1 Abs. 7 BauGB, umgangen werden: Gemeindevertre- tung ist in ihrer Entscheidung nicht mehr frei.

Literatur: *Christmann*, Der öffentlich-rechtliche Vertrag mit privaten Dritten im Licht der Schuldrechtsreform, 2010.

X. Anhang: Aufbauschema

Aufbauschema zur Rechtmäßigkeit eines öffentlich-rechtlichen Vertrags **870**

I. Ermächtigungsgrundlage
  1. Abschluss eines Vertrags (keine Zusage, VA etc) – es gelten die Anforderungen des Privatrechts nach § 62, zB Abgabe und Zugang der Willenserklärung, Stellver- tretung, kein Dissens.
  2. Der Vertragsgegenstand muss öffentlich-rechtlicher Natur sein.

II. Formelle Rechtmäßigkeit
  Zuständigkeit der Behörde in örtlicher, sachlicher und instanzieller Hinsicht.

III. Materielle Rechtmäßigkeit
  1. Zulässigkeit der Handlungsform, § 54 S. 1 2. HS.
  Ausdrückliche Gestattung, zB § 110 BauGB
  Vertragsformverbot, zB Ernennung von Beamten; Festsetzung von Steuern; Besol- dung von Beamten vgl § 2 Abs. 2 BBesG

---

104 NVwZ 1993, 903.
105 DVBl 1995, 675; s. auch BVerwGE 98, 58.
106 DÖV 1998, 141 ff.

> **2.** Wirksamkeitsvoraussetzungen,
> **a)** Nichtigkeit nach § 59 Abs. 2 Nr 1–4, wenn einschlägig,
> **b)** Nichtigkeit nach § 59 Abs. 1, zB §§ 134, 138, 306 BGB,
> **c)** Übereinstimmung der versprochenen Erfüllungshandlung der Behörde mit materiellem Recht (insbesondere dem besonderen Verwaltungsrecht); es besteht keine Vertragsfreiheit, sondern Gesetzesbindung der Behörde nach Art. 20 Abs. 3 GG,
> **d)** Verstoß gegen Grundrechte

§ 9 Verwaltungsrechtliche Willenserklärungen ohne Verwaltungsaktscharakter

871 **Fall 21:** Unternehmer U erhält Geldleistungen auf Grund eines (fiktiven) Berliner Gesetzes zur Unterstützung von Investitionen zur Durchführung von Maßnahmen auf dem Gebiete des Umweltschutzes. Die Geldleistungen erfolgen in Abhängigkeit vom Baufortschritt. Im April rechnet U ein bestimmtes Vorhaben mit der zuständigen Behörde ab. Diese erkennt wenig später, dass sie zu viel bezahlt hat. Im September gelangt der nächste Abschnitt des Baus zur Abrechnung. Die Behörde rechnet gegen den U zustehenden Anspruch den im April zu viel gezahlten Betrag auf und zahlt lediglich den Differenzbetrag. Mit Recht? **Rn 880**

872 Verwaltungsrechtliche Willenserklärungen sind Willensäußerungen, die auf eine bestimmte Rechtsfolge gerichtet sind; ihre Wirkung ergibt sich auf dem Gebiet des Verwaltungsrechts aus dem geäußerten, gesetzlich sanktionierten Willen. Auf verwaltungsrechtliche Willenserklärungen von Verwaltungsträgern, die keinen VA-Charakter haben, finden die Bestimmungen über privatrechtliche Willenserklärungen nach §§ 116 ff, 133 ff BGB entsprechende Anwendung, soweit das öffentliche Recht keine abweichenden oder inhaltlich entsprechenden Regelungen trifft.

Beispiele: Die Aufrechnung mit einer öffentlich-rechtlichen Forderung; der Verzicht auf eine öffentlich-rechtliche Forderung; das Ersuchen um Amtshilfe.

873 Verwaltungsrechtliche Willenserklärungen sind auch die Erklärungen, die zum Abschluss eines örVs führen; ihre rechtliche Bedeutung erlangen diese Willenserklärungen freilich im Zusammenhang mit dem örV und sind deshalb hier nicht zu behandeln. – Die Aufforderung durch eine Behörde, ein Gutachten vorzulegen, ist kein VA, sondern eine verwaltungsrechtliche Willenserklärung[1].

874 Wie schon im Zusammenhang mit dem VA erläutert, sind von der Willenserklärung bloße Wissenserklärungen abzugrenzen; bei ihnen handelt es sich um Wissensbekundungen über Sach- oder Rechtslagen auf dem Gebiet des Verwaltungsrechts ohne unmittelbare Bindungswirkung. Wissenserklärungen sind zB Gutachten[2], Mitteilungen, Untersuchungsberichte[3], Veröffentlichungen sowie Auskünfte. – Während die Wis-

---

1 BVerwG, BayVBl 1995, 59.
2 BVerwG, DVBl 1973, 371.
3 BVerwGE 32, 21.

senserklärung selbst keinen VA-Charakter besitzt, kann die Ablehnung der Mitteilung vorhandenen Wissens durch eine Behörde VA-Charakter haben. Davon ist auszugehen, wenn in der Ablehnung eine verbindliche Verneinung eines Auskunftsanspruchs zu sehen ist. Besteht ein Auskunftsanspruch, zB nach § 25 S. 2 oder den Datenschutzgesetzen, so ist die Verweigerung der Auskunft ein VA.

Ein besonderer Fall der öffentlich-rechtlichen Willenserklärung ohne VA-Charakter **875** ist die Zusage. Die verwaltungsrechtliche Zusage ist das verbindliche Versprechen eines Trägers öffentlicher Verwaltung, ein konkretes Verwaltungshandeln vorzunehmen oder zu unterlassen[4].

Beispiel: Die schriftliche Erklärung des Leiters der Bauaufsichtsbehörde, den Abriss eines Hauses zu verhindern[5].

Hat die Zusage den Erlass oder das Unterlassen eines bestimmten VAs zum Gegenstand, so handelt es sich um eine „Zusicherung"; die Zusicherung ist in § 38 geregelt.

Beispiel: Die Zusicherung eines Verkehrszeichens[6].

Die Zusicherung ist ein Unterfall der Zusage. Die Zusage unterscheidet sich von der Auskunft dadurch, dass die Zusage verbindlich ist.

Über die **Rechtsnatur** der Zusage – VA oder verwaltungsrechtliche Willenserklärung **876** ohne VA-Charakter – wird seit Langem gestritten[7]. ME ist die Zusage, auch in Form der Zusicherung, kein VA. Die Zusage entfaltet ausschließlich eine selbstverpflichtende Wirkung; ihr fehlt der verfügende Charakter des VAs. Die mit einem VA verbundenen Wirkungen: Tatbestandswirkung, Bindungswirkung, fehlen der Zusage. Ein verstecktes Argument für die Richtigkeit der hier getroffenen Zuordnung enthält § 38. Aus der Tatsache, dass § 38 lediglich die Zusicherung eines VAs, nicht aber die Zusage als solche behandelt, folgt, dass die Zusage eine verwaltungsrechtliche Willenserklärung sein muss; wäre die Zusage VA, wäre die Beschränkung des Gesetzgebers auf die Zusicherung unverständlich.

Eine Zusage ist unter folgenden Voraussetzungen wirksam: Sie muss von der zuständigen Behörde erteilt werden. Sie kann formlos ergehen. Die Erteilung der Zusage **877** steht im Ermessen der Behörde; ein Anspruch auf Erteilung einer Zusage iS einer „Ermessensreduzierung auf Null" ist wohl nur selten vorstellbar; denkbar ist ein Anspruch auf Erteilung einer Zusicherung[8] dann, wenn der Betroffene ein berechtigtes Interesse an einer Vorwegbindung der Behörde als Folge seiner besonderen Situation geltend machen kann;

Beispiel: Zusicherung einer speziellen Planung, damit der Betroffene frühzeitig disponieren kann.

---

4   Ausführlich *Hebeler/Schäfer*, „Versprechen der Verwaltung", JURA 2010, 881 ff; die Zusicherung im Zuwendungsrecht behandeln *Kloepfer/Lenski*, NVwZ 2006, 501 ff.
5   ThürOVG, ThürVBl 2008, 105 ff.
6   S. BVerwGE 97, 323.
7   **Kein VA:** BVerwG, NJW 1976, 686 ff; *Forsthoff*, S. 17; VA: BVerwG, NVwZ 1986, 1011; *Kopp/ Ramsauer*, § 38 Anm. 2b; *Meyer/Borgs*, § 38 Rn 9; *Guckelberger*, DÖV 2004, 357 ff; *Ruffert*, in: Erichsen/Ehlers (Hrsg.), AllgVerwR, § 21 Rn 62; **unentschieden:** *Kopp/Ramsauer*, § 38 Rn 6.
8   *Kingler/Krebs*, JuS 2010, 1059.

878 Unverbindlich ist eine Zusage, wenn sie von der unzuständigen Stelle erteilt wurde. Die Verbindlichkeit der Zusage entfällt nachträglich, wenn sich die Sach- oder Rechtslage nach Erteilung der Zusage wesentlich geändert hat; die zu § 60 unter dem Stichwort „Wegfall bzw Änderung der Geschäftsgrundlage" getroffenen Aussagen gelten auch hier. Die Behörde kann die Verbindlichkeit einer Zusage nachträglich beseitigen durch Rücknahme oder Widerruf; die §§ 48, 49 gelten analog (zu diesen Normen ausführlich unten Rn 917 ff).

879 Das Recht der **Zusicherung** – wie gesagt, ein Unterfall der Zusage – regelt § 38. Die Zusicherung kann wirksam nur von der zuständigen Behörde erteilt werden; sie bezieht sich auf den Erlass oder das Unterlassen eines bestimmten VAs, ein Verkehrszeichen in der Form der Allgemeinverfügung ist nach § 38 VwVfG zusicherungsfähig[9]; wirksam ist die Zusicherung nur, wenn sie schriftlich erteilt wurde; eine Zusicherung zur Niederschrift des Gerichts genügt der Schriftform des § 38 Abs. 1 S. 1 VwVfG[10]. Wirksamkeitsvoraussetzung für eine Zusicherung ist ferner, dass eine eventuelle Mitwirkung einer Behörde stattgefunden hat, § 38 Abs. 1 S. 2. § 38 Abs. 2 erklärt eine bestimmte Anzahl von Regelungen aus dem Recht des VAs für anwendbar. Den Wegfall der Geschäftsgrundlage regelt § 38 Abs. 3[11]. Eine Behörde kann auch außerhalb des Anwendungsbereichs von § 38 ein sonstiges zukünftiges Tun oder Unterlassen zusagen, wenn die Behörde gegenüber dem Adressaten unzweifelhaft den Willen zum Ausdruck bringt, eine bestimmte Handlung später vorzunehmen oder zu unterlassen[12].

880 **Lösung Fall 21 (Rn 871):** Die Behörde besitzt gegen U eine Rückforderung wegen zu viel gezahlter Beträge (diese Aussage ist hier als richtig zu unterstellen; der Rechtsgrund für die Rückforderung wird später diskutiert). Diese Forderung ist öffentlich-rechtlicher Natur. Die Behörde darf sie gegen eine andere aufrechnen, wenn die Voraussetzungen der §§ 387 ff BGB vorliegen; das Aufrechnungsrecht des BGB findet analoge Anwendung, soweit öffentlich-rechtliche Aussagen nicht entgegenstehen. Entgegenstehende öffentlich-rechtliche Aussagen fehlen. Die Voraussetzungen der §§ 387 ff BGB, Gleichwertigkeit der Leistungen, Aufrechnungserklärung etc liegen vor. Die Behörde durfte lediglich den Differenzbetrag bezahlen.

§ 10   Der Realakt

881 **Fall 22:** Die zuständige Behörde möchte eine Bundesfernstraße verbreitern. Sie benötigt dazu einen 3 m breiten Streifen Land des A. Dieser verweigert den Verkauf des Lands. Daraufhin weist die Enteignungsbehörde den Träger der Straßenbaulast vorzeitig in den Besitz des Lands ein. Der Straßenbaulastträger beginnt mit den Bauarbeiten, indem er einen Zaun, der das Grundstück des A umschließt, abreißt. Ist dieses Vorgehen rechtmäßig? **Rn 892**

---

9   BVerwG, NJW 1995, 1977.
10   BVerwG, NJW 1995, 1977.
11   S. dazu *Baumeister*, DÖV 1997, 229 ff in kritischer Auseinandersetzung mit BVerwG, NJW 1995, 1977.
12   BVerwG, Buchholz 407.3 § 5 VerkPBG Nr 14.

I. Der Begriff des Realakts

Realakte sind Tathandlungen[1]. Unter diesem Begriff fasst man alle Handlungen zu- **882**
sammen, die nicht auf einen Rechtserfolg, sondern auf einen **tatsächlichen** Erfolg gerichtet sind. Das Fehlen des Rechtserfolgs ist der entscheidende Unterschied zum VA,
zum örV und zu den verwaltungsrechtlichen Willenserklärungen.

Beispiele für Realakte: Auszahlung eines Geldbetrags; Fahrt mit dem Dienstfahrzeug; Errichtung eines Verwaltungsgebäudes; Abriss eines Hauses; Durchführung einer Schutzimpfung.
Auch die bei Rn 872 dargestellten Wissenserklärungen sind Realakte.

Von diesen Wissenserklärungen haben „behördliche Warnungen" in jüngster Zeit **883**
eine gewisse Aktualität erreicht.

Beispiele für behördliche Warnungen: Veröffentlichung einer Liste mit glykolhaltigen und
damit wohl gesundheitsschädlichen Weinen durch das Bundesgesundheitsamt[2]; Warnung vor
angeblich verdorbenen Teigwaren durch das Regierungspräsidium Stuttgart[3]; Warnung vor
sog. Jugendsekten[4]; Warnung eines Oberbürgermeisters vor einer sog. Jugendsekte[5]; Hinweis
auf Schadstoffe im Trinkwasser[6]. – Ein weiteres Beispiel bildet die Veröffentlichung sog.
„Transparenzlisten"[7].

Literatur: *Schulte*, Schlichtes Verwaltungshandeln, 1995; *Sodan*, DÖV 1987, 858 ff;
Heintzen, Die Verwaltung 1990, S. 532 ff; *Leidinger*, DÖV 1993, 925 ff; *Spranger*, DVP 2000,
457 ff.

Ebenfalls nicht auf einen Rechtserfolg zielt ein Handeln ab, welches sich zwischen **884**
Staat und Bürger abspielt und das heute „informales" oder „informelles" Verwal-
tungshandeln genannt wird. Dieses Handeln ist Folge einer Kooperation zwischen
Staat und Bürger. Mit Blick auf die Einseitigkeit staatlichen Handelns lässt sich der
Realakt dem VA zuordnen, mit Blick auf das kooperative Handeln das „informelle"
Verwaltungshandeln dem örV.

„Informelles" Verwaltungshandeln zeigt sich zB in Aushandlungsprozessen, Abspra- **885**
chen über mögliche Inhalte von VAen und Absprachen zur Konfliktvermeidung. Es
gibt es vor allem im öffentlichen Wirtschaftsrecht, Umweltrecht und Steuerrecht.

Beispiele: Verhandlungen im Vorfeld von Genehmigungsverfahren; Übereinkommen mit dem
Versprechen, rechtswidrige Zustände zu beseitigen, um behördliche Eingriffe zu vermeiden;
Verständigungen im Steuerrecht über die Höhe der zu zahlenden Steuer bei schwierigen Sach-
verhaltsfragen.

Eine juristische Dogmatik zur Bändigung dieses Handelns fehlt. Partiell gibt es ge- **886**
setzliche Regelungen, § 5 UVPG; §§ 2 Abs. 2, 2a der 9. BImSchV.

---

1   Zu den Realakten ausführlich *Hermes*, Schlichtes Verwaltungshandeln, in: Hoffmann-Riem/Schmidt-
Aßmann/Voßkuhle (Hrsg.), Grundlagen des Verwaltungsrechts, Bd. II, 2. Aufl. 2012, S. 1523 ff.
2   BVerwGE 87, 37 sowie BVerfGE 105, 252; OVG NW, NJW 1986, 2783; OVG NW, GewArchiv 1988,
11.
3   OLG Stuttgart, NJW 1990, 2690; LG Stuttgart, NJW 1989, 2257.
4   BVerwGE 82, 76; BVerfG, NJW 1989, 3269; VGHBW, NVwZ 1989, 279 und 878.
5   OVG NW, NVwZ 1991, 176.
6   LG Göttingen, NVwZ 1992, 98 ff.
7   BVerwGE 71, 183 ff.

887 „Informelles" Verwaltungshandeln findet auch statt, wenn Konfliktmittler tätig werden, s. § 2 Abs. 2 S. 3 Nr 5 der 9. BImSchV, § 4b BauGB[8].

II. Der rechtmäßige Realakt

888 Wie jedes staatliche Handeln muss auch der Realakt mit dem geltenden Recht in Einklang stehen. Realakte, die dem Verwaltungsrecht zuzuordnen sind, werden „Verwaltungsrealakte" genannt; sie dürfen weder gegen das Verwaltungsrecht noch gegen das Verfassungsrecht verstoßen. Das für den VA Gesagte gilt auch für sie. Die Behörde muss deshalb in jeder Hinsicht für den Erlass des Realakts zuständig sein. Wenn das Verwaltungsrecht Anforderungen an seine Rechtmäßigkeit stellt, sind diese Anforderungen einzuhalten. Freilich stellt das Verwaltungsrecht nur sehr selten Anforderungen an den Realakt; sie ergehen außerordentlich häufig im sog. gesetzesfreien Raum. Realakte im gesetzesfreien Raum finden eine Rechtmäßigkeitsgrenze in den Grundrechten und dem Grundsatz der Verhältnismäßigkeit als Grenze jeden staatlichen Handelns. Zuständigkeitsprobleme haben sich insbesondere ergeben bei Warnungen der Bundesregierung im Umweltbereich[9]. Ebenfalls hat der Grundrechtsschutz Betroffener eine große Rolle gespielt. Mit Blick auf den Grundsatz der Verhältnismäßigkeit kann gesagt werden, dass manchmal ein Verbot eines Produkts weniger einschneidend ist als eine öffentliche Warnung; die öffentliche Warnung hat für das das Produkt herstellende Unternehmen sehr häufig einen schweren Imageverlust zur Folge.

Beispiel: Die Firma X stellt eine Vielzahl von Hygieneartikeln her. Die Bundesregierung warnt die Verbraucher, das Produkt A der Firma X zu kaufen, weil es möglicherweise umweltschädigend sei. Tatsächliche Folge dieser Warnung kann sein, dass die Verbraucher auch andere Produkte der Firma X, die in jeder Hinsicht unbedenklich sind, nicht mehr erstehen. Der Imageschaden für die Firma X und die finanziellen Folgen für sie sind ungleich größer, als wenn die zuständige Behörde der Firma verboten hätte, das Produkt A weiter zu vermarkten.

III. Der rechtswidrige Realakt

889 Beachtet ein Realakt die zuvor aufgezeigten rechtlichen Grenzen nicht, so ist er rechtswidrig.

Beispiel: Die Müllabfuhr der Stadt B beschädigt den dem X gehörenden Mülleimer bei seiner Leerung; das Eigentum des X ist verletzt. Weiteres **Beispiel:** Nach § 9 Abs. 1 S. 1 StrVG (Sa. Ergänzungsband Nr 836) kann der Bundesumweltminister zur Erreichung des Gesetzeszwecks der Bevölkerung bestimmte Verhaltensweisen empfehlen. Verfehlt die Empfehlung den Gesetzeszweck, ist sie rechtswidrig.

890 Die für alle Staatsakte relevante Frage, welche Folgen die Rechtswidrigkeit des Staatshandelns hat, stellt sich bei Realakten nicht; ihrem Wesen nach bringen sie keine Rechtswirkungen hervor. Die für den rechtswidrigen VA relevante Frage, ob er nichtig oder wirksam ist, besitzt beim Realakt ersichtlich keine Bedeutung.

---

8 **Literatur:** *Bauer*, Die Verwaltung 1987, 241 ff; *Kunig/Rublack*, JURA 1990, 1 ff; *Schulte*, Schlichtes Verwaltungshandeln, 1995, 40 ff; *Pusider*, DÖV 1998, 63 ff; *Remmert*, JURA 2007, 736.
9 S. BVerwGE 82, 80 f; 87, 37, 47.

Die Folgen der Rechtswidrigkeit eines Realakts (Wiederherstellung des ursprüngli- **891** chen Zustands, Schadenersatz) werden im dritten Teil des Buchs behandelt (Rn 1064 ff: Folgenbeseitigungsanspruch).

Lösung Fall 22 (Rn 881): Der Abriss des Zauns ist ein Realakt. Auch Realakte unterliegen **892** Rechtmäßigkeitsanforderungen. Diese bestehen vorliegend darin, dass der Träger der Straßenbaulast rechtmäßig den Besitz an dem Grundstücksstreifen ergreifen durfte. Die vorzeitige Besitzeinweisung ist nach § 18f BFStrG erlaubt. Es werde unterstellt, dass die vorzeitige Besitzeinweisung rechtmäßig erfolgte. Dann darf mit den Bauarbeiten begonnen werden. Der Abriss des Zauns ist rechtmäßig.

§ 11   Verwaltungsprivatrechtliches Handeln

Fall 23: Das Land Berlin fördert den Wohnungsbau von Privatleuten durch Bereitstellung **893** von Geld im Landeshaushalt. Es möchte die Förderung aber nicht durch eigene Behörden vollziehen, sondern einer Bank diese Aufgabe übertragen. Diese soll entsprechend den „Richtlinien zur Wohnungsbauförderung" die Förderungswürdigkeit eines Objekts feststellen und bei Bejahung dieser Voraussetzung an den Bauherrn ein zinsgünstiges Darlehen auszahlen. Darf das Land Berlin in dieser Weise vorgehen? **Rn 905**

I.   Die Grenzen verwaltungsprivatrechtlichen Handelns

In diesem Buch wurde schon mehrfach dargelegt, dass es der Verwaltung erlaubt ist, **894** auf der Grundlage des Privatrechts zu handeln. Ursprünglicher Zweck des Handelns auf privatrechtlicher Grundlage war es, sich von den Bindungen des öffentlichen Rechts zu befreien. Dieser Zweck wurde nicht erreicht; es entspricht der hM, dass auch dann, wenn die Verwaltung privatrechtlich tätig wird, sie an die Grundrechte gebunden ist; speziell begrenzt das Willkürverbot ihr Handeln. Es muss nicht weiter betont werden, dass die Behörde nur dann auf der Grundlage des Privatrechts tätig werden darf, wenn Gesetze nicht entgegenstehen.

Beispiel: Gestaltet die Behörde das Nutzungsverhältnis zu einer öffentlichen Einrichtung privatrechtlich und „erhebt" sie für die Benutzung ein Entgelt, so hat sie gleichwohl die grundlegenden Prinzipien öffentlicher Finanzgebarung zu beachten, also in diesem Fall die sog. Gebührengrundsätze (wäre das Benutzungsverhältnis öffentlich-rechtlich ausgestattet, so hätte der Benutzer eine sog. Benutzungsgebühr zu entrichten) – das gebührenrechtliche Äquivalenzprinzip fordert ein ausgewogenes Verhältnis von Leistung und Gegenleistung[1]. Zwar besitzt die Behörde – in den gesetzlichen Grenzen – ein Wahlrecht zwischen öffentlichem und privatem Recht. Dieses Wahlrecht bedingt aber nicht, dass der Behörde die Freiheiten und die Möglichkeiten der Privatautonomie zustehen[2].

---

1   Vgl *Dahmen*, KStZ 1988, 107.
2   BGH, NJW 1985, 200; OLG Koblenz, NVwZ-RR 1989, 192. – **Literatur** zum Verwaltungsprivatrecht: *Ehlers*, Verwaltung in Privatrechtsform, 1984; *ders.*, DVBl 1983, 422; *v. Zezschwitz*, NJW 1983, 1873; *Gusy*, DÖV 1984, 872; *ders.*, JURA 1985, 578; *Unruh*, DÖV 1997, 653 ff; *Dietlein*, JURA 2002, 445 ff.

II. Die Zweistufentheorie

895 Vom Handeln der Behörde, welches ausschließlich in privatrechtlicher Form geschieht, zu unterscheiden ist ein Gemisch öffentlich-rechtlich-privatrechtlichen Tätigwerdens. In diesen Fällen geht die Verwaltung zweistufig vor: Sie entscheidet auf der ersten Stufe öffentlich-rechtlich, sie vollzieht die getroffene Entscheidung privatrechtlich: Das **„Ob"** erfolgt auf der Grundlage des **öffentlichen** Rechts, das **„Wie"** in der Form des **Privatrechts**. Für diese Form des Handelns hat sich der Begriff „Zweistufentheorie" eingebürgert.

Beispiel: Die Entscheidung, ob eine Subvention gewährt wird, erfolgt öffentlich-rechtlich, die Vergabe der Subvention erfolgt in Form eines Darlehensvertrags.

896 „Zweistufiges" Handeln gibt es insbesondere im Bereich des Subventionsrechts und der Benutzung öffentlicher Anstalten.

897 Die Entscheidung über das „Ob" ist immer ein VA. Ist die Entscheidung positiv, ergeht regelmäßig ein sog. Bewilligungsbescheid. Im Bereich des Subventionsrechts nimmt der Bescheid regelmäßig auf „Bewilligungsbedingungen" Bezug.

Beispiel: A betreibt im Bundesland N ein Busunternehmen. Er beantragt bei der zuständigen Bezirksregierung in H einen Zuschuss für die Anschaffung eines neuen Busses entsprechend den „Richtlinien für verkehrswirtschaftliche Investitionshilfen". Die Bezirksregierung bewilligt den Zuschuss. Der Bewilligungsbescheid enthält folgende „Bewilligungsbedingungen": 1. Für bereits eingegangene Verpflichtungen werden Zuschüsse nicht gewährt. Lieferaufträge dürfen erst dann erteilt werden, wenn eine Einverständniserklärung zum Bewilligungsbescheid eingegangen ist. 2. Dieser Zuwendungsbescheid wird gegenstandslos und der Zuschuss ist zurückzuzahlen, wenn Auflagen und Bedingungen nicht erfüllt werden."

898 In den Vollzug der Entscheidung kann ein „Dritter" eingeschaltet sein, häufig ist dieser Dritte eine Bank. In dieser Konstellation sind zwei Varianten zu unterscheiden: **(1.)** Besorgt die Bank lediglich die Auszahlung, tritt sie also nur als Erfüllungsgehilfe des Staats auf, gibt es keine Differenz gegenüber der Zahlung durch die Staatskasse. **(2.)** Wenn die Behörde zwar bewilligt, die Bank indes den Darlehensvertrag abschließt und mit Blick auf den Inhalt des Vertrags Entscheidungsspielräume besitzt (Zinssatz, Höhe der Tilgungsrate), entsteht ein „Dreiecksverhältnis" zwischen Behörde, Bürger und Bank.

899 Die Zweistufentheorie stößt im Bereich des Subventionsrechts auf Kritik. Es wird vorgetragen, die Differenzierung zwischen den beiden Stufen sei in der Praxis eine Fiktion. (Dieses Argument stimmt jedenfalls dann nicht, wenn in die Subventionsvergabe eine Bank eingeschaltet ist, s. das zuvor so bezeichnete „Dreiecksverhältnis"). Im Übrigen ist die Stimmigkeit dieses Arguments eine Frage des Einzelfalls: Wenn „Bewilligungsbescheid" und Darlehensvertrag in einem Dokument zusammenfallen, welches der Subventionsempfänger zu unterschreiben hat, ist die Annahme einer ersten Stufe sicherlich eine Fiktion. Es wird ferner als misslich betrachtet, ein einheitliches Lebensverhältnis in zwei Rechtsverhältnisse zu trennen; dieses Argument ist zutreffend, weil Folge der Differenzierung ist, dass Probleme auf verschiedenen Rechtswegen gerichtlich zu lösen sind. Es lassen sich auch die erste und die zweite Stufe nicht immer genau trennen. Schließlich ist das Verhältnis der beiden Stufen zueinander problematisch; der BGH³ ist der Ansicht, mit dem Abschluss des Darlehensvertrags erlösche der Bewilligungsbescheid, das BVerwG⁴ meint, der Bewilligungsbescheid bestehe fort und wirke auf die zweite Stufe ein. Endlich gibt es rechtskonstruktive Schwierigkeiten bei der Lösung von Konfliktfällen. Fraglich ist, wie vorzugehen ist, wenn die Behörde nach Erlass des Bewilligungsbescheids den Abschluss des Darlehensvertrags verweigert; es wird angenommen, der Bürger müsse auf Abschluss des Vertrags klagen, und zwar vor den Zivilgerichten. Ebenfalls ist problematisch, was mit dem Darlehensvertrag zu geschehen hat, wenn der Bewilligungsbescheid nichtig ist oder aufgehoben wird; theoretisch sind folgende Lösungen vorstellbar:

(1.) Der Bewilligungsbescheid ist als Wirksamkeitsvoraussetzung des Darlehensvertrags zu betrachten; das Entfallen des VA lässt den Vertrag ungültig werden.

(2.) Der Bewilligungsbescheid bildet die causa des Darlehensvertrags; Vertrag und das ausbezahlte Geld können kondiziert werden.

(3.) Der Bewilligungsbescheid bildet die Geschäftsgrundlage des Darlehensvertrags; der Vertrag kann gekündigt werden.

(4.) Mit Abschluss des Vertrags erlischt der Bewilligungsbescheid; er vermag den Vertrag deshalb nicht mehr zu beeinflussen.

Die hM geht von einer engen Verknüpfung der beiden Stufen aus; für sie ist es deshalb nahe liegend, sich für die erste der zuvor beschriebenen Varianten zu entscheiden. **900**

Insoweit einschlägige **Rechtsprechung**: BVerwGE 35, 170; 45, 14; BGHZ 40, 210; 52, 160 ff; 61, 299; NJW 1997, 328 (Hermes-Bürgschaft); **Literatur:** *Brohm*, Strukturen der Wirtschaftsverwaltung, 1969, S. 181 f; *Jarass*, JuS 1980, 118. – Kritik an der Zweistufentheorie bei *Rüfner*, Formen öffentlicher Verwaltung im Bereich der Wirtschaft, 1967, S. 372 ff; *Henke*, Das Recht der Wirtschaftssubventionen als öffentliches Vertragsrecht, 1979, S. 11 f. **901**

Für die Subventionsvergabe werden in der Literatur verschiedene andere Lösungsmöglichkeiten angeboten. Auf diese ist hier nicht einzugehen, da sie zum Bereich des Wirtschaftsverwaltungsrechts zählen. **902**

Hingewiesen sei auf folgende **Literatur**: *Menger*, FS W. Ernst, 1980, S. 301 ff. – Allgemein zum Subventionsrecht: *Bleckmann*, Subventionsrecht, 1978; *Gusy*, JA 1991, 286 ff und 327 ff; *Weißenberger*, GewArch 2009, 417 ff, 465 ff. **903**

Nach der schon zuvor angedeuteten Auffassung erfolgt die **Rückabwicklung** von Subventionen durch „Aufhebung" des Bewilligungsbescheids mit der Folge, dass der Subventionsvertrag ungültig wird; die gewährte Subvention ist dann zurückzugewähren⁵. **904**

Nach der Rechtsprechung des BVerwGs⁶ ist im Bereich des *Vergaberechts* die Zweistufentheorie nicht anwendbar. Das Vergabeverfahren ist zweistufig. Auf der ersten Stufe, dem Vergabeverfahren, dient der Auswahl des Auftragnehmers aus mehreren

---

3   BGHZ 40, 206.
4   BVerwGE 35, 170.
5   **Literatur** zur Rückforderung von Subventionen: *Arndt*, JuS 1989, 808 ff; *Sachs/Wermeckes*, NVwZ 1996, 1185 mit Berücksichtigung von §§ 49, 49a VwVfG; *Gellermann*, DVBl 2003, 481 ff; *Walter*, NJ 2003, 215.
6   BVerwGE 129, 6 ff = NVwZ 2007, 820 ff. S. zu dieser Entscheidung *Siegel*, DVBl 2007, 942 ff.

Bietern. Auf der zweiten Stufe wird mit dem ausgewählten Bieter ein (Werk-)Vertrag geschlossen. Auf der ersten Stufe trifft „die öffentliche Hand ... in diesem Vergabeverfahren eine Entscheidung über die Abgabe einer privatrechtlichen Willenserklärung, die die Rechtsnatur des beabsichtigten bürgerlich-rechtlichen Rechtsgeschäfts teilt. Die Vergabe öffentlicher Aufträge ist als einheitlicher Vorgang insgesamt dem Privatrecht zuzuordnen"[7].

905   **Lösung Fall 23 (Rn 893):** Das Land Berlin darf ohne gesetzliche Grundlage Zuwendungen für im öffentlichen Interesse liegende Zwecke vergeben. Die Förderung des Wohnungsbaus ist ein öffentlicher Zweck. Die Feststellung der Förderungswürdigkeit eines Vorhabens muss eine Behörde treffen, da Mittel aus dem Staatshaushalt vergeben werden. Die Bank nimmt diese Aufgabe rechtmäßig nur dann wahr, wenn sie „Behörde" ist; Voraussetzung für ihre Behördeneigenschaft ist, dass sie rechtmäßig beliehen worden ist. Die Beleihung geschieht durch Gesetz oder durch VA auf Grund eines Gesetzes. Die Beleihung muss das Land Berlin vornehmen. Ist sie erfolgt, darf die Bank eigenständig über die Förderungswürdigkeit eines Vorhabens entscheiden und die Zuwendung in Form eines Darlehens auszahlen.

---

7   BVerwG, NVwZ 2007, 821.

Teil III

Die Kontrolle des Verwaltungshandelns und ihre Folgen

Vorbemerkung

Verwaltungshandeln, welches Rechtsfolgen hervorbringen soll, kann rechtmäßig, **906** rechtswidrig oder nichtig sein; Realakte können rechtswidrig sein. Für den von Staatshandeln betroffenen Bürger stellt sich die Frage, ob er das Handeln hinnehmen soll; für die Behörde stellt sich die Frage, ob sie an ihrem „Tun" festhalten soll.

Staatshandeln bedarf der Rechtmäßigkeitskontrolle; nach ihrer Durchführung stellt sich **907** insbesondere bei rechtswidrigem Staatshandeln die Frage nach den Folgen. Die Kontrolle und mögliche Folgen kann der Bürger auslösen. Dazu besitzt er mehrere Handlungsvarianten: Er kann die Behörde, die gehandelt hat, formlos um Überprüfung ihres Tuns und im Falle, dass die Behörde ihr Handeln für rechtswidrig erachtet, um Rückgängigmachung ihres Tuns bitten. Ein form- und fristloses Mittel für diesen Zweck ist auch die Dienstaufsichtsbeschwerde. – Der Bürger kann gegen die getroffene Entscheidung „Rechtsmittel" einlegen. Die Art des Rechtsmittels ist abhängig von der Qualität des Staatsakts: Handelt es sich um einen VA oder um die Ablehnung des Erlasses eines VAs, ist der Widerspruch nach § 68 VwGO einschlägig; bescheidet die Behörde den Bürger daraufhin negativ (Widerspruchsbescheid, § 73 VwGO), hat er das Recht der Klage vor dem Verwaltungsgericht (Anfechtungsklage, Verpflichtungsklage, § 42 Abs. 1 VwGO). Ist der Staatsakt eine kommunale Satzung, kommt eine Normenkontrollklage nach § 47 Abs. 1 VwGO in Betracht. Gegen Realakte oder unterlassene Realakte ist das statthafte Rechtsmittel die allgemeine Leistungsklage (in den Varianten Beseitigungs- und Vornahmeklage vorhanden). – Wenn der VA bestandskräftig geworden ist, besteht unter den Voraussetzungen des § 51 ein Anspruch auf Wiederaufgreifen des Verfahrens. – Sind aufgrund eines VAs, dessen Existenz später beseitigt wurde, Leistungen erbracht worden, so sind diese rückgängig zu machen; das Gleiche gilt für einen nichtigen oder aufgehobenen örV. – Hat der Bürger auf Grund staatlichen Handelns einen Schaden erlitten, stellt sich die Frage nach einem Schadenersatzanspruch; auch in diesem Fall ist die Rechtmäßigkeit staatlichen Handelns zu prüfen.

Alles in allem gibt es also eine Vielzahl von „informellen" und „formellen" Möglich- **908** keiten, Staatshandeln auf seine Rechtmäßigkeit hin zu überprüfen.

Die angesprochenen Klagen vor dem Verwaltungsgericht sind nicht Gegenstand die- **909** ses Buchs. Das Widerspruchsverfahren als Voraussetzung einer zulässigen Klage vor dem Verwaltungsgericht ebenfalls nicht – diese Fragen sind Gegenstände des Verwaltungsprozessrechts und finden dort ihre Behandlung. Gegenstand des allgemeinen Verwaltungsrechts sind aber die anderen oben aufgeworfenen Fragen:

– Unter welchen Voraussetzungen kann oder muss die Behörde einen erlassenen VA „vernichten"?

- Unter welchen Voraussetzungen hat der Bürger einen Anspruch auf Neubescheidung?
- Wie werden „fehlgeschlagene" Leistungen zwischen der Behörde und dem Bürger abgewickelt?
- Wann existieren Haftungsansprüche; welches sind die einschlägigen „Haftungsinstitute"?

§ 12 Die Überprüfung eines erlassenen Verwaltungsakts – seine Aufhebung

910

Fall 24: A hat ein Gebäude im Harz geerbt. Er plant, es zum Betrieb eines Hotels zu nutzen, kann dieses Vorhaben jedoch mangels genügender Eigenmittel nicht verwirklichen. Auf Rat eines Fachmanns schließt er deshalb mit einem Hotelkonzern einen sog. Franchise-Vertrag ab, nach dem der Hotel-Konzern (Franchise-Geber) 60% der erforderlichen Investitionen übernimmt, während A als Franchise-Nehmer sich verpflichten muss, den Betrieb hinsichtlich Namen, Werbung, Service, Preise und Ausstattung genau nach den Richtlinien des Franchise-Gebers zu führen und 4% des Umsatzes an diesen abzuliefern. – A kann die verbleibenden Investitionskosten nicht aus eigener Kraft decken. Er beantragt bei der Norddeutschen Landesbank – einer Anstalt des öffentlichen Rechts – ein Darlehen in Höhe von 500 000,– EUR nach einem (fiktiven) Mittelstandsförderungsgesetz (MfG), welches die Nord-LB vollzieht. Das Darlehen wird bewilligt und ausgezahlt. A hat die Zusammenarbeit mit dem Hotelkonzern und den vom Konzern gegebenen Investitionszuschuss angegeben, aber den Franchise-Vertrag nicht vorgelegt, was von ihm auch nicht gefordert worden war. Nach Kenntnisnahme des Vertrags nimmt die Nord-LB die Kreditbewilligung mit Wirkung für die Vergangenheit zurück mit der Begründung, sie habe erst nachträglich von den Bindungen aus dem Vertrag erfahren; diese Bindungen ließen A nicht mehr als selbstständigen mittelständischen Unternehmer erscheinen, sodass das nun mit gleichem Bescheid zurückgeforderte Darlehen nicht hätte gewährt werden dürfen. – A hält diese Rechtsauffassung für unrichtig. Er weist darauf hin, er habe durchaus das geschäftliche Risiko zu tragen und müsse als Unternehmer Steuern zahlen. Jedenfalls genieße er Vertrauensschutz. – Wie ist die Rechtslage? – Anm.: § 1 Abs. 1 MfG lautet: „*Subventionen dürfen nur zu dem Zweck vergeben werden, die Gründung einer selbstständigen Existenz der mittelständischen Wirtschaft zu erleichtern.*" **Rn 988**

911 Im Zusammenhang der Lehre vom VA war schon mehrfach darauf hingewiesen worden, dass ein VA bestandskräftig werden könne. Der belastende VA wird bestandskräftig, wenn die gegen ihn erhobenen Rechtsmittel unzulässig wegen Fristablaufs werden (Widerspruch: § 70 Abs. 1 VwGO, Anfechtungsklage: § 74 Abs. 1 VwGO) oder ein auf eine Anfechtungsklage hin ergehendes Urteil rechtskräftig wird. Begünstigende VAe werden mit ihrer Wirksamkeit (§ 43 Abs. 1) bestandskräftig. Ist ein VA unanfechtbar, spricht man von formeller Bestandskraft; davon zu unterscheiden ist die materielle Bestandskraft. Sie bedeutet Verbindlichkeit sowohl für den betroffenen Bürger als auch für die erlassende Behörde. Die materielle Bestandskraft bewirkt eine beschränkte Aufhebbarkeit; diese Rechtsfolge ist verfassungsrechtlich zulässig[1]; die

---

1 BVerfGE 60, 253, 270.

Aufhebbarkeit ist abhängig vom Vorliegen der Voraussetzungen der §§ 48–51. Mit der materiellen Bestandskraft sind die schon erwähnten Wirkungen wie Tatbestandswirkung und Bindungswirkung verbunden. – Ferner war bereits auf die Dauer der Wirksamkeit eines VAs, die § 43 Abs. 2 bestimmt, aufmerksam gemacht worden; hier interessiert, dass die Wirksamkeit mit der (wirksamen) Rücknahme oder einem (wirksamen) Widerruf endet[2].

Die Überschrift vor § 43 lautet: „Abschnitt 2. Bestandskraft des Verwaltungsakts". **912** Diese Überschrift ist irreführend, weil sie suggeriert, Abschnitt 2 regelt die Voraussetzungen für den Eintritt der Bestandskraft und ihr Ende. Genau dieses normieren die §§ 43–51 aber nicht. Diese Vorschriften haben zum Gegenstand den Beginn und den Verlust der Wirksamkeit eines VAs. Eintritt der Bestandskraft eines VAs und ihr Ende sind damit nur partiell identisch.

Die in der Literatur zu findende Diskussion um die Bestandskraft eines VAs – sie hat **913** zum Gegenstand das Problem, unter welchen Voraussetzungen ein VA zurückgenommen oder widerrufen werden kann – wird folglich unter einer falschen Flagge geführt. Es geht um Wirksamkeitsbeendigungsgründe – ein VA kann auch schon zurückgenommen werden, bevor er bestandskräftig geworden ist[3]; dieses Faktum spricht § 48 Abs. 1 S. 1 eindeutig aus: „Ein rechtswidriger VA kann, **auch** (Hervorhebung von mir – F.-J. P.) nachdem er unanfechtbar geworden ist, … zurückgenommen werden." „Unanfechtbar" bedeutet formell bestandskräftig.

Es geht im Folgenden also um Wirksamkeitsbeendigungsgründe. In ihrer Kontroll **914** entscheidung bejaht oder verneint die Verwaltung deren Vorliegen. Der Kontrollvorgang kann auf eine Eigeninitiative der Verwaltung oder auf eine „Anregung" des Bürgers durchgeführt werden. Auf eine für ihn positive Entscheidung bei der Überprüfung eines belastenden VAs hat der Bürger keinen Anspruch; die Aufhebbarkeit eines belastenden VAs steht im Ermessen der Behörde, s. § 48 Abs. 1 S. 1, § 49 Abs. 1; bei den bürgerbegünstigenden VAen besteht in gewisser Weise Bestandsschutz, § 48 Abs. 1 S. 2, § 49 Abs. 2.

Die zuvor getroffene Differenzierung zwischen begünstigenden und belastenden VAen **915** ist nicht die Ausgangsentscheidung des Gesetzes. Die Ausgangsentscheidung ist die Trennung zwischen rechtswidrigen und rechtmäßigen VAen als Objekten der „Aufhebung". Aufhebung ist der Oberbegriff für Rücknahme und Widerruf. Die Rücknahme betrifft immer rechtswidrige VAe, der Widerruf in der Regel rechtmäßige VAe.

In der Vergangenheit war es Gegenstand einer Kontroverse, ob und inwieweit ein **916** wirksamer VA aufgehoben, ggf seine Bestandskraft durchbrochen werden könne. Die Diskussion konzentrierte sich auf die Gesichtspunkte Vertrauensschutz des Bürgers (rechtswidrig begünstigender VA, Recht zum Behalten des Erlangten) zum einen und Prinzip der Gesetzmäßigkeit der Verwaltung (Rücknahme eines rechtswidrigen VAs, Rückforderung des Gegebenen) zum anderen. Dieses Problem hat der Gesetzgeber jetzt in den §§ 48 ff geregelt. Die getroffenen Aussagen sind verfassungsmäßig. Auf sie ist die Aufmerksamkeit zu richten.

---

2   Zur Wirksamkeit und Bestandskraft eines VAs s. die **Fallbearbeitung** *Bethge/Rozek*, JuS 1995, 806 ff.
3   So auch *Erfmeyer*, DVBl 1997, 27 ff.

I. Ausgangspunkte für die Aufhebung eines Verwaltungsakts

917 Die §§ 48, 49 unterscheiden vier Grundfälle der Aufhebung eines VAs; Ausgangspunkt für diese Grundfälle ist die Wirkung des VAs für den Betroffenen:

– die Rücknahme eines rechtswidrigen belastenden VAs, § 48 Abs. 1 S. 1;
– die Rücknahme eines rechtswidrigen begünstigenden VAs, § 48 Abs. 1 S. 2;
– den Widerruf eines rechtmäßigen belastenden VAs, § 49 Abs. 1;
– den Widerruf eines rechtmäßigen begünstigenden VAs, § 49 Abs. 2, 3.

918 Rechtmäßigkeit oder Rechtswidrigkeit beziehen sich auf den ursprünglichen VA. Tritt die Rechtswidrigkeit später ein, wirkt sie aber auf den Zeitpunkt des Erlasses des VAs zurück, so handelt es sich um den Fall eines ursprünglich rechtswidrigen VAs[4]. Die Rücknahme eines VAs dient der Korrektur eines ursprünglichen Fehlers. Der Widerruf eines VAs dient der Anpassung an eine veränderte Sach- oder Rechtslage; teilweise geht es auch einfach darum, den Fortbestand eines VAs wegen mangelnden Interesses zu beseitigen[5].

919 Rücknahme und Widerruf betreffen nicht nur einen vollständigen VA, sondern können sich auch auf Teile eines VAs beziehen. Voraussetzung ist die sachliche Teilbarkeit eines VAs.

Beispiele: Ein Leistungsbescheid in bestimmter Höhe wird um einen bestimmten Betrag widerrufen. Eine Baugenehmigung für den Bau eines zehngeschossigen Hauses wird zurückgenommen; es dürfen nur fünf Geschosse gebaut werden.

920 Bei DauerVAen können Rücknahme und Widerruf zeitlich beschränkt sein. Die Aufhebung kann den gesamten Geltungszeitraum des VAs betreffen; sie wirkt dann ex tunc. Sie kann aber auch erst ab einem bestimmten Zeitpunkt wirksam werden; die Aufhebung wirkt dann ex nunc.

Beispiel: Ein Leistungsbescheid, der eine monatliche Leistung festsetzt (zB BAföG), kann vollständig für die Vergangenheit und die Zukunft zurückgenommen werden, aber auch ab einem bestimmten Zeitpunkt nur für die Zukunft widerrufen werden (Student S leert den Jack-Pot im Lotto[6]).

921 Der Rücknahme und dem Widerruf unterliegen grundsätzlich nur wirksame VAe; nichtige VAe sind nicht wirksam und können deshalb weder widerrufen noch zurückgenommen werden, § 43 Abs. 3. Die Behörde kann die Frage, ob ein VA nichtig oder rechtswidrig ist, nicht unbeantwortet lassen. Ist ein VA lediglich rechtswidrig, können sich für den Bürger an die Rücknahme oder den Widerruf aus dem Gesichtspunkt des Vertrauensschutzes günstige Folgen knüpfen, über welche zu entscheiden ist. Zu beachten ist auch, dass ein rechtswidriger VA geheilt werden kann; liegt Heilung vor, entfällt die Rücknahme. Widerrufen werden kann ein VA auch dann, wenn er rechtswidrig ist; die Rücknahmegründe erweitern die Widerrufsmöglichkeiten[7]. Im Falle

---

4 BVerwGE, 84, 111; BVerwG, DVBl 1990, 306; *Schenke* will auf diesen Fall § 49 anwenden, s. DVBl 1989, 433 ff; BayVBl 1990, 107.
5 Zur Korrektur von VAen wegen nachträglicher Änderung der Verhältnisse *Frohn*, JURA 1993, 393; zur Rücknahme von VAen allgemein *Geron*, JA 2002, 229 ff; zum Einfluss des Europarechts *Britz/ Richter*, JuS 2005, 198 ff.
6 Vgl hierzu *Frohn*, JURA 1993, 393 ff.
7 BVerwG, NVwZ 1987, 498; BVerwGE 112, 8 ff; OVG NW, NVwZ-RR 2012, 541.

eines Widerrufs kann deshalb die Frage, ob der VA rechtmäßig oder rechtswidrig ist, unentschieden bleiben – jedenfalls bei nicht begünstigenden VAen[8].

Rücknahme und Widerruf sind **selbst VAe**. Der Erlass dieser VAe bildet den End- **922** punkt eines neuen Verwaltungsverfahrens iSd § 9. Rücknahme und Widerruf müssen selbst rechtmäßig sein – also den formellen Anforderungen eines VAs genügen und materiell-rechtlich von den §§ 48 oder 49 gedeckt sein. §§ 48, 49 sind materiell-recht-liche Ermächtigungsgrundlagen[9]; als Annexmaterie an den Erlass eines VAs haben sie ihre Stellung im VwVfG gefunden. Rechtswidrige Rücknahmen oder Widerrufe können nach § 43 Abs. 2 wirksam werden, unterliegen aber wie jeder VA dem Wider-spruch und der Anfechtungsklage. Stellt ein Gericht die Rechtswidrigkeit eines Wi-derrufs oder einer Rücknahme fest und hebt es den Bescheid auf, gilt der ursprüngli-che VA weiter[10].

Literatur: *Krausnick*, JuS 2010, 594 ff, 681 ff, 778 ff; *Ehlers/Schröder*, JURA 2010, 503 ff; *Ehlers/Kallerhof*, JURA 2009, 823 ff.

II.   Verdrängung der §§ 48, 49 VwVfG durch Spezialnormen

Die §§ 48, 49 gelten nicht, wenn das VwVfG nicht zur Anwendung gelangt. Der An- **923** wendungsbereich des VwVfG ist unter Rn 287 ff dargelegt worden. Dem VwVfG-Bund gehen bundesgesetzliche Vorschriften über die Rücknahme oder den Widerruf eines VAs vor.

Solche **Spezialvorschriften** können in zweierlei Hinsicht bestehen: **(1.)** In solchen **924** Bereichen, die nach § 2 vom Geltungsbereich des VwVfG ausgenommen sind; **(2.)** nach § 1 Abs. 1 und 2 – „soweit nicht Rechtsvorschriften des Bundes inhaltsgleiche oder entgegenstehende Bestimmungen enthalten". Für den ersten Ausnahmefall ist beispielsweise auf die §§ 130, 172 ff AO[11] oder auf §§ 44 ff SGB X (Sa. Ergänzungs-band Nr 410) hinzuweisen[12].

Beispiele für den zweiten Fall sind: § 15 GastG für die Gaststättenerlaubnis[13]; § 17 AtG für atomrechtliche Genehmigungen; § 45 WaffG (Sa. I Nr 820) für waffenrechtliche Erlaubnisse[14]; § 14 BBG für beamtenrechtliche Ernennungen[15].

Hinzuweisen ist darauf, dass der in diesem Zusammenhang gern erwähnte § 44a BHO **925** durch Gesetz v. 2.5.1996[16], aufgehoben worden ist. Ob die Parallelvorschriften in den LHOen wegfallen werden, bleibt abzuwarten[17].

---

8   Ausführlich zum Problem *Kiefer*, NVwZ 2013, 1257.
9   BVerwG, NVwZ 1984, 36.
10   Zu §§ 48, 49 in der **Fallbearbeitung:** *Richter*, JuS 1991, 40 ff, 121 ff, 307 ff, 385 ff und 481 ff.
11   S. BVerwGE 79, 163.
12   BVerwGE 71, 220; 78, 105 für Rücknahme und Widerruf von Leistungen nach BAföG; zur Aufhe-bung eines sozialrechtlichen VAs vgl *Frohn*, JURA 1993, 393 ff.
13   BVerwGE 81, 78; VGHBW, DÖV 1996, 382; einschlägige **Fallbearbeitung** bei *Pache*, JA 1995, 487 ff.
14   BayVGH, BayVBl 1996, 534.
15   BVerwGE 81, 284.
16   BGBl. I S. 656.
17   Vgl dazu für Niedersachsen NdsOVG, NdsVBl 1998, 113.

926 Auch dann, wenn in einem Gesetz den §§ 48, 49 entsprechende Spezialregelungen fehlen, können die §§ 48, 49 verdrängt sein. Das ist der Fall, wenn eine klare Zielsetzung des Spezialgesetzes dahin festgestellt werden kann, auf der Grundlage des § 1 die Vorschriften der §§ 48, 49 nicht zur Anwendung gelangen zu lassen.

Beispiel: Die Rücknahme einer Aufenthaltsberechtigung nach dem (jetzt abgelösten) Ausländergesetz[18].

927 Neben dem Bundesvertriebenen- und Flüchtlingsgesetz kommt § 48 jedoch ergänzend zur Anwendung[19].

928 Die §§ 48, 49 VwVfG können durch ein Zurückbehaltungsrecht nicht umgangen werden[20].

III. Die Rücknahme eines rechtswidrigen belastenden Verwaltungsakts, § 48 Abs. 1 S. 1 VwVfG

929 Nach § 48 Abs. 1 S. 1 kann ein rechtswidriger VA, auch nachdem er unanfechtbar geworden ist, ganz oder teilweise mit Wirkung für die Zukunft oder für die Vergangenheit zurückgenommen werden. Die Norm stellt den Grundsatz auf, dass jeder rechtswidrige VA voraussetzungslos zurückgenommen werden darf. Dieser Grundsatz – auch Grundsatz der freien Rücknehmbarkeit genannt – basiert auf der Gebundenheit der Verwaltung an Recht und Gesetz, s. Art. 20 Abs. 3 GG.

930 Der Grundsatz des § 48 Abs. 1 S. 1 gilt für rechtswidrige belastende VAe. Unerheblich ist, ob der VA unanfechtbar geworden ist oder nicht. Die Rücknahme kann sich auf den vollständigen VA oder auf einzelne Teile des VAs beziehen, wenn der VA teilbar ist. Die Rücknahme kann mit Wirkung für die Zukunft oder für die Vergangenheit ausgesprochen werden.

931 Der bei Rn 916 angesprochene Gedanke des Vertrauensschutzes stellt sich bei rechtswidrigen belastenden VAen nicht. Das Gesetz schützt in diesem Fall Vertrauen nicht.

Beispiel: Die Behörde erlässt eine Abrissverfügung gegen den Hauseigentümer A; A schließt mit einem Abrissunternehmen einen entsprechenden Vertrag ab. Die Abrissverfügung ist rechtswidrig; die Behörde nimmt die Abrissverfügung zurück. A kündigt den Abrissvertrag, ihm entstehen Schadenersatzverpflichtungen. Um diese Schadenersatzverpflichtungen zu vermeiden, ist die Behörde aus dem Gesichtspunkt des Vertrauensschutzes heraus nicht gehalten, von ihrer Rücknahmemöglichkeit keinen Gebrauch zu machen. A hat gegen die Behörde einen Amtshaftungsanspruch.

932 Auch der nichtige VA ist **als rechtswidriger** VA rücknehmbar und mit der Anfechtungsklage angreifbar (auch wenn nichtige VAe grundsätzlich nicht unter die §§ 48, 49 fallen, vgl Rn 921, und die Feststellungsklage nach § 43 Abs. 1 VwGO gegen sie die statthafte Klageart ist[21]); der Behörde steht nicht nur die Feststellung nach § 44

---

18 S. VGHBW, VBlBW 1989, 31.
19 BVerwG, NVwZ 1990, 1066.
20 HessVGH, NJW 1996, 2746.
21 **Fallbearbeitung:** *Peine*, Rocket 88, Ad Legendum 2013, 273 ff.

Abs. 5 zur Verfügung. Insbesondere wenn zwischen den Beteiligten streitig ist, ob ein VA nichtig oder rechtswidrig ist, kann die Behörde zum Mittel der Rücknahme nach § 48 Abs. 1 S. 1 greifen.

Die materielle Beweislast dafür, ob ein VA rechtswidrig ist, trägt die Behörde[22]. **933**

Der Grundsatz der Rücknehmbarkeit besteht unabhängig von einer noch möglichen **934** Anfechtung eines VAs. Die formelle Bestandskraft hindert die Rücknahme nicht. Auch der bereits vorgenommene Vollzug eines VAs steht der Rücknahme nicht entgegen.

Ein Anspruch auf Rücknahme entsteht bei einer Reduzierung des eingeräumten Ermes- **935** sens auf Null[23]. Ein Anspruch auf Rücknahme *kann* bestehen, wenn zum Zeitpunkt des Ergehens eines rechtswidrigen VAs an dem Verstoß gegen formelles oder materielles Recht vernünftigerweise kein Zweifel bestand und sich die Rechtswidrigkeit aufdräng- te[24]; allein die bloße Rechtswidrigkeit begründet noch keinen Aufhebungsanspruch[25]. Sogar rechtsgestaltende VAe mit privatrechtsgestaltender Wirkung dürfen im Einzelfall zurückgenommen werden[26]. Es handelt sich um Ausnahmefälle. – Ein Anspruch auf Rücknahme besteht generell nicht. Ein Anspruch ergibt sich auch nicht aus der Erwä- gung, dass die Behörde verpflichtet sei, die Verletzung zwingenden Rechts rückgängig zu machen[27]. Die Rücknahme steht nach dem Wortlaut des § 48 Abs. 1 S. 1 im Ermes- sen der Behörde; ein anderes Ergebnis ist inakzeptabel, weil dann die Rechtsbehelfs- fristen praktisch bedeutungslos werden und die Sache ständig im Streit bleibt.

Die Rücknehmbarkeit scheidet aus, wenn die Behörde auf ihr Rücknahmerecht ver- **936** zichtet oder es verwirkt hat[28]. Eine Verwirkung ist freilich nur unter besonderen Um- ständen denkbar[29]. Einer Rücknahme steht die Rechtskraftwirkung entgegen, § 121 VwGO, wenn das Gericht den VA rechtskräftig als rechtmäßig bestätigt hat[30].

IV. Die Rücknahme eines rechtswidrigen begünstigenden Verwaltungsakts, § 48 Abs. 1 S. 2 VwVfG

Nach § 48 Abs. 1 S. 2 ist für den rechtswidrigen, aber begünstigenden VA der Grund- **937** satz der freien Rücknehmbarkeit eingeschränkt. Die Rücknahme ist nur unter den ein- schränkenden Voraussetzungen der Absätze 2–4 zulässig. Insoweit sind zwei Fallge- staltungen zu unterscheiden: der Fall der einmaligen oder laufenden Geldleistung oder teilbaren Sachleistung sowie der Fall eines sonstigen VAs.

---

22 BVerfG, NJW 1983, 108; BVerwGE 24, 294; OVG NW, NJW 1982, 1662.
23 S. BVerwGE 59, 148; OVG NW, NVwZ 1986, 135; *Schenke*, FS Maurer, 2001, S. 723 ff; zum Rück- nahmeanspruch eines Dritten in der **Fallbearbeitung**: *Detterbeck*, JURA 1990, 654, 656.
24 BVerwG, NVwZ 2007, 709 ff. Zum Problem der in der Entscheidung relevanten Frage der Durchbre- chung der Bestandskraft eines gemeinschaftswidrigen VAs s. *Englisch*, Die Verwaltung 2008, 99 ff; *Remmert*, DVBl 2007, 400 ff. Die der Entscheidung des BVerwGs vorausgegangene Entscheidung des EuGH findet sich in DVBl 2004, 67 ff.
25 BVerwG, NVwZ 2008, 1024.
26 S. BayVGH, BauR 1976, 409 für die Bodenverkehrsgenehmigung.
27 So aber *Forsthoff*, S. 261.
28 BVerwG, NVwZ 1983, 159; NVwZ 1984, 520.
29 BayVGH, BayVBl 1983, 120.
30 BVerwGE 135, 137.

1. Der Geld- oder Sachleistungen betreffende Verwaltungsakt

a) Anwendungsbereich

938 § 48 Abs. 2 betrifft den rechtswidrigen VA, der eine einmalige oder laufende Geld-leistung oder teilbare Sachleistung gewährt oder hierfür Voraussetzung ist. Für die Geldleistungen ist zB an Subventionen[31] und an die zahlreichen Fälle der Sozialleis-tungen im weitesten Sinne gedacht[32]. Erfasst werden alle Geldleistungen dem Grunde und/oder der Höhe nach. Das Tatbestandsmerkmal „Voraussetzung für eine Geldleis-tung" erfasst zB den Feststellungsbescheid oder einen anderen Bescheid, der die Grundlage für eine Geldleistung schafft. Der VA muss aber die Geldleistung bzw sei-ne Feststellung als unmittelbaren Regelungsgehalt enthalten; betrifft der Regelungs-gehalt nur mittelbar eine Geldleistung oder die Voraussetzung für eine Geldleistung, so richtet sich die Rücknehmbarkeit des VAs nach § 48 Abs. 3. – Sachleistungen be-treffen Sachen als körperliche Gegenstände iSv § 90 BGB. – Dienstleistungen erfasst § 48 Abs. 2 nicht. – Teilbarkeit der Sachen ist in tatsächlicher oder zeitlicher Hinsicht vorstellbar, zB die Überlassung von Wohnraum. Eine unteilbare Sachleistung erfasst § 48 Abs. 2 nicht; sie kann nach § 48 Abs. 3 zurückgenommen werden.

939 Die zu geringe Festsetzung einer Geldschuld ist von § 48 Abs. 2 ebenfalls nicht er-fasst. Unter die Norm fällt nur die Gewährung einer Geld- oder Sachleistung.

b) Vertrauensschutz

940 Nach § 48 Abs. 2 dürfen die gerade dargelegten Leistungen nicht zurückgenommen werden, soweit der Begünstigte auf den Bestand des VAs vertraut hat und sein Ver-trauen unter Abwägung mit dem öffentlichen Interesse an einer Rücknahme schutz-würdig ist. Vertrauensschutz existiert demnach bei der Erfüllung zweier Vorausset-zungen: Bei dem Begünstigten muss sich Vertrauen entwickelt haben; eine Abwä-gung dieses Vertrauens mit dem öffentlichen Interesse an einer Rücknahme muss zur Schutzwürdigkeit des Vertrauens führen. Mit anderen Worten: *Subjektiv* muss der Betroffene auf den Bestand des VAs vertraut und dieses Vertrauen auch ins Werk ge-setzt haben[33], *objektiv* muss das Vertrauen schutzwürdig sein.

941 Ein Vertrauenstatbestand ist nach § 48 Abs. 2 S. 2 in der Regel vorhanden, wenn der Begünstigte gewährte Leistungen verbraucht oder eine Vermögensdisposition getrof-fen hat, die er nicht mehr oder nur unter unzumutbaren Nachteilen rückgängig ma-chen kann[34]. Es handelt sich um Regelbeispiele für den Vertrauenstatbestand. Vom Leistungsverbrauch ist in der Regel bei geringfügigen Leistungen grundsätzlich aus-zugehen[35]. Eine von Satz 2 erfasste Vermögensdisposition liegt beispielsweise beim Abschluss eines Exportvertrags im Hinblick auf Subventionen oder bei der Übernah-

---

31 Vgl zum Subventionsrecht *Vahte*, DVP 2010, 5 ff.
32 Zur Aufhebung eines begünstigenden Geldleistungs-VAs in der **Fallbearbeitung**: *Epping*, JA 1990, S. 144 Ü ff; *Martini*, JuS 2003, 266 ff.
33 Vertrauensbetätigung, BVerwG, NVwZ 1984, 716 f.
34 Zum schutzwürdigen Vertrauen auf eine gegen EG-Recht verstoßende Subventionierung EuGH, NVwZ 1990, 1161; BVerwG, DÖV 1993, 911: EuGH, NVwZ 1998, 45; VGHBW, NVwZ 1998, 87 und BayVGH, BayVBl 1998, 21; *Happe*, NVwZ 1998, 26 ff.
35 OVG NW, NWVBl 1988, 147.

me von Abzahlungsverpflichtungen vor[36]. Ein Leistungsverbrauch fehlt, wenn eine Geldleistung zur Schuldentilgung oder zur Zahlung von Anschaffungen verwendet wird, die wertmäßig im Vermögen des Begünstigten noch vorhanden sind[37]. Leistungsverbrauch und Vermögensdisposition müssen in ursächlichem Zusammenhang mit dem Vertrauen in den Bestand des VAs stehen. Vermögensdisposition iSd Gesetzes ist jedes Verhalten, welches Auswirkungen auf den Vermögensstand hat; dazu zählen auch Unterlassungen. – Es ist im Einzelfall möglich, dass auch im Falle des Verbrauchs von Leistungen das Vertrauen entfällt; das öffentliche Interesse an der Rücknahme eines VAs kann im Einzelfall das private Interesse am Bestand des VAs überwiegen.

Beispiel: Die unter einem „Widerrufvorbehalt" gewährte Subvention bewirkt einen Verlust des Vertrauensschutzes.

In anderen Fällen als in den in § 48 Abs. 2 S. 2 genannten ist Vertrauensschutz nicht ausgeschlossen. Die Norm setzt einen Maßstab, der an andere Fälle anzulegen ist.   **942**

Wenn ein Vertrauenstatbestand vorhanden ist, dann muss dieses Vertrauen schutzwürdig sein[38]; § 48 Abs. 2 S. 3 enthält Beispiele, wann Vertrauen nicht schutzwürdig ist. Die in Satz 3 genannten Ausschlusstatbestände sind nicht abschließend. Der Vertrauensschutz entfällt beispielsweise dann, wenn ein Begünstigter einen VA mit dem Ziel anficht, eine größere Begünstigung zu erhalten[39].   **943**

Nach Nr 1 entfällt Vertrauensschutz für den Begünstigten, wenn er den VA durch arglistige Täuschung, Drohung oder Bestechung erwirkt hat. Die Norm ist verfassungsrechtlich unbedenklich[40]. „Erwirken" fordert ein zweck- und zielgerichtetes Handeln, das auf den Erlass eines VAs gerichtet ist; unbeabsichtigtes Handeln ist kein Erwirken[41]. Hinreichend ist, dass der Begünstigte durch Anstiftung oder Beihilfe den Erlass des VAs erwirkt hat. – Arglist bedeutet, durch schuldhafte Irreführung auf den Erklärungswillen der Behörde einzuwirken. Bestechung ist nicht im „technischen" Sinn zu verstehen; dem Tatbestandsmerkmal unterfallen die §§ 333 und 334 StGB. – Nr 1 setzt Verschulden nicht voraus[42]. Die Regelung ist deshalb auch bei Vorliegen von Schuldausschließungsgründen anwendbar. – Die Täuschung muss kausal nicht für den Erlass des VAs, sondern für seine Fehlerhaftigkeit gewesen sein[43]. Wenn sich eine durch Nr 1 erfasste Handlung zwar auf die Willensbildung der Behörde, nicht aber auf die Rechtmäßigkeit des VAs ausgewirkt hat, ist Nr 1 unanwendbar.   **944**

Nach Nr 2 entfällt ein Vertrauenstatbestand ferner, wenn der Begünstigte den VA durch Angaben erwirkt hat, die in wesentlicher Beziehung unrichtig oder unvollständig waren. Die Unrichtigkeit oder Unvollständigkeit der Angaben müssen für den Erlass des VAs kausal sein[44]. Geringfügige Unstimmigkeiten sind bedeutungslos. Zur Kausalität muss hinzutreten, dass die Unrichtigkeit oder Unvollständigkeit der Anga-   **945**

---

36   BVerwGE 13, 28; 24, 296.
37   BVerwG, BayVBl 1993, 759.
38   Träger öffentlicher Verwaltungen können sich auf schutzwürdiges Vertrauen nicht berufen, NdsOVG, NVwZ-RR 2013, 584 f.
39   OVG NW, DVBl 1986, 47.
40   BVerfGE 59, 128, 171.
41   BayVGH, BayVBl 1987, 696.
42   BGH, DVBl 1985, 795.
43   BVerfGE 59, 171.
44   BVerwG, NVwZ 1984, 716.

ben für den Erlass des VAs von wesentlicher Bedeutung sind. Davon ist auszugehen, wenn die Behörde bei Kenntnis der vollständigen Angaben den VA nicht erlassen hätte. – Im Übrigen gilt das zu Nr 1 Gesagte.

946 Ein Vertrauenstatbestand entfällt nach Nr 3 schließlich dann, wenn der Begünstigte die Rechtswidrigkeit des VAs kannte oder infolge grober Fahrlässigkeit nicht kannte. Es kommt auf den Zeitpunkt des Erlasses des VAs an; bei VAen mit Dauerwirkung kann auch ein späterer Zeitpunkt in Betracht kommen. Grobe Fahrlässigkeit ist wie in § 277 BGB zu interpretieren: Die im Verkehr erforderliche Sorgfalt muss in besonders schwerem Maße verletzt werden[45]. Die Rechtswidrigkeit des VAs muss sich auf Grund einer Parallelwertung in der Laiensphäre ergeben. Davon ist zB auszugehen, wenn ein deutlich überhöhter Geldbetrag gewährt wird. Ob grobe Fahrlässigkeit anzunehmen ist, ist nach den Fähigkeiten des Betroffenen zu beurteilen: Ein promovierter Diplom-Volkswirt handelt deshalb eher grob fahrlässig als ein „Normalbürger"[46]; bei einem Volljuristen grobe Fahrlässigkeit zu verneinen, ist wohl nur schwer möglich. – Die Behörde ist beweispflichtig für das Vorliegen der Voraussetzungen der Nr 3[47]. – Soweit einschlägig, gilt das für Nr 1 Gesagte auch hier[48].

947 Nach § 48 Abs. 2 S. 4 ist in den Fällen des Satzes 3 der VA in der Regel mit Wirkung für die Vergangenheit zurückzunehmen. Eine Ausnahme von dieser Regel darf für Nr 3 angenommen werden; es kann auf den Zeitpunkt der Kenntnis der Rechtswidrigkeit des VAs abgestellt werden.

948 Die Rücknahme einer Subventionsbewilligung wegen eines Verstoßes gegen Subventionsrichtlinien ist zulässig[49].

2. Der „sonstige" Verwaltungsakt

949 § 48 Abs. 3 behandelt die Rücknahme eines rechtswidrigen VAs, der nicht unter Absatz 2 fällt.

Beispielsfälle sind: alle Erlaubnisse, wie zB eine Fahrerlaubnis; die Feststellung der Staatsangehörigkeit; die Zurückstellung vom Wehrdienst; die Zulassung eines Schülers zu einer Ausbildungsstufe[50]; die Anerkennung als Asylant; die Baugenehmigung; die unteilbare Sachleistung, die Jagderlaubnis[51]; Aufhebung einer Einbürgerung[52]; Entziehung des Doktortitels[53].

---

45 VGHBW, DVBl 1977, 652.
46 LSG Niedersachsen, NJW 1989, 1109; BVerwG, Beschluss vom 12.12.2007, 2 B 93/07.
47 OVG NW, NVwZ 1988, 1037.
48 Zur Anwendung der Norm im Beamtenrecht s. BVerwG, DVBl 1994, 115.
49 BVerwG, DVBl 2004, 126 ff.
50 VGHBW, NJW 1980, 1598.
51 S. OVG NW, DÖV 1995, 77.
52 Bei der Rücknahme einer (erschlichenen) Einbürgerung sind wegen der Bedeutung des Art. 16 Abs. 1 GG Besonderheiten zu beachten. § 48 Abs. 1 S. 2 kann nur in bestimmten Fällen eine ausreichende Ermächtigungsgrundlage für die Rücknahme von Einbürgerungen sein. § 48 dient nur dann als Ermächtigung iSd Vorbehalt des Gesetzes, wenn der Eingebürgerte über die Voraussetzungen erwiesenermaßen selbst getäuscht hat und die Rücknahme zeitnah ist, BVerfGE 116, 24. Der Begriff „zeitnah" bezieht sich auf den Zeitraum zwischen Einbürgerung und Rücknahme; die in § 48 Abs. 4 geregelte Einschließungsfrist ist damit nicht gemeint, BVerwGE 130, 209, 211 f. Die Rücknahme einer erschlichenen Einbürgerung ist nur innerhalb einer Frist von fünf Jahren zeitnah, BVerwG, NVwZ 2008, 1249.
53 BVerwG, Bucholz 316, § 48 VwVfG Nr. 116; vgl weiter *Schroeder*, NWVBl 2010, 176 ff.

Diese VAe sind ohne Abwägung des Vertrauens mit dem öffentlichen Interesse an **950**
der Rücknahme rücknehmbar. Absatz 3 unterscheidet sich von Absatz 2 insoweit, als
der Vertrauensschutz nicht mehr Hinderungsgrund für eine Rücknahme ist[54]. Erwägungen des Vertrauensschutzes sind freilich in die Ermessensentscheidung einzubrin-
gen. Da die Norm verfassungsmäßig ist[55], ist es ausgeschlossen, über den Verhältnismäßigkeitsgrundsatz den Vertrauensschutz als Hinderungsgrund für die Rücknahme
in die Norm hineinzulesen. Ausnahmsweise hindert Vertrauensschutz die Rücknahme
des VAs, wenn der Betroffene durch die Rücknahme einen immateriellen Schaden er-
leiden würde, vor dem ihn gerade der Bestand des VAs geschützt hat; dieser Schaden
ist unersetzbar, sodass der Betroffene überhaupt nicht geschützt ist; in diesem Fall
überschreitet die Rücknahme des VAs die Grenzen zulässiger Ermessensausübung[56].

Nimmt die Behörde einen VA, der nicht unter § 48 Abs. 2 fällt, zurück, so hat nach **951**
§ 48 Abs. 3 S. 1 der Betroffene einen Anspruch auf Vermögensausgleich. Dieser Anspruch ist ein verwaltungsrechtlicher, vom Verschulden der Behörde unabhängiger
Anspruch sui generis; neben ihm können andere Ansprüche, zB der Amtshaftungsanspruch bestehen (s. dazu § 15). Der Anspruch ist antragsbedingt; für den Antrag besteht eine bestimmte Form nicht.

Voraussetzung für den Anspruch ist, dass der von der Rücknahme des VAs Betroffe- **952**
ne auf den Bestand des VAs vertraut hat und sein Vertrauen schutzwürdig ist, § 48
Abs. 3 S. 1. Hierbei geht es nicht um das Rücknahmeinteresse, sondern um das Interesse, den VA ohne Verpflichtung zum Nachteilsausgleich zurücknehmen zu dürfen[57]. Nach § 48 Abs. 3 S. 2 ist Absatz 2 Satz 3 anzuwenden; auf die dazu gemachten
Ausführungen ist zu verweisen[58]. – Der Anspruch ist auf Geldersatz gerichtet; naturgemäß entfällt die Naturalrestitution. Dem Betroffenen ist das Vertrauensinteresse zu
ersetzen, also der Schaden, der ihm dadurch entstanden ist, dass die Behörde falsch
gehandelt hat und der Betroffene in seinen Dispositionen vom Fortbestehen des VAs
ausgegangen ist. § 48 Abs. 3 S. 3 begrenzt das Vertrauensinteresse durch das dem positiven Interesse des Zivilrechts entsprechende Bestandsinteresse; dieses kann im Einzelfall geringer als das Vertrauensinteresse sein. Sind über das Bestandsinteresse hinausgehende Vermögensdispositionen getroffen worden und sind diese rückgängig
zu machen, so können Schäden, die durch die Rückabwicklung entstehen, Ansprüche
aus Amtspflichtverletzung begründen.

Beispiel: A erhält die Erlaubnis, ein Haus zu bauen. Er lässt die Baugrube ausschachten und
schließt Verträge mit Handwerkern ab. Die Baugenehmigung wird zurückgenommen. Sämtliche Schäden sind nach § 48 Abs. 3 S. 1 zu ersetzen. Zur Finanzierung des Baus hat A Wertpapiere „flüssig" gemacht; für den Rückkauf dieser Wertpapiere muss A höhere Beträge aufwen-
den; dieser Schaden wird vom Bestandsinteresse nicht mehr erfasst, A hat insoweit möglicherweise einen Anspruch wegen Amtspflichtverletzung.

Nach § 48 Abs. 3 S. 4 setzt die Behörde den Anspruch dem Grunde und der Höhe **953**
nach in einem Festsetzungsbescheid fest. Der Anspruch kann nach § 48 Abs. 3 S. 5

54 BVerwG, GewArchiv 1987, 274; OVG NW, DVBl 1980, 887.
55 BVerfGE 59, 128, 171.
56 HM, s. *Pietzcker*, NJW 1981, 2092; *Wendt*, JA 1980, 90; *Schenke*, DÖV 1983, 322 f.
57 BVerwG, NVwZ-RR 2010, 801.
58 Zum Ausgleichsanspruch bei geringem Verschulden vgl BVerwG, NVwZ 2010, 801.

nur innerhalb eines Jahres geltend gemacht werden; die Frist beginnt zu laufen, sobald die Behörde den Betroffenen auf sie hingewiesen hat.

3.   Rücknahmefrist und -behörde

954   Nach § 48 Abs. 4 S. 1 ist die Rücknahme eines rechtswidrigen VAs nur innerhalb eines Jahres möglich; die Frist läuft von dem Zeitpunkt an, ab dem die Behörde von Tatsachen Kenntnis erlangt, welche die Rücknahme eines rechtswidrigen VAs rechtfertigen[59]. Die Jahresfrist gilt nur für begünstigende VAe; belastende VAe sind zeitlich unbeschränkt rücknehmbar. Das Gleiche gilt für VAe, die unter den Voraussetzungen des Absatzes 2 Satz 3 Nr 1 zustande gekommen sind, s. § 48 Abs. 4 S. 2. Dass Absatz 4 nicht für belastende VAe gilt, folgt aus § 48 Abs. 1 S. 2. § 48 enthält keine absolute Ausschlussfrist für die Rücknahme eines rechtswidrigen VAs[60]; gemeint ist der Zeitraum zwischen Erlass des VAs und der Kenntnisnahme von Tatsachen, die zur Annahme seiner Rechtswidrigkeit führen; ein Zeitraum von 52 Jahren ist aber bei der Ermessensentscheidung zu berücksichtigen[61].

955   Die Bestimmung der Jahresfrist bereitet in der Praxis erhebliche Probleme. Die Frist beginnt zu laufen, wenn die Behörde Kenntnis von Tatsachen hat, die die Rücknahme rechtfertigen; die Frist berechnet sich also nicht vom Erlass des VAs an. Waren entsprechende Tatsachen der Behörde bereits vor Erlass des VAs bekannt, so beginnt die Frist nicht vor dem Erlass des VAs zu laufen[62].

956   Das Gesetz fordert „Kenntnis" der Behörde; „Kennenmüssen" ist deshalb nicht hinreichend[63], „positive" Kenntnis ist notwendig. – Nach dem Sinn der Regelung ist als Behörde die Stelle der Verwaltungsorganisation zu verstehen, die über die Rücknahme des VAs zu entscheiden hat[64]. Nicht hinreichend ist, dass ein behördenintern unzuständiger Beamter Kenntnis erlangt hat, selbst wenn er zu einer Entscheidung wie der Rücknahme befugt wäre. Nicht hinreichend ist ebenfalls die Kenntnis der Aufsichtsbehörde. – In der Vergangenheit hat das Tatbestandsmerkmal „Tatsachen …, welche die Rücknahme eines rechtswidrigen VAs rechtfertigen", große Schwierigkeiten bereitet. Innerhalb des BVerwGs war seine Auslegung umstritten[65]; notwendig war deshalb eine Entscheidung des Großen Senats des BVerwGs[66]. Die Literatur hat vor und nach dieser Entscheidung § 48 Abs. 4 unterschiedlich interpretiert[67]. Nach der Entscheidung des Großen Senats gilt Folgendes: Tatsachen iSd Absatzes 4 sind zunächst neue Umstände, die auf die Rechtmäßigkeit des VAs Einfluss haben. Zum Umfang der Kenntnisnahme ist festzustellen, dass die Behörde nicht nur die Rechts-

---

59   Im Sozialrecht gilt, dass ein rechtswidriger begünstigender VA mit Dauerwirkung nicht mehr für die Vergangenheit zurückgenommen werden kann, auch wenn er durch arglistige Täuschung erwirkt wurde, s. BSG, NVwZ-RR 1994, 628 – ob diese Aussage verallgemeinerungsfähig ist, bleibe offen.
60   BVerwG, NVwZ-RR 1994, 388.
61   OVG NW, NVwZ-RR 2013, 250.
62   VG Köln, NVwZ 1984, 537.
63   BVerwGE 70, 356.
64   BVerwGE 70, 356; s. JuS 1985, 561 Besprechung *Osterloh*; zu dieser Entscheidung *von Komorowski*, JA 2004, 445; BVerwG, NVwZ 2001, 672.
65   BVerwGE 66, 61.
66   BVerwGE 70, 356.
67   Vollständiger Nachweis bei *S/B/S*, § 48 Rn 156.

widrigkeit des VAs erkannt haben muss, sondern darüber hinaus, dass ihr die für die Rücknahme außerdem erheblichen Tatsachen vollständig bekannt sind; erst die vollständige Kenntnis des für die Rücknahmeentscheidung erheblichen Sachverhalts ist geeignet, die Rücknahme zu rechtfertigen. Dazu zählen die Voraussetzungen, die im Rahmen des § 48 Abs. 2 den Vertrauensschutz begründen oder ausschließen, sowie ferner die für die Ermessensausübung wesentlichen Umstände. Zur Herstellung der Entscheidungsreife gehört auch die Anhörung des Betroffenen[68]. – Der Kenntnis von Tatsachen stellt das BVerwG die Erkenntnis gleich, dass für den VA maßgebende Tatsachen unzulänglich berücksichtigt oder rechtlich falsch gewürdigt wurden; § 48 Abs. 4 S. 1 regelt demnach auch die Fälle, in denen die Behörden bei voller Sachkenntnis unrichtig entschieden haben. – Die bloße, nackte Tatsachenkenntnis genügt allein nicht für das In-Gang-Setzen der Frist, sondern die Behörde muss zusätzlich die fehlerhafte Rechtsanwendung auf die ihr bekannt gewordenen oder von Anfang an bekannten Tatsachen erkennen; einschränkend jetzt das BVerwG[69], nach dem die Entscheidungsfrist nach voller Tatsachenkenntnis ohne Rücksichtnahme auf vorhandene Rechtskenntnisse der Behörde laufe. Ab dem Zeitpunkt dieser Kenntnis beginnt die Frist zu laufen. – Die Frist ist keine Bearbeitungs-, sondern eine Entscheidungsfrist. Die Frist ist als Entscheidungsfrist zu verstehen, weil die Behörde im Hinblick auf einen Fristablauf nicht zur Entscheidung über die Rücknahme vor Eintritt der Entscheidungsreife gezwungen werden soll; als Entscheidungsfrist besitzt die Jahresfrist kaum noch praktische Bedeutung, weil die Behörde durch neue Ermittlungen die Frist immer neu beginnen lassen kann. – Die Behörde trägt für das Vorliegen der tatbestandlichen Voraussetzungen einer Rücknahme die Beweislast; behauptet ein Betroffener einen früheren Zeitpunkt der Kenntniserlangung, so ist er dafür beweispflichtig.

Nach § 48 Abs. 5 entscheidet über die Rücknahme des VAs die nach § 3 zuständige Behörde[70]; diese Behörde ist auch dann zuständig, wenn der zurückzunehmende VA von einer anderen Behörde erlassen worden ist. Die Rücknahmeentscheidung selbst ist VA[71]; dieser VA muss die Zuständigkeits- und Formvorschriften wahren. Wenn der zurückzunehmende VA nur in Schriftform erlassen werden darf, so gilt dieses Formerfordernis auch für seine Rücknahme. **957**

Beispiel: Die Rücknahme einer Baugenehmigung ist nur schriftlich möglich[72].

Adressat des RücknahmeVAs ist der (noch) Begünstigte[73]; bei objektgebundenen VAen ist Adressat der zZ der Rücknahme dinglich Berechtigte; „Dritte" können uU ebenfalls als Adressaten in Betracht kommen[74]. Der VA kann auch konkludent zurückgenommen werden; dies geschieht durch eine teilweise Änderung oder Ersetzung des ursprünglichen VAs[75]. – Das Verfahren über die Rücknahme eines VAs ist ein selbstständiges Verwaltungsverfahren iSd § 9. **958**

---

68 BVerwG, Beschl. v. 4.12.2008 – 2 B 60/08 (juris).
69 Besprechung in JuS 1997, 379 ff.
70 S. dazu BVerwG, NJW 2000, 1512 sowie *Winkler*, JA 2000, 757 ff und *Brodersen*, JuS 2000, 823 f.
71 BVerwGE 4, 298.
72 BremOVG, BauR 1985, 300 f.
73 BVerwG, NJW 1987, 2598.
74 S. *Siebelt/Eckart*, DVBl 1995, 1114 ff.
75 BVerwGE 62, 5; BVerwG, NVwZ 1984, 518.

959   Die für den nach Absatz 3 auszugleichenden Vermögensnachteil in Absatz 6 enthaltene Rechtswegeregelung ist entfallen durch Gesetz v. 2.5.1996[76]. Der Rechtsweg ist jetzt nach § 40 VwGO zu bestimmen.

Literatur: *Erichsen/Brügge*, JURA 1999, 496 ff; *Ehlers*, GewArchiv 1999, 305 ff; *Engst*, JuS 2007, 225 ff.

V.   Der Widerruf eines rechtmäßigen nichtbegünstigenden Verwaltungsakts, § 49 Abs. 1 VwVfG

960   Nach § 49 Abs. 1 kann ein rechtmäßiger nicht begünstigender VA, auch nachdem er unanfechtbar geworden ist, ganz oder teilweise mit Wirkung für die Zukunft widerrufen werden, außer wenn ein VA gleichen Inhalts erneut erlassen werden müsste oder aus anderen Gründen ein Widerruf unzulässig ist.

961   § 49 Abs. 1 erfasst rechtmäßige VAe. Unzweckmäßige Ermessensentscheidungen sind rechtmäßig; rechtmäßig sind auch VAe, deren Verfahrens- oder Formfehler nach § 45 geheilt sind, die mit nicht wesentlichen Form- oder Verfahrensfehlern oder mit Unrichtigkeiten iSd § 42 behaftet sind.

962   Wie schon hervorgehoben, dient der Widerruf eines VAs im Wesentlichen der Anpassung einer durch den rechtmäßigen VA geschaffenen Lage an veränderte Umstände. Der durch den VA Begünstigte darf auf dessen Bestand vertrauen. Der Widerruf ist deshalb nur in besonderen Fällen erlaubt[77]; einen allgemeinen Widerrufsgrundsatz gibt es nicht.

963   Die negative Formulierung des § 49 Abs. 1 stellt sicher, dass nicht nur VAe, die den Betroffenen ein Tun, Dulden oder Unterlassen oder eine Geldleistung auferlegen, widerrufen werden können, sondern auch diejenigen VAe, die einen Anspruch ablehnen oder eine negative Feststellung enthalten. Ein nichtbegünstigender VA iS dieser Norm ist folglich ein belastender VA.

964   Der Widerruf steht im Ermessen der Behörde. Das Ermessen muss entsprechend begründet werden. Die Grenzen des § 40 sind einzuhalten. Nur sachgemäße Gründe erlauben den Widerruf. Das Übermaßverbot erlangt besondere Bedeutung; es ist immer zu prüfen, ob weniger einschneidende Mittel an Stelle des Widerrufs ergriffen werden können.

Beispiel: Der Widerruf einer Gaststättenerlaubnis ist unverhältnismäßig, wenn eine Abmahnung Erfolg verspricht; weiteres **Beispiel**: Der Verhältnismäßigkeitsgrundsatz ist verletzt, wenn der Zweck des Widerrufs nicht erreichbar ist[78].

965   Der Widerruf ist in folgenden Fällen gesetzlich ausgeschlossen: Ein belastender VA kann nicht widerrufen werden, wenn ein VA mit gleichem Inhalt erneut erlassen werden müsste. Das ist der Fall bei einer Ermessensreduzierung auf Null oder bei einer Selbstbindung der Verwaltung. Der Widerruf eines belastenden VAs entfällt ferner, wenn der Widerruf aus anderen Gründen unzulässig ist. Die weite Fassung des Geset-

---

76   BGBl. I S. 656.
77   BVerwGE 32, 14.
78   OVG NW, DÖV 1987, 447 f.

zes ermöglicht, Widerrufsverbote gesetzlichen Bestimmungen, dem Sinn und Zweck einer Regelung oder allgemeinen Rechtsgrundsätzen zu entnehmen. Ferner sind Gründe erfasst, die nur verwaltungsintern wirken; verwaltungsinterne Weisungen, Erlasse sowie Verwaltungsvorschriften sind zu beachten. Diese internen Regelungen erhalten über § 49 Abs. 1 Außenwirkung mit der Folge, dass ein Verstoß gegen sie zur Rechtswidrigkeit des Widerrufs führt.

Der Widerruf kann ganz oder teilweise erfolgen. Insoweit entscheidend ist die Teilbarkeit des VAs. Der Widerruf kann nur mit Wirkung für die Zukunft ausgeübt werden; ein rückwirkender Widerruf ist nicht möglich. **966**

VI. Der Widerruf eines rechtmäßigen begünstigenden Verwaltungsakts, § 49 Abs. 2, 3 VwVfG

Nach § 49 Abs. 2 S. 1 darf ein rechtmäßiger begünstigender VA, auch nachdem er unanfechtbar geworden ist, ganz oder teilweise mit Wirkung für die Zukunft in insgesamt fünf Fällen widerrufen werden. Absatz 2 enthält eine abschließende Regelung. Eine allgemeine Widerrufsmöglichkeit, evtl. gestützt auf ein öffentliches Interesse, existiert nicht. Die Norm räumt Ermessen ein; insoweit gilt das zuvor zu § 49 Abs. 1 Gesagte entsprechend. Die Widerrufsmöglichkeit besteht unabhängig davon, ob der VA anfechtbar oder unanfechtbar ist. Die Widerrufsmöglichkeit besteht nur mit Wirkung für die Zukunft. **967**

§ 49 Abs. 2 erfasst alle begünstigenden VAe. Auch rechtsgestaltende VAe dürfen widerrufen werden; freilich ist zu prüfen, ob dieser Fall des VAs im Einzelfall endgültigen Charakter haben soll[79]. **968**

Nach **Nr 1** ist ein Widerruf zulässig, wenn er durch **Rechtsvorschrift zugelassen** oder im VA vorbehalten ist. Gesetze, die einen Widerruf erlauben, gibt es außerordentlich häufig; **969**

Beispiel: § 12 Abs. 2 S. 2 BImSchG: Die Genehmigung „kann mit einem Vorbehalt des Widerrufs erteilt werden, wenn die genehmigungsbedürftige Anlage lediglich Erprobungszwecken dienen soll."

Bei einer gesetzlichen Widerrufsmöglichkeit ist der Widerruf im Rahmen der Zweckbestimmung des Gesetzes zulässig. – Für den im VA vorbehaltenen Widerruf ist entscheidend, ob die Beifügung des Widerrufsvorbehalts rechtmäßig ist. Das ist insbesondere dann nicht der Fall, wenn ein Gesetz die Widerrufsgründe abschließend aufführt oder wenn ein Rechtsanspruch auf den VA ohne Widerrufsvorbehalt bestand[80]. Ist ein Widerrufsvorbehalt rechtmäßig dem VA beigefügt worden, so darf gleichwohl nicht beliebig widerrufen werden. Enthält der Widerrufsvorbehalt besondere Gründe, so müssen diese erfüllt sein. Wenn solche Gründe im Einzelfall fehlen, müssen besondere Gründe des öffentlichen Interesses vorliegen, die den Widerruf erfordern. In der Begründung des Widerrufsbescheids muss die Behörde diese Gründe darlegen. **970**

---

79 BVerwGE 29, 314.
80 S. zum Problem des Widerrufs auf Grund rechtswidriger Widerrufsvorbehalte *Sarnighausen*, NVwZ 1995, 563 ff.

971 **Nr 2** erlaubt den Widerruf, wenn mit dem VA eine **Auflage verbunden** ist und der Begünstigte diese nicht oder nicht innerhalb einer ihm gesetzten Frist erfüllt hat. Mit „Auflage" ist die Nebenbestimmung iSd § 36 Abs. 2 Nr 4 gemeint. Inhaltliche Beschränkungen des VAs fallen nicht unter Nr 2. – Ein Verschulden für die Nichterfüllung der Auflage fordert das Gesetz nicht. Bedeutsam ist allein das öffentliche Interesse an der Durchsetzung des mit der Auflage verbundenen Zwecks. – Für die Ausübung des Widerrufs verlangt das Gesetz nicht, dass zur Erfüllung der Auflage eine erneute Frist gesetzt und der Widerruf angedroht wird. Die Frist ergibt sich normalerweise aus dem VA oder der Auflage selbst. Liegt eine Ausnahme vor, muss eine Frist gesetzt werden. – Der Grundsatz der Verhältnismäßigkeit kann erfordern, dass vor dem Widerruf die Vollstreckung der Auflage versucht werden muss. Das Übermaßverbot steht einem Widerruf ferner entgegen, wenn eine unwesentliche Auflage unerfüllt geblieben ist. ME ist das Übermaßverbot verletzt, wenn ein Widerruf auf die Nichterfüllung einer Verwendungsnachweisauflage gestützt wird, jedoch die Mittel tatsächlich zweckentsprechend verwendet wurden[81].

972 Nach **Nr 3** ist der Widerruf zulässig, wenn die Behörde auf Grund **nachträglich eingetretener Tatsachen** berechtigt war, den VA nicht zu erlassen, und wenn ohne den Widerruf das öffentliche Interesse gefährdet würde. Nr 3 hat demnach zwei Tatbestandsvoraussetzungen zum Inhalt: zum einen den Eintritt nachträglicher Tatsachen, zum anderen eine Gefährdung des öffentlichen Interesses. – Die nachträglich eingetretenen Tatsachen müssen Veränderungen in den sachlichen Voraussetzungen des VAs ergeben; ein nachträgliches Bekanntwerden unverändert gebliebener Umstände genügt für den Widerruf nicht. Entscheidend ist, dass die nachträglich bekannt gewordenen Tatsachen, wären sie bei Erlass des VAs bekannt gewesen, die Behörde berechtigt hätten, den VA nicht zu erlassen. „Berechtigt" ist eine weite Formulierung; sie erfasst auch Tatsachen, die für Zweckmäßigkeitserwägungen bedeutsam gewesen wären. Ein Widerruf nach Nr 3 (und nach Nr 4) entfällt freilich, wenn die Bindungswirkung des VAs darauf abzielt, vor nachträglichen Änderungen der Sach- und Rechtslage zu schützen.

Beispiel: Die Baugenehmigung erlaubt, ein ihr entsprechendes Haus zu nutzen; eine nachträgliche Änderung der Sach- und Rechtslage führt nicht dazu, dass dieses Nutzungsrecht entfällt.

973 Eine Gefährdung des öffentlichen Interesses liegt vor, wenn der Bestand des VAs das öffentliche Interesse konkret gefährdet[82]. Die Gefährdung öffentlicher Interessen und die Änderung der Tatsachen müssen in einem Zusammenhang stehen. Die Behörde darf nur das öffentliche Interesse berücksichtigen, dessen Wahrung ihr Aufgabenbereich ist; diese Begrenzung ergibt sich daraus, dass die Befugnis der Behörde bei einem Widerruf nicht weitergehen kann als beim Erlass eines VAs. – Nicht entscheidend ist, ob der Begünstigte von dem VA schon Gebrauch gemacht hat. Hat er von dem VA schon Gebrauch gemacht, ist dieser Umstand bei der Ermessensentscheidung zu berücksichtigen.

974 Nach **Nr 4** ist der Widerruf erlaubt, wenn die Behörde auf Grund einer **geänderten Rechtsvorschrift** berechtigt wäre, den VA nicht zu erlassen, sobald der Begünstigte

---

81 AA VGHBW, NVwZ 1987, 520.
82 VGHBW, NVwZ-RR 1989, 540 f.

von der Vergünstigung noch keinen Gebrauch gemacht oder auf Grund des VAs noch keine Leistungen empfangen hat und wenn ohne den Widerruf das öffentliche Interesse gefährdet würde. Nr 4 erfasst die nachträgliche Änderung der Rechtslage im Gegensatz zu Nr 3, die die nachträgliche Änderung der Sachlage (Tatsachenlage) zum Gegenstand hat. Nr 4 hat ebenfalls wie Nr 3 zwei Tatbestandsvoraussetzungen: zum einen die Änderung der Sachlage, zum anderen die Gefährdung des öffentlichen Interesses; hinzu kommt aber, dass der Begünstigte von der Vergünstigung noch keinen Gebrauch gemacht oder auf Grund des VAs noch keine Leistungen empfangen hat; insoweit ist ein Unterschied zu Nr 3 vorhanden. – Unter „geänderter Rechtsvorschrift" bzw „Änderung der Rechtslage" ist eine entscheidungserhebliche Veränderung der rechtlichen Voraussetzungen zu verstehen, die dem VA bei seinem Erlass zugrunde gelegen haben[83]. Die allgemein verbindliche Außenwirkung eines Rechtsetzungsakts ist entscheidend. Dieser muss eine Änderung des materiellen Rechts betreffen. Insbesondere sind solche Änderungen bedeutsam, die rückwirkend auch bereits abgeschlossene Verfahren zum Gegenstand haben. – Keine Änderung der Rechtslage stellt eine Änderung der Verwaltungspraxis dar[84], weil sie ohne allgemeinverbindliche Außenwirkung bleibt. Änderungen des Verfahrensrechts berühren normalerweise abgeschlossene Verfahren nicht[85]. Änderungen der Rechtslage für die Zukunft sind nur dann bedeutsam, wenn ein Wiederaufgreifen des Verfahrens zum Zwecke der Klarstellung erfolgt. Gerichtliche Entscheidungen über die Gültigkeit von Rechtsvorschriften bewirken keine Änderung der Rechtslage, selbst dann, wenn sie Gesetzeskraft entfalten, zB nach § 31 Abs. 2 BVerfGG (Sa. I Nr 40)[86]. Inter partes wirkende Gerichtsentscheidungen wirken sich nicht auf die Rechtslage aus[87]. Ob ein Wandel in der Rechtsauffassung auf Grund höchstrichterlicher Rechtsprechung eine Änderung der Rechtslage darstellt, ist bestritten[88]. Von einer Änderung der Rechtslage ist nicht auszugehen, weil eine Änderung der höchstrichterlichen Rechtsprechung normalerweise nur bedeutet, dass das objektive Recht bislang verkannt wurde[89]. Eine Änderung der Rechtsprechung der Instanzgerichte bewirkt in keinem Fall eine Änderung der Rechtslage[90]. – Zur Gefährdung des öffentlichen Interesses s. die Ausführungen zu Nr 3. – Der Begünstigte des VAs darf von der Begünstigung noch keinen Gebrauch gemacht haben oder auf Grund des VAs noch keine Leistungen empfangen haben. Mit diesen Tatbestandsmerkmalen greift das Gesetz einen Faktor des Vertrauensschutzes auf: das sog. Ins-Werk-Setzen. Wenn das der Fall ist, überwiegt der Vertrauensschutz des Begünstigten und schließt einen Widerruf des VAs aus. Bereits im Vorfeld des „Ins-Werk-Setzens" kann Vertrauensschutz existieren, wenn bereits erhebliche Investitionen für das zu errichtende Werk erbracht worden sind.

Nach **Nr 5** ist schließlich ein Widerruf des VAs erlaubt, um **schwere Nachteile für**   **975**
das Gemeinwohl zu verhüten oder zu beseitigen. „Schwere Nachteile für das Ge-

---

83 BVerwG, NVwZ 1988, 627.
84 VG Berlin, NJW 1981, 2596.
85 BVerwGE 60, 316 ff.
86 BVerfGE 20, 235; BVerwG, NJW 1981, 2595.
87 BVerwG, NJW 1980, 136.
88 S. die Nachweise bei *S/B/S*, § 51 Rn 79 f.
89 BVerwGE 28, 126; das Problem aber offen lassend BVerwG, NVwZ 1986, 294; NVwZ 1988, 144.
90 BVerwG, NVwZ 1989, 162.

meinwohl" liegen vor, wenn besondere, erhebliche, überragende Interessen der Allgemeinheit den Widerruf des VAs gebieten. Eine bloße Beeinträchtigung des öffentlichen Interesses ist nicht hinreichend. Vom Vorliegen der Voraussetzungen der Nr 5 kann ausgegangen werden, wenn eine Änderung der Sach- oder Rechtslage der Behörde nur nachträglich bekannt wird.

976 Nach § 49 Abs. 2 S. 2 gilt § 48 Abs. 4 entsprechend; der Widerruf des VAs ist somit nur innerhalb eines Jahres seit dem Zeitpunkt der Kenntnisnahme von Tatsachen, welche den Widerruf des VAs rechtfertigen, möglich. Zur Berechnung der Frist s. die Ausführungen unter Rn 339[91].

977 § 49 Abs. 3 S. 1 erlaubt es der zuständigen Behörde (Ermessen: „kann"), einen rechtmäßigen VA, der eine einmalige oder laufende Geldleistung oder teilbare Sachleistung zur Erfüllung eines bestimmten Zweckes gewährt[92] oder hierfür Voraussetzung ist – die Norm hat ersichtlich die Subvention zum Gegenstand und dient der Korrektur fehlgeschlagener Subventionsverhältnisse –, zu widerrufen. Die Widerrufsmöglichkeit gilt mit Wirkung für die **Vergangenheit** (darin liegt ein Unterschied zu Absatz 2); die Unanfechtbarkeit des VAs ist bedeutungslos; der Widerruf kann den VA ganz oder teilweise betreffen. Voraussetzung für den rechtmäßigen Widerruf ist das Vorliegen eines der beiden Fälle:
– entweder: wenn die Leistung nicht alsbald nach der Erbringung oder nicht mehr für den in dem VA bestimmten Zweck verwendet wird;
– oder: wenn mit dem VA eine Auflage verbunden ist und der Begünstigte diese nicht oder nicht innerhalb einer ihm gesetzten Frist erfüllt hat.

978 Nach § 49 Abs. 3 S. 2 gilt § 48 Abs. 4 entsprechend – die in Bezug genommene Norm regelt eine Frist für die Behörde.

979 Nach § 49 Abs. 4 wird der widerrufene VA mit dem Wirksamwerden des Widerrufs unwirksam, es sei denn, die Behörde bestimmt einen späteren Zeitpunkt. § 49 Abs. 4 ergänzt §§ 43 Abs. 2 und 49 Abs. 1–3.

980 Die für den Widerruf zuständige Behörde legt § 49 Abs. 5 fest. Die Widerrufsentscheidung ergeht in einem neuen Verwaltungsverfahren. Die Begründung des Widerrufsbescheids muss sich entsprechend § 39 Abs. 1 zu den Voraussetzungen des § 49 äußern; insbesondere muss sie Ausführungen enthalten über die Gefährdung öffentlicher Interessen, die schweren Nachteile für das Gemeinwohl sowie über das Ermessen.

981 Nach § 49 Abs. 6 steht demjenigen, der vom Widerruf eines VAs betroffen ist, unter bestimmten Voraussetzungen ein Ersatz des Vermögensnachteils zu. Ein Ersatz des Vermögensnachteils wird nur gewährt in den Fällen des § 49 Abs. 2 Nrn 3–5. Die Nrn 1 und 2 des § 49 Abs. 2 sind bewusst nicht aufgenommen worden, weil in diesen Fällen der Begünstigte des VAs mit einem Widerruf rechnen musste, Nr 1, bzw der Widerruf durch sein Verhalten bedingt war, Nr 2. Der Begünstigte muss ferner auf den Bestand des VAs vertraut haben; sein Vertrauen muss schutzwürdig sein – insoweit gilt § 48 Abs. 3 S. 3–5 entsprechend; auf die insoweit gemachten Ausführungen ist zu verweisen.

---

91 S. auch BVerwGE 112, 360 ff.
92 S. dazu näher *Baumeister*, NVwZ 1997, 20.

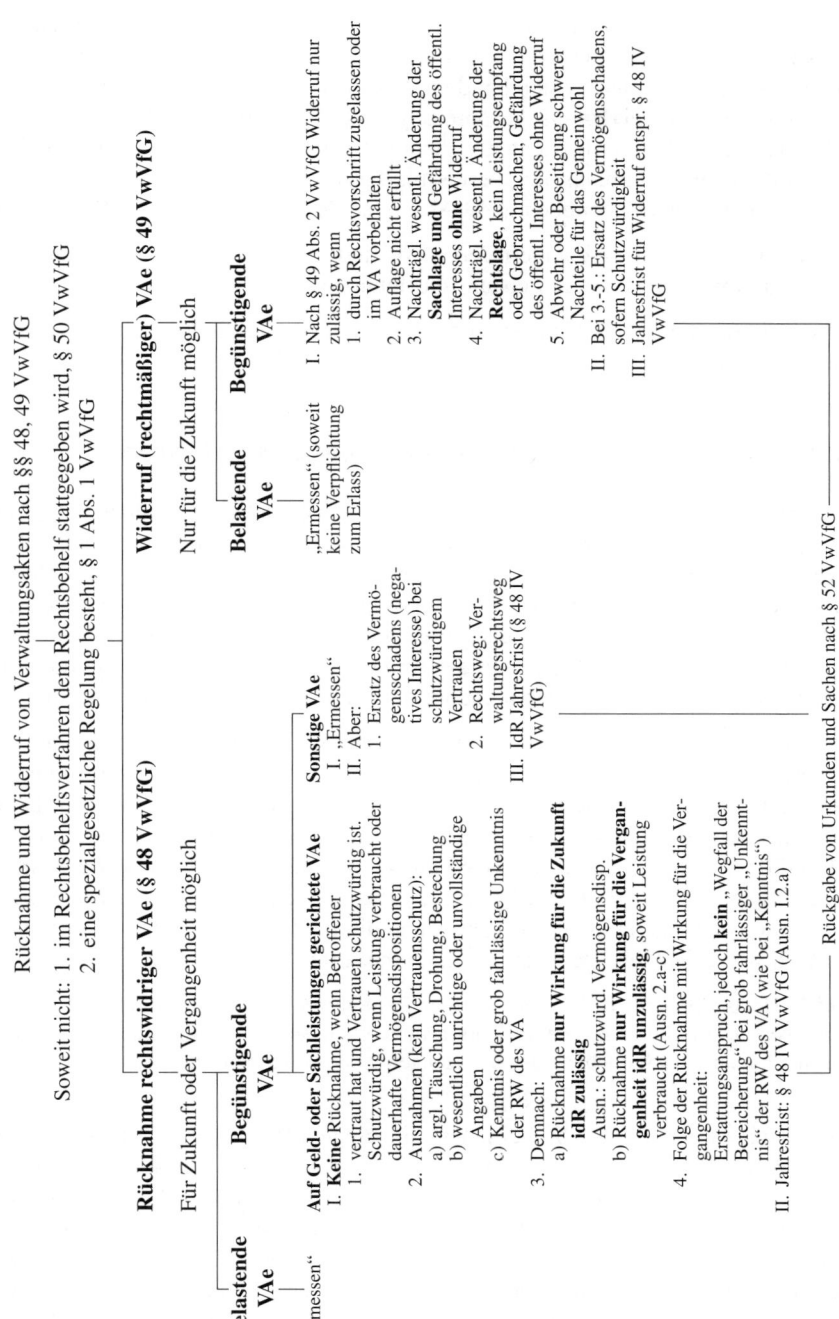

Bild 6: Die Aufhebung von Verwaltungsakten

982   Nach § 49 Abs. 6 S. 3 ist für Streitigkeiten über die Entschädigung der ordentliche Rechtsweg gegeben. Die gesetzgeberische Entscheidung beruht auf folgendem Umstand: Es ist möglich, dass es sich bei dem Anspruch nach § 49 Abs. 6 um einen Anspruch aus Enteignung oder aus Aufopferung handelt, für die Art. 14 Abs. 3 S. 4 GG den Rechtsweg zu den Zivilgerichten vorschreibt. An dieser Rechtswegregelung kann das VwVfG nichts ändern; als unterverfassungsgesetzliches Recht ist es an die Aussagen des Grundgesetzes gebunden. § 49 Abs. 6 hat deshalb klarstellende Bedeutung.

983   Wenn ein GeldleistungsVA widerrufen wird, sind die erbrachten Leistungen zu erstatten; zur Abwicklung dieser Leistungsbeziehungen s. Rn 1020 ff.

984   Ein Beispiel für die Anforderungen an die Begründung und die Frist eines Widerrufs enthält eine Entscheidung des VG Dessau[93].

VII. Sonderregelungen für das Rechtsbehelfsverfahren

985   Nach § 50 gelten § 48 Abs. 1 S. 2 und Abs. 2–4 sowie § 49 Abs. 2–4 und 6 nicht, wenn ein begünstigender VA, der von einem Dritten angefochten worden ist, während des Vorverfahrens, §§ 68 ff VwGO, oder während des verwaltungsgerichtlichen Verfahrens aufgehoben wird, soweit dadurch dem Widerspruch oder der Klage abgeholfen wird[94]. § 50 modifiziert die §§ 48 und 49 in dem Umfang, den die Norm festlegt. Es geht im Wesentlichen darum, dass bei der Anfechtung begünstigender VAe durch belastete Dritte der Begünstigte sich nicht auf den Vertrauensschutz berufen kann[95].

986   § 50 äußert sich nicht zu dem Problem, wann ein VA mit Doppelwirkung vorliegt. Das Gesetz definiert den VA mit Doppelwirkung nicht. Ob ein VA diese Wirkung besitzt, ist nach materiellem Recht zu entscheiden. Hat ein VA diese Wirkung, ist der Dritte klagebefugt nach § 42 Abs. 2 VwGO. Die „Soweit"-Regelung des § 50 befreit die Behörde von den Schranken der §§ 48, 49 nur insoweit, als dem Widerspruch oder der Klage abgeholfen wird. Eine Aufhebung des VAs unter den Voraussetzungen des § 50 kann nicht erfolgen, wenn die Rechte des Dritten, die er mit seinem Rechtsbehelf geltend gemacht hat, nicht betroffen werden.

Beispiel: Hat die Behörde für ein Bauvorhaben Befreiungen sowohl von nachbarschützenden als auch von nichtnachbarschützenden Vorschriften erteilt, so ist auf die Anfechtung des Dritten nach § 50 nur eine Aufhebung der Befreiungen von den nachbarschützenden Vorschriften möglich.

987   Es stellt sich die Frage, ob § 50 bei jedem eingelegten Rechtsbehelf zur Anwendung kommt. Wäre das der Fall, würde der Vertrauensschutz des Begünstigten auch dann entfallen, wenn der Dritte einen offensichtlich unzulässigen oder offensichtlich unbegründeten Rechtsbehelf einlegt. Diese Annahme würde dazu führen, dass der Vertrauensschutz des Begünstigten beliebig entfallen könnte. Diese Auffassung entspricht nicht der Funktion des Vertrauensschutzes, weil sie ihn vollkommen entwertet. § 50 ist deshalb unanwendbar, wenn im Zeitpunkt der Aufhebung des VAs der

---

93   LKV 2005, 466.
94   Ausführlich *Gassner*, JuS 1997, 794.
95   Vgl hierzu OVG NW, NVwZ 1989, 72; BVerwG, NVwZ 1994, 896.

Widerspruch oder die Klage offensichtlich unzulässig oder offensichtlich unbegründet sind[96]. Vielmehr müssen der Widerspruch oder die Klage zulässig und im Prinzip auch begründet sein. Problematisch ist die Anwendung des § 50 dann, wenn sich im Zeitpunkt der Aufhebung des VAs nicht eindeutig die Frage beantworten lässt, ob der Widerspruch bzw die Klage zulässig oder begründet sind. Die hM geht davon aus, dass § 50 anzuwenden ist, wenn der Rechtsbehelf zum Zeitpunkt der Aufhebung des VAs nicht offensichtlich unzulässig oder nicht offensichtlich unbegründet ist; der Begünstigte trägt also das Risiko bei fehlender Eindeutigkeit der Erfolgsaussichten des Rechtsbehelfs[97]. Diese Auffassung ist vorzugswürdig, weil das Entstehen von Vertrauensschutz davon abhängig ist, dass der Begünstigte nicht mit der Möglichkeit der Aufhebung rechnen musste. Mit der Aufhebung des VAs muss der Begünstigte aber rechnen, wenn ein Rechtsbehelf des Dritten nicht von vornherein aussichtslos ist.

Literatur: *Cornils*, Die Verwaltung 2000, 485 ff; *Remmert*, VerwArchiv 2000, 209 ff.

Lösung Fall 24 (Rn 910): 1. Die Nord-LB benötigt für die Rücknahme der Bewilligung, die einen belastenden VA darstellt, eine Rechtsgrundlage. Diese könnte in § 48 Abs. 1 zu sehen sein.

988

2. Voraussetzung für die Rücknahme der Bewilligung ist nach § 48 Abs. 1 die Rechtswidrigkeit der Bewilligung.

a) Die Förderung von Subventionen unterliegt nach hM nicht dem Gesetzesvorbehalt. Es ist aber gleichwohl verboten, öffentliche Mittel in einer einem einschlägigen Gesetz widersprechenden Weise auszugeben. Die Tatbestandsmerkmale des § 1 Abs. 1 MfG sind zu prüfen.

b) Das von A geplante Unternehmen ist kein Großunternehmen und somit der mittelständischen Wirtschaft zuzuordnen.

c) Fraglich ist, ob es sich um eine „selbstständige Existenz" handelt. Es darf davon ausgegangen werden, dass die Gründungsförderung das wirtschaftliche Ziel verfolgt, mit der Förderung einer vielseitigen Aktivitätsentfaltung ein Gegengewicht zu wirtschaftlicher Einseitigkeit und Konzentration zu schaffen und zu erhalten. Es geht nicht darum, großen Hotelketten weitere Filialen zu verschaffen.

d) Nach dem Recht des Franchise-Vertrags geht es im Wesentlichen darum, ein Vertriebssystem zu schaffen, welches in vertikaler Kooperation für ein dichtes Netz von Umsatzstellen sorgt. Die gewählte Kooperation bedeutet deshalb eine künstlich aufrecht erhaltene Selbstständigkeit, faktisch ist das Hotel (der Franchise-Nehmer) vom Konzern abhängig.

e) Es ist aber zu bedenken, dass A Eigentümer des Gebäudes ist, als Geschäftsinhaber auftritt und ihm die organisatorische Leitung des Unternehmens obliegt. Das spricht für seine wirtschaftliche Selbstständigkeit. Gegen sie spricht, dass A seine Aufwendungen unter dem finanziellen Beitrag des Investors betreibt, dieser somit das wirtschaftliche Risiko überwiegend trägt. Auch ist zu bedenken, dass das geschäftliche Verfahren nichts über die wirtschaftlichen Bindungen des A aussagt. Schließlich hat A mit Blick auf die Leitung des Unternehmens keine Bewegungsfreiheit, da vom Namen des Unternehmens über die Werbung, über die Ausstattung, den Service bis hin zu den Preisen die gesamte Verfahrensweise allein vom Franchise-Geber bestimmt wird. Es ist endlich daran zu denken, dass durch die Kündigung des Franchise-Vertrags die mittelständische Existenz des A nicht auf Dauer gesichert erscheint.

---

96   Ausführlich: BayVGH, NVwZ 1997, 701 f.
97   S. die Nachweise bei *S/B/S*, § 50 Rn 64.

f) Eine Abwägung dieser Gesichtspunkte muss dazu führen, dass A die für die mittelständischen Unternehmen typischen Wettbewerbsnachteile nicht zu tragen hat und deshalb nicht dem Bild entspricht, welches das MfG als Unternehmer im Blick hat. Auf A passt deshalb die Zielsetzung des MfG nicht. Damit steht fest: Die Förderungsbewilligung ist rechtswidrig ergangen.

3. Die Voraussetzung des § 48 Abs. 1 ist erfüllt. Darf die Bewilligung auch mit Wirkung für die Vergangenheit zurückgenommen werden? Das Ermessen, welches der Nord-LB für diesen Fall zur Verfügung steht, ist durch § 48 Abs. 1 S. 2 eingeschränkt. Für diesen Fall gilt § 48 Abs. 2. Wenn A ein schutzwürdiges Vertrauen besitzt, würde dies der Rücknehmbarkeit des VAs entgegenstehen. – A kann sich nach § 48 Abs. 2 S. 3 Nr 2 auf Vertrauensschutz nicht berufen, wenn er die Bewilligung durch im Wesentlichen unvollständige Angaben erwirkt hat. A hat den Franchise-Vertrag nicht erwähnt. Ein objektiver Informationsmangel bei der Erteilung der darauf beruhenden rechtswidrigen Bewilligung reicht aus, um einen Vertrauensschutztatbestand auszuschließen. Die unvollständige Information bei der Antragstellung fällt in den Verantwortungsbereich des Antragstellers. Auf Verschulden kommt es nach hM nicht an. – Einige Auffassungen in der Literatur, so insbesondere *Kopp/Ramsauer*, *Meyer-Borgs* und *Obermayer* wollen das Verschulden berücksichtigt wissen. Dieser Auffassung ist nicht zu folgen, da es nach der Gesetzeslage auf ein Verschulden nicht ankommt. Die Rücknahme der Bewilligung ist deshalb zu Recht ausgesprochen worden.

§ 13 Die Überprüfung des beendeten Verwaltungsverfahrens – sein Wiederaufgreifen und der Anspruch auf Neubescheidung

989 **Fall 25:** A möchte auf Teneriffa überwintern. Er verabredet mit seinem Nachbarn N, dass dieser seine Post durchsieht und ihn durch Anruf über wichtige Angelegenheiten informiert. Wenige Tage nach Abreise des A stirbt N. Die zuständige Behörde will die Rente des A kürzen, da sie falsch berechnet wurde. Sie fordert A Anfang November auf, sich zu äußern. A erfährt von der Aufforderung nichts, da N tot ist. Die Behörde erlässt einen neuen Rentenbescheid, der am 24.12. unanfechtbar wird. Als A Ostern zurückkommt, möchte er sich gegen die Neufestsetzung der Rente wehren, da er sie für rechtswidrig hält. Hat A nach § 51, dessen Anwendbarkeit hier unterstellt wird, einen Anspruch auf Wiederaufgreifen des Verfahrens? **Rn 1019**

I. Allgemeines

990 § 51 regelt das Wiederaufgreifen des Verwaltungsverfahrens. Die Norm löst den Konflikt zwischen dem Grundsatz der Gerechtigkeit und dem der Rechtssicherheit. Sie gibt unter bestimmten Voraussetzungen einen Anspruch auf Wiederaufgreifen des Verfahrens und damit einen Anspruch auf Neubescheidung. Liegen die Voraussetzungen des § 51 vor, hat der Bürger einen Anspruch auf Durchbrechung der Be-

standskraft eines Vas. Die Anwendbarkeit des § 51 kann durch Rechtsvorschriften ausgeschlossen sein. Solche Vorschriften finden sich zB im VwVfG selbst: § 72 Abs. 1, § 75 Abs. 2 S. 2.

Allgemein versteht man unter dem Wiederaufgreifen des Verfahrens, dass die Behör- **991** de ein Verwaltungsverfahren nach seinem unanfechtbaren Abschluss erneut eröffnet, um die entschiedene Frage nochmals zu prüfen und sie ggf unter Aufhebung oder Än- derung des bestandskräftigen VAs abweichend zu entscheiden. Praktisch ist deshalb der Antrag auf Wiederaufgreifen eines Verfahrens ein außerordentlicher Rechtsbe- helf. Der Antrag eines Bürgers auf Neuentscheidung enthält deshalb immer ein Dop- peltes: zum einen das Wiederaufgreifen des Verfahrens und zum anderen die Aufhe- bung des ersten Bescheids und seine Ersetzung durch einen neuen Bescheid. Ein sol- cher Antrag eröffnet ein selbstständiges Verwaltungsverfahren iSd § 9.

Die Behörde muss beide Anträge bescheiden; sie hat folgende Möglichkeiten: Sie **992** kann zum einen das Wiederaufgreifen des Verfahrens ablehnen; sie kann zum ande- ren dem Antrag auf Wiederaufgreifen des Verfahrens stattgeben und das Begehren des Bürgers in der Sache ablehnen; sie kann schließlich nach dem Wiederaufgreifen in der Sache entsprechend dem Antrag des Bürgers befinden – die in diesen Fällen er- gehenden Sachentscheidungen heißen „Zweitbescheid".

Alle Entscheidungen sind VAe. Greift die Behörde das Verfahren auf, ergehen zwei **993** VAe.

Literatur: *Sasse,* JURA 2009, 493 ff.

II. Das Wiederaufgreifen als Ermessensentscheidung

Nach gefestigter Rechtsprechung[1] hat der Betroffene keinen strikten Anspruch auf ein **994** Wiederaufgreifen des Verfahrens und den Erlass eines Zweitbescheids. Dieser An- spruch entfällt sogar dann, wenn der VA rechtswidrig ist. Ein strikter Anspruch des Betroffenen auf Wiederaufgreifen besteht nur in Sonderfällen; dieses Resultat ergibt sich aus § 51 Abs. 5. Ein strikter Anspruch auf Wiederaufgreifen des Verfahrens muss spezialgesetzlich angeordnet sein; einen solchen Fall enthält § 51 Abs. 1 sowie zB § 342 LAG.

Die Behörde entscheidet über einen Antrag auf Wiederaufgreifen des Verfahrens **995** nach pflichtgemäßem Ermessen; dem Bürger steht deshalb grundsätzlich ein An- spruch auf ermessensfehlerfreie Entscheidung zu; ein Anspruch entfällt jedoch stets bei einer Änderung der Rechtsprechung[2]. Antragsbefugt ist der materiell durch den VA Belastete. Die Ablehnung des Wiederaufgreifens ist als VA auf Ermessensfehler durch ein Gericht überprüfbar. Das Gericht hat die Umstände des Einzelfalls zu be- rücksichtigen[3].

---

1 BVerfGE 27, 297; BVerwG, NVwZ 1985, 225.
2 S. BVerwG, NVwZ 1995, 1097.
3 Einen Fall einer neuen Sachprüfung im Rahmen eines Wiederaufnahmeverfahrens behandelt OVG NW, NVwZ 1995, 1138.

996 Ein Anspruch auf Wiederaufgreifen des Verfahrens ergibt sich bei einer Ermessensreduzierung auf Null. Eine Ermessensreduzierung dieser Qualität liegt vor, wenn die Aufrechterhaltung des Erstbescheids schlechthin unerträglich oder das Wiederaufgreifen verfassungsrechtlich geboten ist[4]. Ferner kann eine Berufung der Behörde auf die Unanfechtbarkeit des Erstbescheids als ein Verstoß gegen die guten Sitten oder Treu und Glauben erscheinen; daraus kann ein Anspruch auf Wiederaufgreifen des Verfahrens erwachsen[5].

997 Behauptet der Bürger die Rechtswidrigkeit eines VAs, so verpflichtet diese Behauptung die Behörde noch nicht zu einem Wiederaufgreifen; diese Verpflichtung besteht nur ausnahmsweise[6]. Der Antragsteller muss die tatsächlichen Voraussetzungen darlegen, die bei Unterstellung ihrer Richtigkeit die Rechtswidrigkeit des Erstbescheids ergeben[7].

III. Das Wiederaufgreifen nach § 51 VwVfG

1. Die Verfahrensstufen

998 Das Wiederaufgreifen des Verfahrens ist in drei Stufen zu prüfen: (**1.**) Zulässigkeit des Antrags; (**2.**) Begründetheit des Antrags; (**3.**) Voraussetzungen der zu treffenden Sachentscheidung[8]. Häufig wird die Prüfung der ersten beiden Stufen zusammengezogen. Am Prüfungsumfang ändert sich dadurch nichts.

999 Für die Zulässigkeit des Antrags müssen zunächst die allgemeinen Erfordernisse für die Durchführung eines Verwaltungsverfahrens vorliegen; so für die Beteiligten die Voraussetzungen der §§ 11, 12, 14; ferner muss die Behörde zuständig sein. Der Betroffene muss beschwert sein. Der „angegriffene" VA muss unanfechtbar sein. Die Frist des § 51 Abs. 3 muss gewahrt sein. Der Grund für das Wiederaufgreifen im Erstverfahren musste ohne grobes Verschulden nicht geltend gemacht werden können. – Neben diesen gesetzlichen Anforderungen verlangt das BVerwG für die Zulässigkeit des Antrags, dass neue Beweismittel, wenn es auf sie ankommt, tatsächlich vorliegen und sie iS einer Schlüssigkeitsprüfung geeignet für einen Erfolg des Antrags erscheinen[9].

1000 Folgt man dieser Rechtsprechung, so bleibt auf der zweiten Stufe kaum etwas zur Prüfung übrig. Damit diese Misslichkeit nicht eintritt, sind alle Umstände, die für die Begründetheit des Antrags relevant sind, erst auf der zweiten Stufe zu untersuchen. Begründet ist der Antrag, wenn einer der in § 51 Abs. 1 genannten Gründe für das Aufgreifen vorliegt.

1001 Nach positiver Prüfung der ersten beiden Voraussetzungen ist eine neue Sachentscheidung zu treffen. Das durchzuführende Verfahren ist nicht identisch mit dem

---

4 BVerwG, NJW 1977, 265; BVerfG, NVwZ 2000, 907.
5 BVerwGE 44, 336; OVG NW, NVwZ 1986, 135.
6 BVerwG, NJW 1981, 2595.
7 BVerwGE 39, 321.
8 BVerwG, NJW 1982, 2204 f.
9 BVerwG, NJW 1982, 2204.

Verfahren, welches der Erstbescheid abschloss. Soweit notwendig, ist eine weitere Sachverhaltsaufklärung vorzunehmen[10].

2. Der Zweitbescheid

Die Behörde entscheidet auf Grund neuer Sachverhaltsermittlung, insbesondere aufgrund dargelegter neuer Tatsachen und Beweismittel in der Sache selbst durch Zweitbescheid. Problematisch ist, auf welcher Rechtsgrundlage diese neue Sachentscheidung zu ergehen hat.

1002

Eine Mindermeinung im Schrifttum[11] nimmt an, der Zweitbescheid ergehe auf Grund der §§ 48–50. Diese Auffassung wird begründet mit dem Hinweis auf § 51 Abs. 5 sowie auf die Begriffe Aufhebung oder Änderung in § 51 Abs. 1. Diese Argumentation ist nicht zwingend. § 51 Abs. 5 hat – wie dargelegt – die Funktion, einen allgemeinen Anspruch auf Wiederaufgreifen des Verfahrens abzuwehren. Wenn § 51 Abs. 1 die dargelegte Auffassung stützen sollte, hätte es nahe gelegen, dass die Norm die Begriffe Rücknahme und Widerruf selbst verwendet. Dafür, dass die §§ 48–50 vorliegend nicht einschlägig sind, spricht ferner § 43 Abs. 2, der einen weiten Begriff der Aufhebung benutzt. Dieser Begriff der Aufhebung ist ein anderer als der in den §§ 48–50 gerade vom Gesetzgeber nicht benutzte Begriff der Aufhebung als Oberbegriff für die Rücknahme und den Widerruf eines VAs. Schließlich ist es jedenfalls die Funktion von § 51 Abs. 1 Nr 1, eine Neubescheidung unter Aufhebung des alten VAs zu erlauben, wenn die neue Sach- oder Rechtslage eine andere Beurteilung erfordert. Daraus folgt für die Rechtsprechung[12] und die überwiegende Auffassung im Schrifttum[13], dass für die zu treffende Entscheidung ausschlaggebend die für das zugrunde liegende Rechtsverhältnis maßgebliche Rechtslage ist. Diese Rechtslage kann eine gebundene Entscheidung oder eine Ermessensentscheidung zum Gegenstand haben. – Mit Blick auf den Inhalt des Zweitbescheids kommt es zeitlich auf den Zeitpunkt der letzten mündlichen Verhandlung im verwaltungsgerichtlichen Verfahren an. Inhaltlich ist die Behörde an den Grund des Wiederaufgreifens gebunden; diese Bindung entspricht Sinn und Zweck des § 51. Präkludiert sind solche Gründe, die § 51 Abs. 1 nicht anspricht; soweit Gründe nicht angesprochen sind, soll der Erstbescheid weiterhin Bestandskraft besitzen. Mit dem BVerwG[14] ist davon auszugehen, dass die Durchbrechung der Bestandskraft so eng auf den jeweiligen Wiederaufnahmegrund bezogen ist, dass kein Anlass für eine darüber hinausgehende, insbesondere eine völlige Beseitigung der Bestandskraft besteht. Diese Begrenzung bewahrt die durch § 51 anerkannten schutzwürdigen Interessen des Betroffenen. Dieser bestimmt durch seinen Antrag, in welchem Umfang die Bestandskraft des Erstbescheids durchbrochen werden soll.

1003

Ist der Anspruch auf Wiederaufgreifen des Verfahrens begründet und erweist sich das sachliche Begehren des Antragstellers als berechtigt, ergeht ein positiver Zweitbe-

1004

---

10 Zur Vertiefung s. *Burgi*, JuS 1991, L 81 ff.
11 S. die Nachweise bei *S/B/S*, § 51 Rn 23.
12 BVerwG, NJW 1985, 280 f.
13 S. die Nachweise bei *S/B/S*, § 51 Rn 25.
14 NJW 1982, 2204 f.

scheid auf der Basis des maßgeblichen Rechts. Der Zweitbescheid ist negativ, wenn sich das Ergebnis im Verhältnis zum ersten VA nicht ändert. Denkbar ist dieses insbesondere bei Ermessensentscheidungen. Dieses Ergebnis ist ein neues; Widerspruch und Anfechtungs- bzw Verpflichtungsklage sind hiergegen möglich.

1005 Der Zweitbescheid darf nicht zu einer Verbäserung gegenüber dem Erstbescheid führen. § 51 räumt dem Antragsteller deshalb einen Anspruch ein, weil die Norm seinem Interesse dienen soll. Diese Zielsetzung würde unterlaufen, wenn eine Verbäserung möglich wäre. Das widerspricht auch dem Ziel des Antragstellers, dem es um eine Besserstellung im sachlichen Endergebnis geht.

1006 Vom Zweitbescheid, der hier als dasjenige Ergebnis begriffen wird, welches aufgrund eines wiederaufgegriffenen Verfahrens ergeht, ist zu unterscheiden ein VA, der ein selbstständiges Neuverfahren abschließt. Ein selbstständiges Neuverfahren kommt in Frage, wenn ein Antrag auf Erlass eines VAs zunächst abgelehnt worden ist. Die Behörde muss auf Antrag in der Sache erneut entscheiden, da die Ablehnung des ersten Antrags nur für die Sach- und Rechtslage im Zeitpunkt der ersten Entscheidung wirkt[15]. Der wiederholte Antrag ist begründet, wenn die entscheidungsrelevanten Umstände sich zugunsten des Antragstellers geändert haben.

Beispiel: Ein unanfechtbar abgelehnter Bauantrag kann jederzeit wiederholt werden und ist zu bescheiden; der Antrag ist erfolgreich, wenn zum Zeitpunkt der Entscheidung auf Grund formellen und materiellen Baurechts ein Anspruch besteht.

1007 Problematisch war der Anspruch auf Bescheidung in einem Neuverfahren insbesondere im Asylrecht; der hier sog. Folgeantrag wurde vom BVerwG nur unter der Voraussetzung des § 51 berücksichtigt[16]. Nunmehr gelten die Regeln des Aufenthaltsgesetzes.

1008 Der früher relevante Begriff der „wiederholenden Verfügung" ist auf Grund des Umstands, dass der Betroffene einen Anspruch auf ermessensfehlerfreie Entscheidung über das Wiederaufgreifen des Verfahrens hat, überholt. Die wiederholende Verfügung kennzeichnete, dass sie keine Sachentscheidung enthielt, sondern die Wiederholung eines unanfechtbaren VAs oder den Hinweis auf ihn[17]. Die wiederholende Verfügung war deshalb kein VA; ihr fehlte eine neue Regelung iSd § 35 S. 1. Deshalb eröffnete die wiederholende Verfügung keine Rechtsschutzmöglichkeiten.

1009 Hält man heute einen Einsatz der wiederholenden Verfügung für möglich, so ist sie abzugrenzen vom Zweitbescheid. Maßgebendes Differenzierungskriterium ist die Erklärung der Behörde. Eine erneute Sachentscheidung liegt freilich nicht schon deshalb vor, weil die Behörde in ihren Rechtsausführungen das Vorbringen des Antragstellers diskutiert. Eine Rechtsbehelfsbelehrung spricht für eine neue Sachentscheidung. Ganz allgemein lässt sich sagen, dass eine neue Sachentscheidung vorliegt, wenn die Behörde Form und Inhalt eines VAs wählt[18].

---

15 BVerwG, NVwZ 1988, 627.
16 BVerwG, NVwZ 1988, 737; Buchholz 402.240 § 53 AuslG Nr 42.
17 BVerwGE 13, 101; 24, 115; 44, 335.
18 Zum Wiederaufgreifen bei einem VA mit Doppelwirkung s. *Sanden*, DVBl 2007, 665 ff.

3. Die Verpflichtung zum Wiederaufgreifen

Wie schon ausgeführt, gibt § 51 Abs. 1 dem Betroffenen einen Anspruch auf Wieder- **1010**
aufgreifen des Verfahrens bei Vorliegen der in den Nrn. 1–3 genannten Voraussetzungen. Der Anspruch hat eine Entscheidung über die Aufhebung oder Änderung
eines unanfechtbaren VAs zum Gegenstand. Ist der VA mit Hilfe eines Rechtsbehelfs
noch angreifbar, entfällt ein Anspruch auf Wiederaufgreifen nach § 51 Abs. 1.

a) Änderung der Sach- oder Rechtslage

Für diese Tatbestandsmerkmale ist auf die Ausführungen zu § 49 Abs. 2 Nr 3 und 4 **1011**
hinzuweisen. Ergänzend ist festzustellen: Das Tatbestandsmerkmal Änderung der
Sachlage erfasst alle tatsächlichen Vorgänge, die eine Änderung des entscheidungser-
heblichen Sachverhalts zur Folge haben; dazu zählen auch neue naturwissenschaftli-
che Erkenntnisse[19]. Die Änderung der Sachlage muss nach Erlass des VAs eingetreten
sein. Unbedeutend ist, ob die Änderungen vor oder nach dem Eintritt der Unanfechtbarkeit des VAs erfolgen. Die Sachlage muss sich zugunsten des Betroffenen ändern;
eine dem Betroffenen günstigere Entscheidung muss möglich sein. – Die Änderung
der Rechtslage erfasst zusätzlich zur „geänderten Rechtsvorschrift" iSd § 49 Abs. 2
Nr 4 Änderungen ungeschriebener Rechtsquellen, insbesondere Gewohnheitsrecht;
eine Änderung der höchstrichterlichen Rechtsprechung ist jedoch grundsätzlich keine
Änderung der Rechtslage[20]. In der Regel begründet die Klärung einer europarechtlichen Frage durch den EuGH keinen zwingenden Grund für das Wiederaufgreifen[21].
– Es ist selbstverständlich, dass eine Änderung der Sach- und Rechtslage lediglich bei
DauerVAen bedeutungsvoll ist[22].

b) Neue Beweismittel

Beweismittel iSd § 51 Abs. 1 Nr 2 sind alle nach § 26 zulässigen Beweismittel. Be- **1012**
weismittel sind „neu", wenn sie z.Zt. der Erstentscheidung nicht existent waren oder
aber von der Behörde nicht verwertet worden sind[23]; sie müssen ferner zu einer güns-
tigeren Entscheidung führen[24]. Neue Sachverständigengutachten unterfallen Nr 2,
wenn sie selbst neue Beweismittel verwerten. Eine Fehlbewertung berücksichtigter
Beweismittel ist kein Fall der Nr 2. Hat der Betroffene ein zum Zeitpunkt des Erlasses
des Erstbescheids bereits vorhandenes Beweismittel auf Grund leicht fahrlässigen
Verhaltens nicht vorgelegt, so steht dieser Umstand einem Anspruch auf Wiederaufgreifen des Verfahrens nach § 51 Abs. 1 Nr 2 nicht entgegen.

---

19 BVerwGE 115, 274 ff.
20 BVerwG, BayVBl. 1994, 632; NVwZ-RR 1994, 119. Aus Europarecht kann sich jedoch im Einzelfall
    eine Pflicht zur Überprüfung ergeben, vgl EuGH, NVwZ 2004, 459; EuGH, NVwZ 2008, 870; vgl
    weiter: *Englisch*, Die Verwaltung 41, 99 ff; *Kanitz/Wendel*, EuZW 2008, 231 ff; *Ludwigs*, DVBl
    2008, 1164 ff; *ders.*, JZ 2008, 466 ff.
21 BVerwGE 135, 137.
22 S. BVerwGE 59, 148; BVerwG, DVBl 1997, 956.
23 BVerwG, NJW 1982, 2204; vgl hierzu auch BVerwG, NJW 1990, 199, erläutert von *Osterloh*,
    JuS 1990, 851 f.
24 BVerwG, DVBl 2001, 305 f.

c) Restitutionsgründe

1013 Nach § 580 ZPO gibt es folgende Restitutionsgründe: **(1.)** Der Gegner hat sich durch Beeidigung einer Aussage, auf die das Urteil gegründet ist, einer vorsätzlichen oder fahrlässigen Verletzung der Eidespflicht schuldig gemacht; **(2.)** eine Urkunde, auf die das Urteil gegründet ist, ist fälschlich angefertigt oder verfälscht worden; bei einem Zeugnis oder Gutachten, auf welches das Urteil gegründet ist, hat sich **(3.)** der Zeuge oder Sachverständige einer strafbaren Verletzung der Wahrheitspflicht schuldig gemacht; **(4.)** das Urteil ist von dem Vertreter der Partei oder von dem Gegner oder dessen Vertreter durch eine in Beziehung auf den Rechtsstreit verübte Straftat erwirkt worden; **(5.)** ein Richter hat bei dem Urteil mitgewirkt, der sich in Beziehung auf den Rechtsstreit einer strafbaren Verletzung seiner Amtspflichten gegen die Partei schuldig gemacht hat; **(6.)** das Urteil eines ordentlichen Gerichts, eines früheren Sondergerichts oder eines Verwaltungsgerichts, auf welches das Urteil gegründet ist, ist durch ein anderes rechtskräftiges Urteil aufgehoben; **(7.)** die Partei findet ein in derselben Sache erlassenes, früher rechtskräftig gewordenes Urteil oder eine andere Urkunde auf oder wird durch ihre Benutzung in den Stand gesetzt, eine ihr günstigere Entscheidung herbeizuführen; **(8.)** der Europäische Gerichtshof für Menschenrechte hat festgestellt, dass eine Verletzung der Europäischen Konvention zum Schutz der Menschenrechte und Grundfreiheiten oder ihrer Protokolle vorliegt und das Urteil auf dieser Verletzung beruht. – In der Vergangenheit hat § 580 ZPO keine große Bedeutung erlangt. Es ist nicht ersichtlich, dass sich diese Beurteilung in der Zukunft ändern wird. Deshalb wird auf diese Norm nicht weiter eingegangen.

4.   Die Präklusion nach § 51 Abs. 2 VwVfG

1014 Nach § 51 Abs. 2 ist der Antrag auf Wiederaufgreifen des Verfahrens nur zulässig, wenn der Betroffene ohne grobes Verschulden außer Stande war, den Grund für das Wiederaufgreifen in dem früheren Verfahren, insbesondere durch Rechtsbehelf geltend zu machen. Grobes Verschulden liegt vor, wenn dem Betroffenen das Bestehen des Wiederaufnahmegrunds bekannt war oder sich den ihm bekannten Umständen nach aufdrängen musste und er sich trotzdem unter Verletzung jeglicher, einem ordentlichen Verfahrensbeteiligten zumutbaren Sorgfaltspflicht, insbesondere unter Verletzung seiner Mitwirkungslast nach § 26 Abs. 2, nicht weiter darum kümmerte[25]. Das Kriterium „grobes Verschulden" schließt eine rechtsstaatliche Differenzierung unter Berücksichtigung der Umstände des Einzelfalls nicht aus[26]. – Verfahren iSd Absatzes 2 ist das gesamte Verfahren bis zur Unanfechtbarkeit des VAs; dieser Verfahrensbegriff geht über den des § 9 hinaus.

5.   Weitere das Wiederaufgreifen betreffende Bestimmungen

a) Antragsfrist

1015 Nach § 51 Abs. 3 muss der Antrag auf Wiederaufgreifen des Verfahrens binnen dreier Monate gestellt werden. Satz 2 enthält eine Vorschrift über den Fristbeginn. Es

---

25 VGH BW, VBlBW 1986, 467.
26 BVerfG, NVwZ 1987, 487.

kommt insoweit auf die Kenntnisnahme von den Gründen des Wiederaufgreifens an; Kennenmüssen ist nicht hinreichend. Dem Betroffenen müssen die Tatsachen, die den Wiederaufgreifensgrund stützen, bekannt sein. Das Gesetz erfordert vom Antragsteller nicht, die Tatsachen rechtlich zutreffend als Gründe für ein Wiederaufgreifen des Verfahrens zu würdigen; wäre der Fristbeginn von solchen Unsicherheiten abhängig, würde der Zweck der Frist unterlaufen werden.

b) Zuständigkeit

Die zuständige Behörde bestimmt § 51 Abs. 4. Die Norm dient dazu, die örtliche Zuständigkeit klarzustellen.   **1016**

c) Verhältnis zur Rücknahme und zum Widerruf

Nach § 51 Abs. 5 bleiben die Vorschriften des § 48 Abs. 1 S. 1 und des § 49 Abs. 1 unberührt. Die Möglichkeit, ein Verfahren wiederaufzugreifen, lässt mithin den Grundsatz der Rücknehmbarkeit eines VAs und die Widerruflichkeit eines belastenden VAs bestehen. Die Norm hat lediglich klarstellende Bedeutung. Die Verfahren der Rücknahme, des Widerrufs und des Wiederaufgreifens iSd § 51 sind nicht identisch.   **1017**

§ 51 Abs. 5 stellt ferner klar, dass der Erlass von § 51 keinen Einfluss auf die Rechtsprechung des BVerwGs hat, die bei einem Antrag des Betroffenen auf Wiederaufgreifen des Verfahrens jenseits von § 51 eine Ermessensentscheidung auf der Grundlage der §§ 48, 49 fordert[27].   **1018**

Lösung Fall 25 (Rn 989): A hat nach § 51 Abs. 1 einen Anspruch auf Wiederaufgreifen des Verfahrens, wenn einer der im Gesetz genannten drei Gründe vorliegt. A kann keinen dieser Wiederaufnahmegründe geltend machen. Damit entfällt ein Anspruch. Auf alles weitere: fehlendes grobes Verschulden, Frist kommt es nicht an.   **1019**

§ 14 Die Abwicklung fehlgeschlagener Leistungsbeziehungen – der öffentlich-rechtliche Erstattungsanspruch

Fall 26: A wird zum Regierungsrat ernannt. Er möchte mehr Geld verdienen und vereinbart deshalb mit der Anstellungskörperschaft vertraglich ein zusätzliches Gehalt von 500,– EUR pro Monat. Dieses Gehalt wird ein halbes Jahr lang bezahlt. Die Behörde meint dann, das Gehalt sei rechtswidrig gezahlt worden und fordert 3000,– EUR zurück. A hat den Betrag beim Kartenspielen verloren und beruft sich auf den Wegfall der Bereicherung. Muss A den Betrag zurückzahlen? **Rn 1044**   **1020**

---

27   S. BVerwGE 60, 316 ff; 78, 339.

I. Allgemeines

1021   Auf der Grundlage eines VAs oder örVs erbringt die Verwaltung Leistungen für den Bürger. Der VA oder der örV bilden den Rechtsgrund der Leistungserbringung. Dieser Rechtsgrund kann von Anfang an fehlen: der VA oder der örV sind nichtig, oder später wegfallen: ein rechtswidriger VA wird zurückgenommen oder ein örV, der schwebend unwirksam ist, wird (endgültig) unwirksam; ein örV wird wirksam angefochten. In diesen Fällen stellt sich die Frage nach der Rückabwicklung der fehlgeschlagenen Leistungsbeziehung. Auf welcher Rechtsgrundlage erfolgt sie?

1022   Verpflichteter eines Rückforderungsanspruchs ist im Normalfall der Bürger: Er erhält eine Leistung der öffentlichen Verwaltung. Ausnahmsweise kann aber auch die Verwaltung Empfänger einer Leistung sein, die der Bürger erbracht hat; damit stellt sich bei Wegfall des Rechtsgrunds das Problem, ob die Verwaltung das Erlangte zurückgeben muss.

Beispiel: Die Stadt X und B schließen einen Vertrag, der zum Gegenstand hat ein Baurecht für B, einen Dispens für die Anlegung von Stellplätzen sowie die Zahlung eines bestimmten Betrags durch B an X. Nach dem Leistungsaustausch stellt sich heraus, dass B schon zum Zeitpunkt des Vertragsschlusses geschäftsunfähig war. Auf welcher Rechtsgrundlage hat B einen Rückerstattungsanspruch gegen X?

1023   Das Problem eines Rückerstattungsanspruchs gegen einen Träger öffentlicher Verwaltung stellt sich auch dann, wenn beide Partner eines örVs Träger öffentlicher Verwaltung sind.

1024   Wären die Fälle nach Privatrecht zu lösen, gelangten die §§ 812 ff BGB zum Einsatz. Partiell geht das öffentliche Recht in der Weise vor, dass es feststellt, die gewährten Leistungen seien zu erstatten; für den Umfang der Erstattung erklärt es unter Berücksichtigung von Modifikationen die §§ 812 ff BGB für entsprechend anwendbar: s. § 49a[1]. Ungeachtet der teilweisen Normierung von Rückerstattungspflichten existiert für die Rückabwicklung fehlgeschlagener Leistungsbeziehungen der öffentlich-rechtliche Erstattungsanspruch. Der öffentlich-rechtliche Erstattungsanspruch ist ein eigenständiges öffentlich-rechtliches Rechtsinstitut. Unabhängig von einer gesetzlichen Normierung muss es ihn geben, weil der Grundsatz der Gesetzmäßigkeit der Verwaltung gebietet, eine mit dem Recht von Anfang an oder später nicht mehr übereinstimmende Vermögenslage auszugleichen. Der öffentlich-rechtliche Erstattungsanspruch ist strukturell an den Ansprüchen aus ungerechtfertigter Bereicherung nach §§ 812 ff BGB orientiert (zur Abgrenzung des öffentlich-rechtlichen Erstattungsanspruchs von der öffentlich-rechtlichen Geschäftsführung ohne Auftrag Rn 1055)[2].

1025   Teilweise wird gesagt, der öffentlich-rechtliche Erstattungsanspruch finde seine Rechtsgrundlage in einer entsprechenden Anwendung der §§ 812 ff BGB. Ob das zutrifft, oder ob er im Grundsatz der Gesetzmäßigkeit der Verwaltung wurzelt oder

---

1   S. zu ihm *Baumeister*, NVwZ 1997, 22 ff.

2   Vgl *Blas*, JA 1989, 14 ff; BayVGH, BayVBl 1995, 370), zum öffentlich-rechtlichen Erstattungsanspruch *Schoch*, JURA 1994, 82 ff; *Windthorst*, JuS 1996, 894 ff; *Hüttenbrinck*, SächsVBl 2001, 133–138.

(mittlerweile) im Gewohnheitsrecht seine Basis hat, ist lediglich von konstruktivem Interesse und praktisch bedeutungslos.

Hinweis: In **schriftlichen Arbeiten** ist die Problematik der Herleitung des öffentlich-rechtlichen Erstattungsanspruchs nicht mehr aufzurollen; seine Existenz ist zu unterstellen; bedeutungsvoll sind lediglich Einzelheiten, zB die Frage des Wegfalls der Bereicherung.

II. Die Normierung des öffentlich-rechtlichen Erstattungsanspruchs in § 49a

1. Allgemeines

§ 49a enthält eine Positivierung des allgemeinen öffentlich-rechtlichen Erstattungsanspruchs der öffentlichen Hand. Mit Blick auf die Normierung dieses Anspruchs sind alle LandesVwVfGe dem Bundesgesetz gefolgt. § 49a löste 1996 § 48 Abs. 2 S. 5–8 aF und § 44a Abs. 2 BHO aF ab; die entsprechenden landesrechtlichen Normen sind heute ebenfalls außer Kraft.   **1026**

Absatz 1 regelt den Anwendungsbereich des § 49a. In diesem Bereich gilt der gesetzlich geregelte öffentlich-rechtliche Erstattungsanspruch abschließend – m.a.W.: der allgemeine öffentlich-rechtliche Erstattungsanspruch findet hier keine Anwendung. Ferner ist § 49a auf nicht erfasste Fälle nicht analog anwendbar; es gibt den allgemeinen öffentlich-rechtlichen Erstattungsanspruch, damit fehlt es an einer Gesetzeslücke.   **1027**

Hauptanwendungsfall des § 49a ist die fehlgeschlagene Subvention. Er ist analog anzuwenden, wenn ein vorläufiger VA (s. Rn. 441 ff) rückwirkend durch einen anderen VA ersetzt worden ist (Schlussbescheid), der eine geringere Summe festsetzt[3]. Es besteht die Pflicht zur Erstattung und zur Verzinsung.   **1028**

2. Die Tatbestandsmerkmale des § 49a Abs. 1

Die Norm hat drei Tatbestandsvoraussetzungen: **1029**

– Es muss eine Leistung erbracht worden sein,
– die Leistung muss auf der Grundlage eines VAs erbracht worden sein,
– der VA muss *mit Wirkung für die Vergangenheit* unwirksam geworden sein – sei es durch Rücknahme, durch Widerruf oder durch Eintritt einer auflösenden Bedingung.

Ob die Leistung im Rahmen eines Zweistufenverhältnisses privatrechtlich gewährt wurde, ist für die Anwendung des § 49a Abs. 1 S. 1 bedeutungslos. Ebenso ist es bedeutungslos, ob Rücknahme oder Widerruf rechtmäßig erfolgten; diese VAe müssen lediglich wirksam sein: *Achtung*: beliebte Falle in Klausuren. Rückforderung scheidet freilich aus, solange Widerspruch und Anfechtungsklage gegen den Widerruf/die Rücknahme aufschiebende Wirkung entfalten. Ausschließlich Fälle der Unwirksamkeit für die Vergangenheit sind relevant. Fälle der Unwirksamkeit für die Zukunft sind solche des allgemeinen öffentlich-rechtlichen Erstattungsanspruchs.   **1030**

---

3   BVerwGE 135, 238.

3. Rechtsfolge

1031 Liegen die Tatbestandsvoraussetzungen vor, entsteht der Rückforderungsanspruch unmittelbar kraft Gesetzes. Er ist nach Absatz 1 Satz 2 festzusetzen; insoweit besitzt die Behörde kein Ermessen. Anspruchsgegner ist der Begünstigte der ursprünglichen Leistung; in Betracht kommt auch eine Verpflichtung seines Rechtsnachfolgers. Unzulässig ist eine Inanspruchnahme des Abtretungsempfängers.

4. Der Umfang der Inanspruchnahme

1032 Absatz 2 Satz 1 regelt den Umfang der Inanspruchnahme mit Hilfe einer Rechtsfolgenverweisung auf das Bereicherungsrecht des BGB mit Ausnahme des § 814 BGB. Grundsätzlich ist das durch die Leistung auf Grund des VAs Erlangte zu erstatten; nach § 818 BGB zusätzlich Nutzungen und Surrogate. Deshalb sind erlangte Zinsen zu erstatten.

1033 Die verschärfte Haftung der §§ 819 Abs. 1, 820 BGB findet Anwendung.

1034 Nach § 818 Abs. 3 BGB ist grundsätzlich nur die noch vorhandene Bereicherung herauszugeben. Ob Entreicherung eingetreten ist, beurteilt sich nach der Saldotheorie. Der Pflichtige muss die Umstände, die (angeblich) zur Entreicherung führten, selbst geltend machen. Nach Absatz 2 Satz 2, der an die Stelle des § 819 BGB tritt, besteht trotz Entreicherung volle Erstattungspflicht bei Kenntnis oder grob fahrlässiger Unkenntnis der Umstände, welche die Rechtswidrigkeit des VAs begründen; es ist nicht entscheidend, dass die Rechtswidrigkeit des VAs bekannt ist. Grobe Fahrlässigkeit iSd Vorschrift liegt vor, wenn die Rechtswidrigkeit des VAs offensichtlich war oder der Adressat des VAs nach den ihm bekannten Umständen mit der Rücknahme des VAs rechnen musste.

5. Verzinsung

1035 Der Anspruch ist mit 5% über dem Basiszinssatz zu verzinsen, Absatz 3; Zwischenzinsen können nach Absatz 4 gefordert werden.

Literatur: *Weidemann/Barthel,* DVP 2008, 328 ff.

III. Die Tatbestandsmerkmale des allgemeinen öffentlich-rechtlichen Erstattungsanspruchs

1. Vermögensverschiebung

1036 Erstes Tatbestandsmerkmal des öffentlich-rechtlichen Erstattungsanspruchs ist eine unmittelbare Vermögensverschiebung zwischen zwei Rechtspersonen. Diese Vermögensverschiebung muss im öffentlichen Recht ihre Grundlage haben. Eine Vermögensverschiebung ist gegeben, wenn eine Entreicherung auf der einen und eine Bereicherung auf der anderen Seite zu verzeichnen ist. Entreicherungs- und Bereicherungsgegenstand ist im Normalfall Geld, zB eine Subvention, eine vom Bürger entrichtete Gebühr; ausnahmsweise kann ein relevanter Gegenstand auch ein Grundstück sein.

Als Gegenstand eines öffentlich-rechtlichen Erstattungsanspruchs entfällt das durch einen VA verliehene Recht, zB das Recht zu bauen. Durch die Aufhebung des VAs wird dieses Recht „vernichtet".

2. Fehlender Rechtsgrund

Die Leistung muss ohne Rechtsgrund erfolgt sein (sine causa); bedeutungslos ist, ob der Rechtsgrund von Anfang an fehlte oder später weggefallen ist. Abzustellen ist auf die materiell-rechtliche Rechtslage. Materiell-rechtliche Rechtslage meint in diesem Zusammenhang die Existenz eines wirksamen VAs oder örVs. Diese Grundlage muss im Zeitpunkt der Geltendmachung des öffentlich-rechtlichen Erstattungsanspruchs fehlen[4].

1037

Beispiel: Entrichtet der Bürger eine Gebühr auf Grund eines Gesetzes, welches später vom BVerfG für nichtig erklärt wird, so bleibt der VA, der auf Grund dieses später für nichtig erklärten Gesetzes die Gebühr forderte, nach § 79 Abs. 2 BVerfGG bestandskräftig. Der Bürger hat deshalb nur dann einen die entrichtete Gebühr betreffenden Erstattungsanspruch, wenn er gegen den Gebührenbescheid einen Rechtsbehelf eingelegt hat, sodass dieser nicht bestandskräftig geworden ist[5].

3. Kein Wegfall der Bereicherung

Unproblematisch ist, dass der Staat oder ein sonstiger Verwaltungsträger sich auf den Wegfall der Bereicherung entsprechend § 818 Abs. 3 BGB nicht berufen kann. Ein Wegfall der Bereicherung fehlt wohl immer aus tatsächlichen Gründen; ferner widerspricht eine Berufung auf den Wegfall der Bereicherung der Stellung der öffentlichen Hand[6].

1038

Ob der Bürger sich auf den Wegfall der Bereicherung berufen kann, ist partiell gesetzlich geregelt: s. § 49a Abs. 2 S. 2. Das Gesetz erklärt den Einwand der Bereicherung in den Fällen des § 48 Abs. 2 S. 3 für irrelevant.

1039

Soweit eine gesetzliche Regelung fehlt, sind zwei Fälle zu unterscheiden: die Gewährung einer Geldleistung auf der Basis eines „zwischengeschalteten" VAs und die Gewährung einer Leistung ohne diesen VA.

1040

Beispiele: Nach der „Zwei-Stufen-Theorie" wird über das Ob einer Subvention durch VA entschieden, die Durchführung erfolgt mit Hilfe eines Darlehensvertrags – in diesem Fall ist ein VA „zwischengeschaltet"; eine im Ausland lebende Empfängerin einer Postanweisung erhält den Betrag versehentlich zweimal ausgezahlt[7] – ein zwischengeschalteter VA fehlt.

§ 818 Abs. 3 BGB soll den Bürger im Falle eines Verbrauchs der erhaltenen Leistung schützen. Dieser Gedanke gilt auch im öffentlichen Recht. Für die analoge Anwendung des § 818 Abs. 3 BGB besteht aber nur dann Raum, wenn die Schutzfunktion nicht bereits durch Grundsätze des öffentlichen Rechts übernommen worden ist.

1041

---

4   Zur analogen Anwendung bei vorläufigem VA und Schlussbescheid vgl BVerwGE 135, 238, 244.

5   Vgl hierzu auch *Waniorek*, NJW 1988, 1604, JuS 1989, 244 ff.

6   Vgl aus der **Rechtsprechung**: BVerwGE 36, 113 f; OVG RP, NVwZ 1988, 448; *Erfmeyer*, DÖV 1998, 459.

7   BVerwGE 71, 85.

Wenn die Geldleistung auf Grund eines zwischengeschalteten VAs erfolgt, so ist dieser VA nur beschränkt rücknehmbar. Der insoweit bestehende Vertrauensschutz übernimmt die Funktion des § 818 Abs. 3 BGB. Fehlt schützenswertes Vertrauen, dürfte aus tatsächlichen Gründen eine Berufung auf den Wegfall der Bereicherung entfallen; die Rücknehmbarkeit des VAs bewirkt mithin zugleich die Irrelevanz der Berufung auf den Wegfall der Bereicherung. In den Fällen der Leistungserbringung ohne einen zwischengeschalteten VA ist streitig, ob der Bürger sich auf § 818 Abs. 3 BGB analog berufen kann. Die Literatur[8] bejaht die Berufungsmöglichkeit, weil in diesen Fällen die bei der Rücknahme von VAen maßgebenden Vertrauensschutzgrundsätze nicht griffen, deshalb müsse dem Bürger die Berufung auf § 818 Abs. 3 BGB analog zugestanden werden. Das BVerwG[9] lehnt eine Anwendung der §§ 818 Abs. 3, 819 Abs. 1 BGB analog ab und zieht den Grundsatz des Vertrauensschutzes heran; entscheidendes Motiv dafür dürfte gewesen sein, eine differente Behandlung dieser Fälle unter dem Gesichtspunkt des Wegfalls der Bereicherung zu verhindern[10].

1042   Die Heranziehung des Vertrauensschutzprinzips hat zur Voraussetzung, dass ein Vertrauenstatbestand geschaffen wurde; Vertrauenstatbestand kann ein VA oder ähnliches sein. Ein Vertrauenstatbestand entsteht jedenfalls nicht als Ergebnis einer bloßen Vermögensverschiebung. In den Fällen, in denen eine Leistung ohne zwischengeschalteten VA erbracht wird, fehlt es deshalb regelmäßig an einem Vertrauenstatbestand, sodass für Vertrauensschutz des Bürgers der reale Anknüpfungspunkt fehlt und der Vertrauensschutz deshalb in der Regel entfällt. Dieses Ergebnis ist nicht hinzunehmen. – Geht man mit dem BVerwG davon aus, dass die „eingetretene Vermögenslage" die Basis des Vertrauensschutzes sei, so entfällt die Schutzwürdigkeit des Vertrauens nach Auffassung des BVerwGs bereits dann, wenn der Bürger das Fehlen des Rechtsgrunds grob fahrlässig verkannte; darin liegt der entscheidende Unterschied zu § 819 Abs. 1 BGB. Dieses für den Staat günstige Ergebnis dürfte die Entscheidung wesentlich beeinflusst haben[11]. § 819 Abs. 1 BGB enthält freilich eine Fehlwertung des Gesetzgebers[12]; diese Fehlwertung könnte durch analoge Anwendung modifiziert werden; für eine vollständige Ablehnung der Anwendung der §§ 818 Abs. 3, 819 Abs. 1 BGB analog fehlt deshalb die Basis. Weil diese Normen im öffentlichen Recht zum Einsatz kommen können, ist das Abstellen auf das Vertrauensschutzprinzip als solches nicht notwendig. Dem BVerwG ist deshalb insoweit nicht zu folgen.

IV. Die Geltendmachung des öffentlich-rechtlichen Erstattungsanspruchs

1043   Ein Erstattungsanspruch, der eine Leistung rückabwickelt, die durch VA festgesetzt wurde, ist durch Erlass eines VAs geltend zu machen, § 49a Abs. 1 S. 2. Fehlt es an einem zwischengeschalteten VA, ist eine allgemeine Leistungsklage zu erheben. Diese beiden Varianten der Geltendmachung des Anspruchs betreffen Ansprüche der

---

8   *Maurer*, § 29 Rn 29.
9   BVerwGE 71, 85.
10 Vgl hierzu auch BVerwG, NJW 1992, 328, erläutert von *Osterloh*, JuS 1992, 619 ff.
11 S. *Maurer*, § 29 Rn 29.
12 *Ossenbühl*, JZ 1985, 795.

Verwaltung gegen den Bürger. Der Anspruch des Bürgers gegen die Verwaltung ist im Wege der allgemeinen Leistungsklage durchzusetzen[13].

Literatur: *Erichsen/Brügge*, JURA 1999, 501 f; *Stangl*, JA 1998, 48 ff.

Lösung Fall 26 (Rn 1020): Der abgeschlossene örV ist nichtig, s. § 2 Abs. 2 S. 1 BBesG (Sa. I Nr 230). Für die Rückzahlung könnte § 12 Abs. 2 BBesG die Anspruchsgrundlage bilden, wenn es sich bei der Zahlung um „Bezüge" handelte. Bezüge bedeutet Dienstbezüge iSv § 1 Abs. 2 BBesG, also „Besoldung". Der Betrag von 500,– EUR ist keine Besoldung iSd § 1 Abs. 2 BBesG. Anspruchsgrundlage für die Rückforderung des Betrags ist deshalb der allgemeine öffentlich-rechtliche Erstattungsanspruch. Dessen Voraussetzungen sind erfüllt. Die Berufung des A auf den Wegfall der Bereicherung ist erfolglos, da A Vertrauensschutz nicht genießt. Jeder Beamter muss wissen, dass ihm nur die gesetzlich festgelegte Besoldung zusteht.   **1044**

V.   Anhang: Aufbauschema

Aufbauschema zum öffentlich-rechtlichen Erstattungsanspruch   **1045**

Spezialgesetzlich geregelte Erstattungsansprüche enthalten zB § 49a Abs. 1 S. 1; § 50 SGB X; § 37 Abs. 2 AO; § 12 BBesG; § 52 BeamtVG.

– Sie verdrängen den allgemein öffentlich-rechtlichen Erstattungsanspruch (Grundsatz der Spezialität).
– Die Anspruchsvoraussetzungen ergeben sich aus der jeweiligen Sonderregelung; in der Regel besteht gesetzliche Verweisung auf §§ 812 ff BGB.

Der allgemeine öffentlich-rechtliche Erstattungsanspruch ist heute ein gewohnheitsrechtlich anerkanntes Rechtsinstitut des öffentlichen Rechts; Anspruchsgrundlage ist nicht § 812 BGB analog. Die **Anspruchsvoraussetzungen** sind

1. Kein Vorrang spezialgesetzlicher Erstattungsansprüche (s. o.),
2. öffentlich-rechtliche Beziehung zwischen den Beteiligten,
3. Vermögensverschiebung:
   – Anspruchsgegner hat „etwas erlangt",
   – durch Leistung oder in sonstiger Weise,
   – Rechtsgrund für die Vermögensverschiebung fehlt:
      – vorausgehender VA als Rechtsgrund? – ein rechtswidriger, aber wirksamer Leistungsbescheid der Behörde bildet solange einen Rechtsgrund, bis dieser gerichtlich aufgehoben oder von der Behörde zurückgenommen worden ist,
      – kein Rechtsgrund aus Gesetz oder örV.

Für den Umfang der Erstattung gilt:

– Herausgabe des Erlangten,
– Nutzung und Verzinsung (entsprechend § 818 Abs. 1 BGB),
– Wegfall der Bereicherung: die Grundsätze der §§ 818 Abs. 3, 4, 819 Abs. 1 BGB sind unanwendbar – Abwägung zwischen Vertrauensschutz und Grundsatz der Gesetzmäßigkeit. Der Staat kann den Einwand des Bereicherungswegfalls nicht geltend machen, der Bürger dann nicht, wenn er Kenntnis der Rechtsgrundlosigkeit hatte oder als Folge grober Fahrlässigkeit nicht hatte.

---

13   Vgl FamRZ 1997, 1408.

Es gibt keine Verjährung, es sei denn (**1.**) Sonderregelungen[14], zB § 50 Abs. 4 SGB X, greifen, oder (**2.**) entsprechende Anwendungen der Vorschriften des BGB.

§ 15 Die Abwicklung fehlgeschlagener Leistungsbeziehungen – sonstige Ansprüche

1046 **Fall 27:** Die X-GmbH betreibt ein Tanklager. Das Betriebsgrundstück grenzt unmittelbar an die Weser. Das „Uferdeckwerk" ist stark beschädigt. Die X-GmbH hat die zuständige Wasser- und Schifffahrtsverwaltung auf die Notwendigkeit einer Ausbesserung hingewiesen. Die Behörde bestreitet jeglichen Handlungsbedarf. Über Monate hinweg versucht die X-GmbH vergeblich, die Verwaltung zu veranlassen, Reparaturarbeiten in die Wege zu leiten. Als die Weser Hochwasser führt und starke Regenfälle angekündigt werden, besteht die Gefahr, dass die beschädigte Uferbefestigung das Wasser nicht wird zurückhalten können. Die X-GmbH führt die Ausbesserungsarbeiten am Uferdeckwerk wegen der Dringlichkeit selbst aus. Von der Bundesrepublik Deutschland fordert sie Erstattung der dafür aufgewendeten Kosten. Steht der X-GmbH ein solcher Anspruch zu? – § 7 Abs. 1 BWaStrG: Die Unterhaltung der Bundeswasserstraßen … sind Hoheitsaufgaben des Bundes. – § 8 Abs. 4 BWaStrG: Zur Unterhaltung gehören auch Arbeiten zur Beseitigung oder Verhütung von Schäden an Ufergrundstücken, die durch die Schifffahrt entstanden sind oder entstehen können, soweit die Schäden den Bestand der Ufergrundstücke gefährden. **Rn 1061**

I. Vertraglich begründete verwaltungsrechtliche Schuldverhältnisse

1047 Im Zusammenhang der Darstellung des örVs war schon darauf hingewiesen worden, dass für Leistungsstörungen, die im örV auftreten können, die Vorschriften des bürgerlichen Rechts entsprechend gelten (s. Rn 859). Das bürgerliche Recht gilt als Folge der Verweisung in § 62 S. 2.

1048 Das Recht der Leistungsstörungen gilt noch in einem weiteren Fall: im Falle der Existenz eines sog. **verwaltungsrechtlichen Schuldverhältnisses**[1]. Es handelt sich um öffentlich-rechtliche Rechtsbeziehungen zwischen der Verwaltung und dem Bürger, die bürgerlich-rechtlichen Schuldverhältnissen ähneln unter dem Aspekt der Struktur und des Gegenstands.

Beispiele: Leistungs- und Benutzungsverhältnisse im Bereich der Daseinsvorsorge, so die Belieferung mit Wasser durch die Gemeinde[2]; kommunale Abwasserkanalisation[3]; die Benutzung eines städtischen Schlachthofs[4].

---

14 Vgl dazu die Fallgestaltung KStZ 1997, 78.

1 S. *Windthorst*, JuS 1996, 605 ff.
2 BGHZ 59, 303.
3 BGHZ 54, 299.
4 BGHZ 61, 7.

Hinweis: Diese Rechtsverhältnisse entstehen nicht immer auf Grund des Abschlusses eines freiwilligen örVs, sondern können auch begründet werden als Folge eines sog. Anschluss- und Benutzungszwangs; dessen Zulässigkeit regelt das Kommunalrecht.

Literatur: *Dötsch*, NWVBl 2001, 385 ff; *Geis*, NVwZ 2002, 385 ff.

Das Institut des „verwaltungsrechtlichen Schuldverhältnisses" gibt es deswegen, weil es ermöglicht, die besonderen Vorschriften des Schuldrechts des BGB, also insbesondere dessen Haftungsvorschriften, analog anzuwenden. Die Rechtsprechung sieht dafür ein Bedürfnis. Wenn die Verwaltung die Wahlmöglichkeit hat, die Rechtsbeziehungen zum Bürger im Bereich der Daseinsvorsorge entweder öffentlich-rechtlich oder privatrechtlich zu gestalten, dann dürfe die öffentlich-rechtliche Ausgestaltung nicht zu einer Haftungsreduktion der Öffentlichen Hand führen. Eine denkbare verminderte Haftung der Öffentlichen Hand bei der Wahl einer öffentlich-rechtlichen Leistungsbeziehung wird folglich durch eine entsprechende Anwendung der Haftungsvorschriften des BGB ausgeglichen. **1049**

Zwingend ist, dass eine Haftung wegen Verletzung eines verwaltungsrechtlichen Schuldverhältnisses öffentlich-rechtlich ist. Die sinngemäße Heranziehung von Vorschriften des BGB ist nur insoweit möglich, als öffentlich-rechtliche Rechtsvorschriften fehlen und die Eigenart des jeweiligen Rechtsverhältnisses die Heranziehung zulässt. Der Rückgriff auf das BGB kann erfolgen im Wege der Analogie oder deshalb, weil die einschlägigen Vorschriften als Ausdruck eines allgemeinen Rechtsgedankens begriffen werden. Heranzuziehen sind vor allem die Vorschriften über die Leistungsstörungen, §§ 280 ff, 311 Abs. 2 – ehemals cic –, § 241 Abs. 2 – ehemals pVV. **1050**

Beispiele: Unmöglichkeit der Leistungserfüllung[5]; pVV[6]; cic[7].

Ebenso wie im Zivilrecht setzt die Haftung wegen Verletzung eines öffentlich-rechtlichen Schuldverhältnisses **Verschulden** voraus. Für schuldhaftes Handeln seiner Erfüllungsgehilfen haftet der Verwaltungsträger voll nach § 278 BGB. **1051**

Beispiel: Nach § 22 KrWG kann sich die zur Entsorgung verpflichtete öffentlich-rechtliche Körperschaft „Dritter" bei der Entsorgung bedienen. Der Dritte ist Erfüllungsgehilfe der Körperschaft. Erfüllt der Dritte seine Pflichten schuldhaft nicht, so haftet die Körperschaft für das fehlerhafte Verhalten des Dritten gegenüber dem Bürger.

In einem verwaltungsrechtlichen Schuldverhältnis kann – Umkehrschluss aus § 276 Abs. 3 BGB – die Haftung für leichte Fahrlässigkeit ausgeschlossen werden. Dieses kann in einer kommunalen Satzung – etwa einer Benutzungsordnung – erfolgen. Die Haftungsbeschränkung ist zulässig, wenn sie sachlich gerechtfertigt ist und den Grundsätzen der Erforderlichkeit und Verhältnismäßigkeit genügt[8]. Ein Anspruch aus verwaltungsrechtlichem Schuldverhältnis und ein Anspruch aus deliktischer Haftung des Staats (Amtshaftung) können nebeneinander geltend gemacht werden. **1052**

---

5   BGH, NJW 1990, 1230.
6   BGH, NJW 1974, 1816, s. auch *Bamberger*, JURA 2002, 35 ff.
7   BVerwG, DÖV 1974, 133; BGH, DVBl 1986, 409; OVG RP, NVwZ-RR 2004, 241.
8   Vgl BGHZ 61, 7, 12 f mwN.

1053 Der Rechtsweg für Schadenersatzansprüche wegen der Verletzung verwaltungsrecht-licher Schuldverhältnisse ist umstritten. Der BGH[9] hält den ordentlichen Rechtsweg nach § 40 Abs. 2 VwGO für eröffnet; *Kopp/Schenke*[10] meint, der Verwaltungsrechts-weg sei zulässig. Nach dem Wortlaut des § 40 Abs. 2 S. 1 VwGO ist die Zuständig-keit der ordentlichen Gerichte jedenfalls dann begründet, soweit die verwaltungs-rechtlichen Schuldverhältnisse nicht auf Vertrag beruhen. ME ist es nicht einsichtig, vertraglich begründete Schuldverhältnisse anders zu behandeln. Mit dem BGH ist deshalb der ordentliche Rechtsweg als eröffnet zu betrachten.

II. Gesetzlich begründete verwaltungsrechtliche Schuldverhältnisse

1054 Dieser Kategorie unterfallen erstens verwaltungsrechtliche Schuldverhältnisse, die auf Grund eines **Anschluss- und Benutzungszwangs** entstanden sind; das für sie gel-tende Recht wurde zuvor abgehandelt, weil kein Unterschied in Abhängigkeit davon besteht, auf welche Weise das verwaltungsrechtliche Schuldverhältnis begründet wurde. Als zweiter Fall eines gesetzlich begründeten Schuldverhältnisses gilt die **öffentlich-rechtliche Verwahrung**; die §§ 688 ff BGB sind analog heranzuziehen; die Haftungserleichterung des § 690 BGB gilt für die öffentliche Verwaltung jedoch nicht[11]. Der dritte und wichtigste Fall eines gesetzlich begründeten verwaltungsrecht-lichen Schuldverhältnisses ist die **Geschäftsführung ohne Auftrag (GoA)**[12].

1055 Eine öffentlich-rechtliche GoA liegt vor, wenn öffentlich-rechtliche Rechtsbeziehun-gen vorhanden sind, die die Merkmale der bürgerlich-rechtlichen GoA aufweisen, al-so: Geschäftsführung, für einen anderen, ohne Auftrag. Drei Konstellationen sind denkbar: **(1.)** eine Behörde wird für eine andere Behörde tätig[13], **(2.)** eine Behörde wird für einen Bürger tätig, **(3.)** ein Bürger wird für eine Behörde tätig.

1056 Eine Behörde kann nur dann im Wege der öffentlich-rechtlichen GoA tätig werden, wenn sie nicht auf der Basis von Gesetzen arbeitet; handelt die Behörde auf gesetzli-cher Grundlage, wird sie nicht „ohne Auftrag" tätig. Ein Handeln einer Behörde auf der Grundlage einer GoA kommt deshalb nur in Notfällen sowie im schlicht hoheitli-chen Bereich (es fehlt eine gesetzliche Grundlage in diesen Fällen) in Betracht. – Das Gleiche muss für die GoA des Bürgers zugunsten der Verwaltung gelten; die Auffas-sung des BVerwG[14], Gesichtspunkte wie der Schutz individueller Rechtsgüter könn-ten eine GoA begründen, überzeugt nicht. Das Gleiche gilt für die Rechtsprechung des BGH, der die hoheitliche Wahrnehmung bestimmter Aufgaben zugleich als GoA für den begünstigten Bürger betrachtet.

Beispiele: Das Löschen von Waldbränden, die durch den Funkenflug vorbeifahrender Loko-motiven der Bundesbahn entstanden sind[15]; technische Hilfe der Feuerwehr bei Ölunfäl-

---

9 DVBl 1978, 108.
10 *Kopp/Schenke*, VwGO, § 40 Rn 71.
11 BGHZ 4, 192; unentschieden BVerwGE 52, 254.
12 Dazu *Schoch*, JURA 1994, 241 ff; *ders.*, Die Verwaltung 2005, 91 ff.
13 S. BayVGH, BayVBl 1997, 50; OVG NW, NVwZ-RR 2014, 14.
14 BVerwGE 80, 170.
15 BGHZ 40, 28.

len[16]; Beseitigung einer Straßenverschmutzung durch die Straßenbaubehörde[17]; Bergung von Schiffsteilen aus einem Kanal, um eine Gefahr für den Schiffsverkehr zu beseitigen[18].

Der BGH meint, eine GoA liege auch dann vor, wenn der Geschäftsführer mit der Verfolgung eigener Interessen zugleich ein Geschäft für einen anderen besorgt und auch besorgen will. Er ist der Auffassung, die Verwaltung könne mit der Wahrnehmung hoheitlicher Aufgaben zugleich Geschäfte eines Bürgers wahrnehmen. Das ist außerordentlich fragwürdig, weil in diesen Fällen ein und dieselbe Tätigkeit einer Behörde sowohl öffentlich-rechtlich als auch privatrechtlich qualifiziert würde; das dürfte wohl ausgeschlossen sein; die Annahme des BGH, es läge eine privatrechtliche GoA vor, ist wohl unrichtig[19]. **1057**

Wenn man im Einzelfall eine GoA bejaht, kann es zu folgenden Ansprüchen kommen: **1058**

(1.) Aufwendungsersatz; der Geschäftsführer kann von dem Geschäftsherrn Ersatz seiner Aufwendungen verlangen, § 683 BGB analog. **1059**

Beispiel: Nach BGHZ 40, 28 hat die die Feuerwehr unterhaltende Gemeinde einen Anspruch auf Ersatz der Kosten, die der Einsatz der Feuerwehr verursacht hat.

(2.) Der Geschäftsherr kann bei unzulässiger oder fehlerhafter GoA **Schadenersatz** vom Geschäftsführer verlangen, §§ 678 ff BGB analog. **1060**

Beispiel: Bei einem Verkehrsunfall stürzt ein Öltanklastwagen um. Die Feuerwehr richtet diesen Lastwagen auf. Infolge eines Fehlers der Feuerwehr gelangt ein großer Teil des noch im Tank vorhandenen Öls in den Boden. Dieser muss ausgekoffert und entsorgt werden. Der Träger der Feuerwehr haftet nach § 680 BGB analog[20].

Lösung Fall 27 (Rn 1046): Der X-GmbH könnte ein Kostenerstattungsanspruch nach den Regeln der öffentlich-rechtlichen GoA zustehen. **1.** Die GoA ist hier öffentlich-rechtlich, da X eine Aufgabe wahrnimmt, die nach § 7 Abs. 1 BWaStrG dem Staat obliegt. **2.** Die analoge Anwendung der §§ 677 ff BGB im öffentlichen Recht ist zulässig, wenn abschließende Spezialvorschriften fehlen. Hier sind spezialgesetzliche Regelungen nicht ersichtlich. **3.** Die X-GmbH muss eine Maßnahme ausführen, die einen Einsatz spezifisch hoheitlicher Befugnisse nicht erfordert. Es bestünde sonst die Gefahr, dass die staatliche Monopolstellung durch das Einschreiten des Privaten unterlaufen würde. Die Instandsetzung des Uferdeckwerks wäre im Falle des staatlichen Handelns als schlichtes Verwaltungshandeln zu beurteilen gewesen. Der Einsatz spezifischer Hoheitsmittel entfällt. **4.** Die vom Privaten ausgeführte Maßnahme muss im öffentlichen Interesse liegen. Dies ist der Fall, wenn der Private in besonderen Notlagen Hilfe leistet, solange die Behörde dazu nicht in der Lage ist; der Private wird dann im Einklang mit dem wirklichen oder mutmaßlichen Willen der an sich zuständigen Behörde tätig, vgl § 678 BGB. Hier hätte die zuständige Behörde die Aufgabe wahrnehmen können; sie war dazu nicht bereit. Der entgegenstehende Wille des Geschäftsherrn ist nach § 679 BGB analog dann unbeachtlich, wenn ohne die Geschäftsführung eine im öffentlichen Interesse liegende Pflicht des Geschäftsherrn nicht rechtzeitig erfüllt werden **1061**

---

16 BGHZ 63, 167.
17 BGHZ 65, 354. S. auch VGHBW, NVwZ-RR 2004, 473.
18 BGHZ 65, 384.
19 Vgl zur Kritik *Maurer*, § 29 Rn 12.
20 BGHZ 63, 167.

würde. Die Herstellung des Uferdeckwerks muss im öffentlichen Interesse gelegen haben. – Ein „öffentliches Interesse" an einer auftraglosen Geschäftsführung Privater für eine Behörde ist begründet, wenn der Schutz individueller Rechtsgüter sie erfordert. Auf Grund der Beschädigung der Uferbefestigung war zu befürchten, dass das Wasser über die Ufer treten würde. Es bestand eine konkrete Gefahr für das Eigentum der X-GmbH. Nach § 8 Abs. 4 BWaStrG war die unterhaltungspflichtige Behörde verpflichtet, die schadhafte Uferbefestigung instandzusetzen, um die Gefahr für das Ufergrundstück der X-GmbH abzuwenden. – Eine GoA gegen den Willen der Behörde entfällt, wenn die Möglichkeit des Rechtsschutzes gegen die Behörde bestanden hätte[21]. Die Möglichkeit entfällt in der konkreten Situation. **5.** Bei einer öffentlich-rechtlichen Geschäftsführung ohne Auftrag ist ferner die Wahrung eines der Behörde zustehenden Handlungsspielraums zu beachten. Hätte die Behörde bei eigener Wahrnehmung Ermessen besessen, dürfte der Bürger durch seine „Geschäftsführung" die Behörde nicht vor vollendete Tatsachen stellen und deren Ermessensentscheidung unterlaufen[22]. Hier ist fraglich, ob der Verwaltung wegen der Dringlichkeit einer Maßnahme ein Handlungsspielraum zustand oder ob sich dieser „auf Null" reduziert hatte mit der Pflicht der Behörde zum Einschreiten. Ferner hatte die Behörde ein Tätigwerden über Monate hinweg abgelehnt. Ob die Behörde noch Handlungsfreiheit hatte, möchte offen bleiben; denn eine Handlungsfreiheit, die die Behörde nicht beansprucht, erscheint kaum schutzwürdig[23]. Deshalb ist eine auftraglose Geschäftsführung gegen den Willen der zuständigen Behörde hier zulässig. **6.** Der X-GmbH steht der geltend gemachte Anspruch aus einer öffentlich-rechtlichen Geschäftsführung ohne Auftrag zu.

III. Anhang: Aufbauschema

1062

Aufbauschema zum Anspruch aus öffentlich-rechtlicher GoA

Die Anspruchsgrundlage ergibt sich aus §§ 677, 683, 670 BGB analog.

Die **Anspruchsvoraussetzungen** sind:

1. Abgrenzung zur zivilrechtlichen GoA (bedeutend für den Rechtsweg)
2. Keine spezialgesetzlichen Regelungen, zB § 25 SGB XII
3. Maßnahme des Geschäftsherrn (Verwaltung) darf keinen Einsatz spezifisch hoheitlicher Befugnisse erfordern
4. Vorgenommene Maßnahme des Bürgers liegt im öffentlichen Interesse; Kriterien für die Bejahung des öffentlichen Interesses:
   – Verwaltung muss zum Handeln außer Stande sein bzw sie handelt pflichtwidrig (nicht entgegenstehender Wille der Behörde – § 679 BGB gilt entsprechend)
   – Schutz individueller Rechtsgüter (Leben, Gesundheit, Eigentum etc)
   – Ausschöpfung von Rechtsschutzmöglichkeiten
5. Kein Ermessensspielraum der Verwaltung bei eigener Wahrnehmung des Geschäfts, öffentlich-rechtliche GoA nur dann, wenn Staat zum Einschreiten verpflichtet ist, sonst wird staatliches Ermessen unterlaufen (Schutz der Handlungsfreiheit der Behörde)

---

21 BVerwGE 80, 170, 175.
22 S. BVerwGE 80, 170, 174.
23 BVerwG, ebenda.

§ 16 Die Rückgängigmachung rechtswidrigen Verwaltungshandelns – der Folgenbeseitigungsanspruch

Fall 28: Der Träger der Straßenbaulast ist nach § 18f BFStrG vorzeitig in den Besitz eines des A gehörenden Stücks Lands eingewiesen worden, um eine Fernstraße zu erweitern. Bedienstete des Trägers der Straßenbaulast reißen einen Zaun ab und schieben den Mutterboden vom zukünftigen Straßenland. Das Verwaltungsgericht erklärt die vorzeitige Besitzanweisung für rechtswidrig und später auch den Planfeststellungsbeschluss zur Verbreiterung der Straße. A fordert, dass der Mutterboden an seinen Ursprungsort zurückgeschoben und der Zaun neu gebaut wird. Mit Recht? **Rn 1078**

1063

I. Allgemeines

Handlungen der öffentlichen Hand verändern die Rechtsposition des Bürgers: Darauf sind sowohl der VA, der örV als auch der Realakt orientiert. **1064**

Beispiele: Der VA auf Abriss eines Gebäudes wird vollzogen; die Polizei beschlagnahmt einen Führerschein; beim Straßenbau wird ein nicht der öffentlichen Hand gehörendes Stück Land bebaut.

In diesen Fällen hat der betroffene Bürger ein Interesse an der Wiederherstellung des **1065** früheren Zustands: Er will das Gebäude wieder nutzen, seinen Führerschein zurückhaben und die Straße von seinem Grundstück beseitigt haben. Es geht ihm deshalb nicht immer um Schadenersatz, und sei es in Form der Naturalrestitution, sondern um die Wiederherstellung des vor dem Eingriff bestehenden Zustands.

Das zum Ziel führende Institut ist der Folgenbeseitigungsanspruch. Ihn hat die Literatur erfunden, die Rechtsprechung hat ihn anerkannt. Er hat zum Gegenstand die Beseitigung der tatsächlichen Folgen eines rechtswidrigen Eingriffs; mit seiner Hilfe soll der ursprüngliche, durch den rechtswidrigen Eingriff veränderte Zustand wiederhergestellt werden. Er wurde zunächst entwickelt für die Rückgängigmachung der Folgen eines sofort vollzogenen, aber rechtswidrigen und später auch aufgehobenen VAs[1]. Seine Weiterentwicklung hat dazu geführt, dass er heute alle Fälle rechtswidrigen Verwaltungshandelns erfasst. Nunmehr steht im Mittelpunkt die Rückgängigmachung der Folgen rechtswidriger Realakte[2]. **1066**

Beispiele: Rückgängigmachung einer rechtswidrigen Einbeziehung eines Grundstücksstreifens in die Straßenverbreiterung[3] oder des Baus eines Abwasserkanals[4]; Rückgängigmachung der rechtswidrigen Errichtung einer kommunalen Kläranlage auf einem Privatgrundstück[5]; Rückgängigmachung der ehrverletzenden Äußerungen eines Beamten[6].

---

1 Vollzugs-Folgenbeseitigungsanspruch; s. beispielhaft HessVGH, NVwZ 1995, 301.
2 Vgl zur Vertiefung *Schloer*, JA 1992, 39 f; *Schoch*, JURA 1993, 478 ff; *Sproll*, JuS 1996, 219 ff; *Tobias Schneider*, Folgenbeseitigung im Verwaltungsrecht, 1994.
3 BVerwG, DÖV 1971, 857.
4 BayVGH, NJW 1996, 3163.
5 BVerwG, DVBl 1974, 239.
6 BVerwG, DVBl 1970, 576; BVerwGE 59, 325 ff; 75, 355, dazu *Walther*, JA 1994, 199 ff.

1067 Der Folgenbeseitigungsanspruch ist ein materiell-rechtlicher Anspruch; § 113 Abs. 1 S. 2 VwGO setzt ihn voraus und erlaubt seine prozessual vereinfachte Geltendmachung in bestimmten Fällen. Zu seiner Begründung sind zahlreiche Grundlagen erwogen worden: Analogie zu §§ 1004, 12, 862 BGB; Gebot der Gerechtigkeit; das Rechtsstaatsprinzip; der Grundsatz der Gesetzmäßigkeit der Verwaltung[7]; die Freiheitsrechte[8]; die Rechtsschutzgarantie des Art. 19 Abs. 4 GG. Heute herrscht weitgehende Einigkeit, dass der Folgenbeseitigungsanspruch seine Grundlage in den Freiheitsrechten hat. Er steht insbesondere in engem Zusammenhang mit Art. 14 GG, der dem Einzelnen einen Anspruch auf Unterlassung rechtswidriger Eingriffen in das Eigentum gibt. Wenn rechtswidrig in das Eigentum eingegriffen wird, ist der Eingriff rückgängig zu machen, um den durch Art. 14 GG gewährleisteten Schutz zu realisieren. Dazu dient der Folgenbeseitigungsanspruch.

II. Die Tatbestandsmerkmale des Folgenbeseitigungsanspruchs

1. Hoheitlicher Eingriff

1068 Der Eingriff in die Rechte des Einzelnen muss auf Grund hoheitlichen Handelns erfolgen. Erfolgt der Eingriff auf privatrechtlicher Basis oder ist er privatrechtlich zu beurteilen (Immissionen einer privatrechtlich betriebenen öffentlichen Einrichtung), existiert ein privatrechtlicher Beseitigungsanspruch nach § 1004 BGB.

2. Eingriff in ein subjektives Recht

1069 Ziel des Eingriffs muss ein subjektives Recht des Einzelnen sein. Die Verletzung von Normen, die allein dem Interesse der Allgemeinheit dienen, kann mit Hilfe des Folgenbeseitigungsanspruchs nicht rückgängig gemacht werden. Die Unterscheidung des subjektiven vom objektiven Recht erlangt an dieser Stelle Bedeutung.

3. Rechtswidriges Handeln der Verwaltung

1070 Der Eingriff in das subjektive Recht muss durch rechtswidriges Handeln der Verwaltung geschehen sein. Ein Unterlassen der Verwaltung entfällt; in diesem Falle gibt es nichts, was wiederherzustellen wäre. Ausnahmsweise kann aber in folgendem Fall an ein Unterlassen der Behörde angeknüpft werden: Wird ein rechtmäßiger Zustand durch Fristablauf oder durch Eintritt einer auflösenden Bedingung rechtswidrig, so ist an das Unterlassen der Verwaltung anzuknüpfen.

Beispiel: Nach Aufhebung einer Beschlagnahmeverfügung unterlässt es die Behörde, die beschlagnahmte Sache zurückzugeben[9].

---

7 BVerwGE 69, 370.
8 BVerwGE 82, 95; *Schoch*, Die Verwaltung 1988, 34 f.
9 S. *Schoch*, Die Verwaltung 1988, 39 ff.

4. Andauern des rechtswidrigen Zustands

Der rechtswidrige Zustand, den der Eingriff der Verwaltung in ein subjektives Recht   **1071**
geschaffen hat, muss andauern[10]. Diese Voraussetzung ist zwingend, weil ansonsten
ein Ansatzpunkt für ein Rückgängigmachen fehlte. Hat sich der rechtswidrige Zustand auf irgendeine Art und Weise erledigt, greift der Folgenbeseitigungsanspruch
nicht mehr ein. Er greift ferner nicht ein, wenn ein rechtswidriger Zustand zwar existiert, dieser aber auf dem Vollzug eines bestandskräftigen VAs beruht[11].

III. Inhalt und Grenzen des Folgenbeseitigungsanspruchs

Wie gesagt, hat der Folgenbeseitigungsanspruch zum Gegenstand die Wiederherstel-   **1072**
lung des ursprünglichen Zustands durch Beseitigung der Folgen des rechtswidrigen
Verwaltungshandelns. Es geht um den ursprünglichen Zustand. Der Folgenbeseitigungsanspruch ist kein allgemeiner Wiedergutmachungsanspruch; deshalb kann auf
seiner Grundlage mehr als die Wiederherstellung des ursprünglichen Zustands oder
anderes nicht verlangt werden[12]. – Es wird für eine Ausweitung des Folgenbeseitigungsanspruchs in Richtung Wiedergutmachungsanspruch plädiert[13]. Diese Ausweitung hat sich in der Literatur und in der Rechtsprechung bislang nicht durchgesetzt[14].
Die Ausweitung wird der Idee des Folgenbeseitigungsanspruchs nicht gerecht. Es ist
auch fraglich, ob rechtskonstruktiv ein so weitgehender Anspruch geschaffen werden
kann; mE muss der Gesetzgeber tätig werden, wenn dem Bürger ein derart weit-
gehendes Recht eingeräumt werden soll. Der Folgenbeseitigungsanspruch ist vom
bloßen Abwehranspruch zu unterscheiden. Der Abwehranspruch richtet sich auf Unterlassung von Störungen und Beeinträchtigungen und wandelt sich in einen Schadenersatzanspruch, wenn ein Abwehranspruch aus Gründen der Verhältnismäßigkeit
scheitert[15]; der Folgenbeseitigungsanspruch fordert ein positives Tätigwerden zur
Wiederherstellung des früheren Zustands.

Beispiele: Die Beseitigung der rechtswidrig auf einem Privatgrundstück errichteten Straße[16];
der Widerruf einer ehrkränkenden Äußerung.

Weiteres Beispiel: Ein Obdachloser wird befristet in eine Wohnung eingewiesen. Nach Fristablauf verlangt der Wohnungseigentümer die Räumung der Wohnung durch eine entsprechende, an O gerichtete Verfügung der Ordnungsbehörde. Der Eigentümer kann den Erlass der Verfügung mit Hilfe eines Folgenbeseitigungsanspruchs geltend machen[17]; wie hier *Maurer*, § 30
Rn 12; *Knemeyer*, JuS 1988, 696 ff; OVG Bln, NVwZ 1992, 691, erläutert von *Osterloh*,
JuS 1991, 1066, aA VGHBW, NVwZ 1987, 1101, der einen Anspruch auf polizeiliches Einschreiten annimmt. Das Gericht differenziert freilich nicht hinreichend zwischen dem Folgenbeseitigungsanspruch, der zwischen der Behörde und dem Eigentümer der Wohnung besteht,

---

10   BVerwGE 140, 22 ff.
11   NdsOVG, NVwZ-RR 2013, 584 f.
12   S. NdsOVG, NVwZ 1994, 713; VGHBW, NVwZ 1994, 920; HessVGH, NVwZ 1995, 300.
13   S. *Fiedler*, NVwZ 1986, 977 und *Redeker*, DÖV 1987, 198 f.
14   S. dazu *Erbguth*, JuS 2000, 336–338.
15   BVerwG, NVwZ 1990, 958.
16   VGHBW, NVwZ-RR 1994, 7.
17   Vgl *Rüfner*, JuS 1997, 309 ff.

sowie der Erfüllung dieses Anspruchs, die auch Anordnungen gegen Dritte zum Gegenstand haben kann. Zur Obdachloseneinweisung in der **Fallbearbeitung**: *Detterbeck*, JURA 1990, 38, 41 ff.

1073 Der Folgenbeseitigungsanspruch hat folgende **Grenzen**: die Wiederherstellung des früheren Zustands muss **(1.) tatsächlich möglich** sein; sie muss **(2.) rechtlich zulässig** und **(3.)** für die Verwaltung **zumutbar** sein. Die beiden ersten Voraussetzungen sind einfach zu beurteilen. Mit Blick auf die Zumutbarkeit ist festzuhalten, dass sie entfällt, wenn der Aufwand zur Wiederherstellung des ursprünglichen Zustands unverhältnismäßig groß wird.

1074 Ist der ursprünglich rechtswidrige Zustand in der Zwischenzeit rechtmäßig geworden – man spricht in diesem Zusammenhang von Legalisierung – entfällt der Folgenbeseitigungsanspruch.

Beispiel: Der ursprünglich rechtswidrige und aufgehobene VA ist durch einen rechtmäßigen VA ersetzt worden. – Die Tatsache, dass die Behörde den rechtswidrigen VA durch einen rechtmäßigen VA ersetzen **kann**, ist nicht hinreichend. Nach BVerwGE 80, 178 darf die Behörde jedoch den Einwand der unzulässigen Rechtsausübung geltend machen, wenn sie beabsichtigt, alsbald einen rechtmäßigen Zustand herbeizuführen.

1075 Nur die **unmittelbaren** Folgen eines Eingriffs erfasst der Folgenbeseitigungsanspruch.

Beispiel: Ein Unternehmen wird rechtswidrig verpflichtet, nach dem Außenwirtschaftsgesetz ein Depot zu unterhalten; mangels Unmittelbarkeit kann es die Zinsen für den deshalb aufgenommenen Kredit nicht im Wege des Folgenbeseitigungsanspruchs fordern[18]. – Die Zinsen kann das Unternehmen nur fordern auf der Basis von Anspruchsgrundlagen, die unter Rn 1084 ff diskutiert werden: Amtshaftung, Entschädigung wegen enteignungsgleichen Eingriffs.

1076 Die hM bejaht die Anwendbarkeit des Rechtsgedankens des § 254 BGB. Wenn mehrere Personen an dem den Schaden begründenden Ereignis beteiligt sind, sei der Schaden zu teilen. Problematisch ist die Situation, wenn der Bürger eine unteilbare Leistung verlangt, zB den Widerruf einer ehrenrührigen Erklärung. In diesen Fällen muss es darauf ankommen, bei wem die überwiegende Schuld liegt; liegt sie beim Bürger, entfällt ein Folgenbeseitigungsanspruch, liegt sie bei der Behörde, so muss sie – um im Beispielsfall zu bleiben – die ehrenrührige Erklärung widerrufen. Ist die Leistung teilbar, so hat sich nach dem BVerwG[19] der Bürger entsprechend seinem Mitverantwortungsanteil an den Kosten zu beteiligen[20].

IV. Die Geltendmachung des Folgenbeseitigungsanspruchs

1077 Der Folgenbeseitigungsanspruch ist – wie gesagt – ein öffentlich-rechtlicher Anspruch; er ist deshalb vor den Verwaltungsgerichten geltend zu machen. Er verjährt in drei Jahren, vgl § 195 BGB. Die statthafte Klageart ist die **allgemeine Leistungskla-**

---

18 BVerwGE 69, 366.
19 BVerwGE 82, 24.
20 Ausführlich zu dieser Problematik *Schenke*, JuS 1990, 370 ff; BVerwG, DVBl 1989, 878; OVG NW, NVwZ 1994, 795.

ge[21]. Wenn es um die Beseitigung der Folgen des Vollzugs eines angefochtenen VAs geht, so hat der Bürger die Möglichkeit, im Zusammenhang mit der Anfechtungsklage nach § 42 Abs. 1 VwGO nach § 113 Abs. 1 S. 2 VwGO zu beantragen, die Folgen des VAs rückgängig zu machen[22]; das Gleiche gilt im Rahmen einer Fortsetzungsfeststellungsklage[23].

Literatur: *Brugger*, JuS 1999, 625 ff; *Masing*, DÖV 1999, 573 ff; *Blanke/Peilert*, Die Verwaltung 1998, 31 ff; *Bumke*, JuS 2005, 22 ff; *Kemmler*, JA 2005, 908 ff.

Lösung Fall 28 (Rn 1063): Anspruchsgrundlage für das Verlangen des A ist der Folgenbeseitigungsanspruch. Das Handeln der Bediensteten des Trägers der Straßenbaulast erfolgt auf der Grundlage öffentlichen Rechts, ist also hoheitliches Handeln. Es greift in das Eigentum des A ein. Es ist rechtswidrig nach den Feststellungen des Verwaltungsgerichts. Der rechtswidrige Zustand dauert an. Die Voraussetzungen des Folgenbeseitigungsanspruchs sind erfüllt. A kann die Wiederherstellung des früheren Zustands aber nur dann verlangen, wenn er tatsächlich möglich und rechtlich zulässig ist sowie die Handlungen für die Wiederherstellung des früheren Zustands der Verwaltung zumutbar sind. Die Wiederherstellung des früheren Zustands ist tatsächlich möglich und rechtlich zulässig; Bedienstete der Verwaltung können den Mutterboden verschieben und den Zaun aufbauen; dass dieses Handeln rechtlich unzulässig ist, ist nicht ersichtlich. Der Aufwand zur Wiederherstellung des ursprünglichen Zustands ist auch nicht unverhältnismäßig groß; deshalb ist er der Verwaltung zumutbar. Die Forderung des A besteht zu Recht.	**1078**

§ 17 Der Ausgleich der Folgen von Staatshandeln – Schadenersatz und Entschädigung (Staatshaftung)

Der Begriff „Staatshaftung" wird hier nicht in seinem herkömmlichen (engen) Sinn, als Haftung für hoheitliches Unrecht, verwandt, sondern er umschreibt die Verantwortlichkeit des Staats für hoheitliches Handeln, also sowohl die Haftung für rechtswidriges als auch für rechtmäßiges Verhalten (Staatshaftung im weiteren Sinne). Nicht von der vorliegenden Darstellung erfasst wird daher die Haftung des Staats für Handeln seiner Organe und sonstiger Bediensteter, das dem Zivilrecht und nicht dem öffentlichen Recht zuzuordnen ist. – Eine Einschränkung des weiten Begriffs der Staatshaftung ergibt sich aus dem Gegenstand dieses Buchs: Es handelt sich um eine Darstellung des allgemeinen Verwaltungsrechts: Die Haftung des Staats für hoheitliches Handeln der Legislative und der Judikative[1] entfällt aus Gründen der Themenstellung.

1079

---

21 Zur Klage eines Dritten auf Aufhebung einer Bewilligung in der **Fallbearbeitung**: *Detterbeck*, JURA 1990, 654, 657.
22 Zum Folgenbeseitigungsanspruch in der **Fallbearbeitung**: *Bethge/Detterbeck*, JURA 1991, 550 ff.
23 BayVGH, BayVBl 1997, 635.

1 S. dazu BGH, DVBl 2007, 908 ff; *Ossenbühl*, JZ 2007, 690.

1080   Im Unterschied zu anderen Lehrbüchern wird der Begriff der Staatshaftung hier beschränkt auf Ansprüche, die ausschließlich dem Bürger gegen den Staat zustehen können; nur in diesen Fällen besitzt der Begriff „Staatshaftung" einen spezifischen Sinn. Anspruchsinstitute, die auch den Staat als Anspruchsberechtigten haben können, wurden bereits unter Rn 1021 ff, 1047 ff dargestellt.

1081   Eine Systematisierung aller vorhandenen Anspruchsgrundlagen des Staatshaftungsrechts unter dem Gesichtspunkt einheitlicher, leicht einprägsamer Grundstrukturen wäre für ein Lernbuch ideal. Bisher ist eine derartige Ordnung nicht gelungen. Ihre Erstellung dürfte auch nicht zu leisten sein. Der Grund für dieses aussichtslose Unterfangen ist darin zu sehen, dass die einzelnen Haftungsinstitute aus dem praktischen Bedürfnis der Konfliktbewältigung heraus unabhängig voneinander entstanden und historisch gewachsen sind. Sie sind nur zum Teil normiert; wichtige Ansprüche haben ihre Grundlage ausschließlich im Richterrecht, und auch die gesetzlich geregelten Ansprüche sind stark richterrechtlich geprägt. Die Anspruchsgrundlagen des Staatshaftungsrechts entbehren deshalb einer einheitlichen Systematik. Umso wichtiger für die Erlernbarkeit dieses Rechtsgebiets ist die zumindest grobe Kenntnis der historischen Entwicklung der einzelnen Anspruchsgrundlagen. Ein kurzer Abriss betreffend diese Entwicklung steht daher (fast) immer am Beginn der Erörterung des jeweiligen Haftungsinstituts. Auf Grund der Bedeutung des Richterrechts ist auch die sorgfältige Lektüre der wichtigen höchstrichterlichen Entscheidungen zum tieferen Verständnis unabdingbar.

1082   Die Reihenfolge der Darstellung der Anspruchsgrundlagen ist an ihrer praktischen Bedeutung orientiert. Diese Orientierung führt dazu, die Amtshaftung an der Spitze zu erörtern. Innerhalb der weiteren Komplexe wird zum besseren Verständnis die geschichtliche Entwicklung berücksichtigt. So wird zB der Anspruch aus Aufopferung ieS als das ältere, allgemeinere Haftungsinstitut vor dem Anspruch aus Enteignung dargestellt.

1083   **Literatur:** Zur Systematik der öffentlich-rechtlichen Entschädigung *Arndt/Zinow*, JuS 1993, L 17 und L 25; *Schoch*, FS Maurer, 2001, S. 759 ff; *ders.*, JURA 2002, 837 ff; *Stelkens*, DVBl 2003, 22 ff; *ders.*, JZ 2004, 656; *Grzeszick*, in: Erichsen/Ehlers (Hrsg.), §§ 43–47. Grundfälle zum Staatshaftungsrecht bei *Durner*, JuS 2005, 793 und 900. Vgl zur Rechtsprechung des BGH zu öffentlich-rechtlichen Ersatzleistungen *Schlick*, NJW 2009, 3139 ff, 3487 ff.

I.   Die Amtshaftung

1084   **Fall 29:** U will auf seinem Gewerbegrundstück eine Lagerhalle errichten lassen. Der von U beauftragte Architekt A erstellt die Konstruktionsunterlagen und reicht sie der zuständigen Baugenehmigungsbehörde des Landkreises L ein. Diese überprüft die Bauunterlagen und erteilt dem U die Baugenehmigung. Nach Fertigstellung der Halle stürzt sie zusammen, weil sich herausstellt, dass A die Seitenwände statisch falsch berechnet hat. Der an der Baustelle vorbeigehende P wird durch den Einsturz verletzt. Dem privat krankenversicherten P entstehen Kosten für ärztliche Behandlung in Höhe von 3400,– EUR. U und A sind vermögenslos. P verlangt Ersatz der Arztkosten von L, weil die Behörde die Bauerlaubnis wegen der fehlerhaften Berechnungen nicht hätte erteilen dürfen. – Hat P einen Anspruch gegen den Landkreis L? **Rn 1145**

In der Literatur werden mit Blick auf die Haftung des Staats für rechtswidriges und schuldhaftes Handeln üblicherweise vier Haftungsmodelle unterschieden: **1085**

(1.) Es haftet nur der Amtswalter für sein Fehlverhalten (Beamtenhaftung, Eigenhaftung, persönliche Haftung).

(2.) Ausschließlich der Staat ist Haftungsschuldner. Das Handeln des Amtswalters wird ihm unmittelbar als eigenes Handeln zugerechnet (unmittelbare/originäre Staatshaftung = Eigenhaftung des Staats).

(3.) Beide, Amtswalter und Staat, haften nebeneinander (kumulative Haftung).

(4.) Der Amtswalter haftet, die Schuld wird aber vom Staat mit befreiender Wirkung für den Amtswalter übernommen (mittelbare/derivative Staatshaftung, Amtshaftung = Fremdhaftung des Staats).

Die unter **(4.)** erwähnte Amtshaftung ist eine merkwürdige Kombination aus Beamten- und Staatshaftung. Die Haftung trifft für eine logische Sekunde den Amtswalter selbst und wird anschließend auf den Staat übergeleitet. Es handelt sich daher nicht um eine unmittelbare Staatshaftung; das Fehlverhalten des Amtswalters gilt nicht als staatliches Fehlverhalten; lediglich die Schuld wird vom Staat übernommen. Die Amtshaftung ist deshalb eine nur mittelbare oder derivative Staatshaftung. **1086**

Diese rechtliche Konstruktion der Amtshaftung muss bei der Prüfung eines Amtshaftungsanspruchs immer gegenwärtig sein, weil sie Konsequenzen für den geltend gemachten Anspruch hat. Sowohl die Voraussetzungen (Verschulden des Amtswalters ist erforderlich) als auch der Inhalt des Anspruchs (im Regelfall nur Geldersatz und keine Naturalrestitution) werden von dieser Konstruktion beeinflusst. **1087**

Der im Gegensatz zu den oben **(1.)** bis **(3.)** aufgezählten Haftungsmodellen recht eigentümliche Haftungstyp „Amtshaftung" ist nur aus seiner geschichtlichen Entwicklung heraus verständlich: Im 18. und 19. Jahrhundert herrschte die Auffassung vor, der Staat sei unrechtsunfähig. Handelte ein Beamter rechtswidrig, so hielt er sich nicht an seinen staatlichen Auftrag zu rechtmäßigem Handeln. Folge war, dass das rechtswidrige Verhalten dem Beamten persönlich zugerechnet wurde und deshalb auch keine Staatshaftung, sondern seine persönliche Haftung nach allgemeinem Privatrecht den Schaden eines Betroffenen ausglich. **1088**

Diese Lehre griff das BGB auf, das am 1.1.1900 in Kraft trat. § 839 BGB regelte die Eigenhaftung des Beamten. Allerdings unterteilte die Rechtswissenschaft zu diesem Zeitpunkt das staatliche Handeln bereits in fiskalisches (privatrechtliches) und hoheitliches Handeln. Im fiskalischen Bereich galt der Staat als „Privatmann". Wegen dieser Fiktion bejahte man eine Haftung des Staats bei privatrechtlichem Handeln; sie fand ihren gesetzlichen Niederschlag in § 89 BGB. Ferner war in der Zwischenzeit die Forderung nach einer Haftung des Staats für hoheitliches Handeln ebenfalls laut geworden. Hinter dieser Forderung standen folgende, auch heute noch Geltung beanspruchende Gründe: Zum einen sollte der Geschädigte immer einen leistungsfähigen Schuldner erhalten, zum anderen sollte vermieden werden, dass die Entschlussfreudigkeit der Beamten durch das Haftungsrisiko beeinträchtigt wird. **1089**

Der Reichsgesetzgeber sah sich jedoch mangels Gesetzgebungskompetenz nicht in der Lage, eine allgemeine Staatshaftung im hoheitlichen Bereich einzuführen. Art. 77 EGBGB überließ die Regelung einer Staatshaftung den Einzelstaaten. Soweit diese in **1090** der Folgezeit eine Staatshaftung normierten, sahen sie auf Grund der immer noch virulenten Vorstellung von der Unrechtsfähigkeit des Staats im hoheitlichen Bereich eine Ersatzkonstruktion: eine Haftungsüberleitung auf den Staat, also eine mittelbare Staatshaftung vor. Dieses Modell der Amtshaftung übernahmen Art. 131 in die Weimarer Reichsverfassung und Art. 34, der gegenüber Art. 131 WRV keine inhaltlichen Änderungen aufweist, in das Grundgesetz. Damit ist die Amtshaftung als Haftungstyp auch heute etabliert[2].

1. Anspruchsgrundlage und Anspruchsvoraussetzungen

a) Anspruchsgrundlage

1091 Rechtsgrundlage des Amtshaftungsanspruchs ist Art. 34 S. 1 GG iVm § 839 BGB.

1092 Wie ausgeführt, leitet Art. 34 S. 1 GG die zunächst den Beamten nach § 839 BGB treffende Haftung für den eingetretenen Schaden („Verantwortlichkeit" iSd Art. 34 S. 1 GG) auf den Staat über[3]. Art. 34 S. 1 GG ist daher nicht Anspruchsnorm, sondern Zurechnungsnorm[4], die allerdings die Anspruchsvoraussetzungen modifiziert. Beide Vorschriften bilden eine einheitliche Anspruchsgrundlage und sind deshalb zusammen zu prüfen. – Art. 34 S. 1 GG normiert eine den Beamten befreiende Schuldübernahme. Die auf die persönliche Verantwortlichkeit des Amtsträgers zugeschnittenen gesetzlichen Haftungsbeschränkungen, -milderungen und -privilegien kommen deshalb mittelbar auch dem Staat zugute[5].

b) Haftungstatbestand

1093 (1.) Art. 34 S. 1 GG verlangt zunächst, dass **„jemand in Ausübung eines ihm anvertrauten öffentlichen Amtes"** gehandelt hat. – Die verbale Abweichung des grundgesetzlichen Textes von § 839 BGB ist nicht nur sprachlicher, sondern auch inhaltlicher Natur. Während § 839 BGB bei der Eigenhaftung eines öffentlichen Bediensteten (eine Eigenhaftung kommt beispielsweise bei fiskalischem Handeln in Betracht) nur eingreift, wenn der Handelnde Beamter im staatsrechtlichen Sinn ist, also nach den Beamtengesetzen wirksam zum Beamten ernannt worden ist (ansonsten kommen §§ 823 ff BGB zur Anwendung), erweitert Art. 34 S. 1 GG die mittelbare Staatshaftung gegenüber der Beamtenhaftung dahingehend, dass es allein darauf ankommt, ob jemand mit der Wahrnehmung einer öffentlichen Aufgabe betraut ist (auch als Beamter im haftungsrechtlichen Sinn bezeichnet). Danach kann „jemand" ein Beamter, ein Angestellter oder Arbeiter im öffentlichen Dienst, eine Person, die in einem besonderen öffentlich-rechtlichen Amtsverhältnis steht –

Beispiele für Personen in einem besonderen öffentlich-rechtlichen Amtsverhältnis: Minister[6]; Parlamentsabgeordnete[7]; Mitglieder einer Gemeindevertretung[8] oder eines Kreistags[9] –

---

2 Ausführlich zur Historie der Amtshaftung: BVerfGE 61, 149, 178 ff mwN.
3 BGHZ 121, 161, 163.
4 BVerfGE 61, 149, 198.
5 BGHZ 146, 385, 388.
6 BGHZ 14, 319, 321; 63, 319, 322.
7 OLG Hamburg, DÖV 1971, 238 ff, 239.
8 BGHZ 84, 292, 298 f; 106, 323, 330.
9 BGHZ 11, 192, 193, 197 f.

sowie auch eine Privatperson sein, die hoheitlich tätig wird bzw eine hoheitliche Funktion wahrnimmt,

Beispiele: Beliehene[10]; Verwaltungshelfer[11]; uU auch selbstständige Privatunternehmer; Zivildienstleistende[12].

Entscheidend für das Eingreifen eines Amtshaftungsanspruchs ist daher, dass ein öffentliches Amt ausgeübt wird, also der Handelnde hoheitlich tätig ist, zB ein Truppenarzt bei der Behandlung eines Wehrpflichtigen[13], oder sein Handeln einem Hoheitsträger als hoheitliches Handeln zugerechnet wird[14]. Damit wird die Abgrenzung zwischen öffentlich-rechtlichem und privatrechtlichem Handeln des Staats auch im Staatshaftungsrecht zu einem zentralen Problem. Diese Abgrenzung erfolgt grundsätzlich nach den oben unter Rn 41 ff dargestellten Theorien[15]. Handelt der Beamte im privatrechtlichen Funktionskreis der Verwaltung, greift Art. 34 GG nicht[16]. Der Beamte haftet dann aus § 839 BGB persönlich[17]. **1094**

Abgrenzungsschwierigkeiten bereiten folgende **Fallgruppen**:

(a) Der Schaden wird durch eine natürliche oder juristische Person des Privatrechts verursacht, die **weder** in einem **Amts- oder Dienstverhältnis** zu einer juristischen Person des öffentlichen Rechts steht **noch beliehen** ist. Grundsätzlich handeln derartige Private mangels Hoheitsgewalt privatrechtlich. Von diesem Grundsatz erkennt die Rechtsprechung zwei Ausnahmen an. Erste Ausnahme: Der Private ist sog. Verwaltungshelfer[18]. Zweite Ausnahme: Der Private ist eng in die hoheitliche Tätigkeit der Behörde eingebunden. Er handelt gleichsam als „Werkzeug" oder „Erfüllungsgehilfe" der Behörde. Auf Grund seiner Stellung als selbstständiger privater Unternehmer und der Bedeutung seiner Tätigkeit ist er aber nicht als Verwaltungshelfer anzusehen. **1095**

Beispiel: H möchte ein extravagantes Haus mit einem überkuppelten Lichthof bauen. Architekt A stellt die Konstruktionsunterlagen her und reicht sie der Baugenehmigungsbehörde ein. Diese beauftragt zulässigerweise Schnell (S), einen freiberuflichen Ingenieur, der als Prüfingenieur für Baustatik amtlich anerkannt ist, mit der Prüfung der statischen Berechnungen. Da er keine Beanstandungen hat, wird die Baugenehmigung erteilt. Als das erste Flugzeug im Tiefflug über Hs Haus donnert, bricht die Kuppel zusammen, da die statischen Berechnungen des A fehlerhaft waren. Zum Glück befand sich niemand im Haus. H möchte seinen Schaden ersetzt haben. Kommt eine Haftung des Kreises als Träger der Baugenehmigungsbehörde nach Art. 34 S. 1 GG iVm § 839 BGB in Betracht? Ja[19]. Zwar verleiht die amtliche Anerkennung dem Prüfingenieur für Baustatik kein öffentliches Amt. Auf Grund der selbstständigen, insbesondere

10 Luftfahrzeugführer, § 29 Abs. 3 LuftVG; Jagdaufseher, § 25 Abs. 2 BJagdG; TÜV-Sachverständiger, BGH, NVwZ-RR 2003, 543.
11 Schülerlotsen, OLG Köln, NJW 1968, 655 ff; aufsichtführender Schüler, LG Rottweil, NJW 1970, 474 ff; ablehnend *W. Martens*, NJW 1970, 1029 ff; bejahend *Zuleeg*, DÖV 1970, 627 ff, der den Schülerlotsen allerdings als Beliehenen qualifiziert.
12 BVerwG, NVwZ 1999, 194; OLG Saarbrücken, MDR 1999, 865.
13 OLG Düsseldorf, NVwZ-RR 1999, 102.
14 Zum haftungsrechtlichen Beamtenbegriff *Lüdemann/Windthorst*, SächsVBl 1995, 121 ff.
15 Vgl hierzu OLG Köln, NJW 1989, 2065 f, erläutert von *Dörr*, JuS 1990, 139.
16 BGHZ 85, 393, 395.
17 BGH, NJW 2001, 2626, 2629; BGH, VersR 2004, 785.
18 Zur Figur des Verwaltungshelfers vgl Rn 109; zur Haftung s. BGHZ 153, 268 ff.
19 Vgl BGHZ 39, 358 ff.

weisungsfreien Wahrnehmung der Prüfung ist er auch nicht als Verwaltungshelfer zu qualifizieren. Er wird aber durch den konkreten Prüfauftrag der Baugenehmigungsbehörde in die hoheitliche Verwaltung (Prüfung der Baugenehmigungsunterlagen) einbezogen und übt deren öffentliche Gewalt aus[20]. Er ist Erfüllungsgehilfe der Behörde (streitig, teilweise wird der Prüfingenieur auch als Beliehener qualifiziert.

Weiteres Beispiel[21]**:** Der rote Lamborghini des P steht im absoluten Halteverbot. Polizist A beauftragt den Abschleppunternehmer Hurtig mit der Entfernung des Wagens. Dieser führt den Auftrag sofort aus. Dabei wird das Wappentier – ein Stier (wird heute leider nicht mehr montiert) – zerstört. Kann A einen Anspruch aus Amtshaftung gegen den Polizeiträger wegen eines eventuellen Fehlverhaltens Hurtigs haben? Ja. Das Abschleppen stellt rechtlich eine polizeiliche Vollstreckungsmaßnahme in Gestalt der Ersatzvornahme dar, deren hoheitlicher Charakter bei der Durchführung durch die Polizei selbst außer Zweifel stünde. Die Einschaltung eines Privaten auf privatrechtlicher Grundlage kann hieran nichts ändern. Hurtig wird als Erfüllungsgehilfe der Polizei tätig[22]. – Ist der Unternehmer weder Verwaltungshelfer noch Erfüllungsgehilfe, hilft die Rechtsprechung mit dem Hinweis auf Organisationsverschulden[23].

1096   **(b)** Der Schaden wird durch einen Hoheitsträger durch **schlichtes Verwaltungshandeln** verursacht. Hier ist für die Zuordnung zum öffentlich-rechtlichen oder privatrechtlichen Haftungssystem der Aufgaben- und Funktionszusammenhang des Handelns maßgeblich.

Beispiel (Teilnahme am allgemeinen Straßenverkehr): Ein in der Praxis relevanter Bereich betrifft die Teilnahme öffentlicher Bediensteter am allgemeinen Straßenverkehr. Hier differenziert die Rechtsprechung zunächst danach, ob die Fahrt einer hoheitlichen Zielsetzung diente oder zu privaten (auch fiskalischen) Zwecken unternommen wurde. Ist Ersteres zu bejahen, und ist ferner ein enger innerer und äußerer Zusammenhang zwischen der Fahrt und der hoheitlichen Zielsetzung gegeben, stellt sich die Teilnahme am allgemeinen Straßenverkehr als Ausübung eines öffentlichen Amts dar[24].

1097   Das Kriterium eines engen inneren und äußeren Zusammenhangs ist nicht unproblematisch, die Rechtsprechung hierzu nicht immer überzeugend[25].

1098   **(c)** Der Schaden wird durch einen Hoheitsträger durch **Unterlassen** verursacht. Das Unterlassen ist an sich rechtlich indifferent; das Kriterium Rechtsform des Verwaltungshandelns versagt[26]. Unterlassen wird einem positiven Tun gleichgestellt, wenn eine Pflicht zum Tätigwerden (Garantenpflicht) besteht[27]. Garantenpflichten können sich aus Gesetz, vorangegangenem gefahrerhöhendem Tun („besondere Verkehrssicherungspflichten") und aus der Herrschaft über eine Sache („allgemeine Verkehrssicherungspflicht") ergeben. Die beiden ersten Gruppen sind unproblematisch. Bei einer gesetzlichen Pflicht zum Tätigwerden entscheidet die Rechtsnatur der Rechtsnorm, bei vorangegangenem gefahrerhöhendem Tun die Rechtsnatur dieses Handelns.

---

20 So BGHZ 39, 361 f; zum Sachverständigen des TÜV: *Schwager/Wenz*, DVBl 1993, 1171 ff, 1172.
21 Vgl OLG Nürnberg, JZ 1967, 61 f; LG München, NJW 1978, 48 f; BGH, NJW 1993, 1258 ff.
22 So BGH, ebenda, S. 1259, entgegen der Auffassung von OLG Nürnberg und LG München, ebenda.
23 S. BGH, NVwZ 1993, 1229.
24 Ständige Rspr: BGHZ 42, 176 ff; BGH, DÖV 1971, 787 f; BGH, DVBl 1977, 573 ff; jeweils mwN; BGH, NVwZ 1983, 763 f.
25 Vgl BGH, VersR 1965, 1101 f, wo ein derartiger Zusammenhang bei der Fahrt einer Richterin zu einem Ortstermin abgelehnt wird. BGHZ 147, 169, 171.
26 *Hecker*, in: Erman, Bürgerliches Gesetzbuch, 12. Aufl. 2008, § 839 Rn 23.
27 BGH, NJW 2000, 2810.

Beispiele für besondere Verkehrssicherungspflichten: Verletzung der „Verkehrsregelungspflicht" durch unsachgemäße Anbringung von Verkehrsschildern[28]; falsche Programmierung von Ampelanlagen („feindliches Grün")[29]; Grasmäharbeiten einer Gemeinde[30].

Diese Verkehrssicherungspflichten sind öffentlich-rechtlich wegen des Sachzusammenhangs zu § 45 StVO.

1099

Umstritten ist dagegen die Einordnung der allgemeinen Verkehrssicherungspflicht.

1100

Beispiele für die allgemeine Verkehrssicherungspflicht: Straßenrecht: Reinigungs- und Streupflicht[31]; Wasserstraßenrecht: Freihalten der Fahrrinne[32]; Einrichtungsrecht: Verkehrssicherungspflicht hinsichtlich eines öffentlichen Kinderspielplatzes[33].

Keine Abgrenzungsschwierigkeiten ergeben sich allerdings auch hier, wenn die allgemeine Verkehrssicherungspflicht als öffentlich-rechtliche Pflicht geregelt ist.

1101

Beispiel: Dies ist für Straßen in zahlreichen Bundesländern durch die Landesstraßengesetze geschehen. Diese gestalten die allgemeine Verkehrssicherungspflicht im Straßenrecht öffentlich-rechtlich aus[34].

Fehlt eine derartige ausdrückliche Zuordnung zum öffentlichen Recht, so ist die allgemeine Verkehrssicherungspflicht nach ständiger Rechtsprechung[35] eine privatrechtliche Pflicht. Der BGH hat dies in einer Grundsatzentscheidung[36] mit dem fehlenden Unterschied zwischen Privatpersonen und Staat in ihrer Funktion als Sachherrn im Hinblick auf die allgemeine Verkehrssicherungspflicht begründet. Demgegenüber wird in der Literatur, die der Rechtsprechung des BGH bei öffentlichen Einrichtungen folgt[37], die allgemeine Verkehrssicherungspflicht im Straßenrecht unter Hinweis auf die öffentlich-rechtlich geregelte Straßenbaulast vielfach als öffentlich-rechtlich angesehen[38]. Dieser Streit ist in den Bundesländern, die die allgemeine Verkehrssicherungspflicht im Straßenrecht öffentlich-rechtlich geregelt haben, mittlerweile bedeutungslos.

1102

Keine einheitliche Linie lässt sich bei Schädigungen durch Rundfunk- und Fernsehsendungen erkennen. Dieser Fall gehört zur Fallgruppe **(b)**, soweit es sich um öffentlich-rechtliche Anstalten handelt, und lässt sich auch nach dem dort dargestellten Kriterium lösen. Die Zuordnung ist daher davon abhängig, ob man die von den öffentlich-rechtlichen Rundfunkanstalten wahrgenommene Aufgabe als öffentlich-rechtlich

1103

---

28 BGH, NJW 1966, 1456 ff.
29 BGH, NJW 1971, 2220 ff; BGH, JZ 1987, 822 mit Anm. *Peine,* und BGH, NVwZ 1990, 898 f.; OLG Karlsruhe, NVwZ-RR 2014, 331.
30 BGH, DÖV 2003, 296 f.
31 BGH, NJW 1962, 34 ff; BGH, NJW 1967, 1325 f.
32 BGHZ 9, 373 ff.
33 BGH, DVBl 1977, 895 ff; BGH, DVBl 1988, 788 ff.
34 Art. 72 BayStrWG, § 59 StrG BW, § 7 Abs. 6 StrG Bln, § 5 HbgWG, § 10 NdsStrG, § 9a StrWG NW, § 48 Abs. 2 LStrG RP, § 10 Abs. 4 StrWG SH.
35 BGHZ 9, 373 ff; 60, 54 ff; BGH, NJW 1989, S. 2808 f.
36 BGHZ 9, 373 ff.
37 *Papier,* in: Maunz/Dürig Art. 34 Rn 142.
38 Vgl *Bartlsperger,* DVBl 1973, 465 ff; *Forsthoff,* S. 398 ff; *Nedden,* NJW 1968, 937 f; *Wolff/Bachof,* § 57 V.2.

qualifiziert und – dann konsequent – auch die Ausstrahlung von Sendungen als hoheitliche Tätigkeit ansieht[39].

1104 Die Feststellung, dass derjenige, der den Schaden herbeigeführt hat, ein öffentliches Amt ausübt[40], reicht nicht aus. Hinzukommen muss, dass ein innerer Zusammenhang zwischen der Amtsausübung und dem schädigenden Verhalten besteht. Ein Zusammenhang fehlt, wenn die schädigende Handlung nur bei Gelegenheit der Amtsausübung erfolgt[41].

Beispiel: N ist Heavy-Metal-Fan und lässt daran seit Jahren die ganze Nachbarschaft, auch den Polizisten P, durch eine entsprechende Lautstärke seiner Stereoanlage teilhaben. Als Polizist P N eines Tages auf einem Streifengang in einer menschenleeren Straße trifft, beschließt er, sich an N für viele schlaflose Nächte zu rächen und schießt diesem mit seiner Dienstpistole ins Knie. Schädigung des N durch P in Ausübung eines öffentlichen Amtes? Der Streifengang des P ist zwar eine hoheitliche Tätigkeit, die Verletzung des N hat aber mit dieser Überwachungstätigkeit nichts zu tun, sondern basiert auf persönlichen Motiven des P. Sie geschieht deshalb nur „gelegentlich" des Streifengangs[42].

1105 (2.) Art. 34 S. 1 GG iVm § 839 BGB fordern ferner die Verletzung einer **„Amtspflicht"**. Entsprechend der Konstruktion der Amtshaftung sind Amtspflichten die den Amtswalter betreffenden persönlichen Dienstpflichten. Derartige Pflichten bestehen im Verhältnis zwischen Amtswalter und Dienstherrn, beanspruchen also eigentlich nur Geltung im Innenverhältnis. Diese Begrenzung überwindet die Rechtsprechung dadurch, dass sie bestimmten Dienstpflichten Außenwirkung zuerkennt und so auch der Bürger Pflichtbegünstigter wird.

1106 Die einem Amtswalter obliegenden Dienstpflichten können ihre Grundlage in allen denkbaren Rechtsquellen[43] haben; sie können sich auch aus der Art der wahrzunehmenden Aufgabe ergeben[44].

Die anerkannten Amtspflichten lassen sich sechs Gruppen zuordnen.

1107 Die wichtigste von der Rechtsprechung anerkannte Amtspflicht ist die Pflicht zur rechtmäßigen Amtsausübung, **erste Gruppe**.

Beispiele: Pflicht zu zuständigkeitsgemäßem und verfahrensgemäßem Handeln[45]; Pflicht zu ermessensfehlerfreiem, insbesondere auch verhältnismäßigem Handeln[46]; Pflicht, unerlaubte

---

39 Bejahend: OLG München, NJW 1970, 1745 f, welches, kaum vertretbar, auf den Zweck der konkreten Sendung abstellt; *Bethge*, Die Verwaltung 1972, 152 ff, 172, 173; *Buri*, NJW 1972, 705 ff; ablehnend: OLG Frankfurt, NJW 1971, 47 ff, 48; *Czybulka/Jeand'Heur*, JA 1990, 240 Ü ff, 242 Ü f; BayVGH, DVBl 1994, 643 mit Blick auf den Inhalt der Sendungen – bei Unterlassungsklagen wegen Verletzung des Persönlichkeitsrechts soll der Zivilrechtsweg eröffnet sein, BVerwG, NJW 1994, 2500. Für Ausstrahlungen privater Sender kommt keine Staatshaftung in Betracht.

40 Das ist zB bei dem Sektenbeauftragten einer öffentlich-rechtlich korporierten Religionsgemeinschaft der Fall, BGH, NJW 2003, 1308.

41 BGH, NJW 2002, 3172.

42 Vgl RGZ 104, 286, 288; BGHZ 11, 181, 185 ff.

43 Vgl zum Begriff „Rechtsquelle" Rn 134.

44 BGHZ 69, 128, 135 f; OLG Karlsruhe, NJW 1990, 2319 ff, 2320.

45 RGZ 140, 423, 428; RGZ 145, 204, 213; BGHZ 65, 182, 187 f; BGHZ 76, 16 = BGH, NJW 1980, 826 ff, 828; BGHZ 81, 21, 27; BGH, NJW 1992, 3229 ff, erläutert von *Osterloh*, JuS 1993, 603 ff; OLG Düsseldorf, NVwZ 1995, 202; BayObLG, NVwZ 1995, 928; OLG Karlsruhe, NVwZ-RR 1996, 242; OLG Hamm, DVBl 1997, 618.

46 BGHZ 74, 144, 156; 75, 120, 124; BGHZ 18, 366, 368; BGH, NJW 1973, 894 f; BGH, NJW 1990, 2675 f, erläutert von *Dörr*, JuS 1991, 509 f.

Handlungen zu unterlassen[47]; Pflicht, die durch das Amt gezogenen Grenzen einzuhalten – Schonung Unbeteiligter[48].

Die Amtspflicht ergibt sich aus dem Grundsatz der Gesetzmäßigkeit der Verwaltung, Art. 20 Abs. 3 GG und für Beamte auch aus den Vorschriften der Beamtengesetze, § 63 Abs. 1 BBG. Andere öffentliche Bedienstete sind auf Grund des Arbeitsvertrags zur Wahrung der Gesetze verpflichtet.   **1108**

Die Rechtswidrigkeit einer Amtshandlung impliziert daher in der Regel eine Amtspflichtverletzung und umgekehrt. Dieser Grundsatz gilt allerdings dann nicht, wenn die Pflicht des Amtswalters zu rechtmäßigem Handeln mit seiner Gehorsamspflicht/ Weisungsgebundenheit (für Beamte folgt diese aus §§ 62, 63 Abs. 2 BBG, für andere öffentliche Bedienstete aus dem Arbeitsvertrag) kollidiert[49]. Hier geht die Gehorsamspflicht grundsätzlich vor mit der Folge, dass es bei rechtswidrigem, aber weisungsgemäßem Verhalten an einer Amtspflichtverletzung des handelnden Amtswalters fehlt[50].   **1109**

Beispiel: Der Präsident der Bezirksregierung R weist als staatlich übergeordnete Behörde den Beamten B der Stadt A an, eine Baugenehmigung für die Errichtung eines Wohnhauses seines Parteifreunds P im Außenbereich zu erteilen, obwohl das Vorhaben bauplanungsrechtlich nach § 35 BauGB unzulässig ist. Nachdem die Remonstration des B erfolglos geblieben ist, erteilt B dem P die Baugenehmigung.

Da B sich weisungsgemäß und damit amtspflichtsgemäß verhalten hat, liegt trotz Gesetzesverstoßes in seiner Person keine Amtspflichtverletzung vor[51].   **1110**

Die **zweite Gruppe** bilden die Gehorsamspflichten. Aus der Anknüpfung der Amtshaftung an das Amtswalterunrecht folgt, dass auch bei rechtmäßigem Verhalten nach außen bei Verstoß gegen behördeninterne Weisungen eine Amtspflichtverletzung gegeben sein kann[52].   **1111**

Die **dritte Gruppe** bildet die Pflicht zur Erteilung von Auskünften und Belehrungen als solche[53].

---

47 BGHZ 23, 36, 47; BGHZ 69, 128, 138 mwN; BGH, NJW 1992, 1310 ff, 1310 f. Jüngere Entscheidungen: BGH, VersR 2002, 714; BGH, NVwZ 2002, 123; BGH, VersR 2007, 839.
48 BGHZ 12, 206, 208; BGH, NJW 1972, 101 f mwN.
49 *Detterbeck*, JURA 1990, 38 ff, 44.
50 Streitig; aA *Papier*, in: Maunz/Dürig, Art. 34 Rn 167, der Amtspflichten und Rechtspflichten gleichsetzt, was nur schwer vertretbar erscheint, da diese Auffassung die Anbindung des Amtshaftungsanspruchs an das Amtswalterunrecht leugnet; eine nicht unproblematische Harmonisierung zwischen Amtspflichtswidrigkeit und Rechtswidrigkeit versucht auch *Ossenbühl*, S. 45 f; der BGH neigt der hier vertretenen Ansicht zu, hat die Frage jedoch immer offen gelassen: vgl BGH, NJW 1959, 1629 ff, 1630; BGH, VersR 1985, 588 ff, 588.
51 Diese ist aber in der rechtswidrigen Weisung des R zu sehen. Konsequenz: Der Anspruch aus Amtshaftung richtet sich gegen die Anstellungskörperschaft des R, das Land – *Depenheuer*, DVBl 1992, 404 ff, 409; BGHZ 63, 319, 324 f; BGH, NVwZ 1985, 682 ff, 683.
52 RGZ 145, 204, 215; BGH, WM 1963, 789 f; BGH, NJW 1990, 505 f, 505; aA *Ossenbühl*, S. 45, der zwischen internen und externen Amtspflichten unterscheidet, wobei nur die Verletzung Letzterer einen Amtshaftungsanspruch begründen können soll.
53 BGH, NJW 1956, 1234 f; BGHZ 45, 23, 28 f; BGH, DÖV 1970, 784 f, 785; BGHZ 66, 302, 306 f; BGH, UPR 1986, 64 ff, 66; BGH, VersR 1990, 737 ff, 738; OLG Hamm, NJW 1989, 462 f, 462.

Von dieser Gruppe ist zu trennen als **vierte Gruppe** die Pflicht zu richtiger, unmissverständlicher und vollständiger Auskunftserteilung und Belehrung[54].

Eine weitere Amtspflicht – **fünfte Gruppe** – besteht in der Pflicht zu konsequentem Verhalten – Verbot des venire contra factum proprium[55].

Die **letzte Gruppe** bildet die Pflicht zur sachgerechten Amtsausübung[56].

1112 Jüngere **Rechtsprechung** zu Amtspflichten: BGH, NVwZ-RR 2005, 149; OLG Jena, NVwZ-RR 2004, 809.

1113 **(3)** Die verletzte Amtspflicht muss gegenüber dem geschädigten Dritten bestehen – **Drittbezogenheit** der Amtspflicht. Das bedeutet, dass der Amtswalter seine Pflicht nicht nur im Interesse der Allgemeinheit, sondern auch im Interesse des Dritten zu beachten hat[57]. Ferner muss das verletzte Recht oder Rechtsgut vom Schutzzweck der Amtspflicht umfasst sein[58] – der Schutzbereich der Amtspflicht ist manchmal unklar[59]. Die Ähnlichkeit dieser Formulierungen mit solchen im Rahmen der Klagebefugnis zur Ermittlung des subjektiven Rechts fällt auf; ausdrücklich in diese Richtung der BGH[60]. Als Faustregel lässt sich festhalten, dass die Drittbezogenheit der Amtspflicht dann zu bejahen ist, wenn ein subjektives Recht des Geschädigten betroffen ist. Im konkreten Einzelfall ist die Drittgerichtetheit der Amtspflicht durch Auslegung der sie begründenden Vorschriften und der Natur des Amtsgeschäfts zu ermitteln[61].

Beispiel (s. Erster Fall bei Rn 1095): Die Haftung des Kreises für den finanziellen Schaden des H hängt davon ab, ob die Amtspflicht zur fehlerlosen Prüfung der statischen Berechnungen auch H gegenüber bestand und ferner diesen auch vor dem eingetretenen Schaden bewahren sollte. Die Prüfung der statischen Berechnungen dient der Gewährleistung der Standsicherheit des Gebäudes und soll alle, auch H, die durch die mangelnde Standsicherheit gefährdet werden können, vor Schaden schützen. H wird jedoch nur als Teil der Allgemeinheit geschützt. Der Schutz der Amtspflicht geht nicht dahin, den Bauherrn vor wirtschaftlichen Schäden zu schützen, die durch mangelnde Standfestigkeit am Bauwerk selbst entstehen[62]. Dieses Ergebnis leuchtet dann ein, wenn man sich verdeutlicht, dass die Richtigkeit der Genehmigungsunterlagen in den Risikobereich des Bauherrn fällt, der diese einzureichen hat, und die Überprüfung durch die Genehmigungsbehörde nicht den Bauherrn vor fehlerhaften Berechnungen und deren

---

54 BGH, DÖV 1970, 680 f; BGHZ 51, 30, 32; BGH, DVBl 1977, 576 ff, 577; BGH, NJW 1978, 371 ff, 372; BGH, NJW 1978, 1522 ff, 1523; BGH, NJW 1980, 2573 ff, 2574 f; BGH NJW 1980, 2576 ff, 2576; BGH, NJW 1984, 168 f, 169; BGH, DVBl 1986, 1103; BGH, NVwZ 1987, 258 ff, 259; BGHZ 117, 83, 87 f; OLG Saarbrücken, NVwZ 1995, 199; LG Köln, NVwZ-RR 1995, 630; BGH, VersR 1998, 237 ff; BGH, NVwZ 2002, 373; BGH, VersR 2006, 76. Maßgeblich muss sein, ob für den Empfänger die Auskunft erkennbar verbindlich und zuverlässig war, OLG Karlsruhe, NJW 1997, 1992.

55 BGH, NJW 1960, 2334 f, 2334; BGH, NJW 1963, 644 ff, 645; BGH, NVwZ-RR 1989, 600 ff, 601; BGH, NVwZ 1986, 245 f, 246; BGH, NVwZ 2006, 1207.

56 BGHZ 15, 305, 309; BGHZ 30, 19, 26; BGH, DVBl 1971, 464 f, 465; BGH, BayVBl 1992, 444; *Schwager/Wenz*, DVBl 1993, 1171 ff, 1174 f.

57 BGHZ 56, 40, 45 f; 106, 323, 331; 109, 163, 167 f; 110, 1, 8 f; DVBl 1995, 511; std. Rspr.

58 BGHZ 106, 323, 331; 109, 163, 167 f; 110, 1, 8 f.

59 S. OLG Düsseldorf, NJW 1997, 873, Erteilung einer Baugenehmigung; BGHZ 153, 198 ff, Haftung der Kommunalaufsicht für rechtswidrig erteilte Genehmigungen.

60 NVwZ 1994, 821, LS 3 = NJW 1994, 1647, LS 3.

61 BGHZ 56, 40, 45; 69, 128, 136; 84, 292, 299; 93, 87, 91 f; 106, 323, 331 mwN.

62 Vgl BGHZ 39, 358, 363 f; BayVBl 1998, 220.

Auswirkungen generell schützen[63], sondern nur verhindern soll, dass vorhandene Rechtsgüter und Sachwerte der Allgemeinheit, insoweit auch solche des Bauherrn, gefährdet werden.

Schwierigkeiten bereitet die Drittbezogenheit der Amtspflichtverletzung, wenn Letztere im Erlass rechtswidriger Verwaltungsvorschriften, Satzungen oder Rechtsverordnungen gesehen wird. Grundsätzlich ergehen solche Vorschriften ausschließlich im Interesse der Allgemeinheit, eine Drittbezogenheit ist daher regelmäßig zu verneinen[64]. Ausnahmsweise ist die Drittgerichtetheit der Amtspflicht aber gegeben, wenn der Personenkreis, den die Vorschrift betrifft, individualisierbar ist; dies gilt potenziell für Maßnahme- und Einzelfallgesetze[65]. **1114**

Diese Ausführungen gelten entsprechend, wenn der Erlass eines rechtswidrigen Gesetzes als Amtspflichtverletzung gerügt wird. Auf die Haftung für legislatives Unrecht wird hier aber nicht näher eingegangen[66]. **1115**

Zur Vertiefung der Problematik der Drittbezogenheit sei verwiesen auf die Entscheidungen des BGH zur Überplanung von Altlasten[67] sowie auf den Aufsatz von *Wurm*[68].

(4.) Es muss ein **Schaden** gegeben sein, der durch die Amtspflichtverletzung verursacht wurde. **1116**

Die Feststellung der Kausalität des Schadens erfolgt nach der im Schadenersatzrecht geltenden Theorie des adäquaten Kausalzusammenhangs. Nach dieser Theorie ist ein Tun oder Unterlassen dann ursächlich für den eingetretenen Schaden, wenn es nicht hinweggedacht bzw hinzugedacht werden kann, ohne dass der eingetretene Erfolg entfiele und es bei gewöhnlichem Geschehensablauf nach allgemeiner Lebenserfahrung zur Herbeiführung des Schadens geeignet war. Schäden, die auf Grund eines außergewöhnlichen Verlaufs der Dinge eintreten, bleiben außer Betracht. **1117**

In einigen Fällen führen die Feststellung eines adäquaten Zusammenhangs und damit die eventuelle Verpflichtung zum Schadensersatz zu nicht sachgerechten Ergebnissen. Dieser Mangel wird durch den Einwand des sog. rechtmäßigen Alternativverhaltens behoben. Letztlich handelt es sich nicht um eine Frage der Kausalität, sondern um ein Zurechnungskriterium. Danach wird die Zurechenbarkeit des Schadens dann verneint, wenn der Schaden bei pflichtgemäßem Handeln der Verwaltung dennoch eingetreten wäre oder hätte eintreten können. **1118**

Beispiele: Verfahrensfehlerhafte Entscheidungen, die bei ordnungsgemäßem Verfahren hätten gleich lautend ergehen müssen[69]; ermessensfehlerhafte Entscheidungen, die auch bei fehlerfreier Ermessensausübung hätten getroffen werden können[70], die Zurechenbarkeit ist hier nur zu bejahen, wenn sich das Ermessen auf Null reduziert hat.

---

63 BGHZ 144, 394.
64 BGHZ 56, 40, 46.
65 BayObLG, NJW 1997, 1514 f.
66 Zur Haftung für legislatives Unrecht: *Ossenbühl*, S. 85 ff, 192 ff; *Detterbeck*, JA 1991, 7 ff; *Mader*, BayVBl 1999, 168–175.
67 BGHZ 106, 323 ff; 108, 224 ff; 109, 308 ff; 113, 367 ff; BGHZ 117, 363 ff, erläutert von *Elling*, JA 1993, 155 ff; BGH, NJW 1993, 933 ff.
68 JA 1992, S. 1 ff, der ua auch diese Entscheidungen abhandelt, sowie *Stangl*, JuS 1993, 208 ff. – Weitere Fälle: BGH, DVBl 1994, 1065; BGH, DVBl 1994, 281; BayObLG, NVwZ 1994, 1242.
69 BGHZ 36, 144, 154 f; BGH, NJW 1959, 1316 f, 1317; BGH, NJW 1971, 239 f, 239.
70 BGH, NVwZ 1985, 682 ff, 684; BVerwG, NVwZ 1989, 1156 f, 1156.

1119 Besteht die Pflichtverletzung in einem Unterlassen, kann die Kausalität nur hypothetisch ermittelt werden. Sie ist gegeben, wenn ein pflichtgemäßes Verhalten den Schaden mit an Sicherheit grenzender Wahrscheinlichkeit vermieden hätte[71]. Bei Ermessensentscheidungen ist dies nur zu bejahen, wenn auf Grund einer Ermessensreduzierung eine Pflicht zum Einschreiten bestand. Der Einwand „rechtmäßiges Alternativverhalten" geht hier in der Kausalitätsformel auf[72].

1120 **(5.)** Der Amtswalter muss **schuldhaft** gehandelt haben. Die Amtshaftung ist keine objektive Staatshaftung, sondern eine Verschuldenshaftung. Zwar erwähnt Art. 34 S. 1 GG das Verschulden nicht, jedoch ist Art. 34 S. 1 GG lediglich eine Zurechnungsnorm, die die Amtswalterhaftung auf den Staat überleitet – eine Amtswalterhaftung besteht nach § 839 BGB aber nur im Fall einer vorsätzlichen oder fahrlässigen Amtspflichtverletzung. Allerdings verzichtete bereits das Reichsgericht im Interesse des Geschädigten auf die Individualisierung des konkret verantwortlichen Amtswalters[73].

1121 Ob Fahrlässigkeit gegeben ist, beurteilt sich nach objektiven Maßstäben. Es wird nicht auf die Kenntnisse und Fähigkeiten des konkret handelnden Bediensteten, sondern auf diejenigen Kenntnisse und Fähigkeiten abgestellt, die im Durchschnitt für die Führung des jeweiligen Amts erforderlich sind (sog. „pflichtgetreuer Durchschnittsbeamter")[74].

1122 Mangelhafte Rechtskenntnis ist fahrlässig, da erwartet werden muss, dass der Amtswalter die für die Ausübung seines Amts einschlägigen Rechtsvorschriften kennt und anwenden kann[75]. Verschulden wegen fehlerhafter Rechtsanwendung soll ferner vorliegen, wenn der Amtswalter von einer höchstrichterlichen Entscheidung[76] oder von einer gefestigten höchstrichterlichen Rechtsprechung[77] abweicht. Diese Aussage bedarf jedoch der Einschränkung; sie gilt nur, wenn der Amtswalter sich mit dieser Rechtsprechung nicht ernsthaft auseinandersetzt und zu keiner rechtlich gut vertretbaren anderen Auffassung gelangt[78]. Wird ein Amtshaftungsanspruch auf ein rechtswidriges Verwaltungshandeln gestützt, ist ferner zu beachten, dass die Rechtsprechung ein Verschulden des Bediensteten wegen unrichtiger Rechtsanwendung immer dann verneint, wenn ein Kollegialgericht sein Verhalten als rechtmäßig beurteilt[79]; zu bedenken ist der reduzierte Prüfungsmaßstab des Kollegialgerichts gegenüber dem Prüfungsmaßstab der Beamten[80]. In neueren Entscheidungen zeigt sich aber die Tendenz, diesen Grundsatz einzuschränken[81].

---

71 S. BGH, NVwZ 1994, 405.
72 OLG Celle, DÖV 1972, 243 ff; BVerwGE 15, 3, 10; BVerwG, BayVBl 1992, 249; BGH, DVBl 1983, 586 ff, 587.
73 RGZ 100, 102 f.
74 S. BGH, DVBl 1998, 553. Zum Wegfall der Fahrlässigkeit s. BGH, JZ 1994, 1116.
75 Ausführlich hierzu BGH, DVBl 1993, 105 ff, 106.
76 BGH, NJW 1963, 1453 ff, 1454.
77 BGHZ 30, 19, 22.
78 Ähnlich *Ossenbühl*, S. 60 f.
79 BGHZ 27, 338, 343; 73, 161, 164; BGH, NJW 1992, 2218 ff, erläutert von *Forchhammer*, JA 1993, 124 ff.
80 BGH, VersR 1998, 493; BayObLG, NJW 1997, 1514.
81 BGH, NVwZ 1987, 258 ff, 259 f: Richtlinie, von der abgewichen werden kann.

Eine Besonderheit stellt das sog. Organisationsverschulden dar. Mängel innerhalb der **1123** Verwaltung werden dem jeweiligen Vorgesetzten bzw dem für die Mängel Verantwortlichen als Verschulden zugerechnet. Es ist ausreichend, wenn der Geschädigte die schuldhafte Amtspflichtverletzung damit begründet, das Gesamtverhalten der Verwaltung habe objektiven Sorgfaltsanforderungen nicht entsprochen. Die Nennung des Namens des Verantwortlichen ist auch hier nicht erforderlich[82].

Beispiel: Die personelle Unterbesetzung einer Behörde führt zu einer amtspflichtwidrigen Verzögerung der Bearbeitung von Anträgen. Die verzögerte Bearbeitung kann hier nicht als verschuldete Amtspflichtverletzung des zuständigen Bearbeiters angesehen werden, da dieser keinen Einfluss auf die personelle Besetzung der Behörde hat. Es liegt aber ein Organisationsverschulden vor, das derjenigen Person zugerechnet wird, die für eine ausreichende personelle Ausstattung hätte sorgen müssen.

2. Haftungsausschlüsse und Haftungsbeschränkungen

a) Sondergesetz (Art. 34 S. 1 GG)

Nach Art. 34 S. 1 GG trifft die Verantwortlichkeit für eine Amtspflichtverletzung **1124** (nur) grundsätzlich den Staat. Ein Ausschluss der Staatshaftung ist deshalb ausnahmsweise möglich[83]. Der Ausschluss erfordert, da es sich um eine wesentliche Angelegenheit handelt, eine gesetzliche Grundlage[84].

Beispiele: § 19 Abs. 1 S. 4 BNotO; § 46 Abs. 2 BeamtVG; §§ 5, 7 RBHRSG.

b) Subsidiaritätsklausel (§ 839 Abs. 1 S. 2 BGB)

Die Subsidiaritätsklausel des § 839 Abs. 1 S. 2 BGB greift ein, wenn dem Amtswalter **1125** hinsichtlich der Amtspflichtverletzung lediglich Fahrlässigkeit zur Last fällt, der Geschädigte einen Ersatzanspruch gegen einen Dritten hat und die Durchsetzung dieses Ersatzanspruchs dem Geschädigten möglich und zumutbar ist. Liegen die Voraussetzungen des § 839 Abs. 1 S. 2 BGB vor[85], ist eine Haftung des Beamten und damit eine auf den Staat übergeleitete Haftung ausgeschlossen[86]. Der Sinn dieser Vorschrift erschließt sich aus der dargestellten historischen Entwicklung des Amtshaftungsrechts. Bei Inkrafttreten des § 839 BGB gab es keine allgemeine Staatshaftung; der Beamte haftete nach § 839 BGB persönlich. Die Subsidiaritätsklausel sollte verhindern, dass der Beamte aus Angst vor Fehlern und der ihn dann treffenden Haftung nur zögerlich arbeitet oder überhaupt keine Entscheidung trifft.

Seit der Einführung der Staatshaftung hat der Verweis auf eine anderweitige Ersatz- **1126** möglichkeit nur in den Fällen seine Berechtigung, in denen eine Eigenhaftung des Beamten in Betracht kommt (beispielsweise bei sondergesetzlichem Ausschluss der Staatshaftung oder bei fiskalischem Handeln des Beamten). Dennoch lässt die Rechtsprechung dieses Haftungsprivileg auch dem Staat als Schuldner zugutekommen. Al-

---

82 BGHZ 66, 302, 308, 312; BGH, DVBl 1978, 146 ff, 147; BGH, DVBl 1989, 1094 ff, 1096..

83 BVerfGE 61, 149, 199 f; *Czybulka/Jeand'Heur*, JuS 1992, 396 ff, 400.

84 BGHZ 61, 7, 14 mwN; aA BayVerfGH, DÖV 1970, 488 f; BayVGH, DVBl 1985, 903 f.

85 Ein **Beispiel** bei OLG Frankfurt, NVwZ-RR 1995, 553.

86 S. Einzelheiten bei *Stangl*, JA 1995, 572 ff.

lerdings hat der BGH den Anwendungsbereich der Subsidiaritätsklausel durch restriktive Auslegung in jüngerer Zeit erheblich eingeschränkt.

1127 Eine „anderweitige Ersatzmöglichkeit" iSd § 839 Abs. 1 S. 2 BGB besteht nur dann, wenn der Zweck des anderen Ersatzanspruchs darin besteht, Schäden endgültig auszugleichen, die durch unerlaubte Handlungen Dritter entstanden sind. Keine „anderweitige Ersatzmöglichkeit" stellen danach insbesondere Lohnfortzahlungsansprüche und Versicherungsansprüche des Geschädigten dar, sofern Letztere auf eigenen Leistungen des Versicherten beruhen[87]. Ein anderweitiger Ersatzanspruch ist ebenfalls zu verneinen, wenn sich dieser gegen einen Verwaltungsträger richtet[88]. Hier hat das Verweisungsprivileg keinen Sinn, da immer die öffentliche Hand für den Schaden einstehen muss.

1128 Bei der Teilnahme am allgemeinen Straßenverkehr (also nicht bei der Inanspruchnahme von Sonderrechten nach § 35 StVO) und bei der Verletzung der allgemeinen Verkehrssicherungspflicht hat der Gedanke der haftungsrechtlichen Gleichbehandlung Vorrang und verdrängt § 839 Abs. 1 S. 2 BGB[89].

1129 Für den anderweitigen Ersatzanspruch gelten zwei Besonderheiten: Er muss zunächst in angemessener Zeit realisierbar sein. Daran fehlt es beispielsweise, wenn der Anspruchsgegner vermögenslos ist. Ferner muss die Durchsetzung des Ersatzanspruchs dem Geschädigten auch zumutbar sein. Die Zumutbarkeit lässt sich nur im Einzelfall bestimmen[90].

c) Mitverschulden (§§ 839 Abs. 3, 254 BGB)

1130 Ein Mitverschulden kann in einer Rechtsmittelversäumung (§ 839 Abs. 3 BGB) liegen. Unterlässt der Geschädigte schuldhaft die Einlegung eines Rechtsmittels und ist dieses Versäumnis kausal für den Schadenseintritt, ist ein Schadenersatzanspruch nach § 839 Abs. 1 BGB und damit auch eine Staatshaftung ausgeschlossen. Der Begriff des Rechtsmittels ist weit zu verstehen. Er umfasst neben den förmlichen auch die formlosen Rechtsbehelfe. Zu den Rechtsmitteln iSd § 839 Abs. 3 BGB zählen daher insbesondere der Widerspruch, die Klagen nach der VwGO, Anträge im Eilverfahren (förmliche Rechtsbehelfe) sowie daneben auch Petitionen, Gegenvorstellungen und Dienstaufsichtsbeschwerden (formlose Rechtsbehelfe)[91]. Die Verfassungsbeschwerde stellt dagegen kein Rechtsmittel nach § 839 Abs. 3 BGB dar.

1131 Der ursprüngliche Grund des § 839 Abs. 3 BGB – Schutz des leistungsschwachen Beamten – ist durch die staatliche Haftungsübernahme entfallen. Dennoch kommt dem Haftungsausschluss auch heute noch eine Berechtigung zu. Man kann in ihm

---

87 BGHZ 62, 380, 383 ff; BGH, NJW 1974, 1816 ff, 1817 – zum Lohnfortzahlungsanspruch; BGHZ 70, 7, 9 f; 79, 26, 31 ff; 79, 35, 36 f; 85, 230, 233 f; 91, 48, 54 – zu Versicherungsleistungen.
88 BGHZ 13, 88, 101 ff; 50, 271, 273; 62, 394, 396 f.
89 BGHZ 68, 217, 219 f; 85, 225, 228 f; BGH, NJW 1991, 1171 f; *Lörler*, JuS 1990, 544 ff, 547 mwN – zur Teilnahme am allgemeinen Straßenverkehr; BGHZ 75, 134, 138; BGH, NJW 1981, 682 – zur allgemeinen Verkehrssicherungspflicht.
90 BGH, NJW 1993, 1647 ff.
91 Das Einlegen eines formlosen Rechtsbehelfs soll nicht reichen, wenn der Schaden durch die Inanspruchnahme gerichtlichen Rechtsschutzes zu beseitigen gewesen wäre, so *Hecker*, in: Erman, Bürgerliches Gesetzbuch, 12. Aufl. 2008, § 839 Rn 75.

eine besondere Ausprägung des § 254 BGB (Schadenminderungspflicht) und/oder die Betonung des Vorrangs des Primärrechtsschutzes sehen.

§ 254 BGB ist neben § 839 Abs. 3 BGB anwendbar[92]. Im Gegensatz zu § 839 Abs. 3 **1132** BGB führt eine schuldhafte Mitverursachung des Schadens durch den Geschädigten regelmäßig nicht zu einem Haftungsausschluss, sondern nur zu einer Minderung der Schadenersatzpflicht. Besonderheiten bestehen im Amtshaftungsrecht bei der Anwendung des § 254 BGB nicht, sodass auf das Zivilrecht verwiesen werden kann.

d) Verjährung

Der Amtshaftungsanspruch verjährt wie die übrigen deliktischen Schadenersatzan- **1133** sprüche in drei Jahren ab Kenntnis des Schadens und der Person des Ersatzpflichtigen. Die dreijährige Verjährungsfrist beginnt mit der Kenntnis der Amtspflichtverletzung und der das Verschulden begründenden Umstände, s. §§ 195, 199 Abs. 1 BGB. Kommt eine fahrlässige Pflichtwidrigkeit in Betracht, so setzt der Verjährungsbeginn ferner voraus, dass der Geschädigte eine anderweitige Ersatzmöglichkeit ausschließen kann[93].

Die Verjährung des Amtshaftungsanspruchs wird analog §§ 204, 209 BGB durch die **1134** Einleitung des Primärrechtsschutzes (zB Einleitung eines Widerspruchsverfahrens) unterbrochen.

3. Anspruchsinhalt und Anspruchsumfang

a) Anspruchsinhalt

Der Inhalt des Anspruchs beurteilt sich nach den allgemeinen Vorschriften des BGB **1135** über die Schadenersatzverpflichtung bei unerlaubten Handlungen, §§ 249–255, 842– 847 BGB. Ein Unterschied, der oben bereits Erwähnung fand und aus der Anknüpfung der Amtshaftung an die persönliche Haftung des Amtswalters resultiert, besteht insofern, als eine Naturalrestitution dann ausscheidet, wenn diese in einer Amtshandlung bestünde. Der Anspruch kann nur auf das gerichtet sein, was der Amtswalter als persönlicher Schuldner erbringen kann[94]. Er geht daher regelmäßig auf Geldersatz.

b) Anspruchsumfang

Die Höhe des Schadenersatzes ergibt sich aus einem rechnerischen Vergleich der **1136** durch das schädigende Ereignis eingetretenen Vermögenslage mit der vorher bestehenden, sog. Differenzmethode. Korrigiert wird dieses rein rechnerische Ergebnis durch wertende Überlegungen zum Schutzzweck der Amtspflicht und der Ausgleichsfunktion des Schadenersatzes[95].

So werden nur Schäden ersetzt, von denen die verletzte Amtspflicht den Bürger frei- **1137** halten will. Bei der Ermittlung des ersatzfähigen Schadens wird daher der bereits bei

---

92 BVerfG, NJW 2003, 125 ff; BGH, NVwZ-RR 2013, 909.
93 BGH, NJW 1988, 1146 f, 1146.
94 *Schwager/Wenz*, DVBl 1993, 1194.
95 *Schwager/Krohn*, DVBl 1990, 1087.

der Drittbezogenheit der Amtspflicht herangezogene Schutzzweck ein zweites Mal relevant[96]. Der Gedanke der Vorteilsausgleichung, der besagt, dass vorteilhafte Umstände, die mit dem schädigenden Ereignis in einem qualifizierten Zusammenhang stehen, anzurechnen sind, soweit die Anrechnung dem Sinn und Zweck des Schadenersatzes entspricht und weder den Geschädigten unzumutbar belastet noch den Schädiger unbillig entlastet, kann ebenfalls zu einer Minderung des Haftungsumfangs führen.

4. Anspruchskonkurrenzen

1138   Bei Bestehen eines Amtshaftungsanspruchs ist eine Inanspruchnahme des Bediensteten nach §§ 823, 826 BGB ausgeschlossen, da dessen Haftung auf den Staat übergeleitet wurde. Dementsprechend scheidet auch ein Anspruch aus § 831 BGB gegen den Staat aus.

1139   Sonstige Entschädigungs- und Schadenersatzansprüche können neben Art. 34 S. 1 GG iVm § 839 BGB geltend gemacht werden, zB ein Anspruch aus cic, pVV, die gesetzlich geregelt sind, s. Rn 859, ferner wegen enteignungsgleichen Eingriffs und rechtswidriger Aufopferung[97].

5. Prozessuale Fragen

a) Richtiger Anspruchsgegner (Passivlegitimation)

1140   Haftungssubjekt ist nach Art. 34 S. 1 GG die Körperschaft, in deren Dienst der Amtswalter steht.

1141   Schwierigkeiten bei der Bestimmung dieser Körperschaft und damit des Anspruchsgegners treten auf, wenn ein Amtswalter Aufgaben eines anderen Verwaltungsträgers wahrnimmt, da der Wortlaut des Art. 34 S. 1 GG nicht eindeutig ist. Zur Ermittlung der haftenden Körperschaft werden drei Theorien vertreten. Nach der Funktionstheorie ist darauf abzustellen, wessen Aufgaben der Amtswalter konkret wahrgenommen hat; die Anstellungstheorie fragt danach, wer den Amtswalter angestellt hat, und die vermittelnde Anvertrauenstheorie hält es für entscheidend, welche Körperschaft dem Amtsträger das Amt anvertraut hat, bei dessen Ausübung er amtspflichtwidrig gehandelt hat. Letztere Theorie wird vom BGH in ständiger Rechtsprechung vertreten. Praktisch haftet also regelmäßig die Anstellungskörperschaft, da diese dem Amtswalter das Amt übertragen hat. Nur bei echter Doppelstellung des Amtswalters (mehrere Dienstherren; **Beispiel:** Landrat in Brandenburg) ist zu fragen, wessen Aufgaben bei der Verletzungshandlung wahrgenommen wurden. Bei Amtswaltern ohne Anstellungskörperschaft (**Beispiel:** Beliehene) ist entscheidend, wer ihnen die zu erfüllende Aufgabe übertragen hat[98].

---

96   BGHZ 117, 363, 367; BGH, DÖV 1993, 349 ff = NJW 1993, 933 ff, erläutert von *Osterloh*, JuS 1993, 780 f.
97   BGHZ 146, 365, 371.
98   BGH, NVwZ 1992, 298 f, erläutert von *Osterloh*, JuS 1992, 801; BGH, NJW 1993, 1784 ff, 1786. S. ferner BGH, DVBl 1993, 1084 mit Anm. *Lindemann* und *Windthorst*.

Eine juristische Person des Privatrechts ist keine Körperschaft iSd Art. 34 S. 1 GG. **1142** Anspruchsgegner kann daher immer nur ein Verwaltungsträger mit eigener Rechtsfähigkeit sein; **Beispiele:** Bund, Land, Gemeinde.

b) Rechtsweg

Der Amtshaftungsanspruch ist vor den ordentlichen Gerichten geltend zu machen, **1143** Art. 34 S. 3 GG, § 40 Abs. 2 VwGO. Diese Zuweisung an die Zivilgerichte ist wieder historisch damit zu erklären, dass es sich bei der Amtshaftung um eine lediglich übergeleitete private Beamtenhaftung handelt. Da diese Zuweisung zu einer Doppelspurigkeit des Rechtswegs führen kann (Primärrechtsschutz vor den Verwaltungsgerichten, Sekundärrechtsschutz teils vor den Zivilgerichten, teils vor den Verwaltungsgerichten), ist sie rechtspolitisch fragwürdig.

c) Prüfungsumfang der Zivilgerichte

Hinsichtlich des Prüfungsumfangs stellt sich die Frage, inwieweit die Zivilgerichte an **1144** vorherige Entscheidungen der Verwaltung und der Verwaltungs- und Sozialgerichte gebunden sind. Unstreitig besteht eine Bindung der Zivilgerichte an rechtskräftige Urteile der Verwaltungsgerichtsbarkeit[99] und der Sozialgerichtsbarkeit[100]. Stellt ein derartiges Urteil daher die Rechtmäßigkeit eines VAs fest, so ist ein folgender Amtshaftungsprozess, in dem die Rechtswidrigkeit des VAs als Amtspflichtverletzung geltend gemacht wird, aussichtslos. Unterschiedliche Auffassungen bestehen, wenn es um die Bindungswirkung eines gerichtlich nicht überprüften, aber in Bestandskraft erwachsenen VAs geht. Nach einer in der Literatur vertretenen Auffassung steht die Bestandskraft einer Prüfung der Rechtmäßigkeit des VAs durch die Zivilgerichte entgegen. Der BGH verneint dagegen eine Bindungswirkung. Begründet wird dies zum einen mit der Unterschiedlichkeit des Regelungsgegenstands des VAs und des Streitgegenstands im Amtshaftungsprozess, zum anderen mit § 839 Abs. 3 BGB, der leer liefe, wenn man eine derartige Bindungswirkung annähme[101].

Zur **Wiederholung** und **Vertiefung** der Amtshaftung insgesamt: *Arndt*, JuS 1993, L 17 ff; *Eberle/Gersdorf*, JURA 1990, 317 ff; *Lorz*, JA 1991, 77 Ü ff; *Schwabe*, JURA 1990, 552 ff; *Detterbeck*, JA 1991, 55 Ü ff; Fallbearbeitung bei *Battis/Preschel*, JuS 1996, 43 ff; *Stangl*, JA 1995, 672 ff; *Windthorst*, JuS 1995, 791 ff; 892 ff; 992 ff; *Böhmer*, NVwZ 1996, 749 ff; *Lausnicher*, NVwZ 1996, 745 ff; *Vahle*, DVP 1996, 267; *Giesberts*, Der Betrieb 1996, 361; *Schlick/Rinne*, NVwZ 1997, 1065 ff, 1171 ff; *Czybulka/Biermann*, JuS 1998, 601–610; *Sandkühler*, JA 2001, 149–152; *Hebeler*, JA 2004, 684 ff; **sehr ausführlich:** *Pietzcker*, Rechtsprechungsbericht zur Staatshaftung, AöR 2007, 393–472.

> **Lösung Fall 29 (Rn 1084):** P könnte gegen den Landkreis einen Schadenersatzanspruch **1145** nach Art. 34 GG, § 839 BGB haben.
>
> **I. 1.** Ein Amtshaftungsanspruch setzt voraus, dass „jemand in Ausübung eines ihm anvertrauten Amtes" gehandelt hat, Art. 34 S. 1 GG.

---

99 BGH, DVBl 1993, 105 ff, 106; OLG Oldenburg, NVwZ-RR 1993, 593; BGH, DVBl 1998, 552.
100 *Schwager/Wenz*, DVBl 1993, 1194.
101 BGH, DVBl 1995, 109.

2. Der in der Bauaufsichtsbehörde handelnde Amtswalter muss eine dem P gegenüber obliegende Amtspflicht verletzt haben.

a) Amtspflichten ergeben sich aus den Gesetzen. Die Erteilung einer Baugenehmigung erfüllt dieses Kriterium. Das Bauordnungsrecht gestattet ausschließlich die Genehmigung statisch sicherer Gebäude; daran fehlt es hier. Die Erteilung der Baugenehmigung war objektiv amtspflichtwidrig.

b) Die Amtspflicht muss gegenüber einem Dritten, hier P, bestehen. Die Drittbezogenheit ist zu bejahen, wenn die Amtspflicht zumindest auch den Zweck verfolgt, die Interessen des Dritten zu schützen. Der Zweck folgt aus den Bestimmungen, die die Amtspflicht begründen, vorliegend aus den baurechtlichen Vorschriften. Die Erteilung der Baugenehmigung ist an die Übereinstimmung des Bauvorhabens mit dem Bauordnungs- und Bauplanungsrecht gebunden. Der Prüfung der Statik eines Gebäudes kommt besondere Bedeutung zu: Mangelhafte Standsicherheit gefährdet in hohem Maße Leben und Gesundheit, Sachwerte und Betriebssicherheit. Die von den Baubehörden einzuhaltenden Bestimmungen über die statische Prüfung der Bauwerke sollen solchen Gefahren vorbeugen. Diese Bestimmungen und die ihnen entsprechenden Amtspflichten dienen deshalb in erster Linie dem Interesse der Allgemeinheit, damit aber auch jedem Einzelnen, der von der Gefahr mangelnder Standsicherheit bedroht wird[102]. Geschützt ist jeder, der zu dem Bauwerk in Beziehung tritt. Die Bauaufsichtsbehörde hat ihre P gegenüber obliegende Amtspflicht verletzt.

3. Der Amtswalter der Baubehörde, der bei Überprüfung der Bauunterlagen die fehlerhaften statischen Berechnungen übersehen hat, handelte zumindest fahrlässig, § 276 BGB.

4. Die Verletzung des P erforderte ärztliche Behandlung. Ein ersatzfähiger Schaden liegt vor.

5. Die Amtspflichtverletzung des Amtswalters war auch kausal für den Schaden des P. Ohne Baugenehmigung wäre die fehlerhafte Lagerhalle nicht errichtet worden. – Die Voraussetzungen für einen Schadenersatzanspruch nach Art. 34 GG iVm § 839 BGB liegen vor.

II. 1. Die Amtshaftung ist nach § 839 Abs. 1 S. 2 BGB ausgeschlossen, wenn dem Beamten hinsichtlich seiner Amtspflichtverletzung nur Fahrlässigkeit vorgeworfen werden kann und der Verletzte auf andere Weise Ersatz seines Schadens zu erlangen vermag (sog. Subsidiaritätsklausel). Ein solcher anderweitiger Ersatzanspruch existiert, wenn der Geschädigte einen nicht nur formal bestehenden, sondern auch tatsächlich realisierbaren Anspruch gegen einen Mitschädiger hat.

a) Denkbar wären Ersatzansprüche des P gegen U, der bei Einsturz eines Bauwerks nach §§ 836, 837 BGB haftbar gemacht werden kann, und gegen A nach § 823 Abs. 1 BGB. Es kann dahingestellt bleiben, ob die Anspruchsvoraussetzungen gegeben sind. Die möglicherweise bestehenden Ansprüche sind wegen der Vermögenslosigkeit von U und A nicht durchsetzbar und somit für P wertlos. Sie stellen keinen anderweitigen Ersatz iSd § 839 Abs. 1 S. 2 BGB dar. Es ist P unzumutbar, einen Titel gegen U und A zu erstreiten, den er auf Grund der wirtschaftlichen Lage der Schuldner nicht realisieren kann.

b) P ist privat krankenversichert. Der Anspruch des P gegen seine Versicherung aus dem Versicherungsvertrag könnte eine anderweitige Ersatzmöglichkeit darstellen. Zu bedenken ist, dass P die von der Krankenversicherung zu erbringende Leistung durch eigene Beitragszahlungen „erkauft" hat. „Erkaufte" Ansprüche gegen die private Krankenversicherung stellen keine „anderweitige Ersatzmöglichkeit" iSd § 839 Abs. 1 S. 2 BGB dar[103]. Nach § 86 VVG ist die Versicherungsleistung an den Geschädigten lediglich als „Zwischenfinanzie-

---

102   So BGHZ 39, 358, 363 ff.
103   BGHZ 79, 35.

rung" anzusehen; dem Versicherer soll der Rückgriff auf den Primärschuldner und Schädiger erhalten bleiben. Nach Sinn und Zweck dieser Regelung soll die Leistung der Versicherung nicht den Schädiger von seiner Verbindlichkeit befreien, sondern den Geschädigten absichern[104]. Eine Berufung auf die Subsidiaritätsklausel des § 839 Abs. 1 S. 2 BGB entfällt.

2. Eine Haftungsbeschränkung wegen schuldhafter Mitverursachung des Schadens durch P selbst kommt nicht in Betracht. Ein Mitverschulden nach § 254 BGB wäre denkbar, wenn P in verbotswidriger Weise das Baugrundstück des U betreten hätte. Hierfür bietet der Sachverhalt keine Anhaltspunkte.

3. Die Amtshaftung des L ist weder ausgeschlossen noch beschränkt. III. P kann Schadenersatz in Geld nach §§ 249 ff BGB von L verlangen. Der Landkreis hat ihm die entstandenen Arztkosten in Höhe von 3400,– EUR zu ersetzen. Ferner kann P ein Schmerzensgeld nach § 253 Abs. 2 BGB verlangen.

II. Anhang: Aufbauschema

Aufbauschema Schadenersatz aus Amtshaftung nach Art. 34 GG, § 839 BGB   **1146**

I. **Anspruchsvoraussetzungen**
   1. „Jemand" handelt „in Ausübung eines ihm anvertrauten öffentlichen Amtes", Art. 34 S. 1 GG
      a) Hoheitliches Tätigwerden durch einen Amtswalter
         – kein Handeln im (verwaltungs-)privatrechtlichen Bereich
         – statusrechtlicher Beamtenbegriff gilt nicht; „jemand" ist jeder Amtswalter, der öffentlich-rechtlich tätig werden kann
      b) In Ausübung seines Amtes: zwischen amtlicher Tätigkeit und schädigender Handlung muss ein äußerer und innerer Zusammenhang bestehen
   2. Kein Ausschluss der Staatshaftung durch Gesetz
   3. Verletzung der einem Dritten gegenüber obliegenden Amtpflicht, § 839 BGB
      a) Amtspflichtverletzung
      b) Drittbezogenheit
   4. Verschulden des Amtswalters, § 276 BGB
   5. Schaden
   6. Kausalität zwischen Amtspflichtverletzung und Schaden

II. **Ausschluss oder Beschränkung der Amtshaftung**
   1. Haftungsausschluss nach der Subsidiaritätsklausel, § 839 Abs. 1 S. 2 BGB
      Voraussetzungen des Haftungsausschlusses:
         – Fahrlässigkeit des Amtswalters
         – anderweitige Ersatzmöglichkeit für den Geschädigten
         – deren Realisierung muss zumutbar sein.
   2. Haftungsausschluss wegen schuldhaften Rechtsmittelversäumnisses, § 839 Abs. 3 BGB
   3. Haftungsbeschränkung durch schuldhafte Mitverursachung des Schadens durch den Betroffenen, § 254 BGB
   4. Verjährung des Amtshaftungsanspruchs nach § 195 BGB; s. auch den Sonderfall in § 852 BGB

---

104   BGH, ebenda.

III. Anspruchsinhalt

Schadenersatz in Geld nach §§ 249 ff, 842 ff BGB; grundsätzlich keine Naturalrestitution (zB kein Widerruf einer ehrverletzenden Äußerung durch den Amtswalter)

III. Das Aufopferungsrecht

1147   **Fall 30:** Der Bundespolizeibeamte B befindet sich im Rahmen der Grenzüberwachung in der Nähe der polnischen Grenze nachts auf einem Kontrollgang. Er hört Geräusche und erkennt Personen, die schwere Gegenstände transportieren. Er gibt sich als Zollbeamter zu erkennen und fordert erfolglos die Personen auf, stehen zu bleiben. B verliert den Sichtkontakt zu den Personen und schießt vorschriftsmäßig eine Leuchtkugel mit seiner Dienstwaffe ab. Diese erweist sich als Blindgänger; sie fällt vor das Fahrrad des unbeteiligten Radfahrers R und explodiert auf dem Boden. R stürzt und bricht sich ein Handgelenk. Kann der nicht krankenversicherte R Arztkosten verlangen? **Rn 1186**

1148   Der Gedanke einer Entschädigung für den hoheitlichen Entzug oder die hoheitliche Beeinträchtigung von Rechten des Einzelnen im Interesse der Allgemeinheit lässt sich bis in die vorstaatliche Zeit zurückverfolgen und hat seine Wurzeln im Naturrecht[105]. Schriftlich fixiert wurde er erstmals in §§ 74, 75 der Einleitung zum Preußischen Allgemeinen Landrecht von 1794 (EALR): § 74: „Einzelne Rechte und Vortheile der Mitglieder des Staats muessen den Rechten und Pflichten zur Befoerderung des gemeinschaftlichen Wohls, wenn zwischen beiden ein wirklicher Widerspruch (Collision) eintritt, nachstehn." § 75: „Dagegen ist der Staat denjenigen, welcher seine besondern Rechte und Vortheile dem Wohle des gemeinen Wesens aufzuopfern genoethigt wird, zu entschaedigen gehalten."

1149   Diese Vorschriften wurden durch die Kabinettsordre von 1831 dahin interpretiert, dass § 75 EALR nur bei Eingriffen der Verwaltung einschlägig sei. Beruhe der Eingriff dagegen auf einem Gesetz, komme eine Entschädigung nur in Betracht, wenn das Gesetz eine solche vorsehe.

1150   Neben einer Beeinträchtigung durch ein Verwaltungshandeln waren weitere Voraussetzungen eines Anspruchs aus § 75 EALR die Rechtmäßigkeit des hoheitlichen Handelns, Begründung: Zusammenhang mit § 74 EALR; Eingriff nach § 74 EALR ist rechtmäßig, und der Entzug bzw die Beeinträchtigung eines vermögenswerten Rechts. Auf Eingriffe in immaterielle Rechtsgüter fand § 75 EALR trotz des insoweit offenen Wortlauts nach Rechtsprechung und Lehre keine Anwendung.

1151   Durch den Erlass von Spezialgesetzen betreffend die Enteignung von Grundstücken und dinglichen Rechten entstand als Spezialfall der Aufopferung das Institut der Enteignung, das sich gegenüber dem allgemeinen Aufopferungsrecht in der Folgezeit – auch terminologisch – verselbstständigte. Die Enteignung war in der Anfangszeit durch einen engen Enteignungsbegriff (sog. klassischer Enteignungsbegriff) gekennzeichnet. Sie bezeichnete die Übertragung von Grundstücken oder dinglichen Rech

---

105   *Forsthoff*, S. 328; *Schmitt-Kammler*, JuS 1995, 473 ff.

ten auf den Staat oder einen sonstigen Rechtsträger zur Verwendung für ein konkretes, dem Allgemeinwohl dienendes Vorhaben durch VA auf Grund eines Gesetzes. Charakteristisch für die klassische Enteignung war ihre Funktion als Güterbeschaffungsvorgang ("Zwangskauf"). In der Weimarer Zeit und unter der Geltung des Grundgesetzes – die Enteignung hatte in die jeweiligen Verfassungen Eingang gefunden, Art. 153 WRV, Art. 14 GG – wurde der Enteignungsbegriff von der entschädigungsrechtlichen Rechtsprechung der Zivilgerichte zunehmend ausgeweitet. Die Ausdehnung betraf alle Begriffsmerkmale. Hervorzuheben ist die Erweiterung des Enteignungsgegenstands auf jede Eigentumsposition iSd entsprechenden verfassungsrechtlichen Bestimmung und der völlige Verzicht auf die Funktion der Enteignung als Vorgang der Güterbeschaffung. Unter Enteignung verstand man am Ende dieser Entwicklung jeden hoheitlichen Eingriff in eine Eigentumsposition iSd Art. 14 Abs. 1 GG, der ein Sonderopfer für den Betroffenen darstellte (weiter Enteignungsbegriff). Ein derartiges Sonderopfer wurde bei jedem rechtswidrigen Eingriff ("enteignungsgleicher Eingriff") und bei unzumutbaren faktischen Eingriffen ("enteignender Eingriff") angenommen. Hinter diesem weiten Enteignungsbegriff stand die Vorstellung, dass der Übergang zwischen einer Inhalts- und Schrankenbestimmung des Eigentums nach Art. 14 Abs. 1 S. 2 GG und einer Enteignung fließend sei, die Inhalts- und Schrankenbestimmung daher ab einer bestimmten Eingriffsschwere, die durch das Sonderopfer gekennzeichnet war, in eine Enteignung "umschlagen" könne.

Das Institut der Enteignung umfasste damit drei Bereiche: die Enteignung auf Grund eines Gesetzes iSd Art. 14 Abs. 3 S. 2 GG, den enteignungsgleichen und den enteignenden Eingriff. **1152**

Durch die oben beschriebene Ausweitung des Enteignungsbegriffs verblieb für den Aufopferungsanspruch, der sich wie das Institut der Enteignung auf Eingriffe in vermögenswerte Rechte beschränkte, immer weniger Raum. Zeitweise wurde ihm ein eigener Anwendungsbereich sogar bestritten. Dieser Streit wurde obsolet, als die Rechtsprechung 1953 die Beschränkung des Aufopferungsanspruchs auf Eingriffe in vermögenswerte Positionen aufgab und ihn auf Eingriffe in immaterielle Rechtsgüter erstreckte[106]. Auf die Rechtmäßigkeit des Eingriffs als Anspruchsvoraussetzung hatte bereits das RG[107] verzichtet. Seither verfestigte sich die Terminologie dahingehend, dass bei Eingriffen in nichtvermögenswerte Rechte Aufopferungsentschädigung und bei Eingriffen in eigentumsrechtliche Positionen Enteignungsentschädigung zu gewähren sei, wobei eine Entschädigung in beiden Fällen sowohl bei **rechtmäßigem** als auch bei **rechtswidrigem** Handeln in Betracht kam. **1153**

Durch die 1981 ergangene **Nassauskiesungsentscheidung des BVerfG**[108] ist diese Begriffsbildung und die sie hervorbringende Eigentumsdogmatik überholt. Das BVerfG vertrat seit längerem einen Enteignungsbegriff, der sich deutlich von dem oben dargestellten weiten entschädigungsrechtlichen Begriff abhob und mehr am klassischen Enteignungsbegriff orientiert war. Die Enteignung wurde definiert als gezielter hoheitlicher Zugriff auf ein vermögenswertes Recht iSd Art. 14 Abs. 1 S. 1 **1154**

---

106   Grundsatzentscheidung: BGHZ 9, 83 ff.
107   RGZ 140, 276, 281 ff, 285.
108   BVerfGE 58, 300 ff.

GG des Einzelnen, der auf vollständige oder teilweise Entziehung dieses Rechts zur Erfüllung bestimmter öffentlicher Aufgaben gerichtet ist[109]. Davon abgegrenzt wurde die Inhalts- und Schrankenbestimmung als generell-abstrakte Regelung, die für bestimmte Rechtsgüter objektiv-rechtlich den Inhalt des verfassungsrechtlich geschützten Eigentums festlegt[110]. Ein „Umschlagen" einer Inhalts- und Schrankenbestimmung in eine Enteignung ist nach dieser Konzeption nicht möglich. Beide Institute sind völlig eigenständig und formal abgrenzbar.

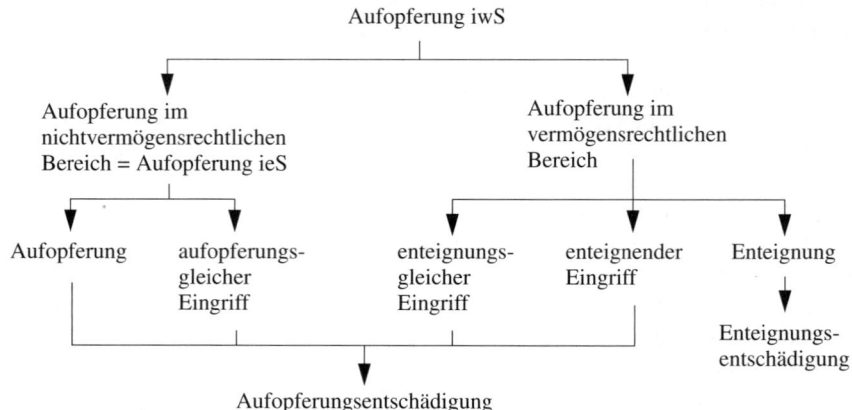

Bild 7: Ausdifferenzierung der Aufopferung

1155 Als Konsequenz dieser Eigentumsdogmatik, die der der Zivilgerichte widersprach, stellte das BVerfG im Nassauskiesungsbeschluss fest, die ordentlichen Gerichte könnten Enteignungsentschädigung nur auf Grund eines Enteignungsentschädigungsgesetzes nach Art. 14 Abs. 3 S. 2 GG zusprechen[111]. Damit wurde der Rechtsprechung der Zivilgerichte insoweit der Boden entzogen, als eine unmittelbar auf Art. 14 GG gestützte Enteignungsentschädigung im Falle eines enteignungsgleichen oder enteignenden Eingriffs gewährt worden war. Seither sehen die Zivilgerichte die Grundlage dieser Ansprüche im Aufopferungsrecht.

Ständige **Rechtsprechung**[112], dazu *Schoch*[113] und *Schenke*[114]. Folge ist, dass es sich begrifflich um eine Aufopferungsentschädigung handelt.

1156 Da die bisherige Terminologie im Aufopferungs- und Enteignungsrecht seit der Änderung der Rechtsprechung der Zivilgerichte zum enteignungsgleichen und enteignenden Eingriff nur noch bedingt aufrecht erhalten werden kann, soll hier durch eine Übersicht verdeutlicht werden, mit welchem Inhalt welche Begriffe im Folgenden

---

109 BVerfGE 24, 367, 394; 38, 175, 179 f; 52, 1, 27; 58, 300, 330 f; 70, 191, 199 f; 72, 66, 76; 74, 264, 280; 79, 174, 191 f.
110 BVerfGE 52, 1, 27; 58, 300, 330 f; 70, 191, 199 f; 72, 66, 76.
111 BVerfGE 58, 300, 319.
112 Seit BGHZ 90, 17, 31; BGHZ 91, 20, 27 f.
113 JURA 1989, 529 ff, 533 ff.
114 NJW 1991, 1777 ff, 1781.

verwandt werden. Auf neue Begriffsschöpfungen wurde verzichtet und in Anlehnung an die geschichtliche Entwicklung des Aufopferungsrechts eine Systematisierung vorgenommen.

1. Die Aufopferung im engeren Sinn

Der aufopferungsgleiche Eingriff ist eine Schöpfung der Literatur und bezeichnet die **1157** Aufopferung im Fall der Rechtswidrigkeit des hoheitlichen Eingriffs. Die Rechtsprechung differenziert begrifflich nicht zwischen Ansprüchen auf Grund rechtmäßigen und Ansprüchen auf Grund rechtswidrigen Handelns, sondern spricht in beiden Fällen von Aufopferung. Eine begriffliche Unterscheidung ist aber empfehlenswert, da hinsichtlich der Anspruchsvoraussetzungen ein Unterschied besteht.

a) Rechtsgrundlagen

Ansprüche aus Aufopferung und aufopferungsgleichem Eingriff sind teilweise ge- **1158** setzlich geregelt. Anspruchsgrundlage für eine Entschädigung ist in diesen Fällen das Spezialgesetz.

Beispiele: Art. 5 Abs. 5 MRK; §§ 56 ff IfSG; § 51 BPolG; §§ 1 ff StrEG.

Im Übrigen findet der Aufopferungsanspruch, auch als allgemeiner Aufopferungsan- **1159** spruch bezeichnet, seine Grundlage im Rechtsgedanken der §§ 74, 75 EALR, der heute gewohnheitsrechtliche Geltung beansprucht.

Der Existenz des allgemeinen Aufopferungsanspruchs dürfte nach zutreffender An- **1160** sicht Verfassungsrang zukommen. Hingegen gehört die Ausgestaltung des Anspruchs im Einzelnen, die insbesondere durch Richterrecht erfolgt ist, zur Ebene des einfachen Rechts[115].

Die Praxisrelevanz des allgemeinen Aufopferungsanspruchs ist heute gering, da für **1161** wichtige Bereiche (Impfschäden, Schäden auf Grund polizeilicher Maßnahmen) spezialgesetzliche Regelungen bestehen.

b) Voraussetzungen des allgemeinen Aufopferungsanspruchs

(1.) Der allgemeine Aufopferungsanspruch setzt zunächst die Beeinträchtigung eines **1162** **immateriellen Rechts** voraus.

Der BGH hat Aufopferungsansprüche ieS bisher bei Eingriffen in Leben, Körper, Ge- **1163** sundheit und (Bewegungs-)Freiheit, Rechtsgüter des Art. 2 Abs. 2 GG, bejaht, die Wortwahl[116] lässt jedoch nicht den Schluss zu, dass ein Aufopferungsanspruch bei einem staatlichen Zugriff auf andere nichtvermögenswerte Rechte ausgeschlossen ist. Dementsprechend diskutiert die Literatur einen Aufopferungsanspruch auch bei Eingriffen in sonstige immaterielle Rechte

Beispiel: Eingriff in die Berufsfreiheit; Persönlichkeitsrecht

---

115 Vgl *Kunig*, JURA 1992, 554 ff, 556; *Ferschl*, Der öffentlich-rechtliche Aufopferungsanspruch, 1995.
116 „Insbesondere" – BGHZ 65, 196, 206; 66, 118, 119; „wie" – BGHZ 45, 58, 76.

und darüber hinaus auch bei Eingriffen in vermögenswerte, nicht Art. 14 Abs. 1 S. 1 GG unterfallende Rechte[117].

Beispiele: Beeinträchtigung des Vermögens als solches.

1164   Geht man vom Rechtsgrundsatz der §§ 74, 75 EALR und der Entwicklung des Aufopferungsrechts aus, ist eine Beschränkung des allgemeinen Aufopferungsanspruchs auf bestimmte nichtvermögenswerte Rechte ebenso wenig zwingend wie die Ausklammerung von vermögenswerten Rechten, die keine Eigentumsposition iSd Art. 14 Abs. 1 S. 1 GG darstellen. Dieses soll hier jedoch nicht weiter vertieft werden; festzuhalten ist, dass die Rechtsprechung bei Eingriffen in vermögenswerte Rechte, die nicht dem verfassungsrechtlichen Eigentumsbegriff unterfallen, Entschädigungsansprüche aus Aufopferung bisher explizit abgelehnt hat[118].

1165   (2.) Ein Aufopferungsanspruch kann nur durch einen **hoheitlichen Eingriff** ausgelöst werden. Fiskalisches Handeln genügt nicht.

1166   Die hoheitliche Tätigkeit muss unmittelbar zu einer Beeinträchtigung des Rechts geführt haben. Das Kriterium der **Unmittelbarkeit** hat das Kriterium der Zielgerichtetheit (Finalität) des Eingriffs abgelöst, das die Rechtsprechung aufgegeben hat. Es ist nicht als Kausalitätsbegriff, sondern als Zurechnungsmerkmal zu verstehen. Ob ein Schaden einem bestimmten Handeln zurechenbar ist, lässt sich nur wertend ermitteln. Darauf beruht die Unschärfe dieser Anforderung. Die Rechtsprechung hat eine Konkretisierung dahingehend vorgenommen, dass die Unmittelbarkeit zu bejahen ist, wenn der Schaden aus der Eigenart der hoheitlichen Tätigkeit folgt und typischerweise mit ihr verbunden ist[119]. An der Unmittelbarkeit fehlt es daher, wenn ein selbstständiges Ereignis, das ganz außerhalb der hoheitlichen Maßnahme liegt, den Schaden verursacht hat.

1167   Die Annahme eines Eingriffs setzt keinen rechtlichen Zwang durch Gesetz, Urteil oder VA voraus. Die Rechtsprechung erkennt allgemeine Aufopferungsansprüche auch dann zu, wenn der Staat lediglich psychisch auf den Betroffenen einwirkt und ihn so zu einem Verhalten veranlasst, das den Schaden unmittelbar herbeiführt

Beispiel: Empfehlung einer Schutzimpfung durch ein Merkblatt[120].

1168   Heftig umstritten ist, ob ein Eingriff auch bei einem **Unterlassen** vorliegen kann. Vorwiegend wird dieser Streit beim enteignungsgleichen Eingriff behandelt, weil er dort praktische Bedeutung erlangt hat. Allerdings stellt sich das Problem auch beim allgemeinen Aufopferungsanspruch.

1169   Die Judikatur hat einen Eingriff bei Untätigkeit des Staats zunächst gänzlich verneint[121], dann aber in den Fällen sog. „qualifizierten Unterlassens" als gegeben ange-

---

117   *Schenke*, NJW 1991, 1777 ff, 1780 ff, 1786 ff; *Schoch*, JURA 1989, 529 ff, 534; *Kunig*, JURA 1992, 554 ff, 556 f.
118   BGHZ 83, 190, 195 = NJW 1982, 2813 ff, 2814; BGH, NJW 1989, 101 f, 102.
119   BGHZ 92, 34, 41 f; 100, 335, 338 f; 102, 350, 358; BGH, NVwZ 1988, 1066 ff, 1068 – zum enteignungsgleichen und enteignenden Eingriff, wo sich dasselbe Problem stellt; **Fälle** zu diesem Merkmal bei *Schoch*, JURA 1990, 140 ff, 145 f.
120   BGHZ 24, 45, 46 f; BGHZ 31, 187, 189 ff.
121   BGHZ 12, 52, 56; 15, 84, 86; 32, 208, 211.

sehen. Dagegen wird in der Literatur teilweise – in Parallele zum Straf- und Zivilrecht – eine Gleichstellung von positivem Tun und Unterlassen gefordert, sofern eine Rechtspflicht zum Handeln besteht[122].

Der Begriff des „Unterlassens" wird hier nicht iSv bloßer Untätigkeit gebraucht, son- **1170** dern bezeichnet auch die Vorenthaltung von Rechten.

Beispiel: Ablehnung einer beantragten Erlaubnis.

Der BGH erachtet als einschlägige Fälle „qualifizierten Unterlassens" Sachverhaltsge- **1171** staltungen, bei denen ein Rechtsanspruch des Betroffenen auf ein staatliches Handeln besteht, dieser ausdrücklich oder konkludent verweigert wird und die rechtswidrige Ablehnung zur Beeinträchtigung einer bestehenden Rechtsposition des Betroffenen führt[123]. Entscheidend für die Annahme eines Eingriffs bei einem Unterlassen ist nach dem BGH daher nicht allein, dass eine Rechtspflicht zum Handeln besteht, sondern zu- sätzlich, dass das Vorenthalten des Rechts auf vorhandene Rechtspositionen einwirkt und diese schmälert. Er begründet dies damit, die Aufopferung (Enteignung) setze den Entzug bzw die Beeinträchtigung und nicht die bloße Nichtgewährung eines Rechts vo- raus. Diese Begründung trägt jedoch die Ablehnung eines Eingriffs nicht in den Fällen, in denen ein Rechtsanspruch auf ein bestimmtes hoheitliches Tätigwerden besteht, die Behörde aber völlig untätig bleibt; denn die Nichterfüllung dieses Anspruchs lässt den Rechtskreis des Betroffenen nicht unberührt, sondern schmälert ihn – dem Betroffenen wird auch hier etwas weggenommen. Besteht daher eine Rechtspflicht des Staats zum Handeln, stellt ein Unterlassen einen Eingriff dar. Im Bereich des allgemeinen Aufop- ferungsanspruchs könnte insbesondere die staatliche Schutzpflicht für Leben und Ge- sundheit zu einer Gleichstellung des Unterlassens mit einem positiven Tun führen[124].

(3.) Die zu einer Beeinträchtigung der Rechte des Bürgers führende staatliche Hand- **1172** lung muss in erster Linie im Interesse des **Gemeinwohls** vorgenommen worden sein. Aufopferungsansprüche scheiden daher aus, wenn die Belastung Folge einer staatli- chen Maßnahme ist, die ausschließlich oder überwiegend Privatinteressen diente.

Die Handlung muss zu einem **Sonderopfer** geführt haben. Der Begriff „Sonderopfer" **1173** bringt bereits zum Ausdruck, dass die Verletzung des Rechtsguts über das hinausge- hen muss, was anderen zugemutet wird (Ungleichbehandlung des Betroffenen).

Bei einem rechtswidrigen Handeln (aufopferungsgleicher Eingriff) folgen die Un- **1174** gleichbehandlung und damit das Sonderopfer bereits aus der Rechtswidrigkeit. – Ist der staatliche Eingriff rechtmäßig, muss die Ungleichbehandlung wertend ermittelt werden. Indiz für das Vorliegen eines Sonderopfers ist eine gewisse Schwere der Be- einträchtigung. Ein Sonderopfer fehlt, wenn die Verletzung als Verwirklichung des allgemeinen Lebensrisikos anzusehen ist[125].

Zur Feststellung des Sonderopfers wird sowohl auf den staatlichen Eingriff als auch **1175** auf dessen Folgen abgestellt. Ist der Eingriff selbst kein Sonderopfer, weil er allge-

---

122 *Ossenbühl*, S. 213 f; *Schenke*, NJW 1991, 1777 ff, 1787 ff.
123 BGH, NJW 1965, 2101 ff, 2103; BGH, NJW 1980, 387 ff, 387 – ausdrückliche Versagung; BGH, DVBl 1972, 827 f – konkludente Versagung.
124 Befürwortend für die Rechtsgüter des Art. 2 Abs. 2 GG auch *Kunig*, JURA 1992, 554 ff, 557 f.
125 BGHZ 46, 327, 330 f; die Wertung als allgemeines Lebensrisiko ist hier allerdings fraglich.

mein gilt, kann das Sonderopfer in den Folgen der staatlichen Maßnahme liegen (häufigster Fall).

Beispiel: Durch Gesetz wird ein Impfzwang angeordnet. A leidet als typische Nebenwirkung der Impfung einen Tag unter Übelkeit. Bei B löst die Impfung eine schwere allergische Reaktion aus, die zu bleibenden Lähmungen führt. Der Impfzwang selbst legt kein Sonderopfer auf, da er allgemein gilt. Auch A erbringt kein Sonderopfer, da die Folge „Übelkeit" eine typische Nebenwirkung der Impfung ist und vom Gesetzgeber als zumutbare Belastung einkalkuliert wurde. Dagegen ist ein Sonderopfer des B zu bejahen, da diese atypische und schwere Folge außerhalb dessen liegt, was den anderen zugemutet wird.

2. Anspruchsausschluss

1176 Liegt ein rechtswidriger, also aufopferungsgleicher Eingriff vor, so entfällt der Entschädigungsanspruch analog § 254 BGB, und zwar nach der Rechtsprechung ganz und nicht nur anteilig, wenn der Geschädigte keine Rechtsmittel zur Abwendung des Schadens eingelegt hat, obwohl ihm dies möglich und auch zumutbar war (Gedanke des Vorrangs des Primärrechtsschutzes). Gegen eine rechtmäßige Aufopferung fehlt ein Rechtsbehelf, sodass hier ein Anspruchsausschluss analog § 254 BGB ausscheidet. Allerdings kann die Schadenminderungspflicht, die ebenfalls aus § 254 BGB folgt und auch hier besteht, die Höhe des Entschädigungsanspruchs beeinflussen.

1177 Der Durchsetzbarkeit des allgemeinen Aufopferungsanspruchs kann die Einrede der Verjährung entgegenstehen. Der Anspruch verjährt in drei Jahren ab seiner Entstehung, §§ 195, 199 Abs. 1 BGB.

3. Art und Umfang der Entschädigung

1178 Der allgemeine Aufopferungsanspruch ist ein Entschädigungsanspruch, kein Schadenersatzanspruch. Sein Ziel ist nicht, den Eingriff ungeschehen zu machen und alle Folgen auszugleichen, sondern das abverlangte Sonderopfer zu ersetzen. Der Unterschied zu einem Schadenersatzanspruch besteht darin, dass die hypothetische Vermögensentwicklung unberücksichtigt bleibt[126].

Beispiel: B wird auf Grund einer Verletzung und der hieraus resultierenden längeren Arbeitsunfähigkeit später als vorgesehen befördert. Er erhält keinen Ersatz des durch die verspätete Beförderung „entgangenen" Verdienstes.

1179 Die Entschädigung aus allgemeiner Aufopferung kann daher in der Höhe hinter einem Schadenersatzanspruch zurückbleiben[127].

1180 Trotz der Tatsache, dass es um den Ausgleich von Sonderopfern im Bereich immaterieller Rechte geht, gewährt der allgemeine Aufopferungsanspruch nur eine Entschädigung für Vermögensschäden

Beispiele: Krankenhauskosten; Verdienstausfall

---

126 BGHZ 57, 359, 368; 59, 250, 258; BGH, NJW 1972, 1574 f, 1575; BGH, NJW 1975, 1966 ff, 1967; BVerfG, NVwZ 1998, 271.
127 BVerfG, NVwZ 1998, 271.

und kein Schmerzensgeld[128]. Der Anspruch geht auf eine angemessene Entschädigung in Geld.

Wie bereits oben erwähnt, kann sich ein die Höhe des Schadens beeinflussendes Mitverschulden entsprechend § 254 BGB anspruchsmindernd auswirken. Der Gedanke der Vorteilsausgleichung findet ebenfalls Anwendung. **1181**

4. Anspruchskonkurrenzen

Der allgemeine Aufopferungsanspruch tritt zunächst hinter spezialgesetzlich geregelte Aufopferungsansprüche zurück. Er ist auch im Übrigen grundsätzlich subsidiär. Sehen gesetzliche Vorschriften einen Schadensausgleich vor, so findet der allgemeine Aufopferungsanspruch keine Anwendung, auch wenn diese Bestimmungen keine Sonderopferlagen betreffen. **1182**

Beispiele: Leistungen der Sozialversicherung; Ansprüche nach dem OEG.

Die Subsidiarität des allgemeinen Aufopferungsanspruchs gilt allerdings nicht im Verhältnis zu einem Anspruch aus Amtshaftung. Diese Ansprüche stehen gleichrangig nebeneinander. Bedeutsam ist dies für die unterschiedlichen Verjährungsfristen. **1183**

5. Prozessuale Fragen

Anspruchsgegner des allgemeinen Aufopferungsanspruchs ist derjenige Hoheitsträger, der durch den Eingriff Vorteile erlangt hat, oder, wenn es an einem Vorteil fehlt, derjenige Hoheitsträger, dessen Aufgaben wahrgenommen worden sind. Nicht erheblich ist, wer den Eingriff vorgenommen hat. **1184**

Nach § 40 Abs. 2 S. 1 VwGO ist für den allgemeinen Aufopferungsanspruch der ordentliche Rechtsweg eröffnet. **1185**

Literatur: *Kemmler*, JA 2005, 659 ff.

Lösung Fall 30 (Rn 1147): **1186**

I. Ein Schadenersatzanspruch aus Amtshaftung entfällt: Kein Verschulden.

II. Anspruchsgrundlage ist der allgemeine Aufopferungsanspruch. **1.** Seine Anwendbarkeit ausschließende Spezialvorschriften existieren in Gestalt von § 52 Abs. 1, 2 BPolG (Sa. I Nr 90). Wir sehen von dieser Norm ab und prüfen weiter: **2.** Der allgemeine Aufopferungsanspruch fordert eine Verletzung des Anspruchstellers in einem nichtvermögenswerten Recht. Zu den nichtvermögenswerten Rechten zählt die körperliche Unversehrtheit. Rs Handgelenk ist gebrochen. Sein Recht auf körperliche Unversehrtheit ist beeinträchtigt. **3.** Den Eingriff muss eine hoheitliche Maßnahme verursacht haben. Ein „Eingriff" ist nur zu bejahen, wenn die Maßnahme den betroffenen Bürger in eine besondere Gefahrenlage bringt und diese Gefahr sich in Gestalt eines Schadens realisiert (sog. Unmittelbarkeitserfordernis). Das Abschießen der Leuchtmunition erzeugt eine Situation, in der unbeteiligte Dritte zu Schaden kommen können. Die Gefahrenlage hat sich für R in Gestalt des Bruchs eines Handgelenks realisiert. Das Merkmal Unmittelbarkeit der Beeinträchtigung ist gegeben. – Der allgemeine Aufopferungsanspruch erfasst „klassische" Zwangsmittel (Gesetz, VA) und nicht vorhersehbare Eingriffe durch Amtsträger. – Das Tatbestandsmerkmal „hoheitlicher Eingriff" liegt vor. **4.** Die

---

128 Kritisch: *Kunig*, JURA 1992, 554 ff, 558; *Ossenbühl*, S. 116 ff.

zum Eingriff in die Rechte des Bürgers führende Maßnahme muss dem „Wohl der Allgemeinheit" dienen. B wurde im Rahmen der Grenzüberwachung, also im Allgemeininteresse tätig. **5.** Die Beeinträchtigung nichtvermögenswerter Rechtsgüter muss für den Betroffenen ein Sonderopfer bilden. Das Sonderopfer zeigt sich in einem den Einzelnen ungleich belastenden Eingriff von hoher Hand, der über das von jedem zu tragende allgemeine Lebensrisiko hinausgeht. – Hier begründet der dem R auferlegte Zwang die Sonderopferlage. Der Staat will durch vorschriftsmäßig eingesetzte Munition unbeteiligte Dritte nicht gefährden; gleichwohl lassen sich solche Einzelfälle nicht vermeiden. Den von einem Blindgänger Betroffenen belastet ein Unglück dieser Art im Verhältnis zur Allgemeinheit ungleich. Es zählt nicht zum allgemeinen Lebensrisiko, in solche Situationen zu geraten. Ferner weist die Eingriffsfolge, Bruch eines Handgelenks, eine gewisse Schwere auf. Ein Sonderopfer des R ist zu bejahen. **6.** Einwände, die den Aufopferungsanspruch einschränken oder ausschließen (Verjährung, Mitverschulden), sind nicht ersichtlich. Ein nach § 254 BGB zu berücksichtigendes Mitverschulden des R läge vor, wenn er sich auf gesperrtem Grenzgelände bewegt und deshalb in zurechenbarer Weise dem Verletzungsrisiko ausgesetzt hätte. Hierfür bietet der Sachverhalt keine Anhaltspunkte. **7.** R steht eine Entschädigung auf Grund des allgemeinen Aufopferungsanspruchs zu. Er kann Ersatz seiner Arztkosten verlangen. Die Entschädigung umfasst ein Schmerzensgeld nicht.

IV.   Anhang: Aufbauschema

1187

> **Aufbauschema zum Anspruch aus Aufopferung ieS**
>
> **I. Anspruchsgrundlage: Aufopferungsgewohnheitsrecht**
>
> **II. Anspruchsvoraussetzungen des allgemeinen Aufopferungsanspruchs:**
>   1. Verletzung eines nichtvermögenswerten Rechts
>   2. Eingriff in dieses Recht durch hoheitliche Maßnahme
>   **a)** Die Maßnahme muss öffentlich-rechtlicher Natur sein
>   **b)** Es ist positives Verwaltungshandeln gefordert (streitig, ggf Eingriff durch Unterlassen)
>   **c)** Unmittelbarkeit der Beeinträchtigung durch Schaffung einer besonderen Gefahrenlage und deren Konkretisierung
>   3. Die hoheitliche Maßnahme dient dem Wohl der Allgemeinheit; alleiniges oder überwiegendes Interesse einer Individualperson scheidet aus
>   4. Sonderopfer
>   **a)** Beeinträchtigung geht über das allgemeine Lebensrisiko hinaus wegen Verstoßes gegen den Gleichheitssatz oder der gewissen Schwere der Beeinträchtigung
>   **b)** Die Rechtswidrigkeit der Maßnahme begründet stets ein Sonderopfer (sog. aufopferungsgleicher Eingriff)
>   5. Eine Haftungsbeschränkung oder ein -ausschluss, zB infolge von Verjährung oder Mitverschulden nach § 254 BGB, ist zu beachten

V.   Die Enteignung

1188

Fall 31: B ist Eigentümer eines 45 ha großen landwirtschaftlichen Betriebs im Außenbereich von H. B baut Getreide an. Ca. 30 m von der Grundstücksgrenze des Hofs entfernt betreibt H eine Mülldeponie; sie wurde 1968 entsprechend den Darstellungen im Flächennutzungsplan errichtet. Seit ihrer Inbetriebnahme werden Krähen und Möwen von den abgelagerten Abfällen angelockt, obwohl H als Betreiberin bemüht ist, den Abfall möglichst rasch abzudecken. Es geschah häufig, dass die Vögel auf den Feldern des B Saatschäden verursachten; diese waren freilich gering. Im Frühjahr 1993 säte B Hartweizen aus. Als die Saat aufging, rissen Krähen und Möwen die Pflanzen aus der Erde; diese vertrockneten. B erleidet einen kompletten Ernteausfall. Er verlangt von der Stadt H Entschädigung. Zu Recht? **Rn 1252**

1. Voraussetzungen einer Enteignung

(1.) Erste Voraussetzung einer Enteignung ist die **Verletzung einer Eigentumsposition** iSd Art. 14 Abs. 1 S. 1 GG.   **1189**

Dem verfassungsrechtlichen Eigentumsbegriff unterfällt zunächst jede konkrete vermögenswerte Position des Privatrechts,   **1190**

Beispiele: Sacheigentum; alle beschränkten dinglichen Rechte wie Grunddienstbarkeit, Hypothek etc; Recht am eingerichteten und ausgeübten Gewerbebetrieb

darüber hinaus auch bestimmte vermögenswerte subjektive öffentliche Rechte[129]. Ein Schutz öffentlicher Rechte durch Art. 14 Abs. 1 S. 1 GG wird insbesondere angenommen, wenn die Rechtsposition dem Rechtsinhaber in dessen Interesse (Privatnützigkeit) zugeordnet ist und diese nicht auf bloßer staatlicher Gewährung beruht, sondern als Gegenleistung für eine eigene Leistung des Bürgers anzusehen ist[130].

Beispiele: Anspruch auf Versichertenrente aus den gesetzlichen Rentenversicherungen; Anspruch auf Arbeitslosengeld.

Hinsichtlich der einzelnen von Art. 14 Abs. 1 S. 1 GG erfassten Rechtspositionen und   **1191**
zur Vertiefung der Problematik der Einbeziehung öffentlicher Rechte sowie von Umfeldveränderungen in die verfassungsrechtliche Eigentumsgarantie wird auf die einschlägige verfassungsrechtliche Literatur verwiesen.

(2.) Eine Enteignung kann nur bei **hoheitlichem Handeln** in Form eines Rechtsakts   **1192**
vorliegen. Dieses Handeln muss entsprechend dem nunmehr auch vom BGH[131] vertretenen engeren Enteignungsbegriff (s. o.) auf den vollständigen oder teilweisen Entzug einer konkreten Eigentumsposition gerichtet (Finalität) und zur Erfüllung festgelegter öffentlicher Aufgaben bestimmt sein. Unmittelbarkeit der Eigentumsbeeinträchtigung genügt für eine Enteignung entgegen der früheren Rechtsprechung unter dem weiten Enteignungsbegriff nicht mehr. Fehlt es an der **Zielgerichtetheit** des staatlichen Handelns, ist keine Enteignungsentschädigung, sondern nur Aufopferungsentschädigung unter dem Gesichtspunkt des enteignenden oder enteignungsgleichen Eingriffs denkbar.

Als Formen der Enteignung sind die Enteignung unmittelbar durch Gesetz (Legal   **1193**
enteignung) und die Enteignung auf Grund eines Gesetzes (Administrativenteignung

---

129 *Arndt*, JuS-Lernbogen 10/1991, S. L 73 ff; *Schoch*, JURA 1990, 140 ff, 141 ff.
130 BVerfGE 14, 288, 294; 18, 392, 397; 53, 257, 290 ff; 69, 272, 298 ff; 72, 9, 18 f.
131 BGHZ 99, 24, 29.

= Enteignung durch Rechtsverordnung, Satzung oder VA) zu unterscheiden. Beide Arten sind nach Art. 14 Abs. 3 S. 2 GG grundsätzlich zulässig. Eine Legalenteignung kommt aber wegen der eingeschränkten Rechtsschutzmöglichkeiten nur ausnahmsweise in Betracht[132].

1194 (3.) Die staatliche Einwirkung auf das Eigentum ist nur dann als Enteignung zu qualifizieren, wenn es sich nicht um eine zulässige Inhalts- und Schrankenbestimmung des Eigentums handelt, Art. 14 Abs. 1 S. 2 GG.

1195 Das Abgrenzungsproblem stellt sich insbesondere bei bloßen Eigentumsbeschränkungen wie bspw. Bausperren und Nutzungsbeschränkungen aus Gründen des Natur- oder Denkmalschutzes. Der vollständige beabsichtigte Entzug eines Rechts durch Übertragung auf ein anderes Rechtssubjekt oder durch Vernichtung (klassische Enteignung) stellt dagegen regelmäßig eine Enteignung dar.

Beispiel: Unter Bauer Bolls Schweinen grassiert die Schweinepest. Die zuständige Behörde ordnet daraufhin die Tötung der an der Seuche erkrankten und auch der seuchenverdächtigen Schweine an. Da die Rechtsposition (Eigentum an den Schweinen) durch Vernichtung völlig entzogen wird, würde nach dem oben Gesagten eine Enteignung vorliegen. Die kranken Schweine stellen jedoch einen störenden, polizeiwidrigen Zustand dar. Die sich aus den Polizei- und Ordnungsgesetzen (hier: Tierseuchengesetz) ergebende Polizeipflichtigkeit des Eigentümers ist nach unstreitiger Auffassung Ausdruck der Sozialbindung des Eigentums, sodass die Tötung der Schweine den Eigentümer lediglich in die gesetzlichen Schranken seines Eigentums verweist. Dies gilt nach der Rechtsprechung auch für die Tötung seuchenverdächtiger Tiere, da die Polizeipflichtigkeit auch den bloßen Seuchenverdacht umfasst. Ausnahmsweise liegt also in den Fällen eines Rechtsentzugs wegen Polizeiwidrigkeit keine Enteignung vor. Dieses Ergebnis erzielt das BVerwG ebenfalls bei ölverseuchten Grundstücken[133].

1196 Zur Abgrenzung der problematischen Fälle haben Rechtsprechung und Literatur unter der Geltung des weiten Enteignungsbegriffs, dem die Vorstellung zugrunde lag, dass eine stets entschädigungslos zu duldende Inhalts- und Schrankenbestimmung sich ab einer gewissen Grenze als entschädigungspflichtige Enteignung darstellen könne (s. o.), unterschiedliche Theorien und Ansätze entwickelt. Es werden die praxisrelevanten Theorien des BGH und des BVerwG dargestellt.

1197 Nach der Rechtsprechung des BGH lag eine Enteignung dann vor, wenn die Eigentumsbeeinträchtigung den betroffenen Bürger oder die betroffene Gruppe gegenüber der Allgemeinheit ungleich belastete. Kennzeichnend für die Enteignung war das Vorliegen eines Sonderopfers[134]. Das BVerwG stellte dagegen auf die Schwere und Tragweite des staatlichen Eingriffs ab[135]. Beide Theorien unterschieden sich im praktischen Ergebnis kaum, zumal der BGH in Einzelfällen zusätzlich auch auf die Schweretheorie zurückgriff[136].

---

132   BVerfGE 24, 367, 401 ff; 45, 297, 330 ff.
133   BayVBl 1997, 412.
134   **Sonderopfertheorie:** BGHZ 6, 270, 279, 280 (Grundsatzentscheidung); 15, 268, 271; 23, 30, 32; 30, 338, 341; 60, 145, 147.
135   **Schweretheorie:** BVerwGE 5, 143, 145; 7, 297, 299; 11, 68, 75; 15, 1, 2; 19, 94, 98 f; 32, 173, 179; 36, 248, 251 f; 41, 58, 66.
136   BGHZ 57, 359, 365; 60, 126, 132.

Neben diesen beiden Theorien arbeiteten BGH und BVerwG[137] mit dem Topos „**Situationsgebundenheit**". Entwickelt wurde dieser Gedanke vom BGH im Hinblick auf Beschränkungen des Grundeigentums[138], blieb aber nicht darauf beschränkt[139]. Der Begriff umschreibt die Vorstellung, dass das Grundeigentum bzw die sonstige Eigentumsposition in eine bestimmte Umgebung (Situation) eingebettet ist und sich aus dieser Umgebung bestimmte natürliche Eigentumsbeschränkungen ergeben können. **1198**

Beispiele: Verbot einzelner Nutzungsarten aus Gründen des Naturschutzes; Versagung der Bauerlaubnis für die Errichtung eines Schuppens in der Nähe einer denkmalgeschützten Kapelle.

Werden diese latenten Beschränkungen durch den Staat im Einzelfall durch ein entsprechendes Verbot konkretisiert, ist dies lediglich Ausdruck der Sozialbindung des Eigentums. Problematisch ist die Ermittlung der Pflichten, die sich aus einer bestimmten Situation ergeben. Letztlich nimmt der BGH eine Abwägung zwischen Einzelinteresse und Allgemeininteresse vor. Zu beachten ist, dass der Gedanke „Situationsgebundenheit" zur Qualifizierung von Einschränkungen der zukünftigen Eigentumsnutzung als entschädigungslose Inhalts- und Schrankenbestimmung herangezogen wird – die staatliche Unterbindung konkret ausgeübter Nutzungen wurde dagegen regelmäßig als entschädigungspflichtig beurteilt. **1199**

Beispiel: Untersagung eines seit zehn Jahren rechtmäßig betriebenen Sandabbaus wegen Funden aus der Jungsteinzeit[140].

Diese Theorien haben durch die Aufgabe des weiten Enteignungsbegriffs und die Rückkehr zum engen Enteignungsbegriff des BVerfG **im Rahmen der Enteignung** ihre Bedeutung verloren, da auf Grund des nunmehr angewandten engen Enteignungsbegriffs eine formale Abgrenzung zwischen Enteignung und Inhalts- und Schrankenbestimmung des Eigentums erfolgen muss. Sind die Begriffsmerkmale des engen Enteignungsbegriffs erfüllt, liegt eine Enteignung vor, ohne dass es der Anwendung weiterer Kriterien bedürfte. Handelt es sich dagegen um eine Inhalts- und Schrankenbestimmung, also um eine generell-abstrakte Festlegung von Eigentumsinhalt und -schranken für die Zukunft, so kann diese auch bei Unverhältnismäßigkeit nicht in eine Enteignung umgedeutet werden. Es handelt sich um eine verfassungswidrige Inhalts- und Schrankenbestimmung[141]. Eine Inhalts- und Schrankenbestimmung ist auch nicht immer entschädigungslos zu dulden, sondern kann einen Ausgleich erforderlich machen: sog. ausgleichspflichtige Inhaltsbestimmung[142]. **1200**

Beispiel: Die Pflicht des Verlegers zur Ablieferung je eines unentgeltlichen Druckwerks an bestimmte Bibliotheken stellt grundsätzlich eine verfassungsrechtlich unbedenkliche Inhalts-

---

137 BVerwGE 15, 1, 2; 32, 173, 178 mwN; 49, 365, 368.
138 BGHZ 23, 30, 32 ff; BGH, DVBl 1957, 861 f; BGH, MDR 1958, 220 f; BGH, MDR 1958, 221; BGH, MDR 1959, 558; BGHZ 72, 211, 216 ff; 77, 351, 354; 87, 66, 71 f; 90, 4, 14 f; 105, 15, 17 ff.
139 BGHZ 40, 355, 360, 365: Einführung einer gemeindlichen Müllabfuhr; BGHZ 45, 150, 160: Errichtung eines Damms.
140 BGHZ 105, 15, 19 f.
141 *Schoch*, JURA 1989, 529 ff, 532.
142 Vgl hierzu BVerfGE 83, 201, 213; wie das BVerfG auch das BVerwG: BVerwGE 71, 295; 81, 329; 84, 361, 368; 87, 241; NVwZ-RR 1990, 96; *Osterloh*, JuS-Lernbogen 2/1992, S. L 9 ff, L 11 mwN; *Maurer*, DVBl 1991, 781 ff, 783; *Pietzcker*, JuS 1991, 369 ff, 371; *Schulze-Osterloh*, NJW 1981, 2537 ff, 2543 ff; *Wahl*, NVwZ 1990, 426 ff, 440; *Battis*, NuR 2000, 421–426 zu BVerfG, NuR 1999, 572.

und Schrankenbestimmung des Eigentums dar, sie ist aber dann verfassungswidrig, wenn sie sich ausnahmslos auch auf aufwändige und in kleiner Auflage hergestellte Werke bezieht[143].

1201 Die Abgrenzung beider Institute kann daher nicht mehr mittels der Kriterien „Sonderopfer", „Eingriffsschwere" und „Ausdruck der Situationsgebundenheit" vorgenommen werden. Die Darstellung der Theorien rechtfertigt sich aber daraus, dass diese im Rahmen des Haftungsinstituts des enteignenden Eingriffs ihre Praxisrelevanz behalten haben.

1202 Die neue Konzeption des BVerfG und damit die „Verabschiedung" der alten Theorien im Bereich der Enteignung hat das Abgrenzungsproblem indes nicht gelöst oder vereinfacht. So einfach die Unterscheidung von Enteignung und Inhalts- und Schrankenbestimmung anhand der begrifflichen Festlegungen theoretisch erscheint, so schwierig ist sie tatsächlich. Der enge Enteignungsbegriff des BVerfG ist dem klassischen Enteignungsbegriff angenähert, verzichtet aber auf das Merkmal der Übertragung auf einen anderen Rechtsträger – entscheidend ist der völlige oder teilweise Rechtsentzug. Hier liegt das Problem. Ob zB die Ausweisung eines Naturschutzgebiets durch Rechtsverordnung, die den Grundeigentümern Nutzungsbeschränkungen auferlegt, einen partiellen Rechtsentzug darstellt, kann, je nachdem, auf welche Sichtweise man abstellt, unterschiedlich beurteilt werden[144]. Das BVerwG betrachtet sie als Bestimmung von Inhalt und Schranken des Eigentums[145], ebenso der BGH[146]. Streitig war auch die Einordnung von Gesetzen, die für die Zukunft den Eigentumsinhalt bestimmter Rechtspositionen neu festlegten und dadurch Rechte, die auf Grund alten Rechts erworben worden waren, ganz oder teilweise entzogen (Rechtsentzug durch neues Recht). Diese Fallgestaltung hat das BVerfG nun dahingehend entschieden, dass es sich hier stets um Inhalts- und Schrankenbestimmungen des Eigentums handelt[147].

1203 Danach lässt sich festhalten: Eine Enteignung liegt in allen Fällen der klassischen Enteignung vor. Rechtsentzug durch das Inkrafttreten neuer eigentumsgestaltender Gesetze ist dagegen nie eine Enteignung, sondern Folge einer Inhalts- und Schrankenbestimmung. Damit verbleibt als eigentliche Problemgruppe die Eigentumsbeschränkung durch förmliches Verwaltungshandeln, also durch Rechtsverordnung, Satzung und VA. Die Rechtsprechung des BVerfG zum Rechtsentzug durch neues Recht legt es nahe, auch in diesen Fällen durchweg von Inhalts- und Schrankenbestimmungen auszugehen[148]. Offen bleibt dann aber, ob der Enteignung über die oben dargestellten Fälle der klassischen Enteignung hinaus ein weiterer Anwendungsbereich verbleibt.

2. Rechtmäßigkeit der Enteignung

1204 (1.) Für Enteignungen gilt der Gesetzesvorbehalt und zwar auch hinsichtlich der Art und des Ausmaßes der zu leistenden Entschädigung (sog. **Junktimklausel**). Bei Feh-

---

143 BVerfGE 58, 137, 149 ff.
144 *Osterloh*, JuS-Lernbogen 2/1992, S. L 9 ff, L 12; *Pietzcker*, JuS 1991, 369 ff, 370 f.
145 DVBl 1993, 1355.
146 DVBl 1993, 1085 und DÖV 1995, 156.
147 BVerfGE 83, 201, 211 f, erläutert von *Osterloh*, JuS 1991, 1058 f; *Ossenbühl*, JuS 1993, 200 ff.
148 *Osterloh*, JuS-Lernbogen 2/1992, L 9 ff, L 12.

len einer Entschädigungsregelung oder bei ihrer ungenügenden Ausgestaltung ist das Enteignungsgesetz verfassungswidrig und die Enteignung rechtswidrig.

Probleme bereitete diese Verknüpfung zwischen Enteignungsgesetz und Entschädigungsregelung außerhalb des Bereichs der klassischen Enteignung, weil nicht immer absehbar war, ob sich bestimmte Eigentumsbeschränkungen im Einzelfall enteignend auswirken. Dies führte in der gesetzgeberischen Praxis zur Verwendung sog. salvatorischer Entschädigungsklauseln, die für den Fall eine Entschädigung vorsehen[149], dass einer Maßnahme enteignende Wirkung zukommt. **1205**

Beispiel: § 71 Abs. 1 BbgNatSchG: „Werden Eigentümern ... durch dieses Gesetz ... Beschränkungen ihrer Nutzungsrechte ... auferlegt, die ... zu einer schweren und unzumutbaren Belastung führen ..., so haben sie einen Anspruch auf Entschädigung ...

Die verfassungsrechtliche Zulässigkeit dieser Klauseln haben die Literatur[150] und Teile der Rechtsprechung[151] bezweifelt. Das Vorliegen einer Enteignung und damit die Entschädigungspflicht müsse vom Gesetzgeber festgelegt werden; die Entscheidung dürfe nicht dem Richter überlassen werden. **1206**

Bei Anlegung des engen Enteignungsbegriffs kann sich das Problem in der dargestellten Weise nicht mehr stellen, da eine Enteignung nur bei gezielten Eingriffen vorliegt, die Problemfälle nicht vorhersehbarer Wirkung von Eigentumsbeschränkungen aber dem Bereich der Inhalts- und Schrankenbestimmungen zuzurechnen sein dürften, auf die die Junktimklausel keine Anwendung findet. Gegen eine Inhalts- und Schrankenbestimmung mit salvatorischer Entschädigungsklausel zur Gewährleistung der Verhältnismäßigkeit im Einzelfall lässt sich aber jedenfalls aus verfassungsrechtlicher Sicht nichts einwenden, wenn sie auf Fälle unvorhersehbarer Eingriffe beschränkt bleibt[152] – so der BGH[153]. **1207**

Hinweis: Das Fehlen einer Entschädigungsregelung ist ein Indiz für eine Inhalts- und Schrankenbestimmung des Eigentums nach Art. 14 Abs. 1 S. 2 GG. Dagegen bedingt ihre Existenz nicht zwingend eine Enteignung. Es kann sich um die Regelung einer Enteignungsentschädigung, einer Billigkeitsentschädigung oder eines Ausgleichs für eine Inhalts- und Schrankenbestimmung handeln (sog. ausgleichspflichtige Inhaltsbestimmung – s. o.).

(2.) Art. 14 Abs. 3 S. 1 GG lässt eine Enteignung nur im Interesse der Allgemeinheit zu. Diese Bedingung bedeutet nicht den Ausschluss einer Enteignung zugunsten Privater[154]. Maßgeblich ist nicht der durch die Enteignung Begünstigte, sondern der mit der Enteignung verfolgte Zweck. Dieser muss im Allgemeinwohl liegen und vom Gesetzgeber neben den Voraussetzungen der Enteignung im Enteignungsgesetz festgelegt sein. **1208**

Beispiel: § 87 Abs. 1 BauGB

Wird zugunsten eines Privaten enteignet, muss weiterhin sichergestellt werden, dass das verfolgte Gemeinwohlziel auch erreicht wird[155]. **1209**

---

149   S. BGHZ 99, 24, 27 f.
150   Vgl die Nachweise BGHZ 99, 24, 28.
151   BVerwG, NJW 1990, 2572 ff, 2572 f; aA die Vorinstanz OVG NW, NVwZ 1990, 1187 f.
152   *Pietzcker*, JuS 1991, 369 ff, 372.
153   DÖV 1995, 156 ff.
154   *Arndt/Zinow*, JuS 1993, S. L 25 ff, L 26.
155   BVerfGE 74, 264, 285 f.

1210 Wie jeder andere Eingriff in Rechte des Bürgers ist auch die Enteignung nur rechtmäßig, wenn sie verhältnismäßig ist. Streng zu prüfen ist insbesondere die Erforderlichkeit der Enteignung. Sie kommt immer nur als letztes Mittel zur Durchsetzung der staatlichen Ziele in Betracht.

Beispiele: Der Kauf eines Grundstücks zu einem angemessenen Preis; die Einräumung eines obligatorischen Rechts/Grunddienstbarkeit statt Voll(Teil-)enteignung.

3. Inhalt und Höhe des Entschädigungsanspruchs

1211 Da bei Vorliegen einer Enteignung eine Entschädigungsregelung vorhanden ist, ergeben sich Art und Umfang der Entschädigung aus dieser gesetzlichen Vorschrift, die allerdings den Anforderungen des Art. 14 Abs. 3 S. 3 GG entsprechen muss.

1212 Entschädigung bedeutet – wie beim allgemeinen Aufopferungsanspruch – Ausgleich für das erbrachte Vermögensopfer, nicht Schadenersatz. Das Opfer liegt bei der Enteignung im teilweisen oder völligen Verlust der Eigentumsposition. Daher ist deren Wert zu errechnen, worunter regelmäßig der Verkehrswert zu verstehen ist. Art. 14 Abs. 3 S. 3 GG lässt aber auch eine hinter dem Verkehrswert zurückbleibende Entschädigung zu[156], allerdings sind derartige Entschädigungen aus Gerechtigkeitserwägungen nur ausnahmsweise bei besonderen Fallgestaltungen als zulässig anzusehen.

1213 Neben dem Sachwert des entzogenen Rechts umfasst die Entschädigung auch sog. Folgeschäden; hierunter sind Schäden zu verstehen, die unmittelbar und zwangsweise aus dem Entzug der vermögenswerten Rechtsposition folgen.

Beispiel: Rechtsberatungs- und Gutachterkosten.

1214 Da die Abgrenzung zum Substanzverlust und zu bloßen mittelbaren Schäden Schwierigkeiten bereitet, hat sich eine kasuistische Rechtsprechung entwickelt[157].

1215 Die Entschädigungsleistung besteht regelmäßig in einer Geldzahlung; in Betracht kommt aber auch ein Naturalausgleich. Der Rechtsgedanke des § 254 BGB (Schadenminderungspflicht) sowie der Grundsatz der Vorteilsausgleichung können zu einer Reduktion der Höhe der Entschädigung führen.

4. Prozessuale Fragen

1216 Für die Passivlegitimation gilt dasselbe wie beim allgemeinen Aufopferungsanspruch; auf die dortigen Ausführungen kann verwiesen werden. Neben einem Hoheitsträger ist aber hier als Anspruchsgegner auch ein Privater denkbar, wenn zu dessen Gunsten enteignet worden ist.

1217 Art. 14 Abs. 3 S. 4 GG weist die Entscheidung über Rechtsstreitigkeiten in Fragen der Enteignungsentschädigung den Zivilgerichten zu.

Literatur: *Rinne/Schlick*, NVwZ 1997, 34 ff; *Schlette*, JuS 1996, 204; *Eschenbach*, JURA 1997, 519 ff.

---

156 BVerfGE 24, 367, 421; 46, 268, 285.
157 Vgl *Ossenbühl*, S. 171 f.

VI. Der enteignungsgleiche und der enteignende Eingriff

Fall 32: Sachverhalt wie **Fall 31** (Rn 1188). **Rn 1252**   1218

Das Haftungsinstitut des enteignungsgleichen Eingriffs erfasst gemeinwohlorientierte   1219
Eigentumsbeeinträchtigungen, die unmittelbar auf einem **rechtswidrigen** hoheitlichen Handeln beruhen[158]. Ausgenommen sind solche Eigentumsbeeinträchtigungen, die nach dem engen Enteignungsbegriff als Enteignungen zu qualifizieren sind, für die es aber an einer Entschädigungsregelung fehlt – diese Enteignungen sind rechtswidrig und mit Hilfe des verwaltungsgerichtlichen Rechtsschutzes abzuwehren. – Eine Haftung aus enteignendem Eingriff lösen dagegen Eigentumsverletzungen aus, die unmittelbare meist ungewollte und atypische Nebenfolge **rechtmäßigen** Verwaltungshandelns im Allgemeininteresse sind und dem Betroffenen ein Sonderopfer abverlangen. – Die Abgrenzung der beiden Institute erfolgt anhand des Kriteriums Rechtmäßigkeit oder Rechtswidrigkeit[159].

Im Ansatz findet sich das Haftungsinstitut des enteignungsgleichen Eingriffs bereits   1220
in einer Entscheidung des RG[160], geht aber begrifflich auf den BGH zurück[161]. Zweck dieses Haftungsinstituts war die Schließung einer Lücke im System der Staatshaftung, die darin gesehen wurde, dass der Staat zwar bei rechtswidrig-schuldhaften Eingriffen in Rechtspositionen des Bürgers Schadenersatz (Amtshaftung) und bei rechtmäßigen Eingriffen Entschädigung (Aufopferung/Enteignung) leisten musste, hingegen für rechtswidrig-schuldlose Eingriffe keine Haftung des Staats vorgesehen war. Diese Lücke schloss der BGH im Wege eines Erst-recht-Schlusses: Wenn der Staat schon für rechtmäßiges Handeln hafte, dann erst recht für rechtswidriges. Später wurde die Haftung aus enteignungsgleichem Eingriff durch einen zweiten Erst-recht-Schluss auf rechtswidrig-schuldhafte Eingriffe ausgedehnt, obwohl insoweit keine Lücke vorhanden war, da diese Eingriffe durch die Amtshaftung abgedeckt waren. In einem weiteren Schritt schuf der BGH den enteignenden Eingriff, der Eigentumsbeeinträchtigungen durch Nebenfolgen rechtmäßigen Verwaltungshandelns in die Staatshaftung einbezog[162]. Als Rechtsgrundlage beider Entschädigungsansprüche wurde unmittelbar Art. 14 GG herangezogen.

Als Voraussetzungen für eine Haftung aus enteignungsgleichem Eingriff sah man   1221
in der Anfangszeit alle Voraussetzungen einer Enteignung mit Ausnahme der Rechtmäßigkeit an[163]. Diese Voraussetzungen relativierte der BGH nach und nach. Zunächst verzichtete er auf das Vorliegen eines Sonderopfers, da das Sonderopfer bereits in der Rechtswidrigkeit liege[164]; dann gab er die Finalität des Eingriffs auf und ersetzte es durch das Merkmal der Unmittelbarkeit[165]. Das Ende dieser Entwicklung

---

158 Das OLG Karlsruhe sieht bei einer Beschädigung eines PKW durch „feindliches Grün" die Voraussetzungen des enteignungsgleichen Eingriffs als gegeben an, NVwZ-RR 2014, 331.
159 S. die ausführliche Abhandlung von *v. Arnauld*, VerwArchiv 2002, 394 ff.
160 RGZ 140, 276, 283.
161 Grundsatzentscheidung: BGHZ 6, 270, 290.
162 Zur Geschichte vgl auch; *Schoch*, JURA 1989, 529 ff.
163 BGHZ 6, 270, 290.
164 BGHZ 32, 208, 211 ff; BGHZ 73, 161, 166, 181.
165 BGHZ 37, 44, 47; 54, 384, 387 ff; BGH, NJW 1980, 770 f, 770.

bildete die oben dargestellte, heute maßgebliche Definition des enteignungsgleichen Eingriffs.

1222 Nach dem **Nassauskiesungsbeschluss des BVerfG** (s. o.) sah man häufig für die Institute des enteignungsgleichen und des enteignenden Eingriffs keinen Einsatzbereich mehr. Der BGH hat sich jedoch für ihren Fortbestand entschieden[166]. Das ist mit der Rechtsprechung des BVerfG wohl zu vereinbaren, da dessen Ausführungen nicht zwingend die Unzulässigkeit dieser Haftungsinstitute nach sich ziehen. Die Entscheidung des BVerfG hat aber zu einigen Modifikationen geführt, die die Rechtsgrundlage, den Anwendungsbereich und die Anspruchsvoraussetzungen betreffen.

1. Die Anspruchsgrundlage beider Haftungsinstitute

1223 Unter der Geltung des weiten Enteignungsbegriffs stützte der BGH die Haftung aus enteignungsgleichem und enteignendem Eingriff auf Art. 14 GG. Da das BVerfG im Nassauskiesungsbeschluss ausführte, Enteignungsentschädigung könne von den Zivilgerichten nur auf der Grundlage eines Enteignungsentschädigungsgesetzes gewährt werden, sehen die Zivilgerichte die Anspruchsgrundlage beider Haftungsinstitute jetzt im Aufopferungsgewohnheitsrecht, das sich auf die §§ 74, 75 der Einleitung zum Allgemeinen Preußischen Landrecht vom 5.2.1794 stützt[167]. Dies ist konsequent, wenn man die Wurzeln der Enteignung und der aus ihr abgeleiteten Institute des enteignungsgleichen und enteignenden Eingriffs betrachtet. Freilich ist die Beschränkung auf Eigentumsverletzungen nur schwer begründbar[168].

1224 Der enteignungsgleiche und der enteignende Eingriff haben teilweise eine gesetzliche Regelung erfahren. Anspruchsgrundlage ist in diesen Fällen das Spezialgesetz.

Beispiele: § 51 BPolG sowie ähnliche Bestimmungen in den Polizei- und Ordnungsgesetzen der Länder, vgl § 59 Abs. 1 und 2 ASOG Bln oder § 38 Abs. 1 OBGBbg.

1225 Die nachfolgenden Ausführungen beziehen sich auf das ungeregelte Haftungsinstitut.

2. Der heutige Anwendungsbereich beider Haftungsinstitute

1226 Der Anwendungsbereich beider Haftungsinstitute ist bereits oben in den Definitionen umschrieben worden. Hier sei kurz darauf eingegangen, welche Änderungen sich durch den Nassauskiesungsbeschluss ergeben haben. Der Anwendungsbereich des enteignenden Eingriffs wird ferner durch einige praktische Beispiele illustriert.

1227 Der BGH bejahte ursprünglich auch eine Haftung aus enteignungsgleichem Eingriff, wenn tatbestandsmäßig eine Enteignung vorlag, aber eine Entschädigungsregelung fehlte. Diese Fallgruppe stellt heute keinen Anwendungsbereich des enteignungsgleichen Eingriffs mehr dar, sofern nach dem engen Enteignungsbegriff eine Enteignung gegeben ist, da es den Zivilgerichten auf Grund des in Art. 14 Abs. 3 S. 2 GG verankerten Gesetzesvorbehalts verwehrt ist, eine Entschädigung für eine Enteignung ohne

---

166 BGHZ 90, 17, 31 – enteignungsgleicher Eingriff; BGHZ 91, 20, 27 – enteignender Eingriff.
167 BGHZ 90, 17, 31; 91, 20, 27; 99, 24, 29.
168 *Schoch*, JURA 1989, 529 ff, 534 f.

formelles Entschädigungsgesetz zu gewähren. Bei der Lektüre älterer Entscheidungen ist zu beachten, dass BGH und BVerwG bis zum Nassauskiesungsbeschluss von einem weiten Enteignungsbegriff ausgingen, der heute unbedeutsam ist. Es ist deshalb möglich, dass Fallgestaltungen, die der BGH als Enteignungen einordnete, jetzt als Inhalts- und Schrankenbestimmungen des Eigentums anzusehen sind, mit der Folge, dass eine Haftung aus enteignungsgleichem oder enteignendem Eingriff weiterhin in Betracht kommen kann.

Im Einzelnen ist im Hinblick auf den heutigen Anwendungsbereich des enteignungsgleichen Eingriffs vieles streitig. Soweit ersichtlich wird aber in den übrigen denkbaren Fallgruppen[169] überwiegend unverändert eine Haftung aus enteignungsgleichem oder enteignendem Eingriff bejaht. **1228**

Der Anwendungsbereich des Haftungsinstituts „enteignender Eingriff" ist dagegen von der Nassauskiesungsentscheidung unberührt geblieben, da es seit jeher nur Eigentumsbeeinträchtigungen als unbeabsichtigte Nebenfolgen rechtmäßigen Verwaltungshandelns erfasste. Eine Enteignung nach dem engen Enteignungsbegriff liegt in diesen Fällen mangels Finalität nie vor. Den Schwerpunkt einer Haftung aus enteignendem Eingriff bilden in der Praxis die **Nebenfolgen von Realakten**. Als Anwendungsfelder lassen sich nennen: **1229**

Beispiele: Umsatzeinbußen von Gewerbebetrieben als Folge von Straßenbauarbeiten, Überschwemmungsschäden und Immissionen als Folge hoheitlichen Handelns; denkbar, aber selten ist eine Haftung aus enteignendem Eingriff auch für Nebenfolgen eines Rechtsakts.

3.   Anspruchsvoraussetzungen des enteignungsgleichen Eingriffs

(1.) Schutzgut des enteignungsgleichen Eingriffs ist wie bei der Enteignung jede **Eigentumsposition** iSd Art. 14 Abs. 1 S. 1 GG. **1230**

(2.) Der Eingriff in das Eigentum muss durch einen **hoheitlichen Eingriff** erfolgen und unmittelbar zu einer Eigentumsbeeinträchtigung führen. Hinsichtlich der Anforderungen an die Unmittelbarkeit und für die Streitfrage, ob auch ein Unterlassen einen Eingriff darstellen kann, sei auf die Ausführungen zum allgemeinen Aufopferungsanspruch verwiesen, die hier gelten. Als Eingriffsformen kommen sowohl Rechtsakte (Rechtsverordnung, Satzung, VA) als auch Realakte in Betracht. **1231**

(3.) Das staatliche Handeln muss dazu bestimmt gewesen sein, dem **Allgemeinwohl** zu dienen. Die Gemeinwohlmotivation fehlt, wenn das rechtswidrige hoheitliche Tun die Durchsetzung privater Interessen zum Ziel hat. **1232**

Beispiele: Maßnahmen der Zwangsvollstreckung; Eröffnung des Insolvenzverfahrens

(4.) Ein Anspruch aus enteignungsgleichem Eingriff setzt die **Rechtswidrigkeit** der öffentlich-rechtlichen Maßnahme voraus. Die Rechtswidrigkeit begründet das Sonderopfer[170]. **1233**

---

169   **Beispiel** bei *Ossenbühl*, JuS 1989, 630 ff, 635; *Schoch*, JURA 1989, 529 ff, 535 f.
170   BGHZ 32, 208, 211 ff; 73, 161, 166, 181.

1234 (5.) Seit dem Nassauskiesungsbeschluss, in dem das BVerfG ausführte, dass der von einer rechtswidrigen hoheitlichen Maßnahme Betroffene kein Wahlrecht hinsichtlich der Inanspruchnahme von Primärrechtsschutz (Abwehr der rechtswidrigen Maßnahme) oder Sekundärrechtsschutz (Entschädigungsanspruch) habe, sondern vorrangig Rechtsbehelfe gegen das rechtswidrige Handeln ergreifen müsse, hat der BGH die Subsidiarität des enteignungsgleichen Eingriffs als negatives Merkmal in den Haftungstatbestand aufgenommen[171]. In der Betonung des Vorrangs des Primärrechtsschutzes ist die wesentlichste, durch den Nassauskiesungsbeschluss hervorgerufene Modifikation der Rechtsprechung zum enteignungsgleichen Eingriff zu sehen. Entsprechend dem Rechtsgedanken des § 254 BGB scheidet ein Anspruch aus enteignungsgleichem Eingriff aus, wenn es der Geschädigte unterlassen hat, sich gegen den rechtswidrigen Eingriffsakt zur Wehr zu setzen, obwohl ihm dies zumutbar war. Allerdings setzt der Anspruchsausschluss voraus, dass der Schaden bei Inanspruchnahme des Primärrechtsschutzes nicht eingetreten wäre. Schäden, die auch bei Abwehr der rechtswidrigen Maßnahme entstanden wären, werden vom Anspruchsausschluss nicht erfasst[172].

1235 Die Verwirklichung des Anspruchs kann ferner wegen Ablaufs der Verjährungsfrist unmöglich sein. Die Verjährungsfrist beträgt nach § 195 BGB drei Jahre. Allerdings kann in spezialgesetzlich geregelten Fällen des enteignungsgleichen Eingriffs eine kürzere Verjährungsfrist vorgesehen sein.

4. Anspruchsvoraussetzungen des enteignenden Eingriffs

1236 (1.) Das Haftungsinstitut des enteignenden Eingriffs gewährt Entschädigung für Eingriffe in vermögenswerte Rechte, die der verfassungsrechtlichen **Eigentumsgarantie** unterfallen. Die Schutzgüter der Enteignung, des enteignungsgleichen und enteignenden Eingriffs sind identisch. Es kann daher auf die Ausführungen zur Enteignung verwiesen werden.

1237 (2.) Eingriff ist jede unmittelbare Auswirkung eines hoheitlichen Handelns, wobei die Unmittelbarkeit ebenso zu bestimmen ist wie im übrigen Aufopferungsrecht.

Beispiel: Der Pkw des A wird von der Polizei sichergestellt und in einer verschlossenen Halle verwahrt. Die Sicherstellung ist rechtmäßig. Eines Nachts dringen unbekannte Täter in die Halle ein und beschädigen die dort abgestellten Fahrzeuge erheblich[173]. Hat A einen Entschädigungsanspruch gegen das Land? Da die Sicherstellung rechtmäßig ist, kommt eine Entschädigung nur unter dem Gesichtspunkt des enteignenden Eingriffs in Betracht. Dieser Anspruch scheitert aber an der Unmittelbarkeit. Der Einbruch und die Beschädigung des Fahrzeugs des A beruhen auf einem selbstständigen Ereignis, das nicht bereits in der hoheitlichen Maßnahme angelegt war.

1238 Es geht um **Nebenfolgen** eines öffentlich-rechtlichen Verhaltens. Deshalb kann der Eingriff nie durch Rechtsakt und auch nicht zielgerichtet erfolgen. Es handelt sich um die tatsächlichen (faktischen) Folgen eines hoheitlichen Handelns (dieses kann in einem Rechtsakt bestehen!). Ebenfalls ausgeschlossen ist, dass ein Unterlassen einen Eingriff darstellt.

---

171 BGHZ 90, 17, 31 ff.
172 BGHZ 90, 17, 32.
173 Vgl BGH, NJW 1987, 2573 f.

(3.) Das staatliche Handeln muss dem **Allgemeininteresse** dienen.   1239

(4.) Neben der Rechtmäßigkeit des staatlichen Handelns, dessen tatsächliche Auswir-   1240
kungen die Eigentumsverletzung hervorrufen, müssen die Nebenfolgen selbst, also
der **Eingriff, rechtmäßig** sein. Die Rechtmäßigkeit ist zu bejahen, wenn eine Duldungspflicht des Betroffenen besteht[174]. Als Maßstab zieht die Rechtsprechung im
Bereich nachbarlicher, nach öffentlichem Recht zu beurteilender Immissionen § 906
Abs. 1 und Abs. 2 S. 1 BGB entsprechend heran[175]. Fehlt es an einer Duldungspflicht,
sind die Folgen des hoheitlichen Handelns rechtswidrig. Als Anspruchsgrundlage für
eine Entschädigung kommt dann nur der enteignungsgleiche Eingriff in Betracht, der
allerdings im Verhältnis zur Abwehr der rechtswidrigen Nebenfolgen subsidiär ist.

(5.) Nicht jede Eigentumsbeeinträchtigung, die zu dulden ist, führt zu einem Entschä-   1241
digungsanspruch aus enteignendem Eingriff, sondern nur solche Eigentumsverletzungen lösen diese Rechtsfolge aus, die ein **Sonderopfer des Betroffenen** begründen.

Ob ein Sonderopfer vorliegt, ist anhand der oben dargestellten Theorien zu ermitteln.   1242
Für Immissionen zieht die Rechtsprechung § 906 Abs. 2 S. 2 BGB und die zu dieser
Vorschrift entwickelten Kriterien heran[176]. Letztlich liegt darin keine weitere Konkretisierung, da die Grenze der Zumutbarkeit wie bei der Schweretheorie nach materiellen Merkmalen wie Art, Intensität und Auswirkung des Eingriffs ermittelt wird[177]. –
Bei Änderungen des Umfelds, die einen wichtigen Anwendungsbereich des enteignenden Eingriffs darstellen, fallen die Bejahung einer Eigentumsverletzung und das
Sonderopfer zusammen, da Eigentumsschutz vor mittelbaren Eingriffen nur bei
schweren und unerträglichen Eingriffen gewährt wird, also nur insoweit eine verfassungsrechtlich geschützte Rechtsposition besteht[178].

Der Gedanke „Vorrang des Primärrechtsschutzes" kann beim enteignenden Eingriff   1243
nicht entsprechend § 254 BGB zu einem Anspruchsausschluss führen. Da eine Duldungspflicht des Betroffenen besteht[179], ist eine Abwehr der Eigentumsbeeinträchtigung und damit Primärrechtsschutz nicht möglich.

Der Anspruch aus enteignendem Eingriff verjährt in drei Jahren.   1244

Literatur: *Jaschewski*, Der Fortbestand des Anspruchs aus enteignendem Eingriff, 1997;
Rinne/Schlick, NVwZ 1997, 36 f; *Külpmann*, Enteignende Eingriffe?, 2000.

Fallbearbeitung: *Detterbeck*, JuS 2000, 574 ff.

5.   Art und Umfang der Entschädigung

Enteignungsgleicher und enteignender Eingriff haben wie die Enteignung den Aus-   1245
gleich für Beeinträchtigungen von Eigentumspositionen iSd Art. 14 Abs. 1 S. 1 GG
zum Gegenstand. Gesetzliche Entschädigungsregelungen bestehen für die ungeregel-

---

174   BGH, NJW 1980, 770 f, 770.
175   BGHZ 54, 384, 391.
176   BGHZ 57, 359, 361 f; BGH, NJW 1980, 770 f.
177   BGHZ 57, 359, 366.
178   BGHZ 57, 359, 361 f mwN.
179   S. Rn 1241.

ten Haftungsinstitute naturgemäß nicht. Inhalt und Umfang des Anspruchs werden durch die Rechtsprechung bestimmt[180]; insoweit kann auf die allgemeine Darstellung Bezug genommen werden.

1246 Auf eine Besonderheit bei vorübergehenden Eingriffen in den eingerichteten und ausgeübten Gewerbebetrieb ist hinzuweisen. Ertragsverluste während der Dauer des Eingriffs werden entschädigt, obwohl der entgangene Gewinn sonst grundsätzlich nicht ersetzt wird, da es sich um keinen Substanzverlust, sondern lediglich um hypothetisch erzielbares Vermögen handelt. Die Ausnahme begründet die Rechtsprechung damit, dass die Ertragsfähigkeit eines Unternehmens zu dessen Bestand rechne, also ein Substanzverlust gegeben sei.

1247 Die Schadenminderungspflicht, § 254 BGB entsprechend, sowie der Grundsatz der Vorteilsausgleichung können die Höhe der Ansprüche beeinflussen.

6. Anspruchskonkurrenzen

1248 Der Anspruch aus enteignungsgleichem Eingriff wird durch spezialgesetzlich geregelte Fälle des enteignungsgleichen Eingriffs verdrängt. Dies gilt auch dann, wenn diese Ansprüche auf Grund einer abweichend von § 195 BGB festgelegten Verjährungsfrist bereits verjährt sind. – Amtshaftungsanspruch und Anspruch aus enteignungsgleichem Eingriff stehen bei schuldhaftem Verwaltungshandeln nebeneinander. – Zwischen enteignungsgleichem und enteignendem Eingriff ist kein Konkurrenzverhältnis denkbar, da sich die beiden Haftungsinstitute gegenseitig ausschließen.

1249 Soweit Spezialgesetze den enteignenden Eingriff erfassen, wird das ungeregelte Haftungsinstitut verdrängt. Dieses Spezialitätsverhältnis gilt auch gegenüber Entschädigungsregelungen, die eine Entschädigung bereits unterhalb der Schwelle des Sonderopfers vorsehen, aber auch den Fall des Sonderopfers umfassen.

Beispiel: § 74 Abs. 2 S. 3 (streitig, teilweise wird in dieser Vorschrift auch nur eine spezialgesetzliche Regelung des enteignenden Eingriffs gesehen.)

1250 Kommt ein spezialgesetzlicher Entschädigungsanspruch wegen Präklusion nicht mehr in Betracht, ist auch ein Anspruch aus enteignendem Eingriff ausgeschlossen[181]. Es gibt keine Anspruchskonkurrenz zwischen der Haftung aus enteignendem Eingriff und der aus Amtshaftung, da der enteignende Eingriff rechtmäßiges Verwaltungshandeln betrifft.

7. Prozessuale Fragen

1251 Wegen der heutigen Zuordnung des enteignungsgleichen und enteignenden Eingriffs zum Aufopferungsgewohnheitsrecht und der Trennung von der Enteignung ergibt sich die Zuständigkeit der ordentlichen Gerichtsbarkeit nicht aus Art. 14 Abs. 3 S. 4 GG, sondern aus § 40 Abs. 2 S. 1 VwGO[182].

Literatur: *Hösch*, DÖV 1999, 192 ff.

---

180 So zB BGH, NJW 1994, 1647.
181 *Berkemann*, DVBl 1986, 771; *Burkard*, VBlBW 1988, 41 ff, 44; *Papier*, NWVBl 1990, 397 ff, 403.
182 *Detterbeck*, JURA 1990, 38 ff; *ders.*, JA 1991, 55 Ü ff; *Eberle/Gersdorf*, JURA 1990, 317 ff.

Lösung Fälle 31, 32 (Rn 1188, 1218):   **1252**

I. Schadenersatz nach Art. 34 GG, § 839 BGB entfällt wegen fehlender Amtspflichtverletzung.

II. Entschädigung wegen rechtmäßiger Enteignung iSd Art. 14 Abs. 3 GG: Eigentum iSd Art. 14 GG ist betroffen. Dem Schutzbereich des Art. 14 GG unterfällt ein landwirtschaftlicher Betrieb. Die Ernte des B ist vernichtet. Es liegt ein Eingriff in den Betrieb vor. – Seit BVerfGE 58, 300 ff geht der BGH davon aus, dass nur zielgerichtete Eingriffe in das Eigentum Art. 14 Abs. 3 GG unterfallen. Enteignung iSv Art. 14 GG ist die finale Güterbeschaffung des Staats zwecks Erfüllung hoheitlicher Aufgaben durch VA oder Gesetz. H hat nicht zielgerichtet in den Betrieb des B eingegriffen. Eine Enteignung iSd Art. 14 Abs. 3 GG liegt bereits begrifflich nicht vor.

III. Entschädigung wegen enteignenden Eingriffs: Gefordert ist, dass eine an sich rechtmäßige hoheitliche Maßnahme bei einem von ihr Betroffenen zu – meist unvorhergesehenen und atypischen – Folgen und Nachteilen führt, die die Schwelle des enteignungsrechtlich Zumutbaren übersteigen[183]. Die Grundlage für den Anspruch bildet der allgemeine Aufopferungsgedanke.

1. Das Eigentum des B ist betroffen. Die Eigentumsbeeinträchtigung muss unmittelbar auf einen hoheitlichen, faktischen Eingriff zurückzuführen sein. Das Betreiben der Abfalldeponie geschieht hoheitlich.

2. Die hoheitliche Maßnahme muss unmittelbare Auswirkungen auf eine durch Art. 14 Abs. 1 GG geschützte Rechtsposition haben. Unmittelbarer Zusammenhang hier fraglich. Es besteht zwar ein adäquater Kausalzusammenhang zwischen dem Betrieb der Mülldeponie und der Vernichtung der Ernte, die Eigentumsbeeinträchtigung bewirken aber die durch die Deponie angelockten Vögel. Die Mülldeponie stellt eine nur mittelbare Ursache für die Vernichtung der Saat dar. Ist die mittelbare Verursachung eines Schadens dem Staat zuzurechnen? Nach dem BGH ist ausreichend, wenn die hoheitliche Maßnahme den Gefahrenherd in sich trägt, und es nur einer absehbaren Umweltveränderung bedarf, damit sich die vorhandene Neigung zur Gefahr zur Störung aktualisiert. Hier war es absehbar, dass die deponierten Essensreste die Vögel anlocken. In der Folge verursachten sie die Eigentumsbeeinträchtigung des B. Dadurch hat sich eine für den Betrieb einer Mülldeponie typische Gefahrenlage konkretisiert. Die Unmittelbarkeit des Eingriffs ist zu bejahen.

3. Der Anspruch aus enteignendem Eingriff setzt ferner rechtmäßiges Verwaltungshandeln voraus (erweist sich die hoheitliche Maßnahme als rechtswidrig, kommt ein Anspruch wegen „enteignungsgleichen Eingriffs" in Betracht). Beachtlich ist, dass die 1968 errichtete Abfallentsorgungsanlage im Flächennutzungsplan der Stadt ausgewiesen war. Die Errichtung und Inbetriebnahme war nach damaligem Recht – was unterstellt werden soll – rechtmäßig.

4. Der Entschädigungsanspruch setzt schließlich voraus, dass B durch den Eingriff ein Sonderopfer auferlegt worden ist, welches die Schwelle des enteignungsrechtlich Zumutbaren überschreitet[184]. Ob eine hoheitliche Maßnahme diese Schwelle überschreitet oder sich noch als Ausdruck der Sozialbindung des Eigentums begreifen lässt, kann nur auf Grund einer umfassenden Beurteilung der Umstände des Einzelfalls entschieden werden. Bedeutsam sind die „Situationsgebundenheit", also Lage und Beschaffenheit des Grundstücks, sowie seine Einbettung in Natur und Landschaft[185]. Es ist zu berücksichtigen, dass sowohl der landwirtschaftliche Betrieb als auch die Deponie „privilegierte Vorhaben" iSd § 35 Abs. 1

---

183   Vgl BGH, NVwZ 1988, 1066 mwN.
184   Vgl BGH, NVwZ 1988, 1066, 1067.
185   BGH, ebenda.

BauGB sind. Sie gehören in den Außenbereich. Die Umgebung des Hofs wird deshalb auch durch emittierende Anlagen geprägt. Bei einer Deponie „bedienen" sich üblicherweise angelockte Vögel an den nahe liegenden Feldern. Der Schaden des B ist deshalb situationsbedingt. B hat also normalerweise keinen Anspruch auf Erstattung eines jeden von Möwen und Krähen verursachten Schadens. Maßgeblich dürften hier aber Art und Ausmaß des eingetretenen Schadens sein. Die Frühlingssaat ist vollständig zerstört worden. Dieser Nachteil übertrifft bei weitem den Normalfall. Ihn hinzunehmen entspricht nicht mehr der Sozialpflichtigkeit des Eigentums. Die Grenze des Zumutbaren ist überschritten. Die Einwirkung auf den landwirtschaftlichen Betrieb des B durch den Betrieb der Deponie hat enteignende Wirkung.

5. Ansprüche aus Aufopferung können unter dem Gesichtspunkt des Mitverschuldens eingeschränkt oder ausgeschlossen sein, etwa wenn der Geschädigte sich der Gefahrenlage selbst ausgesetzt hat oder durch eine zumutbare Handlung den Schaden hätte abwenden können. Da die eigentumsbeeinträchtigende Nebenfolge des rechtmäßigen Anlagenbetriebs in ihrem Ausmaß unvorhersehbar war (atypischer Einzelfall), konnte B den Eingriff mit Hilfe verwaltungsgerichtlichen Rechtsschutzes nicht abwenden. Ein Mitverschulden nach § 254 BGB trifft B nicht. – B darf wegen des erlittenen Ernteausfalls auf der Grundlage des enteignenden Eingriffs eine angemessene Entschädigung beanspruchen.

IV. Entschädigung wegen enteignungsgleichen Eingriffs entfällt mangels rechtswidrigen Staatshandelns.

V. Ergebnis: Der von B geltend gemachte Anspruch besteht.

VII. Anhang: Aufbauschema

1253

Aufbauschema: Entschädigung wegen klassischer (rechtmäßiger) Enteignung iSd Art. 14 Abs. 3 GG

1. Anspruchsgrundlage: Spezialgesetz iSd Art. 14 Abs. 3 S. 2 GG

2. Liegt Enteignung begrifflich vor?
– Eigentum betroffen (Eigentumsbegriff)
– durch finalen hoheitlichen Eingriff
– keine Inhalts- und Schrankenbestimmung nach Art. 14 Abs. 1 S. 2 GG

3. Rechtmäßigkeitsvoraussetzungen für die klassische Enteignung:
– Entschädigungsregelung (Junktim-Klausel), Art. 14 Abs. 3 S. 2 GG (regelt Art u. Ausmaß der Entschädigung); **Hinweis:** Spezialgesetze verweisen hinsichtlich der Entschädigung häufig auf die allgemeinen Enteignungsgesetze der Länder.
– Enteignung nur zum Wohl der Allgemeinheit, nicht: fiskalische Interessen des Staats oder Privatinteressen; **Hinweis:** Enteignungszweck muss im Gesetz umschrieben sein.
– Verhältnismäßigkeit des Eingriffs ist zu beachten, bedeutsam ist normalerweise die Erforderlichkeit des Eingriffs.

VIII. Besonderheiten in den neuen Bundesländern

Rechtmäßiges Verhalten des Staates

Enteignung (Art. 14 III GG)
Voraussetzungen: Rechtmäßiger hoheitlicher Eingriff in ein subjektives **Vermögensrecht** des Privatrechts oder des öffentlichen Rechts, soweit dieses ein Äquivalent eigener Leistung des Berechtigten ist. Dieser Eingriff muss den Betroffenen im Vergleich zu anderen ungleich belasten und ihn deshalb zu einem besonderen Opfer für die Allgemeinheit zwingen.
Rechtsfolgen: Entschädigung, grundsätzlich in Geld, aber kein voller Schadensersatz, insbes. keine Erstattung des entgangenen Gewinns, aber auch **kein** Schmerzensgeld.

a) Aufopferung (Gewohnheitsrecht)
Voraussetzungen: Rechtmäßiger, hoheitlicher Eingriff in ein nichtvermögenswertes Recht, durch den dem Einzelnen ein besonderes Opfer zum Wohle der Allgemeinheit abverlangt wird.
Rechtsfolgen: Wie bei der Enteignung, also insbes. **kein** Schmerzensgeld.
b) Positiv-gesetzlich geregelter Aufopferungstatbestand im Falle des polizeirechtlichen Notstands: zB § 39 I a OBG NRW

Entschädigung aufgrund besonderer gesetzlicher Vorschriften: zB §§ 56, 65 IfSG

Rechtswidriges Verhalten des Staates

Schuldhaft begangenes Unrecht — Schuldlos begangenes Unrecht

Im Rahmen öffentlich-rechtlicher **Vertrags-** oder sonstiger **Schuldverhältnisse**: Haftung wegen **Forderungsverletzung** in sinngemäßer Anwendung des bürgerlichen Schuldrechts, insbes. der §§ 276 ff BGB.
Rechtsfolge: Schadensersatz, aber **kein** Schmerzensgeld

Haftung kraft **sonderrechtlicher** Vorschriften zB nach dem Postgesetz

Gefährdungshaftung kraft besonderer gesetzlicher Regelung: zB § 7 StVG, sofern die Dienstfahrt in unmittelbarem Zusammenhang mit der Ausübung öffentlicher Gewalt steht.
Rechtsfolge: Schadensersatz, aber mit gesetzlicher Begrenzung, vornehmlich der Höhe nach

Amtshaftung, Art. 34 GG iVm § 839 BGB: Ein Amtsträger muss in Ausübung öffentlicher Gewalt eine einem Dritten gegenüber bestehende Amtspflicht schuldhaft verletzt haben. Für den dadurch entstandenen Schaden haftet seine Anstellungskörperschaft, sofern – wenn keine vorsätzliche Begehung vorliegt – der Geschädigte nicht von anderer Seite Ersatz des Schadens verlangen kann.
Rechtsfolge: Schadensersatz, aber **nicht** in der Form der Naturalrestitution, Schmerzensgeld (§ 847 BGB)

a) Haftung aus **enteignungsgleichem** und **aufopferungsgleichem Eingriff**: Es müssen alle Voraussetzungen der Enteignung oder Aufopferung vorliegen, der Eingriff muss **zusätzlich rechtswidrig** oder **rechtswidrig und schuldhaft** sein.
Rechtsfolge: Entschädigung, kein voller Schadensersatz, insbes. keine Erstattung des entgangenen Gewinns, auch **kein** Schmerzensgeld
b) Besondere gesetzliche Ausgestaltung dieses Haftungsinstituts im Polizei- und Ordnungsrecht einzelner Länder und für den Bundesgrenzschutz: §§ 39 I b OBG NW, 67 PolG NW

Bild 8: Das „System" der staatlichen Ersatzleistungen

1. Überleitung des StHG-DDR

1254   Grundlage der Haftung des Staats in der DDR war im Zeitpunkt der Wiedervereinigung neben Spezialgesetzen[186] das Gesetz zur Regelung der Staatshaftung in der Deutschen Demokratischen Republik – Staatshaftungsgesetz – v. 12.5.1969[187], geändert durch Gesetz v. 14.12.1988[188]. Dieses Gesetz sah eine originäre, verschuldensunabhängige Staatshaftung vor. Durch Art. 9 Abs. 1 S. 1, Abs. 2 iVm Anl. II, Kap. III, Sachgebiet B, Abschnitt III Nr 1 des Einigungsvertrags wird bestimmt, dass das StHG-DDR in den neuen Bundesländern als Landesrecht fort gilt, allerdings mit einigen wesentlichen Änderungen („Maßgaben"). Eine Überleitung in Bundesrecht war mangels Gesetzgebungskompetenz des Bundes für das Staatshaftungsrecht nicht möglich. An der fehlenden Gesetzgebungszuständigkeit ist das bundesrepublikanische Staatshaftungsgesetz vom 26.6.1981 gescheitert[189].

1255   Die Weitergeltung als Landesrecht bedeutet, dass jedes der neuen Bundesländer das StHG-DDR (gemeint ist hiermit im Folgenden immer das StHG-DDR in der jetzt geltenden Fassung) ändern und es so zu unterschiedlichen Haftungsregelungen kommen kann. Denkbar ist, dass einzelne Länder das Gesetz insgesamt aufheben, so in Berlin, Sachsen und in Sachsen-Anhalt; in Sachsen-Anhalt ist ein „Gesetz zur Regelung von Entschädigungsansprüchen im Lande Sachsen-Anhalt" erlassen worden. In Brandenburg gilt das StHG fort. Praktisch bedeutsam ist, dass bei einem Haftungsfall in den neuen Bundesländern ein zusätzlicher Haftungstatbestand hinzukommt, dessen Verhältnis zu den anderen bundesrepublikanisch einheitlichen Anspruchsgrundlagen geklärt werden muss[190].

2. Rechtsgrundlage

1256   Den Haftungstatbestand enthält primär § 1 Abs. 1 StHG-DDR in seiner durch den Einigungsvertrag modifizierten Fassung. Diese lautet: „Für Schäden, die einer natürlichen oder einer juristischen Person hinsichtlich ihres Vermögens oder ihrer Rechte durch Mitarbeiter oder Beauftragte staatlicher oder kommunaler Organe in Ausübung staatlicher Tätigkeit rechtswidrig zugefügt werden, haftet das jeweilige staatliche oder kommunale Organ." Daneben enthält § 3 Abs. 3 StHG-DDR eine weitere Anspruchsvoraussetzung.

1257   Die Bestimmung und Auslegung der einzelnen Tatbestandsmerkmale bereitet auf Grund der begrifflichen Andersartigkeit der Rechtssprache der DDR Schwierigkeiten. Das Verständnis des StHG in der ehemaligen DDR kann hier hilfreich sein[191]. Maßgeblich ist aber eine Auslegung im Lichte der Rechtsordnung des wiederverei-

---

186   *Lörler*, NVwZ 1990, 830 ff; *Mampel*, Die sozialistische Verfassung der Deutschen Demokratischen Republik, Komm., 2. Aufl. 1982, Art. 104 Rn 17 ff.
187   StHG-DDR, GBl. I S. 34.
188   GBl. I S. 329.
189   BVerfGE 61, 149 ff.
190   Zur Staatshaftung in den neuen Ländern s. *Herbst/Lühmann*, Die Staatshaftungsgesetze der neuen Länder – Kommentar, 1997 und *Baldus/Grzeszick/Wienhues*, Staatshaftungsrecht, Rn 196 ff.
191   Vgl hierzu *Duckwitz/Lörler*, in: Verwaltungsrecht, Lehrbuch, Hrsg. Akademie für Staats- und Rechtswissenschaft der DDR, 2. Aufl. 1988, S. 210 ff; *Lörler*, NVwZ 1990, 830 ff; *Mampel*, ebenda, Art. 104 Rn 5 ff.

nigten Deutschlands, wobei allerdings berücksichtigt werden muss, dass es sich um übergeleitetes Recht handelt[192].

3. Anspruchsvoraussetzungen

(1.) Die Staatshaftung nach dem StHG-DDR erfasst **jede Beeinträchtigung** eines Rechts (auch immaterieller Rechte wie Leben, Gesundheit und Ehre) oder des Vermögens. Eine Begrenzung der Staatshaftung auf Eingriffe in immaterielle Rechtsgüter und vermögenswerte Rechte unter Ausschluss des Vermögens als solchem ist mit dem eindeutigen Wortlaut des § 1 Abs. 1 StHG-DDR nicht vereinbar und daher abzulehnen[193]. Die Begrenzung kann auch nicht damit begründet werden, dass dem Wortlaut bei der Auslegung nicht die Bedeutung zukomme wie bei der Auslegung bundesrepublikanischen Rechts, da der Vermögensschutz ursprünglich nicht in § 1 Abs. 1 StHG-DDR vorgesehen war, sondern erst durch die Maßgaben des Einigungsvertrags in die Staatshaftung einbezogen wurde. – Anspruchsberechtigt sind alle natürlichen und juristischen Personen. Nach § 10 StHG-DDR sind auch Angehörige eines ausländischen Staats begünstigt. **1258**

(2.) Der Schaden muss **in Ausübung staatlicher Tätigkeit** zugefügt worden sein. Der Begriff „staatliche Tätigkeit" ist im Sinne hoheitlichen Handelns zu verstehen, da er den Ausschluss zivilrechtlicher Schadenzufügungen aus dem Bereich des Staatshaftungsgesetzes bezweckte[194]. Die Abgrenzung richtet sich nach den oben dargestellten Theorien. Nicht entscheidend ist, was die ehemalige DDR als hoheitliches Handeln ansah. **1259**

Wie im Amtshaftungsrecht reicht es nicht aus, dass der Schaden nur gelegentlich der hoheitlichen Tätigkeit verursacht wurde. Notwendig ist vielmehr ein innerer Zusammenhang mit dem hoheitlichen Handeln. **1260**

Ein Eingriff kann neben positivem Tun auch bei einem Unterlassen vorliegen, sofern eine Rechtspflicht zum Handeln bestand. **1261**

Als Schadenverursacher nennt § 1 Abs. 1 StHG-DDR Mitarbeiter oder Beauftragte staatlicher oder kommunaler Organe. Diese Begriffe sind, soweit ersichtlich, unumstritten. Mitarbeiter sind Personen, die in einem Arbeitsrechtsverhältnis zu staatlichen oder kommunalen Organen stehen, unter Beauftragten versteht man dagegen Personen, die in keinem Arbeitsrechtsverhältnis zum Staat stehen, denen aber in bestimmtem Umfang die Befugnis zu hoheitlicher Tätigkeit übertragen ist[195]. Der Begriff „Beauftragter" entspricht damit den im Amtshaftungsrecht entwickelten Figuren „Beliehener" und „Verwaltungshelfer"[196]. **1262**

(3.) Der Schaden muss **rechtswidrig** zugefügt worden sein. Die Auslegung dieser Anspruchsvoraussetzung ist umstritten. Während die einen die objektive Rechtswid- **1263**

---

192 Zu Einzelproblemen der Interpretation s. *Cornils*, LKV 2003, 206 ff.
193 AA *Krohn*, VersR 1991, 1085 ff, 1091 ff, 1092, der auf diese Weise versucht, die sehr weitgehende Staatshaftung einzuschränken.
194 *Duckwitz/Lörler*, in: Verwaltungsrecht, Lehrbuch, Hrsg. Akademie für Staats- und Rechtswissenschaft der DDR, 2. Aufl. 1988, S. 214; *Mampel*, ebenda, Art. 104 Rn 7.
195 *Duckwitz/Lörler*, ebenda, S. 213.
196 *Büchner-Uhder*, NJ 1991, 153 ff, 154.

rigkeit, also den Verstoß gegen eine Rechtsnorm, für ausreichend erachten[197], fordern andere in Anlehnung an das Amtshaftungsrecht die Verletzung einer drittschützenden Pflicht[198]. Ferner ist problematisch, ob sich die Rechtswidrigkeit auf die Handlung bzw Unterlassung beziehen muss (Handlungsunrecht) oder die Rechtswidrigkeit des Erfolgseintritts (Erfolgsunrecht) bezeichnet[199].

1264 Die Voraussetzung „Verletzung einer drittbezogenen Pflicht" lässt sich § 1 Abs. 1 StHG-DDR nicht entnehmen. Sie lässt sich auch nicht aus literarischen Aussagen zum ursprünglichen StHG-DDR vor der Wiedervereinigung herleiten. Soweit ausgeführt wird, „unter Rechtswidrigkeit sei jede Beeinträchtigung eines durch Gesetz oder andere Rechtsvorschriften geschützten subjektiven Rechts eines Bürgers zu verstehen"[200], ist dies im Sinne einer objektiven Rechtswidrigkeit zu verstehen; denn es wird nicht die Verletzung einer drittschützenden Pflicht gefordert, sondern der Eintritt eines Schadens an einem subjektiven Recht des Bürgers. Letzteres war damals konsequent, da nur der Bürger selbst (Leben, Gesundheit etc) und sein persönliches Eigentum durch die Staatshaftung geschützt war. Nach der Erstreckung der Staatshaftung auf den Vermögensschutz durch den Einigungsvertrag ist diese Beschränkung überholt.

1265 Der zweite streitige Punkt ist iSd Handlungsunrechts zu beantworten. Dafür lassen sich Art. 104 Abs. 1 der Verfassung der DDR[201], der Grundlage der Staatshaftung ist, und die – durch den Einigungsvertrag gestrichene – Präambel des StHG-DDR anführen, die von einer Haftung für ungesetzliche Maßnahmen sprechen.

1266 **(4.)** Das hoheitliche Tun oder Unterlassen muss für den Schadenseintritt ursächlich sein. Ursächlichkeit nach der Äquivalenztheorie dürfte nicht ausreichen. Eine Haftungsbegrenzung entsprechend dem Kriterium der Unmittelbarkeit beim Institut „enteignungsgleicher Eingriff" erscheint angebracht.

1267 **(5.)** Vergleichbar der Regelung in § 839 Abs. 1 S. 2 BGB für den Bereich der Amtshaftung enthält § 3 Abs. 3 StHG-DDR als negatives Tatbestandsmerkmal eine Subsidiaritätsklausel. Danach tritt die Staatshaftung nicht ein, wenn auf andere Weise Ersatz des Schadens erlangt werden kann. Für die Frage, welche anderweitigen Ersatzansprüche die Staatshaftung verdrängen, bietet es sich an, auf die Rechtsprechung zu § 839 Abs. 1 S. 2 BGB zurückzugreifen. Eine Orientierung an der früheren Praxis der DDR ist dagegen auf Grund der Unterschiede in den beiden Staatssystemen bei dieser Tatbestandsvoraussetzung nicht sachgerecht[202].

---

197 *Boujong*, FS Gelzer, 1991, S. 277; *Ossenbühl*, S. 397.
198 ZB *Büchner-Uhder*, NJ 1991, S. 154.
199 In Letzterem Sinne: *Duckwitz/Lörler*, in: Verwaltungsrecht, Lehrbuch, Hrsg. Akademie für Staats- und Rechtswissenschaft der DDR, 2. Aufl. 1988, S. 216; *Lörler*, NVwZ 1990, 832, allerdings nicht mehr eindeutig, da die Begründung mehr auf das allgemein anerkannte Fehlen eines Verschuldenserfordernisses hindeutet.
200 *Duckwitz/Lörler*, ebenda, S. 215.
201 V. 6.4.1968 idF des Gesetzes v. 7.10.1974, GBl. I S. 432, zuletzt geändert durch Gesetz v. 17.6.1990, GBl. I S. 299.
202 Ausführlich: *Ossenbühl*, S. 400 f.

4. Anspruchsinhalt und Anspruchsumfang

Der Schadenersatz besteht nach § 3 Abs. 1 S. 1 StHG-DDR grundsätzlich in einer Geldleistung. Naturalrestitution kann nicht verlangt, aber nach § 3 Abs. 1 S. 2 StHG-DDR gewährt werden. Die Entscheidung über die Art des Schadenersatzes steht im Ermessen des Anspruchsschuldners. **1268**

Für die Höhe des Anspruchs sind §§ 249 ff, 847 BGB maßgebend, § 3 Abs. 2 StHG-DDR. Ein Haftungsausschluss oder eine Haftungsbeschränkung können sich insbesondere aus der Schadenabwendungs- und Schadenminderungspflicht nach § 2 StHG-DDR ergeben, ferner aus dem Gedanken des Schutzzwecks der Norm sowie aus dem Grundsatz der Vorteilsausgleichung. **1269**

5. Die Durchsetzung des Anspruchs

§ 1 Abs. 1 StHG-DDR nennt als Ersatzverpflichteten das staatliche oder kommunale Organ, dessen Mitarbeiter oder Beauftragter den Schaden herbeigeführt hat. Organen kommt nach der Rechtsordnung der Bundesrepublik Deutschland keine Rechtsfähigkeit zu. Rechtsfähigkeit des Anspruchsgegners ist aber erforderlich. Als Anspruchsschuldner kommen die genannten Organe daher nur bei Rechtsfähigkeit in Betracht, ansonsten ist Anspruchsverpflichteter die juristische Person, der das Organ angehört. Vor der gerichtlichen Geltendmachung des Schadenersatzanspruchs ist ein zweistufiges Verwaltungsverfahren zu durchlaufen. Zunächst ist nach § 5 StHG-DDR ein Antrag an den ersatzpflichtigen Hoheitsträger zu stellen. Wird dieser abgelehnt, folgt als zweite Stufe ein Beschwerdeverfahren, das ähnlich wie das Widerspruchsverfahren nach §§ 68 ff VwGO ausgestaltet ist. Der Anspruchsschuldner hat die Möglichkeit, der Beschwerde abzuhelfen. Tut er das nicht, ist die übergeordnete Instanz zur Entscheidung über die Beschwerde berufen, § 6 StHG-DDR. – § 6a StHG-DDR weist die Entscheidung über den Anspruch den ordentlichen Gerichten zu. – Das StHG-DDR sieht in § 4 eine Verjährungsfrist von einem Jahr vor. Die Verjährung wird durch die Stellung eines Antrags gem. § 5 StHG-DDR unterbrochen. **1270**

6. Anspruchskonkurrenzen

Der Staatshaftungsanspruch nach § 1 Abs. 1 iVm § 3 Abs. 3 StHG-DDR besteht neben dem Amtshaftungsanspruch, da beide Ansprüche unterschiedliche Regelungsgegenstände aufweisen[203]. Eine Konkurrenz mit dem allgemeinen Aufopferungsanspruch sowie mit einem Anspruch aus enteignendem Eingriff ist nicht denkbar, da diese Anspruchsinstitute rechtmäßiges, der Staatshaftungsanspruch hingegen rechtswidriges Verhalten voraussetzt. Ansprüche aus aufopferungsgleichem und enteignungsgleichem Eingriff werden durch den Staatshaftungsanspruch verdrängt, weil keine Lücke mehr besteht, die durch die ungeregelten Ansprüche ausgefüllt werden könnte. Letzteres gilt auch, wenn der Staatshaftungsanspruch bereits verjährt ist. **1271**

---

203   *Boujong*, FS Gelzer, 1991, S. 276; *Christoph*, NVwZ 1991, 538.

Teil IV

Die zwangsweise Durchsetzung der getroffenen Verwaltungsentscheidung

§ 18   Die Verwaltungsvollstreckung – Allgemeines

1272   **Fall 33:** Durch einen örV verpflichtet sich A, zu viel gezahlte Subventionen an die zuständige Behörde zurückzuzahlen. A zahlt nicht. Die Behörde richtet an A einen mit Rechtsmittelbelehrung versehenen Bescheid, mit dem sie ihn auffordert, bis zu einem bestimmten Tag den Betrag zurückzuzahlen. Darf die Behörde in dieser Weise vorgehen? **Rn 1283**

1273   Unter Verwaltungsvollstreckung versteht man die zwangsweise Durchsetzung von Ansprüchen, die auf der Grundlage des Verwaltungsrechts bestehen, durch die Behörde, die befugt ist, die Ansprüche einzufordern.

1274   Die Definition besagt, dass die Behörde ihre gegen Dritte bestehenden Ansprüche **selbst** mit Zwang durchsetzen darf. Die Behörde vollstreckt selbst. In diesem Recht zur Selbstvollstreckung liegt ein entscheidender Unterschied zur Rechtsposition des Bürgers. Hat dieser gegen einen Dritten einen Anspruch, so ist ihm verboten, gegen diesen Dritten mit Zwang vorzugehen. Selbsthilfe zur Befriedigung von Ansprüchen gibt es im Normalfall nicht. Der Bürger muss vielmehr seinen gegen den Dritten bestehenden Anspruch vor Gericht geltend machen; das Gericht muss den Dritten durch Urteil zur Leistung verpflichten (Titel); der Titel muss für vollstreckbar erklärt werden (Vollstreckungsklausel); der vollstreckbare Titel muss dem Schuldner zugestellt werden (Zustellung). Leistet der Schuldner nicht, kann gegen ihn der Gerichtsvollzieher (im Normalfall) vollstrecken, zB im Wege der Pfändung von Wertgegenständen. Dieses komplizierte, aber aus Gründen des Schuldnerschutzes notwendige Verfahren braucht die öffentliche Hand nicht einzuhalten. Wegen ihrer Gesetzesbindung nach Art. 20 Abs. 3 GG besteht die Vermutung rechtmäßigen Verwaltungshandelns. Es ist deshalb nicht notwendig, den Titel durch ein gerichtliches Urteil zu schaffen, sondern die Verwaltung produziert die Titel selbst: durch den Erlass eines VAs[1].

1275   Die verwaltungsrechtliche Literatur betont durchgehend zu Recht, dass wegen dieser Funktion der VA zum Zentralbegriff auch des Verwaltungsvollstreckungsrechts wird. Denn: Nur dann, wenn die Verwaltung befugt ist, durch VA zu handeln, ist eine Verwaltungsvollstreckung denkbar (zu Ausnahmen s. unter Rn 1282). Die Verwaltungsvollstreckung setzt mithin immer die Festsetzung eines verwaltungsrechtlichen Anspruchs durch VA voraus. Die Verwaltungsvollstreckung scheidet aus, wenn ein Anspruch durch einen örV begründet worden ist; diesen Anspruch muss die Behörde durch eine allgemeine Leistungsklage vor dem Verwaltungsgericht einklagen; die Vollstreckung erfolgt nach § 169 VwGO. Für eine auf dem Privatrecht basierende

---

1   Zum rechtsstaatlichen Grundmodell der Verwaltungsvollstreckung s. *Pietzner*, VerwArchiv 1993, 261; *Werner*, JA 2000, 901 ff.

Forderung der öffentlichen Hand ist diese dem Bürger gleichgestellt[2]; es gilt das oben ansatzweise dargestellte Verfahren.

Beispiele: Durch Gebührenbescheid ist A verpflichtet worden, der Stadt B einen bestimmten Betrag für die Abfallentsorgung zu zahlen. A kommt der Verpflichtung nicht nach. B kann gegen A selbst vollstrecken. – A ist der Stadt B deshalb schadenersatzpflichtig, weil er aus Wut über einen abgelehnten Bauantrag die Scheibe des Dienstwagens des Oberbürgermeisters eingeschlagen hat. Den Schadenersatzanspruch muss die Stadt B, wenn A nicht freiwillig zahlt, vor dem zuständigen Zivilgericht titulieren lassen und anschließend mit Hilfe des Gerichtsvollziehers eintreiben.

Die Verwaltungsvollstreckung ist rechtsstaatlich gebunden. Ihr muss – in Gestalt eines inhaltlich bestimmten VAs – ein eindeutiger Titel zugrunde liegen. Die Verwaltungsvollstreckung ist ferner unter Beachtung strenger Verfahrensvorschriften durchzuführen. Schließlich unterliegen sowohl der VA als auch die Durchführung der Vollstreckung gerichtlicher Kontrolle. **1276**

Gesetzlich geregelt ist die Verwaltungsvollstreckung für den Bund im Verwaltungs-Vollstreckungsgesetz (VwVG) und durch das Gesetz über den unmittelbaren Zwang bei Ausübung öffentlicher Gewalt durch Vollzugsbeamte des Bundes (UZwG), im Sartorius enthalten unter den Nrn. 112 und 115. In den Bundesländern gelten entsprechende Gesetze[3]. Zum Teil gibt es diese Gesetze verdrängende Sonderregelungen. **1277**

Beispiel: Nach § 58 AufenthG wird die Ausreisepflicht eines Ausländers durch die Abschiebung vollzogen, wenn die freiwillige Erfüllung der Ausreisepflicht nicht gesichert oder aus Gründen der öffentlichen Sicherheit und Ordnung eine Überwachung der Ausreise erforderlich erscheint.

Sowohl das VwVG-Bund als auch die entsprechenden Landesgesetze differenzieren zwischen der Vollstreckung wegen Geldforderungen und der Erzwingung von Handlungen, Duldungen[4] und Unterlassungen. Für beide Fallgruppen gelten unterschiedliche Regelungen, s. §§ 1 ff, §§ 6 ff VwVG. Zwingende Voraussetzung für beide Arten von Titeln ist das Vorhandensein eines VAs als Vollstreckungstitel. Indes ist nicht jeder VA vollstreckbar. Ein VA ist nicht vollstreckbar, wenn er inhaltlich unbestimmt ist[5]. Ferner war unter Rn 429 die Vollstreckbarkeit eines VAs zu einem Kriterium der Einteilung von VAen gemacht worden. Vollstreckbar sind nur befehlende VAe – VAe, die ein Gebot oder Verbot enthalten. **1278**

Beispiele: Alle Bescheide, die eine Geldzahlungspflicht enthalten; ein Abrissgebot; ein Gewerbeverbot; die Untersagungsverfügung nach § 20 Abs. 1 BImSchG; die Stilllegungsverfügung nach § 20 Abs. 2 S. 1 BImSchG; die Anlagenbeseitigung nach § 20 Abs. 2 S. 2 BImSchG.

Nicht vollstreckungsfähig sind feststellende oder gestaltende VAe. Ihre Wirkung tritt mit der Wirksamkeit des VAs von selbst ein. Eine Vollstreckbarkeit zwecks Realisierung des Festgestellten ist undenkbar. **1279**

---

2 Keine Geltendmachung eines Schadenersatzanspruchs durch Leistungsbescheid, NdsOVG, NVwZ-RR 2014, 449.
3 Zu den Verwaltungsvollstreckungsgesetzen der neuen Bundesländer s. *Sadler*, LKV 1995, 409 ff; *App*, NVwZ 1996, 656 ff.
4 Zur Duldungsverfügung *Kalm*, DÖV 1996, 463 ff.
5 VGHBW, NVwZ-RR 2013, 451.

Beispiel: Frau B wird zur Beamtin ernannt. Mit der Ernennung ist das Beamtenverhältnis wirksam begründet, § 10 Abs. 1 Nr 1 BBG.

1280 In der Regel dürfen VAe nur dann vollstreckt werden, wenn sie

– unanfechtbar oder
– für sofort vollziehbar

erklärt worden sind, s. § 6 Abs. 1 VwVG. (Enthält der VA eine termingebundene Handlungspflicht, muss diese Voraussetzung zusätzlich vorliegen, ansonsten ist die Zwangsvollstreckung rechtswidrig[6].) Sowohl die Voraussetzungen für die Unanfechtbarkeit als auch für die sofortige Vollziehbarkeit ergeben sich aus der VwGO. Unanfechtbar ist ein VA nach Ablauf der Anfechtungsfristen, §§ 70, 74 VwGO, oder nach Bestätigung durch ein rechtskräftiges Urteil. Ein VA ist sofort vollziehbar, wenn die sofortige Vollziehung entweder durch Gesetz, s. § 80 Abs. 2 Nrn. 1–3 VwGO, oder durch eine Behörde besonders angeordnet wird, s. § 80 Abs. 2 Nr 4 VwGO. Bei Vorliegen dieser Voraussetzungen ist der VA vollstreckbar[7]. Ferner kommt es nicht auf die Rechtmäßigkeit des GrundVAs an; unabdingbare Voraussetzung ist allein die Wirksamkeit[8].

1281 Von dieser Regel gibt es folgende Ausnahmen: Wenn bei Gefahr in Verzug sofort gehandelt werden muss, besteht die Möglichkeit, ohne den Erlass eines VAs sofort zu handeln, § 6 Abs. 2 VwVG; ferner bedarf es keines VAs, wenn der Bürger sich der sofortigen Zwangsvollstreckung unterworfen hat, § 61.

1282 In einigen Spezialfällen ist die Verwaltungsvollstreckung sogar bei privatrechtlichen Forderungen zulässig[9].

1283 **Lösung Fall 33 (Rn 1272):** Nein. Der Bescheid ist ein VA; es handelt sich nicht um eine schlichte Aufforderung, wie die Rechtsmittelbelehrung zeigt. Die Verpflichtung des A zur Zahlung ist durch einen örV festgestellt. Auf diese Weise festgestellte Verpflichtungen können nicht durch VA vollstreckt werden. Die Behörde muss gegen A eine allgemeine Leistungsklage vor dem Verwaltungsgericht erheben.

§ 19 Die Verwaltungsvollstreckung – Einzelheiten

1284 **Fall 34:** Polizist P entdeckt auf einem brachliegenden Grundstück des A, welches an einen Kinderspielplatz angrenzt, einen Blindgänger aus dem Zweiten Weltkrieg. Er ruft sofort den Unternehmer U an, der auf die Entschärfung von Blindgängern spezialisiert ist. A wird nicht informiert. U arbeitet erfolgreich. Die Polizeibehörde stellt A die Kosten für die Delaborierung in Rechnung. Mit Recht? **Rn 1310**

---

6 OVG NW, NVwZ-RR 2013, 172 f.
7 OVG NW, NVwZ-RR 2014, 372.
8 St. Rspr.: BVerfG, NVwZ 1999, 290; BVerwG, NVwZ 2009, 122.
9 Vgl *Sauthoff*, DÖV 1989, 1 ff.

I. Die Vollstreckung wegen Geldforderungen

Nach § 3 Abs. 2, 3 VwVG wird die Vollstreckung von öffentlich-rechtlichen Geldforderungen (Steuern, Gebühren, Beiträge, Sonderabgaben) durch eine Vollstreckungsanordnung eingeleitet. Folgende **Voraussetzungen** müssen vorliegen: **1285**

– Leistungsbescheid (das ist derjenige VA, der eine öffentlich-rechtliche Geldleis-
  tungspflicht zum Gegenstand hat),
– Fälligkeit der Leistung,
– Ablauf einer Frist von einer Woche seit Bekanntgabe des Leistungsbescheids bzw
  seit Eintritt der Fälligkeit,
– vor Anordnung der Vollstreckung „soll" der Schuldner mit einer Zahlungsfrist
  von einer weiteren Woche besonders gemahnt werden.

Auf der Grundlage der Vollstreckungsanordnung kann entweder die Behörde selbst   **1286**
durch ihren Vollstreckungsbeamten oder im Auftrage der Behörde eine Vollstre-
ckungsbehörde oder das Vollstreckungsgericht die Vollstreckung vornehmen. Vollstreckungsanordnung und Vollstreckungsauftrag sind keine VAe[1]. Die Vollstreckung
läuft ab nach Vorschriften der Abgabenordnung; diese Vorschriften lehnen sich an
Regelungen der Zivilprozessordnung an. Die Vollstreckung ist unterschiedlich in Abhängigkeit davon, ob in bewegliche Sachen, Grundstücke oder Forderungen vollstreckt wird. Einzelheiten werden hier nicht dargestellt[2].

Für den **Rechtsschutz** gegen Vollstreckungsmaßnahmen gibt es keine spezielle Re-   **1287**
gelung. Eindeutig ist, dass die Sachpfändung durch eine Verwaltungsbehörde einen
VA darstellt[3]; gegen den VA ist mit Hilfe des Widerspruchs und erforderlichenfalls
der Anfechtungsklage vorzugehen. Vollstreckt der Gerichtsvollzieher oder ein or-
dentliches Gericht, sind die Rechtsbehelfe der ZPO einschlägig.

Im Zusammenhang mit der Vollstreckung wegen Geldforderungen ist umstritten, auf   **1288**
welchem Wege der Vollstreckungsschuldner solche Einwendungen gegen die zu
vollstreckende Forderung geltend machen kann, die nach Erlass des VAs entstanden
sind.

Beispiel: Der Schuldner zahlt nach Erlass des VAs; die Forderung ist deshalb erloschen. Weiteres **Beispiel**: Der Schuldner rechnet zulässig auf; damit ist die Forderung ebenfalls erloschen.

Es lassen sich zwei Auffassungen unterscheiden: Zum einen wird eine Vollstre-   **1289**
ckungsgegenklage beim VG nach § 767 ZPO iVm § 173 VwGO für zulässig gehalten[4], zum anderen wird eine „normale" Klage nach der VwGO für das richtige
Rechtsschutzinstrument erachtet; Streit herrscht, welche Klageart zulässig sein soll.
Die zulässige Klageart ist abhängig davon, gegen welchen „Akt" sich die Klage wendet: Feststellungsklage – Klage auf Feststellung, dass der zu vollstreckende Anspruch
nicht mehr besteht; Anfechtungsklage – gegen einzelne Vollstreckungsmaßnahmen;
Leistungs- oder Verpflichtungsklage – entweder auf eine die Vollstreckung für unzu-

---

1 Vgl BVerwG, NJW 1961, 332.
2 Vgl insoweit *App*, Verwaltungsvollstreckungsrecht, S. 105 ff.
3 S. BVerwGE 54, 316.
4 VGHBW, VBlBW 1983, 143; *Renck*, BayVBl 1975, 637 ff.

lässig erklärende Äußerung der Behörde oder auf Widerruf des zugrunde liegenden VAs. Die heute wohl hM hält die Feststellungsklage für statthaft[5].

Hinweis: Es sind landesrechtliche Besonderheiten zu beachten; nach Art. 21 BayVwZVG entscheidet die Anordnungsbehörde „über Einwendungen gegen die Vollstreckung, die den zu vollstreckenden Anspruch betreffen". Die Vollstreckung aus dem VA wird für unzulässig erklärt, wenn die Einwendungen begründet sind. Der Schuldner kann die Unzulässigkeit der Vollstreckung beantragen, wenn er eine Einwendung geltend macht. Wird die Entscheidung abgelehnt, besteht die Möglichkeit, Verpflichtungsklage zu erheben[6].

Weiterer Hinweis: Für den Rechtsschutz ist zu unterscheiden zwischen der Grundverfügung und den Vollstreckungsmaßnahmen. Ist die Grundverfügung bestandskräftig, sind Rechtsmittel gegen sie erfolglos. Rechtsmittel gegen die Vollstreckungsmaßnahmen betreffen ausschließlich deren Rechtswidrigkeit, nicht auch die der Grundverfügung. Um eine Vollstreckung aus der Grundverfügung zu verhindern, ist deshalb zunächst gegen sie Rechtsschutz zu suchen. Rechtsmittel gegen Vollstreckungsmaßnahmen sind nur in den seltensten Fällen erfolgreich; im Wesentlichen kann gegen sie nur vorgetragen werden, dass sie unverhältnismäßig sind oder dass Fristen nicht eingehalten worden sind. – Ein nichtiger VA darf niemals vollstreckt werden; Vollstreckungsmaßnahmen sind deshalb in diesem Fall immer rechtswidrig.

II. Die Erzwingung von Handlungen, Duldungen oder Unterlassungen

1. Die Zwangsmittel

1290 Die Verwaltungsvollstreckungsgesetze kennen drei Zwangsmittel: die Ersatzvornahme, das Zwangsgeld mit subsidiärer Zwangshaft und den unmittelbaren Zwang. Der Einsatz eines Zwangsmittels hat generell nach pflichtgemäßem Ermessen der zuständigen Behörde zu erfolgen[7]. Er entfällt nach der Erfüllung des Anspruchs[8].

a) Die Ersatzvornahme

1291 Nach § 10 VwVG kann, wenn der Pflichtige die ihm durch VA gebotene Handlung nicht ausführt, die Behörde einen Dritten mit der Vornahme auf Kosten des Pflichtigen beauftragen. Die Ersatzvornahme kommt nur bei vertretbaren Handlungen in Betracht; das ist der Fall, wenn andere Personen die Handlung durchführen können: Abschleppen eines Pkw[9]. Höchstpersönliche Handlungen scheiden als Fälle der Ersatzvornahme aus.

Beispiele: Der Abriss eines Hauses ist eine vertretbare Handlung, s. die zweite Abwandlung des Ausgangsbeispiels, Rn 16. Der Abriss des Hauses durch den Bauunternehmer Schredder ist rechtlich eine Ersatzvornahme. – Das Ableisten der (heute aufgehobenen) Wehrpflicht ist eine höchstpersönliche Pflicht. Eine Ersatzvornahme scheidet aus.

---

5   OVG NW, DÖV 1976, 673; BVerwG, NVwZ 1984, 168; *Schenke*, Die Verwaltung 1970, 220 ff, 342 ff.
6   Vgl BayVGH, BayVBl 1980, 51. S. auch § 16 Abs. 2 VwVG RP, OVG RP, DÖV 1982, 414.
7   OVG NW, NVwZ-RR 2013, 298.
8   ThürOVG, NVwZ-RR 2013, 6.
9   HessVGH, NVwZ-RR 1999, 23.

Die behördliche Beauftragung des Dritten lässt eine Rechtsbeziehung zwischen dem **1292** durch den VA Verpflichteten und dem Dritten nicht entstehen. Der Pflichtige muss lediglich die Ersatzvornahme durch den Dritten dulden; zu dulden hat er ferner alle mit der Ersatzvornahme verbundenen tatsächlichen Handlungen, so zB das Betreten des Grundstücks. Für die Kosten der Durchführung der Ersatzvornahme, zB einer Bodensanierung[10] ist Anspruchsinhaber die Behörde; mE handelt es sich bei diesem Anspruch nicht um einen öffentlich-rechtlichen Erstattungsanspruch[11], sondern um einen gesetzlich begründeten Anspruch eigener Art. Die Voraussetzungen für einen öffentlich-rechtlichen Erstattungsanspruch liegen nicht vor; die Behörde hat nicht ohne Rechtsgrund, sondern mit Rechtsgrund gehandelt: Der Rechtsgrund liegt in dem wirksamen VA. – Es lässt die Kostentragung unberührt, wenn während der Durchführung der Ersatzvornahme der Störer auf sein Eigentum verzichtet[12]. – Die Anforderung einer Vorauszahlung auf Kosten der Ersatzvornahme ist keine Maßnahme der Zwangsvollstreckung[13].

Ein Spezialfall der Ersatzvornahme ist die Selbstvornahme durch die Behörde. In die- **1293** sem Fall beauftragt die Behörde nicht einen Dritten, sondern handelt selbst.

Beispiel: Die Behörde beauftragt nicht den Bauunternehmer Schredder mit dem Abriss des Hauses, sondern nimmt den Abriss durch Mitarbeiter selbst vor.

Die meisten Landesverwaltungsvollstreckungsgesetze sehen die Einordnung der **1294** Selbstvornahme als Ersatzvornahme vor; die für die Verwaltung positive Folge liegt darin, dass sie die Kosten für die Selbstvornahme dem Pflichtigen auferlegen kann[14].

b) Das Zwangsgeld und die Zwangshaft

Die Möglichkeit, ein Zwangsgeld gegen einen Pflichtigen anzuordnen, regelt § 11 **1295** VwVG. Mit Hilfe dieses Instituts soll der Verpflichtung Nachdruck verliehen werden. Die Festsetzung eines Zwangsgelds kommt bei unvertretbaren Handlungen, Duldungen und Unterlassungen in Betracht; die Festsetzung ist auch bei vertretbaren Handlungen möglich[15]. Das Zwangsgeld ist ein Beugemittel; es dient der Erzwingung künftigen Verhaltens[16]. Dieser Charakter des Zwangsgelds bedingt:

– Es kann wiederholt und in seiner Höhe gesteigert werden, wenn der Pflichtige nicht nachgibt;
– es darf nicht vollstreckt werden, wenn der Pflichtige den Anspruch erfüllt;
– es ist neben Strafen oder Geldbußen zulässig.

Wenn das Zwangsgeld nicht beigetrieben werden kann, ist die Zwangshaft zulässig; **1296** die Zwangshaft ist kein selbstständiges Zwangsmittel, sondern eine Steigerung des Zwangsgelds[17]. § 16 VwVG spricht deshalb von einer „Ersatzzwanghaft". Ihre An-

---

10 BayVGH, BayVBl 1999, 180.
11 So aber *Maurer*, § 20 Rn 13.
12 VGHBW, NuR 1998, 100.
13 S. VGHBW, DÖV 1996, 425.
14 Zu den Kosten s. zB BVerwG, DVBl 2003, 1076 ff.
15 S. Näheres bei *Dürckheim*, NVwZ 1997, 350 ff.
16 S. VGHBW, DÖV 1996, 792; BVerwG, DVBl 1998, 230.
17 Zu den Bedingungen einer rechtmäßigen Anordnung der Ersatzzwanghaft VG Düsseldorf, NVwZ-RR 2013, 211.

ordnung erfolgt durch den Richter; nach § 16 Abs. 1 VwVG ordnet die Zwangshaft das Verwaltungsgericht an.

Beispiele: VGHBW, VBlBW 1987, 336; VG Oldenburg, NJW 1988, 580; BayVGH, BayVBl 1988, 372; OVG NW, NVwZ-RR 1993, 671; VG Stuttgart, NVwZ 1999, 323.

Literatur: *Dürckheim*, NVwZ 1996, 117 ff; *Guldi*, VBlBW 1995, 462 ff; *Brinktrine*, Sächs-VBl 2000, 101 ff.

c) Der unmittelbare Zwang

1297 Die Anwendung unmittelbaren Zwangs erlaubt § 12 VwVG. Er ist zulässig, wenn die Ersatzvornahme oder das Zwangsgeld nicht zum Ziel führen oder untunlich sind. Der unmittelbare Zwang besteht darin, dass die Vollzugsbehörde den Pflichtigen zur Handlung, Duldung oder Unterlassung zwingt oder die Handlung selbst vornimmt. Die Zwangsanwendung erfolgt durch Einwirkung auf Personen oder Sachen durch körperliche Gewalt, Hilfsmittel der körperlichen Gewalt oder Waffengebrauch. Die Begriffsbestimmung für den unmittelbaren Zwang enthält § 2 UZwG. Nach § 2 Abs. 2 UZwG ist körperliche Gewalt jede unmittelbare körperliche Einwirkung auf Personen oder Sachen; nach § 2 Abs. 3 UZwG sind Hilfsmittel der körperlichen Gewalt insbesondere Fesseln, Wasserwerfer, technische Sperren, Diensthunde, Dienstpferde und Dienstfahrzeuge; nach § 2 Abs. 4 UZwG sind Waffen dienstlich zugelassene Hieb- und Schusswaffen, Reizstoffe und Explosivmittel.

Beispiel: Für die Anwendung unmittelbaren Zwangs: Das Abschleppen eines Kraftfahrzeugs[18]; das Aufbrechen einer Wohnung[19]; die Auflösung einer Demonstration mit Schlagstöcken, Wasserwerfern[20]; der Einsatz von Reizstoffen; der Einsatz von Schusswaffen gegen Geiselnehmer; Versiegelung einer baulichen Anlage[21].

1298 Weil der unmittelbare Zwang das schärfste Zwangsmittel ist, kommt er nur **als letzte Möglichkeit** in Betracht. §§ 8 ff UZwG enthalten spezielle Vorschriften für die Fesselung von Personen, den Schusswaffengebrauch und den Einsatz von Explosivmitteln. Daneben ist der Grundsatz der Verhältnismäßigkeit zu beachten.

1299 Der unmittelbare Zwang ist von der Ersatzvornahme abzugrenzen. **Unmittelbarer Zwang** liegt vor, wenn die **Behörde selbst tätig** wird; bei der **Ersatzvornahme handelt ein Dritter im Auftrag** der Behörde. Teilweise ist, wie dargestellt, die Ersatzvornahme durch die „Selbstvornahme" erweitert worden. In diesem Fall ist die Abgrenzung wie folgt vorzunehmen: Ersatzvornahme/Selbstvornahme liegt vor, wenn die Behörde an Stelle des Pflichtigen eine ihm obliegende vertretbare Handlung durchführt; unmittelbarer Zwang ist anzunehmen, wenn die Behörde durch ihr Handeln ein bestimmtes Verhalten des Pflichtigen erreichen will.

---

18 OVG NW, DÖV 1999, 305; BayVGH, DÖV 1999, 306. Beachten Sie, dass je nach Landesrecht das Abschleppen eines Kfz auch eine Ersatzvornahme sein kann, vgl BVerwGE 102, 316 ff; HmbOVG, NVwZ-RR 2010, 995 ff; SächsOVG, NVwZ 2009, 2551 ff.
19 VG Regensburg, BayVBl 1999, 347.
20 BVerfG, BayVBl 1999, 303.
21 OVG NW, DÖV 1996, 81 ff.

2. Das Zwangsverfahren

Die Anwendung von Zwangsmitteln darf nur unter Beachtung strenger Verfahrens- **1300** vorschriften erfolgen. Das Verfahren kennzeichnet drei Phasen: die Androhung, die Festsetzung und die Anwendung des Zwangsmittels.

a) Die Androhung

Nach § 13 Abs. 1 VwVG müssen die Zwangsmittel, wenn sie nicht sofort angewendet **1301** werden können, schriftlich angedroht werden; für die Erfüllung der Verpflichtung ist eine Frist zu bestimmen, innerhalb der der Vollzug dem Pflichtigen billigerweise zugemutet werden kann. Nach § 13 Abs. 2 VwVG darf die Androhung mit dem Grund-VA verbunden werden. Nach § 13 Abs. 3 VwVG muss sich die Androhung auf ein bestimmtes Zwangsmittel beziehen; unzulässig ist die gleichzeitige Androhung mehrerer Zwangsmittel und die Androhung, mit der sich die Vollzugsbehörde die Wahl zwischen mehreren Zwangsmitteln vorbehält. Wenn ein Zwangsgeld angedroht wird, muss die Höhe des Zwangsgelds bestimmt sein[22]; die Androhung der Ersatzvornahme muss mit einem Kostenvoranschlag verbunden sein, § 13 Abs. 4, 5 VwVG.

b) Die Festsetzung

Die zweite Phase des Zwangsverfahrens bildet die Festsetzung des Zwangsmittels **1302** nach § 14 VwVG. Die Festsetzung ist ein selbstständiger VA, der als solcher dem Betroffenen bekannt zu geben ist[23], weil die Festsetzung Konkretisierungs-, Warn- und Schutzfunktion besitzt[24]. Wird die Verpflichtung innerhalb der Frist, die in der Androhung bestimmt ist, nicht erfüllt, so setzt die Vollzugsbehörde das Zwangsmittel fest. Die Festsetzung entfällt bei sofortigem Vollzug. Die Androhung des Zwangsmittels und ihre Festsetzung müssen einander inhaltlich entsprechen. Eine von der Androhung abweichende Festsetzung ist rechtswidrig.

c) Die Anwendung

Die Anwendung des Zwangsmittels bildet die dritte Stufe des Zwangsverfahrens. **1303** Nach § 15 Abs. 1 VwVG wird das Zwangsmittel der Festsetzung entsprechend angewendet. Ein Widerstand des Pflichtigen kann mit Gewalt gebrochen werden. Die Polizei hat auf Verlangen der Vollzugsbehörde Amtshilfe zu leisten.

3. Rechtsschutz

Ob die Androhung eines Zwangsmittels VA-Charakter hat, ist streitig; die Streitent- **1304** scheidung ist indes überflüssig, weil nach § 18 VwVG gegen die Androhung eines Zwangsmittels die Rechtsmittel gegeben sind, die gegen den VA zulässig sind, dessen Durchsetzung erzwungen werden soll. Die Androhung des Zwangsmittels ist deshalb

---

22   S. OVG LSA, DÖV 1995, 385.
23   OVG RP, NVwZ 1994, 715; ThürOVG, DÖV 1997, 471.
24   OVG NW DÖV 1997, 511.

unter dem Aspekt des Rechtsschutzes wie ein VA zu behandeln[25]. – Unstreitig ist die Festsetzung des Zwangsmittels ein VA; gegen sie bestehen deshalb die üblichen Rechtsmittel. – Die Anwendung des Zwangsmittels ist ein Realakt und als solcher mit der Leistungs- oder Feststellungsklage anzugreifen[26].

4. Sofortiger Vollzug, unmittelbare Ausführung

1305   Im Falle einer aktuellen Gefahrenlage kann der Erlass eines VAs mit anschließendem Vollstreckungsverfahren nicht abgewartet werden, sondern es muss sofort gehandelt werden.

Beispiel: Ein mit Öl beladener Tankwagen stürzt um, das auslaufende Öl droht das Grundwasser zu verseuchen.

Fallbearbeitung: *Peters*, VR 2000, 306 ff.

1306   In diesem Fall und in vergleichbaren Fällen kann die Behörde – in aller Regel der vor Ort anwesende Polizist – sofort und unmittelbar die erforderlichen Zwangsmaßnahmen anordnen; auf den Erlass eines VA kommt es nicht an.

Beispiel: Der Polizist kann einen Privatunternehmer beauftragen, das Öl abzupumpen.

1307   Dieser Fall ist geregelt in § 6 Abs. 2 VwVG. Die Norm bestimmt, dass der Verwaltungszwang ohne vorausgehenden VA angewendet werden kann, wenn der sofortige Vollzug zur Verhinderung einer rechtswidrigen Tat, die einen Straf- oder Bußgeldtatbestand verwirklicht, oder zur Abwendung einer drohenden Gefahr notwendig ist und die Behörde hierbei innerhalb ihrer gesetzlichen Befugnisse handelt. – Die diesen Fall erfassende Begrifflichkeit ist unklar; man spricht vom „sofortigen Vollzug", „Sofortvollzug" vom „sofortigen Zwang", von der „unmittelbaren Ausführung". Im Folgenden wird entsprechend der Sprache des Gesetzes für diesen Fall der Begriff „sofortiger Vollzug" verwendet.

1308   Bei dem sofortigen Vollzug greifen die rechtsstaatlichen Sicherungen der Verwaltungsvollstreckung nicht. Es fehlt am Vollstreckungstitel und am Vollstreckungsverfahren. Deshalb sind beim sofortigen Vollzug seine rechtlichen Voraussetzungen und Grenzen streng zu beachten. Er ist nur dann zulässig, wenn

– die rechtlichen Voraussetzungen des VAs vorliegen, der als Folge der Eilbedürftigkeit nicht erlassen zu werden braucht,
– die Voraussetzungen des jeweiligen Zwangsmittels vorliegen,
– ein Eilfall anzunehmen ist.

1309   Nach einer heute nur noch selten vertretenen Auffassung fallen der zu vollstreckende VA, die Androhung des Zwangsmittels, seine Festsetzung und seine Anwendung in einem Akt zusammen; die unmittelbare Ausführung enthält folglich alle diese Akte und ist deshalb selbst ein zusammengesetzter VA. Das Rechtsschutzinstrument gegen diesen VA ist entweder die Anfechtungsklage bzw im Falle der Erledigung des VAs

---

25 **Hinweis:** Nach § 80 Abs. 2 S. 2 VwGO können die Länder unter bestimmten Voraussetzungen bestimmen, dass Rechtsbehelfe gegen Maßnahmen in der Verwaltungsvollstreckung keine aufschiebende Wirkung entfalten. S. zB § 39 VwVGBbg.
26 Zum Rechtsschutz in der Verwaltungsvollstreckung s. *Pietzcker*, VerwArchiv 1993, 261 ff.

die Fortsetzungsfeststellungsklage. – Wenn ein durch den sofortigen Vollzug Betroffener unbekannt ist, führt die Annahme eines VAs zu Schwierigkeiten; man müsste einen adressatlosen VA konstruieren. Dieses Problem wird umgangen, wenn man den Sofortvollzug als Realakt begreift. Die Rechtsschutzinstrumente sind eine Leistungsklage des Betroffenen, die auf Rückgängigmachung der einzelnen Maßnahmen zielt, oder, wenn die Rückgängigmachung ausgeschlossen ist, eine Feststellungsklage nach § 43 Abs. 1 VwGO, die die Feststellung der Rechtswidrigkeit der behördlichen Maßnahmen zum Gegenstand hat[27].

Literatur: *Wind*, VR 1988, 133 ff; *Burmeister*, JuS 1989, 256 ff; *Hennecke*, JURA 1989, 7 ff, 64 ff; *Gusy*, JA 1990, 296 ff, 339 ff; *Lemke*, SächsVBl 1995, 121 ff; *Guldi*, VBlBW 1996, 198, 235; *Brühl*, JuS 1997, 1021 ff, 1998, 65 ff; *Kugelmann*, DÖV 1997, 153 ff; *Erichsen/Rauschenberg*, JURA 1998, 31 ff, 323 ff; *Hecker*, NVwZ 1999, 261; *Leggereit*, NVwZ 1999, 293; *Deger*, NVwZ 1999, 265; *Hauramd/Vahle*, DVP 2000, 315–322; *Enders*, NVwZ 2009, 958 ff; *Becker*, JA 2000, 677 ff.

Rechtsprechung: Abschleppen eines Kraftfahrzeugs, BVerwG, DÖV 1988, 694; 1990, 482; Androhung eines Zwangsmittels: BVerwG, DVBl 1989, 362; Vollstreckung einer Abbruchverfügung, OVG NW, OVGE 27, 509; Einwendung der Aufrechnung gegen den durch VA festgestellten Anspruch, OVG NW, DÖV 1976, 673; Voraussetzungen eines Eilfalls, OVG Bln, DVBl 1980, 1053; Voraussetzungen und Kosten der Ersatzvornahme, VGHBW, VBlBW 1983, 142.

Fallbearbeitung: *Puttler*, JA 2001, 669 ff.

Lösung Fall 34 (Rn 1284): Es liegt eine drohende Gefahr vor. A ist Zustandsstörer und zu ihrer Beseitigung auf seine Kosten verpflichtet. Diese Folge ergibt sich aus allgemeinem Polizeirecht. P muss den A nicht auffordern, die Bombe zu entfernen, sondern darf sofort handeln, § 6 Abs. 2 VwVG. Die Kostenfolge ergibt sich aus § 10 VwVG. Die Polizeibehörde hat A die Kosten für die Delaborierung mit Recht in Rechnung gestellt[28]. **1310**

---

27   Für die Charakterisierung des sofortigen Vollzugs als Realakt *Schenke*, in: *Steiner* (Hrsg.), Besonderes Verwaltungsrecht, Rn 306 ff; *Oldiges*, JuS 1989, 619; *Horrmann*, Die Anwendung von Verwaltungszwang unter Abweichung vom Regelvollstreckungsverfahren, 1988, S. 168.

28   S. die Zusammenfassung von Rechtsprechung und Literatur bei *Thilo*, DÖV 1997, 725 mit Nachweisen anderer Ansichten als der hier vertretenen Auffassung; *Peine*, in Peine/Wolff (Hrsg.), Nachdenken über Eigentum, FS v. Brünneck, 2011, S. 211 ff.

Teil V

Das Recht der öffentlichen Sachen

§ 20 Gegenstand, Funktion und Qualität des Rechts der öffentlichen Sachen

I. Gegenstand

1311 Die Träger öffentlicher Verwaltung benötigen zur Erfüllung ihrer Aufgabe nicht nur Personen, die Amts- und sonstige Handlungen vornehmen, sondern auch sachliche Hilfsmittel als Bedingung der Möglichkeit, überhaupt Aufgaben zu erledigen: Bürogebäude, Büromaterial, Hörsäle, Bibliotheken. Ferner schafft und verwaltet das Gemeinwesen künstliche oder vorgefundene „Dinge", die der Bürger bei Erfüllung bestimmter Voraussetzungen benutzen darf: Straßen, Gebäude, Gewässer. Diese Sachen – die die Verwaltung benötigt oder deren die Öffentlichkeit bedarf – heißen „Öffentliche Sachen", wenn sie auf der Grundlage speziellen Rechts zur Erfüllung öffentlicher Aufgaben bereitgestellt werden.

Beispiele: Straßen; Wege und Plätze; natürliche und künstliche Wasserläufe; Eisen-; Straßen- und Untergrundbahnen; Flugplätze; Häfen; Deiche; Grünanlagen; Kinderspielplätze; Schwimmbäder; Kinder- und Jugendheime; Krankenhäuser; Schulen; Hochschulen; Bibliotheken; Forschungslaboratorien; Kasernen und Truppenübungsplätze; Kläranlagen; Müllverbrennungsanlagen; Rathäuser und sonstige Verwaltungs- sowie Regierungs- und Gerichtsgebäude.

Literatur: *Diemer*, UPR 2000, 255 ff; *Cloppenberg*, DVBl 2005, 1293.

1312 Dasjenige Recht, welches die in den Beispielen gezeigten Sachen zur Erfüllung öffentlicher Aufgaben bereitstellt, ist das Recht der öffentlichen Sachen.

1313 Wie die Beispiele zeigen, sind nicht spezielle Sachen, sondern bestimmte Nutzungsmöglichkeiten grundsätzlich beliebiger Sachen Gegenstand des Rechts der öffentlichen Sachen. Deshalb ist dieses Recht weder Gegenstück noch Ergänzung des bürgerlichen Sachenrechts. Es sollte nicht vom öffentlichen Sachenrecht gesprochen werden, weil in dieser Wortwahl eine nicht bestehende Differenz zwischen privatrechtlichem Sachenrecht und dem Recht der öffentlichen Sachen insoweit anklingt, als ob es je verschiedene Sachen seien, die dem privaten oder dem öffentlichen Recht der Sachen unterfallen.

1314 Öffentliche Sachen im Rechtssinne sind nur dann vorhanden, wenn die Sachen dem Recht der öffentlichen Sachen auch unterfallen. Deshalb sind die folgenden Sachen nichtöffentliche Sachen im Rechtssinne: die tatsächlich öffentlichen Sachen, das heißt Sachen, die zwar faktisch dem Gemeinwohl dienen, rechtlich aber einen entsprechenden Status nicht besitzen, zB die einem Privaten gehörende, von ihm zur öffentlichen Nutzung freigegebene Privatstraße, der Privatpark, das Privatmuseum; der Privatwald, der nach § 14 BWaldG betreten werden darf; Sachen des Finanzvermögens, die der fiskalischen Verwaltung unterliegen und dem Gemeinwohl lediglich mittelbar durch Erzielung von Erträgen dienen, zB der verpachtete Ratskeller – für diese Gegenstände gilt ausschließlich Privatrecht; Sachen, deren sich die öffentliche Verwaltung in privatrechtlicher Form bedient („Stadtwerke-GmbH") – für sie gelten die Regeln des Verwaltungsprivatrechts.

II. Funktion

Der von der Daseinsvorsorge für seine Angehörigen geprägte Staat erbringt Leistun- **1315** gen, die als Folge des Existenzgrunds des Staats öffentliche Zwecke erfüllen müssen. Die Zweckerfüllung geschieht durch die Nutzung von Sachen. Zur Sicherung der gemeinwohlorientierten Nutzung der Sachen bedarf es spezieller Regelungen: An den zu öffentlichen Zwecken zu nutzenden Sachen besteht zunächst privatrechtliches Eigentum wie an allen Sachen. Nach § 903 BGB kann der Eigentümer einer Sache mit ihr nach Belieben verfahren. Die damit gegebene Möglichkeit der zweckwidrigen Nutzung muss ausgeschlossen werden. Dasjenige Recht, das diese negative Möglichkeit vereitelt, indem es positiv im Hinblick auf die Erfüllung öffentlicher Zwecke die Voraussetzungen für den Beginn, den Umfang und die Beendigung der gemeinwohlorientierten Nutzung normiert, ist das Recht der öffentlichen Sachen. Das Recht der öffentlichen Sachen ist mithin das Recht, welches eine gemeinwohlorientierte Nutzung einer beliebigen Sache ermöglicht und sichert. Es verleiht den Sachen einen besonderen Status, der sie von den „normalen" Sachen rechtlich trennt; im Wesentlichen ist das Recht der öffentlichen Sachen Statusrecht.

III. Qualität

Das Recht der öffentlichen Sachen ist öffentliches Recht. Es zählt jedenfalls insoweit **1316** zum Allgemeinen Verwaltungsrecht, als bestimmte Institute des Rechts der öffentlichen Sachen Institute des Allgemeinen Verwaltungsrechts sind: der Planfeststellungsbeschluss, die Widmung, es handelt sich um VAe iSv § 35 S. 2 VwVfG; der Gemeingebrauch.

Literatur: *Pappermann/Löhr/Andriske*, Recht der öffentlichen Sachen, 1987; *Peine*, JZ 1995, 350–356, Teil 2, 398–409; *ders.*, JZ 2006, 593–608; *Erbguth*, JURA 2008, 193; *Papier*, in: Erichsen/Ehlers (Hg.), AllgVerwR, §§ 38–42.

§ 21 Begriff, Status und Arten der öffentlichen Sachen

Fall 35: Der in Berlin-Kladow wohnende P. hat ein Amphibienfahrzeug geerbt. Mit diesem **1317** möchte er nicht nur auf Straßen, sondern auch auf Gewässern fahren. Zu seiner Überraschung muss P. feststellen, dass für den im Südwesten von Berlin gelegenen Groß-Glienicker See jede Benutzung außer Schwimmen und Befahren mit Paddelbooten verboten ist. P.

ist empört; er ist der Ansicht, dass Seen wie Straßen von jedermann in jeder möglichen Weise zur Fortbewegung genutzt werden dürften. Hat P. Recht? **Rn 1363**

1318 **Fall 36:** Die Partei „Alles für alle, sofort und umsonst" (AFASU) möchte ihren Parteitag in der Stadthalle von Göttingen veranstalten; die Stadthalle ist von der Stadt Göttingen zum Zwecke des Abhaltens von Tagungen gewidmet. Über die Nutzung der Stadthalle entscheidet die „Stadthalle- GmbH". Der Parteivorsitzende Dr. Liebling beantragt, der AFASU die Stadthalle zur Verfügung zu stellen. Der Geschäftsführer der „Stadthalle-GmbH" teilt dem Parteivorsitzenden mit, er lehne den Antrag ab, weil die AFASU mit ihrem Programm die Bundesrepublik gegen die Wand fahren werde; für eine solche Partei könne er die Stadthalle nicht zur Verfügung stellen. Die AFASU klagt vor dem VG Göttingen gegen die „Stadthalle-GmbH" auf Zulassung zur Nutzung der Stadthalle. Mit Erfolg? **Rn 1364**

I. Der Sachbegriff

1319 Der Sachbegriff des Rechts der öffentlichen Sachen ist nicht der bürgerlichrechtliche Sachbegriff, §§ 90 ff BGB. Die Gegenstände, die dem Recht der öffentlichen Sachen unterfallen, brauchen nicht die in § 90 BGB geforderte Körperlichkeit aufzuweisen; der Luftraum außerhalb der vom Bodeneigentümer beherrschten Sphäre, das offene Meer sowie der elektrische Strom zählen zu den Sachen im öffentlich-rechtlichen Sinne. Ferner gelten die Vorschriften über Sachzusammenhänge, §§ 93–95 BGB, im Recht der öffentlichen Sachen nicht. Nach § 93 BGB teilen wesentliche Bestandteile einer Sache das rechtliche Schicksal der Hauptsache; nach dem Recht der öffentlichen Sachen kann sich der öffentlich-rechtliche Sonderstatus allein auf die Hauptsache beschränken; das Gleiche gilt für einen wesentlichen Bestandteil einer Sache: **Beispiel:** die Verkehrsampel als öffentliche Sache.

1320 Der bürgerlichrechtliche Zubehörbegriff gilt im Recht der öffentlichen Sachen nicht. Mehrere nach Privatrecht selbstständige Sachgesamtheiten können eine einzige öffentliche Sache bilden.

II. Der öffentlich-rechtliche Status

1. Entstehung, Folgen, Inhalt

a) Entstehung

1321 Das Recht der öffentlichen Sachen ist öffentliches Recht; denn ausschließlich mit Hilfe des öffentlichen Rechts kann die privatrechtlich bestehende Verfügungsmacht über privates Eigentum partiell oder völlig ausgeschlossen werden, weil das öffentliche Recht Vorrang vor dem privaten hat. Die Ausschaltung des privaten Rechts ist wesentlich für das Recht der öffentlichen Sachen. Rechtskonstruktiv ist der Ausschluss der privatrechtlichen Verfügungsmacht auf zwei Wegen möglich: zum einen durch die generelle Aufhebung des privaten Eigentums an der Sache durch ein Gesetz oder auf Grund eines Gesetzes, zum anderen durch Überlagerung und Ausschaltung des privaten Verfügungsrechts durch öffentliches Recht insoweit, wie es zur Sicherung oder Erfüllung des öffentlichen Zwecks erforderlich ist. Beide Wege sind rechtlich zulässig, beide Wege werden in der Praxis beschritten. Das private Eigentum an Gewässern bestimmter Art hat Baden-Württemberg aufgehoben durch § 4 WG BW, Hamburg ist ebenso verfahren bei Straßen, § 4 Abs. 1 HmbWegeG, und bestimmten Teilen von Deichen, § 4 Abs. 1 HmbWG. Die Aufhebung des privatrechtlichen Eigentums an Sachen ist zulässig[1]. Die Aufhebung des privatrechtlichen Eigentums an Sachen ist in der Praxis selten; es überwiegt mit Blick auf die Herstellung öffentlicher Sachen der zweite Weg – **Beispiel:** das Straßenrecht des Bundes und der Länder außer Hamburg.

Die Ausschaltung der privatrechtlichen Verfügungsmacht bewirkt ein Rechtsakt. Er löst die Gemeinwohlfunktion einer Sache aus und heißt Widmung. Gemeinwohlfunktion und Widmung sind kennzeichnend für öffentliche Sachen.   **1322**

b) Folgen

Geht der Gesetzgeber bei der Normierung des Rechts der öffentlichen Sachen von den angedeuteten zwei Möglichkeiten den ersten Weg, entsteht öffentliches Eigentum, wenn eine bestimmte Sache für einen öffentlichen Zweck gewidmet wird. Geht er den zweiten Weg, wird das an der Sache bestehende private Eigentum durch die Widmung modifiziert. Mit ihrem Wirksamwerden wird die Sache eine öffentliche, sie erhält völlig oder partiell einen besonderen Status, der ein öffentlich-rechtlicher ist. Geht das Recht vom öffentlichen Eigentum aus, so ist das Recht der öffentlichen Sachen ausschließlich öffentlich-rechtlich. Geht das Recht hingegen von der Überlagerung oder Modifizierung des privaten Eigentums durch das öffentliche Recht aus, entsteht ein Gemisch aus privatem und öffentlichem Recht. Die öffentliche Sache ist damit gemischt privatrechtlich/öffentlich-rechtlich, also dualistisch konstruiert. Die dualistische Konstruktion des Rechts der öffentlichen Sachen ist im deutschen Recht vorherrschend. Insoweit lässt sich von einer Dominanz des „modifizierten" Privateigentums sprechen. Kennzeichnend für diese Konstruktion ist eine Überlagerung oder Belastung des privaten Eigentums in Form der Einräumung einer öffentlich-rechtlichen Dienstbarkeit.   **1323**

Die öffentlich-rechtliche Dienstbarkeit ist kein „eigentumsgleiches Vollrecht", sondern ein beschränkt-dingliches Recht. Kraft diesen Rechts muss der private Eigentümer der Sache einerseits ihre Benutzung im Rahmen der öffentlich-rechtlichen Dienstbarkeit dulden, andererseits ist er aber, soweit er zur Duldung verpflichtet ist, von Unterhaltspflichten der Sache und Abwehrrechten Dritter gegen die Sache, § 906 BGB, befreit. Soweit die öffentlich-rechtliche Dienstbarkeit reicht, tritt an die Stelle des privaten Eigentums eine öffentlich-rechtliche Sachherrschaft und an die Stelle des privaten Eigentümers der öffentlich-rechtliche Sachherr. Er ist insoweit Inhaber von Rechten und Pflichten und verdrängt den privatrechtlich Berechtigten. An einer dualistisch konstruierten öffentlichen Sache sind deshalb zumindest zwei Personen beteiligt: der private Eigentümer der Sache und der öffentlich-rechtliche Sachherr.   **1324**

Bezüglich der öffentlichen Sache ist daher zu unterscheiden zwischen verschiedenen Rechtsträgern: (**1.**) dem privaten Eigentümer, der zwar in der Regel ein Träger öffent-   **1325**

---

1   BVerfGE 24, 388 ff; 42, 20, 33 f.

licher Verwaltung ist, aber auch eine Privatperson sein kann; (**2.**) dem öffentlich-rechtlichen Sachherrn, also der Behörde, der die hoheitliche Verfügungsgewalt über die Sache zusteht; und (**3.**) dem Träger der Bau- und Unterhaltungslast, soweit das Recht diese Aufgabe einer anderen Behörde als dem öffentlich-rechtlichen Sachherrn überträgt. Die zuletzt angesprochene Trennung ist im Straßenrecht möglich, obwohl die neuen Straßengesetze bestrebt sind, Eigentum, Sachherrschaft und Unterhaltungspflicht in der Hand eines Trägers öffentlicher Verwaltung zu vereinen.

1326 Es ist unmittelbar einsichtig, dass angesichts der zuvor dargelegten Differenzierung bei Streitigkeiten über öffentliche Sachen verschiedene Rechtswege in Betracht kommen: (**1.**) bei Streitigkeiten über die privatrechtlichen Verhältnisse der öffentliche Sachen – zB über das Eigentum an einem Grundstück, das Teil einer öffentlichen Straße ist, sowie über die Haftung bei Verletzung der Verkehrssicherungspflicht – der Zivilrechtsweg; (**2.**) bei Streitigkeiten über die öffentlich-rechtlichen Verhältnisse der öffentlichen Sachen – zB darüber, ob eine Straße eine öffentliche ist – der Verwaltungsrechtsweg.

1327 Die verbleibende Restherrschaft des Eigentümers beginnt dort, wo die eigentumsbeschränkende Wirkung der Widmung und damit die öffentlich-rechtliche Dienstbarkeit enden. Mit Blick auf den Umfang der Eigentumsrestherrschaft lassen sich folgende Aussagen treffen: (**1.**) Privatrechtliche Verfügungen über das Eigentum sind zulässig, wenn die Verfügungen die Nutzung der Sache entsprechend ihrer öffentlich-rechtlichen Zweckbestimmung nicht beeinträchtigen; die Zweckbestimmung beeinträchtigende Verfügungen sind nichtig nach § 134 BGB. Im gerade dargelegten Umfang ist deshalb der Verkauf, die Verpachtung oder die Belastung des Eigentums gestattet. (**2.**) Zwangsvollstreckungen in das private Resteigentum sind erlaubt, solange die widmungsgemäße Nutzung der Sache nicht beeinträchtigt wird. (**3.**) Ein gutgläubiger Erwerb des Eigentums ist möglich, indes mit Blick auf die öffentliche Zweckbestimmung nicht lastenfrei; § 936 BGB ist unanwendbar. (**4.**) Ein Herausgabeanspruch des Eigentümers nach § 985 BGB gegen den öffentlich-rechtlichen Sachherrn oder nutzungsbefugten Dritten entfällt; das Gleiche gilt für die Unterlassung oder Beseitigung nach § 1004 BGB mit Blick auf Sachnutzungen im Rahmen der öffentlich-rechtlichen Dienstbarkeit. (**5.**) Für die in der Praxis wichtigste Gruppe der öffentlichen Sachen, die öffentlichen Straßen, legen die Gesetze den Umfang der Eigentumsrestherrschaft selbst fest; so sind privatrechtliche Sondernutzungen gestattet; der nach Privatrecht Verfügungsberechtigte darf sie Dritten in Form von bürgerlichrechtlichen Verträgen einräumen, s. zB § 8 Abs. 10 BFStrG.

c) Inhalt

1328 Die Sachen erhalten durch die Widmung eine spezifische Zweckbestimmung. Dessen Wirkung führt zu einer öffentlichen Rechtsmacht. Diese wirkt gegen jedermann. Deshalb wird sie in Anlehnung an die zivilistische Unterscheidung zwischen schuld- und sachenrechtlichen Rechtspositionen als dingliche Rechtsmacht an der Sache bezeichnet. Der verwaltungsrechtliche Status einer öffentlich-rechtlichen Sache ist demnach diese dingliche Rechtsmacht; es handelt sich um ein absolutes Recht, welches sich unmittelbar auf die Sache bezieht und welches an der Sache besteht.

2. Das Verhältnis des Rechts der öffentlichen Sachen zum Anstaltsrecht

Bei denjenigen Sachen, die im Rahmen von Anstaltsnutzungsverhältnissen, zB zu **1329** Zwecken der daseinsvorsorgenden Leistungsverwaltung, dem Bürger zugänglich sind, ist die Existenz eines dinglich-öffentlichen Rechts zweifelhaft. Die Zweifel beruhen auf dem Umstand, dass das Verhältnis des öffentlichen Anstaltsrechts zum Recht der öffentlichen Sachen noch nicht als geklärt betrachtet wird. Die Schwierigkeiten haben ihren Ursprung darin, dass die Nutzung öffentlicher Einrichtungen und sonstiger anstaltlich gebundener öffentlicher Sachen durch den Bürger nicht auf Grund eines unmittelbaren, das heißt dinglichen Rechts an der Sache, sondern erst nach Begründung und nach Maßgabe eines öffentlich- oder privatrechtlichen Benutzungsverhältnisses erfolgt; dieses Benutzungsverhältnis ist regelmäßig kein vertraglich begründetes Rechtsverhältnis, soweit es dem öffentlichen Recht angehört. Es entsteht überwiegend durch VA, durch ausdrücklich oder konkludent erklärte Zulassung zur Anstaltsnutzung.

Häufig wird erklärt, der öffentlich-rechtliche Sonderstatus könne nur in der Existenz **1330** eines dinglich-öffentlichen Rechts an der Sache erblickt werden; ohne dieses dinglich-öffentliche Recht an der Sache soll eine „öffentliche Sache" selbst dann nicht vorliegen, wenn ihre Benutzung im Rahmen eines öffentlich-rechtlichen Benutzungsverhältnisses erfolgt. Die Tatsache, dass der Träger der öffentlichen Anstalt das Benutzungsverhältnis öffentlich-rechtlich ausgestalten kann, soll keinen Einfluss auf den Status der öffentlichen Sache haben. Die Sachen erlangten den öffentlich-rechtlichen Status nur dann, wenn neben der Einbeziehung in ein schuldrechtliches Benutzungsverhältnis eine sachenrechtliche Dienstbarkeit öffentlich-rechtlicher Art zugunsten des Unternehmensträgers begründet werde. Erforderlich sei deshalb eine Widmung.

Eine Widmung kann nur durch Gesetz oder auf Grund eines Gesetzes erfolgen. Bei **1331** solchen Anstalten, die dem Kommunalrecht unterfallen, wie zB Badeanstalten oder kommunale Bibliotheken, erfolgt die Widmung auf der Grundlage des Kommunalrechts; bei anderen Anstalten, die der Daseinsvorsorge dienen, ist nach einer Grundlage für die Widmung in dem jeweils spezifischen Recht zu suchen.

Der für die öffentlichen Sachen spezifische Sonderrechtsstatus besteht nicht nur dann, **1332** wenn die öffentlich-rechtliche Nutzung in den Formen oder auf der Grundlage dinglicher Rechtspositionen erfolgt. Hinreichend ist es, wenn die Rechtsbeziehungen zu den Benutzern der öffentlichen Sache durch Rechtssätze des öffentlichen Rechts geregelt sind. Entscheidendes Charakteristikum des Sonderstatus öffentlicher Sachen ist die öffentlich-rechtliche Natur des Benutzungsverhältnisses.

Die Relation des Rechts der öffentlichen Sachen zum Anstaltsrecht besteht nach all- **1333** dem in folgendem: Eine Anstalt bzw die Sache, die entsprechend dem Anstaltszweck genutzt wird, ist eine öffentliche Sache, soweit sie durch Gesetz oder auf der Grundlage eines Gesetzes gewidmet ist und deshalb die Nutzung öffentlich-rechtlich erfolgt. Werden Sachen privatrechtlich genutzt, ist von vornherein ausgeschlossen, dass es sich bei ihnen um öffentliche Sachen handelt.

Literatur: *Dietlein*, JURA 2002, 445 ff.

III. Die Arten der öffentlichen Sachen

1334 Öffentliche Sachen werden nach dem hoheitlichen Zweck, dem sie unmittelbar dienen, eingeteilt; es sind vier Gruppen von öffentlichen Sachen zu unterscheiden: die öffentlichen Sachen im Gemeingebrauch, die öffentlichen Sachen im Sondergebrauch, die öffentlichen Sachen im Anstaltsgebrauch und die öffentlichen Sachen im Verwaltungsgebrauch. Die ersten drei Gruppen werden zusammengefasst zu den öffentlichen Sachen im (externen) Zivilgebrauch, die letzte Gruppe bilden die öffentlichen Sachen im (internen) Verwaltungsgebrauch. Das für die Unterscheidung der Arten von öffentlichen Sachen relevante Kriterium ist die Qualität der Nutzung der öffentlichen Sachen. Mit Blick auf jede Gruppe sind eine „Normalnutzung" und eine „Ausnahmenutzung" anerkannt.

1. Öffentliche Sachen im (externen) Zivilgebrauch

a) Öffentliche Sachen im Gemeingebrauch

1335 Öffentliche Sachen im Gemeingebrauch sind solche, die kraft Hoheitsakts – Widmung durch normativen oder administrativen Rechtsakt – einer unbeschränkten Öffentlichkeit unmittelbar und ohne besondere Zulassung zur bestimmungsgemäßen Benutzung zur Verfügung stehen.

1336 Der Begriff Gemeingebrauch gehört dem allgemeinen Verwaltungsrecht an. Er besitzt jedoch keinen von vornherein feststehenden Inhalt. Gemeingebrauch gibt es nur so lange und mit dem Inhalt, wie ihn besondere Verwaltungsgesetze des Bundes und der Länder festlegen.

1337 Nach der Rechtsordnung der Bundesrepublik gibt es Gemeingebrauch als Normalnutzung an folgenden öffentlichen Sachen: an Straßen und Wegen (sowohl auf der Grundlage des BFStrG als auch der LStrGe), an Gewässern als Verkehrswegen (sowohl auf der Grundlage des BWaStrG als auch der LWGe) und am hohen Luftraum (auf der Grundlage des LuftVG).

> **Beispiel:** § 7 Abs. 1 S. 1 BFStrG: „Der Gebrauch der Bundesfernstraßen ist jedermann im Rahmen der Widmung und der verkehrsbehördlichen Vorschriften zum Verkehr gestattet (Gemeingebrauch)." Diese Aussage bedingt, dass Gemeingebrauch nicht zeitlich beliebig an einer Straße eingeräumt ist, sondern nur so lange, wie die Straße gewidmet ist (es besteht die Möglichkeit der Entwidmung, § 2 Abs. 4 BFStrG); sie bedingt ferner, dass der Umfang des Gemeingebrauchs kein beliebiger, sondern ein beschränkter ist: Gemeingebrauch ist eingeräumt **(1.)** im Rahmen der Widmung, **(2.)** im Rahmen der verkehrsbehördlichen Vorschriften, **(3.)** zum Verkehr. – Nach §§ 5, 6 BWaStrG darf jedermann die Bundeswasserstraßen im Rahmen der Vorschriften des Schifffahrtsrechts mit Wasserfahrzeugen befahren; für die übrigen schiffbaren Gewässer gilt das Gleiche nach den Landeswassergesetzen, s. zB § 37 Abs. 1 LWG NW. – Der Luftraum ist eine öffentliche Sache im Gemeingebrauch. Er gilt nach § 1 Abs. 1 Luftig als gewidmet. Nach dieser Vorschrift ist die Benutzung des Luftraums durch Luftfahrzeuge frei, soweit sie nicht durch das LuftVG sowie der zur Durchführung dieses Gesetzes ergangenen Rechtsverordnungen beschränkt ist.

1338 Wie dargelegt, gibt es neben der Nutzung in Form des Gemeingebrauchs eine „Ausnahmenutzung" der öffentlichen Sachen im Gemeingebrauch; diese Ausnahmenutzung heißt Sondernutzung. Sondernutzung ist jede Nutzung, die über den Gemeingebrauch hinausgeht. Sie bedarf der Erlaubnis der zuständigen Behörde.

Beispiel: § 8 Abs. 1 S. 1, 2 BFStrG: „Die Benutzung der Bundesfernstraßen über den Gemeingebrauch hinaus ist Sondernutzung. Sie bedarf der Erlaubnis der Straßenbaubehörde, in Ortsdurchfahrten der Erlaubnis der Gemeinde."

Beispiele für Sondernutzungen an Straßen: der Verkauf von Zeitungen auf Bürgersteigen; der Betrieb von Bauchläden; Ausstellungstische; Kioske und Verkaufsfahrzeuge. Diese Sondernutzungen beeinträchtigen den Gemeingebrauch. Davon zu unterscheiden sind Sondernutzungen, die den Gemeingebrauch nicht beeinträchtigen. Diese Sondernutzungen betreffen den Straßenuntergrund. Hier sind Rohre für die Wasserversorgung verlegt; hinzukommen Gas- und Fernwärmeleitungen, Elektrizitätskabel und Fernmeldeleitungen. Diese Nutzungen bedürfen einer Erlaubnis privatrechtlicher Art nach § 8 Abs. 10 BFStrG.

Wie dargelegt, kann jedermann eine Straße im Rahmen des Gemeingebrauchs benutzen. Diese Nutzung wird schlichter Gemeingebrauch genannt. Von ihr zu trennen ist die Nutzung der Straße durch Anlieger; das sind diejenigen Personen, die Eigentümer oder Besitzer eines an der Straße liegenden Grundstücks sind. Sie haben gegenüber dem „normalen" Straßenbenutzer ein gesteigertes Interesse an der Nutzung der Straße. Dem entspricht die komplexe Struktur ihrer Rechtsstellung; man unterscheidet das selbstständige Anliegerrecht und den Anliegergebrauch. Der rechtlich geschützte Bereich des Anliegers umfasst **(1.)** die Gewährung der verkehrlichen Kommunikation (Zufahrt, Zugang), **(2.)** die Gewährung von Licht und Luft für die auf dem Anliegergrundstück errichteten Gebäude, **(3.)** die Gewährung der geschäftlichen Kommunikation mit den Verkehrsteilnehmern, **(4.)** in gewissem Umfang den (Mit)Gebrauch des Grundstücks für eigene Zwecke des Anliegers. **1339**

Es besteht nach den Straßengesetzen zwar kein selbstständiges oder spezielles Recht des Anliegers auf Teilnahme am Gemeingebrauch. Trotz des erheblich höheren wirtschaftlichen Interesses der Anlieger ist ihre Teilnahme am Verkehr nichts anderes als Gemeingebrauch schlechthin. Im Zusammenhang mit der Erschließungsfunktion der Straße hat der Anlieger jedoch das Recht auf Erhaltung des Zugangs zum Grundstück zu Fuß oder mit dem Wagen sowie auf Erhaltung der Möglichkeit des Zutritts von Licht und Luft zu den an den Straßen errichteten Gebäuden. Dieses Zutrittsrecht heißt selbstständiges Anliegerrecht. Es wurzelt im privatrechtlichen Eigentum am Grundstück, zählt zu den „Ausstrahlungen" des Eigentums und ist mit ihm durch Art. 14 GG geschützt. Es wird verletzt, wenn die dem Grundstück eigene Benutz- und Verwertbarkeit greifbar vermindert oder ausgeschlossen wird[2]. – Von dem selbstständigen Anliegerrecht zu unterscheiden ist der Anliegergebrauch. Dieser ist im Hinblick auf die Rechtsinhaber das Gegenstück zum schlichten Gemeingebrauch, im Hinblick auf die Rechtsnatur das Gegenstück zum selbstständigen Anliegerrecht; denn er ist ein öffentliches Recht. Der Anliegergebrauch umfasst die Nutzung der Straße zu wirtschaftlichen Zwecken, die sich auf dem Anliegergrundstück abspielen, also insbesondere die Möglichkeit, die besonderen Vorteile zu nutzen, die der Verkehr mit sich bringt. Er reicht über den „schlichten" Gemeingebrauch hinaus und wird deshalb auch „gesteigerter" Gemeingebrauch genannt. Die Rechtsprechung hat den Anlieger **1340**

---

2 Ein **Beispiel** betreffend die Grundstückszufahrt enthält VG Gießen, NVwZ-RR 2013, 347.

gebrauch als Rechtsposition dem Art. 14 GG unterstellt[3]. Er wird verletzt, wenn ein über die Opfergrenze hinausreichender Eingriff in das Recht auf Anliegergebrauch vorliegt.

1341 Das selbstständige Anliegerrecht ist zum Teil normiert, s. § 8a Abs. 4 BFStrG. – Mit dem Recht auf Anliegergebrauch ist ein Recht auf Aufrechterhaltung des Gemeingebrauchs und damit ein Recht zur Abwendung eines Eingriffs in das Recht auf Anliegergebrauch nicht verbunden. Ebenfalls hat der Anlieger kein Recht auf dauerhafte Erhaltung der Lagevorteile, die eine bestimmte Verkehrsbedeutung der Straße mit sich bringt.

b) Öffentliche Sachen im Sondergebrauch

1342 Öffentliche Sachen im Sondergebrauch sind solche, die nach behördlicher Zulassung in dem durch die Zulassung festgelegten Umfang benutzt werden dürfen. Sondergebrauch in diesem Sinne besteht allein an öffentlichen Gewässern, soweit diese wasserwirtschaftlich genutzt werden[4]. Nach § 8 WHG wird die wasserwirtschaftliche Nutzung öffentlicher Gewässer durch VAe gestattet, diese VAe heißen entweder Erlaubnis oder Bewilligung; die Voraussetzungen für die Erteilung einer Erlaubnis oder Bewilligung sind in §§ 10, 12 WHG geregelt.

1343 Gewässer, die diesen rechtlichen Regelungen unterfallen, sind oberirdische Gewässer, Küstengewässer und das Grundwasser, s. § 2 Abs. 1 WHG. – Benutzungen iSd WHG regelt § 9 WHG. Es handelt sich nach § 9 Abs. 1 WHG um folgende Fälle: **(1.)** Entnehmen und Ableiten von Wasser aus oberirdischen Gewässern; **(2.)** Aufstauen und Absenken von oberirdischen Gewässern; (3.) Entnehmen fester Stoffe aus oberirdischen Gewässern, soweit dies auf den Zustand des Gewässers oder auf den Wasserabfluss einwirkt; **(4.)** Einbringen und Einleiten von Stoffen in Gewässer; **(5.)** Entnehmen, Zutagefördern, Zutageleiten und Ableiten von Grundwasser. Nach § 9 Abs. 2 WHG gelten auch folgende Einwirkungen als Benutzungen: **(1.)** Aufstauen, Absenken und Umleiten von Grundwasser durch Anlagen, die hierzu bestimmt oder geeignet sind; **(2.)** Maßnahmen, die geeignet sind, dauernd oder in einem nicht nur unerheblichen Ausmaß schädliche Veränderungen der physikalischen, chemischen oder biologischen Beschaffenheit des Wassers herbeizuführen.

1344 Die Ausnahmenutzung eines Gewässers in wasserwirtschaftlicher Hinsicht ist der Gemeingebrauch nach § 25 S. 1 WHG: „Jede Person darf oberirdische Gewässer in einer Weise und einem Umfang benutzen, wie dies nach Landesrecht als Gemeingebrauch gestattet ist, soweit nicht Rechte anderer entgegenstehen und soweit Befugnisse oder der Eigentümer- oder Anliegergebrauch anderer dadurch nicht beeinträchtigt werden." Demnach existiert Gemeingebrauch an Gewässern unter dem Aspekt ihrer wasserwirtschaftlichen Nutzung nur an oberirdischen Gewässern; einen Gemeingebrauch an Küstengewässern und am Grundwasser gibt es nicht. Ferner legen die Landeswassergesetze den Umfang des Gemeingebrauchs fest. Nach § 32 Abs. 1, 2 NWG gilt für niedersächsische Gewässer: „(1.) Jedermann darf die natürlichen fließenden Gewäs-

---

3 BGHZ 45, 157.
4 Zur wasserrechtlichen Benutzungsordnung s. *Peine*, Wasserrecht, in: Ehlers/Fehling/Pünder (Hrsg.), Besonderes Verwaltungsrecht, Bd. 2, 3. Aufl. 2013, S. 544 ff.

ser, außer Talsperren und Wasserspeichern, zum Baden, Tauchen …, Waschen, Tränken, Schwemmen, Schöpfen mit Handgefäßen, zum Eissport und zum Befahren mit kleinen Fahrzeugen ohne Eigenantrieb benutzen, soweit nicht Rechte anderer entgegenstehen und soweit Befugnisse oder der Eigentümergebrauch anderer dadurch nicht beeinträchtigt werden. Mit derselben Beschränkung darf jeder Grund-, Quell- und Niederschlagswasser einleiten, wenn es nicht durch gemeinsame Anlagen geschieht und das eingeleitete Niederschlagswasser nicht Stoffe enthält, die geeignet sind, dauernd oder in einem nicht unerheblichen Ausmaß schädliche Veränderungen der physikalischen, chemischen oder biologischen Beschaffenheit des Wassers herbeizuführen. **(2.)** Die Wasserbehörde kann das Befahren mit kleinen Fahrzeugen, die durch Motorkraft angetrieben werden, als Gemeingebrauch gestatten." – Nach alldem bezieht sich der wasserwirtschaftliche Gemeingebrauch auf traditionelle und heute kaum noch bedeutsame Nutzungen. Er ist mit dem straßenrechtlichen Gemeingebrauch, der die öffentliche Zweckbestimmung der Straße prägt, unvergleichbar. Es handelt sich bei ihm um Bagatellfälle; es ist deshalb auch gestattet, insoweit von erlaubnisfreier Sondernutzung zu sprechen. – Der wasserwirtschaftliche Gemeingebrauch ist schließlich nur insoweit gestattet, als nicht Rechte anderer entgegenstehen. Eine weitere Grenze der Ausübung des Gemeingebrauchs bildet endlich seine Gemeinverträglichkeit; es darf der Gemeingebrauch anderer nicht wesentlich erschwert oder verunmöglicht werden.

Erlaubnis- und bewilligungsfrei ist der Eigentümer- und Anliegergebrauch, soweit **1345** Landesrecht nichts anderes bestimmt. Unter Eigentümergebrauch ist nach § 26 Abs. 1 WHG die Benutzung eines oberirdischen Gewässers durch seinen Eigentümer oder den durch ihn Berechtigten zu verstehen; die Benutzung ist auf den eigenen Bedarf beschränkt und darf andere nicht beeinträchtigen, keine nachteilige Veränderung der Eigenschaften des Wassers hervorrufen sowie keine wesentliche Verminderung der Wasserführung und andere Beeinträchtigungen des Wassers bewirken. Der „eigene Bedarf" umfasst das für die Landwirtschaft oder eine Fabrik benötigte Wasser. Die gesetzlichen Begrenzungen schließen die Einleitung von Abwasser aus einem landwirtschaftlichen Betrieb aus; dieses ist teilweise landesgesetzlich vorgeschrieben. Im Übrigen sind vom Eigentümergebrauch lediglich erlaubnis- und bewilligungsfähige Nutzungen erfasst. Ausgeschlossen ist deshalb zB das Motorbootfahren auf einem Baggersee.

Nach § 26 Abs. 2 WHG dürfen Eigentümer der an oberirdische Gewässer grenzenden **1346** Grundstücke und die zur Nutzung dieser Grundstücke Berechtigten (Anlieger) oberirdische Gewässer ohne Erlaubnis oder Bewilligung nach Maßgabe des § 26 Abs. 1 WHG benutzen. Beide Arten des Gebrauchs sind an Bundeswasserstraßen und an sonstigen Gewässern, die der Schifffahrt dienen oder künstlich errichtet wurden, ausgeschlossen, § 24 Abs. 3 WHG.

Eigentümer- und Anliegergebrauch sind öffentlich-rechtliche Nutzungsformen des **1347** Wassers. Der Eigentümergebrauch wird zwar häufig als ein von § 903 BGB umfasstes Recht gesehen, es erscheint indessen wegen des öffentlich-rechtlichen Grundcharakters des Wasserrechts als angemessen, auch ihn als subjektives öffentliches Benutzungsrecht zu verstehen; der Anliegergebrauch ist unstreitig Sondernutzung. Der wasserwirtschaftliche Anliegergebrauch zählt deshalb nicht zum „gesteigerten" Gemeingebrauch; trotz der öffentlich-rechtlichen Natur dieses Gebrauchs besteht eine

Parallele zum straßenrechtlichen Anliegergebrauch nicht. Eigentümer- und Anliegergebrauch stehen zur Disposition des Landesgesetzgebers.

c) Öffentliche Sachen im Anstaltsgebrauch

1348 Anstalten des öffentlichen Rechts sind verwaltungsorganisatorisch oder auch rechtlich verselbstständigte Verwaltungseinheiten, die der Erfüllung bestimmter öffentlicher Aufgaben dienen. Anstalten des öffentlichen Rechts bilden eine Zusammenfassung von persönlichen und sächlichen Mitteln. Bestimmte Anstalten des öffentlichen
Rechts sind ihrer öffentlichen Zweckbestimmung nach nutzbar; Bedingung dafür ist,
dass sie der Nutzung durch die Bürger gewidmet sind. Öffentliche Sachen im Anstaltsgebrauch sind alle Sachen, die der Bürger infolge ihrer Zweckbestimmung nicht
unmittelbar (also nicht kraft Gemeingebrauchs) benutzen darf, sondern nur nach einer
besonderen (auch stillschweigenden) Zulassung. Diese Sachen werden deshalb im
Rahmen einer schuldrechtsähnlichen Benutzungsordnung genutzt, die öffentlich-
rechtlich ausgestaltet ist. Werden diese Sachen im Rahmen einer privatrechtlichen
Nutzungsordnung benutzt, fehlt es von vornherein an öffentlichen Sachen.

Beispiele: Öffentliche Sachen im Anstaltsgebrauch sind, wenn die Nutzungsordnung öffentlich-rechtlich ausgestaltet ist, Theater; Krankenhäuser; Kindergärten; öffentliche Bibliotheken.
Öffentliche Anstalten im zuvor genannten Sinne sind die rechtlich selbstständigen Anstalten
des öffentlichen Rechts und die organisatorisch verselbstständigten Verwaltungseinheiten ohne
Rechtspersönlichkeit.

1349 Der Begriff „öffentliche Sachen im Anstaltsgebrauch" erfasst aber nicht nur Anstalten im Rechtssinne, sondern auch „öffentliche Einrichtungen"; der Begriff „Anstaltsgebrauch" ist also in einem umfassenden Sinne zu verstehen; es geht um die Nutzung
von öffentlichen Sachen durch Zivilpersonen im Rahmen einer öffentlich-rechtlichen
Benutzungsordnung. Die öffentlichen Einrichtungen des Kommunalrechts bilden
einen Unterfall der nutzbaren Anstalten in diesem Sinne. Der Begriff „öffentliche
Einrichtung" umfasst solche Gegenstände oder eine Gesamtheit von Gegenständen,
die von der Gemeinde für bestimmte öffentliche Zwecke gewidmet sind und deren
Benutzung durch die Einwohner bzw durch einen in der Zweckbestimmung festgelegten Personenkreis einer besonderen Zulassung bedarf. Der Umfang der Nutzungs-
möglichkeit ist abhängig von der Widmung. Betrieben werden können öffentliche
Einrichtungen von der allgemeinen Gemeindeverwaltung, administrativ verselbstständigten Verwaltungsträgern oder durch Verwaltungsträger mit eigener Rechtspersönlichkeit; in letztem Fall kann es sich auch um eine juristische Person des Privatrechts handeln.

1350 Öffentliche Einrichtungen erfordern keine eigene Organisation, sondern bilden einen
Sachinbegriff in der Hand eines Trägers öffentlicher Verwaltung; sind die Sachen gewidmet, bilden sie öffentliche Sachen im Rechtssinne. Ferner gibt es öffentliche Sachen im Rahmen einer körperschaftlichen Organisation und Mitgliedschaft sowie bei
Sachträgerschaften durch öffentlich-rechtliche Stiftungen.

Beispiele (für öffentliche Einrichtungen): Sportplätze; Parkanlagen; Kanalisation; (für „sonstige" Einrichtungen): Gebäude und Inventar von Industrie- und Handelskammern; Handwerkskammern; die Schlösser und Bibliotheken einschließlich ihres Inventars der Stiftung Preußi-
scher Kulturbesitz.

Bei allen öffentlichen Sachen im Anstaltsgebrauch ist zwischen einer ordentlichen Benutzung und einer Sonderbenutzung zu unterscheiden. Die Benutzung einer Sache im Anstaltsgebrauch bzw einer öffentlichen Einrichtung erfolgt entweder auf der Grundlage eines Parlamentsgesetzes, einer Rechtsverordnung oder einer Benutzungsordnung in der Rechtsform einer Satzung, die der Anstaltsträger erlässt.

Die ordentliche Benutzung kann eine freiwillige Nutzung sein. Die freiwillige Nutzung kann eine offene in dem Sinne sein, dass sie grundsätzlich von jedem Interessenten in Anspruch genommen werden kann. Sie kann eine geschlossene Benutzung sein, die nur einem spezifisch gekennzeichneten Personenkreis zur Verfügung steht. **1351**

Beispiele für eine offene Benutzung: Verkehrsbetriebe; Theater; Krankenhäuser; für eine geschlossene Benutzung: Schulen; Kindergärten; Schlachthäuser, Schleusenanlagen.

Die ordentliche Benutzung kann auf einer öffentlich-rechtlichen Benutzungspflicht beruhen. Einem Benutzungszwang entspricht dann ein Benutzungsrecht; **1352**

Beispiel: Anschluss- und Benutzungszwang für die Abwasserentsorgung.

Ein Benutzungsrecht kann auch kraft besonderer rechtssatzmäßiger Bestimmung existieren; ein Beispiel bildet der Anspruch der Gemeindebürger auf Nutzung der gemeindlichen öffentlichen Einrichtungen, den alle Gemeindeordnungen der Länder kennen. Ferner kann die Anstaltssatzung allen ein Recht auf Nutzung der Anstalt einräumen, die die Anstalt im Sinne des Anstaltsrechts benutzen wollen. Insoweit entsteht häufig Streit, wenn extreme politische Parteien die kommunale Einrichtung Stadthalle zur Abhaltung von Parteitagen nutzen wollen; eine Vielzahl von Entscheidungen befasst sich mit der Frage, ob eine politische Partei einen Anspruch auf Benutzung einer gemeindlichen öffentlichen Einrichtung besitzt. Eine Gemeinde darf die Überlassung ihrer Stadthalle an eine Partei von der Übernahme einer Haftungsgarantie für durch Dritte verursachte Sachschäden abhängig machen, wenn tatsächliche Anhaltspunkte für die Annahme bestehen, dass es aus Anlass der Parteiversammlung zu gewaltsamen Aktionen Dritter kommen wird und deshalb Schäden an dem Gebäude oder an seinem Inventar konkret zu befürchten sind[5]. Der Partei „Die Republikaner" ist in einer Reihe von Entscheidungen ein Rechtsanspruch auf Benutzung von Stadthallen zugesprochen worden[6]. Generell ist festzuhalten, dass eine Gemeinde zur Überlassung eines Gemeindesaals für eine Parteiveranstaltung mit überörtlichem Charakter nur dann verpflichtet ist, wenn ihr Ermessen – etwa auf Grund dauernder, gleichmäßiger Verwaltungsübung – derart reduziert ist, dass dem Antrag entsprochen werden muss[7]. Die Nutzung einer öffentlichen Einrichtung für eine Veranstaltung, die gewalttätige Gegenreaktionen erwarten lässt, darf einer zugelassenen Partei nicht als „Zweckveranlasserin" versagt werden, es sei denn, dass sich ernste Gefahren oder Schäden auf andere Weise nicht abwenden lassen. Eine zugelassene Partei kann indes die Nutzung einer öffentlichen Einrichtung dann nicht beanspruchen, wenn wegen der Gefahr der Volksverhetzung die Nutzung voraussichtlich rechtswidrig ist[8]. Es steht einer Gemeinde nicht zu, durch Verweigerung des Abschlusses eines Mietver- **1353**

---

5 VGH BW, BWVP 1991, 185.
6 ZB BayVGH, BayVBl 1993, 567.
7 HessVGH, NJW 1993, 2331.
8 HessVGH, ebenda.

trags eine nicht im Verfahren nach Art. 21 Abs. 2 GG verbotene Partei (hier: NPD) an der Wahrnehmung ihrer Rechte und Pflichten als Partei zu hindern[9]. Für die wirksame Grundrechtswahrnehmung politischer Parteien ist es nicht hinnehmbar, wenn ihnen mit allgemeinen Hinweisen auf „verfassungsfeindliche Ziele" versammlungsrechtlich Einschränkungen der politischen Betätigungsfreiheit auferlegt werden[10]. Die eine Abstufung des Umfangs der Leistungsgewährung an Parteien gestattende Vorschrift des § 5 Abs. 1 S. 1 PartG rechtfertigt es nicht, über eine am tatsächlichen Bedarf nicht orientierte Zuteilungsregelung den Anspruch einer Partei auf Gleichbehandlung nach § 5 Abs. 1 S. 1 ParteiG zu unterlaufen[11].

1354   Für Klagen auf Zulassung zur Nutzung einer gemeindlichen Einrichtung, die sich gegen eine mit dem Betrieb der Einrichtung beauftragte juristische Person des Privatrechts richten, ist der Rechtsweg zu den Verwaltungsgerichten nicht eröffnet, es sei denn, die Beklagte wäre durch Gesetz oder auf Grund eines Gesetzes zu öffentlichrechtlichem Handeln ermächtigt[12]. Streitigkeiten zwischen Bürger und Gemeinde sind auch dann öffentlich-rechtliche Streitigkeiten, wenn die Gemeinde die Einrichtung nicht selbst betreibt, sondern durch eine juristische Person des Privatrechts betreiben lässt[13].

1355   Die ordentliche Benutzung der öffentlichen Anstalt kann eine abgeschlossene Benutzung sein, wenn die Benutzer von der Umwelt abgesondert sind;

Beispiele: Haftanstalten, Heil- und Pflegeanstalten mit geschlossenen Abteilungen.

1356   Eine Sonderbenutzung öffentlicher Sachen im Anstaltsgebrauch ist gegeben, wenn die Sache von Personen benutzt wird, die nicht zu dem Personenkreis gehören, dem die Anstalt zu dienen bestimmt ist; oder wenn die Art der Benutzung außerhalb des Anstaltszwecks liegt; **Beispiel:** Betrieb eines Gewerbes auf dem Gelände einer Schleuse[14]. Eine Sonderbenutzung liegt ferner vor, wenn die Nutzung zwar den Anstaltszweck beachtet, aber die ordentliche Benutzung erheblich übersteigt oder den Anstaltsgebrauch anderer erheblich beeinträchtigt; **Beispiel:** Nutzung öffentlicher Badeanstalten für Schwimmwettkämpfe. Der Bewerber um eine Sonderbenutzung besitzt insoweit weder einen Zulassungsanspruch gegen noch einen Anspruch auf fehlerfreie Ermessensausübung durch den Anstaltsträger.

2. Öffentliche Sachen im (internen) Verwaltungsgebrauch

1357   Öffentliche Sachen im Verwaltungsgebrauch sind diejenigen, die der öffentlichen Verwaltung unmittelbar durch ihre Gebrauchsmöglichkeit zur Erfüllung ihrer Aufgaben dienen und zu diesem Zweck benutzt werden. Öffentliche Sachen im Verwaltungsgebrauch sind damit im Wesentlichen solche, die die Amtsträger bei der Ausübung ihres Amtes selbst benutzen.

---

9   VGH BW, DÖV 1990, 149.
10   HessVGH, DVBl 1990, 1052.
11   BVerwG, DVBl 1992, 430.
12   BVerwG, NVwZ 1991, 59.
13   BVerwG, NJW 1990, 134.
14   BVerwGE 39, 235.

Beispiele: Dienstgebäude einschließlich des Inventars; der Fuhrpark der öffentlichen Verwaltung; Geräte technischer Behörden; Ausrüstung und Waffen der Streitkräfte und der Polizei.

Sachen im Verwaltungsgebrauch sind häufig Zivilpersonen zugänglich; **Beispiel:** die Benutzung eines Dienstgebäudes durch einen Bürger, der ein Geschäft mit der Verwaltung zu erledigen hat. Diese Zugangsberechtigung des Bürgers ist indes nicht eine Sonderbenutzung einer öffentlichen Sache im Verwaltungsgebrauch, sondern ein Annex zur Befugnis, Verwaltungsangelegenheiten wahrzunehmen. Die Zugänglichkeit eines Verwaltungsgebäudes durch Dritte ist ein Mittel des Verwaltungsträgers zur Erfüllung seiner Aufgaben. **1358**

Der Verwaltungsträger besitzt an der öffentlichen Sache im Verwaltungsgebrauch das Hausrecht. Auf die Darstellung der damit verbundenen Problematik sei verwiesen (Rn 161). **1359**

3. Res sacrae

Die Kirchen sind regelmäßig Körperschaften des öffentlichen Rechts. Damit zählen die dem kirchlichen Gebrauch dienenden Sachen zu den öffentlichen Sachen, freilich nur dann, wenn sie einem spezifischen Nutzungsregime unterworfen sind. Res sacrae sind solche Sachen, die im Rahmen und zum Zweck der öffentlich-rechtlich geordneten Funktionen benutzt werden. **1360**

Beispiele: Kirchengebäude, kirchliche Begräbnisstätten, die zur Ausübung des Kultus bestimmten Gegenstände (Kelche, Gewänder, Gebetbücher).

Eine „Ausnahmenutzung" an den res sacrae ist nicht vorstellbar. **1361**

Außerhalb dieser Zweckbestimmung liegendes Sachvermögen der Kirchen zählt nicht zu den res sacrae; **1362**

Beispiel: ein kirchlicher Kindergarten, dessen Benutzung privatrechtlich geregelt ist. Dieses Vermögen der Kirchen unterliegt deshalb der Privatrechtsordnung wie jedes andere Vermögen.

Lösung Fall 35 (Rn 1317): Der Groß-Glienicker See ist weder eine Bundeswasserstraße noch ein schiffbares Gewässer nach dem WGBln. Von der Möglichkeit, nicht schiffbare Gewässer mit Fahrzeugen befahren zu dürfen, die von Motoren angetrieben werden, hat der Berliner Gesetzgeber für den Groß-Glienicker-See keinen Gebrauch gemacht. P. darf deshalb den See mit seinem Amphibienfahrzeug nicht befahren. **1363**

Lösung Fall 36 (Rn 1318): Die AFASU hat die „Stadthalle-GmbH" verklagt. Es ist nicht ersichtlich, dass diese Gesellschaft mit Hoheitsrechten beliehen worden ist. Deshalb ist die Klage gegen diese Gesellschaft privatrechtlicher Natur; die Klage vor dem VG Göttingen ist unzulässig, weil § 40 Abs. 1 S. 1 VwGO nicht erfüllt ist[15]. Die AFASU muss gegen den Oberbürgermeisters von Göttingen klagen, damit dieser auf die GmbH einwirkt und die GmbH einen Nutzungsvertrag mit der AFASU abschließt[16]. **1364**

Hinweis: Nachweis der einzelnen Landesstraßengesetze und Landeswassergesetze zB bei *Peine*, Öffentliches Baurecht, 4. Aufl. 2003, Rn 1272. **1365**

---

15 S. BVerwG, NVwZ 1991, 59.
16 BVerwG, NJW 1990, 134.

Literatur: S. die Nachweise bei § 20; Hinweise auf das **Straßenrecht**: *Steiner*, Straßen- und Wegerecht, in: Steiner (Hg.), Besonderes Verwaltungsrecht, 8. Aufl. 2006, S. 577 ff; *v. Danwitz*, Straßen- und Wegerecht, in: Schmidt-Aßmann (Hg.), Besonderes Verwaltungsrecht, 14. Aufl. 2008, S. 875 ff; *Pietzcker*, Straßenrecht, in: Ergänzbares Lexikon des Rechts, Loseblatt, Stand Dez. 1991; *Hobe*, DÖV 1997, 323 ff; *Sauthoff*, NVwZ 1998, 239; NVwZ 2004, 674 ff; *Siegel*, NVwZ 2013, 479 ff; Hinweise auf das **Wasserrecht**: *Breuer*, Öffentliches und privates Wasserrecht, 3. Aufl. 2004; *Peine*, Wasserrecht, in: Ehlers/Fehling/Pünder (Hg.) Besonderes Verwaltungsrecht, Bd. 2, 3. Aufl. 2013, S. 526 ff; *Spranger*, JA 2001, 310 ff; Hinweise auf das **Anstaltsnutzungsrecht**: *Zundel*, JuS 1991, 472 ff; *Laubinger*, FS Maurer, 2001, S. 641 ff; Hinweise auf die **res sacrae**: *Schlink*, NVwZ 1987, 633 ff; *Renck*, DÖV 1990, 333 ff; *ders.*, BayVBl 1997, 264; *ders.*, JZ 2001, 375 ff; *Müller-Volbehr*, NVwZ 1991, 142 ff; *Mainusch*, Die öffentlichen Sachen der Religions- und Weltanschauungsgemeinschaften, 1995.

§ 22 Widmung, Veränderung des Widmungsumfangs und Entwidmung von öffentlichen Sachen am Beispiel der öffentlichen Straße

1366   **Fall 37:** Landwirt B ist Eigentümer eines großen Grundstücks. Ohne sich um dieses Eigentum zu kümmern, lässt die zuständige Behörde über das Grundstück eine Bundesstraße bauen. Als B aus den Ferien zurückkehrt, erfährt er, dass die zuständige Behörde die Straße gewidmet hat und demnächst den Verkehr auf ihr eröffnen möchte. Was kann B unternehmen? **Rn 1407**

1367   **Fall 38:** Die Stadt S möchte ihre Innenstadt attraktiver gestalten und deshalb einige Straßen zu einer Fußgängerzone umwandeln. Der Tankstellenpächter T, der sein Geschäft an einer der zukünftigen Fußgängerstraßen betreibt, fragt, ob er mit Erfolg die Umwandlung verhindern kann? **Rn 1408**

1368   Eine Sache erhält ihren besonderen Rechtsstatus als öffentliche Sache durch die schon erwähnte Widmung, die von der tatsächlichen Indienststellung der Sache begleitet werden muss. Der Realakt der Indienststellung ist die Wirksamkeitsvoraussetzung für das Entstehen einer öffentlichen Sache, weil erst die Indienstnahme die tatsächliche Basis für das Wirksamwerden der Widmung bildet. Rechtsprobleme mit Blick auf die Indienststellung fehlen.

1369   Die Widmung kann erfolgen durch Gesetz und auf Grund des Gesetzes. Die Bundeswasserstraßen sind unmittelbar kraft formellen Gesetzes öffentliche Sachen im Gemeingebrauch, § 5 BWaStrG; das Gleiche gilt für die Gewässer erster Ordnung kraft der LWGe iVm den Verzeichnissen der schiffbaren Gewässer; entsprechendes gilt für den Luftraum auf Grund von § 1 LuftVG. Widmungen durch Rechtsverordnungen gibt es im Wasserrecht für die Gewässer zweiter Ordnung. Eine Widmung kraft Satzung existiert im Anstaltsrecht[1]. Durch Gewohnheitsrechtssatz ist der Meeresstrand

---

1   Zu dem Fall einer konkludenten Widmung bei einer öffentlichen Einrichtung s. *Wittmann*, DVBl 2012, 788 ff.

zur öffentlichen Sache im Gemeingebrauch gewidmet. – Der Normalfall der Widmung ist die Widmung durch VA.

Die Widmung durch VA ist typisch für das Straßenrecht. Bevor der Rechtsakt Widmung und die Tathandlung Indienststellung vollzogen werden können, muss eine Straße tatsächlich gebaut werden. Die zum Bau der Straße notwendigen Entscheidungen über das „Ob", „Wo" und „Wie" werden in einem komplizierten mehrstufigen Verwaltungsverfahren getroffen, welches nicht als solches, aber in Teilbereichen formalisiert ist. Seine dritte Stufe und zugleich den Schlusspunkt des Verfahrens bilden die zuvor erwähnten Akte Widmung und tatsächliche Indienststellung der technisch fertig gestellten Straße. Das Recht der Widmung wird im Folgenden ausführlich dargestellt. **1370**

Die erste Stufe des Verfahrens bildet die politische Entscheidung, ob überhaupt eine Straße gebaut werden soll, die zweite Stufe das Planaufstellungsverfahren, welches als Planfeststellungsverfahren, als Plangenehmigungsverfahren oder als Bebauungsplanverfahren ausgestaltet sein kann. Diese Verfahren gelangen hier nicht zur Darstellung; hingewiesen sei insoweit auf die bei § 21 angegebene straßenrechtliche Literatur sowie auf *Peine*[2]. **1371**

I. Die Widmung

1. Die Widmung – Allgemeines

Die wirksame Widmung verschafft der Sache, auf die sie sich bezieht, den öffentlich-rechtlichen Status. Das auf sie bezogene Recht wird für das Straßenrecht beispielhaft dargestellt. Die Widmungen für andere öffentliche Sachen entsprechen, soweit Parallelen zu ziehen sind, der straßenrechtlichen Widmung. **1372**

2. Die Widmung im Straßenrecht

a) Die Rechtsnatur der Widmung

Die Widmung ist ein spezieller VA, und zwar in der Form einer Allgemeinverfügung, § 35 S. 2, 2. und 3. Möglichkeit VwVfG. Sie bewirkt den öffentlich-rechtlichen Status, den kennzeichnet, dass auf dem privaten Eigentum eine öffentlich-rechtliche Dienstbarkeit lastet. Weil sich die Belastung auf eine Sache erstreckt, der VA aber nicht unmittelbar personelle Rechtsbeziehungen begründet oder verändert, ist die Widmung ein dinglicher VA. **1373**

Die Widmung ist kein gegen den Eigentümer des Straßenlands gerichteter Eingriffsakt; es bedarf vielmehr der Zustimmung des Eigentümers zur Widmung oder der Ersetzung seiner Zustimmung. Die Widmung ist deshalb ein zustimmungsbedürftiger, also ein zweiseitiger VA. Sie richtet sich belastend gegen den Eigentümer des Grundstücks insoweit, als diesem nunmehr Nutzungen seines Eigentums verboten sind, die der Zweckbestimmung zuwiderlaufen. Die Widmung richtet sich ferner belastend ge- **1374**

---

2 Öffentliches Baurecht, Rn 1165 ff; *ders.*, JZ 1996, 350 ff, 398 ff; JZ 2006, 593–608.

gen den durch sie indirekt bestimmten Träger der Straßenbaulast, weil ihm mit dem Wirksamwerden der Widmung die aus der Baulast folgenden Rechtspflichten auferlegt sind.

b) Die Widmungsvoraussetzungen

1375 Die Straßengesetze setzen voraus, dass der Träger der Straßenbaulast entweder Eigentümer des der Straße dienenden Grundstücks ist oder ein sonst zur Nutzung dinglich Berechtigter der Widmung zugestimmt hat oder der Träger der Straßenbaulast den Besitz durch Vertrag oder durch Einweisung nach § 18f BFStrG oder in einem sonstigen gesetzlichen Verfahren erlangt hat. Demnach kann gegen den Willen des Eigentümers des Grundstücks die Widmung nicht ausgesprochen werden. Freilich genügt konkludentes Handeln des Eigentümers.

c) Der Inhalt der Widmungsverfügung

1376 Die Widmungsverfügung muss zunächst die Aussage enthalten, dass ein bestimmtes Stück Land öffentliche Straße wird. Sie muss ferner die Straßenklasse festlegen; dieser Organisationsakt, der den Bürger nicht belastet, heißt Einstufung. Schließlich muss die Widmung eine Aussage dazu treffen, welche Personen (Problem des sog. Benutzerkreises, der die Straße benutzen darf: Schulweg, Friedhofsweg) in welchem Umfang (Problem der sog. Benutzungsarten, die auf der Straße zulässig sind: Fußgänger, Autos, Radfahrer, Reiter) die Straße benutzen dürfen. Die Festlegung der zugelassenen Verkehrsteilnehmer hängt vom technischen Ausbauzustand der Straße ab.

d) Die Wirkungen der Widmung

1377 Die Widmung entfaltet Wirkungen in dreierlei Hinsicht: (**1.**) in Bezug auf den Eigentümer des Straßenlandes: ihm wird die Pflicht zur Duldung der Nutzung auferlegt; (**2.**) in Bezug auf den Bürger: für ihn löst die Widmung die im Gesetz normierten Benutzungsrechte aus, die jedoch beschränkt sein können; (**3.**) in Bezug auf den Baulastträger: für ihn begründet die Widmung die öffentlich-rechtliche Pflicht zur Unterhaltung der Straße.

1378 Regelmäßig handelt es sich bei der Widmung um ein „In-Sich-Geschäft", da Baulastträger und widmende Behörde identisch sind.

e) Die Bekanntgabe der Widmung

1379 Die Widmung ist öffentlich bekannt zu geben. Die Widmung einer Bundesfernstraße ist in einem Amtsblatt bekanntzumachen, § 2 Abs. 6 BFStrG. Die Bekanntmachung ist mit einer Rechtsmittelbelehrung zu versehen.

f) Der Rechtsschutz gegen die Widmung

1380 Gegen die Widmung sind Widerspruch und Anfechtungsklage möglich[3]. Freilich entfällt eine subjektive Rechtsverletzung als Voraussetzung einer erfolgreichen Anfech-

---

3 VG Karlsruhe, NVwZ 1999, 220.

tung, §§ 42 Abs. 2, 113 Abs. 1 S. 1 VwGO, für die Anlieger einer zukünftigen Straße, wenn die Straße auf Grund eines unanfechtbaren Planfeststellungsbeschlusses gebaut wird, weil dieser Präklusionswirkung entfaltet. Der Rechtsschutz muss also früher ansetzen: Klage gegen den Planfeststellungsbeschluss vor dem VG bzw OVG, s. § 48 Abs. 1 Nr 8 VwGO.

g) Die Zuständigkeit für die Widmung

Zuständig für die Widmung einer Bundesfernstraße ist nach § 2 Abs. 6 BFStrG die oberste Landesstraßenbaubehörde. Ansonsten ist der Träger der Straßenbaulast zuständig. **1381**

3. Die Indienststellung der Straße/Fiktion der Widmung

Zu der Widmung muss noch die Indienststellung der Straße – die Verkehrsübergabe – hinzukommen. In einigen Fällen reicht die Verkehrsübergabe für das Entstehen einer öffentlichen Straße aus; auf die Widmung kann verzichtet werden. Nach § 6 Abs. 7 LStrGNW gilt eine Straße als gewidmet, wenn ihr Bau oder ihre Änderung in Vollzug eines auf Grund anderer gesetzlicher Vorschriften durchgeführten förmlichen Verfahrens unanfechtbar angeordnet wird. Die Widmung gilt als gesetzlich fingiert, wenn der Träger der Baulast und die Straßenklasse bestimmt sind. Solche Verfahren sind vor allem diejenigen, die mit einem Planfeststellungsbeschluss enden. Auch Verfahren, die mit der Aufstellung eines Bebauungsplans enden, zählen zu den von § 6 Abs. 7 StrWG NRW angesprochenen Vorschriften; denn in einem Bebauungsplan können zumindest textlich alle für die Straße relevanten Daten aufgenommen werden, und ferner ist der Bebauungsplan nach § 47 Abs. 1 Nr 1 VwGO voll auf seine Rechtmäßigkeit hin überprüfbar. Auch bei diesem Verfahren ist deshalb die Widmung entbehrlich. **1382**

II. Die Veränderungen des Widmungsumfangs

Wie mehrfach dargelegt, bestimmt die Widmung einer Straße den für die Straße geltenden Gemeingebrauch und die Straßenklasse. In beiderlei Beziehung können im Laufe der Zeit rechtliche Veränderungen als Folge tatsächlicher Veränderungen notwendig werden. Das Straßenrecht trägt diesem Umstand Rechnung, indem es Rechtsinstitute bereithält, die insoweit Anpassungen erlauben oder erzwingen. **1383**

1. Die Widmungserweiterung

Die Straßengesetze äußern sich zur Erweiterung des Widmungsumfangs nicht. Es ist jedoch unbestritten, dass diese Veränderungen rechtlich zulässig sind. Gegen die Zulässigkeit einer Widmungserweiterung lassen sich rechtliche Bedenken unter dem Gesichtspunkt der Verletzung von Rechten Dritter nicht vortragen. **1384**

2. Die Teileinziehung

1385 Die Reduktion des Nutzungsumfangs, also den Ausschluss einzelner Verkehrsarten, regeln nur einige Landesstraßengesetze; sie kennen das Institut der Teilentwidmung oder Teileinziehung.

1386 Aber auch auf der Grundlage der anderen Straßengesetze ist eine Teileinziehung möglich. Die Teileinziehung einer Straße ist auch im Falle ihrer fehlenden ausdrücklichen Regelung ein dem Straßenrecht seit langem bekanntes Institut; die Rechtsprechung hat die Teileinziehung als durch die Einziehung mitgeregelt angesehen. Im Wesentlichen sprechen folgende Gründe für die Richtigkeit dieser Auffassung: Eine Widmungsbeschränkung ist nur rechtens, wenn für sie eine gesetzliche Grundlage existiert; lässt sich ein bestimmter Zweck mit der Teileinziehung einer Straße erreichen, so kann eine adäquate Lösung nur erzielt werden, wenn die Teileinziehung von der Volleinziehung der Straße mit umfasst wird; es ist nicht ersichtlich, dass die Straßengesetze diese Lösung verhindern wollen. Ferner gilt der Interpretationsgrundsatz: majus minus continet. Schließlich verhindert die Systematik der Straßengesetze die angesprochene Lösung nicht.

1387 Die Voraussetzungen der Teileinziehung sind in den Fällen des Fehlens einer ausdrücklichen Normierung dem Recht der Einziehung zu entnehmen. Einen ersten Fall der Einziehung bildet der Verlust der Verkehrsbedeutung; parallel zu konstruieren ist für die Teileinziehung der Fall, dass die Straße hinsichtlich einer bestimmten Verkehrsart die Verkehrsbedeutung verliert. In dieser Situation ist es sinnvoll, die Straße teilweise einzuziehen, weil Unterhaltungskosten eingespart werden. – In Relation zum ersten Fall ist der zweite Fall der Einziehung ungleich bedeutungsvoller: Die Einziehung ist aus überwiegenden Gründen des öffentlichen Wohls erlaubt; parallel zu konstruieren ist für die Teileinziehung der Fall, dass die Teileinziehung aus überwiegenden Gründen des öffentlichen Wohls erlaubt ist. Wenn die Teileinziehung einer Straße auf diese Gründe gestützt wird, hat zunächst eine Abwägung zwischen den für die Teileinziehung und den gegen die Teileinziehung sprechenden Gründen stattzufinden; private Interessen an der Aufrechterhaltung des bestehenden Gemeingebrauchs sind in die Abwägung mit einzubeziehen; die Teileinziehung ist rechtlich zulässig, wenn die Abwägung ein Überwiegen der für sie sprechenden Gründe ergibt. Für die Abwägung gelten die vom BVerwG aufgestellten Grundsätze[4]. Gründe des öffentlichen Wohls, die eine Reduzierung des Widmungsumfangs einer Straße, insbesondere die Einrichtung von Fußgängerzonen, rechtfertigen, können Gründe des Städtebaus, der Verbesserung der Verkehrsverhältnisse und des Umweltschutzes sein.

1388 Die Teileinziehung ist ebenso wie die Widmung ein VA. Für ihren Erlass ist der Träger der Straßenbaulast zuständig. Er hat die Absicht, eine Straße teilzuziehen, öffentlich bekannt zu geben. Jedermann darf Einwendungen erheben. Die Teileinziehungsverfügung ist zu veröffentlichen.

---

4 S. BVerwGE 48, 59; Näheres bei *Peine*, Öffentliches Baurecht, S. 290.

3. Die Änderung der Einstufung

Die Einstufung einer Straße in eine der von den Gesetzen vorgesehenen Straßengruppe hat zu erfolgen anhand der Verkehrsbedeutung, der zu dienen die Straße bestimmt ist. Maßstab für die Bestimmung der Verkehrsbedeutung ist die räumliche Verkehrsbeziehung, in der eine Straße steht; entscheidend ist der Zusammenhang der Straße im konkreten Straßennetz. Die Verkehrsbedeutung kann sich ändern. Der Veränderung trägt das Rechtsinstitut Umstufung[5] Rechnung, § 2 Abs. 3a, 4 BFStrG. Es hat die Funktion, die Einordnung der Straße in eine bestimmte Straßenklasse der jeweils wirklichen Verkehrsbedeutung anzupassen. Die Umstufung ist zu unterteilen in die Aufstufung und in die Abstufung. Die Aufstufung weist die Straße in eine höhere, die Abstufung in eine niedere Klasse ein. **1389**

a) Die Rechtsnatur der Umstufung

Die Umstufung ist ein VA. Er betrifft die beteiligten Straßenbaulastträger, weil und soweit sie wechseln. Alle anderen Rechtsfolgen: neue Zuständigkeit für die Straßenaufsicht, gesetzlicher Eigentumsübergang, sind Folgen normativer Art. Wird die Umstufung gegen den Willen des neuen Straßenbaulastträgers vorgenommen, wird er belastet. Bürger werden durch diesen Organisationsakt nicht berührt. **1390**

b) Die Umstufungsvoraussetzungen

Entscheidend ist, dass die Verkehrsbedeutung der Straße sich geändert hat. Mit der Umstufung kann eine beabsichtigte Veränderung der Verkehrsbedeutung nicht erreicht werden. Sie ist deshalb kein Instrument zur Abwälzung von Kosten auf andere Straßenbaulastträger. **1391**

c) Der Inhalt der Umstufungsverfügung

Die Verfügung legt fest, welcher Straßenklasse die Straße in der Zukunft zugehört. Es kann sich um eine höhere oder um eine niedere Straßenklasse handeln. Weiteres muss die Umstufungsverfügung nicht enthalten, weil sich die weiteren Folgen der Umstufung direkt aus dem Gesetz ergeben. **1392**

d) Die Wirkungen der Umstufung

Folge der Umstufung ist in aller Regel eine Änderung der Straßenbaulastträgerschaft. Dieses muss aber nicht immer der Fall sein. Die Abstufung zB einer Gemeindeverbindungsstraße zu einer Ortsstraße hat auf die Straßenbaulastträgerschaft keinen Einfluss. Bewirkt die Umstufung einer Straße in eine andere Straßenklasse faktisch eine Veränderung der zugelassenen Verkehrsarten, zB die Aufstufung einer Bundesstraße zur Bundesautobahn, so bedarf es auch der Neuwidmung, weil ausschließlich die Widmung das Rechtsinstrument zur Festlegung des zulässigen Nutzungsumfangs ist. **1393**

---

5 Hierzu *Witting*, DVBl 2010, 408 ff.

e) Die Bekanntgabe der Umstufung

1394 Über die Bekanntgabe der Umstufungsverfügung gibt es nur wenige rechtliche Regelungen. Deshalb gilt zunächst die Aussage des § 41 Abs. 1 S. 1, dass die Verfügung denjenigen bekannt zu geben ist, die von ihr betroffen werden. Das sind die Träger der Straßenbaulast. Ferner ist nach § 2 Abs. 6 S. 4 BFStrG die Aufstufung in einem Amtsblatt bekannt zu geben.

f) Der Rechtsschutz gegen die Umstufung

1395 Wird die Umstufung gegen den Willen des neuen Straßenlastbauträgers vorgenommen, so kann dieser gegen den VA Widerspruch einlegen und Anfechtungsklage erheben.

g) Die Zuständigkeit für die Umstufung

1396 Wenn sich alter und neuer Straßenbaulastträger über die Umstufung einig sind, verfügt nach der Durchführung des gesetzlichen Verfahrens der neue Träger der Straßenbaulast die Umstufung. Kommt eine Einigung nicht zu Stande, so liegt die Entscheidungskompetenz bei der für den neuen Straßenbaulastträger zuständigen Straßenaufsichtsbehörde, die nach Durchführung des gesetzlichen Verfahrens die Umstufung vornimmt oder ablehnt.

III. Die Entwidmung

1. Die Entwidmung – Allgemeines

1397 Die öffentliche Straße verliert wie jede öffentliche Sache ihren Status durch einen Rechtsakt, der Entwidmung[6] oder auch Einziehung genannt wird. Die Entwidmung ist der actus contrarius zur Widmung. Die Entwidmung muss in derselben Rechtsqualität erfolgen wie die Widmung; erfolgt diese zB durch Gesetz, muss die Entwidmung ebenfalls durch Gesetz vorgenommen werden.

2. Die Entwidmung im Straßenrecht

a) Die Rechtsnatur der Entwidmung

1398 Genauso wie die Widmung im Straßenrecht ist die Entwidmung als VA zu qualifizieren; es handelt sich um eine Allgemeinverfügung iSd § 35 S. 2, 2. und 3. Möglichkeit. Die Einziehung ist ein begünstigender VA gegenüber dem Straßenbaulastträger, weil dieser seiner Unterhaltungspflicht ledig wird. Sie ist ein belastender VA gegenüber den Anliegern, weil sie deren eigentumsrechtlich geschützte Position beseitigt; sie wirkt ferner belastend gegenüber den Sondernutzungsberechtigten. Hingegen belastet sie nicht die Gemeingebrauchsberechtigten, weil es einen Anspruch auf Aufrechterhaltung des Gemeingebrauchs nicht gibt. Demnach ist die Entwidmung ein VA mit

---

6 Zur Entwidmung einer öffentlichen Einrichtung s. BayVGH, NVwZ-RR 2013, 494 ff.

Doppelwirkung. Sie ist nicht ein zweiseitiger VA, weil es für die Rechtmäßigkeit der Entwidmung auf die Zustimmung des Grundeigentümers nicht ankommt.

b) Die Entwidmungsvoraussetzungen

Die Einziehung einer Straße ist zulässig, wenn für sie ein Verkehrsbedürfnis nicht **1399** mehr besteht oder wenn Gründe des öffentlichen Wohls ihre Beseitigung erfordern. Zum Teil muss bei Vorliegen einer der genannten Voraussetzungen die Straße eingezogen, zum Teil darf sie beseitigt werden.

Das Verkehrsbedürfnis fehlt, wenn eine Straße durch Umbauten verlegt worden ist; **1400** wenn sie ungeeignet ist, einem anderen Verkehrsbedürfnis zu dienen; wenn sie entbehrlich ist, insbesondere wenn sie ihre Erschließungsfunktion verloren hat. Gründe des öffentlichen Wohls überwiegen, wenn die von der Einziehungsbehörde vorzunehmende Abwägung zwischen dem Interesse der Gemeinschaft an der Einziehung und den Interessen, die für die Beibehaltung der Straße sprechen (insbesondere das weiter bestehende Interesse an der Erschließung der Grundstücke), ergibt, dass die für die Einziehung sprechenden Gründe einen höheren Rang beanspruchen können. Solche Gründe sind: die Erleichterung der Straßenbaulast, die Durchführung neuer Bebauungspläne, die Ausführung solcher Bauten, für die als Mittel der Grundstücksbeschaffung die Enteignung zulässig wäre.

Voraussetzung für die Einziehung ist nicht, dass die Straße im technischen Sinne beseitigt wird. **1401**

c) Der Inhalt der Entwidmungsverfügung

In der Entwidmungsverfügung ist bekannt zu geben, ab welchem Zeitpunkt eine bestimmte Straße ihre Eigenschaft als öffentliche Sache verliert. **1402**

d) Die Wirkungen der Entwidmungsverfügung

Die wirksame Entwidmung beseitigt die auf dem Privateigentum lastende öffentlich- **1403** rechtliche Dienstbarkeit. Es entfällt das Recht zum Gemeingebrauch, insbesondere entfallen die Anliegerrechte. Die Sondernutzungen verlieren ihre Basis. Es verbleibt eine Privatstraße, über deren Benutzung der private Eigentümer nach § 903 BGB entscheidet.

e) Die Bekanntgabe der Entwidmung

Nach Durchführung des Einziehungsverfahrens ist die Einziehung versehen mit einer **1404** Rechtsmittelbelehrung öffentlich bekanntzumachen.

f) Der Rechtsschutz gegen die Entwidmung

Die Einziehung ist ein die Anlieger belastender VA, weil sie deren Rechte beseitigt. **1405** Sie können sich deshalb mit Hilfe des Widerspruchs und der Anfechtungsklage gegen die Einziehung wehren. Ohne Erfolg verbleiben Widerspruch und Anfechtungsklage der Gemeingebrauchs- und Sondernutzungsberechtigten, weil ihre Rechte nicht eigentumsrechtlich abgesichert sind.

g) Die Zuständigkeit für die Entwidmung

1406 Die Einziehung erfolgt in einem bestimmten Verfahren; die Absicht der Einziehung ist öffentlich bekannt zu geben und jedermann kann Einwendungen gegen die Einziehung erheben. Zuständig für die Durchführung des Verfahrens und des Erlasses der Einziehungsverfügung ist bei Fernstraßen die oberste Straßenbaubehörde der Länder, ansonsten der Träger der Straßenbaulast.

1407 **Lösung Fall 37 (Rn 1366):** Nach § 2 Abs. 2 BFStrG ist Voraussetzung für eine rechtmäßige Widmung, dass der Träger der Straßenbaulast Eigentümer des der Straße dienenden Grundstücks oder sonst wie berechtigt ist, über das Grundstück zu verfügen. Daran fehlt es; deshalb ist die Widmung rechtswidrig. Dieses Ergebnis hat indes nicht zur Folge, dass die bereits fertig gestellte Straße zu beseitigen ist, wenn der Rechtsakt, der den Straßenbau erlaubte, bestandskräftig geworden ist. In diesem Fall bleibt B nichts anderes übrig, als der Widmung zuzustimmen und einen finanziellen Ausgleich für die Belastung seines Eigentums zu fordern.

1408 **Lösung Fall 38 (Rn 1367):** T kann sich nicht mit Erfolg gegen die Einrichtung der Fußgängerzone wehren, weil das Rechtsinstitut Entwidmung das Rechtsinstitut Teilentwidmung enthält; mit Hilfe der Teilentwidmung ist der Ausschluss des Autoverkehrs und somit die Reduktion des Gemeingebrauchs auf Fußgängerverkehr möglich.

Literatur: S. die Nachweise der Literatur bei § 20 und der straßenrechtlichen Literatur bei § 21.

Sachverzeichnis

Die Angaben beziehen sich auf die Randnummern.

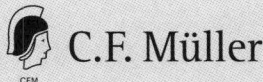
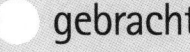

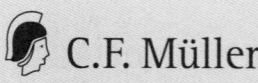